U0925439

全市生产总值(亿元)及增速(%)
GDP (100 million yuan) and Increase Rate(%)

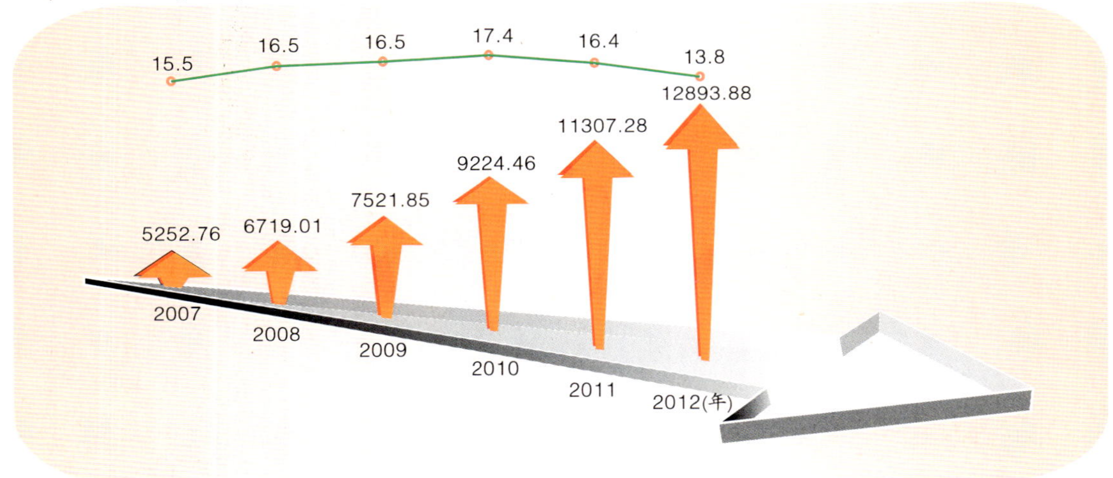

产业结构(%)
Industrial Structure (%)

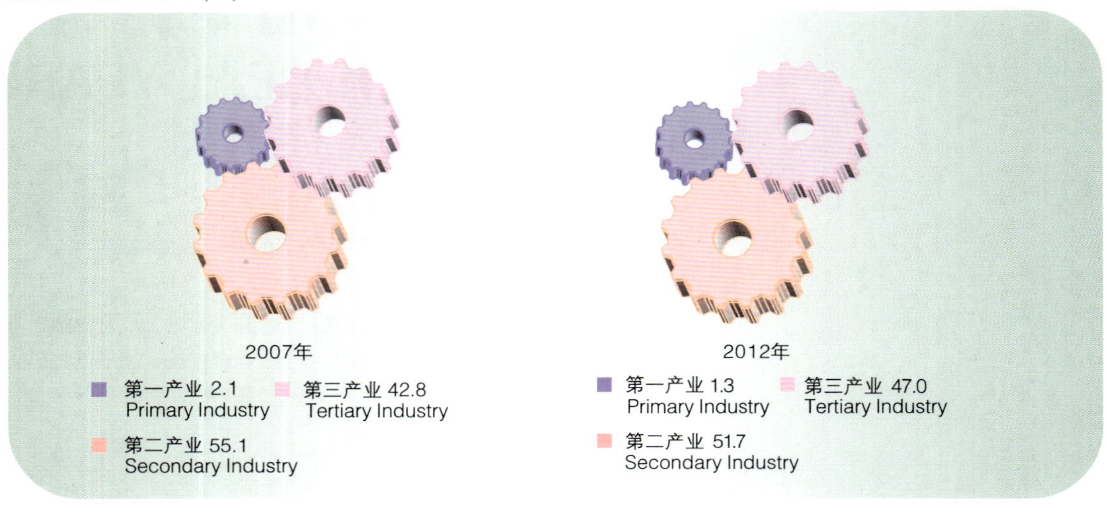

2012年每天主要社会经济活动情况
Average Daily Social and Economic Activities in 2012

全市生产总值35.33亿元
GDP(3.533 billion yuan)

工业增加值16.78亿元
Added Value of Industry(1.678 billion yuan)

第三产业增加值16.60亿元
Added Value of Tertiary Industry(1.660 billion yuan)

地方财政一般预算收入4.82亿元
Local General Budgetary Government Revenue(482 million yuan)

天然原油产量8.49万吨
Output of Crude Petroleum Oil(84 885 tons)

轿车产量1469辆
Output of Cars(1 469 units)

移动电话机产量25.19万部
Output of Mobile Phones(251 886 pieces)

天然气产量513万立方米
Output of Natural Gas (5.13 million cu.m)

邮电业务总量5116万元
Business Value of Post and Telecommunication Services (51.16 million yuan)

港口货物吞吐量130.68万吨
Freight Handled in Port (1 306 800 tons)

社会货物运输量131万吨
Freight Traffic (1.31 million tons)

社会消费品零售总额10.74亿元
Total Retail Sales of Consumer Goods (1 074 million yuan)

外贸出口总额1.32亿美元
Total Value of Exports in Foreign Trade (USD 132 million)

入境旅游人数6414人次
Number of International Tourists (6 414 person-times)

生活用水89万吨
Water for Living (890 000 tons)

生活用电2019万千瓦时
Electricity for Living (20.19 million kwh)

全社会固定资产投资与城市基础实施投资(亿元)

Total Investment in Fixed Assets and Urban Infrastructure Investment (100 million yuan)

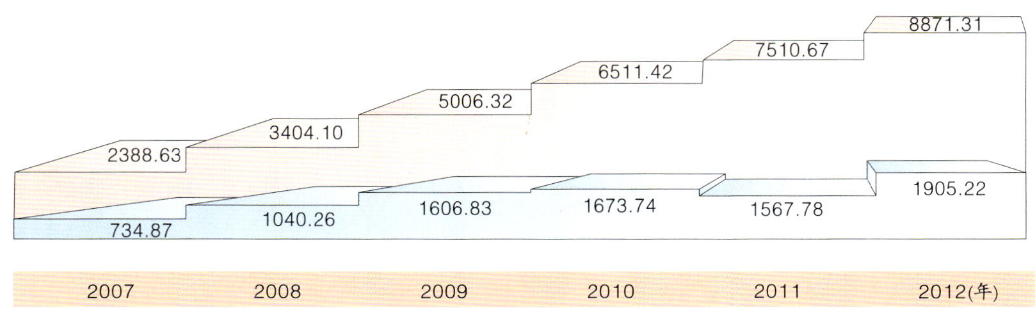

外贸进、出口总额(亿美元)

Total Value of Imports and Exports in Foreign Trade (USD100 million)

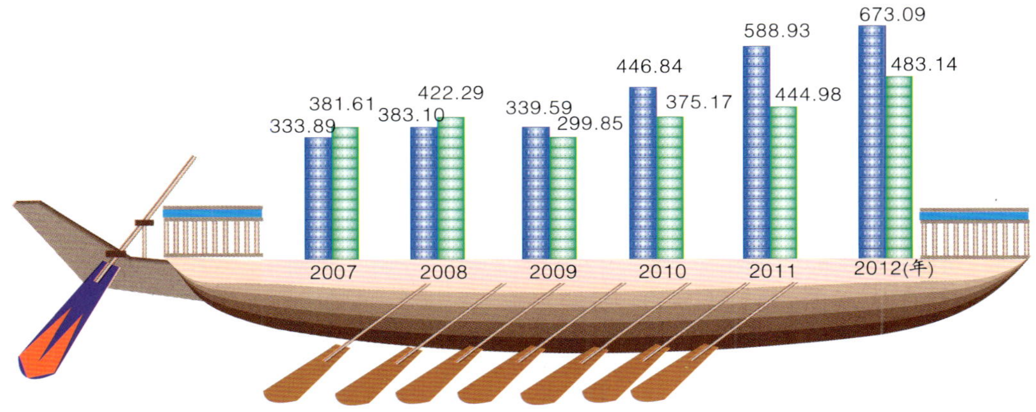

实际直接利用外资额(亿美元)

Actual Direct Utilization of Foreign Capital (USD 100 million)

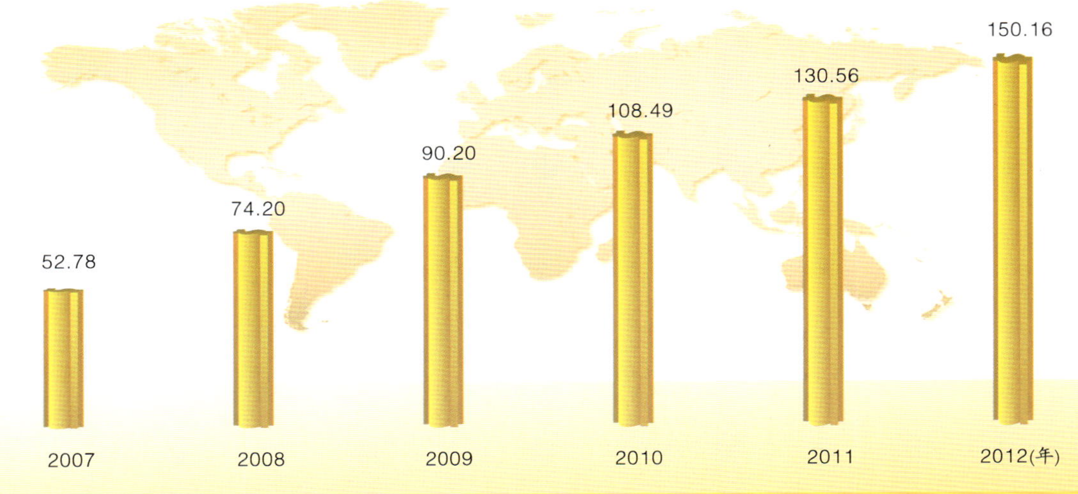

单位生产总值、单位工业增加值能耗(吨标准煤/万元)
Energy Consumption per Unit of Gross Domestic Product and Value Added in Industry (tons of SCE/10 000 yuan)

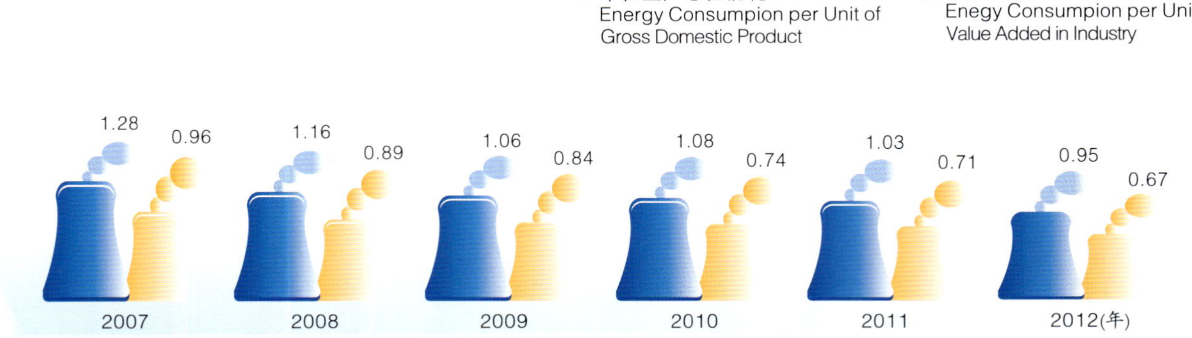

地方财政一般预算收支(亿元)
Local General Budgetary Government Revenue and Expenditure (100 million yuan)

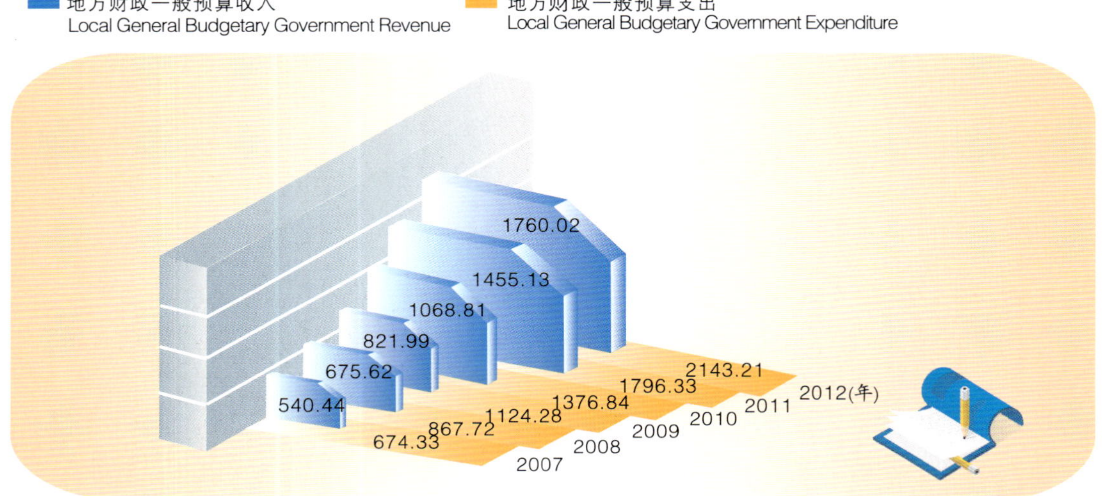

城市物价指数(上年=100)
Urban Price Indices (preceding year=100)

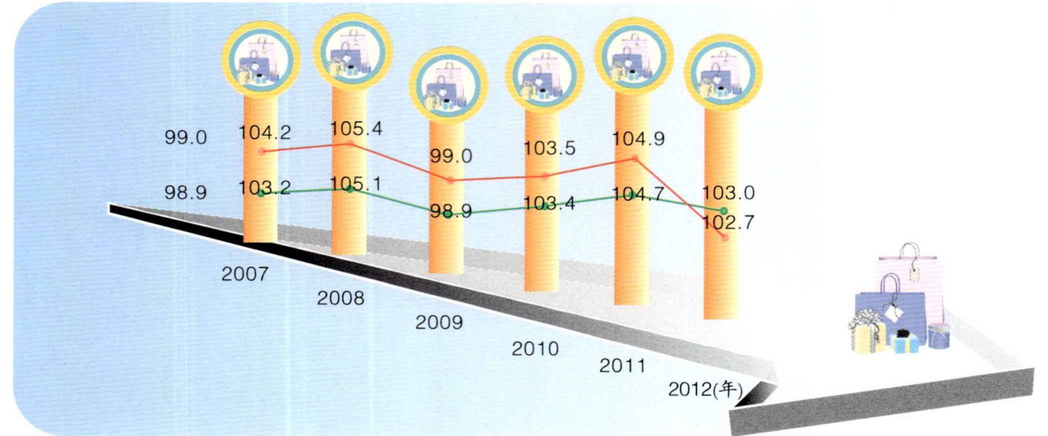

城市居民家庭生活收支(元)
Domestic Income and Expenditure of Urban Households (yuan)

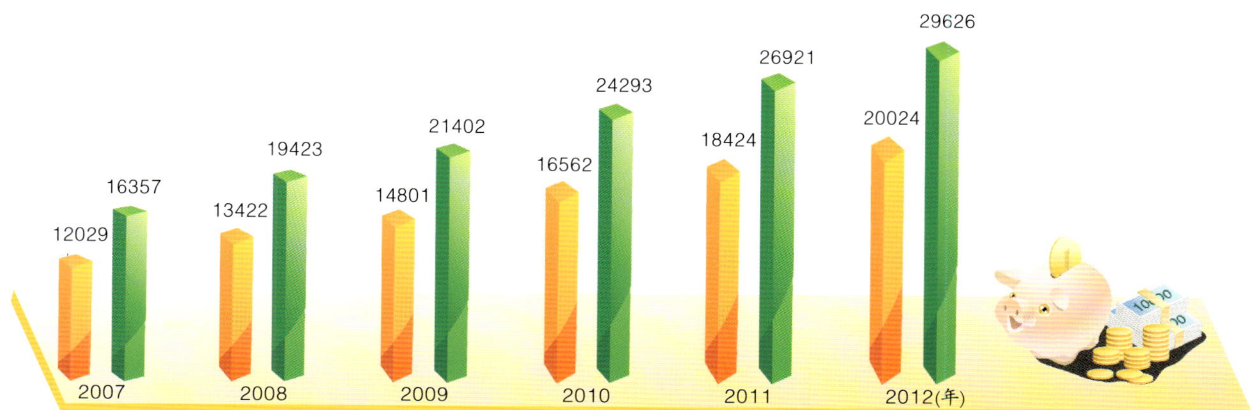

2012年城市居民人均消费性支出构成(%)
Composition of per Capita Annual Expenditures for Consumption of Urban Households in 2012(%)

城市居民人均住房建筑面积(平方米)
Per Capita Floor Space of Urban Residential Building (m^2)

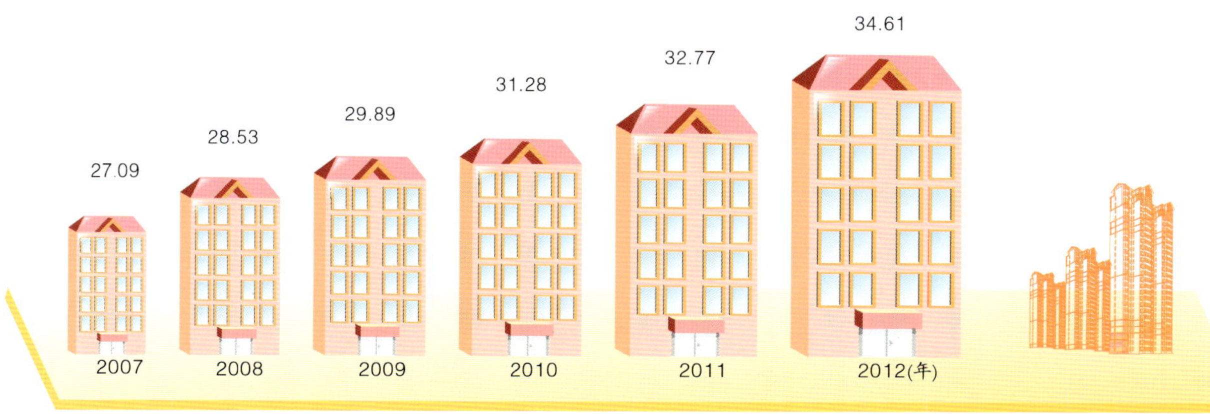

工业总产值(亿元)及增速(%)
Gross Output Value of Industry (100 million yuan) and Increase Rate (%)

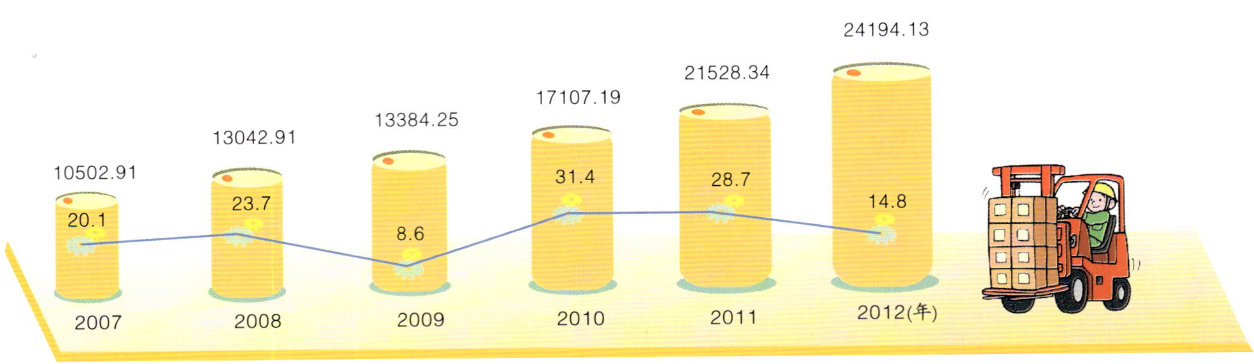

2012年天津市优势产业产值构成(%)
Composition of Output Value of Tianjin Competitive Industries in 2012 (%)

港口货物吞吐量(万吨)
Volume of Freight Handled in Ports (10 000 tons)

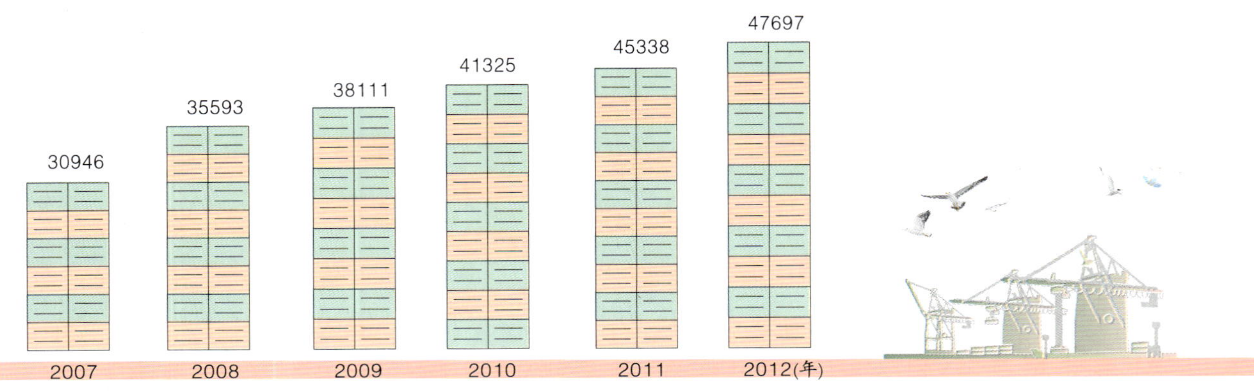

邮电业务总量(亿元)
Business Value of Post and Telecommunication Services(100 million yuan)

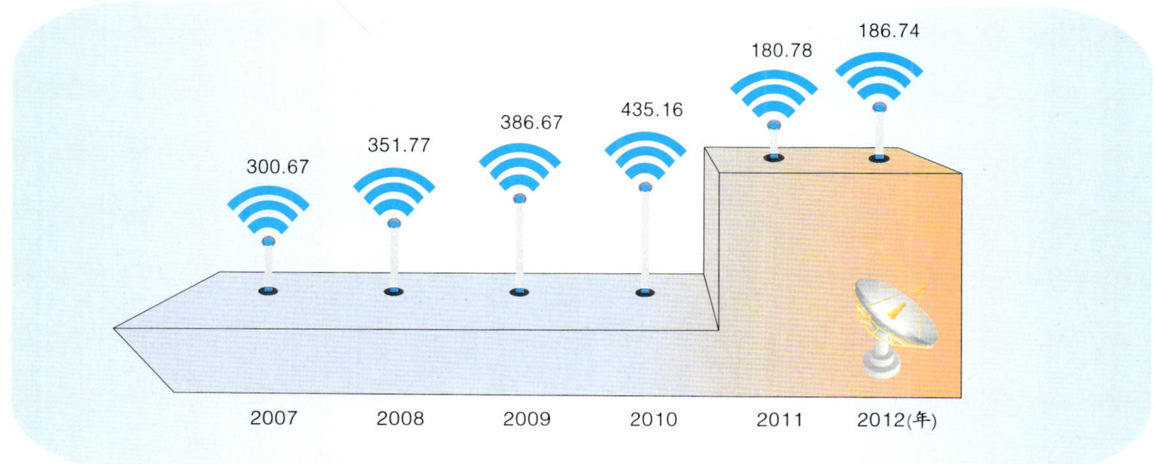

社会消费品零售总额(亿元)及增速(%)
Total Retail Sales of Consumer Goods (100 million yuan) and Increase Rate(%)

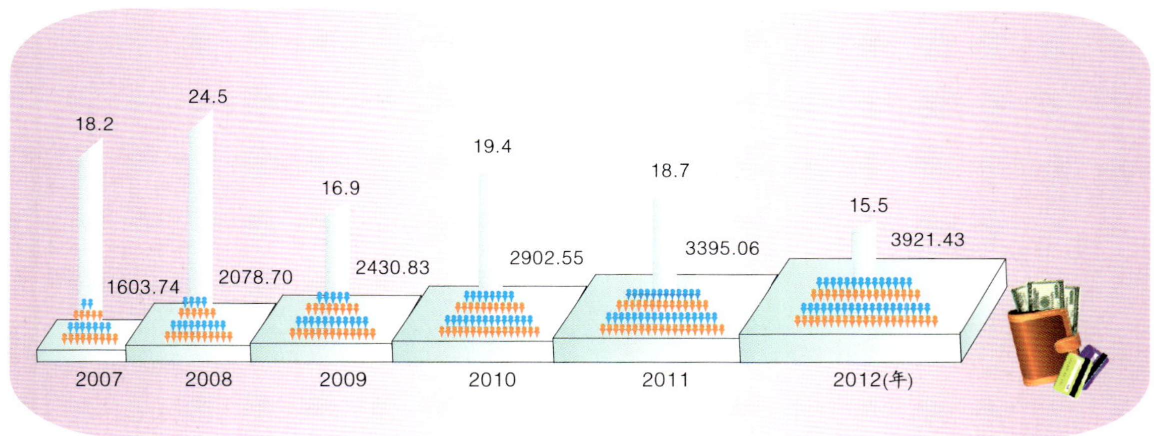

中外资金融机构年末存贷款余额(亿元)
Deposit and Loan Balance of Chinese & Foreign Financial Institutions at Year-end (100 million yuan)

《天津统计年鉴2013》编辑委员会

Tianjin Statistical Yearbook 2013 Editorial Board and Staff

编者说明

一、《天津统计年鉴》是一部全面反映天津市国民经济和社会发展情况的大型资料性年刊，创刊于1984年，逐年出版，形成系列。2013版《天津统计年鉴》系统收录了天津市2012年经济、社会各方面的统计数据，以及其他重要历史年份的全市主要统计数据。全书中英文对照，配有光盘。

二、本年鉴文字资料主要登载有《2012 年天津市国民经济和社会发展统计公报》、《2012 年天津经济形势分析》、《2012 年天津社会发展报告》。为方便读者使用，书的篇目索引标明了全书结构。在书中每篇后附有主要统计指标解释。

三、本年鉴的统计数据主要取自各专业统计年报，少部分取自抽样调查数据和专业部门统计数据。

四、本年鉴所使用的度量衡单位均采用国际统一标准计量单位；行业分类标准除第二篇外均采用国家标准GB/T 4754–2011；计算人均指标时，采用常住人口计算；从2006年开始，城乡划分标准执行国统字[2006]60号文件的新规定。

五、本年鉴中部分数据的合计数和相对数由于四舍五入取舍不同而产生的计算误差，均未做机械调整。

六、本年鉴表中的符号使用说明："空格"表示该项统计指标无数据、数据不足本表最小单位数或数据不详；"#"表示其中的主要项。

七、由于与不同年份有关专业的普查、调查、清查结果相衔接，以及国家统计制度变化和有关主管部门提供的统计数据有调整等原因，年鉴中部分指标的历史年度数据会有变动。读者在使用历史资料时，凡以前年度的年鉴与本年鉴数据有出入的，均以本年鉴为准。

八、《天津统计年鉴》自公开出版以来，得到了国内外广大读者的关心和支持，对本年鉴的内容和编辑工作提出了许多宝贵意见，对此我们深表谢意。限于我们的水平，书中难免有不足之处，敬请广大读者继续给予批评指正，帮助我们进一步改进年鉴编辑工作、提高年鉴编辑水平，更好地为广大读者服务。

Preface

Ⅰ. *Tianjin Statistical Yearbook* is a large-sized statistics publication to reflect various aspects of Tianjin's economic and social development, which was started in 1984 and published year after year, having formed a series of yearbooks. *Tianjin Statistical Yearbook 2013* takes Tianjin economic and social statistics of 2012 systematically, and other statistics of main years. The book is written in Chinese & English, and is equipped with electric CD.

Ⅱ. Written materials in the book include *Statistical Communique on the 2012 National Economic and Social Development of Tianjin*, *Analysis of Tianjin Economic Situation 2012*, *Tianjin Social Development Report 2012*. In order to help readers using these statistical materials better, Subject Index is used to describe the framework of the book, and Explanatory Notes on Main Statistical Indicators are attached after each chapter.

Ⅲ. The major data sources of this book are obtained from annual professional statistical report, a few from sample surveys and departments' statistics.

Ⅳ. The units of measurement used in this book are internationally standard measurement units; sector listed in this table is classified by the standard of GB/T 4754-2011 except chapter 2. When calculating per capital indicators, we use permanent population. From 2006, the division standard of urban and rural areas adopts the new rules of National Bureau of Statistics Regulation 2006[60].

Ⅴ. Statistical discrepancies due to rounding are not adjusted in this book.

Ⅵ. Notations used in this book: "blank" indicates the data not available or the figure is not large enough to be measured with the smallest unit in the table. "#" indicates the major items of the total.

Ⅶ. As a result of keeping consistent with data of census, surveys and checks, the change of national statistics system and adjustment of figures provided by departments, some data in this yearbook is different from former yearbook. When using historical data, users should take the data of this book as standard.

Ⅷ. Since *Tianjin Statistical Yearbook* had been published openly, we have been concerned and supported by the readers at home and abroad. They advance much valuable suggestion on content and edition of the yearbook, we deeply thanks for this all. Based on our limited level, perhaps there are some mistakes in this book, we welcome all of the readers give us your criticism in order to help us further improving our edition level, and providing services for the readers better.

篇目索引

SUBJECT INDEX

目　录
CONTENTS

第三篇 人 口

Chapter 3 Population

第四篇 就业和劳动工资
Chapter 4 Employment and Remuneration

第五篇 固定资产投资和房地产
Chapter 5 Investment in Fixed Assets and Real Estate

第六篇 对外经济贸易和旅游

Chapter 6 Foreign Trade, Economic Cooperation and Tourism

第七篇　能源生产和消费
Chapter 7 Energy Production and Consumption

第八篇　财　政
Chapter 8 Government Finance

第九篇　价格指数
Chapter 9 Price Indices

第十篇　人民生活
Chapter 10 People's Living Conditions

第十一篇 资源环境与公共设施
Chapter 11 Resources Environment and Public Facilities

第十二篇 农 业
Chapter 12 Agriculture

第十三篇 工 业
Chapter 13 Industry

第十四篇 建筑业

Chapter 14 Construction

第十五篇 运输和邮电
Chapter 15 Transportation, Post and Telecommunication Services

第十六篇　批发和零售业与住宿和餐饮业
Chapter 16 Wholesale and Retail Trade, Accommodation and Catering Services

第十七篇　金融业
Chapter 17 Financial Intermediation

第十八篇　教育和科技
Chapter 18 Education, Science and Technology

第十九篇　卫生和社会服务
Chapter 19 Public Health and Social Services

第二十篇　文化和体育
Chapter 20 Culture and Sports

第二十一篇　公共管理及其他
Chapter 21 Public Management and Others

第二十二篇 区县基本情况
Chapter 22 Basic Statistics on Districts and Counties

2012年天津市国民经济和社会发展统计公报

天津市统计局
国家统计局天津调查总队
2013年3月1日

2012年，面对复杂严峻的国内外经济环境，全市人民在市委、市政府的坚强领导下，深入贯彻落实科学发展观，坚持稳中求进的工作总基调，深入开展“调结构、惠民生、上水平”活动，积极推进转型发展，努力克服国内外市场需求不足的困难，全市经济保持平稳较快增长，各项社会事业协调发展。

一、综合

初步核算，全年实现生产总值（GDP）12885.18亿元，按可比价格计算，比上年增长13.8%。分三次产业看，第一产业增加值171.54亿元，增长3.0%；第二产业增加值6663.68亿元，增长15.2%；第三产业增加值6049.96亿元，增长12.4%。三次产业结构为1.3：51.7：47.0。

图1 2008-2012年全市生产总值

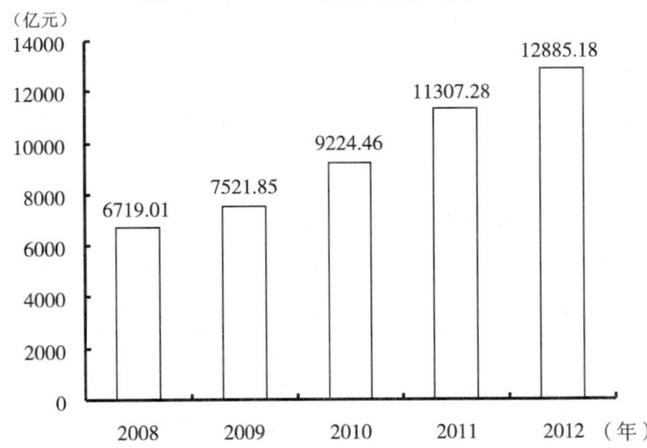

财政收入较快增长。全年地方一般预算收入1760.02亿元，增长21.0%。全年地方税收收入1105.56亿元，增长10.1%，占地方一般预算收入的62.8%。其中，营业税增长13.6%，增值税增长6.1%，企业所得税增长2.7%。

图2 2008-2012年地方一般预算收入

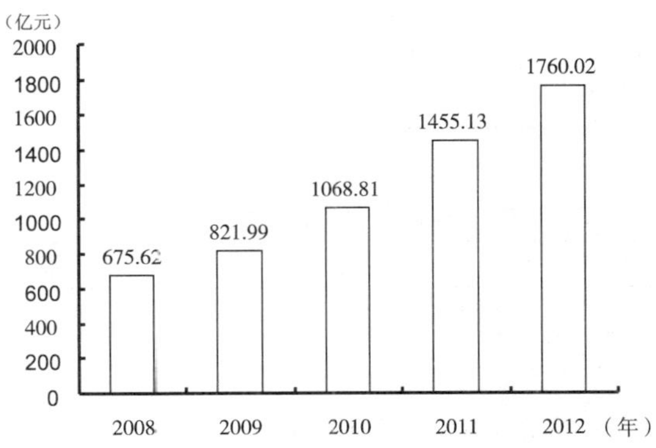

民生投入力度不断加大。全年地方一般预算支出2112.21亿元，增长19.2%。其中，教育支出增长27.4%，医疗卫生支出增长17.0%，社会保障和就业支出增长19.5%。

投资保持较快增长。全年全社会固定资产投资8871.31亿元，增长18.1%。其中，城镇投资8340.26亿元，增长18.2%；农村投资531.05亿元，增长17.1%。在城镇投资中，第一产业投资69.23亿元，增长20.1%；第二产业投资3747.05亿元，增长18.4%，其中，工业投资3716.94亿元，增长18.5%；第三产业投资4523.98亿元，增长18.0%。三次产业投资结构为0.8：44.9：54.3。全年民间投资4105.48亿元，增长32.8%，高于全社会固定资产投资增速14.7个百分点，占全社会固定资产投资的比重为46.3%。

居民消费价格涨幅回落。全年居民消费价格同比上涨2.7%，涨幅比上年回落2.2个百分点。八大类商品和服务价格呈“六升二降”格局。其中，食品类价格上涨6.4%，拉动价格总水平上涨1.9个百分点，影响程度达70.1%，仍是影响价格上涨的最主要因素。工业生产者出厂价格下降

3.0%，工业生产者购进价格下降2.9%。

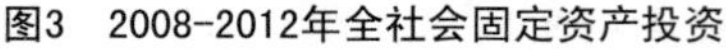
图3 2008-2012年全社会固定资产投资

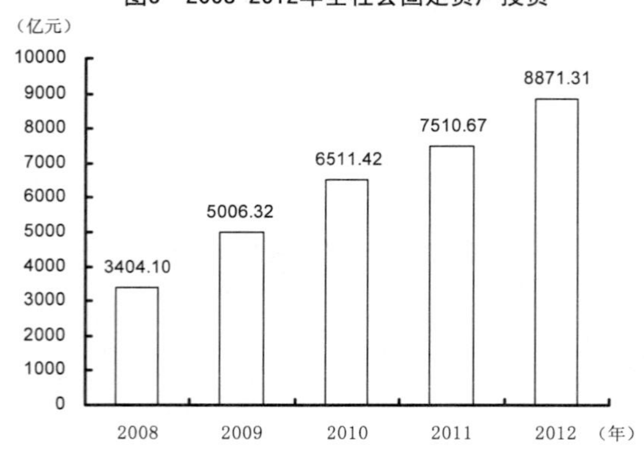

表1 居民消费价格指数（CPI）

指　标	指数（上年=100）
居民消费价格指数	102.7
其中：食　品	106.4
烟酒及制品	104.9
衣　着	107.0
家庭设备用品及维修服务	101.6
医疗保健和个人用品	102.2
交通和通信	97.6
娱乐教育文化用品及服务	99.3
居　住	100.9

二、农业

农业稳步发展。全年农业总产值375.60亿元，比上年增长3.2%。其中，种植业产值196.88亿元，增长1.8%；林业产值2.79亿元，增长8.2%；畜牧业产值105.20亿元，增长6.6%；渔业产值60.40亿元，增长2.3%；农林牧渔服务业产值10.33亿元，增长0.4%。全年粮食总产量161.76万吨，与上年基本持平（见表2）。农业龙头企业发展到440个，其中国家级和市级龙头企业达到152个，进入产业化体系的农户比重达到90%。

表2 主要农副产品产量

产品名称	单位	产量	比上年增长（%）
粮　食	万吨	161.76	持平
棉　花	万吨	5.77	-20.2
肉　类	万吨	45.80	6.7
蔬　菜	万吨	445.41	3.3
禽　蛋	万吨	18.66	-0.1
牛　奶	万吨	67.87	-1.8
水产品	万吨	35.94	2.1
水　果	万吨	59.91	-2.7

三、工业和建筑业

工业生产保持较快增长。全年工业增加值6122.92亿元，增长15.8%。其中，规模以上工业增加值增长16.1%。全部工业总产值24017.18亿元，增长14.8%。规模以上工业总产值23250.54亿元，增长14.9%；其中，轻工业总产值4507.54亿元，增长29.3%，重工业总产值18743.00亿元，增长11.9%。

表3 主要工业产品产量

产品名称	单位	产量	比上年增长（%）
天然气	亿立方米	18.73	1.6
汽油	万吨	183.64	3.1
乙烯	万吨	113.16	-15.7
成品钢材	万吨	5708.59	12.1
#无缝钢管	万吨	324.55	1.7
汽车	万辆	63.82	-15.7
移动电话机	万部	9193.85	1.5
锂离子电池	亿只	5.31	12.8
电子元件	亿只	5665.88	8.9
家具	万件	841.60	30.0
精制食用植物油	万吨	272.28	45.1

主要行业发挥较好支撑作用。全年航空航天、石油化工、装备制造、电子信息、生物医药、新能源新材料、轻纺和国防八大优势产业工业总产值21085.08亿元，增长14.8%，占全市规模以上工业的比重为90.7%。高新技术产业产值6951.65亿元，增长14.3%，占规模以上工业的29.9%。高端装备制造、新一代信息技术、节能环保等战略性新兴产业快速发展，国家级新型工业化示范基地达到6个，产业聚集效应进一步显现。

企业效益实现两位数增长。全年规模以上独立核算工业企业完成主营业务收入23570.38亿元，增长12.6%；利税总额2962.23亿元，增长13.2%，其中，利润1939.96亿元，增长11.7%。

建筑业持续稳步发展。全年建筑业增加值540.76亿元，增长8.6%；总产值3256.98亿元，增长9.1%。房屋建筑施工面积11732.09万平方米，增长16.6%；房屋建筑竣工面积2726.04万平方米，增长3.4%。年末全市有总承包和专业承包资质的建筑企业1518家。

四、批发和零售业

全年批发和零售业增加值1678.81亿元，比上年增长11.3%。住宿和餐饮业增加值220.86亿元，增长6.0%。

消费需求稳步增长。全年批发和零售业商品销售总额25157.54亿元，增长22.0%；住宿和餐饮业营业额576.30亿元，增长17.3%。全年社会消费品零售总额3921.43亿元，增长15.5%。其中，城镇消费品零售总额3767.76亿元，增长15.6%；乡村消费品零售总额153.67亿元，增长12.4%。全市批零企业销售额中，金属材料、石油及制品、汽车三大支柱类商品共完成销售额15490.29亿元，增长24.7%，占全市比重达61.6%。

商贸流通集散体系不断完善。全年各类亿元批发市场成交额2736.29亿元，增长13.9%。全年家电下乡销售54.62万台，完成销售额14.18亿元。银河购物中心、友谊精品广场、宜家家居等16个大型商业设施开业，10大电商区域配送中心在津设立，国家会展中心项目开工，津洽会、购物节等200个大型展会和全市性商贸节庆活动成功举办。

五、交通、邮电和旅游

全年交通运输、仓储及邮政业增加值721.04亿元，比上年增长12.5%。

客货运输业务量平稳增长。全年客运量28462.20万人，增长10.4%。其中，公路24482.84万人，增长11.0%；铁路2970.18万人，增长6.0%。货运量47697.58万吨，其中，公路28228.00万吨，增长20.1%；铁路7909.20万吨，增长8.6%；水路10331.70万吨。旅客周转量432.49亿人公里，增长12.6%。其中，公路150.43亿人公里，增长12.3%；铁路163.99亿人公里，增长10.5%。货物周转量7634.94亿吨公里，其中，公路329.29亿吨公里，增长23.5%；铁路286.64亿吨公里，下降3.2%；水路7012.50亿吨公里。

北方国际航运中心和物流中心建设稳步推进。全年港口货物吞吐量4.77亿吨，增长5.2%。其中，进港2.53亿吨，增长11.6%；出港2.24亿吨，下降1.2%。集装箱吞吐量1230.30万标准箱，增长6.2%。机场旅客吞吐量814.00万人次，增长7.8%；货邮吞吐量19.43万吨，增长6.2%。实现了东疆保税港区10平方公里封关运作，内陆“无水港”发展到23个。

公共交通服务体系更加便捷。全年公共汽电车客运量达到13.57亿人次，比上年增长4.3%；新辟公交线路17条，年末全市公交线路536条，运营车辆8351辆。更新出租汽车1028辆，年末运营出租车31706辆。全年轨道交通客运量突破1亿人次，达到1.11亿人次。

民用汽车拥有量持续增长。截至年末，全市民用汽车拥有量233.94万辆，增长13.3%；其中，轿车拥有量145.64万辆，增长18.4%。民用私人汽车拥有量196.17万辆，增长15.9%；其中，轿车拥有量129.14万辆，增长20.9%。当年新注册民用汽车34.70万辆，增长4.5%；其中，新注册轿车23.17万辆，增长2.8%。

邮政电信规模进一步扩大。全年邮电业务总量186.74亿元，增长6.6%。其中，电信业务总量159.87亿元，增长4.5%；邮政业务总量26.87亿元，增长21.0%。全年发送邮政函件20860.79万件，增长22.3%；其中，快递7431.99万件，增长28.1%。年末公网固定电话用户354.18万户，增长6.1%；移动电话用户1303.34万户，增长5.6%。互联网用户916.23万户，增长16.3%；其中，宽带接入用户213.51万户，增长12.3%，光纤接入用户61.78万户，增长64.3%。全年公网电话本地通话量101.4亿次，增长0.1%；长途电话通话量14.31亿次，增长9.9%，其中国际及港澳台长途电话0.29亿次，增长16.0%。短信业务总量121.18亿条，下降8.9%。

旅游经济持续发展。全年接待入境旅游者

234.11万人次，比上年增长16.8%；其中，外国人213.66万人次，增长16.3%。旅游外汇收入21.47亿美元，增长22.3%。接待外省市游客人数比上年增长10.6%，国内旅游收入增长20.1%。全市27.68万人次出国出境旅游，增长7.3%；旅游支出46.14亿元，增长13.9%。北塘古镇开街纳客，凯旋王国主题公园、七里海湿地走廊等新的旅游景点建成。年末全市有星级宾馆111家，旅行社388家，其中国际旅行社29家。A级景区85个，工农业旅游示范点14个。

六、金融

全年金融业增加值959.03亿元，比上年增长25.1%。

存贷款平稳增长。截至年末，全市金融机构（含外资）本外币各项贷款余额18396.81亿元，增长15.5%。当年新增贷款2466.30亿元，多增303.33亿元。其中，新增短期贷款950.39亿元，新增中长期贷款787.36亿元，新增融资租赁395.39亿元，新增票据融资306.48亿元。年末全市各项存款余额20293.79亿元，增长15.4%。当年新增存款2725.60亿元，多增1631.23亿元。其中，新增单位存款1649.55亿元，新增个人存款998.69亿元。

证券市场运行平稳。年末全市境内上市公司38家，其中当年新增上市1家。在新三板挂牌企业达到6家。全年各类证券交易额10743.11亿元，比上年下降15.7%。其中，股票交易额7751.69亿元，下降30.0%；债券交易额90.76亿元，增长2.6倍；基金交易额171.11亿元，下降9.8%。年末证券帐户开户284.18万户，增长1.6%。全年期货市场成交量4256.74万手，增长24.7%；成交额46351.12亿元，增长11.5%。

保险市场稳步发展。年末全市共有保险总公司5家，分公司48家，各类保险支公司、营业部和营销服务部538家，保险专业中介机构95家。全年保费收入238.16亿元，增长12.5%。其中，财产险收入90.79亿元，增长20.9%；人身险收入147.37亿元，增长7.9%。全年赔款给付81.02亿元，增长22.4%。其中，财产险赔付44.74亿元，增长26.0%；人身险赔付36.28亿元，增长18.3%。

七、对外经济

进出口规模继续扩大。全年外贸进出口总额1156.23亿美元，增长11.8%。其中，进口673.09亿美元，增长14.3%；出口483.14亿美元，增长8.6%。在出口额中，一般贸易出口186.04亿美元，增长4.8%；加工贸易出口256.38亿美元，增长8.7%；租赁贸易、对外承包工程出口分别增长230.7倍和56.2%。对美国、日本、韩国等传统市场出口分别增长9.5%、0.4%和1.4%；对东盟、拉美等新兴市场出口分别增长33.3%和30.4%。全年机电产品出口341.09亿美元，占全市出口额的70.6%，比上年提高1.4个百分点；高新技术产品出口189.77亿美元，占全市比重39.3%，比上年提高0.3个百分点。

招商引资增势良好。全年新批外商投资企业632家，合同外资额185.85亿美元，增长10.4%；实际直接利用外资150.16亿美元，增长15.0%。其中，制造业实际直接利用外资76.23亿美元，增长33.7%，服务业实际直接利用外资72.16亿美元，与上年基本持平。年末累计在津投资的国家和地区达到134个，在津投资世界500强企业达到152家。全年实际利用内资2600.67亿元，增长24.7%。

服务外包强劲发展。全年新签服务外包合同3067个，增长62.8%；协议金额15.31亿美元，增长64.1%；执行金额12.27亿美元，增长1.0倍，其中离岸服务外包执行额增长90.1%。

对外承包工程保持增长。全年对外承包工程新签合同额15.55亿美元，实现营业额31.02亿美元，增长3.7%。派出各类劳务16553人次，增长49.4%。全年成交技术引进合同507项，技术引进合同金额21.58亿美元。全市外资研发中心达到29个。全年核准境外企业和机构103家，境外投资中方投资额20.76亿美元，增长13.0%。

对口支援工作成效显著。落实援疆资金8.3亿元，实施的114个项目全部开工，92个项目已完成。对口支援西藏昌都、青海黄南州、甘肃和重庆万州工作顺利推进。

八、滨海新区开发开放

滨海新区经济较快增长。全年滨海新区生产总值7205.17亿元，增长20.1%；一般预算收入731.80亿元，增长22.9%；规模以上工业总产值14416.75亿元，增长15.8%；全社会固定资产投资4453.30亿元，增长20.3%；社会消费品零售总额1015.36亿元，增长15.6%；外贸进出口总额812.38亿美元，增长14.2%，其中出口308.64亿美元，增长11.6%。中际装备、钜宝电子、西子电梯等71个工业重大项目建成，长城汽车二期、大众变速箱、久益环球采矿机械、联合利华等项目开工建设。

全面实施综合配套改革第二个三年计划。探索实施用地预审、征转用地报批、农民自行开发耕地等改革措施，扩大用地指标“增减挂钩”试点，完善土地集中交易制度，加大闲置土地处置力度，保证重大项目用地需求。天津股权交易所挂牌企业215家，总市值超过200亿元。滨海高新区被批准为全国非上市公司场外交易市场首批扩容试点。融资租赁由飞机、船舶拓展到动车组、地铁车辆等领域。意愿结汇和离岸金融在东疆保税港区和中新天津生态城实现了双向拓展。航运物流企业免征营业税、融资租赁货物出口退税等政策试点实现突破，转口贸易快速发展。

九、城市基础设施和房地产

基础设施建设持续推进。全年基础设施投资1913.67亿元，增长14.5%。津秦客运专线和地下直径线工程土建工程收尾。京津城际延长线、津保等铁路建设稳步推进。天津港30万吨级航道一期、中航油码头和临港经济区10万吨级航道等工程完工。地铁2、3、9号线联网运营，5、6号线工程全面展开。启动唐廊一期、津港二期和滨石高速建设。年末城市铺装道路长度6058.43公里，增长1.1%；铺装道路面积10971.29万平方米，增长4.6%。

公用事业服务能力持续提升。全市自来水综合生产能力434.00万立方米/日，比上年提高4.56万立方米/日。全社会用电量722.49亿千瓦时，增长3.9%。全年新增供热面积2103万平方米，中心城区集中供热率达到97.0%。改造一批卡口道路，新一批人行天桥、菜市场建成投入使用，进一步改善了百姓生活环境。

房地产市场保持基本稳定。全年房地产业增加值448.82亿元，比上年增长4.9%。全年房地产开发投资1260.00亿元，增长16.7%。商品房销售面积1661.69万平方米，增长4.2%；销售额1365.53亿元，下降2.1%。存量房交易面积670.90万平方米，交易金额528.10亿元，比上年分别增长15.4%和21.7%。

十、教育和科学技术

年末全市有各级各类学校1514所，其中，普通高校55所，中等专业学校40所，职业中学26所，技工学校31所，普通中学519所，小学843所。

全市小学招生10.25万人，毕业8.65万人，年末在校53.23万人，专任教师3.78万人。普通中学招生14.19万人，毕业14.63万人，年末在校43.78万人，专任教师4.15万人。全市普通高校共招收本专科学生14.19万人，毕业11.30万人，年末在校47.31万人，专任教师2.99万人。招收研究生1.71万人，毕业1.45万人，年末在校4.85万人，指导教师0.71万人。成人高校年末在校学生6.90万人。年末全市特殊教育学校20所，在校学生2963人，专任教师575人。年末全市幼儿园在园幼儿22.85万人，比上年增加0.25万人。

职业教育取得新进展。成功举办2012年全国职业院校技能大赛。海河教育园区二期工程建设顺利实施。7所中职学校入选国家中职示范校立项建设单位。年末在校学生中，中等专业学校7.09万人，职业中学2.62万人，技工学校2.13万人，成人中专0.86万人。

科技进步成果丰硕。全市16项科技成果获得国家科学技术奖。全年完成市级科技成果2030项，其中，基础理论成果221项，应用技术成果1786项，软科学成果23项；属于国际领先水平的66项，达到国际先进水平338项。全年签订技术合同13409项，合同额251.22亿元，增长46.4%；交易额172.11亿元，增长51.0%。全年专利申请41500件，增长14.5%；专利授权20003件，增长43.1%；年末有效专利52338件，增长30.8%。

自主创新能力继续提升。全社会研发经费支出占生产总值的比重提高到2.7%。140项自主创新产业化重大项目进展顺利，151个子项实现了产业化，累计开发出新产品842项。新认定高新技术企业257家，获得国家级新产品认定16项。科技型中小企业达到3.5万家，小巨人企业1828家。截至年末，全市有国家级重点实验室9个，国家部委级重点实验室45个，国家级工程（技术）研究中心33个，国家级科技产业化基地24个，国家级企业技术开发中心39个，市级企业技术开发中心410个，国家技术创新示范企业5家。

人才队伍建设得到进一步加强。年末全市人才总量达到214万人，其中专业技术人才114万人，312人入选国家和本市“千人计划”，在津院士37人，国家突贡专家、特贴专家、百千万人才工程等高层次人才4726人。新建博士后工作站11个，年末博士后流动站、工作站229个，在站博士后850人。全市高级以上技术工人36.7万人，占全市技工队伍的比重为27.5%。

十一、文化、卫生和体育

公共文化服务水平继续提高。天津文化中心建成并投入使用，全年接待观众及读者近300万人次。年末全市有艺术表演团体43个，文化馆18个，博物馆19个，公共图书馆31个。全年摄制电影故事片11部。截至年末，全市256个电影放映单位放映电影50.30万场次，观影人数1716万人次，实现票房收入2.6亿元，增长13.0%。全市广播节目达到22套，市级电视节目36套。有线电视用户达到284.5万户，其中数字电视用户244.5万户。全年出版报纸9.09亿份，期刊3799.36万册，图书4260万册。

文化创意取得新发展。国家动漫产业综合示范园注册文化创意类企业近300家，建成了亚洲最大的动作捕捉室。国家影视网络动漫实验园和研究院内文化创意企业近70家。滨海高新区被认定为首批国家级文化和科技融合示范基地。美国卡梅隆·佩斯集团中国总部、美国好莱坞天堂影效公司等一批知名文化企业落户滨海新区。成功举办第三届中国（天津滨海）国际文化创意展交会。实施艺术精品战略，京剧《华子良》、河北梆子《晚雪》荣获全国性大奖，京剧《香莲案》、评剧《赵锦堂》入选“国家舞台艺术精品工程重点资助剧目”。

医疗卫生取得新成效。年末全市有各类卫生机构4551个，其中，医院、卫生院466个，社区卫生服务中心97个，卫生防疫机构24个，妇幼保健机构23个。卫生机构床位53509张，其中，医院、卫生院48896张，社区卫生服务中心2915张。卫生技术人员7.69万人，其中，执业医师及执业助理医师3.07万人，注册护士2.76万人。基本药物制度基本建立，537种基本药物在政府办基层医疗机构全部实行网上集中招标采购系统和零差率销售。持续推进卫生资源结构与布局调整。第一中心医院移植楼、中心妇产科医院、总医院二期、南开医院等一批资源调整项目先后竣工启用，市第二儿童医院、天津医院、胸科医院等项目开工建设。

竞技体育实现新突破。全年全市运动员在国际、国内比赛中分别获得金牌37枚和29枚。天津女排勇夺亚俱杯冠军，天津网球女队连续12年夺得全国网球团体赛冠军，天津网球男队在全国连续3年并第七次夺冠，天津女子柔道队首获全国女子柔道冠军赛冠军。新建一批群众健身活动设施。成功举办了市第三届全民健身运动会，举办了天津国际马拉松赛等大型赛事。

十二、人口和就业

人口总量稳定增长。年末全市常住人口1413.15万人，比上年末增加58.57万人；其中，外来人口392.79万人，增加47.95万人，占常住人口增量的81.9%。年末全市户籍人口993.20万人，其中，农业人口376.84万人，非农业人口616.36万人。继续保持低生育水平。全市人口出生率8.75‰，死亡率6.12‰，自然增长率2.63‰。

就业形势基本稳定。实施更加积极的就业政策，落实创业带动就业规划，多渠道促进就业增长。截至年末，全市社会从业人员803.14万人，比上年末增加39.98万人。其中，城镇从业人员621.29万人，乡村从业人员181.85万人。全年新增就业47.3万人，增长0.4%，年末城镇登记失业率控制在3.6%。

十三、人民生活和社会保障

居民收入持续增长。出台了一系列增加居民收入的政策措施，最低工资标准由每月1160元提高到1310元，继续调增企业退休人员养老金，加快推行部分事业单位绩效工资改革，城市居民人均可支配收入29626元，增长10.1%；农村居民人均可支配收入13571元，增长14.1%。

居民消费支出稳步增长。全年城市居民人均消费性支出20024元，增长8.7%。服务性消费快于实物消费，人均商品性消费支出14724元，增长7.2%；人均服务性消费支出5300元，增长13.2%，快于商品性消费6.0个百分点。城市居民恩格尔系数为36.7%。年末每百户城市居民家庭拥有家用汽车24.9辆，比上年末增加4.6辆；电脑98.9台，增加3.3台；移动电话225部，增加8部。

社会保障覆盖面继续扩大。在全国率先建立起城乡一体化的居民基本养老、医疗保险制度和意外伤害附加保险制度，实现了从城镇到农村、从职工到居民的全覆盖。截至年末，参加城乡居民医疗保险502.23万人（见表4）。保障性住房建设加快推进。全年全市保障性住房开工10.5万套，新增租房补贴家庭1万户，累计发放9.5万户。

表4　各类社会保险参保人数

指　标	参保人数（万人）	比上年增长（%）
城镇职工基本医疗保险	479.07	1.0
城乡居民医疗保险	502.23	0.8
城镇职工基本养老保险	490.26	6.9
城乡居民养老保险	102.55	4.6
城镇职工失业保险	268.69	3.8
城镇职工工伤保险	330.06	3.0
城镇职工生育保险	242.70	3.5

社会福利与救助不断完善。截至年末，城乡低保对象26.79万人，其中城市16.64万人，农村10.15万人，城乡低保特困标准分别提高至每人每月520元和320元。农村五保供养人数达到1.28万人。全年发放物价补贴1.4亿元。率先在全国实行居家养老护理补贴，惠及4万余人。全年新增养老机构床位4853张，总量达38490张；新建老年日间照料服务中心（站）106个，总量达800个。年末全市各类福利院有床位3.45万张，增长5.0%；在院收养2.22万人，增长7.4%。城镇残疾人新增就业2564人。

十四、环境保护

生态环境不断改善。第二轮生态城市建设行动计划进展顺利，重点安排实施节能降耗、主要污染物减排、清水、绿化、固体废物和噪声治理、农村环境保护、循环经济工程等7大工程。全年化学需氧量排放量22.95万吨，比上年下降2.7%；二氧化硫排放量22.45万吨，下降2.8%。环境空气质量二级以上良好天数为305天。饮用水源地水质达标率连续11年保持100%，城市污水处理厂能力达到249.6万吨/日，污水处理率为87.5%。道路交通噪声平均声级67.9分贝，达到声环境质量等级一级，中心城区区域环境噪声平均声级54.3分贝，比上年有所下降。全市共有环境监测站21个，国家生态示范区1个，自然保护区8个，自然保护区面积9.11万公顷。大力推进绿色天津建设。北辰郊野公园、武清北运河郊野公园一期工程完成并对外开放。

十五、安全生产和质量监督

安全生产形势好于上年。全年各类安全事故共死亡990人，比上年下降3.7%。其中，生产安全事故死亡75人，交通事故死亡848人，分别比上年下降6.3%和6.6%，火灾死亡40人。全市亿元生产总值生产安全事故死亡人数为0.081人，比上年下降15.7%。

积极推进质量强市建设。产品质量抽查合格率稳中有升，食品安全得到有效保障，特种设备运行平稳，计量、标准、认证等质量基础工作深入推进。年末全市产品质量检验机构达到 414 个，其中，国家检测中心23个，产品质量认证机构4个。计量检定技术机构48个，全年强制检定计量器具168.3万台(件)，制修订地方标准31项。

注:

1. 2012年各项统计数据为快报数。
2. 全市生产总值、各产业增加值绝对数按当年价格计算，增长速度按可比价格计算。
3. 邮电业务总量按2010年不变价格计算。

2012年天津经济形势分析

2012年，面对严峻复杂的国内外经济环境，全市上下贯彻落实中央各项宏观调控政策，坚持主题主线主攻方向，坚持稳中求进的工作总基调，深入开展“调结构、惠民生、上水平”活动，积极推进转型发展，努力克服国内外市场需求不足的困难，全市经济保持平稳较快增长，实现速度质量效益统一。

一、经济发展的总体评价：经济增长逐步企稳，转型发展成效凸显

受国内外经济环境变化的影响，2012年我市经济增长的下行压力较大，经济增速较上年有所回落，但仍处于较快增长区间。2012年全市生产总值12893.88亿元，按可比价格计算，增长13.8%，比上年回落2.6个百分点。从全年运行走势看，全市经济呈现逐步企稳的运行态势，一季度增长14.7%，上半年增长14.1%，前三季度增长13.9%，全年增长13.8%，环比降幅逐季缩小，分别为0.6个、0.2个和0.1个百分点。

经济增速的适度回落为转型发展腾出更多空间，经济增长的质量、效益和水平不断提高，具体表现为“二升二降三个协同增长”。

“二升”：一是全社会研发经费支出占GDP比重提升，由上年的2.6%提高到2.7%。全年新增科技型中小企业1.36万家，累计达到3.47万家，其中新增科技小巨人企业751家，累计达到1799家。高新技术产业完成工业总产值7075.45亿元，增长14.3%，占规模以上工业的30.2%。国家级科研院所、国家及部委级重点实验室分别达到64家和54个，科技进步为经济发展注入了新的活力，更大程度上实现了内生增长；二是服务业比重上升。服务业增加值占GDP比重达到47%，比上年提高0.8个百分点。新兴金融、现代物流、楼宇经济等现代服务业发展加快，融资租赁机构数量和业务规模保持国内前列，“一区三港”四大物流基地建设稳步推进，全市税收超亿元的楼宇达到86座。

“二降”：一是全市万元GDP能耗下降5.12%，超额完成全年节能降耗目标任务，规模以上工业单位增加值能耗下降13.2%，冶金、化工、电力等高耗能行业生产低速增长；二是居民消费价格（CPI）涨幅回落。随着物价调控政策落实到位，我市物价水平总体呈现稳中回落的趋势。全年CPI上涨2.7%，涨幅比上年回落2.2个百分点。

“三个协同增长”：即国家、企业、居民收入同步增长，企业利润和城市居民人均可支配收入增幅相当，市民更多地享受到了经济发展的成果。一是全市地方一般预算收入1760.02亿元，增长21.0%，其中，税收收入1105.56亿元，增长10.1%；二是全市规模以上工业企业利润2100.66亿元，增长11.7%，在全市39个工业行业大类中，38个行业盈利，28个行业利润增长；三是城乡居民收入保持两位数增长，出台了19项增加居民收入的政策措施：最低工资标准由每月1160元提高到1310元，连续第八年调增企业退休人员养老金，加快推行部分事业单位绩效工资改革，城市居民人均可支配收入29626元，增长10.1%；农村居民人均可支配收入13571元，增长14.1%。

二、经济运行的主要特点

(一)从生产领域看：工业仍是拉动经济增长主动力，外延扩大再生产与自主创新内生增长

“双轮驱动”

2012年，全市第一产业增加值171.60亿元，增长3.0%；第二产业增加值6663.82亿元，增长15.2%，其中工业增加值6123.06亿元，增长15.8%，拉动全市经济增长7.8个百分点，贡献率达到56.3%；第三产业增加值6058.46亿元，增长12.6%。

图1 全市生产总值和第三产业增加值累计增长速度

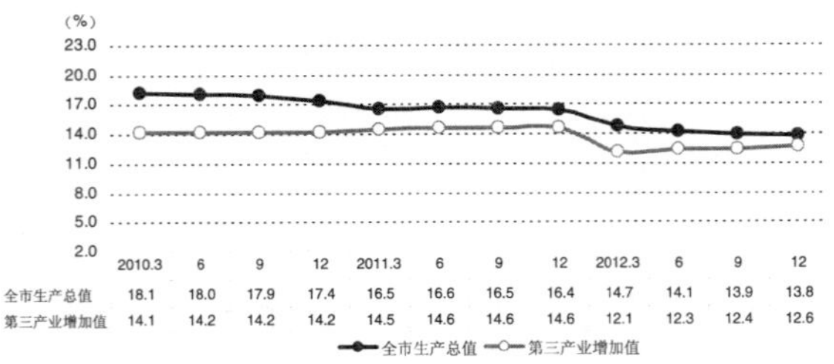

都市型现代农业稳步发展。粮食生产克服天气影响又获好收成，全年粮食总产量161.76万吨，与上年基本持平。主要农副产品产量继续增长。全年蔬菜产量447.70万吨，增长3.8%；猪肉产量29.20万吨，增长5.7%；水产品产量36.50万吨，增长3.7%。

工业保持平稳较快增长。全年规模以上工业总产值23427.50亿元，增长14.9%，工业增加值增长16.1%。一是大项目外延扩大再生产与自主创新内生增长“双轮驱动”。新投产项目贡献突出。全年新建企业、技改扩能项目实现产值2511.04亿元，拉动全市工业增长9.4个百分点，对全市工业增长贡献率为63.3%。国家级企业技术中心达到39家，市级企业技术中心达到410家，工业企业专利申请量突破2万件，全面建成成套装备、汽车、海洋化工等10大产业技术研发平台。二是战略性新兴产业快速发展。高端装备制造、新一代信息技术、节能环保等产业聚集效应进一步显现，国家级新型工业化示范基地达到6个。三是优势产业支撑工业较快增长。航空航天、石油化工、装备制造、电子信息、生物医药、新能源新材料、轻纺和国防等八大优势产业完成工业总产值21006.55亿元，占规模以上工业的89.7%，增长14.8%，拉动全市工业增长13.4个百分点，贡献率达到90.0%；其中，电子信息产业增长21.9%，生物医药产业增长36.8%。

图2 各月规模以上工业增加值和出口交货值增速

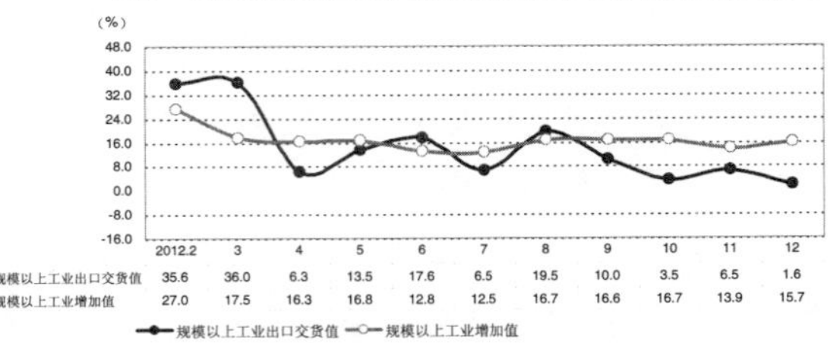

表1 2012年八大优势产业总产值完成情况

单位：亿元，%

项 目	工业总产值	同比增长	占全市比重
全市规模以上工业合计	23427.50	14.9	100
优势产业合计	21006.55	14.8	89.7
航空航天产业	242.35	11.1	1.0
石油化工产业	3608.77	2.7	15.4
装备制造业	9185.89	11.9	39.2
电子信息产业	2972.01	21.9	12.7
生物医药产业	803.38	36.8	3.4
新能源新材料	1065.41	14.6	4.5
轻纺工业	3128.75	31.2	13.4

注：八大优势产业中的“国防科技”数据统计在其他行业中。

服务业发展小幅上扬。一季度服务业增加值增长12.1%，上半年增长12.3%，前三季度增长12.4%，全年增长12.6%，呈现稳步上升态势，有力地支撑了全市经济较快增长。一是传统服务业发展形成新优势。商贸旅游业快速发展，批发零售业商品销售总额2.52万亿元，增长22.0%；接待入境旅游者234.11万人次，增长16.8%，旅游外汇收入22.26亿美元，增长26.8%。一区三港”四大物流基地建设稳步推进，港口货物吞吐量4.77亿吨，增长5.2%，集装箱吞吐量1230.30万标箱，增长6.2%，内陆“无水港”发展到23个，港口对外辐射服务功能显著提升；口岸进出口总额2042.52亿美元，其中外地经由本市进出口货物占57.1%；机场旅客吞吐量814.00万人次，增长7.8%，机场货邮吞吐量19.43万吨，增长6.2%；公路货物周转量329.29亿吨公里，增长23.5%。二是新兴服务业发展驶入快车道。新兴金融企业集聚发展，融资租赁法人机构累计注册超过100家，机构数量和业务规模保持全国前列。楼宇经济继续壮大，截至年末，全市税收超亿元的楼宇达到86座，比上年增加17座。服务外包快速增长，全年服务外包执行额12.3亿美元，增长1.0倍。会展经济加快发展，夏季达沃斯论坛、第19届津洽会、世界矿业大会、中国旅游产业节、国际环保节能暨新能源新材料博览会、首届国际汽车工业博览会等203个大型展会相继举办。

(二)从需求领域看：经济增长由投资、消费和出口共同拉动

投资结构不断优化。全年全社会固定资产投资8871.31亿元，增长18.1%。其中，城镇投资8340.26亿元，增长18.2%；农村投资531.05亿元，增长17.1%。在城镇投资中，第一产业投资69.23亿元，增长20.1%；第二产业投资3747.05亿元，增长18.4%；第三产业投资4523.98亿元，增长18.0%。投资的持续不断注入，不仅有利于拉动当期生产，有力支撑了全市经济增速，而且为今后经济较快增长积蓄了后劲。主要特点：一是民间投资增势强劲。全年民间投资完成4105.48亿元，增长32.8%，占全社会投资的46.3%。民间投资的快速增长，改变了过去我市投资主要依靠外资和国有经济拉动的局面，为全市经济发展注入新的活力。二是对房地产投资的依赖有所减弱。房地产开发投资1260.00亿元，增长16.7%，比上年回落7.9个百分点；从全年走势看，一季度、上半年、前三季度和全年增速分别为29.7%、25.4%、22.4%和16.7%，呈逐步回落态势。随着房价过快上涨势头逐步减弱，房地产市场中的投机性需求受到一定抑制，“刚需”购房者成为主力军。全年商品房销售面积1661.69万平方米，增长4.2%；实现销售额1365.53亿元，下降2.1%。

图3　全社会固定资产投资和房地产开发投资累计增长速度

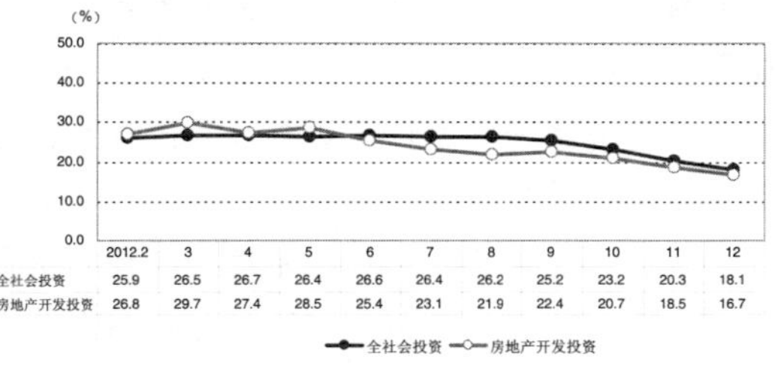

消费需求稳步增长。全年社会消费品零售总额3921.43亿元，增长15.5%。主要特点：一是主要商品对销售市场拉动作用明显。2012年，全市销售额达到25157.54亿元，增长22.0%。其中，金属材料、石油及制品、汽车三大支柱类商品共完成销售额15490.29亿元，同比增长24.7%，占全市销售额的比重达61.6%，拉动全市销售额增长14.9个百分点，贡献率达67.7%。二是居民消费支出稳步增长。全年城市居民人均消费支出突破2万元，达到20024元，增长8.7%。服务性消费快于实物消费，人均商品性消费支出14724元，增长7.2%；人均服务性消费支出5300元，增长13.2%，快于商品性消费6.0个百分点。

图4　社会消费品零售总额和批发零售业商品销售总额累计增长速度

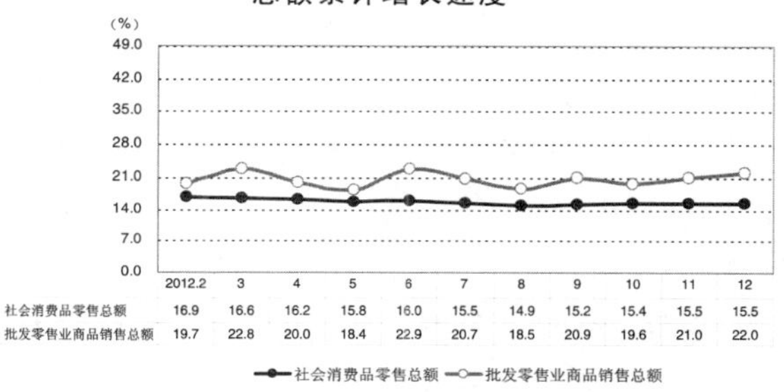

进出口规模继续扩大。全年外贸进出口总额1156.23亿美元，增长11.8%。其中，进口673.09亿美元，增长14.3%；出口483.14亿美元，增长8.6%，快于全国0.7个百分点。进口增长快于出口增长5.7个百分点，符合国家扩大进口、促进贸易平衡的方针政策。主要特点：一是新兴贸易方式出口增长较快。在出口额中，一般贸易出口186.04亿美元，增长4.8%；加工贸易出口256.38亿美元，增长8.7%；租赁贸易、对外承包工程出口分别增长230.7倍和56.2%。二是贸易伙伴多元化成效明显。对美国、日本、韩国等传统市场出口保持稳定，分别增长9.5%、0.4%和1.4%；东盟、拉美等新兴市场成为新的增长点，出口分别增长33.3%和30.4%。三是出口产品结构优化升级。全年机电产品出口341.09亿美元，占全市出口额的70.6%，比上年提高1.4个百分点；

高新技术产品出口189.77亿美元，占全市比重39.3%，比上年提高0.3个百分点。

图5 外贸出口与进口累计增长速度

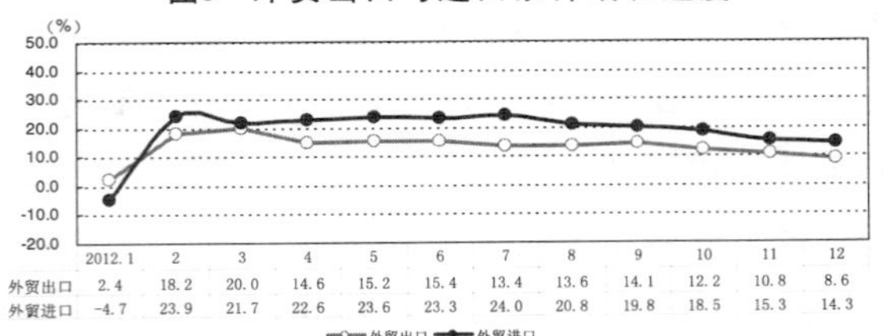

(三)从资金供给看：招商引资增长较快，信贷资金供给平稳。

内引外联到位资金增长较快。全年新批外商投资企业632家，合同外资额185.85亿美元，增长10.4%；实际直接利用外资150.16亿美元，增长15.0%。其中，制造业实际直接利用外资76.23亿美元，增长33.7%，服务业实际直接利用外资72.16亿美元，与上年基本持平。年末累计在津投资世界500强企业达到152家。全年实际利用内资2600.67亿元，增长24.7%，外地民营企业在津投资到位资金占比超过70%。

金融存贷款平稳增长。截至年末，全市金融机构（含外资）本外币各项贷款余额18396.81亿元，增长15.5%，全年新增贷款2466.30亿元，比上年多增303.33亿元。各项存款余额20293.79亿元，增长15.4%，全年新增存款2725.60亿元，比上年多增1631.23亿元，改变了上年新增存款低于新增贷款的局面。

(四)从三个层面看：滨海新区龙头带动，区县发展多点支撑

滨海新区开发开放全面推进，龙头带动作用明显增强。全年滨海新区生产总值7205.17亿元，增长20.1%；规模以上工业总产值14416.75亿元，增长15.8%；地方一般预算收入731.80亿元，增长22.9%；全社会固定资产投资4453.30亿元，增长20.3%。坚持项目集中园区、产业集群发展、资源集约利用、功能集成建设，新区十大战役全面推进，形成了功能区开发与优势产业集聚、产业布局优化同步提升的良好态势。重点项目建设进展顺利。中际装备、钜宝电子、西子电梯等71个工业重大项目建成，长城汽车二期、大众变速箱、久益环球采矿机械、联合利华等项目开工建设。

中心城区高端服务业集聚发展，公共服务功能进一步提升。文化中心投入使用，泰安道五大院商业街区、友谊精品广场、红星国际广场、虹桥新天地欧陆风情街等一批特色街区和商贸综合体建成运营。坚持拓展郊区发展新空间，郊区县示范工业园区、农业产业园区、农村居住社区“三区”联动发展，31个示范工业园区起步区建设全部完成，基本达到“七通一平”以上标准，8个园区启动了拓展区建设，建成现代农业示范园区21个、养殖示范园区155个。累计建设示范小城镇49个，45万农民迁入新居，实施第二批“三改一化”试点工作。

(五)从民生改善看：统筹解决群众关切问题，改革发展成果惠及广大市民

民生领域投入快速增长。加大教育、文化、卫生、社保和城乡建设等领域投入，不断提高公共服务水平，连续实施20项民心工程，财政资金用于民生领域的支出占到全部财政支出的76.3%。

全力建设住房保障体系。住房保障制度进一步完善，建立了“三种住房、三种补贴”政策体系，全年保障性住房投资227.83亿元，占全市住宅投资的27.0%；施工面积3251万平方米，其中新开工面积721万平方米，分别占全市的33.0%和28.1%。

完善就业分配保障体系。大力实施积极就业政策，全年全市新增就业47.3万人，城镇登记失业率控制在3.6%。着力调整收入分配格局，连续多年提高养老金水平，统筹调整提高最低工资、失业保险、最低生活保障等一批标准线。按照保基本、广覆盖原则，加快完善社会保障体系，医疗保险参保率超过95%。

大力加强公共服务和社会管理。全面推进国家职业教育改革创新示范区建设，形成特色鲜明的多种职业教育办学方式。建立基本药物制度，基层医疗机构实行基本药物零差率销售。优先发展公共交通，地铁2、3、9号线实现联网运营。实施放心食品系列工程，食品安全保障体系逐步完善。

物价调控取得积极成效。居民消费价格涨幅自2月份开始持续回落，全年居民消费价格上涨2.7%。

图6 居民消费价格涨幅

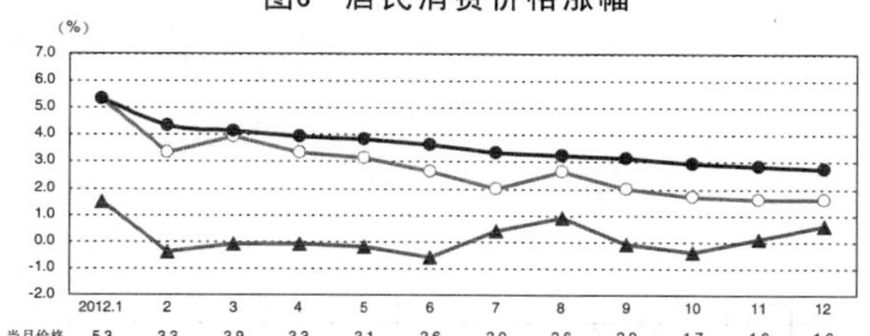

表2 2012年居民消费价格指数（CPI）

指　标	指数（上年=100）
居民消费价格指数	102.7
食　品	106.4
烟酒及制品	104.9
衣　着	107.0
家庭设备用品及维修服务	101.6
医疗保险和个人用品	102.2
交通和通信	97.6
娱乐、教育、文化用品及服务	99.3
居　住	100.9

三、经济运行中值得关注的问题

2012年我市经济运行总体平稳，企稳回升的积极因素有所增加，但也应看到，经济运行中自主复苏和增长内在动力仍显不足，回升的基础和可持续性仍需巩固和增强。

(一)国内外市场需求不足

从外需看，世界经济增长持续低迷，造成外部需求不足，出口难度加大。2012年，我市出口增速比上年回落10.1个百分点，对韩国、日本出口分别微增1.4%和0.4%，对欧盟市场出口同比下降9.5%，工业出口交货值占销售产值比重仅为12.0%。目前企业国际订单逐步呈现短期化，小单化，订单不足，利润更加微薄。从内需看，国内新的刺激消费政策在短期内作用还未能显现，工业生产者出厂价格继续走低，一些主要产品产量同比下降，企业开辟内销市场的竞争更加激烈。冶金、化工、建材等基础原材料行业订单下降30%以上，造船行业订单下降50%，风电机组订单下降40%，光伏行业下降20%以上。规模以上工业纳入统计的325种产品中，产量下降的有178种，占54.8%；其中，乙烯产量下降15.7%，粗钢产量下降7.5%。从居民消费支出看，城市居民人均消费性支出增长8.7%，低于收入增速1.4个百分点。

(二)部分工业行业形势严峻

石化行业生产缓慢恢复，全年化学原料和化学制品制造业增加值增长6.2%，石油加工、炼焦和核燃料加工业增加值比上年下降7.5%。汽车行业生产放缓，12月份汽车制造业增加值同比下降23.3%，全年汽车产量下降15.7%。2012年，全市有11个行业利润比上年下降，其中，石油和天然气开采行业利润下降5.0%，化学原料及化学制品制造业利润下降35.8%；石油加工、炼焦和核燃料加工业亏损3.85亿元。

(三)财政增收难度进一步加大

2012年，全市地方税收增长10.1%，低于年初预算5.9个百分点，低于全国平均水平1.4个百分点。财政增收主要依靠非税收入拉动，但随着国有资产处置等一次性资源的减少，非税收入难以继续保持高速增长。我市从2012年12月起启动营改增试点工作，相关税费增长也受到一定影响。

（黄瑛　郑礼　陈钊）

2012年天津社会发展报告

2012年，全市人民在市委、市政府的正确领导下，认真贯彻落实科学发展观，深入开展“调结构、惠民生、上水平”活动，在保持经济平稳较快增长的同时，以解决人民群众最关心的现实问题为出发点，继续大力实施20项民心工程，全面推动科教文卫事业发展，不断提高社会管理和公共服务水平，人民群众生活得到明显改善，社会发展保持良好势头。

一、人口规模保持增长态势，城市承载能力进一步增强

(一)人口总量持续扩张

在经济平稳较快发展的带动下，我市常住人口总量呈现持续扩张态势。截至2012年末，全市常住人口总量达到1413.15万人，比上年末增加了58.57万人，增长4.3%，增量比上年增加3.28万人，增幅比上年提高0.1个百分点。

(二)外来人口增长较快

经济持续较快发展吸引了大量外来人口常住津门。截至2012年末，全市外来人口392.79万人，占常住人口的比重达27.8%，比上年末提高2.3个百分点；全年外来人口增加47.95万人，增长13.9%，占全市常住人口增量的81.9%，比上年提高1.6个百分点。

(三)人口抚养系数逐年上升

2012年末，全市常住人口中0-14岁人口总量为141.46万人，占常住人口比重为10.0%；15-64岁人口为1131.65万人，占80.1%；65岁及以上人口为140.04万人，占9.9%；与上年相比，0-14岁人口增加8.44万人，比重提高0.2个百分点；65岁及以上人口增加13.39万人，比重提高0.6个百分点。少儿抚养比（指某一人口中0-14岁少年儿童人口数与15-64岁劳动年龄人口数之比）为12.5%，老年抚养比（指某一人口中65岁及以上老年人口数与15-64岁劳动年龄人口数之比）为12.4%，总人口抚养比为24.9%，与2011年相比提高了1.2个百分点，与2010年相比提高了2.5个百分点，数据表明近三年来我市人口红利的优势在逐渐缩小。但与全国水平相比，2012年人口总抚养比低于全国平均水平10.0个百分点。

(四)人口素质进一步提高

平均受教育水平的快速提高，为我市经济社会发展提供了更高层次的人才支持。2012年末，全市6岁及以上人口的平均受教育年限为10.62年，比上年末提高0.15年。其中，大学本科及以上受教育程度人口比重提高1.6个百分点。得益于领军人才的积极引进，外来人口素质明显提升。2012年末，全市外来常住人口6岁及以上人口平均受教育年限为10.53年，比上年末提高0.48年；16岁及以上外来就业人口平均受教育年限为10.91年，比上年末提高0.81年。

(五)人口计生工作取得成效

继续保持稳定的低生育水平。建成全员人口信息系统，实现部门间信息共享，启用市人口和家庭公共服务中心，完善市、区县、街乡镇、村居四级人口计生公共服务网络，在基层实施“家佳推进计划”，人口计生工作转型发展在全国处于领先地位。2012年全市人口出生率为8.75‰，死亡率为6.12‰，人口自然增长率为2.63‰。

二、就业队伍不断扩大，就业结构进一步优化

(一)围绕经济发展开发就业岗位

把促进就业工作放在经济社会发展的优先位

置，把大项目好项目建设作为新增就业的增长点，建立重大项目用工对接机制，促进就业增长；把服务业作为扩大就业的主要行业，重点盯住创意、动漫等文化产业和商贸餐饮、家庭服务、旅游休闲、会展经济等服务业，努力挖掘就业岗位；把中小企业作为拉动就业的重要阵地，重点跟踪民营企业、科技型中小企业和楼宇经济发展，促进供需对接，增加就业总量。2012年，全社会就业人口总量803.14万人，比上年增加39.98万人；其中外来就业人口275.55万人，比上年增加38.71万人，占全市就业人口的34.3%，比上年提高3.3个百分点。

(二)帮促结合增加就业渠道

实施更加积极的就业政策，多渠道帮促重点群体就业。围绕高校毕业生、就业困难群体、农村富余劳动力等三类人群，实施政策先行、措施跟进、服务到位。继续把高校毕业生就业摆在首位，促进供需有效对接，完善大学生到基层和中小企业就业的促进政策，落实“三支一扶”等基层就业的引导措施，健全大学生就业见习、就业留用的鼓励机制，三管齐下，高校毕业生实现稳定就业，应届高校毕业生就业率超过了九成。大力开发公益岗托底安置，鼓励灵活就业，落实岗位补贴、社保补贴，帮扶就业困难人员，零就业家庭保持动态为零，其他就业困难群体安置率达到86%以上；深入落实创业带动就业规划，全面完成部市共建创业带动就业试验区和四年规划纲要的目标任务；制定实施援企稳岗政策，及时稳控就业形势；实施整体分流安置政策，彻底解决了国有企业历史遗留问题。全年新增就业47.3万人，增长0.4%，年末城镇登记失业率控制在3.6%。

(三)就业结构变化明显

2012年，全市第一产业从业人员71.23万人，比上年减少1.95万人；第二产业从业人员330.89万人，比上年增加14.90万人；第三产业从业人员401.02万人，比上年增加27.03万人，服务业成为吸纳就业的主渠道。三次产业从业人数占全市的比重分别为8.9%、41.2%和49.9%，与上年相比，第一产业比重下降0.7个百分点，第二产业下降0.2个百分点，第三产业增加0.9个百分点。

图1　社会从业人员产业结构

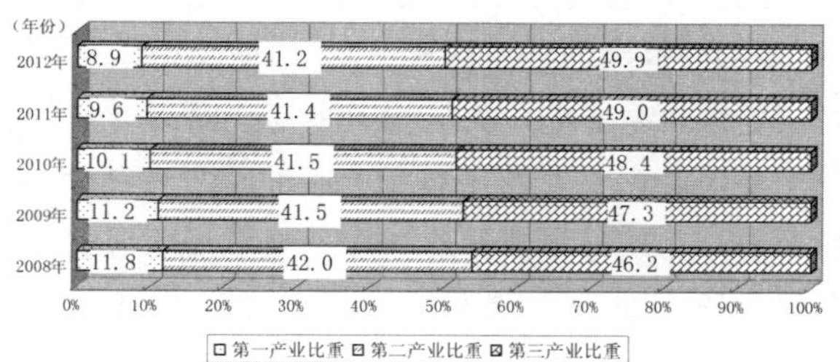

三、收入、消费同步增长，居民生活水平进一步提高

(一)多举措促进居民增收

陆续出台了一系列增加居民收入的政策措施：加大财政投入，提高中夜班费、防暑降温费等津贴补贴标准；加大对企业工资分配制度的规范与调控，发布工资指导线；最低工资标准由每月1160元提高到1310元；继续落实物价补贴联动机制，进一步提高城乡社会救助标准，再次上调企业离退休人员基本养老金标准；加快推行部分事业单位绩效工资改革等，城乡居民收入稳步增加。据国家统计局天津调查总队统计资料显示，2012年城市居民人均可支配收入29626元，增长10.1%，连续10年保持两位数增长。其中，工资性收入21524元，增长14.5%，拉动可支配收入增长9.0个百分点，对人均可支配收入增长的贡献率达89.3%，是可支配收入的首要拉动力；经营净收入增长13.3%；财产性收入增长11.5%。农村居民人均可支配收入13571元，增长14.1%，快于城市居民收入4.0个百分点。其中，工资性收入7922元，增长16.0%，占可支配收入的比重为58.4%，比上年提高0.9个百分点，拉动可支配收入增长9.2个百分点；经营净收入增长5.6%；财产性收入增长

26.1%；转移性收入增长42.1%。

表1 城市居民家庭人均收支及增幅

年份	人均可支配收入		人均消费性支出	
	(元)	增幅±%	(元)	增幅±%
2008	19423	18.7	13422	11.6
2009	21402	10.2	14801	10.3
2010	24293	13.5	16562	11.9
2011	26921	10.8	18424	11.2
2012	29626	10.1	20024	8.7

(二)消费结构继续优化

新建和改造提升了一批菜市场、早餐连锁店、社区商业中心，宜家家居、银河购物中心等大型商业设施相继开业，居民生活消费得到有效保障和提升，消费支出保持平稳增长。2012年，城市居民家庭人均消费性支出20024元，增长8.7%。服务性消费快于实物消费，人均商品性消费支出14724元，增长7.2%；人均服务性消费支出5300元，增长13.2%，快于商品性消费6.0个百分点。食品、服装、居住等生存型消费全面增长，分别增长10.2%、7.2%和5.1%，城市居民家庭恩格尔系数达36.7%；教育、旅游、医疗保健等发展享受型消费支出均实现两位数增长，分别增长25.0%、11.1%和10.0%。网络消费持续升温，城市居民人均通过互联网购买商品或服务支出增长1.2倍。农村居民消费支出明显加快。农村居民人均生活消费性支出8337元，增长24.0%，比上年加快6.5个百分点，创近16年来最快增速。其中，交通通信支出增长36.4%，文化教育娱乐支出增长41.3%，医疗保健支出增长33.0%。

表2 平均每百户居民家庭耐用消费品年末拥有量

名称	单位	城市家庭		农民家庭	
		2011年	2012年	2011年	2012年
汽车	辆	20.3	24.9	15	18
电冰箱、柜	台	107.7	107.7	96	97
彩色电视机	台	125.9	121.7	122	125
家用电脑	台	95.6	98.9	37	44
摄像机	台	13.7	16.5	1	2
照相机	架	59.3	59.1	19	23
微波炉	台	87.9	88.9	33	38
空调器	台	144.1	147.5	70	75
固定电话	部	73.9	67.8	52	56
移动电话	部	217.0	225.0	188	196

(三)物价保持稳定态势

进一步增强市场调控能力，确保市场供应充足，物价总水平稳中回落，通胀压力持续减轻。同时继续落实价补联动机制，全年共发放物价补助近1.7亿元，近400万人次受益，困难群众基本生活得到保障。2012年，城市居民消费价格同比上涨2.7%，涨幅比上年回落2.2个百分点，顺利完成了物价年度调控目标。

八大类商品和服务价格呈“六升二降”格局。其中，食品类价格上涨6.4%，拉动价格总水平上涨1.9个百分点，在构成食品类的16个中类项目中有15类上涨，食品价格仍是影响价格总水平上涨的最主要因素；衣着类价格上涨7.0%；烟酒及制品类价格上涨4.9%；医疗保健和个人用品类价格上涨2.2%；家庭设备用品及维修服务类价格上涨1.6%；居住类价格上涨0.9%；交通和通信类价格下降2.4%；娱乐教育文化用品及服务类价格下降0.7%。

四、城乡覆盖范围扩大，保障体系进一步完善

(一)社会保障实现城乡一体化

按照“人人享有基本社会保障”的要求，我市在全国率先建立起城乡一体化的居民基本养老、医疗保险制度和意外伤害附加保险制度，实现了从城镇到农村、从职工到居民的全覆盖。社会保险参保人数明显增加，592.81万人享有基本养老保障，981.30万人享有基本医疗保障,社会保险扩面征缴任务超额完成。保障能力显著增强。基金收支总规模达到1239亿元，失业、工伤、生育保险参保人数和待遇水平大幅提高；深入贯彻国家医改要求，职工、居民医保住院平均报销比例分别达到87%和65%，最高支付限额达到职工和居民收入的6倍以上；出台一系列困难群体保障政策，使未参保集体企业和困难企业退休人员、老工伤人员、低保特困人员等100多万人享有社会保

障。

(二)保障性住房建设稳步推进

再次将保障房建设位列20项民心工程之首，健全巩固了“发放三种补贴、建设三种住房”的住房保障体系，建立了市、区两级监管体系，形成了包括申请、审核、公示、年审和巡查在内的街、区、市“三级审核、三级公示”制度，确保了住房保障公开公平公正。在保障范围、建设规模、受益户数等方面居全国前列。2012年，全市保障性住房开工10.5万套，新增租房补贴家庭1万户，累计发放9.5万户。

表3 2012年各类社会保险参保人数

指　标	参保人数（万人）	比上年增长（%）
城镇职工基本医疗保险	479.07	1.0
城乡居民医疗保险	502.23	0.8
城镇职工基本养老保险	490.26	6.9
城乡居民养老保险	102.55	4.6
失业保险	268.69	3.8
工伤保险	330.06	3.0
生育保险	242.70	3.5

(三)社会救助标准继续提高

2012年末，全市城乡低保对象为26.79万人，其中城市16.64万人，农村10.15万人，城乡低保特困标准分别提高至每人每月520元和320元，农村五保供养人数达到1.28万人，供养标准提高至每人每年5560元，特困范围扩大至低保标准的140%，开展了人户分离家庭申请低保双向公示试点工作。医疗救助取消年报销封顶线，自付费用救助比例最高至55%，近10万人次受益；年度内医疗总费用10万元以上的救助对象享受重特大疾病医疗救助。

(四)社会福利体系不断完善

养老服务体系建设继续加快。率先在全国实行居家养老护理补贴，困难老人每月最高可领到600元补贴，惠及4万余人；试点养老机构向社区延伸服务，让居家老人足不出户享受到专业养老机构服务。全年新增养老机构床位4853张，总量达38490张；新建老年日间照料服务中心（站）106个，总量达800个。孤儿养育保障工作不断深化。发放孤儿“爱心保险卡”，提高孤儿基本医疗保障水平，377名孤儿获得资助。残疾人保障和服务力度进一步加大。《天津市残疾人保障条例》正式施行，残疾人权益得到全面保障。覆盖全市城乡残疾人的社会保障和公共服务体系基本建立。3.02万名残疾职工参加了社会保险；11.96万名残疾人参加城乡居民基本医疗保险；2.53万名残疾人参加城乡居民基本养老保险。5.7万名城乡困难残疾人享受低保金、特困救助金和生活救助金补贴。公益慈善事业稳步发展。全市新增8个慈善专项基金，形成7个类别、33个慈善救助项目创新销售模式，拓展市场化销售渠道，福利彩票年销量首次突破20亿元。优抚群体保障水平持续提高。继续提高义务兵家属优待金标准和一至四级残疾军人护理费标准；完成农村重点优抚对象二期安居工程。建立军休干部医疗保障标准自然增长机制，推动住房补贴政策落实，加大无军籍职工服务经费保障力度。实施了278座烈士墓原址修缮和394座烈士墓迁移修建工作；为1200余名烈士子女定期发放生活补助。

五、城市建设加快推进，公共服务水平不断提升

(一)城镇化水平继续提高

以小城镇建设、文明生态村创建、示范小城镇建设为主攻方向，探索出了一条以土地资源整合为龙头，实现资源配置；以产业结构调整为依托，实现经济发展；以人口生活方式转变为主旨，实现人的生活质量提高的城镇化发展路线。数据显示，2012年我市城镇常住人口总量为1152.49万人，比上年增加了62.05万人，增量比上年增加了5.20万人；乡村常住人口总量260.66万人，比上年减少了3.48万人。2012年全市城镇化水平达到81.55%，比上年提高了1.05个百分点。

(二)基础设施建设提速

全面落实加快建设国际港口城市和提升交通运输综合实力的要求，大力推进综合交通运输体系建设，海运、空运、铁路、公路等立体交通网络进一步完善，交通运输的城市载体功能显著增强。2012年，全市基础设施投资1913.67亿元，占全市城镇固定资产投资的比重为22.9%，增长14.5%，比上年加快5.7个百分点。津秦客运专线和地下直径线工程土建工程收尾。京津城际延长线、津保等铁路建设稳步推进。天津港30万吨级航道一期、中航油码头和临港经济区10万吨级航道等工程完工。地铁2、3、9号线联网运营，5、6号线工程全面展开。启动唐廊一期、津港二期和滨石高速建设。天津机场二期扩建工程进展顺利。年末城市铺装道路长度6058.43公里，增长1.1%；铺装道路面积10971.29万平方米，增长4.6%。

(三)公用事业服务水平再上新水平

居民生活配套设施更加健全。2012年，全市自来水综合生产能力434.00万立方米/日，比上年提高4.56万立方米/日；全社会用电量722.49亿千瓦时，增长3.9%；全年新增供热面积2103万平方米，中心城区集中供热率达到97.0%。改造一批卡口道路，新一批人行天桥建成投入使用，进一步改善了百姓生活环境。公共交通服务体系更加便捷。全年公共汽电车客运量达到13.57亿人次，比上年增长4.3%；新辟公交线路17条，年末全市公交线路536条，运营车辆8351辆。更新出租汽车1028辆，年末运营出租车31706辆。全年轨道交通客运量突破1亿人次，达到1.11亿人次。

六、文化体育建设取得新进展，百姓文体生活更加丰富

(一)文化软实力显著提升

公共文化服务设施不断完善。天津文化中心建成并投入使用，中心内有天津博物馆、天津美术馆、天津图书馆以及天津大剧院，着力打造“高雅艺术展示中心、文化艺术普及中心”，全年接待观众及读者近300万人次。全市257个公共图书馆、美术馆、文化馆（站）实现免费开放，服务内容和品质不断提升，受益群众数量显著增加。近百家街道乡镇及社区建立公共电子阅览室。组建了天津市剧院联盟，开通天津演出票务网，本市35家剧场、院团和演出经纪机构加入，实现了各大剧场演艺信息、票务的互通。实施精品战略，艺术创作实现新突破。京剧《华子良》、河北梆子《晚雪》荣获全国性大奖，京剧《香莲案》、评剧《赵锦堂》入选“国家舞台艺术精品工程重点资助剧目”。深入推进文化惠民工程，群众文化活动丰富多彩。全年共放映农村公益电影4.5万余场。

文化产业不断发展壮大。国家动漫产业综合示范园注册文化创意类企业近300家，建成了亚洲最大的动作捕捉室。国家影视网络动漫实验园和研究院内文化创意企业近70家。滨海高新区被认定为首批国家级文化和科技融合示范基地。美国卡梅隆·佩斯集团中国总部、美国好莱坞天堂影效公司等一批知名文化企业落户滨海新区。成功举办第三届中国（天津滨海）国际文化创意展交会。天津神界漫画公司的漫画作品《三国演义》荣获巴塞罗那国际漫画节特别奖。《棒槌日记》通过2012年重点动漫产品认定，8件作品入选国家动漫精品工程。天津福丰达动漫游戏制作有限公司、兆讯传媒广告股份有限公司入选第五批国家级文化产业示范基地。

(二)体育事业硕果丰盈

竞技体育实现新突破。2012年，我市运动员在国际、国内比赛中分别获得金牌37枚和29枚。其中，在伦敦奥运会上获得金牌3枚。天津女排勇夺亚俱杯冠军，天津网球女队连续12年夺得全国网球团体赛冠军，天津网球男队在全国连续3年并第七次夺冠，天津女子柔道队首获全国女子柔道冠军赛冠军。成功举办天津国际马拉松赛、2012雪地马球世界杯赛、沃尔沃高尔夫中国公开

赛、国际剑联女子世界杯大奖赛、亚欧乒乓球全明星对抗赛、世界汽车飘移系列赛、第十二届世界精武武术文化交流大会、全国田径大奖赛、中美超级女排对抗赛等国内外大型赛事，扩大了天津的知名度。全民健身服务体系初步建立。全年更新、配建了1500个健身园、建设了33个体育公园。成功举办了市第三届全民健身运动会。全年各种群体活动及各项赛事累计达到1300多场次，参加基层系列活动的人数超过450万人次。体育产业发展良好，体彩销售额再创新高，突破30亿元，增长16.8%。

七、加大环境保护力度，宜居城市建设不断深入

(一)减排污染防治工作成效明显

我市连续多年完成了主要污染物减排任务，2012年又实现了控煤300万吨的年度目标，中心城区改燃并网18座锅炉，编制实施33台小火电机组深度治理实施方案。2012年，化学需氧量排放量22.95万吨，比上年下降2.7%；氨氮排放量2.55万吨，下降3.3%；二氧化硫排放量22.45万吨，下降2.8%；氮氧化物排放量33.42万吨，下降6.9%。黄标车治理工作初见成效，淘汰黄标车9100余辆。严格落实新扩改建项目排放总量控制机制，天津碱厂、陈塘庄热电厂、纪庄子污水处理厂搬迁改造工程环保工作顺利完成。全面开展大气污染防治工作，提升改造27个环境空气质量监测子站监测设备，具备了PM2.5的监测能力。深化水环境保护监管工作，年末城市污水处理厂能力达到249.6万吨/日，污水处理率为87.5%。

(二)生态城市建设取得新进展

第二轮生态城市建设行动计划进展顺利，计划166项重点工程中的110项已完工或基本完工。生态创建示范工作不断取得进展，西青区开展了生态文明建设试点工作，华苑科技园被批准成为国家生态工业园，东丽区华明街、宝坻区周良庄镇等6个乡镇被评为国家级生态镇，津南区八里台镇、八站镇、葛沽镇被命名为市级生态镇，全市共有21个镇获得国家生态示范镇命名。

(三)环境质量保持稳定

空气、水、声环境质量继续保持较好水平。全年环境空气质量二级以上良好天数为305天。饮用水源地水质达标率连续11年保持100%。道路交通噪声平均声级67.9分贝，达到声环境质量等级一级，中心城区区域环境噪声平均声级54.3分贝，比上年有所下降。自然保护区工作不断深入。全市共有环境监测站21个，国家生态示范区1个，自然保护区8个，自然保护区面积9.11万公顷。大力推进绿色天津建设。北辰郊野公园、武清北运河郊野公园一期工程完成并对外开放。

(四)市容环境质量继续提升

不断深化环境综合整治。系统维修维护了主干道路整体环境，完成3处积水点改造，整修里巷道路30片，改造次支道路22条，综合整修建筑1400栋，城市环境要素进一步提升。全面维护补充海河沿线50公里夜景灯光设施，更换补充各类灯具，点、线、面结合的夜景灯光体系更加完备。综合整治重点地区环境治理，打造了一批展示天津城市特色的窗口。积极拓展城市绿色空间，新建提升绿地1700万平方米，新建改造一批公园，提升一批绿化节点，园林艺术与绿化风格得到充分彰显。推动一批社区环境整治，新建改造一批公厕，极大方便了群众生活。通过巩固发展，天津城市环境面貌更加清新靓丽，城市风格更加富有特色。

八、卫生保障水平整体提升，制度改革进一步深化

(一)医疗卫生服务体系更加健全

继续推进卫生“十二五”规划和卫生资源调整。第二儿童医院新建项目，中医大一附院、中

医大二附院、医大代谢病医院、市第三中心医院、市传染病医院、海河医院、天津医院、胸科医院、环湖医院等9所医院新改扩建项目进展顺利。不断加强社会办医机构管理，进一步做好鼓励和引导社会资本举办医疗机构工作。天津和睦家医院等9所中外合资合作医疗机构开诊运行，另有6所医院正在建设中。年末全市有各类卫生机构4551个，卫生机构床位53509张，执业医师及执业助理医师3.07万人，注册护士2.76万人。

(二)医疗改革稳步推进

基本药物制度基本建立。537种基本药物在政府办基层医疗机构全部实行网上集中招标采购和零差率销售。实施并顺利完成了2012年度天津市基本药物集中采购项目和配送企业遴选工作。中标药品价格比上一轮下降了33.5%，为患者降低药品费用3.3亿元。公立医院改革深入推进。以区县级公立医院为试点，采取调整医药价格、改革医保支付方式和落实政府办医责任等综合措施和联动政策，破除“以药补医”机制，在不增加患者医疗负担的前提下，让优质医疗服务获得合理合法的收入，使公立医院回归公益性。建立现代医院管理制度，探索建立理事会等多种形式的公立医院法人治理机构。

表4 天津市卫生事业基本情况

年份	卫生事业机构(个)	#医院、卫生院	卫生机构床位数(张)	#医院、卫生院	卫生技术人员数(人)	#执业(助理)医师	#注册护士
2008	2784	428	46124	41212	65115	25865	21967
2009	2617	437	46353	41921	67560	27261	23081
2010	2687	438	48828	44080	70040	28478	24193
2011	4431	461	49423	44661	73321	29833	25815
2012	4551	465	53509	48896	76922	30710	27637

注：2011年以前卫生机构不含村卫生室。

(三)服务质量稳步提升

全市各医疗卫生机构通过优化服务、提高质量、改进医风，构建和谐医患关系，有效加强了医院医疗服务质量和服务能力。多层次预约就诊体系实现全覆盖。36所三级医院和48所二级医院开展了预约诊疗服务，全市预约诊疗705.44万人次，占门诊总诊疗人次的28.0%，患者就诊平均等候时间缩短到半小时以内。实现了全时段无假日应诊。全市二级以上医院均制定相应措施，普遍推行了“早开诊、晚闭诊、午连诊、夜急诊”的全天候应诊模式。36所三级医院和51所二级医院开展无假日门诊。通过开展无假日门诊，全市增加了20%的医疗机构门诊量，相当于新建了16所医院，初步缓解了优质医疗资源供需矛盾。医疗费用增幅明显回落。2012年，城市居民人均医药费支出1320元，增长6.4%，增幅比上年回落4.1个百分点。

(四)综合保障能力增强

推进疾病预防控制体系建设。进一步加强重点传染病防治工作，继续开展消除麻疹工作，维持了我市无脊灰状态。积极创建国家慢性非传染性疾病综合防控示范区。组织实施大肠癌筛查项目。全年甲乙类传染病发病率比上年下降2.8%，连续7年保持下降趋势。艾滋病免费筛查近90万人次。手足口病重症死亡病例、聚集性发病分别比上年下降40%、10.7%。妇幼卫生工作保持高水平。2012年，开展了适龄儿童窝沟封闭预防龋齿项目试点，为全市妇女儿童提供健康服务315.9万人次；孕产妇死亡率为9.22 /10万，婴儿死亡率为4.97‰，连续7年控制在10/10万和6‰以下，达到发达国家水平。

(五)公共卫生均等化水平提高

不断完善基层医疗服务体系。村卫生室参与基本公共卫生服务建设，继续开展示范社区卫生服务中心创建及示范乡镇卫生院创建活动，启动实施家庭责任医生服务工作试点，完善对基层医疗机构的帮扶制度。继续实施“天津市高级医师百人团进社区卫生工程”，百人团医师共诊疗门诊达57.7万人次，会诊患者11.2万人次。将老年人健康管理继续扩大到60岁以上人群。扩大了高血压、糖尿病、脑卒中患者健康管理和重性精神疾病患者管理的受益人群范围。建成我市居民健康档案和电子病历数据库，居民健康档案系统实现基本全覆盖。

九、科技教育事业进步明显，为社会发展提供进一步支撑

(一)科技创新支撑引领经济发展

自主创新能力大幅提升。在化学、化工、精密仪器、干细胞、膜材料与分离技术等一批学科和技术领域保持了全国领先地位。2012年，全社会研发经费支出占生产总值比重达到2.7%。140项自主创新产业化重大项目进展顺利，151个子项实现了产业化，累计开发出新产品842项。新认定高新技术企业257家，获得国家级新产品认定16项。

科技创新体系更加完善。全市有国家级重点实验室9个，国家部委级重点实验室45个，国家级工程（技术）研究中心33个，国家级科技产业化基地24个，国家级企业技术开发中心39个，市级企业技术开发中心410个，国家技术创新示范企业5家。建成天津国际生物医药联合研究院、国家超级计算天津中心、中科院天津工业生物技术研究所、天津大学工业技术研究院等一批重大创新平台和研发转化基地，启动了863成果转化交易平台和国家中医药研发中心建设，引进了中国电子科技集团光电研究院、中国直升机研究所等多家国家级科研院所，建成了生物医药、航空航天、高性能计算机等一批高端研发制造基地。

科技型中小企业快速成长。近年来，我市出台了一系列具体措施，在财政投入、金融支持等方面实施政策聚焦，迅速扩大科技型中小企业的群体规模，形成"铺天盖地"的发展势头。同时，扶植掌握核心技术的科技型中小企业做大做强，培育了一大批"顶天立地"的科技小巨人企业。2012年末科技型中小企业达到3.5万家，小巨人企业1828家，打造出一批具有高技术含量的拳头产品。科技型中小企业的发展与大项目好项目建设相互促进，对我市产业水平提升、结构调整、科技创新起到巨大推动作用。

科技成果丰硕喜人。2012年，我市全年完成市级科技成果2030项，其中，基础理论成果221项，应用技术成果1786项，软科学成果23项；属于国际领先水平的66项，达到国际先进水平338项。16项科技成果获得国家科学技术奖。全年被国际三大检索系统收录科技论文1.7万篇。全年签订技术合同13409项，合同额251.22亿元，增长46.4%；交易额172.11亿元，增长51.0%。综合科技进步水平和公民科学素质达标率继续保持全国前列。

知识产权创造充满活力。2012年，全市专利创造能力快速提升，主要指标再创历史新高。全市专利申请4.15万件，专利授权突破2万件，有效专利达到5.2万多件，分别增长14.5%、43.1%、30.8%，专利授权和有效专利总量提前三年实现"十二五"规划目标。申请注册商标2.2万件，驰名商标新增34件，总量达到110件。审核登记图书涉外版权合同333个，176种产品获得天津名牌称号，新增植物新品种权申请28件。

表5 申请、授权和有效专利状况

单位：件

指　标	2008	2009	2010	2011	2012
专利申请数	17425	19187	25142	36258	41500
# 发明专利	6146	6578	7656	10007	13750
专利授权数	6621	7216	10998	13982	20003
# 发明专利	1463	1793	1933	2528	3363
年末有效专利数	17319	20515	29672	40016	52338
# 发明专利	3912	4919	6516	8439	10137

人才队伍建设得到进一步加强。年末全市人才总量达到214万人，其中专业技术人才114万人，312人入选国家和本市"千人计划"，在津院士37人，国家突贡专家、特贴专家、百千万人才工程等高层次人才4726人。新建博士后工作站11个，年末博士后流动站、工作站229个，在站博士后850人。全市高级以上技术工人36.7万人，占全市技工队伍的比重为27.5%。

(二)教育事业优先发展成效显著

城乡基础教育实现较高水平均衡发展。在全国率先全面完成学前教育三年行动计划，基本解决"入园难"问题。全面完成义务教育学校和特

殊教育学校现代化标准建设。完成最后一批110所义务教育学校现代化标准建设任务，全市1190所义务教育学校和16所区县特殊教育学校通过达标验收。在143所义务教育学校推行了标准化服务。以内涵建设为重点，启动实施了新一轮义务教育学校现代化标准建设（2013-2015年）。

高等教育质量进一步加强。完成高校“十二五”综合投资规划年度建设任务，84个重点建设学科纳入国家第三轮一级学科评估。新增11个学士学位授权单位。新增12门国家精品视频公开课程。与教育部签署共建天津职业技术师范大学协议。理工大学、体育学院新增博士学位授予单位立项建设扎实推进，圆满完成医科大学“211工程”三期建设验收工作。

职业教育优势特色更加突出。国家职业教育改革创新示范区建设取得新进展。海河教育园区二期工程建设顺利实施；园区一期建设成果得到巩固，着力推进课程互选、教师互聘、学分互认，促进资源共享，实现“两课”通选，3个专业共建互选。启动中职德育三年行动计划。试办中高职五年系统化培养试验班。高职与本科院校联合培养高端技能型人才试点工作实现高起步。7所中职学校入选国家中职示范校立项建设单位。积极开展社会培训，参与开发270个“技能培训包”，社会培训量接近6万人次。成功举办2012年全国职业院校技能大赛。

表6 2012年各级各类学校情况

学校类别	学校数（所）	毕业生数（万人）	招生数（万人）
合计	1514	38.73	42.56
普通高等学校	55	11.30	14.19
普通中等专业学校（含技校）	71	3.35	3.10
职业中学	26	0.79	0.83
普通中学	519	14.63	14.19
小学	843	8.65	10.25

学校类别	在校学生数（万人）	专任教师数（万人）
合计	156.16	11.80
普通高等学校	47.31	2.99
普通中等专业学校（含技校）	9.23	0.66
职业中学	2.62	0.22
普通中学	43.78	4.15
小学	53.23	3.78

十、和谐稳定再上新水平，政府自身建设进一步加强

（一）行政效能和服务水平不断提高

按照廉洁、勤政、务实、高效的要求，依法行政，尽职尽责，努力工作，行政效能和服务管理水平不断提高。加强政府法制建设，提请市人大常委会审议地方性法规38件，制定政府规章57件，开展依法行政考核，健全决策程序规则，完善行政复议工作，行政执法更加规范。转变工作作风，连续四年开展干部下基层帮扶活动，协调解决了一大批实际问题。行政审批制度改革成效明显，审批效率提高80%以上，全面建成三级行政服务中心。“8890”服务网络办理群众求助事项1200万件。积极推行政务公开，完善重大事项公示、听证制度和新闻发言人制度。完善应急管理体制，应对各类突发事件的能力不断提高。

（二）社会管理体系不断完善

社区社会服务管理工作创新步伐加快。2012年，我市积极推动建立社区、社区公益性社会组织、社会工作人才高效联动的“三社联动”社区社会管理创新模式；完成村（居）委会换届选举，城市社区实现100%直选；全面开展村级民主监督工作。协调落实城乡结合部39个小区管理归属，确立责任归属原则，困扰城市管理多年的难题得以解决。建立城市社区居委会成员生活补贴自然增长机制；社会组织党组织和党的工作实现全覆盖。争取中央财政支持社会组织参与社会建设项目6个，获资260万元；投入市级福利彩票公益金186万元，扶持16个社会组织承担政府公共服务项目。

（三）社会秩序持续良好

平安天津建设扎实推进。2012年，全市公安机关共破获刑事案件5.1万余起，绑架案件连续11年全部破获，命案破案率达到96%以上；抢劫、盗窃等案件发案下降；不间断地开展社会治安整治行动，共查处治安案件25.5万起。人民群众的

安全感、满意度连续9年保持在90%以上，2012年分别达到95.57%和95.70%，再创历史新高。继2008年、2011年荣获最具幸福感城市后，2012年天津荣获中国最具幸福感城市金奖，社会治安指标排名全国第一。

(四)公共安全保障加强

食品安全状况持续向好。扎实推进“放心食品”工程建设。在已经推出“放心馒头”的基础上，又推出了“放心猪肉、放心菜基地建设、放心奶、放心餐馆”等放心食品系列工程建设。不断创新食品监管方式，研究发布了天津市加工食品质量指数（FQI），开创了国内先例。2012年，我市食品质量稳步提高，未发生食品生产领域质量安全重大责任事故。全年抽样检验67个品种1787批次食品，合格率为95.2%，比上年提高0.9个百分点。

安全生产工作取得新成效。2012年我市实施危化企业分级分类监管，狠抓隐患排查治理，重点行业领域专项整治取得显著成效，安全生产形势好于上年。全市亿元生产总值生产安全事故死亡人数为0.081人，比上年下降15.7%。各类安全事故共死亡人数比上年下降3.7%，其中生产安全事故死亡人数比上年下降6.3%。加大道路安全整治力度，全年开展道路交通专项整治行动32次，排查事故隐患点段85处、治理81处，道路交通事故死亡人数比上年下降6.6%。

（李萍　王雪飞　申娟）

综合

General Survey

1

1-1 行政建制(2012年底)
Administrative Divisions, End of 2012

单位：个 (unit)

项　　目	Item	街道办事处 Subdistrict Offices	居民委员会 Residents' Committees	镇政府 Town Governments	乡政府 Township Governments	村民委员会 Village Committees
全市总计	**Total**	**111**	**1448**	**123**	**11**	**3782**
市辖区	**Districts under City Administration**	**110**	**1356**	**71**	**5**	**2167**
和平区	Heping District	6	62			
河东区	Hedong District	13	158			
河西区	Hexi District	13	166			
南开区	Nankai District	12	170			
河北区	Hebei District	10	101			
红桥区	Hongqiao District	10	171			
东丽区	Dongli District	10	63			109
西青区	Xiqing District	2	56	7		149
津南区	Jinnan District		36	8		165
北辰区	Beichen District	5	99	9		126
武清区	Wuqing District	6	33	19	5	707
宝坻区	Baodi District	3	27	21		765
滨海新区	Binhai New Area	20	214	7		146
市辖县	**Counties under City Administration**	**1**	**92**	**52**	**6**	**1615**
宁河县	Ninghe County		29	11	3	282
静海县	Jinghai County		35	16	2	384
蓟　县	Jixian County	1	28	25	1	949

资料来源：天津市民政局。
Source: Tianjin Municipal Civil Affairs Bureau.

1-2 土地面积(2011年)
Area of Land, 2011

项　　目	Item	面　积 (平方公里) Area(sq. km)	占全市土地总面积比重(%) Percentage to Total Area (%)
全市土地总面积	**Total Land Area**	**11916.85**	**100.0**
农用地	**Land for Agricultural Production**	**7097.65**	**59.6**
耕　地	Cultivated Land	4407.46	37.0
园　地	Garden Plot	308.77	2.6
林　地	Afforested Land	558.17	4.7
其他农用地	Others	1823.25	15.3
建设用地	**Land for Construction**	**3946.13**	**33.1**
居民点及工矿用地	Land for Residents and Industry	3160.56	26.5
交通用地	Land for Transportation	251.84	2.1
水利设施用地	Land for Water Conservancy	533.73	4.5
未利用地面积	**Unused Area**	**873.07**	**7.3**
未利用土地	Unused Soil	177.14	1.5
其他土地	Other Land	695.93	5.8

资料来源：天津市国土资源和房屋管理局。
Source: Tianjin Municipal Bureau of Land Resources and Housing Administration.

1-3 各月份气象资料(2012年)
Meteorological Data of Each Month, 2012

月 份	Month	平均气温 Average Temperature (℃)	最高气温 Highest Temperature (℃)	最低气温 Lowest Temperature (℃)	平均相对湿度 Average Relative Humidity (%)	日照时数(小时) Hours of Sunshine (hour)	降水量(毫米) Precipitation (mm)	一日最大降水量(毫米) Largest Precipitation in One Day (mm)	平均风速(米/秒) Average Wind Speed (m/sec)
全 年	**Year**	**13.8**	**37.9**	**-10.5**	**54**	**2144.4**	**736.5**	**126.2**	**1.4**
一 月	January	-2.0	6.2	-8.8	50	127.4			1.3
二 月	February	-0.3	11.5	-9.9	38	181.2			1.3
三 月	March	6.3	24.0	-3.8	44	198.4	7.9	4.5	1.6
四 月	April	16.3	30.4	3.7	48	225.9	46.1	38.5	1.9
五 月	May	23.2	35.1	14.5	49	241.6	8.1	4.0	1.6
六 月	June	25.4	37.6	17.1	65	177.7	105.5	31.7	1.6
七 月	July	28.1	37.9	19.9	70	183.0	309.9	126.2	1.4
八 月	August	26.1	34.2	18.5	72	178.9	103.9	47.0	1.3
九 月	September	22.3	32.6	12.5	59	209.6	65.1	32.2	1.0
十 月	October	16.3	27.7	4.2	54	175.1	27.2	13.0	1.0
十一月	November	6.0	17.3	-2.2	53	149.3	51.6	23.9	1.2
十二月	December	-2.5	5.0	-10.5	50	96.3	11.2	8.9	1.2

1-4 各区县气象资料(2012年)
Meteorological Data by District and County, 2012

地 区 Region	全年平均气温 Annual Average Temperature (℃)	平均相对湿度 Average Relative Humidity (%)	日照时数(小时) Hours of Sunshine(hour)	降水量(毫米) Precipitation (mm)	无霜期(天) Non-frosting Period (day)	雾天数(天) Foggy Days (day)
市 区 Urban District	13.8	54	2144.4	736.5	230	8
东丽区 Dongli District	13.1	55	2286.7	765.4	217	8
西青区 Xiqing District	12.5	57	2174.8	755.3	229	23
津南区 Jinnan District	12.5	60	2465.5	855.2	209	9
北辰区 Beichen District	12.3	61	2504.8	1001.7	222	10
武清区 Wuqing District	12.7	54	2396.4	1014.1	222	15
宝坻区 Baodi District	11.3	60	2367.7	880.5	216	19
滨海新区 Binhai New Area						
# 塘 沽 Tanggu	12.8	56	2495.7	833.9	229	8
汉 沽 Han'gu	12.0	68	2525.5	768.6	210	33
大 港 Dagang	12.8	58	2413.0	987.1	221	8
宁河县 Ninghe County	11.8	67	2399.4	780.4	222	22
静海县 Jinghai County	12.7	58	2332.1	899.3	196	13
蓟 县 Jixian County	12.6	52	2220.7	932.3	203	11

资料来源：天津市气象信息中心。
Source: Tianjin Meteorological Information Center.

1-5 法人和产业活动单位数 (2012年底) (按登记注册类型分)
Number of Judicial Entities and Establishments, End of 2012 (Grouped by Registered Type)

单位：个 (unit)

项　目	Item	合　计 Total	法人单位 Judicial Entities	# 企业法人 Enterprise Judicial Entities	产业活动单位 Establishments
总　计	**Total**	**234370**	**216026**	**196391**	**18344**
内资企业	**Domestic-funded**	**224490**	**208226**	**188679**	**16264**
国　有	State-owned	19029	13105	4466	5924
集　体	Collective-owned	7180	6123	5454	1057
股份合作	Cooperative	1353	1114	1079	239
联营企业	Joint Ownership Enterprises	400	353	318	47
国有联营	State Joint Ownership	90	66	61	24
集体联营	Collective Joint Ownership	138	127	115	11
国有与集体联营	State-owned and Collective Joint Ownership	60	57	52	3
其他联营	Others	112	103	90	9
有限责任公司	Limited Liability Corporations	28231	25651	25287	2580
国有独资公司	Sole State-owned Corporations	667	377	375	290
其他有限责任公司	Other Limited Liability Corporations	27564	25274	24912	2290
股份有限公司	Share Holding Corporations Ltd.	4165	2217	2185	1948
私营企业	Private Enterprises	144545	141648	140384	2897
私营独资	Sole Private Enterprises	19991	19680	19233	311
私营合伙	Private Partnership	5664	5614	5429	50
私营有限责任公司	Private Limited Liability Corporations	115211	112821	112244	2390
私营股份有限公司	Private Share Holding Corporations Ltd.	3679	3533	3478	146
其　他	Others	19587	18015	9506	1572
港、澳、台商投资企业	**Enterprises with Investment from Hong Kong, Macao and Taiwan**	**2698**	**2037**	**2018**	**661**
与港澳台商合资经营	Hong Kong, Macao and Taiwan Joint Venture	819	728	724	91
与港澳台商合作经营	Hong Kong, Macao and Taiwan Cooperative Operation	181	41	41	140
港澳台商独资	Hong Kong, Macao and Taiwan Funded Solely	1580	1196	1182	384
港澳台商投资股份有限公司	Hong Kong, Macao and Taiwan Share Holding Corporations Ltd.	99	66	65	33
其他港澳台投资	Others	19	6	6	13
外商投资企业	**Foreign Funded Enterprises**	**7182**	**5763**	**5694**	**1419**
中外合资经营	Chinese-foreign Joint Venture	1953	1677	1652	276
中外合作经营	Chinese-foreign Cooperative Operation	147	132	125	15
外资企业	Foreign Investment Enterprise	4735	3824	3791	911
外商投资股份有限公司	Foreign-funded Share Holding Corporations Ltd.	313	104	102	209
其他外商投资	Others	34	26	24	8

1-6 法人活动单位数(2012年底)(按行业类别分)
Number of Judicial Entities, End of 2012 (Grouped by Sector)

单位：个 (unit)

项　目	Item	合 计 Total	法人单位 Judicial Entities	# 企业法人 Enterprise Judicial Entities	产业活动单位 Establishments
总　计	Total	234370	216026	196391	18344
农、林、牧、渔业	Farming, Forestry, Animal Husbandry and Fishery	3583	3555	2703	28
农　业	Farming	1704	1702	1190	2
林　业	Forestry	242	241	196	1
畜牧业	Animal Husbandry	790	778	650	12
渔　业	Fishery	443	441	381	2
农、林、牧、渔服务业	FFAF Services	404	393	286	11
采矿业	Minerals Mining	141	109	109	32
煤炭开采和洗选业	Mining and Washing of Coal	7	7	7	
石油和天然气开采业	Extraction of Petroleum and Natural Gas	13	7	7	6
黑色金属矿采选业	Mining and Processing of Ferrous Metal Ores	19	19	19	
有色金属矿采选业	Mining and Processing of Non-Ferrous Metal Ores	6	6	6	
非金属矿采选业	Mining and Processing of Nonmetal Ores	37	33	33	4
开采辅助活动	Mining Assistant Activities	56	34	34	22
其他采矿业	Mining of Other Ores	3	3	3	
制造业	Manufacturing	48447	47942	47942	505
农副食品加工业	Processing of Food from Agricultural Products	1068	1056	1056	12
食品制造业	Manufacture of Food	1149	1103	1103	46
酒、饮料和精制茶制造业	Manufacture of Alcohol, Beverages and Refined Tea	283	276	276	7
烟草制品业	Manufacture of Tobacco	1	1	1	
纺织业	Manufacture of Textile	1230	1223	1223	7
纺织服装、服饰业	Manufacture of Textile Wearing and Apparel	1748	1737	1737	11
皮革、毛皮、羽毛及其制品和制鞋业	Manufacture of Leather, Fur, Feather and Related Products, Footware	441	438	438	3
木材加工及木、竹、藤、棕、草制品业	Processing of Timber, Manufacture of Wood, Bamboo, Rattan, Palm and Straw Products	698	695	695	3
家具制造业	Manufacture of Furniture	762	755	755	7
造纸和纸制品业	Manufacture of Paper and Paper Products	1539	1523	1523	16
印刷和记录媒介复制业	Printing, Reproduction of Recording Media	1133	1121	1121	12
文教、工美、体育和娱乐用品制造业	Manufacture of Articles for Culture, Education, Industrial Arts, Sport Activity and Amusement	1207	1202	1202	5
石油加工、炼焦和核燃料加工业	Processing of Petroleum, Coking, Processing of Nuclear Fuel	182	179	179	3

1-6 续表1 Continued

单位：个 (unit)

项　　目	Item	合　计 Total	法人单位 Judicial Entities	# 企业法人 Enterprise Judicial Entities	产业活动单位 Establishments
化学原料和化学制品制造业	Manufacture of Raw Chemical Materials and Chemical Products	2896	2859	2859	37
医药制造业	Manufacture of Medicines	493	485	485	8
化学纤维制造业	Manufacture of Chemical Fibers	61	59	59	2
橡胶和塑料制品业	Manufacture of Rubber and Plastic	3103	3077	3077	26
非金属矿物制品业	Manufacture of Non-metallic Mineral Products	2238	2206	2206	32
黑色金属冶炼和压延加工业	Smelting and Pressing of Ferrous Metals	1481	1471	1471	10
有色金属冶炼和压延加工业	Smelting and Pressing of Non-ferrous Metals	562	560	560	2
金属制品业	Manufacture of Metal Products	6841	6794	6794	47
通用设备制造业	Manufacture of General Purpose Machinery	5477	5439	5439	38
专用设备制造业	Manufacture of Special Purpose Machinery	3728	3689	3689	39
汽车制造业	Manufacture of Motorcar	1164	1149	1149	15
铁路、船舶、航空航天和其他运输设备制造业	Railway, Watercraft, Aerospace and Other Transport Equipment	1760	1748	1748	12
电气机械和器材制造业	Manufacture of Electrical Machinery and Equipment	2535	2516	2516	19
计算机、通信和其他电子设备制造业	Manufacture of Computers, Communication and Other Electronic Equipment	1914	1855	1855	59
仪器仪表制造业	Manufacture of Measuring Instruments	1014	1007	1007	7
其他制造业	Other Manufacturing	844	835	835	9
废弃资源综合利用业	Comprehensive Recycling of Waste	343	339	339	4
金属制品、机械和设备修理业	Metal Products, Machine and Equipment Repair	552	545	545	7
电力、热力、燃气及水生产和供应业	**Production and Supply of Electricity, Heat, Gas and Water**	**757**	**495**	**495**	**262**
电力、热力生产和供应业	Production and Supply of Electric Power and Heat Power	394	265	265	129
燃气生产和供应业	Production and Supply of Gas	196	85	85	111
水的生产和供应业	Production and Supply of Water	167	145	145	22
建筑业	**Construction**	**11376**	**10609**	**10609**	**767**
房屋建筑业	Building Engineering	1892	1537	1537	355
土木工程建筑业	Civil Engineering	2278	2106	2106	172
建筑安装业	Building Installation	2802	2700	2700	102
建筑装饰和其他建筑业	Building Decoration and Others	4404	4266	4266	138

1-6 续表2 Continued

单位：个 (unit)

项　目	Item	合 计 Total	法人单位 Judicial Entities	# 企业法人 Enterprise Judicial Entities	产业活动单位 Establishments
批发和零售业	**Wholesale and Retail Trade**	**72146**	**67455**	**67455**	**4691**
批发业	Wholesale	51482	50309	50309	1173
零售业	Retail	20664	17146	17146	3518
交通运输、仓储和邮政业	**Transportation, Storage and Post Services**	**11047**	**10288**	**10288**	**759**
铁路运输业	Railway Transport	126	104	104	22
道路运输业	Highway Transport	3328	3202	3202	126
水上运输业	Waterway Transport	359	331	331	28
航空运输业	Air Transport	57	42	42	15
管道运输业	Pipeline Transport	11	9	9	2
装卸搬运和运输代理业	Load & Unload and Transportation Agent	5278	5014	5014	264
仓储业	Storage Services	1518	1449	1449	69
邮政业	Post Services	370	137	137	233
住宿和餐饮业	**Accommodation and Catering Services**	**4015**	**3226**	**3226**	**789**
住宿业	Accommodation	864	778	778	86
餐饮业	Catering Services	3151	2448	2448	703
信息传输、软件和信息技术服务业	**Information Transmitting, Software and Information Technology Services**	**4123**	**3509**	**3398**	**614**
电信、广播电视和卫星传输服务	Telecommunication, Broadcast Television and and Satellite Transmission Services	645	146	135	499
互联网和相关服务	Internet and Relative Services	390	359	338	31
软件和信息技术服务业	Software and Information Technology Services	3088	3004	2925	84
金融业	**Finance Intermediation**	**4890**	**2366**	**2366**	**2524**
货币金融服务	Monetary and Financial Services	2758	784	784	1974
资本市场服务	Capital Market Services	865	768	768	97
保险业	Insurance	596	159	159	437
其他金融业	Others Finance	671	655	655	16
房地产业	**Real Estate**	**7294**	**6060**	**5960**	**1234**
租赁和商务服务业	**Leasing and Business Services**	**23281**	**22290**	**21057**	**991**
租赁业	Leasing Services	1620	1580	1539	40
商务服务业	Business Services	21661	20710	19518	951

1-6 续表3 Continued

单位：个 (unit)

项目	Item	合计 Total	法人单位 Judicial Entities	#企业法人 Enterprise Judicial Entities	产业活动单位 Establishments
科学研究和技术服务业	**Scientific Research and Technical Services**	**11859**	**11498**	**10380**	**361**
研究与试验发展	R&D	771	761	660	10
专业技术服务业	Special Technical Services	5402	5129	4367	273
科技推广和应用服务业	Science and Technology Generalizing and Application Services	5686	5608	5353	78
水利、环境和公共设施管理业	**Management for Water Conservancy, Environment and Public Facilities**	**1652**	**1521**	**920**	**131**
水利管理业	Management for Water Conservancy	363	305	88	58
生态保护和环境治理业	Ecological Protection and Management for Environment	142	137	97	5
公共设施管理业	Management for Public Facilities	1147	1079	735	68
居民服务、修理和其他服务业	**Resident Services，Repair and Other Services**	**8278**	**7866**	**7070**	**412**
居民服务业	Resident Services	2448	2251	1882	197
机动车、电子产品和日用产品修理业	Motor Vehicle, Electronic Products and Household Products Repair Industry	1680	1616	1540	64
其他服务业	Others	4150	3999	3648	151
教育	**Education**	**4416**	**3546**	**558**	**870**
卫生和社会工作	**Health Care and Social Work**	**2712**	**1362**	**344**	**1350**
卫生	Health Care	2455	1137	332	1318
社会工作	Social Work	257	225	12	32
文化、体育和娱乐业	**Culture, Sports and Recreational Services**	**2263**	**2187**	**1483**	**76**
新闻和出版业	News Publication	162	153	67	9
广播、电视、电影和影视录音制作业	Broadcast, TV, Movies, Video and Record Production Industry	250	236	162	14
文化艺术业	Culture and Art	669	651	421	18
体育	Sports	402	385	202	17
娱乐业	Recreational Services	780	762	631	18
公共管理、社会保障和社会组织	**Public Management,Social Security and Social Organizations**	**12090**	**10142**	**28**	**1948**
中国共产党机关	Chinese Communist Party Agencies	291	265		26
国家机构	Government Agencies	3692	2428		1264
人民政协、民主党派	The People's Political Consultative Conference Committees and Democracy Party Groupings	65	61		4
社会保障	Social Security	418	196	25	222
群众团体、社会团体和其他成员组织	Mass Organizations, Social Organizations and Other Groups	2399	1969	3	430
基层群众自治组织	Grass-roots Mass Autonomy Organizations	5225	5223		2

1-7 主要年份国民经济主要指标和增长速度
Main Indicators and Increase Rate of National Economy in Main Years

年 份 Year	户籍人口(万人) Registered Population (10 000 persons)	社会从业人员(万人) Number of Employment Personnel (10 000 persons)	#城镇非私营单位从业人员 Employment Personnel in Urban Non-Private Units	全市生产总值(亿元) Gross Domestic Product (100 million yuan)	人均生产总值(元) Per Capita GDP (yuan)	社会劳动生产率(元/人) Society Labour Productivity (yuan/person)
1952	439.22	159.50	45.18	12.80	298	825
1957	529.65	186.50	86.24	24.11	465	1311
1962	595.63	203.80	106.48	24.25	406	1166
1965	637.80	227.50	120.30	35.96	560	1602
1970	652.70	270.20	135.81	50.99	781	1960
1975	702.86	328.60	181.46	69.73	991	2232
1978	724.27	366.70	217.40	82.65	1133	2300
1980	748.91	394.79	242.69	103.53	1357	2671
1985	804.80	455.98	276.48	175.78	2169	3892
1990	866.25	470.07	284.31	310.95	3487	6617
1995	894.67	515.30	289.59	931.97	9769	18126
2000	912.00	486.89	201.75	1701.88	17353	34208
2005	939.31	542.52	194.12	3905.64	37796	72982
2006	948.89	562.92	195.00	4462.74	42141	80741
2007	959.10	613.93	200.22	5252.76	47970	89268
2008	968.87	647.32	200.61	6719.01	58656	106545
2009	979.84	677.13	201.65	7521.85	62574	113585
2010	984.85	728.70	205.65	9224.46	72994	131232
2011	996.44	763.16	268.24	11307.28	85213	151586
2012	993.20	803.14	289.07	12893.88	93173	164641
平均每年递增(%) Average Annual Increase Rate(%)						
1953-1957	3.8	3.2	13.8	13.5	9.3	9.7
1958-1962	2.4	1.8	4.3	-1.7	-4.4	-4.1
1963-1965	2.3	3.7	4.2	15.5	12.7	12.6
1966-1970	0.5	3.5	2.5	8.3	7.9	5.1
1971-1975	1.5	4.0	6.0	7.2	5.6	3.4
1976-1980	1.3	3.7	6.0	7.4	5.7	2.9
1981-1985	1.4	2.9	2.6	9.3	8.0	6.0
1986-1990	1.5	0.6	0.6	5.2	3.2	4.4
1991-1995	0.6	1.9	0.4	11.7	10.2	9.7
1996-2000	0.4	-1.1	-7.0	11.3	10.7	12.0
2001-2005	0.6	2.2	-0.8	14.0	12.8	12.3
2006-2010	1.0	6.1	1.2	16.1	11.6	10.0
1953-2012	1.4	2.7	3.1	9.6	7.5	6.8
1979-2012	0.9	2.3	0.8	11.4	9.3	8.9
2012比2011	-0.3	5.2	7.8	13.8	9.2	8.4

注：1.本表全市生产总值、人均生产总值、社会劳动生产率速度按可比价计算。2. 城镇非私营单位从业人员2012年以前为城镇单位从业人员。
Note:a)Increase rate of gross domestic product, per capita GDP and society labour productivity are calculated at constant prices. b) Employment personnel in urban non-private units are employment personnel in urban units before 2012.

1-7 续表1 Continued

单位：亿元 (100 million yuan)

年 份 Year	农林牧渔业总产值 Gross Output Value of Farming, Forestry, Animal Husbandry and Fishery	工业总产值 Gross Output Value of Industry	轻工业 Light Industry	重工业 Heavy Industry	中资金融机构人民币存款余额 RMB Deposits of Chinese Financial Institutions	# 储 蓄 存款余额 Saving Deposit Balance
1952	2.73	19.71	16.36	3.35	2.66	0.50
1957	3.23	40.44	29.01	11.43	3.08	1.05
1962	2.78	45.39	29.12	16.27	10.33	0.93
1965	4.82	66.35	39.08	27.27	12.19	1.57
1970	5.20	102.77	54.83	47.94	14.54	1.59
1975	5.39	145.57	74.47	71.10	25.69	2.88
1978	6.72	157.90	81.47	76.43	33.24	4.02
1980	9.25	195.94	106.00	89.94	44.92	7.96
1985	20.44	319.47	164.22	155.25	114.25	29.38
1990	51.72	679.94	354.50	325.44	263.21	126.92
1995	125.44	1879.65	752.03	1127.62	1079.97	549.97
2000	156.30	3080.74	1263.10	1817.64	2281.55	1172.40
2005	238.34	7169.62	1569.06	5600.56	5684.40	2462.41
2006	225.04	8907.45	1664.03	7243.42	6531.94	2811.02
2007	240.74	10502.91	1967.37	8535.54	7856.65	3078.72
2008	268.11	13042.91	2190.54	10852.37	9490.11	3956.86
2009	281.65	13384.25	2290.38	11093.87	13390.21	4860.12
2010	317.33	17107.19	2800.45	14306.74	15912.21	5525.28
2011	349.48	21528.34	3746.71	17781.63	16910.52	6072.66
2012	375.62	24194.13	4728.22	19465.91	19356.08	6991.09
平均每年递增(%) Average Annual Increase Rate(%)						
1953-1957	3.8	16.6	13.5	29.5	3.0	16.0
1958-1962	-2.6	0.4	-1.3	4.5	27.4	-2.3
1963-1965	18.8	15.5	12.8	20.6	5.7	19.0
1966-1970	1.1	10.3	7.5	14.5	3.6	0.3
1971-1975	1.1	8.5	6.7	10.6	12.1	12.6
1976-1980	3.5	6.0	7.7	4.1	11.8	22.5
1981-1985	9.7	9.7	10.1	9.1	20.5	29.8
1986-1990	8.6	10.6	10.2	11.2	18.2	34.0
1991-1995	7.0	20.7	16.3	24.9	32.6	34.1
1996-2000	6.2	15.2	15.8	14.8	16.1	16.3
2001-2005	6.1	21.5	10.4	27.4	20.0	16.0
2006-2010	3.1	21.5	15.7	22.8	47.5	36.4
1953-2012	5.0	13.1	11.0	15.8	16.0	17.2
1979-2012	6.9	16.4	14.3	17.5	20.6	24.5
2012比2011	3.2	14.8	28.7	11.9	14.5	15.1

注：1. 农林牧渔业总产值增速按可比价计算。2. 工业总产值1995年以后为现价新规定，以前为原规定，增速按可比价计算，以下各表同。3. 中资金融机构人民币存、贷款余额为当年年末数。

Note: a) Increase rate of gross output value of farming, forestry, animal husbandry and fishery are based on constant prices. b) Gross output value of industry are calculated at current prices according to new stipulation after 1995, others are former stipulation. Increase rate is based on constant prices. Same as following next. c) RMB deposits and loans of financial institutions are year-end figures.

1-7 续表2 Continued

单位：亿元 (100 million yuan)

年 份 Year	中资金融机构人民币贷款余额 RMB Loans of Chinese Financial Institutions	财 政 收 入 Total Government Revenue	财 政 支 出 Total Government Expenditures	全社会固定资产投资额 Total Investment in Fixed Assets	# 地 方 Local	全社会新增固定资产 Total Newly Increased in Fixed Assets
1952	0.46	3.88	1.08	1.03	0.32	
1957	10.91	7.99	1.63	2.40	1.13	
1962	24.96	9.77	2.49	1.86	1.33	
1965	25.25	13.33	3.50	2.91	1.84	
1970	39.04	28.02	6.40	6.17	4.34	
1975	68.59	39.17	10.61	16.25	8.88	
1978	80.14	39.25	14.51	20.30	10.03	
1980	102.66	40.94	14.67	23.92	14.53	17.84
1985	191.04	48.21	26.97	65.90	50.80	42.62
1990	415.91	44.88	40.20	87.69	57.47	65.16
1995	1113.95	117.34	90.37	393.18	309.75	300.86
2000	1863.60	244.81	209.57	608.80	463.83	434.28
2005	4417.45	725.81	520.28	1516.84	1288.85	847.79
2006	5106.94	926.33	654.15	1849.80	1523.01	1423.73
2007	6131.63	1204.65	839.35	2383.63	1915.38	1302.95
2008	7277.46	1490.06	1063.25	3404.10	2766.74	1873.10
2009	10513.44	1809.28	1467.11	5006.32	4046.33	2574.48
2010	12864.75	1068.81	1376.84	6511.42	5762.13	3296.45
2011	14897.72	1455.13	1796.33	7510.67	6931.68	3666.76
2012	16977.76	1760.02	2143.21	8871.31	8231.15	4464.90
平均每年递增(%) Average Annual Increase Rate (%)						
1953-1957	88.3	15.5	8.6	20.8	36.6	
1958-1962	18.0	4.1	8.8	24.4	45.7	
1963-1965	0.4	10.9	12.0	26.4	20.7	
1966-1970	9.1	16.0	12.8	6.7	4.1	
1971-1975	11.9	6.9	10.6	22.0	14.0	
1976-1980	8.4	0.9	6.7	6.5	7.7	
1981-1985	13.2	3.3	12.9	20.8	29.6	23.6
1986-1990	16.8	-1.4	8.3	6.7	2.3	13.4
1991-1995	21.8	21.2	17.6	36.8	43.3	35.1
1996-2000	10.8	15.9	18.3	10.6	9.1	9.1
2001-2005	18.8	24.3	19.9	19.4	22.9	13.4
2006-2010	23.8	29.8	33.1	32.7	32.1	31.8
1953-2012	19.2	12.1	14.2	15.6	17.8	
1979-2012	17.1	14.2	17.2	18.9	21.2	
2012比2011	14.0	21.0	19.2	18.1	18.7	21.8

注：1994-2009年财政收支为全市财政收支口径，其余年份财政收支为地方一般预算财政收支口径；1994年以后为分税制后的财政收支数；增长速度按可比口径计算。

Note: From 1994 to 2009, government revenue and expenditure adopt the coverage of total city, and other years refer to local government budgetary revenue and expenditure. Figures have adjusted since the reform of tax system was implemented in 1994. Increase rate is calculated on the basis of constant coverage.

1-7 续表3 Continued

年 份 Year	全社会房屋建筑竣工面积(万平方米) Total Floor Space of Buildings Completed (10 000 sq. m)	#住 宅 Residential Buildings	社 会 货运量(万吨) Freight Traffic (10 000 tons)	港口货物吞吐量(万吨) Freight Handled in Ports (10 000 tons)	邮电业务总量（不变价）(万元) Total Business Value of Post and Telecommunications (constant price) (10 000 yuan)	社会消费品零售总额(亿元) Total Retail Sales of Consumer Goods (100 million yuan)
1952			1748	74	894	7.19
1957			2984	284	935	10.55
1962			3498	391	1436	12.31
1965			3450	549	1621	12.32
1970			4837	817	1660	14.56
1975			6766	826	2385	21.18
1978			9241	1131	2710	25.20
1980			13949	1192	3163	34.64
1985	1220.89	853.91	18249	1856	5290	64.12
1990	686.39	468.84	15929	2063	32735	139.88
1995	1263.82	690.68	24040	5787	187195	375.64
2000	1459.36	910.30	26400	9582	753669	736.63
2005	2863.36	1662.53	40263	24069	1763477	1190.06
2006	2960.32	1726.71	42863	25760	2277902	1356.79
2007	2600.70	1648.29	51338	30946	3006714	1603.74
2008	2868.12	1773.64	55065	35593	3517682	2078.70
2009	3174.48	1887.01	43554	38111	3866682	2430.83
2010	3380.87	1872.80	41611	41325	4351563	2902.55
2011	3499.55	2110.05	44651	45338	1807796	3395.06
2012	3636.54	2137.76	47698	47697	1867423	3921.43
平均每年递增(%) Average Annual Increase Rate (%)						
1953-1957			11.3	30.9	0.9	5.5
1958-1962			3.2	6.6	9.0	0.8
1963-1965			-0.5	12.0	4.1	4.0
1966-1970			7.0	8.3	0.5	3.7
1971-1975			6.9	0.2	7.5	7.8
1976-1980			15.6	7.6	5.8	8.8
1981-1985			5.5	9.3	10.8	9.3
1986-1990	-10.9	-11.3	-2.7	2.1	24.9	6.5
1991-1995	13.0	8.1	8.6	22.9	41.7	9.2
1996-2000	2.9	5.7	2.0	10.6	32.1	14.8
2001-2005	14.4	12.8	8.8	20.2	26.0	14.4
2006-2010	3.4	2.4		11.4	19.8	16.0
1953-2012				11.4	14.7	8.4
1979-2012				11.6	23.3	11.5
2012比2011	3.9	1.3	6.8	5.2	3.3	12.1

注：1. 2003年起社会消费品零售总额为新口径。增长速度均为可比口径，并已扣除物价因素。2. 2011年及以后邮电业务总量为2010年不变价，下同，增速按可比价格计算。

Note: a) Since 2003, retail sales of consumer goods has been calculated on new statistical coverage. The increase rate of retail sales of consumer goods is calculated at constant price and has deducted price sectors. b) Total business value of post and telecommunications from 2011 is calculated at 2010 constant price, and same as following next. Increase rate of total business value of post and telecommunications is calculated on the basis of constant coverage.

1-7 续表4 Continued

年 份 Year	实际利用外资额 (万美元) Foreign Capital Actually Used (USD 10 000)	# 客商直投 Foreign Direct Investment	天津口岸进出口总额 (亿美元) Total Value of Imports & Exports in Tianjin Port (USD 100 million)	# 出 口 Exports	外贸进出口总额 (亿美元) Total Value of Imports & Exports in Foreign Trade (USD 100 million)	# 出 口 Exports
1952						1.90
1957					2.50	2.48
1962					2.40	2.34
1965					3.54	3.41
1970					3.58	3.19
1975					8.86	7.72
1978					9.88	8.65
1980	271	271			18.27	15.42
1985	7558	4409	96.18	20.07	14.86	11.53
1990	33467	8315	85.95	42.53	22.10	17.86
1995	211010	152064	217.46	127.81	65.46	29.98
2000	282467	256000	298.03	165.29	171.57	86.29
2005	364573	332885	819.29	446.83	533.87	274.15
2006	436896	413077	1018.85	571.24	645.73	335.40
2007	546033	527776	1290.00	752.87	715.50	381.61
2008	759679	741978	1631.02	940.98	805.39	422.29
2009	908918	901985	1242.24	612.04	639.44	299.85
2010	1105855	1084872	1641.10	794.41	822.01	375.17
2011	1323980	1305602	1972.49	959.19	1033.91	444.98
2012	1516500	1501633	2042.52	980.13	1156.23	483.14
平均每年递增(%) Average Annual Increase Rate (%)						
1953-1957						5.5
1958-1962					-0.8	-1.2
1963-1965					13.8	13.5
1966-1970					0.2	-1.4
1971-1975					19.9	19.4
1976-1980					15.6	14.8
1981-1985	94.6	74.7			-4.1	-5.7
1986-1990	34.7	13.5	-2.2	16.2	8.3	9.1
1991-1995	44.5	78.8	20.4	24.6	24.3	10.9
1996-2000	6.0	11.0	6.5	5.3	21.3	23.5
2001-2005	27.2	32.0	22.4	22.0	25.5	26.0
2006-2010	24.8	26.7	14.9	12.2	9.0	6.5
1953-2012						9.7
1979-2012					15.0	12.6
2012比2011	14.5	15.0	3.6	2.2	11.8	8.6

注：2003年开始实际直接利用外资额采用商务部口径，速度按可比口径计算，以下相关表同。
Note: Since 2003, foreign direct investment adopts new coverage of Ministry of Commerce,and increase rate is calculated on the basis of constant coverage. Same as following next.

1-7 续表5 Continued

年份 Year	城镇非私营单位从业人员工资总额(亿元) Total Remuneration of Employment Personnel in Urban Non-Private Units (100 million yuan)	#国有单位 State-owned Units	城镇非私营单位从业人员平均工资(元) Average Remuneration of Employment Personnel in Urban Non-Private Units (yuan)	#国有单位 State-owned Units	城市居民人均可支配收入(元) Per Capita Annual Disposable Income of Urban Households (yuan)	城市居民人均消费性支出(元) Per Capita Annual Expenditure for Consumption of Urban Households (yuan)
1952	2.56	2.56		573	200	176
1957	5.05	5.05		749	240	216
1962	7.11	7.11		685	252	238
1965	8.48	7.29	714	745	261	234
1970	8.58	7.17	652	673	281	255
1975	10.66	8.61	618	663	324	295
1978	14.00	11.51	640	690	388	345
1980	19.32	15.77	820	865	527	475
1985	34.14	24.69	1250	1223	876	771
1990	69.38	55.50	2438	2611	1639	1440
1995	184.80	135.22	6501	6963	4930	4064
2000	253.53	161.86	12414	12690	8141	6121
2005	458.26	247.30	24122	24832	12639	9653
2006	530.29	283.31	27628	29135	14283	10548
2007	653.05	337.13	33312	34894	16357	12029
2008	795.85	375.36	39990	42962	19423	13422
2009	886.51	389.47	43937	47895	21402	14801
2010	1051.19	456.02	51489	56635	24293	16562
2011	1462.12	530.32	54867	61701	26921	18424
2012	1778.12	606.47	61514	68231	29626	20024
平均每年递增(%) Average Annual Increase Rate (%)						
1953-1957	12.1	12.1		3.3	1.5	2.0
1958-1962	4.7	4.7		-3.9	-1.3	-0.3
1963-1965	10.0	4.6		6.7	5.0	3.2
1966-1970	0.6	0.1	-1.4	-1.5	1.9	2.1
1971-1975	4.4	3.7	-1.1	-0.3	2.9	3.0
1976-1980	11.2	11.5	4.5	4.1	8.8	8.6
1981-1985	8.4	5.8	5.3	3.7	7.2	6.6
1986-1990	5.2	7.4	4.4	6.3	3.5	3.5
1991-1995	5.2	3.4	5.3	5.3	7.8	6.4
1996-2000	4.4	1.6	11.6	10.5	8.4	6.4
2001-2005	11.3	7.6	12.9	13.1	9.5	8.3
2006-2010	15.0	10.1	13.3	14.8	11.0	8.5
1953-2012					5.4	4.9
1979-2012					7.9	7.0
2012比2011	18.4	11.4	9.2	7.7	7.2	5.8

注：1. 1998–2010年城镇非私营单位从业人员工资总额和平均工资为劳动报酬总额和平均劳动报酬，计算增长速度时已扣除物价因素。2. 计算城市居民人均收支增长速度按可比口径，并已扣除物价因素。

Note: a) From 1998 to 2010, total remuneration and per capita remuneration of employment personnel in urban non-private units refer to wages and per capita wages. Increase rates of these indicators have deducted price sectors.b) The increase rates of income and expenditure of urban households are calculated at constant coverage and have deducted price sectors.

1-7 续表6 Continued

年 份 Year	农村居民人均可支配收入(元) Per Capita Annual Disposable Income of Rural Households (yuan)	农村居民人均生活消费支出(元) Per Capita Annual Expenditure for Consumption of Rural Households (yuan)	各类学校在校学生数(万人) Students Enrollment by Level of School (10 000 persons)	研究与试验发展经费支出(亿元) R&D Expenditures (100 million yuan)	医 院 卫生院 床位数(张) Hospital Beds (unit)	执业(助理)医师数(人) Licensed (Assistant) Doctors (person)
1952	70		57.14		3457	3326
1957	92		83.92		6156	5522
1962	65		106.37		10521	8627
1965	92		148.10		11266	10585
1970	145		148.17		11361	9046
1975	147		169.71			12326
1978	153	132	162.30		17288	15776
1980	278	208	139.06		18753	20474
1985	564	426	121.09		25191	25555
1990	1069	733	134.97		33382	32034
1995	2531	1717	155.28		37280	33693
2000	4370	2393	162.22		38842	30031
2005	7202	3590	162.05	72.92	39491	25088
2006	7942	3829	158.84	95.24	38893	25358
2007	8752	4118	159.93	114.70	39708	26228
2008	9670	4593	158.52	155.72	41212	25865
2009	10675	4926	154.45	178.47	41921	27261
2010	11801	5606	152.94	229.56	44080	28478
2011	11891	6725	154.32	297.76	44661	29833
2012	13571	8337	156.16	360.49	48896	30710
平均每年递增(%) Average Annual Increase Rate (%)						
1953-1957	5.6		8.0		12.2	10.7
1958-1962	-6.7		4.9		11.3	9.3
1963-1965	12.3		11.7		2.3	7.1
1966-1970	9.5				0.2	-3.1
1971-1975	0.3		2.8		7.0	6.4
1976-1980	13.6		-3.9		3.3	10.7
1981-1985	15.2	15.4	-2.7		6.1	4.5
1986-1990	13.6	11.5	2.2		5.8	4.6
1991-1995	18.8	18.6	2.8		2.2	1.2
1996-2000	11.5	6.7	0.9		0.8	-2.3
2001-2005	10.5	8.5			0.3	-3.5
2006-2010	10.4	9.3	-1.2	25.8	2.2	2.6
1953-2012			1.7		4.5	3.8
1979-2012		13.0	-0.1		3.1	2.0
2012比2011	14.1	24.0	1.2	21.1	9.5	2.9

注：2011年前农村居民人均可支配收入为农村居民人均纯收入。
Note: Before 2011, per capita annual disposable income of rural households refers to per capita annual net income of rural households.

1-8 国民经济和社会发展结构指标（2008—2012年）
Structural Indicators of National Economy and Social Development, 2008-2012

单位：%（%）

指　标	Item	2008	2009	2010	2011	2012
人　口	**Population**					
农非结构	Grouped by Non-agricultural and Agricultural					
非农业	Non-agricultural	60.7	61.1	61.4	61.6	62.1
农　业	Agricultural	39.3	38.9	38.6	38.4	37.9
性别结构	Grouped by Sex					
男	Male	50.4	50.3	50.3	50.3	50.2
女	Female	49.6	49.7	49.7	49.7	49.8
就　业	**Employment**					
社会从业人员产业结构	Grouped by Industry					
第一产业	Primary Industry	11.8	11.2	10.1	9.6	8.9
第二产业	Secondary Industry	42.0	41.5	41.5	41.4	41.2
第三产业	Tertiary Industry	46.2	47.3	48.4	49.0	49.9
国民经济核算	**National Accounting**					
全市生产总值产业结构	Grouped by Industry					
第一产业	Primary Industry	1.8	1.7	1.6	1.4	1.3
第二产业	Secondary Industry	55.2	53.0	52.4	52.4	51.7
第三产业	Tertiary Industry	43.0	45.3	46.0	46.2	47.0
投　资	**Investment**					
产业结构	Grouped by Industry					
第一产业	Primary Industry	1.0	1.5	1.5	2.0	1.7
第二产业	Secondary Industry	44.3	44.3	45.2	43.0	42.6
第三产业	Tertiary Industry	54.7	54.2	53.3	55.0	55.7
资金使用结构	Grouped by Use of Funds					
建设工程	Construction	52.4	52.1	55.3	57.6	56.1
安装工程	Installation	5.8	5.8	4.3	4.6	5.4
设备、工具、器械购置	Purchase of Equipment and Instruments	21.1	20.2	18.6	17.7	17.2
其他费用	Others	20.7	21.8	21.7	20.0	21.3
财　政	**Government Finance**					
地方财政收入结构	Structure of Local Government Revenue					
# 增值税(25%)	Value-added Tax (25%)	12.2	8.2	6.0	5.9	5.5

1-8续表1 Continued

单位：% (%)

指　标	Item	2008	2009	2010	2011	2012
营业税	Business Tax	19.9	18.4	14.3	14.7	14.8
企业所得税	Income Tax of Enterprises	11.5	7.9	6.4	7.6	6.9
个人所得税	Individual Income Tax	3.6	2.9	2.2	2.2	1.8
利用外资	**Utilization of Foreign Capital**					
实际利用外资结构	Structure of Foreign Capital Actually Used					
对外借款	Foreign Loans	2.3	0.8	1.9	1.4	1.0
直接利用外资	Foreign Direct Investment	97.7	99.2	98.1	98.6	99.0
能　源	**Energy**					
能源使用结构	Structure of Energy Consumption					
第一产业	Primary Industry	1.5	1.4	1.4	1.4	1.4
第二产业	Secondary Industry	69.9	69.1	71.5	72.5	72.5
第三产业	Tertiary Industry	16.9	16.9	16.1	15.6	15.4
生活消费	Living Consumption	11.7	12.5	11.0	10.5	10.8
农　业	**Agriculture**					
农林牧渔业产值结构	Structure of Gross Output Value of FFAF					
农　业	Farming	47.6	49.6	53.0	51.5	52.2
林　业	Forestry	0.8	0.8	0.7	0.7	0.7
牧　业	Animal Husbandry	32.1	29.7	27.6	28.2	28.0
渔　业	Fishery	16.3	16.9	15.8	16.8	16.4
农林牧渔服务业	FFAF Services	3.1	3.0	2.9	2.8	2.7
工　业	**Industry**					
全部工业总产值结构	Structure of Gross Output Value of Industry					
轻工业	Light Industry	16.8	17.1	16.4	17.4	19.5
重工业	Heavy Industry	83.2	82.9	83.6	82.6	80.5
建筑业	**Construction**					
建筑业总产值结构	Structure of Gross Output Value of Construction					
房屋和土木工程建筑业	Building and Civil Engineering	84.1	78.2	81.9	83.8	85.7
建筑安装业	Equipment Installation	10.1	11.7	10.7	10.2	8.7
其他建筑业	Others	3.3	4.4	5.3	6.1	5.6
交通运输业	**Transportation**					
货运量结构	Structure of Freight Traffic					
铁　路(天津地区)	Railway (Tianjin Area)	22.1	25.9	18.3	16.3	16.6

1-8续表2 Continued

单位：% (%)

指　标	Item	2008	2009	2010	2011	2012
公　路	Highway	49.0	45.5	50.1	52.5	59.2
水运、民航	Waterway and Civil Aviation	27.4	26.8	28.6	28.5	21.7
管道运输	Pipelines	1.5	1.8	3.0	2.7	2.6
国内商业	**Domestic Trade**					
社会消费品零售总额构成	Composition of Retail Sales of Consumer Goods					
批发和零售业	Wholesale and Retail Trade	84.5	84.3	88.3	87.3	88.1
住宿和餐饮业	Accommodation and Catering Services	15.3	15.5	11.7	12.7	11.9
其他行业	Others	0.2	0.2			
对外经济贸易	**Foreign Trade and Economic Cooperation**					
进出口贸易总额结构	Structure of Imports and Exports					
出口总额	Exports	52.4	46.9	45.6	43.0	41.8
进口总额	Imports	47.6	53.1	54.4	57.0	58.2
国际旅游	**International Tourism**					
来津旅游人员结构	Structure of Tourists in Tianjin					
外国人、华侨	Foreigners and Overseas Chinese	89.0	88.9	88.0	87.0	86.4
港澳台同胞	Compatriots from Hong Kong, Macao and Taiwan	11.0	11.1	12.0	13.0	13.6
金融业	**Financial Intermediation**					
中资金融机构人民币存款结构	Structure of RMB Deposits of Chinese Financial Institutions					
# 单位存款	Corporate Deposits	38.1	43.9	42.1	58.7	58.6
储蓄存款	Saving Deposits	41.7	36.3	34.7	35.9	36.1
中资金融机构人民币贷款结构	Structure of RMB Loans of Chinese Financial Institutions					
# 短期贷款	Short-term Loans	33.8	24.6	21.6	25.1	26.6
中长期贷款	Medium-term & Long-term Loans	58.2	66.1	68.8	63.5	59.4
教　育	**Education**					
在校学生结构	Structure of Student Enrollment					
大学生	University and College Students	24.4	26.3	28.1	29.1	30.3
中学生	Secondary School Students	42.7	40.9	38.8	37.3	35.6
小学生	Primary School Students	32.9	32.8	33.1	33.6	34.1

1-8续表3 Continued

单位：% (%)

指 标	Item	2008	2009	2010	2011	2012
专任教师结构	Full-time Teachers by Type					
大 学	University and College	22.3	23.2	24.3	24.9	25.4
中 学	Secondary Schools	44.9	44.2	43.4	42.9	42.6
小 学	Primary Schools	32.8	32.6	32.3	32.2	32.0
科 技	**Science and Technology**					
研究与试验发展经费内部支出结构	Composition of R&D Internal Expenditures					
基础研究	Basic Research		4.1	4.1	4.4	3.9
应用研究	Applied Research		15.8	16.5	12.5	12.2
试验发展	Experimental Development		80.1	79.4	83.1	83.9
卫 生	**Health Care**					
卫生机构结构	Structure of Health Care Institutions					
# 医院、卫生院	Hospitals and Health Care Centers	15.4	16.7	16.3	10.4	10.2
卫生技术人员结构	Structure of Medical Professionals					
# 执业（助理）医师	Licensed (Assistant) Doctors	39.7	40.4	40.7	40.7	39.9
注册护士	Registered Nurses	33.7	34.2	34.5	35.2	35.9
生 活	**People's Life**					
城市居民消费结构	Consumption Structure of Urban Residents					
食品类	Food	37.3	36.5	35.9	36.2	36.7
衣着类	Clothing	8.6	9.2	9.4	9.5	9.4
用品及其他	Articles for Daily Use and Others	42.7	44.1	45.0	44.7	44.6
居 住	Residence	11.4	10.2	9.8	9.6	9.3
农村居民消费结构	Consumption Structure of Rural Residents					
食品类	Food	39.9	39.5	39.0	37.9	36.2
衣着类	Clothing	9.0	9.3	9.0	8.7	9.4
用品及其他	Articles for Daily Use and Others	26.9	27.2	26.5	34.2	39.2
居 住	Residence	24.2	24.0	25.5	19.2	15.2
环 境	**Environment**					
空气质量结构	Structure of Air Quality					
二级和好于二级的天数	Days of Grade II and Better than Grade II	88.2	84.1	84.4	87.7	83.3

1-9 国民经济和社会发展比例和效益指标（2009—2012年）
Main Indicators of Proportion and Benefit in National Economy and Social Development, 2009-2012

单位：%（%）

指　　标	Item	2009	2010	2011	2012
人　口	**Population**				
出生率(‰)	Birth Rate (‰)	8.3	8.2	8.6	8.8
死亡率(‰)	Death Rate (‰)	5.7	5.6	6.1	6.1
自然增长率(‰)	Natural Growth Rate (‰)	2.6	2.6	2.5	2.6
就　业	**Employment**				
城镇登记失业率	Unemployment Rate Registered in Urban Areas	3.6	3.6	3.6	3.6
国民经济核算	**National Accounting**				
经济增长贡献率	Contribution to Gross Domestic Product				
第一产业	Primary Industry	0.4	0.3	0.4	0.3
第二产业	Secondary Industry	61.5	66.3	58.6	58.6
# 工　业	Industry	58.0	63.3	56.1	55.9
第三产业	Tertiary Industry	38.1	33.4	41.0	41.1
固定资产投资	**Investment in Fixed Assets**				
全社会固定资产投资相当于全市生产总值比例	Proportion of Total Investment in Fixed Assets to GDP	66.6	70.6	66.4	68.8
新增固定资产交付使用率	Rate of Newly Increased Fixed Assets Transferred and in Use	51.4	50.6	48.8	50.3
财　政	**Government Finance**				
地方一般预算收入相当于全市生产总值比例	Proportion of Local General Budgetary Government Revenue to GDP	10.9	11.6	12.9	13.7
地方一般预算支出相当于全市生产总值比例	Proportion of Local General Budgetary Government Expenditures to GDP	14.9	14.9	15.9	16.6
利用外资	**Utilization of Foreign Capital**				
直接利用外资额相当于签约额比例	Proportion of Foreign Direct Investment to Foreign Investment Contracted	65.2	70.9	77.5	80.8
能　源	**Energy**				
能源消费弹性系数	Elasticity Ratio of Energy Consumption	0.58	0.93	0.70	0.58
单位生产总值能耗(吨标准煤/万元)	Energy Consumption per Unit of GDP (ton of SCE/10 000 yuan)	0.84	0.74	0.71	0.67

1-9续表1 Continued

指　标	Item	2009	2010	2011	2012
农　业	**Agriculture**				
每公顷耕地农业机械	Total Power of Agricultural Machinery per Hectare				
总动力(千瓦)	of Cultivated Land (kw)	14.8	14.7	14.7	14.4
每公顷播种面积农产品产量(吨)	Output of Crops per Hectare of Sown Area (ton)				
粮　食	Grain	5.1	5.1	5.2	5.0
棉　花	Cotton	1.3	1.2	1.2	1.0
油　料	Oil-bearing Crops	2.7	2.9	3.0	2.9
工　业	**Industry**				
总资产贡献率(%)	Ratio of Total Assets to Industrial Output Value (%)	12.1	17.3	18.0	17.6
成本费用利润率(%)	Ratio of Pre-tax Profits to Industrial Cost (%)	6.8	9.8	10.2	9.8
资金利税率(%)	Ratio of Profits and Taxes to Total Assets (%)	12.8	18.3	18.9	18.4
建筑业	**Construction**				
技术装备率(万元/人)	Value of Machinery per Labour (10 000 yuan/person)	4.13	4.14	5.75	9.10
产值利税率(%)	Ratio of Profits and Taxes to Gross Output Value (%)	6.0	6.0	5.8	6.0
全员劳动生产率(万元/人)	Overall Labour Productivity (10 000 yuan/person)	32.23	37.03	45.68	65.49
邮电通信业	**Post and Telecommunication Services**				
电话普及率	Access to Telephones				
(含移动电话)(部/百人)	(include mobile phone) (set/100 persons)	112.2	112.1	115.8	117.3
移动电话普及率(部/百人)	Access to Mobile Phones (set/100 persons)	80.8	83.9	91.1	92.2
每一邮电局所服务面积	Average Service Area per Post and				
(平方公里)	Telecommunications Office (sq. km)	14.3	14.1	13.5	13.2
对外经济贸易	**Foreign Trade and Economic Cooperation**				
进出口总额相当于全市	Proportion of Total Value of Imports & Exports				
生产总值比例(%)	in Foreign Trade to GDP (%)	58.1	60.3	59.1	56.6
出口总额相当于全市	Proportion of Total Value of Exports to GDP (%)				
生产总值比例(%)		27.2	27.5	25.4	23.7
国际旅游	**International Tourism**				
每一来津游客花费(美元)	Expenditure per Tourist in Tianjin (USD)	839	855	876	951

1-9续表2 Continued

单位：% (%)

指 标	Item	2009	2010	2011	2012
金融业	**Financial Intermediation**				
金融机构存款相当于全市生产总值比例	Deposits of Financial Institutions as Percentage of GDP	184.6	178.9	155.5	157.4
金融机构贷款相当于全市生产总值比例	Loans of Financial Institutions as Percentage of GDP	148.3	149.3	140.8	142.7
教 育	**Education**				
新增劳动力平均受教育年限(年)	Average Year of Education of Newly Increased Labour (year)	14.62	14.68	14.81	15.18
学龄儿童毛入学率	Percentage of School-aged Children Enrolled	107.24	122.95	122.88	105.62
初中毕业升学率	Percentage of Entering Senior Secondary Schools	105.0	110.3	105.6	109.1
各级普通学校生师比	Student-teacher Ratio	13	13	13	13
科 技	**Science**				
研究与实验发展经费支出相当于全市生产总值比例	R&D Expenditures as Percentage of GDP	2.37	2.49	2.63	2.79
卫 生	**Health Care**				
平均每个医院负担人口(人)	Average Burden Population of Each Hospital (person)	28104	28847	28784	29761
病床周转次数(次)	Turnover of Beds (time)	23	23	25	26
病床使用率	Utilization Rate of Beds	76	78	82	80
文 化	**Culture**				
每百万人有艺术表演团体(个)	Number of Troupes per Million Persons (unit)	1.2	1.3	1.2	1.2
每百万人有公共图书馆(个)	Number of Public Libraries per Million Persons (unit)	2.6	2.5	2.3	2.2
每百万人有博物馆(个)	Number of Museums per Million Persons (unit)	1.5	1.4	1.4	1.4
婚 姻	**Marriages and Divorces**				
粗离婚率(‰)	Divorces Rate (‰)	2.3	2.2	2.3	2.5
生 活	**People's Life**				
城市与农村居民收入增长率比例(以农村居民收入指数为100)	Proportion of Growth Rate of Annual Income of Urban Residents to the Growth Rate of Annual Income of Rural Residents (rural=100)	99.8	102.7		96.5
环境保护	**Environmental Protection**				
污水处理率	Percentage of Sewage Treatment	80.1	85.3	86.8	88.2
工业固体废物综合利用率	Rate of Comprehensive Utilization of Industrial Waste Residue	98.3	98.6	99.1	99.2

1-10 平均每天社会经济活动 (2009—2012年) Average Daily Social and Economic Activities, 2009-2012

指 标	Item	单 位	Unit	2009	2010	2011	2012
全市每天创造的财富	**Daily Production**						
全市生产总值	Gross Domestic Product	万 元	10 000 yuan	206078	252725	309788	353257
第一产业	Primary Industry	万 元	10 000 yuan	3530	3988	4376	4701
第二产业	Secondary Industry	万 元	10 000 yuan	109256	132609	162420	182570
工 业	Industry	万 元	10 000 yuan	99236	120845	148790	167755
建筑业	Construction	万 元	10 000 yuan	10020	11764	13630	14815
第三产业	Tertiary Industry	万 元	10 000 yuan	93292	116127	142993	165985
地方一般预算收入	Local General Budgetary Government Revenue	万 元	10 000 yuan	22520	29283	39867	48220
主要工业产品产量	Output of Major Industrial Products						
粗 钢	Crude Steel	吨	ton	58197	59236	62897	58199
钢 材	Steel Products	吨	ton	111794	122841	141473	156400
水 泥	Cement	吨	ton	18928	22184	20973	21487
天然原油	Crude Petroleum Oil	吨	ton	62930	91308	87336	84885
原 盐	Salt	吨	ton	6184	5688	5042	4101
发电量	Electricity	万千瓦时	10 000 kwh	11391	16139	16961	16156
汽 车	Motor Vehicle	辆	unit	1650	2022	2122	1748
彩色电视机	Color Television	台	set	3849	5827	5113	5282
摩托车	Motorcycle	辆	unit	1112	937	826	
自行车	Bicycle	辆	unit	52224	61395	61185	61996
微波炉	Microwave Oven	台	set	24928	22848	25084	25046
移动电话机	Mobile Phone	部	unit	234484	249532	248265	251886
布	Cloth	万 米	10 000 m	71	72	76	54
纱	Yarn	吨	ton	118	104	84	84
农用化肥	Chemical Fertilizer	吨	ton	416	41	174	324
化学农药	Chemical Pesticide	吨	ton	18	22		16
硫 酸	Sulfuric Acid	吨	ton	799	886	811	846
烧 碱	Caustic Soda	吨	ton	2995	886	3552	3120
合成洗涤剂	Synthetic Detergents	吨	ton	18	16	17	38
饮料酒	Alcoholic Beverage	千 升	kl	1124	1194	1146	910
主要农产品产量	Output of Major Farm Products						
粮 食	Grain	吨	ton	4282	4376	4434	4432
棉 花	Cotton	吨	ton	194	172	198	158
油 料	Oil-bearing Crops	吨	ton	15	18	18	15
肉 类	Meat	吨	ton	1082	1167	1176	1255
蛋 类	Eggs	吨	ton	537	546	528	522
奶 类	Milk	吨	ton	1882	1899	1901	1868
蔬 菜	Vegetables	吨	ton	10242	11488	11816	12266
水产品	Aquatic Products	吨	ton	936	945	965	1000

1-10续表 Continued

指　标	Item	单　位	Unit	2009	2010	2011	2012
全市每天消费量	**Daily Consumption**						
最终消费支出	Final Consumption Expenditure	亿　元	100 million yuan	7.89	9.69	11.74	13.37
居民消费支出	Households Consumption	亿　元	100 million yuan	5.01	6.18	7.50	8.71
农村居民	Rural	亿　元	100 million yuan	0.54	0.59	0.70	0.86
城镇居民	Urban	亿　元	100 million yuan	4.47	5.59	6.80	7.86
政府消费支出	Government Consumption	亿　元	100 million yuan	2.88	3.51	4.25	4.65
社会消费品零售总额	Total Retail Sales of Consumer Goods	亿　元	100 million yuan	6.66	7.95	9.30	10.74
生活用煤、气、水、电	Coal, Gas, Water & Electricity for Living						
煤	Coal	万　吨	10 000 tons	0.18	0.18	0.17	0.19
液化石油气	Liquid Petroleum Gas	吨	ton	201	200	202	182
天然气和煤气	Natural Gas and Coal Gas	万立方米	10 000 cu. m	106	113	120	129
水	Water	万　吨	10 000 tons	57.3	57.0	80.9	88.9
电	Electricity	万千瓦时	10 000 kwh	1770	1847	1818	2019
每天其他经济活动	**Other Daily Economic Activities**						
社会货物运输量	Freight Traffic	万　吨	10 000 tons	119	114	122	131
客运量	Passenger Traffic	万人次	10 000 person-times	69.3	68.1	69.4	78.0
港口货物吞吐量	Freight Handled at Ports	万　吨	10 000 tons	104.41	113.22	124.21	130.68
邮电业务总量(不变价)	Total Business Value of Post and Telecommunication Services (constant price)	万　元	10 000 yuan	10594	11922	4953	5116
出版图书	Books Published	万　册	10 000 copies	12	10	11	12
出版报纸	Newspapers Issued	万　份	10 000 copies	263	258	253	249
出版杂志	Magazines Issued	万　册	10 000 copies	9	10	10	10
邮寄函件	Letters Delivered	万　件	10 000 copies	31	29	47	54
外贸出口总额	Total Value of Exports in Foreign Trade	万美元	USD 10 000	8215	10279	12191	13237
实际利用外资额	Foreign Capital Actually Used	万美元	USD 10 000	2490	3030	3627	4155
全社会竣工房屋建筑面积	Total Floor Space of Buildings Completed	万平方米	10 000 sq. m	8.70	9.26	9.59	9.96
接待来津国际旅游人数(过夜)	Accommodated International Tourists (Stay for Night)	人　次	person-time	1479	1641	2002	2020
每天人口和婚姻动态	**Daily Population Changes And Marriages**						
出生人口	Births	人	person	273	283	312	332
死亡人口	Deaths	人	person	188	193	221	232
结婚对数	Marriages	对	couple	285	238	285	278
离婚对数	Divorces	对	couple	75	77	84	95

1-11 国民经济主要指标人均水平（2009—2012年）
Per Capita Annual Level of Main Indicators of National Economy, 2009-2012

指 标	Item	单 位	Unit	2009	2010	2011	2012
1. 全市生产总值	Gross Domestic Product	元	yuan	62574	72994	85213	93173
2. 地方一般预算收入	Local General Budgetary Government Revenue	元	yuan	6838	8458	10966	12718
3. 地方一般预算支出	Local General Budgetary Government Expenditures	元	yuan	9353	10895	13537	15487
4. 全社会固定资产投资	Total Investment in Fixed Assets	元	yuan	41647	51525	56601	64105
5. 工业总产值	Gross Output Value of Industry	元	yuan	111342	135371	162240	174829
6. 主要工业产品产量	Output of Major Industrial Products						
天然原油	Crude Petroleum Oil	吨	ton	1.91	2.64	2.40	2.24
天然气	Natural Gas	立方米	cu. m	119	136	139	135
发电量	Electricity	千瓦时	kwh	3459	4661	4665	4261
粗 钢	Crude Steel	吨	ton	1.77	1.71	1.73	1.54
钢 材	Steel Products	吨	ton	3.39	3.55	3.89	4.13
水 泥	Cement	吨	ton	0.57	0.64	0.58	0.57
布	Cloth	米	m	21	21	21	14
纱	Yarn	公 斤	kg	3.6	3.0	2.3	2.2
7. 农林牧渔业总产值	Gross Output Value of FFAF	元	yuan	2343	2511	2634	2714
8. 主要农产品产量	Output of Major Farm Products						
粮 食	Grain	公 斤	kg	130	126	122	117
棉 花	Cotton	公 斤	kg	5.9	5.0	5.4	4.2
油 料	Oil-bearing Crops	公 斤	kg	0.4	0.5	0.5	0.4
蔬 菜	Vegetables	公 斤	kg	311	332	325	324
肉 类	Meat	公 斤	kg	33	34	32	33
蛋 类	Eggs	公 斤	kg	16	16	15	14
奶 类	Milk	公 斤	kg	57	55	52	49
水产品	Aquatic Products	公 斤	kg	28.4	27.0	26.5	26.4
鲜 果	Fresh Fruits	公 斤	kg	26.5	24.7	24.0	22.1
9. 社会消费品零售总额	Total Retail Sales of Consumer Goods	元	yuan	20222	22968	25586	28337
10. 城市居民主要商品购买量	Purchase Volume of Major Products of Urban Households						
粮 食	Grain	公 斤	kg	48.4	44.7	45.0	43.6
食用植物油	Edible Vegetable-oil	公 斤	kg	9.2	7.6	7.3	8.0
猪牛羊肉	Pork, Beef and Mutton	公 斤	kg	24.2	23.5	23.3	24.1
蛋 类	Eggs	公 斤	kg	17.9	18.7	19.4	19.9
鲜 菜	Fresh Vegetables	公 斤	kg	132.2	125.7	131.9	128.6
鱼	Fish	公 斤	kg	9.9	9.3	9.4	9.1
鲜 奶	Milk	公 斤	kg	21.9	20.4	19.8	20.8
鲜瓜果	Fresh Fruits	公 斤	kg	73.1	75.6	71.9	75.9
服 装	Garments	件	piece	7.5	6.7	6.7	6.8
鞋 类	Shoes	双	pair	2.7	2.4	2.4	2.6
11. 外贸出口总额	Total Value of Exports in Foreign Trade	美 元	USD	2494	2969	3353	3491
12. 社会货物运输量	Freight Traffic	吨	ton	36.2	32.9	33.6	34.5

1-12 天津在全国的地位 Position of Tianjin in the Whole Nation

指 标	Item	2007		2012	
		天 津 Tianjin	占全国比重(%) As Percentage to Nation (%)	天 津 Tianjin	占全国比重(%) As Percentage to Nation (%)
年末常住人口(万人)	**Permanent Population (year-end) (10 000 persons)**	**1115.00**	**0.8**	**1413.15**	**1.0**
社会从业人员(万人)	**Total Employment Personnel (10 000 persons)**	**613.93**	**0.8**	**803.14**	**1.0**
全市生产总值(亿元)	**Gross Domestic Product (100 million yuan)**	**5252.76**	**2.0**	**12893.88**	**2.5**
第一产业	Primary Industry	110.19	0.4	171.60	0.3
第二产业	Secondary Industry	2892.53	2.3	6663.82	2.8
# 工 业	Industry	2661.87	2.4	6123.06	3.1
第三产业	Tertiary Industry	2250.04	2.0	6058.46	2.6
人均生产总值(元)	**Per Capita GDP (yuan)**	**47970**	**高27801**	**93173**	**高54724**
城市居民人均可支配收入(元)	**Per Capita Annual Disposable Income of Urban Households (yuan)**	**16357**	**高2571**	**29626**	**高5061**
财政、金融(亿元)	**Government Finance and Financial Intermediation (100 million yuan)**				
地方一般预算收入	Local General Budgetary Government Revenue	540.44	2.3	1760.02	2.9
地方一般预算支出	Local General Budgetary Government Expenditures	674.33	1.8	2143.21	2.0
金融机构本外币存款余额	Balance of Home and Foreign Currency Deposits	8242.07	2.1	20293.79	2.2
金融机构本外币贷款余额	Balance of Home and Foreign Currency Loans	6543.83	2.4	18396.81	2.7
保费收入	Premium	150.91	2.1	238.16	1.5
主要工业产品产量	**Output of Major Industrial Products**				
天然原油(万吨)	Crude Petroleum Oil (10 000 tons)	1924.28	10.3	3098.30	15.0
发电量(亿千瓦小时)	Electricity (100 million kwh)	393.13	1.2	589.69	1.2
天然气(亿立方米)	Natural Gas (100 million cu. m)	13.34	1.9	18.73	1.7
原 盐(万吨)	Salt (10 000 tons)	237.03	3.8	149.68	2.4
化学纤维(万吨)	Chemical Fibers (10 000 tons)	17.32	0.7	11.05	0.3
纱(万吨)	Yarn (10 000 tons)	7.28	0.4	3.05	0.1
布(亿米)	Cloth (100 million m)	2.78	0.4	1.99	0.2
乙 烯(万吨)	Ethylene (10 000 tons)	22.55	2.2	113.16	7.6
水 泥(万吨)	Cement (10 000 tons)	611.44	0.4	784.26	0.4
生 铁(万吨)	Pig Iron (10 000 tons)	1435.40	3.0	1974.62	3.0
粗 钢(万吨)	Crude Steel (10 000 tons)	1602.13	3.3	2124.25	3.0
汽 车(万辆)	Motor Vehicles (10 000 units)	45.69	5.1	63.82	3.3
自行车(万辆)	Bicycles (10 000 units)	1711.10	22.9	2262.85	38.3
房间空气调节器(万台)	Air Conditioners (10 000 sets)	532.64	6.6	245.79	1.9

1-12续表 Continued

指 标	Item	2007 天 津 Tianjin	2007 占全国比重(%) As Percentage to Nation (%)	2012 天 津 Tianjin	2012 占全国比重(%) As Percentage to Nation (%)
移动电话机(万台)	Mobile Phones (10 000 units)	9778.77	17.8	9193.85	7.8
集成电路(亿块)	Integrated Circuits (100 million units)	6.31	1.5	8.45	1.0
主要农产品产量(万吨)	**Output of Major Farm Products (10 000 tons)**				
粮 食	Grain	147.15	0.3	161.76	0.3
肉 类	Meat	33.76	0.5	45.80	0.5
禽 蛋	Eggs	19.43	0.8	19.05	0.7
水产品	Aquatic Products	32.50	0.7	36.50	0.6
全社会固定资产投资额(亿元)	**Total Investment in Fixed Assets (100 million yuan)**	**2388.63**	**1.7**	**8871.31**	**2.4**
# 房地产开发投资额	Real Estate Development	505.30	2.0	1260.00	1.8
运输、邮政、电信	**Transportation, Post & Telecommunication Services**				
沿海主要港口货物吞吐量(万吨)	Freight Handled in Major Coastal Harbors (10 000 tons)	30946	8.0	47697	7.2
社会货物运输量(万吨)	Freight Traffic (10 000 tons)	51338	2.3	47698	1.2
邮电业务总量(亿元)	Business Value of Post & Telecommunication Services (100 million yuan)	300.67	1.5	186.74	1.2
商业、外贸、外经	**Commerce, Foreign Trade & Economic Cooperation**				
社会消费品零售总额(亿元)	Total Retail Sales of Consumer Goods (100 million yuan)	1603.74	1.8	3921.43	1.9
外贸出口总额(亿美元)	Total Value of Exports in Foreign Trade (USD 100 million)	381.61	3.1	483.14	2.4
实际直接利用外资额(亿美元)	Actual Direct Utilization of Foreign Capital (USD 100 million)	52.78	7.1	150.16	13.4
教育、科技、卫生、文化	**Education, Science & Technology, Health Care, Culture**				
高等学校在校学生数(万人)	Number of Students Enrollment in the Institutions of Higher Education(10 000 persons)	37.11	2.0	47.31	2.0
研究与试验发展经费支出(亿元)	R&D Expenditures (100 million yuan)	114.70	3.1	360.49	3.5
技术市场成交额(亿元)	Transaction Value in Technical Market (100 million yuan)	57.52	2.6	172.11	2.7
专利申请授权量(项)	Patent Applications Granted (item)	5584	1.6	20003	1.6
医 院(个)	Number of Hospitals (unit)	411	0.7	465	0.8
医院床位(万张)	Number of Hospital Beds (10 000 units)	3.97	1.2	4.89	1.0
图书出版数(万册)	Number of Books Published (10 000 copies)	4469	0.7	4260	0.5
杂志出版数(万册)	Number of Magazines Issued (10 000 copies)	3678	1.2	3799	1.1
报纸出版数(亿份)	Number of Newspapers Issued (100 million copies)	9.23	2.1	9.09	1.9

主要统计指标解释

国民经济行业分类

《国民经济行业分类》（GB/T 4754-2011）是由国家统计局组织修订，2011年4月29日经国家质检总局和国家标准化委员会批准发布，自2012年定期报表开始使用的。此次修订《国民经济行业分类》，门类、大类的调整在参考联合国ISIC Rev.4的同时，更多的是考虑部门管理和统计工作需要；中类的调整多为部门管理需要；小类的调整除考虑上述因素外，还要保证与联合国标准的对接转换。修订后的《国民经济行业分类》（GB/T 4754-2011）共有门类20个，大类96个，中类432个，小类1094个。

三次产业划分

《三次产业划分规定》是根据修订的《国民经济行业分类》（GB/T 4754-2011）的基础上制定的。

第一产业包括农、林、牧、渔业；第二产业包括工业（采矿业，制造业，电力、热力、燃气及水的生产和供应业）和建筑业；第三产业包括除第一、二产业以外的其他行业，具体包括：批发和零售业，交通运输、仓储和邮政业，住宿和餐饮业，信息传输、软件和信息技术服务业，金融业，房地产业，租赁和商务服务业，科学研究和技术服务业，水利、环境和公共设施管理业，居民服务、修理和其他服务业，教育，卫生和社会工作，文化、体育和娱乐业，公共管理、社会保障和社会组织，国际组织等。

登记注册类型

指企业或企业产业活动单位的登记注册类型，按其在工商行政管理机关登记注册的类型填写。机关、事业单位和社会团体及其他组织的登记注册类型，按其主要经费来源和管理方式，根据实际情况，比照《关于划分企业登记注册类型的规定》确定。

工商行政管理部门对企业（单位）登记注册的类型分为以下几种。

国有企业 指企业全部资产归国家所有，并按《中华人民共和国企业法人登记管理条例》规定登记注册的非公司制的经济组织。不包括有限责任公司中的国有独资公司。

集体企业 指企业资产归集体所有，并按《中华人民共和国企业法人登记管理条例》规定登记注册的经济组织。

股份合作企业 指以合作制为基础，由企业职工共同出资入股，吸收一定比例的社会资产投资组建，实行自主经营，自负盈亏，共同劳动，民主管理，按劳分配与按股分红相结合的一种集体经济组织。

联营企业 指两个及两个以上相同或不同所有制性质的企业法人或事业单位法人，按自愿、平等、互利的原则，共同投资组成的经济组织。联营企业包括国有联营企业、集体联营企业、国有与集体联营企业和其他联营企业。

有限责任公司 指根据《中华人民共和国公司登记管理条例》规定登记注册，由两个以上，五十个以下的股东共同出资，每个股东以其所认缴的出资额对公司承担有限责任，公司以其全部资产对其债务承担责任的经济组织。有限责任公司包括国有独资公司以及其他有限责任公司。

股份有限公司 指根据《中华人民共和国公司登记管理条例》规定登记注册，其全部注册资本由等额股份构成并通过发行股票筹集资本，股东以其认购的股份对公司承担有限责任，公司以其全部资产对其债务承担责任的经济组织。

私营企业 指由自然人投资设立或由自然人控股，以雇佣劳动为基础的营利性经济组织。包括按照《公司法》、《合伙企业法》、《私营企业暂行条例》以及《个人独资企业法》规定登记注册的私营独资企业、私营合伙企业、私营有限责任公司、私营股份有限公司和个人独资企业。

其他内资企业 指上述第（1）条至第（7）条之外的其他内资经济组织。

与港澳台商合资经营企业 指港澳台地区投资者与内地的企业依照《中华人民共和国中外合资经营企业法》及有关法律的规定，按合同规定的比例投资设立，分享利润和分担风险的企业。

与港澳台商合作经营企业 指港澳台地区投资者与内地企业依照《中华人民共和国中外合作经营企业法》及有关法律的规定，依照合作合同的约定进行投资或提供条件设立，分配利润、分担风险和亏损的企业。

港澳台商独资经营企业 指依照《中华人民共和国外资企业法》及有关法律的规定，在内地由港澳台地区投资者全额投资设立的企业。

主要统计指标解释

港澳台商投资股份有限公司 指根据国家有关规定，经商务部（原外经贸部）批准设立，并且其中港、澳、台商的股本占公司注册资本的比例达25%以上的股份有限公司。凡其中港、澳、台商的股本占公司注册资本的比例小于25%的，属于内资中的股份有限公司。

其他港、澳、台商投资企业 指在中国境内参照《外国企业或个人在中国境内设立合伙企业管理办法》和《外商投资合伙企业登记管理规定》，依法设立的港、澳、台商投资合伙企业。

中外合资经营企业 指外国企业或外国人与中国内地企业依照《中华人民共和国中外合资经营企业法》及有关法律的规定，按合同规定的比例投资设立，分享利润和分担风险的企业。

中外合作经营企业 指外国企业或外国人与中国内地企业依照《中华人民共和国中外合作经营企业法》及有关法律的规定，依照合作合同的约定进行投资或提供条件设立，分配利润、分担风险和亏损的企业。

外资企业 指依照《中华人民共和国外资企业法》及有关法律的规定，在中国内地由外国投资者全额投资设立的企业。

外商投资股份有限公司 指根据国家有关规定，经商务部（原外经贸部）批准设立，并且其中外资的股本占公司注册资本的比例达25%以上的股份有限公司。凡其中外资股本占公司注册资本的比例小于25%的，属于内资中的股份有限公司。

其他外商投资企业 指在中国境内依照《外国企业或个人在中国境内设立合伙企业管理办法》和《外商投资合伙企业登记管理规定》，依法设立的外商投资合伙企业。

经济类型

本《年鉴》中的经济类型分组，从1998年开始是在企业登记注册类型分组基础上的再加工，其中国有经济包括国有企业、国有独资和国有与国有联营企业；集体经济包括集体企业、股份合作企业和集体与集体联营企业。私有经济包括私营企业和个体经营。

城乡划分标准

根据国务院国函[2008]60号文件中《统计上划分城乡的规定》，城乡划分标准为：以我国的行政区划为基础，以民政部门确认的居民委员会和村民委员会辖区为划分对象，以实际建设为划分依据，将我国的地域划分为城镇和乡村。

实际建设是指已建成或在建的公共设施、居住设施和其它设施。

城镇包括城区和镇区。

城区是指在市辖区和不设区的市，区、市政府驻地的实际建设连接到的居民委员会和其他区域。

镇区是指在城区以外的县人民政府驻地和其他镇，政府驻地的实际建设连接到居民委员会和其他区域。与政府驻地的实际建设不连接，且常住人口在3000人以上的独立的工矿区、开发区、科研单位、大专院校等特殊区域及农场、林场的场部驻地视为镇区。

乡村是指该规定划定的城镇以外的区域。

现行价格（或称当年价格）

指报告期的实际价格，如工业品的出厂价格，农副产品的收购价格，商业的零售价格等。它反映当年的实际情况，使国民经济各项指标互相衔接，便于对生产、流通、分配、消费之间进行综合平衡。

可比价格

指计算各种总量指标所采用的扣除了价格变动因素的价格，可进行不同时期总量指标的对比。按可比价格计算总量指标有两种方法：一种是直接用产品产量乘某一年的不变价格计算；另一种是用价格指数进行缩减。

平均增长速度

平均增长速度表明社会经济现象在一个较长的时期内逐期平均增长变化的程度，它不能根据各个环比增长速度直接求得，但与平均发展速度之间存在着一定的数量关系：

平均增长速度＝平均发展速度－1

平均发展速度是一种根据环比发展速度计算的序时平均数，由于各时期对比的基础不同，所以计算平均发展速度不能采用一般的序时平均数的计算方法，计算方法分为水平法和累计法。水平法，又称几何平均法，即将环比发展速度按连乘法用几何平均数公式计算。累计法，也称方程法，根据一段时期内各年发展水平总和与基期水平的关系，列出方程式计算平均发展速度。水平法着重考虑最后一年所达到的发展水平；累计法着重考虑整个时期累计发展水平的总量。

本《年鉴》内所列的平均增长速度，除固定资产投资用“累计法”计算外，其余均用“水平法”计算。从某年到某年平均增长速度的年份，均不包括基期年在内。如建国四十三年以来的平均增长速度是以1949年为基期计算的，则写为1950-1992年平均增长速度，其余类推。

Explanatory Notes on Main Statistical Indicators

Industrial Classification of National Economy

The Industrial Classification of National Economy (GB/T 4754-2011) is introduced starting from the compilation of 2012 annual statistics. The revision, was organized by the National Bureau of Statistics, and the new Classification was promulgated by the General Administration of Quality Supervision, Inspection and Quarantine, together with Standardization Administration on April 29, 2011. The revision taking into more consideration of demand of management and statistic than ISIC/Rev.4 of the United Nations in major divisions and divisions, and the demand of management is more considered in major groups, besides aforesaid factors, combine with ISIC/Rev.4 of the United Nations is ensured in groups.The revised version of the Industrial Classification of the National Economy (GB/T 4754-2011) is composed of 20 major divisions, 96 divisions, 432 major groups and 1094 groups.

Category of Three Industries

Three industries are categorized according to the standard of the Industrial Classification of the National Economy (GB/T 4754-2011).

Primary Industry includes agriculture, forestry, animal husbandry and fishery.

Secondary Industry includes industry (minerals mining, manufacturing, production and supply of electricity, heat,gas and water) and construction.

Tertiary Industry includes all other industries not included in primary or secondary industry, including wholesale and retail trade; transportation, storage and post services; accommodation and catering services; information transmitting, software and information technology services; finance; real estate; leasing and business services; scientific research and technical services; management for water conservancy, environment and public facilities; resident services, repair and other services; education; health care and social work; culture, sports and recreational services; public management, social security and social organizations.

Registration Status

Judicial Entities and Establishments grouped by Registered Type in industrial and commercial administration agencies. For the Registered Type of government agencies, institutions and social organizations, which are classified mainly by their sources of funding and manner of management. According to the actual instance, confirming in accordance with Provisions on the registration of enterprises registered type.

Enterprises (units) are grouped by the flowing several Registered Type n industrial and commercial administration agencies:

State-owned Enterprises refer to non-corporation economic units where the entire assets are owned by the state and which have registered in accordance with the Regulation of the People's Republic of China on the Management of Registration of Corporate Enterprises. Excluded from this category are sole state-funded corporations in the limited liability corporations.

Collective-owned Enterprises refer to economic units where the assets are owned collectively and which have registered in accordance with the Regulation of the People's Republic of China on the Management of Registration of Corporate Enterprises.

Cooperative Enterprises refer to a form of collective economic units (enterprises) where capitals come mainly from employees as their shares, with certain proportion of capital from the outside, where production is organized on the basis of independent operation, independent accounting for profits and losses, joint work, democratic management, and a distribution system that integrates remuneration according to work with divided according to capital share.

Joint Ownership Enterprise refer to economic units established by two or more corporate enterprises or corporate institutions of the same or different ownership, through joint investment on the basis of equality, voluntory participution and mutual benefits. They include state joint ownership enterprises, collective joint ownership enterprises, joint state-collective enterprises, and other joint ownership enterprises.

Limited Liability Corporations refer to economic units established with investment from 2-50 investors and registered in accordance with the Regulation of the People's Republic of China on the Management of Registration of Corporate Enterprises, each investor bearing limited liability to the corporation depending on its share of investment, and the corporation bearing liability to its debt to the maximum of its total assets. Limited liability corporations include exclusive state-funded limited liability corporations and other limited liability corporations.

Share-holding Corporations Ltd. refer to economic units registered in accordance with the Regulation of the People's Republic of China on the Management of

Explanatory Notes on Main Statistical Indicators

Registration of Corporate Enterprises, with total registered capitals divided into equal shares and raised through issuing stocks. Each investor bears limited liability to the corporation depending on the holding of shares, and the corporation bears liability to its debt to the maximum of its total assets.

Private Enterprises refer to profit-making economic units invested and established by natural persons, or controlled by natural persons using employed labour. Included in this category are private-owned enterprises, private partnership enterprises, private limited liability corporations, private share-holding corporations Ltd. and sole private enterprises registered in accordance with the Corporation Law, Partnership Enterprises Law, Interim Regulations on Private Enterprises and sole proprietorship enterprise law.

Other Domestic-funded Enterprises refer to domestic-funded economic units other than those mentioned above from one to seven.

Joint Venture Enterprises with Funds from Hong Kong, Macao and Taiwan refer to Enterprises established by investors from Hong Kong, Macao and Taiwan with enterprises in the mainland of china in accordance with the law of the people's Republic of China on Sino-foreign joint ventures and other relevant laws, Where the establishment of the investment and the sharing of profits and risk are stipulated under joint venture contract.

Cooperative Enterprises with Funds From Hong Kong, Macao and Taiwan established by investors from Hong Kong, Macao and Taiwan with enterprises in the mainland of china in accordance with the law of the people's Republic of China on Sino-foreign Contractual Joint Venture and other relevant laws, Where the investment or provision of facilities and the sharing of profits and risk are stipulated under cooperative contract.

Enterprise with Sole Investment from Hong Kong, Macao and Taiwan refer to enterprises established in the mainland of china with exclusive investment from investors from Hong Kong, Macao and Taiwan in accordance with the law of the people's Republic of China on Wholly Foreign-owned Enterprises and other relevant laws.

Share-holding Corporation Ltd. With Investment from Hong Kong, Macao and Taiwan refer to share-holding corporations Ltd. Established with the approval from Ministry of Commerce of the People's Republic of China (the former Ministry of Foreign Trade and Economic) Relations in line with relevant state regulations ,where the share of investment from Hong Kong, Macao and Taiwan businessmen exceeds 25% of the total registered capital of the corporation. In case the share of investment from Hong Kong, Macao and Taiwan is less than 25% of the total registered capital,the enterprise is to be classified as domestic-funded share-holding corporation Ltd.

Other Enterprises with Funds From Hong Kong, Macao and Taiwan refer to partnership enterprises with investments from Hong Kong, Macao and Taiwan established within the territory of China in accordance with Administrative Measures on the Establishment of Partnership Enterprises in China by Foreign Enterprise or Foreign Individuals and Regulation for the Administration of the Registration of Foreign-invested Partnership Enterprise.

Joint Venture Enterprise with Foreign Investment refer to enterprises jointly established by foreign enterprises or foreigners with enterprises in the mainland of China in accordance with the Law of the People's Republic of China on Sino-foreign Contractual Joint Venture and other relevant laws,where the investment or provision of facilities and the sharing of profits and risks are stipulated under cooperative contracts.

Cooperative Enterprise with Foreign Investment refer to enterprise jointly established by foreign enterprises or foreigners with enterprises in the mainland of China in accordance with the Law of the People's Republic of China on Sino-foreign Contractual Joint Venture and other relevant laws, where the investment or provision of facilities and the sharing of profits and risks are stipulated under cooperative contracts.

Enterprises with Sole Foreign Investment refer to enterprise established in the mainland of China with exclusive investment from foreign investors in accordance with the Law of the People's Republic of China on Wholly Foreign-owned Enterprises and other relevant laws.

Share-holding Corporations Ltd. With Foreign Investment refer to share-holding corporations Ltd. Established with the approval from Ministry of Commerce of the People' s Republic of China (the former Ministry of Foreign Trade and Economic) Relations in line with relevant state regulations , where the share of investment from foreign investors exceeds 25% of the total registered capital of the corporation. In case the share of foreign investment is less than 25% of the total registered capital, the enterprise is to be classified as domestic-funded share-holding corporation Ltd.

Other Enterprises with Foreign Funds refer to partnership enterprises established within the territory of China in accordance with Administrative Measures on the Establishment of Partnership Enterprises in China by Foreign

Enterprises or Foreign Individuals and Regulations for the Administration of the Registration of Foreign-invested Partnership Enterprises.

Type of Ownership

refers to enterprises classified as various type of ownership in accordance with registered categories of enterprises after 1998.In which, state-owned economy refer to state-owned enterprises, sole state-funded enterprises, state joint ownership enterprises, collective-owned economy refer to collective-owned enterprises, cooperative enterprises, collective joint ownership enterprises; private economy refer to private enterprises and individual.

The Division Standard of Urban and Rural Areas

According to The Regulation on The Division of Urban and Rural Areas in Statistics of State Department No.60 [2008], the division standard of Urban and Rural Areas is as follows: based on the administrative division, with the residents' committee and village committee areas confirmed by The Department of Civil Affairs as the division objects, with the actual construction as the division basis, our region is divided into urban and rural areas.

The actual construction refers to the public facilities, residential facilities and other facilities which are completed or under construction.

Urban Area including city and township.

City refers to the residents' committee and other areas connected with the actual construction of district and municipal government in the districts of city and the city without districts.

Township refers to the residents' committee and other areas connected with the actual construction of district and municipal government outside city zones and other areas. Township also including the independent mining areas, development areas, scientific research units, universities and other special areas, as well as the station of farms and forest farms, which are not connected with the actual construction of government and the resident population is more than 3000 people.

Rural areas refer to the areas besides urban areas defined by the regulation.

Actual Price (current price)

includes all other industries not included in primary or secondary industry, including transport, storage, post services; information transmitting, computer services and software; wholesale and retail trade; accommodation and catering services; finance; real estate; leasing and business services; scientific research, technical services and geological prospecting; management for water conservancy, environment and public facilities; resident services and other social services; education; health care, social security and social welfare; culture, sports and recreational services; public management and social organizations and so on.

Constant Price

refer to prices that are used to remove the factors of price change in calculating economic aggregates, so as to facilitate comparison of aggregates over time. Two methods are used for calculating economic aggregates at constant prices,

a) Multiplying the output of products by their constant prices of certain year; b) Deflation of data at current prices by relevant price index.

Average Annual Increase Rate

shows the average growth rate of social and economic development during a longer period. It can not be directly calculated by chain based growth rate. The relation is:

Average Annual Growth Rate = Average Speed of Development 1

Average speed of development is the time series average of speed which calculated by chain based. Because the reference bases during the different periods are not same, average speed of development can not be calculated by the general method. Level approach and accumulative approach for calculating average speed of development rate are applied. The "level approach" , or the method of calculating the geometric average, is derived by the formula of geometric average of the chain-based speeds of development, or comparing the level of the last year of the interval with that of the beginning year; the other is called the"accumulative approach"or the"algebraic average""equation"method, which is derived by the summation of the actual figure of each year in the interval divided by the figure in the base year. The level approach focuses on the level of the last year, while the accumulative approach emphasizes the aggregate development in the duration.

The average annual growth rates listed in the Yearbook

are calculated by the level approach except for the growth rate of investment in fixed assets. The base year is not listed in the duration for which average annual growth rates are computed. For instance, the average annual growth rate of the 43 years since 1949 is shown as the average annual growth rate of 1950-1992 without showing the base year 1949.

国民经济核算
National Accounts

2

2-1 全市生产总值 (1978—2012年) Gross Domestic Product, 1978-2012

单位：亿元 (100 million yuan)

年份 Year	全市生产总值 Gross Domestic Product	第一产业 Primary Industry	第二产业 Secondary Industry	工业 Industry	建筑业 Construction	第三产业 Tertiary Industry	人均生产总值(元) GDP Per Capita (yuan)	社会劳动生产率(元/人) Society Labour Productivity (yuan/person)
1978	82.65	5.03	57.53	54.39	3.14	20.09	1133	2300
1979	93.01	6.54	64.82	61.01	3.81	21.65	1241	2489
1980	103.53	6.53	72.56	67.48	5.08	24.44	1357	2671
1981	107.96	5.18	76.97	71.06	5.91	25.81	1458	2672
1982	114.11	7.00	79.86	72.30	7.56	27.24	1469	2737
1983	123.42	7.60	84.47	76.69	7.78	31.35	1555	2883
1984	147.53	11.13	96.47	87.97	8.50	39.93	1853	3342
1985	175.78	12.95	114.92	104.80	10.12	47.91	2169	3892
1986	194.74	16.51	123.33	111.90	11.43	54.90	2352	4220
1987	220.12	19.63	138.02	125.05	12.97	62.47	2621	4694
1988	259.71	26.21	160.96	146.73	14.23	72.54	3035	5549
1989	283.49	26.85	177.54	160.73	16.81	79.10	3261	6064
1990	310.95	27.32	181.38	165.59	15.79	102.25	3487	6617
1991	342.65	29.26	196.60	179.75	16.85	116.79	3777	7216
1992	411.04	30.26	233.41	212.80	20.61	147.37	4481	8516
1993	538.94	35.40	308.40	280.73	27.67	195.14	5800	10901
1994	732.89	46.55	414.95	371.43	43.52	271.39	7751	14426
1995	931.97	60.80	518.55	467.93	50.62	352.62	9769	18126
1996	1121.93	67.67	609.10	549.81	59.29	445.16	11734	21842
1997	1264.63	69.52	676.01	609.65	66.36	519.10	13142	24668
1998	1374.60	74.14	697.99	622.15	75.84	602.47	14243	26915
1999	1500.95	71.14	758.51	682.52	75.99	671.30	15405	29539
2000	1701.88	73.69	863.83	785.96	77.87	764.36	17353	34208
2001	1919.09	78.73	959.06	869.15	89.91	881.30	19141	39357
2002	2150.76	84.21	1069.08	968.44	100.64	997.47	21387	43851
2003	2578.03	89.91	1337.31	1217.88	119.43	1150.82	25544	51380
2004	3110.97	105.28	1685.93	1549.67	136.26	1319.76	30575	59902
2005	3905.64	112.38	2135.07	1957.95	177.12	1658.19	37796	72982
2006	4462.74	103.35	2457.08	2261.52	195.56	1902.31	42141	80741
2007	5252.76	110.19	2892.53	2661.87	230.66	2250.04	47970	89268
2008	6719.01	122.58	3709.78	3418.87	290.91	2886.65	58656	106545
2009	7521.85	128.85	3987.84	3622.11	365.73	3405.16	62574	113585
2010	9224.46	145.58	4840.23	4410.85	429.38	4238.65	72994	131232
2011	11307.28	159.72	5928.32	5430.84	497.48	5219.24	85213	151586
2012	12893.88	171.60	6663.82	6123.06	540.76	6058.46	93173	164641

注：2005年及以后数据为第二次经济普查初步核算后修订数据，表2-2至2-8同。
Note: Data from 2005 are preliminary calculated and adjusted figures of Second Economic Census. Same as table 2-2 to 2-8.

2-2 全市生产总值构成（1978—2012年）
Composition of Gross Domestic Product, 1978-2012

单位：%（%）

年份 Year	全市生产总值 Gross Domestic Product	第一产业 Primary Industry	第二产业 Secondary Industry	工业 Industry	建筑业 Construction	第三产业 Tertiary Industry
1978	100	6.1	69.6	65.8	3.8	24.3
1979	100	7.0	69.7	65.6	4.1	23.3
1980	100	6.3	70.1	65.2	4.9	23.6
1981	100	4.8	71.3	65.8	5.5	23.9
1982	100	6.1	70.0	63.4	6.6	23.9
1983	100	6.2	68.4	62.1	6.3	25.4
1984	100	7.5	65.4	59.6	5.8	27.1
1985	100	7.4	65.4	59.6	5.8	27.2
1986	100	8.5	63.3	57.4	5.9	28.2
1987	100	8.9	62.7	56.8	5.9	28.4
1988	100	10.1	62.0	56.5	5.5	27.9
1989	100	9.5	62.6	56.7	5.9	27.9
1990	100	8.8	58.3	53.2	5.1	32.9
1991	100	8.5	57.4	52.5	4.9	34.1
1992	100	7.4	56.8	51.8	5.0	35.8
1993	100	6.6	57.2	52.1	5.1	36.2
1994	100	6.4	56.6	50.7	5.9	37.0
1995	100	6.5	55.7	50.2	5.5	37.8
1996	100	6.0	54.3	49.0	5.3	39.7
1997	100	5.5	53.5	48.2	5.3	41.0
1998	100	5.4	50.8	45.3	5.5	43.8
1999	100	4.7	50.6	45.5	5.1	44.7
2000	100	4.3	50.8	46.2	4.6	44.9
2001	100	4.1	50.0	45.3	4.7	45.9
2002	100	3.9	49.7	45.0	4.7	46.4
2003	100	3.5	51.9	47.3	4.6	44.6
2004	100	3.4	54.2	49.8	4.4	42.4
2005	100	2.9	54.6	50.1	4.5	42.5
2006	100	2.3	55.1	50.7	4.4	42.6
2007	100	2.1	55.1	50.7	4.4	42.8
2008	100	1.8	55.2	50.9	4.3	43.0
2009	100	1.7	53.0	48.2	4.9	45.3
2010	100	1.6	52.4	47.8	4.6	46.0
2011	100	1.4	52.4	48.0	4.4	46.2
2012	100	1.3	51.7	47.5	4.2	47.0

2-3 全市生产总值指数 (1978—2012年)
Indices of Gross Domestic Product, 1978-2012

上年=100 (preceding year = 100)

年 份 Year	全市生产总值 Gross Domestic Product	第一产业 Primary Industry	第二产业 Secondary Industry	工 业 Industry	建筑业 Construction	第三产业 Tertiary Industry	人均生产总值 GDP Per Capita	社会劳动生产率 Society Labour Productivity
1978	120.9	115.6	123.3	121.1	167.9	116.0	119.6	117.1
1979	110.0	117.4	110.4	110.4	110.7	107.0	107.1	105.9
1980	110.0	99.8	111.4	110.6	122.0	108.7	108.0	106.0
1981	104.8	79.1	107.0	106.6	112.2	104.8	108.0	100.5
1982	104.3	112.9	103.5	102.4	117.5	105.3	99.4	101.1
1983	108.3	109.2	106.0	106.0	106.3	114.8	106.0	105.5
1984	119.3	122.8	116.6	117.5	106.2	125.9	118.9	115.6
1985	110.6	121.1	110.5	110.0	116.5	108.8	108.7	108.1
1986	105.8	108.0	105.5	105.0	111.8	106.0	103.6	103.6
1987	107.6	106.0	108.3	108.2	108.9	106.3	106.1	105.9
1988	105.8	107.7	107.7	108.3	101.2	100.4	103.8	106.0
1989	101.6	111.4	98.1	97.8	101.2	109.3	100.0	101.8
1990	105.4	104.6	101.1	102.0	91.6	116.4	102.7	104.8
1991	106.0	103.4	105.5	105.8	102.1	107.5	104.2	104.9
1992	111.7	100.7	111.5	112.4	101.2	114.6	110.4	109.8
1993	112.1	107.4	112.9	113.6	103.6	111.7	110.6	109.4
1994	114.3	105.3	114.7	114.1	122.7	115.6	112.3	111.2
1995	114.9	106.3	114.1	114.5	109.9	117.9	113.9	113.5
1996	114.3	108.2	114.3	114.6	110.1	115.4	114.0	114.4
1997	112.1	107.7	111.7	111.8	110.1	113.4	111.4	112.3
1998	109.3	106.7	107.4	107.0	112.7	113.0	109.0	109.9
1999	110.0	100.1	111.7	112.6	99.2	108.9	109.0	110.5
2000	110.8	103.7	111.5	112.2	100.9	110.5	110.0	113.1
2001	112.0	106.3	112.8	112.7	114.3	111.7	109.6	114.3
2002	112.7	106.1	114.3	114.6	112.2	111.4	112.3	111.9
2003	114.8	106.1	118.0	118.6	112.4	111.9	114.4	112.2
2004	115.8	105.1	119.8	121.5	101.7	111.9	114.9	111.8
2005	114.9	104.3	117.6	117.9	113.5	112.1	113.1	111.5
2006	114.7	103.4	116.2	116.2	117.0	113.6	112.0	111.1
2007	115.5	101.2	116.6	117.1	110.4	115.0	111.7	108.5
2008	116.5	103.2	118.0	118.7	109.8	115.2	111.4	108.7
2009	116.5	103.4	118.0	118.3	113.9	115.2	111.1	111.0
2010	117.4	103.3	120.2	120.8	112.7	114.2	111.7	110.6
2011	116.4	103.8	118.3	119.3	108.6	114.7	110.9	109.7
2012	113.8	103.0	115.2	115.8	108.6	112.6	109.2	108.4

注：本表数据按可比价格计算，表2-4、2-6和2-12同。
Note: Data in this table are calculated at constant prices. Same as table 2-4, 2-6 and 2-12.

2-4 全市生产总值指数（1979—2012年）
Indices of Gross Domestic Product, 1979-2012

1978年=100 (year of 1978 = 100)

年 份 Year	全市生产总值 Gross Domestic Product	第一产业 Primary Industry	第二产业 Secondary Industry	工 业 Industry	建筑业 Construction	第三产业 Tertiary Industry
1979	110.0	117.4	110.4	110.4	110.7	107.0
1980	121.0	117.2	123.0	122.1	135.1	116.3
1981	126.8	92.7	131.6	130.2	151.5	121.9
1982	132.3	104.6	136.2	133.3	178.0	128.4
1983	143.2	114.3	144.4	141.3	189.3	147.3
1984	170.9	140.3	168.3	166.0	201.0	185.5
1985	189.0	169.9	186.0	182.6	234.2	201.8
1986	200.0	183.5	196.2	191.7	261.8	213.9
1987	215.2	194.5	212.5	207.5	285.1	227.4
1988	227.6	209.5	228.9	224.7	288.5	228.3
1989	231.3	233.4	224.5	219.7	292.0	249.6
1990	243.8	244.1	227.0	224.1	267.5	290.5
1991	258.4	252.4	239.5	237.1	273.1	312.3
1992	288.6	254.2	267.0	256.5	276.3	357.9
1993	323.5	273.0	301.5	302.8	286.3	399.8
1994	369.8	287.5	345.8	345.5	351.3	462.1
1995	424.9	305.6	394.6	395.6	386.1	544.8
1996	485.7	330.6	451.0	453.3	425.1	628.7
1997	544.4	356.1	503.8	506.8	468.0	713.0
1998	595.1	379.9	541.0	542.3	527.4	805.7
1999	654.6	380.3	604.4	610.6	523.2	877.4
2000	725.3	394.4	673.9	685.1	527.9	969.5
2001	812.3	419.2	760.1	772.1	603.4	1082.9
2002	915.5	444.8	868.8	884.9	677.0	1206.4
2003	1051.0	472.0	1025.2	1049.4	761.0	1350.0
2004	1217.0	496.0	1228.2	1275.1	773.9	1510.6
2005	1398.4	517.3	1444.3	1503.3	878.4	1693.4
2006	1603.9	534.9	1678.3	1746.8	1027.7	1923.7
2007	1852.5	541.4	1956.9	2045.6	1134.6	2212.2
2008	2158.2	558.7	2309.1	2428.1	1245.8	2548.5
2009	2514.3	577.7	2724.8	2872.4	1418.9	2935.9
2010	2951.8	596.7	3275.2	3469.9	1599.1	3352.8
2011	3435.9	619.4	3874.6	4139.5	1736.6	3845.7
2012	3911.8	638.0	4464.2	4793.7	1885.7	4329.4

2-5 按产业分全市生产总值(2010—2012年)
Gross Domestic Product by Industry, 2010-2012

单位：亿元 (100 million yuan)

项　目	Item	2010	2011	2012
全市生产总值	**Gross Domestic Product**	**9224.46**	**11307.28**	**12893.88**
第一产业	**Primary Industry**	**145.58**	**159.72**	**171.60**
第二产业	**Secondary Industry**	**4840.23**	**5928.32**	**6663.82**
工　业	Industry	4410.85	5430.84	6123.06
建筑业	Construction	429.38	497.48	540.76
第三产业	**Tertiary Industry**	**4238.65**	**5219.24**	**6058.46**
交通运输、仓储和邮政业	Transportation, Storage and Post Services	585.37	632.10	683.56
信息传输、计算机服务和软件业	Information Transmitting, Computer Service and Software	154.14	172.10	176.61
批发和零售业	Wholesale and Retail Trade	1090.68	1463.89	1680.33
住宿和餐饮业	Accommodation and Catering Services	157.66	194.52	222.18
金融业	Finance Intermediation	572.99	756.50	1001.59
房地产业	Real Estate	377.59	411.46	449.65
租赁和商务服务业	Leasing and Business Services	211.83	277.57	334.72
科学研究、技术服务和地质勘察业	Scientific Research, Technical Services and Geological Prospecting	274.59	332.70	383.61
水利、环境和公共设施管理业	Management for Water Conservancy, Environment and Public Facilities	59.22	72.65	83.87
居民服务和其他服务业	Resident Services and Other Social Service	202.25	237.05	270.65
教　育	Education	209.21	248.65	281.29
卫生、社会保障和社会福利业	Health Care, Social Security and Social Welfare	100.29	119.61	139.18
文化、体育和娱乐业	Culture, Sports and Recreational Services	45.81	57.20	66.96
公共管理和社会组织	Public Management and Social Organizations	197.02	243.24	284.26

注：本表行业分类标准采用国家标准GB/T 4754-2002，表2-6同。
Note:Industrial Classification in this table is classified by the standard of GB/T 4754-2002. Same as table 2-6.

2-6 按产业分全市生产总值指数(2010—2012年)
Indices of Gross Domestic Product by Industry, 2010-2012

上年=100 (preceding year = 100)

项目	Item	2010	2011	2012
全市生产总值	**Gross Domestic Product**	**117.4**	**116.4**	**113.8**
第一产业	**Primary Industry**	**103.3**	**103.8**	**103.0**
第二产业	**Secondary Industry**	**120.2**	**118.3**	**115.2**
工业	Industry	120.8	119.3	115.8
建筑业	Construction	112.7	108.6	108.6
第三产业	**Tertiary Industry**	**114.2**	**114.7**	**112.6**
交通运输、仓储和邮政业	Transportation, Storage and Post Services	112.2	109.3	112.5
信息传输、计算机服务和软件业	Information Transmitting, Computer Service and Software	108.3	106.7	102.3
批发和零售业	Wholesale and Retail Trade	120.6	118.9	111.3
住宿和餐饮业	Accommodation and Catering Services	106.0	112.0	106.6
金融业	Finance Intermediation	118.1	116.8	125.1
房地产业	Real Estate	106.0	104.4	104.9
租赁和商务服务业	Leasing and Business Services	114.1	127.2	117.9
科学研究、技术服务和地质勘察业	Scientific Research, Technical Services and Geological Prospecting	112.3	113.7	108.9
水利、环境和公共设施管理业	Management for Water Conservancy, Environment and Public Facilities	106.5	119.2	108.6
居民服务和其他服务业	Resident Services and Other Social Services	116.5	117.2	116.5
教育	Education	105.0	115.4	105.2
卫生、社会保障和社会福利业	Health Care, Social Security and Social Welfare	105.3	108.5	106.6
文化、体育和娱乐业	Culture, Sports and Recreational Services	108.7	116.3	122.0
公共管理和社会组织	Public Management and Social Organizations	116.8	115.4	113.2

2-7 三次产业贡献率（1995—2012年）
Share of the Contributions of the Three Strata of Industry to the Increase of GDP, 1995-2012

单位：%（%）

年 份 Year	全市生产总值 Gross Domestic Product	第一产业 Primary Industry	第二产业 Secondary Industry	#工 业 Industry	第三产业 Tertiary Industry
1995	100	2.9	55.5	52.6	41.6
1996	100	3.6	58.1	55.1	38.3
1997	100	3.8	56.4	53.0	39.8
1998	100	4.1	45.7	40.3	50.2
1999	100	0.1	66.5	66.9	33.4
2000	100	1.8	61.9	61.6	36.3
2001	100	2.3	54.2	48.8	43.5
2002	100	2.0	57.8	53.4	40.2
2003	100	1.5	63.1	59.2	35.4
2004	100	1.2	66.6	66.1	32.2
2005	100	0.9	65.2	61.6	33.9
2006	100	0.7	60.1	54.9	39.2
2007	100	0.2	59.2	56.1	40.6
2008	100	0.4	61.1	58.5	38.5
2009	100	0.4	61.5	58.0	38.1
2010	100	0.3	66.3	63.3	33.4
2011	100	0.4	58.6	56.1	41.0
2012	100	0.3	58.6	55.9	41.1

注：1. 产业贡献率指各产业增加值增量与GDP增量之比。2. 本表数据按可比价格计算。
Note: a) Share of the contributions of the three strata of industry refers to the proportion of the increment of value added of each industry to the increment of GDP.
b) Data in this table are calculated at constant prices.

2-8 三次产业对全市生产总值增长的拉动（1995—2012年）
Contribution of the Three Strata of Industry to GDP Growth, 1995-2012

单位：百分点 (percentage point)

年 份 Year	全市生产总值 Gross Domestic Product	第一产业 Primary Industry	第二产业 Secondary Industry	#工 业 Industry	第三产业 Tertiary Industry
1995	14.9	0.4	8.3	7.8	6.2
1996	14.3	0.5	8.3	7.9	5.5
1997	12.1	0.5	6.8	6.4	4.8
1998	9.3	0.4	4.2	3.7	4.7
1999	10.0		6.7	6.7	3.3
2000	10.8	0.2	6.7	6.7	3.9
2001	12.0	0.3	6.5	5.9	5.2
2002	12.7	0.2	7.4	6.8	5.1
2003	14.8	0.2	9.3	8.8	5.3
2004	15.8	0.2	10.5	10.4	5.1
2005	14.9	0.1	9.7	9.2	5.1
2006	14.7	0.1	8.8	8.1	5.8
2007	15.5		9.2	8.7	6.3
2008	16.5	0.1	10.1	9.6	6.3
2009	16.5	0.1	10.1	9.6	6.3
2010	17.4	0.1	11.5	11.0	5.8
2011	16.4	0.1	9.6	9.2	6.7
2012	13.8		8.1	7.7	5.7

注：1. 产业拉动指GDP增长速度与各产业贡献率之乘积。2. 本表数据按可比价格计算。
Note: a) Contribution of the three strata of industry to GDP growth refers to the growth rate of GDP multiplying the shares of each industry. b) Data in this table are calculated at constant prices.

2-9 全市生产总值项目结构（1978—2012年）
Components of Gross Domestic Product, 1978-2012

单位：亿元 (100 million yuan)

年 份 Year	全市生产总值 Gross Domestic Product	劳动者报酬 Compensation of Employees	固定资产折旧 Depreciation of Fixed Assets	生产税净额 Net Taxes on Production	营业盈余 Operating Surplus
1978	82.65	26.80	6.10	15.68	34.07
1979	93.01	31.64	6.80	16.28	38.29
1980	103.53	31.35	8.75	19.99	43.44
1981	107.96	31.40	10.40	17.92	48.24
1982	114.11	34.42	11.97	17.68	50.04
1983	123.42	36.21	13.83	20.95	52.43
1984	147.53	51.85	14.58	23.44	57.66
1985	175.78	51.45	17.97	30.39	75.97
1986	194.74	63.11	23.09	32.29	76.25
1987	220.12	76.71	23.41	34.24	85.76
1988	259.71	90.11	27.10	41.82	100.68
1989	283.49	103.47	44.91	43.63	91.48
1990	310.95	135.54	48.41	43.64	83.36
1991	342.65	144.25	55.15	51.14	92.11
1992	411.04	166.13	68.74	61.39	114.78
1993	538.94	223.72	72.44	83.56	159.22
1994	732.89	319.98	99.10	117.22	196.59
1995	931.97	417.02	139.84	150.51	224.60
1996	1121.93	534.48	178.28	160.57	248.60
1997	1264.63	634.76	189.31	186.38	254.18
1998	1374.60	699.85	210.58	223.85	240.32
1999	1500.95	748.05	217.46	274.62	260.82
2000	1701.88	715.11	264.63	328.92	393.22
2001	1919.09	774.46	308.13	387.17	449.33
2002	2150.76	835.23	358.80	416.97	539.76
2003	2578.03	892.22	446.50	534.87	704.44
2004	3110.97	1050.14	483.73	571.81	1005.29
2005	3905.64	1228.05	534.90	748.40	1394.29
2006	4462.74	1422.44	601.04	798.75	1640.51
2007	5252.76	1660.89	764.89	926.88	1900.10
2008	6719.01	2506.58	735.61	1013.49	2463.33
2009	7521.85	2836.97	967.32	1159.32	2558.24
2010	9224.46	3556.17	1155.18	1402.91	3110.20
2011	11307.28	4378.14	1416.06	1771.81	3741.27
2012	12893.88	5040.37	1506.75	2138.15	4208.61

2-10 支出法全市生产总值 (1978—2012年)
Gross Domestic Product by Expenditure Approach, 1978-2012

年 份 Year	全市生产总值 (亿元) Gross Domestic Product (100 million yuan)	最终消费支出 Final Consumption Expenditures	资本形成总额 Gross Capital Formation	货物和服务净出口 Net Exports of Goods and Services	最终消费率(消费率)(%) Final Consumption Rate (%)	资本形成率(投资率)(%) Capital Formation Rate (%)
1978	82.65	30.79	26.19	25.67	37.3	31.7
1979	93.01	34.68	33.00	25.33	37.3	35.5
1980	103.53	40.43	35.36	27.74	39.1	34.2
1981	107.96	44.48	25.06	38.42	41.2	23.2
1982	114.11	47.61	34.73	31.77	41.7	30.4
1983	123.42	53.50	41.82	28.10	43.3	33.9
1984	147.53	60.58	48.31	38.64	41.1	32.7
1985	175.78	72.45	87.92	15.41	41.2	50.0
1986	194.74	83.37	100.20	11.17	42.8	51.5
1987	220.12	98.70	92.29	29.13	44.8	41.9
1988	259.71	128.62	140.56	-9.47	49.5	54.1
1989	283.49	145.79	135.58	2.12	51.4	47.8
1990	310.95	147.62	132.93	30.40	47.5	42.7
1991	342.65	170.29	162.86	9.50	49.7	47.5
1992	411.04	196.37	225.42	-10.75	47.8	54.8
1993	538.94	253.74	312.64	-27.44	47.1	58.0
1994	732.89	338.13	427.16	-32.40	46.1	58.3
1995	931.97	423.04	509.92	-0.99	45.4	54.7
1996	1121.93	537.07	594.24	-9.38	47.9	53.0
1997	1264.63	604.46	662.27	-2.10	47.8	52.4
1998	1374.60	652.88	725.40	-3.68	47.5	52.8
1999	1500.95	750.83	718.26	31.86	50.0	47.9
2000	1701.88	843.89	811.06	46.93	49.6	47.7
2001	1919.09	948.42	927.90	42.77	49.4	48.4
2002	2150.76	1040.49	1048.50	61.77	48.4	48.8
2003	2578.03	1193.05	1313.06	71.92	46.3	50.9
2004	3110.97	1343.65	1661.24	106.08	43.2	53.4
2005	3905.64	1509.06	1954.80	441.78	38.6	50.1
2006	4462.74	1767.99	2331.38	363.37	39.6	52.2
2007	5252.76	2072.90	2859.32	320.54	39.5	54.4
2008	6719.01	2534.01	4005.90	179.10	37.7	59.6
2009	7521.85	2879.25	5459.89	-817.30	38.3	72.6
2010	9224.46	3538.18	6926.39	-1240.11	38.4	75.1
2011	11307.28	4286.34	8594.36	-1573.42	37.9	76.0
2012	12893.88	4879.39	9848.44	-1833.95	37.8	76.4

2-11 最终消费支出及构成(1978—2012年)
Final Consumption Expenditures and Composition, 1978-2012

年份 Year	最终消费支出(亿元) Final Consumption Expenditures (100 million yuan)	居民消费支出 Households Consumption Expenditures	农村居民 Rural Households	城镇居民 Urban Households	政府消费支出 Government Consumption Expenditures	构成(%)(最终消费=100) Composition (%) (Final Consumption Expenditures = 100) 居民消费支出 Households Consumption Expenditures	政府消费支出 Government Consumption Expenditures
1978	30.79	27.13	5.55	21.58	3.66	88.1	11.9
1979	34.68	30.57	6.40	24.17	4.11	88.1	11.9
1980	40.43	36.29	7.60	28.69	4.14	89.8	10.2
1981	44.48	38.07	8.22	29.85	6.41	85.6	14.4
1982	47.61	41.11	10.03	31.08	6.50	86.3	13.7
1983	53.50	45.78	10.80	34.98	7.72	85.6	14.4
1984	60.58	50.84	13.02	37.82	9.74	83.9	16.1
1985	72.45	61.19	14.86	46.33	11.26	84.5	15.5
1986	83.37	69.92	15.59	54.33	13.45	83.9	16.1
1987	98.70	77.78	17.20	60.58	20.92	78.8	21.2
1988	128.62	99.36	21.32	78.04	29.26	77.3	22.7
1989	145.79	111.74	23.55	88.19	34.05	76.6	23.4
1990	147.62	119.32	23.03	96.29	28.30	80.8	19.2
1991	170.29	135.19	25.08	110.11	35.10	79.4	20.6
1992	196.37	154.19	27.69	126.50	42.18	78.5	21.5
1993	253.74	195.20	33.53	161.67	58.54	76.9	23.1
1994	338.13	255.93	39.38	216.55	82.20	75.7	24.3
1995	423.04	337.71	50.49	287.22	85.33	79.8	20.2
1996	537.07	413.10	63.76	349.34	123.97	76.9	23.1
1997	604.46	472.58	71.04	401.54	131.88	78.2	21.8
1998	652.88	500.24	76.19	424.05	152.64	76.6	23.4
1999	750.83	537.85	80.02	457.83	212.98	71.6	28.4
2000	843.89	596.52	87.26	509.26	247.37	70.7	29.3
2001	948.42	667.57	94.35	573.22	280.85	70.4	29.6
2002	1040.49	706.66	99.33	607.33	333.83	67.9	32.1
2003	1193.05	781.22	106.75	674.47	411.83	65.5	34.5
2004	1343.65	877.16	114.36	762.80	466.49	65.3	34.7
2005	1509.06	982.20	122.90	859.30	526.86	65.1	34.9
2006	1767.99	1123.61	130.39	993.22	644.38	63.6	36.4
2007	2072.90	1317.70	146.80	1170.90	755.20	63.6	36.4
2008	2534.01	1620.92	173.92	1447.00	913.09	64.0	36.0
2009	2879.25	1827.19	195.74	1631.45	1052.06	63.5	36.5
2010	3538.18	2256.00	216.36	2039.64	1282.18	63.8	36.2
2011	4286.34	2736.72	255.87	2480.85	1549.62	63.8	36.2
2012	4879.39	3180.68	313.20	2867.48	1698.71	65.2	34.8

2-12 最终消费支出指数（1979—2012年） Final Consumption Indices, 1979-2012

1978年=100 (year of 1978 = 100)

年份 Year	最终消费支出 Final Consumption Expenditures	居民消费支出 Households Consumption Expenditures	农村居民 Rural Households	城镇居民 Urban Households	政府消费支出 Government Consumption Expenditures
1979	112.6	111.7	115.5	110.4	111.0
1980	124.4	122.4	130.5	119.7	106.0
1981	135.2	128.3	141.1	124.0	161.7
1982	145.4	138.4	164.9	129.3	163.1
1983	162.3	152.6	182.1	142.4	192.8
1984	182.5	169.3	220.0	151.9	239.1
1985	197.7	184.6	240.0	165.4	242.7
1986	210.5	194.7	248.4	176.4	270.3
1987	235.2	204.9	254.6	188.2	393.0
1988	260.8	222.9	279.0	204.2	467.3
1989	257.9	219.1	275.1	200.5	472.5
1990	257.9	224.4	262.7	211.7	471.5
1991	272.1	231.8	270.4	218.9	540.8
1992	283.6	237.8	276.3	224.8	594.4
1993	307.9	254.4	283.8	244.2	677.0
1994	337.8	272.0	297.1	262.5	810.4
1995	358.4	292.7	322.1	281.9	821.7
1996	409.7	330.1	368.8	316.6	978.7
1997	452.3	369.4	404.2	356.5	1033.5
1998	495.7	397.8	440.5	382.8	1201.9
1999	567.6	423.3	469.2	407.3	1695.9
2000	628.3	458.9	511.4	440.7	1977.4
2001	689.9	499.2	545.6	482.6	2218.7
2002	760.2	524.7	580.0	505.8	2686.8
2003	861.3	570.3	617.7	553.3	3280.6
2004	967.3	650.8	644.9	640.2	3575.9
2005	1075.6	723.0	682.9	716.4	3976.4
2006	1241.3	814.9	714.4	815.2	4791.6
2007	1405.1	925.7	771.5	932.6	5390.5
2008	1631.4	1083.1	860.2	1096.8	6177.5
2009	1877.7	1239.1	982.3	1255.8	7190.6
2010	2236.4	1484.4	1053.1	1523.3	8470.5
2011	2580.8	1714.5	1147.9	1768.6	9758.1
2012	2869.8	1951.1	1337.3	2007.4	10421.7

2-13 最终消费支出（2009—2012年）
Final Consumption Expenditures, 2009-2012

单位：亿元 (100 million yuan)

项　目　Item	2009	2010	2011	2012
最终消费支出 Final Consumption Expenditures	**2879.25**	**3538.18**	**4286.34**	**4879.39**
居民消费支出 Households Consumption Expenditures	**1827.19**	**2256.00**	**2736.72**	**3180.68**
农村居民 Rural Households	**195.74**	**216.36**	**255.87**	**313.20**
食品类支出 Food	52.28	58.51	62.94	79.24
衣着类支出 Clothing	12.29	13.45	16.21	20.49
居住类支出 Residence	27.01	27.28	17.22	17.66
家庭设备、用品及服务类支出 Household Facilities, Articles and Services	4.28	5.20	9.89	13.29
医疗保健类支出 Medicine and Medical Services	14.23	15.25	25.60	30.71
交通和通信类支出 Transportation and Communication Services	10.65	11.94	21.11	27.98
文教娱乐用品及服务类支出 Recreation, Education and Cultural Services	7.26	8.57	14.36	20.10
金融中介服务虚拟支出 Invented Expenditure for Finance Agent Service	41.95	45.35	49.89	52.28
自有住房服务虚拟支出 Invented Expenditure for Self-owned Housing Service	20.47	24.65	34.84	45.46
其他商品和服务类支出 Other Goods and Services	5.32	6.16	3.81	5.99
城镇居民 Urban Households	**1631.45**	**2039.64**	**2480.85**	**2867.48**
食品类支出 Food	504.33	591.57	727.65	823.56
衣着类支出 Clothing	127.15	156.11	189.38	231.00
居住类支出 Residence	140.51	156.92	183.63	202.96
家庭设备、用品及服务类支出 Household Facilities, Articles and Services	85.83	113.04	126.85	130.84
医疗保健类支出 Medicine and Medical Services	130.75	234.33	288.74	318.47
交通和通信类支出 Transportation and Communication Services	183.68	244.42	318.69	412.79
文教娱乐用品及服务类支出 Recreation, Education and Cultural Services	162.45	189.16	227.72	302.80
金融中介服务虚拟支出 Invented Expenditure for Finance Agent Servic	145.57	168.62	200.02	223.44
自有住房服务虚拟支出 Invented Expenditure for Self-owned Housing Service	72.94	91.90	97.94	94.11
实物消费支出 Practicality	19.07	24.98	31.36	26.59
其他商品和服务类支出 Other Goods and Services	59.17	68.59	88.87	100.92
政府消费支出 Government Consumption Expenditures	**1052.06**	**1282.18**	**1549.62**	**1698.71**

2-14 资本形成总额和指数(1978—2012年) Gross Capital Formation and Indices, 1978-2012

年 份 Year	资本形成总额(亿元) Gross Capital Formation (100 million yuan)	固定资本形成总额 Gross Fixed Capital Formation	存货增加 Change in Inventory	总指数(1990年=100) Index of Gross Capital Formation (year of 1990 = 100)	固定资本形成总额 Gross Fixed Capital Formation	存货增加 Change in Inventory
1978	26.19	18.55	7.64			
1979	33.00	23.91	9.09			
1980	35.36	25.56	9.80			
1981	25.06	25.00	0.06			
1982	34.73	32.36	2.37			
1983	41.82	38.27	3.55			
1984	48.31	48.67	-0.36			
1985	87.92	67.60	20.32			
1986	100.20	75.89	24.31			
1987	92.29	81.63	10.66			
1988	140.56	96.85	43.71			
1989	135.58	95.43	40.15			
1990	132.93	98.03	34.90	100.0	100.0	100.0
1991	162.86	144.19	18.67	115.6	137.2	57.1
1992	225.42	185.12	40.30	140.8	155.0	102.4
1993	312.64	246.16	66.48	156.3	167.7	125.5
1994	427.16	345.46	81.70	186.9	202.0	145.8
1995	509.92	417.95	91.97	215.5	236.3	157.0
1996	594.24	491.90	102.34	243.5	269.2	170.7
1997	662.27	556.43	105.84	274.5	308.4	176.7
1998	725.40	640.15	85.25	305.2	358.7	148.4
1999	718.26	631.92	86.34	305.8	356.9	156.1
2000	811.06	695.10	115.96	342.5	389.8	204.2
2001	927.90	805.34	122.56	392.5	451.0	221.0
2002	1048.50	926.65	121.85	447.5	521.3	229.6
2003	1313.06	1180.54	132.52	545.9	647.5	246.1
2004	1661.24	1446.49	214.75	615.8	683.1	422.6
2005	1954.80	1739.40	215.40	736.5	840.9	410.3
2006	2331.38	2087.24	244.14	861.7	995.6	436.6
2007	2859.32	2615.09	244.23	1019.4	1199.7	429.2
2008	4005.90	3594.00	411.90	1350.7	1557.2	700.4
2009	5459.89	5077.89	382.00	1890.6	2241.7	736.1
2010	6926.39	6468.54	457.85	2323.5	2773.0	832.5
2011	8594.36	8069.94	524.42	2732.4	3274.9	916.6
2012	9848.44	9314.76	533.68	3123.1	3769.4	942.3

2-15 最终消费支出和资本形成总额对全市生产总值增长的贡献率和拉动 (1978—2012年)
Share and Contribution of Final Consumption Expenditures and Gross Capital Formation to GDP Growth, 1978-2012

年 份 Year	最终消费支出 Final Consumption Expenditures		资本形成总额 Gross Capital Formation	
	贡献率(%) Share (%)	拉 动(百分点) Contribution (percentage point)	贡献率(%) Share (%)	拉 动(百分点) Contribution (percentage point)
1978	15.1	3.2		
1979	40.2	4.0		
1980	27.3	2.7		
1981	78.8	3.8		
1982	57.7	2.5		
1983	56.5	4.7		
1984	26.8	5.2		
1985	29.3	3.1		
1986	44.7	2.6		
1987	61.3	4.7		
1988	76.8	4.5		
1989	-28.3	-0.5		
1990	18.1	1.0		
1991	43.7	2.6	116.0	7.0
1992	16.8	2.0	87.1	10.2
1993	32.6	3.9	46.3	5.6
1994	29.7	4.2	69.0	9.9
1995	16.7	2.5	53.6	8.0
1996	37.9	5.4	47.8	6.8
1997	32.9	4.0	54.4	6.6
1998	39.0	3.6	60.7	5.6
1999	57.3	5.7	1.2	0.1
2000	40.1	4.3	54.8	5.9
2001	41.3	5.0	58.0	7.0
2002	37.8	4.8	54.0	6.9
2003	42.6	6.3	73.6	10.9
2004	36.3	5.7	41.8	6.6
2005	30.0	4.5	63.3	9.4
2006	40.4	5.9	57.9	8.5
2007	33.2	5.2	60.3	9.4
2008	37.2	6.1	103.2	17.0
2009	34.8	5.7	143.8	23.8
2010	41.0	7.1	93.7	16.4
2011	35.8	5.9	80.2	13.2
2012	30.8	4.3	78.4	10.8

注：本表数据按可比价格计算。
Note: Data in this table are calculated at constant prices.

2-16 居民消费水平 (1978—2012年)
Households Consumption, 1978-2012

年份 Year	全市居民 (元/人) All Households (yuan/person)	农村居民 Rural Households	城镇居民 Urban Households	城乡消费水平对比 (农村居民=1) Urban/Rural Consumption Ratio (Rural Households = 1)	全市居民消费指数 (1978年=100) All Households Consumption Index (year of 1978 =100)	农村居民 Rural Households	城镇居民 Urban Households
1978	372	178	533	2.99	100.0	100.0	100.0
1979	408	206	562	2.73	108.7	115.0	104.6
1980	475	248	639	2.58	117.1	131.0	109.2
1981	514	271	682	2.52	121.2	142.0	110.2
1982	529	328	653	1.99	128.6	163.4	112.4
1983	577	352	714	2.03	139.0	179.0	120.8
1984	639	425	751	1.77	152.5	215.5	126.3
1985	755	493	898	1.82	164.2	237.9	132.8
1986	845	518	1011	1.95	171.3	245.5	138.9
1987	926	564	1114	1.98	177.6	246.5	146.8
1988	1161	696	1398	2.01	190.4	267.4	156.1
1989	1285	774	1531	1.98	184.9	263.9	149.5
1990	1338	749	1635	2.18	186.1	248.1	155.2
1991	1490	813	1832	2.25	189.7	253.1	158.2
1992	1681	903	2067	2.29	193.3	258.4	160.4
1993	2101	1094	2603	2.38	205.3	264.3	172.6
1994	2707	1287	3435	2.67	218.0	275.9	183.8
1995	3540	1658	4495	2.71	233.5	298.9	195.9
1996	4321	2109	5389	2.56	256.6	335.9	212.8
1997	4911	2369	6117	2.58	286.9	368.8	239.0
1998	5181	2561	6374	2.49	307.8	403.1	254.5
1999	5520	2715	6758	2.49	325.7	430.9	267.2
2000	6083	2994	7398	2.47	351.7	472.3	286.2
2001	6763	3267	8231	2.52	382.0	505.8	311.4
2002	7120	3466	8604	2.48	399.9	538.7	323.8
2003	7789	3758	9377	2.50	431.9	575.4	349.4
2004	8621	4079	10348	2.54	484.2	620.2	394.5
2005	9504	4380	11415	2.61	529.7	656.8	432.4
2006	10609	4816	12600	2.62	582.2	712.0	470.0
2007	12034	5409	14218	2.63	639.8	767.5	514.6
2008	14150	6540	16452	2.52	715.3	873.4	566.6
2009	15200	7279	17483	2.40	779.7	986.9	611.4
2010	17852	8076	20482	2.54	888.8	1061.9	695.1
2011	20624	9658	23360	2.42	977.7	1170.3	757.0
2012	22984	11936	25569	2.14	1066.7	1376.3	813.8

注：1. 本表绝对数按当年价格计算，指数按可比价格计算。2. 城乡消费水平对比未剔除城乡价格不可比的因素。
Note: a) Absolute figures in this table are calculated at current prices, while indices are calculated at constant prices. b) The effect of price differentials between urban and rural areas has not been removed in the calculation of the urban/rural consumption ratio.

主要统计指标解释

生产总值

指按市场价格计算的一个国家（或地区）所有常驻单位在一定时期内生产活动的最终成果。

从价值形态看，它是所有常驻单位在一定时期内所生产的全部货物和服务价值超过同期投入的全部非固定资产货物和服务价值的差额，即所有常驻单位的增加值之和；从收入形态看，它是所有常驻单位在一定时期内所创造并分配给常驻单位和非常驻单位的初次分配收入之和；从产品形态看，它是最终使用的货物和服务减去进口货物和服务。在实际核算中，其三种表现形态体现为三种计算方法，即生产法、收入法和支出法。三种方法分别从不同的方面反映生产总值及其构成。根据国务院和国家统计局有关我国GDP核算和数据发布制度的规定，天津市国内生产总值自2004年起更名为“天津市生产总值”简称“天津市GDP”。

劳动者报酬

指劳动者因从事生产活动所获得的全部报酬。包括劳动者获得的各种形式的工资、奖金和津贴，既包括货币形式的，也包括实物形式的，还包括劳动者所享受的公费医疗和医药卫生费、上下班交通补贴和单位支付的社会保险费、住房公积金等。

固定资产折旧

指一定时期内为弥补固定资产损耗按照核定的固定资产折旧率提取的固定资产折旧，或按国民经济核算统一规定的折旧率虚拟计算的固定资产折旧。它反映了固定资产在当期生产中的转移价值。各类企业和企业化管理的事业单位的固定资产折旧是指实际计提的折旧费；不计提折旧的政府机关、非企业化管理的事业单位和居民住房的固定资产折旧是按照统一规定的折旧率和固定资产原值计算的虚拟折旧。原则上，固定资产折旧应按固定资产的重置价值计算，但是目前我国尚不具备对全社会固定资产进行重估价的基础，所以暂时只能采用这种办法。

生产税净额

指生产税减生产补贴后的余额。生产税指政府对生产单位生产、销售和从事经营活动以及因从事生产活动使用某些生产要素（如固定资产、土地、劳动力）所征收的各种税、附加费和规费。生产补贴与生产税相反，指政府对生产单位的单方面转移支付，因此视为负生产税，包括政策亏损补贴、价格补贴等。

营业盈余

指常驻单位创造的增加值扣除劳动者报酬、生产税净额和固定资产折旧后的余额。它相当于企业的营业利润加上生产补贴，但要扣除从利润中开支的工资和福利等。

最终消费支出

指常驻单位在一定时期内对于货物和服务的全部最终消费支出，也就是常驻单位为满足物质、文化和精神生活的需要，从本国经济领土和国外购买的货物和服务的支出。不包括非常驻单位在本国经济领土内的消费支出。最终消费分为居民消费和政府消费。

居民消费支出

指常住住户对货物和服务的全部最终消费支出。它除了常住住户直接以货币形式购买货物和服务的消费之外，还包括以其他方式获得的货物和服务的消费，即单位以实物报酬及实物转移的形式提供给劳动者的货物和服务；住户生产并由住户自己消费的货物和服务，其中的服务仅指住户的自有住房服务和支付报酬的家庭服务；金融机构提供的金融媒介服务；保险公司提供的保险服务。

政府消费支出

指政府部门为全社会提供公共服务的消费支出和免费或以较低价格向住户提供的货物和服务的净支出。前者等于政府服务的产出价值减去政府单位所获得的经营收入后的价值，政府服务的产出价值等于它的经常性业务支出加上固定资产折旧；后者等于政府部门免费或以较低价格向住户提供的货物和服务的市场价值减去向住户收取的价值。

资本形成总额

指常驻单位在一定时期内获得的减去处置的固

定资产加存货的净变动额，包括固定资本形成总额和存货增加。

固定资本形成总额

指生产者在一定时期内获得的固定资产减处置的固定资产的价值总额，固定资产是通过生产活动生产出来的，其使用年限在一年以上，单位价值在规定标准以上的资产，不包括自然资产。固定资本形成总额可分为有形固定资本形成总额和无形固定资本形成总额。有形固定资本形成总额包括一定时期内完成的建筑工程、安装工程、设备工器具购置（减处置）价值以及土地改良、新增役、种、奶、毛、娱乐用牲畜和新增经济林木价值。无形固定资本形成总额包括矿藏的勘探、计算机软件等获得减处置。

存货增加

指常驻单位在一定时期内存货实物量变动的市场价值，即期末价值减期初价值的差额，再扣除当期由于价格变动而产生的持有收益。存货增加可以是正值，也可以是负值；正值表示存货增加，负值表示存货减少。它包括生产单位购进的原材料、燃料和储备物资等存货，以及生产单位生产的产成品、在制品存货等。

货物和服务净出口

指货物和服务出口减货物和服务进口的差额。出口包括常驻单位向非常驻单位出售和无偿转让的各种货物和服务的价值；进口包括常驻单位从非常驻单位购买或无偿得到的各种货物和服务的价值。由于服务活动的提供与使用同时发生，因此服务的进出口业务并不发生出入境现象，一般把常驻单位从国外得到的服务作为进口，常驻单位向国外提供的服务作为出口。货物的出口和进口都按离岸价格计算。在计算地区货物和服务净出口时，还包括地区间货物和服务的流入流出。用公式表示：

货物和服务净出口（净流出）＝货物和服务出口（流出）－进口（流入）

Explanatory Notes on Main Statistical Indicators

Gross Domestic Product

refers to the final products at market prices produced by all resident units in a country (or a region) during a certain period of time.

From the aspect of value added form, GDP refers to the total value of all products and services produced by all resident units during a certain period of time minus total value of inputs of non-fixed-assets products and services or the summation of the value added of all resident units; the form of products refers to all final goods and services minus imports of goods and services. In the practice of national accounting, it is calculated by three approaches, i.e. product approach, income approach and expenditure approach, respectively, to reflect Gross Product and its composition of different aspects. According to the national regulations of GDP, Tianjin Gross Product Value is called Tianjin GDP for short.

Compensation of Employees

refers to the whole payment of various forms earned by the labourers from the productive activities they are engaged in. It includes wages, bonuses and allowances the labourers earned in monetary form and in kind. It also includes the free medical services provided to the labourers and the medicine expenses, traffic subsidies, social insurance fee and housing provident fund paid by the labourer's working units for them.

Depreciation of Fixed Assets

refers to the depreciation of fixed assets of a given period, drawn in accordance with the stipulated depreciation rate for the purpose of compensating the wear loss of the fixed assets or the depreciation of fixed assets calculated in a fictitious way in accordance with the stipulated unified depreciation rate in the national economic accounting system. It reflects the value of transfer of the fixed assets in the production of the current period. The depreciation of fixed assets in various enterprises and institutions managed as enterprises refers to the depreciation expenses actually drawn. In government agencies and institutions not managed as enterprises which do not draw the depreciation expenses, as well as for the houses of residents, the depreciation of fixed assets is the imputed depreciation, which is calculated in accordance with the stipulated unified depreciation rate. In principle, the depreciation of fixed assets should be calculated on the basis of the re-purchased value of the fixed assets. However, there is no actual condition to re-evaluate all the fixed assets in China. Therefore, this method is temporarily adopted at present.

Net Taxes on Production

refer to the residual of the taxes on production minus the subsidies on production. The taxes on production refers to the var ous taxes, extra charges and fees levied on the production units on their production, sale and business activities as well as on some sectors of production, such as fixed assets, land and labour force, used in the production activities they are engaged in. In contrast to the taxes on production, the subsidies on production refer to the unilateral transfer of part of the government's revenue to the production units and are therefore regarded as negative taxes on production. They include subsidies on the loss due to implementation of government policies, price subsidies, etc.

Operating Surplus

refers to the balance of the value added created by the resident units deducting the labourer's remuneration, net taxes on production and the depreciation of fixed assets. It is equivalent to the business profit of the enterprises plus subsidies on production, but the wages and welfare expenses paid from the profits should be deducted.

Final Consumption Expenditures

refer to the total expenditure of resident units on final consumption of goods and services in a certain period, namely the expenditure of the resident units for purchases of goods and services from domestic economic territory and abroad to meet the requirements of material, cultural and spiritual life. It excludes the consumption expenditure of non-resident units on consumption in the economic territory of the country. The final consumption is classified into households'consumption and government consumption.

Households Consumption Expenditures

refers to the total expenditure of resident households on the final consumption of goods and services. In addition to the consumption of goods and services bought by the households directly with money, the households consumption also includes expenditure on goods and services obtained by the households on other ways, i.e. the goods and services provided to the households by the units in the form of payment in kind and transfer in kind; the goods and services produced and consumed by the households themselves, in which the services refer only to the owner-occupied housing and domestic services provided by the paid household workers; financial intermediate services provided by financial institutions; insurance services provided by insurance companies.

Government Consumption Expenditures

refers to the expenditure on the consumption of the public services provided by the government to the whole society and the net expenditure on the goods and services provided by the government to the households at free charge or lower prices. The former equals to the output value of the government services minus the value of operating income obtained by the government departments, the output value of the government services equals to its current operating expenditure plus depreciation of fixed assets. The latter equals to the market value of the goods and services provided by the government free of charge or at low prices to the households minus the value received by the government from the households.

Gross Capital Formation

refers to the fixed assets acquired minus those disposed and the net value of inventory, including the total fixed assets formation and the increase in inventory.

Gross Fixed Capital Formation

refers to the value of fixed assets acquired minus those disposed of during a given period. Fixed assets are the assets produced through production activities with specified unit value which could be used for over one year, excluding natural assets. Total fixed capital formation can be categorized into total tangible assets formation and total intangible assets formation. The total tangible assets formation include the value of the construction projects, installation projects completed and the equipment, apparatus and instruments purchased as well as the value of land improved, the value of draught animals, breeding stock, animal for milk, wool and for recreational animals purpose and the newly increased forest with economic value during a given period. The total intangible assets formation includes the prospecting of minerals, the acquisition of computer software minus the disposal of them.

Change in Inventory

refers to the market value of the change in inventory of resident units during a given period, i.e. the difference of value between the beginning and the end of the period minus the current gains due to the change in prices. The increase in inventory can be positive or negative. A positive value indicates the increase in inventory while a negative value indicates the decrease in stock. The inventory includes the raw materials, fuel and reserve materials purchased by the production units as well as the inventory of finished products, semi-finished products, etc.

Net Exports of Goods and Services

refers to the balance of the exports of goods and services minus the imports of goods and services. The imports include the value of various goods and services sold or gratuitously transferred by the resident units to the non-resident units. The imports include the value of various goods and services purchased or gratuitously acquired by the resident units from the non-resident units. Because the provision of services and the use of them happen simultaneously, the import and export of services do not appear to have the phenomena of crossing the border of the country. The acquisition of services by the resident units from abroad is usually treated as import while the acquisition of services by non-resident units in this country is usually treated as export. The export and import of goods are calculated at FOB. The formula for calculating is as followed:

Net Export of Goods and Services = Value of Export of Goods and Service - Value of Import of Goods and Services

3 人口 Population

3-1 人口主要指标 (1996—2012年) Main Statistics on Population, 1996-2012

年份 Year	常住人口（万人）Permanent Population (10 000 persons)	户籍人口（万人）Registered Population (10 000 persons)	户籍户数（万户）Registered Households (10 000 households)	人口密度（人/平方公里）Population Density (person/sq. km)	人口出生率(‰) Birth Rate (‰)	人口死亡率(‰) Death Rate (‰)	人口自然增长率(‰) Natural Growth Rate (‰)
1996	948.19	898.45	279.62	752	10.09	6.53	3.56
1997	952.59	899.80	284.08	753	9.98	6.95	3.03
1998	956.64	905.09	288.20	757	9.89	6.49	3.40
1999	959.48	910.17	291.32	762	9.68	6.73	2.95
2000	1001.14	912.00	293.04	763	7.72	6.17	1.55
2001	1004.06	913.98	295.63	765	7.58	5.94	1.64
2002	1007.18	919.05	299.67	769	7.49	6.04	1.45
2003	1011.30	926.00	303.27	775	7.14	6.04	1.10
2004	1023.67	932.55	316.62	780	7.31	5.97	1.34
2005	1043.00	939.31	322.95	797	7.44	6.01	1.43
2006	1075.00	948.89	328.66	805	7.67	6.07	1.60
2007	1115.00	959.10	333.42	813	7.91	5.86	2.05
2008	1176.00	968.87	337.49	822	8.13	5.94	2.19
2009	1228.16	979.84	341.90	831	8.30	5.70	2.60
2010	1299.29	984.85	345.83	837	8.18	5.58	2.60
2011	1354.58	996.44	350.27	847	8.58	6.08	2.50
2012	1413.15	993.20	351.24	845	8.75	6.12	2.63

注：1. 人口密度2005年以后按市民政局行政区划面积计算，2005年以前按市规划局土地面积计算。此表人口密度为户籍口径。2. 人口自然变动"三率"为历年人口抽样调查数据。

Note: a) After 2005, the population density is calculated with administrative areas measured by Tianjin Municipal Civil Affairs Bureau, and those before 2005 are calculated with areas measured by Tianjin Planning Bureau. The population density in this table is calculated at registered population. b) The three rates of population changing are obtained from population sample surveys.

3-2 户籍人口构成及户规模 (1996—2012年) Composition of Registered Population and Household Size, 1996-2012

单位：%（%）

年份 Year	按户口性质分 By Registered Character		按性别分 By Sex		性别比（女=100）Sex Ratio (Female=100)	家庭平均户规模（人/户）Average Family Household Size (person/household)
	非农业 Non-agricultural	农业 Agricultural	男性 Male	女性 Female		
1996	57.12	42.88	50.62	49.38	102.50	3.21
1997	57.27	42.73	50.58	49.42	102.33	3.17
1998	57.60	42.40	50.53	49.47	102.14	3.14
1999	58.09	41.91	50.51	49.49	102.06	3.12
2000	58.39	41.61	50.51	49.49	102.05	3.11
2001	58.56	41.44	50.48	49.52	101.92	3.09
2002	58.88	41.12	50.45	49.55	101.84	3.07
2003	59.37	40.63	50.47	49.53	101.89	3.05
2004	59.64	40.36	50.46	49.54	101.86	2.95
2005	59.87	40.13	50.44	49.56	101.77	2.91
2006	60.18	39.82	50.41	49.59	101.65	2.89
2007	60.51	39.49	50.38	49.62	101.52	2.88
2008	60.72	39.28	50.35	49.65	101.42	2.87
2009	61.08	38.92	50.32	49.68	101.30	2.87
2010	61.37	38.63	50.29	49.71	101.15	2.85
2011	61.61	38.39	50.27	49.73	101.11	2.84
2012	62.06	37.94	50.21	49.79	100.84	2.83

3-3 按地区分的户籍人口户数、人口数及人口密度
Registered Households, Population and Population Density by Region

地 区	Region	年末户数（万户）Year-end Households (10 000 households)		年末人口数（万人）Year-end Population (10 000 persons)		年平均人口（万人）Average Annual Population (10 000 persons)	人口密度（人/平方公里）Population Density (person/sq. km)
		2011	2012	2011	2012	2012	2012
全市总计	**Total**	**350.27**	**351.24**	**996.44**	**993.20**	**994.82**	**845**
市辖区	**Districts under City Administration**	**290.86**	**291.31**	**816.30**	**812.50**	**814.40**	**1098**
# 市内六区	Six Urban Districts	144.17	143.50	396.00	388.90	392.46	21963
和平区	Heping District	13.51	13.44	40.22	39.75	39.99	39746
河东区	Hedong District	27.30	27.31	71.80	70.96	71.38	17907
河西区	Hexi District	28.10	28.19	80.30	79.77	80.04	20988
南开区	Nankai District	30.36	30.25	86.66	84.68	85.67	21965
河北区	Hebei District	24.00	23.86	63.18	61.88	62.53	20890
红桥区	Hongqiao District	20.90	20.45	53.84	51.86	52.85	24393
东丽区	Dongli District	13.57	13.48	35.73	35.26	35.50	737
西青区	Xiqing District	13.06	13.18	36.60	37.07	36.83	655
津南区	Jinnan District	14.82	14.81	42.06	42.01	42.03	1083
北辰区	Beichen District	14.08	14.22	37.37	37.52	37.44	793
武清区	Wuqing District	27.21	27.31	85.55	85.77	85.66	545
宝坻区	Baodi District	21.74	21.82	67.59	67.93	67.76	450
滨海新区	Binhai New Area	41.14	41.95	112.81	115.54	114.18	518
天津铁厂	Tianjin Iron Works	1.07	1.04	2.59	2.50	2.54	
市辖县	**Counties under City Administration**	**59.41**	**59.93**	**180.14**	**180.70**	**180.42**	**414**
宁河县	Ninghe County	13.14	13.33	38.74	38.93	38.84	300
静海县	Jinghai County	19.99	20.20	57.13	57.59	57.36	390
蓟 县	Jixian County	26.28	26.40	84.27	84.18	84.22	530

3-4 按户口性质分的户籍户数
Registered Households by Registered Character

单位：万户 (10 000 households)

地　区	Region	非农业 Non-agricultural		农　业 Agricultural	
		2011	2012	2011	2012
全市总计	**Total**	**224.89**	**227.25**	**125.38**	**123.98**
市辖区	**Districts under City Administration**	**208.97**	**211.11**	**81.89**	**80.18**
# 市内六区	Six Urban Districts	143.37	142.71	0.80	0.78
和平区	Heping District	13.51	13.44		
河东区	Hedong District	27.27	27.28	0.03	0.03
河西区	Hexi District	27.97	28.07	0.13	0.13
南开区	Nankai District	29.86	29.75	0.50	0.49
河北区	Hebei District	23.99	23.84	0.01	0.01
红桥区	Hongqiao District	20.77	20.33	0.13	0.12
东丽区	Dongli District	5.60	6.78	7.97	6.70
西青区	Xiqing District	3.93	4.04	9.13	9.14
津南区	Jinnan District	4.39	4.41	10.43	10.39
北辰区	Beichen District	6.44	6.56	7.64	7.66
武清区	Wuqing District	5.67	6.14	21.54	21.17
宝坻区	Baodi District	5.20	5.28	16.54	16.54
滨海新区	Binhai New Area	33.30	34.15	7.84	7.80
天津铁厂	Tianjin Iron Works	1.07	1.04		
市辖县	**Counties under City Administration**	**15.92**	**16.14**	**43.49**	**43.80**
宁河县	Ninghe County	4.50	4.57	8.64	8.77
静海县	Jinghai County	5.09	5.25	14.90	14.96
蓟　县	Jixian County	6.33	6.32	19.95	20.07

3-5 按户口性质分的户籍人口数
Registered Population by Registered Character

单位：万人(10 000 Persons)

地　区	Region	非农业 Non-agricultural		农　业 Agricultural	
		2011	2012	2011	2012
全市总计	**Total**	**613.94**	**616.36**	**382.50**	**376.84**
市辖区	**Districts under City Administration**	**577.06**	**578.57**	**239.24**	**233.93**
# 市内六区	Six Urban Districts	394.26	387.16	1.74	1.74
和平区	Heping District	40.22	39.74		
河东区	Hedong District	71.74	70.91	0.06	0.06
河西区	Hexi District	80.03	79.50	0.27	0.28
南开区	Nankai District	85.52	83.53	1.14	1.14
河北区	Hebei District	63.16	61.86	0.02	0.02
红桥区	Hongqiao District	53.59	51.62	0.25	0.24
东丽区	Dongli District	15.47	18.25	20.26	17.01
西青区	Xiqing District	12.68	13.11	23.92	23.96
津南区	Jinnan District	12.92	13.12	29.14	28.89
北辰区	Beichen District	17.51	17.74	19.86	19.78
武清区	Wuqing District	16.28	17.93	69.27	67.84
宝坻区	Baodi District	13.50	14.09	54.09	53.84
滨海新区	Binhai New Area	91.85	94.67	20.96	20.87
天津铁厂	Tianjin Iron Works	2.59	2.50		
市辖县	**Counties under City Administration**	**36.88**	**37.79**	**143.26**	**142.91**
宁河县	Ninghe County	10.37	10.50	28.37	28.44
静海县	Jinghai County	11.46	11.92	45.67	45.67
蓟　县	Jixian County	15.05	15.37	69.22	68.81

3-6 按性别分的户籍人口数 Registered Population by Sex

单位：万人(10 000 persons)

地　　区	Region	男　性 Male		女　性 Female		性别比(女=100) Sex Ratio (Female=100)	
		2011	2012	2011	2012	2011	2012
全市总计	**Total**	**500.96**	**498.67**	**495.48**	**494.53**	**101.11**	**100.84**
市辖区	**Districts under City Administration**	**409.27**	**406.71**	**407.03**	**405.79**	**100.55**	**100.22**
# 市内六区	Six Urban Districts	197.77	193.52	198.23	195.38	99.77	99.05
和平区	Heping District	19.35	19.10	20.87	20.64	92.72	92.56
河东区	Hedong District	36.25	35.70	35.55	35.26	101.97	101.23
河西区	Hexi District	39.56	39.20	40.74	40.58	97.10	96.59
南开区	Nankai District	43.63	42.34	43.03	42.34	101.39	100.01
河北区	Hebei District	31.85	31.13	31.33	30.75	101.66	101.25
红桥区	Hongqiao District	27.13	26.05	26.71	25.81	101.57	100.94
东丽区	Dongli District	18.05	17.68	17.68	17.58	102.09	100.60
西青区	Xiqing District	17.84	18.08	18.76	18.99	95.10	95.23
津南区	Jinnan District	20.95	20.93	21.11	21.08	99.24	99.27
北辰区	Beichen District	18.62	18.67	18.75	18.85	99.31	99.04
武清区	Wuqing District	42.63	42.73	42.92	43.04	99.32	99.28
宝坻区	Baodi District	34.05	34.22	33.54	33.71	101.52	101.49
滨海新区	Binhai New Area	58.03	59.60	54.78	55.94	105.93	106.53
天津铁厂	Tianjin Iron Works	1.33	1.28	1.26	1.22	105.56	104.47
市辖县	**Counties under City Administration**	**91.69**	**91.96**	**88.45**	**88.74**	**103.66**	**103.63**
宁河县	Ninghe County	19.67	19.76	19.07	19.18	103.15	103.01
静海县	Jinghai County	29.09	29.30	28.04	28.28	103.74	103.61
蓟　县	Jixian County	42.93	42.90	41.34	41.28	103.85	103.94

3-7 各种特征年龄组的户籍人口 (2012年) Registered Population by Age Groups, 2012

单位：万人(10 000 persons)

年龄组	Age Groups	合计 Total	# 市内六区 Six Urban Districts	男性 Male	# 市内六区 Six Urban Districts	女性 Female	# 市内六区 Six Urban Districts
按学龄人口分组	**Grouped by School Age**						
0–2岁	Age 0-2	26.91	8.70	14.16	4.53	12.75	4.17
3–5岁	Age 3-5	26.37	7.38	13.93	3.84	12.44	3.54
6–14岁	Age 6-14	64.61	15.20	34.09	7.84	30.52	7.36
15–17岁	Age 15-17	24.48	6.06	12.87	3.09	11.61	2.97
18–21岁	Age 18-21	46.94	13.88	24.04	7.01	22.90	6.87
按婚育人口分组	**Grouped by Marriage Age and Child-bearing Age**						
进入法定婚龄人口	Reaching Legal Marriage Age	15.13	4.99	8.63	2.86	6.50	2.13
育龄妇女人口 (15–49岁)	Women at Child-bearing Age (between 15-49)	253.87	91.66			253.87	91.66
按劳龄人口分组	**Grouped by Labour Age**						
进入劳龄人口	Reaching Labour Age						
国内标准	Domestic Standard	7.94	1.95	4.17	0.99	3.77	0.96
国际标准	International Standard	7.62	1.95	4.00	1.00	3.62	0.95
劳动年龄内人口	Within Labour Age						
国内标准	Domestic Standard	633.50	246.90	342.20	135.84	291.30	111.06
国际标准	International Standard	744.38	297.85	373.94	149.62	370.44	148.23
退出劳龄人口	Over Labour Age						
国内标准	Domestic Standard	17.72	8.36	7.85	3.37	9.87	4.99
国际标准	International Standard	10.51	4.60	5.21	2.28	5.30	2.32
按老年人口分组	**Grouped by Aged Population**						
60岁及以上人口	Age 60 and over	187.74	88.30	90.29	41.77	97.45	46.53
占总人口比重(%)	Proportion in Total (%)	18.90	22.56	18.11	21.44	19.71	23.67
65岁及以上人口	Age 65 and over	123.31	60.33	58.55	27.99	64.76	32.34
占总人口比重(%)	Proportion in Total (%)	12.42	15.41	11.74	14.37	13.09	16.45
80岁及以上人口	Age 80 and over	25.31	14.73	11.42	6.62	13.89	8.11
占总人口比重(%)	Proportion in Total (%)	2.55	3.76	2.29	3.40	2.81	4.13

3-8 常住人口主要数据(2010–2012年)
Main Statistics on Permanent Population, 2010-2012

指　标	Item	2010	2011	2012
常住人口(万人)	**Permanent Population (10 000 persons)**	**1299.29**	**1354.58**	**1413.15**
按性别分	By Sex			
男　性	Male	693.56	725.92	760.24
女　性	Female	605.73	628.66	652.91
性别比(女=100)	Sex Ratio (Female = 100)	114.52	115.47	116.44
按户别分组	By Household Type			
家庭户	Family	1030.51	1070.12	1102.93
集体户	Collective	268.78	284.46	310.22
按城乡分组	By Residence			
城　镇	Urban Population	1033.59	1090.44	1152.49
占总人口比重(%)	Proportion in Total (%)	79.55	80.50	81.55
乡　村	Rural Population	265.70	264.14	260.66
按年龄分组	By Age			
0–14岁	Age 0-14	127.33	133.02	141.46
15–64岁	Age 15-64	1061.26	1094.91	1131.65
65岁及以上	Age 65 and over	110.70	126.65	140.04
人口负担系数(%)	**Population Dependency Ratio (%)**			
人口总负担系数	Total Dependency Ratio	22.43	23.72	24.88
负担少儿系数	Children Dependency Ratio	12.00	12.15	12.50
负担老年系数	The Aged Dependency Ratio	10.43	11.57	12.37
老少比	Ratio of Aged to Children	86.94	95.21	99.00
常住人口户数(万户)	**Number of Households (10 000 households)**	**398.35**	**420.95**	**435.74**
家庭户	Family Households	368.04	387.72	399.61
集体户	Collective Households	30.31	33.23	36.13
家庭平均户规模(人/户)	**Average Family Size (person/household)**	**2.80**	**2.76**	**2.76**
人口变动情况(万人)	**Change of Population (10 000 persons)**			
出生人口	Birth	10.34	11.39	12.11
死亡人口	Death	7.05	8.07	8.47
净迁入人口	Net Immigration	300.44	344.84	392.79
人口密度(人/平方公里)	**Population Density (person/sq. km)**	**1105**	**1152**	**1202**

注：1、此表根据人口普查及人口变动调查数据推算。下表同。2、此表人口密度为常住口径。
Note：a）Data in this table are predicted according to population census and population change survey. Same as following next. b）The population density in this table is calculated at permanent coverage.

3-9 按地区分的常住人口 (2012年)
Permanent Population by Region, 2012

地 区	Region	年末人口数(万人) Year-end Population (10 000 persons)	构成(%) Composition in Percentage(%)
全市总计	**Total**	**1413.15**	**100.00**
市辖区	**Districts under City Administration**	**1209.21**	**85.56**
# 市内六区	Six Urban Districts	472.10	33.41
和平区	Heping District	34.12	2.41
河东区	Hedong District	92.90	6.57
河西区	Hexi District	94.47	6.69
南开区	Nankai District	110.10	7.79
河北区	Hebei District	84.18	5.96
红桥区	Hongqiao District	56.33	3.99
东丽区	Dongli District	66.03	4.67
西青区	Xiqing District	76.12	5.39
津南区	Jinnan District	66.55	4.71
北辰区	Beichen District	74.33	5.26
武清区	Wuqing District	105.33	7.45
宝坻区	Baodi District	85.13	6.02
滨海新区	Binhai New Area	263.62	18.65
市辖县	**Counties under City Administration**	**203.94**	**14.44**
宁河县	Ninghe County	44.32	3.14
静海县	Jinghai County	71.20	5.04
蓟 县	Jixian County	88.42	6.26

3-10 按年龄分的6岁及以上各种受教育程度人口 (2012年)
Education Status of Population Aged 6 and over by Age, 2012

单位：人 (person)

年 龄 Age	6岁及以上人口 Aged 6 and over	# 小学 Primary School	# 初中 Junior Middle School	# 高中 Senior Middle School	# 大学专科 Junior College	# 大学本科 Undergraduate College	# 研究生 Postgraduate
全市总计							
Total	**30082**	**5395**	**10919**	**6402**	**2944**	**3427**	**154**
6-9	907	820					
10-14	1169	648	475	27			
15-19	1552	53	491	632	96	269	
20-24	2665	72	659	445	408	1064	8
25-29	2696	80	779	533	644	622	31
30-34	2639	83	897	607	480	514	51
35-39	2091	136	972	483	246	223	21
40-44	2633	239	1332	557	236	234	21
45-49	2766	289	1379	722	190	155	10
50-54	2614	328	994	995	185	80	4
55-59	2937	624	1314	684	189	62	2
60-64	1955	639	801	274	130	44	3
65+	3458	1384	826	443	140	160	3
# 女 性							
Female	**15537**	**2874**	**5295**	**3218**	**1399**	**2081**	**74**
6-9	402	369					
10-14	550	293	234	16			
15-19	879	20	228	339	48	238	
20-24	1666	34	318	202	211	895	3
25-29	1382	46	381	264	343	322	25
30-34	1288	51	445	293	228	246	22
35-39	1049	76	490	247	123	97	10
40-44	1303	122	668	295	107	94	7
45-49	1418	158	683	404	88	65	2
50-54	1302	207	460	505	76	32	3
55-59	1472	372	633	327	70	20	
60-64	1016	377	384	132	54	21	1
65+	1810	749	371	194	51	51	1

注：此表为2012年人口抽样调查数据，表3-11至3-13相同。
Note: Data in this table are obtained from population sample survey in 2012. Same as table 3-11 to 3-13.

3-11 按年龄分的15岁及以上各种婚姻状况人口 (2012年)
Marriage Status of Population Aged 15 and over by Age, 2012

单位：人 (person)

年 龄 Age	15岁及以上人口合计 Aged 15 and over	未 婚 Unmarried	初婚有配偶 First Marriages	再婚有配偶 Remarriages	离 婚 Divorces	丧 偶 Widowed
全市总计						
Total	**28006**	**5262**	**20427**	**388**	**506**	**1423**
15-19	1549	1515	34			
20-24	2668	2211	436	4	16	1
25-29	2696	1010	1632	21	29	4
30-34	2639	298	2251	40	43	7
35-39	2091	65	1909	50	60	7
40-44	2633	44	2424	66	79	20
45-49	2766	30	2548	56	97	35
50-54	2614	24	2415	42	73	60
55-59	2937	28	2714	41	56	98
60-64	1955	11	1735	24	29	156
65+	3458	26	2329	44	24	1035
# 女 性						
Female	**14585**	**2899**	**10253**	**198**	**268**	**967**
15-19	878	864	14			
20-24	1667	1400	255	3	9	
25-29	1382	451	904	9	16	2
30-34	1288	114	1127	22	20	5
35-39	1049	23	965	24	32	5
40-44	1303	14	1199	37	40	13
45-49	1418	10	1304	24	54	26
50-54	1302	6	1192	24	38	42
55-59	1472	10	1346	24	30	62
60-64	1016	5	877	8	15	111
65+	1810	2	1070	23	14	701

3-12 按地区分的家庭户规模 (2012年) Family Households by Size and Region, 2012

单位：户 (household)

地　区	Region	合计 Total	一人户 One-person	二人户 Two-person	三人户 Three-person	四人户 Four-person	五人户 Five-person	六人及以上户 Six-person and over
全市总计	**Total**	**10944**	**1317**	**3325**	**4065**	**1340**	**654**	**243**
市辖区	**Districts under City Administration**	**9257**	**1201**	**2919**	**3585**	**953**	**463**	**136**
和平区	Heping District	154	29	46	63	9	5	2
河东区	Hedong District	786	82	222	363	66	43	10
河西区	Hexi District	966	152	331	375	71	29	8
南开区	Nankai District	1065	156	379	447	51	31	1
河北区	Hebei District	550	58	205	228	44	14	1
红桥区	Hongqiao District	406	89	133	152	21	9	2
东丽区	Dongli District	534	60	146	190	92	37	9
西青区	Xiqing District	707	105	203	254	106	26	13
津南区	Jinnan District	413	20	93	159	83	44	14
北辰区	Beichen District	652	96	232	243	53	19	9
武清区	Wuqing District	674	58	180	220	99	79	38
宝坻区	Baodi District	525	64	158	165	65	54	19
滨海新区	Binhai New Area	1825	232	591	726	193	73	10
市辖县	**Counties under City Administration**	**1687**	**116**	**406**	**480**	**387**	**191**	**107**
宁河县	Ninghe County	179	8	32	44	48	27	20
静海县	Jinghai County	792	58	215	249	188	66	16
蓟　县	Jixian County	716	50	159	187	151	98	71

3-13 按地区分有65岁及以上老年人口的家庭户 (2012年)
Households with Population Aged 65 and over by Region, 2012

单位：户 (household)

地　区	Region	合　计 Total	#单身老人户 Single	#一对老夫妇户 One Couple	#一个老人与亲属户 One Aged Population and Relatives	#二个老人与亲属户 Two Aged Population and Relatives
全市总计	**Total**	**2455**	**516**	**624**	**4**	**17**
市辖区	**Districts under City**					
	Administration	**2070**	**447**	**559**	**4**	**16**
和平区	Heping District	57	17	13		
河东区	Hedong District	183	30	37		2
河西区	Hexi District	304	58	82	2	5
南开区	Nankai District	207	43	58		2
河北区	Hebei District	143	21	51		
红桥区	Hongqiao District	104	31	31		
东丽区	Dongli District	76	25	22		1
西青区	Xiqing District	139	50	49		
津南区	Jinnan District	69	5	15		
北辰区	Beichen District	140	29	37		
武清区	Wuqing District	188	27	36		1
宝坻区	Baodi District	122	23	34		2
滨海新区	Binhai New Area	338	88	94	2	3
市辖县	**Counties under City**					
	Administration	**385**	**69**	**65**		**1**
宁河县	Ninghe County	45	4	4		
静海县	Jinghai County	162	39	37		1
蓟　县	Jixian County	178	26	24		

3-14 计划生育情况 (2009—2012年)
Family Planning, 2009-2012

单位：万人（10 000 persons）

指　　标	Item	2009	2010	2011	2012
出生人口	Birth	8.31	8.10	8.58	9.30
已婚育龄妇女人数	Married Women at Child-bearing Age	180.73	172.93	173.19	169.96
领取独生子女证人数	Married Couples with One-child Certificate	61.78	58.18	59.15	59.77
政策生育率(%)	Family Planning Rate (%)	98.36	98.33	98.25	98.44
一孩率(%)	One-child Rate (%)	81.14	82.25	81.68	82.20
二孩率(%)	Two-child Rate (%)	18.85	17.74	18.30	17.79
多孩率(%)	Multi-child Rate (%)	0.01	0.01	0.02	0.01

资料来源：本表由市人口和计划生育委员会提供。
Source: Data in this table are provided by Tianjin Municipal Committee of Population and Family Planning.

3-15 人口婚姻情况 (2009—2012年)
Marriage Registration, 2009-2012

指　　标	Item	2009	2010	2011	2012
登记结婚对数(对)	**Marriages (couple)**	**104028**	**86799**	**104147**	**101389**
# 恢复结婚对数	Remarriage with Former Spouse	3893	4051	5418	4360
涉外婚姻登记	Chinese-Foreigner Marriages	408	403	444	373
按婚前状况分	**Grouped by Pre-marriage Condition**				
初婚人数(万人)	First Marriages (10 000 persons)	17.36	13.81	17.30	17.47
再婚人数(万人)	Remarriages (10 000 persons)	3.45	3.55	3.50	2.81
离婚对数(对)	**Divorces (couple)**	**27556**	**28132**	**30560**	**34790**
法院判决离婚	Mediated by the Court	5895	4067	4445	4376
民政协议离婚	Approved by Civil Administration Agencies	21661	24065	26115	30414

主要统计指标解释

常住人口

指实际经常居住在某地区半年以上的人口。按人口普查和抽样调查规定，主要包括：(1) 除离开本地半年以上（不包括在国外工作或学习的人）的全部常住本地的户籍人口；(2) 户口在外地，但在本地居住半年以上者，或离开户口地半年以上而调查时在本地居住的人口；(3) 调查时居住在本地，但在任何地方都没有登记常住户口，如手持户口迁移证、出生证、退伍证、劳改劳教释放证等尚未办理常住户口的人，即所谓“口袋户口”的人。

人口密度

指单位土地面积上的人口数。通常使用常住人口计算人口密度，用于说明人口的拥挤程度。以每平方公里的居民人数来表示。计算公式：

$$人口密度=\frac{常住人口}{总土地面积}$$

人口出生率（又称粗出生率）

指在一定时期内(通常为一年)一定地区的出生人数与同期内平均人数(或期中人数)之比，用千分率表示。本资料中的出生率指年出生率，其计算公式为：

$$人口出生率=\frac{年出生人数}{年平均人数}\times 1000‰$$

式中：出生人数指活产婴儿，即胎儿脱离母体时(不管怀孕月数)，有过呼吸或其他生命现象。年平均人数指年初、年底人口数的平均数，也可用年中人口数代替。

人口死亡率（又称粗死亡率)

指在一定时期内(通常为一年)一定地区的死亡人数与同期内平均人数(或期中人数)之比，用千分率表示。本资料中的死亡率指年死亡率，其计算公式为：

$$人口死亡率=\frac{年死亡人数}{年平均人数}\times 1000‰$$

人口自然增长率

指在一定时期内(通常为一年)人口自然增加数(出生人数减死亡人数)与该时期内平均人数(或期中人数)之比，用千分率表示。计算公式为：

$$人口自然增长率=\frac{本年出生人数-本年死亡人数}{年平均人数}\times 1000‰$$
$$=人口出生率-人口死亡率$$

总负担系数

指14岁及以下少年儿童人口数和65岁及以上老年人口数与15-64岁劳动力年龄人口数的比例。表明的是每百名劳动年龄人口负担多少非劳动年龄人口。计算公式：

$$总负担系数=\frac{14岁及以下人数+65岁及以上人数}{15\text{-}64岁人数}\times 100\%$$

法定婚龄、劳龄人口

我国进入婚龄法定人口标准为男22岁、女20岁；进入劳龄人口、劳动年龄内人口、退出劳龄人口的国内标准分别是男16岁、16-59岁、60岁和女16岁、16-54岁、55岁；国际标准男女均为15岁、15-64岁、65岁。

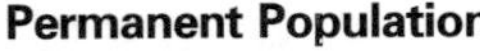

Permanent Population

refers to the total number of people alive at a given area over half year. According to the regulation of population census and sample survey, permanent resident population include (1) registered population in this area except those who have left this area over half a year (exclude those going abroad to work or study). (2) population with residence registered in other area, but having actually resided in this area over half a year or having left place of residence registration over half a year and resided in this area during the period of population survey. (3) population with residence registration in this enumeration area not yet settled, i.e. residence card on hand, migration certificate, birth certificate, demobilized soldier card, release certificate, etc.

Population Density

refers to the total number of people within unit land area. Usually, population density is calculated with permanent resident population and indicates crowd degree of population. It is often expressed in the number of people per square kilometer. The following formula is used:

$$\text{Population Density} = \frac{\text{Permanent Resident Population}}{\text{Total Area of Land}}$$

Birth Rate (or Crude Birth Rate)

refers to the ratio of the number of births to the average population (or mid-period population) during a certain period of time (usually a year), expressed in ‰. Birth rate in the chapter refers to annual birth rate. The following formula is used:

$$\text{Birth Rate} = \frac{\text{Number of Births}}{\text{Annual Average Population}} \times 1000‰$$

Number of births in the formula refers to live births, i.e. when a baby has breathed or showed any vital phenomena regardless of the length of pregnancy. Annual average population is the average of the number of population at the beginning of the year and that at the end of the year. Sometimes it is substituted by the mid-year population.

Death Rate (or Crude Death Rate)

refers to the ratio of the number of deaths to the average population (or mid-period population) during a certain period of time (usually a year), expressed in ‰. Death rate in the chapter refers to annual death rate. The following formula is used:

$$\text{Death Rate} = \frac{\text{Number of Deaths}}{\text{Annual Average Population}} \times 1000‰$$

Natural Growth Rate of Population

refers to the ratio of natural increase in population (number of births minus number of deaths) in a certain period of time (usually a year) to the average population (or mid-period population) of the same period, expressed in ‰ . The following formula is applied:

$$\text{Natural Growth Rate of Population} = \frac{(\text{Number of Births} - \text{Number of Deaths})}{\text{Annual Average Population}} \times 1000‰$$

$$\text{Natural Growth Rate of Population} = \text{Birth Rate} - \text{Death Rate}$$

Total Dependency Ratio

refers to the ratio of children aged 0-14 and elderly population aged 65 and over to the working-age population aged 15-64. It describes in general the number of non-working-age population that every 100 people at working ages will take care of. The following formula is used:

$$\text{Gross Dependency Ratio} = \frac{(\text{Population Aged 0-14}) + (\text{Population Aged 65 and over})}{\text{Population Aged 15-64}} \times 100\%$$

Legal Marriage Age, Labour Age Population

The standard of legal marriage age is 22 for male and 20 for female. The domestic standard of "reaching labour age" , "within labour age" and "over labour age" are 16, 16 to 59, 60 for male respectively and 16, 16 to 54, 55 for female respectively; the international standard of these items are 15, 15-64 and 65 respectively for both male and female.

4 就业和劳动工资
Employment and Remuneration

4-1 社会从业人员(1996—2012年) Total Employment Personnel, 1996-2012

单位：万人 (10 000 persons)

年份 Year	劳动力资源总数 Number of Labour Force	社会从业人员合计 Number of Employment Personnel	按城乡分 Grouped by Urban and Rural Areas					
			城镇 Urban Areas	国有单位 State-owned Units	集体单位 Collective-owned Units	其他 Others	私营单位及个体 Private Units and Self-employed Individuals	乡村 Rural Areas
1996	708.80	512.00	317.10	199.10	62.80	31.00	24.20	194.90
1997	716.26	513.33	318.60	196.16	58.19	35.80	28.45	194.73
1998	728.68	508.10	312.65	183.49	53.00	41.58	34.58	195.45
1999	740.76	508.14	313.89	176.54	47.54	49.80	40.01	194.25
2000	753.27	486.89	296.61	163.84	40.58	55.37	36.82	190.28
2001	761.11	488.34	295.37	153.25	32.13	60.94	49.05	192.97
2002	771.69	492.61	295.71	137.81	26.60	82.54	48.76	196.90
2003	793.86	510.90	299.95	128.52	22.80	93.72	54.91	210.95
2004	798.43	527.78	302.47	126.36	20.21	103.59	52.31	225.31
2005	858.88	542.52	312.76	99.18	11.31	148.01	54.26	229.76
2006	888.51	562.92	402.12	97.34	30.00	158.21	116.57	160.80
2007	933.57	613.93	447.97	95.58	29.73	185.00	137.66	165.96
2008	987.97	647.32	477.69	96.97	26.75	202.06	151.91	169.63
2009	1036.53	677.13	505.84	90.22	23.77	212.79	179.06	171.29
2010	1096.78	728.70	545.70	90.24	22.68	227.71	205.07	183.00
2011	1161.01	763.16	580.24	90.94	27.18	230.41	231.71	182.92
2012	1214.46	803.14	621.29	94.65	29.29	249.11	248.24	181.85

年份 Year	按三次产业分 Grouped by Three Industries					
	绝对数 Number			构成(%) Composition in Percentage (%)		
	第一产业 Primary Industry	第二产业 Secondary Industry	第三产业 Tertiary Industry	第一产业 Primary Industry	第二产业 Secondary Industry	第三产业 Tertiary Industry
1996	82.10	241.40	188.50	16.0	47.2	36.8
1997	81.26	235.69	196.38	15.8	45.9	38.3
1998	80.88	233.21	194.01	15.9	45.9	38.2
1999	79.57	230.33	198.24	15.7	45.3	39.0
2000	81.29	222.15	183.45	16.7	45.6	37.7
2001	82.70	212.65	192.99	16.9	43.6	39.5
2002	82.25	205.38	204.98	16.7	41.7	41.6
2003	83.19	219.44	208.27	16.3	42.9	40.8
2004	82.83	223.89	221.06	15.7	42.4	41.9
2005	81.79	227.38	233.35	15.1	41.9	43.0
2006	81.11	234.85	246.96	14.4	41.7	43.9
2007	76.98	261.35	275.60	12.5	42.6	44.9
2008	76.30	271.90	299.12	11.8	42.0	46.2
2009	75.70	281.01	320.42	11.2	41.5	47.3
2010	73.85	302.33	352.52	10.1	41.5	48.4
2011	73.18	315.99	373.99	9.6	41.4	49.0
2012	71.23	330.89	401.02	8.9	41.2	49.9

注：1. 1998-2004年城镇从业人员中包括由于各种原因已经离开本人的生产或工作岗位，但仍与本单位保留劳动关系的职工。2. 从2006年起社会从业人员城乡划分执行新划分标准。

Note: a) From 1998 to 2004, the number of employment personnel in urban units includes those staff and workers who still keep their relationship with their units, but have left their working post at there. b) Since 2006, the division of employment personnel has adopted the new standard.

4-2 城镇非私营单位从业人员 (1996—2012年)
Employment Personnel in Urban Non-private Units, 1996-2012

单位：万人 (10 000 persons)

年 份 Year	合 计 Total	按三次产业分 Grouped by Three Industries			按登记注册类型分 Grouped by Registration Status		
		第一产业 Primary Industry	第二产业 Secondary Industry	第三产业 Tertiary Industry	国有单位 State-owned Units	集体单位 Collective-owned Units	其他单位 Others
总 计 Total							
1996	283.98	1.73	163.07	119.18	194.32	59.62	30.04
1997	281.34	1.71	158.68	120.95	191.64	55.28	34.42
1998	218.56	1.43	113.47	103.66	144.18	36.26	38.12
1999	211.76	1.10	110.27	100.39	135.08	30.46	46.22
2000	201.75	1.11	105.63	95.01	125.00	25.82	50.93
2001	192.30	1.09	99.82	91.39	116.24	20.05	56.00
2002	185.50	1.09	92.68	91.73	107.79	16.47	61.24
2003	191.01	0.97	97.60	92.44	101.57	13.95	75.49
2004	193.91	0.87	96.82	96.22	102.09	12.46	79.36
2005	194.12	0.81	97.52	95.79	99.18	11.33	83.61
2006	195.00	0.73	98.37	95.90	97.34	9.61	88.05
2007	200.22	0.74	99.31	100.17	96.69	8.75	94.78
2008	200.61	0.71	94.13	105.77	87.45	7.90	105.26
2009	201.65	0.74	96.18	104.73	81.21	4.76	115.68
2010	205.65	0.71	97.74	107.20	80.79	4.30	120.56
2011	268.24	0.60	157.84	109.80	85.88	8.83	173.53
2012	289.07	0.55	162.64	125.88	89.74	7.98	191.35
#女 性 Female							
1996	120.23	0.57	69.84	49.82	77.39	28.59	14.25
1997	118.75	0.55	67.48	50.72	76.61	26.15	15.99
1998	89.89	0.46	46.11	43.32	56.17	15.93	17.79
1999	82.95	0.31	41.33	41.31	51.80	13.22	17.93
2000	77.28	0.33	38.85	38.10	47.26	10.76	19.26
2001	77.40	0.36	40.09	36.95	43.26	8.11	26.03
2002	73.59	0.33	36.00	37.26	39.60	6.52	27.47
2003	76.27	0.28	38.49	37.50	37.73	5.33	33.21
2004	73.66	0.26	35.30	38.10	37.56	4.39	31.71
2005	68.66	0.23	33.01	35.42	33.94	4.09	30.63
2006	70.28	0.22	33.95	36.11	33.13	3.41	33.74
2007	71.27	0.21	33.21	37.85	33.30	3.04	34.93
2008	77.02	0.22	32.07	44.73	33.69	2.87	40.46
2009	67.84	0.22	30.62	37.00	27.43	1.87	38.54
2010	75.10	0.21	32.80	42.09	30.03	1.67	43.40
2011	90.91	0.19	49.27	41.45	29.39	2.48	59.04
2012	94.44	0.15	48.91	45.38	30.20	2.15	62.09

注：1. 1998年以前为职工人数。2. 2011年起城镇单位从业人员中含劳务派遣人员，统计在在岗职工中；下表同。

Note: a) The data before 1998 of this table refer to staff and workers. b) Data of employment personnel in urban units include labour dispatch from 2011, which are calculated in on-post workers and staff. The Same applies to the table following.

4-3 按国民经济行业分各类从业人员(2012年) Employment Personnel Grouped by Sector, 2012

单位：万人 (10 000 persons)

项　目 Item	社会从业人员 Employment Personnel	#城镇非私营单位从业人员 Employment Personnel in Urban Non-private Units	在岗职工人数 On-post Staff and Workers	其他从业人员 Other Employment Personnel
总　计 Total	**803.14**	**289.07**	**271.74**	**17.33**
按三次产业分 Grouped by Three Industries				
第一产业 Primary Industry	71.23	0.55	0.50	0.05
第二产业 Secondary Industry	330.89	162.64	155.68	6.96
第三产业 Tertiary Industry	401.02	125.88	115.56	10.32
按国民经济行业分 Grouped by Sector				
农、林、牧、渔业 Farming, Forestry, Animal Husbandry and Fishery	71.23	0.55	0.50	0.05
采矿业 Minerals Mining	11.64	6.92	6.79	0.13
制造业 Manufacturing	238.97	120.25	117.81	2.44
电力、热力、燃气及水生产和供应业 Production and Supply of Electricity, Heat, Gas and Water	6.45	4.37	4.20	0.17
建筑业 Construction	73.83	31.10	26.88	4.22
批发和零售业 Wholesale and Retail Trade	116.98	17.47	16.50	0.97
交通运输、仓储和邮政业 Transportation, Storage and Post Services	29.84	14.08	13.59	0.49
住宿和餐饮业 Accommodation and Catering Services	37.41	6.91	5.09	1.82
信息传输、软件和信息技术服务业 Information Transmitting, Software and Information Technology Services	5.81	3.27	3.23	0.04
金融业 Finance Intermediation	13.45	7.82	5.42	2.40
房地产业 Real Estate	16.59	5.53	5.14	0.39
租赁和商务服务业 Leasing and Business Services	28.42	5.44	5.22	0.22
科学研究和技术服务业 Scientific Research and Technical Services	23.05	8.27	7.67	0.60
水利、环境和公共设施管理业 Management for Water Conservancy, Environment and Public Facilities	7.25	3.68	3.10	0.57
居民服务、修理和其他服务业 Resident Services, Repair and Other Services	44.83	10.88	10.73	0.15
教　育 Education	32.70	16.30	15.51	0.80
卫生和社会工作 Health Care and Social Work	16.23	8.83	8.31	0.52
文化、体育和娱乐业 Culture, Sports and Recreational Services	4.99	1.90	1.76	0.14
公共管理、社会保障和社会组织 Public Management, Social Security and Social Organizations	23.47	15.50	14.29	1.21

4-4 社会从业人员及构成
Number and Composition of Employment Personnel

项　目	Item	绝对数(万人) Number (10 000 persons)		构　成(%) Composition in Percentage (%)	
		2011	2012	2011	2012
总　计	**Total**	**763.16**	**803.14**	**100.0**	**100.0**
按城乡划分	**Grouped by Urban and Rural Areas**				
城　镇	Urban Areas	580.24	621.29	76.0	77.4
国有单位	State-owned Units	90.24	94.65	11.8	11.8
集体单位	Collective-owned Units	27.18	29.29	3.6	3.6
私营单位	Private Units	138.15	151.68	18.1	18.9
个　体	Individuals	93.56	96.56	12.4	12.1
其　他	Others	230.41	249.11	30.2	31.0
乡　村	Rural Areas	182.92	181.85	24.0	22.6
按国民经济行业分	**Grouped by Sector**				
农、林、牧、渔业	Farming, Forestry, Animal Husbandry and Fishery	73.18	71.23	9.6	8.9
采矿业	Minerals Mining	11.12	11.64	1.5	1.4
制造业	Manufacturing	228.21	238.97	29.9	29.8
电力、热力、燃气及水生产和供应业	Production and Supply of Electricity, Heat, Gas and Water	6.16	6.45	0.8	0.8
建筑业	Construction	70.50	73.83	9.2	9.2
批发和零售业	Wholesale and Retail Trade	109.10	116.98	14.3	14.6
交通运输、仓储和邮政业	Transportation, Storage and Post Services	27.83	29.84	3.6	3.7
住宿和餐饮业	Accommodation and Catering Services	34.89	37.41	4.6	4.7
信息传输、软件和信息技术服务业	Information Transmitting, Software and Information Technology Services	5.42	5.81	0.7	0.7
金融业	Finance Intermediation	12.54	13.45	1.6	1.7
房地产业	Real Estate	15.47	16.59	2.0	2.1
租赁和商务服务业	Leasing and Business Services	26.49	28.42	3.5	3.5
科学研究和技术服务业	Scientific Research and Technical Services	21.50	23.05	2.8	2.9
水利、环境和公共设施管理业	Management for Water Conservancy, Environment and Public Facilities	6.76	7.25	0.9	0.9
居民服务、修理和其他服务业	Resident Services, Repair and Other Services	41.81	44.83	5.5	5.6
教　育	Education	30.50	32.70	4.0	4.1
卫生和社会工作	Health Care and Social Work	15.14	16.23	2.0	2.0
文化、体育和娱乐业	Culture, Sports and Recreational Services	4.65	4.99	0.6	0.6
公共管理、社会保障和社会组织	Public Management, Social Security and Social Organizations	21.89	23.47	2.9	2.9

4-5 城镇非私营单位从业人员及构成
Number and Composition of Employment Personnel in Urban Non-Private Units

项目	Item	绝对数(万人) Number (10 000 persons)		构成(%) Composition in Percentage (%)	
		2011	2012	2011	2012
总计	**Total**	**268.24**	**289.07**	**100.0**	**100.0**
按登记注册类型分	**Grouped by Registration Status**				
国有单位	State-owned Units	85.88	89.74	32.0	31.0
集体单位	Collective-owned Units	8.83	7.98	3.3	2.8
其他单位	Others	173.53	191.35	64.7	66.2
# 外商及港澳台商投资单位	Units with Funds from Foreign Countries, Hong Kong, Macao & Taiwan	81.77	85.02	30.5	29.4
股份有限公司	Share Holding Corporations Ltd.	19.77	22.83	7.4	7.9
按国民经济行业分	**Grouped by Sector**				
农、林、牧、渔业	Farming, Forestry, Animal Husbandry and Fishery	0.60	0.55	0.2	0.2
采矿业	Minerals Mining	10.41	6.92	3.9	2.4
制造业	Manufacturing	112.66	120.25	42.0	41.6
电力、热力、燃气及水生产和供应业	Production and Supply of Electricity, Heat, Gas and Water	4.21	4.37	1.6	1.5
建筑业	Construction	30.56	31.10	11.4	10.8
批发和零售业	Wholesale and Retail Trade	14.74	17.47	5.5	6.0
交通运输、仓储和邮政业	Transportation, Storage and Post Services	11.43	14.08	4.3	4.9
住宿和餐饮业	Accommodation and Catering Services	6.73	6.91	2.5	2.4
信息传输、软件和信息技术服务业	Information Transmitting, Software and Information Technology Services	2.08	3.27	0.8	1.1
金融业	Finance Intermediation	7.72	7.82	2.9	2.7
房地产业	Real Estate	4.15	5.53	1.5	1.9
租赁和商务服务业	Leasing and Business Services	6.41	5.44	2.4	1.9
科学研究和技术服务业	Scientific Research and Technical Services	5.34	8.27	2.0	2.9
水利、环境和公共设施管理业	Management for Water Conservancy, Environment and Public Facilities	3.36	3.68	1.3	1.3
居民服务、修理和其他服务业	Resident Services, Repair and Other Services	6.82	10.88	2.5	3.8
教育	Education	16.46	16.30	6.1	5.6
卫生和社会工作	Health Care and Social Work	8.88	8.83	3.3	3.1
文化、体育和娱乐业	Culture, Sports and Recreational Services	1.60	1.90	0.6	0.7
公共管理、社会保障和社会组织	Public Management, Social Security and Social Organizations	14.08	15.50	5.2	5.4
按企业、事业、机关分	**Grouped by Enterprise, Institution and Government Agency**				
企业	Enterprises	220.25	240.69	82.1	83.3
中央	Central	30.19	34.08	11.2	11.8
地方	Local	190.06	206.61	70.9	71.5
# 国有	State-owned	24.41	28.32	9.1	9.8
事业	Institutions	34.97	34.81	13.0	12.0
中央	Central	1.88	1.95	0.7	0.7
地方	Local	33.09	32.86	12.3	11.4
机关	Government Agencies	13.02	13.57	4.9	4.7
中央	Central	1.20	1.22	0.5	0.4
地方	Local	11.82	12.35	4.4	4.3

4-6 城镇非私营单位在岗职工及构成
Number and Composition of On-post Staff and Workers in Urban Non-Private Units

项　目	Item	绝对数(万人) Number (10 000 persons)		构　成(%) Composition in Percentage (%)	
		2011	2012	2011	2012
总　计	**Total**	**252.09**	**271.74**	**100.0**	**100.0**
按登记注册类型分	**Grouped by Registration Status**				
国有单位	State-owned Units	81.22	84.28	32.2	31.0
集体单位	Collective-owned Units	7.90	6.92	3.1	2.5
其他单位	Others	162.97	180.54	64.6	66.4
# 外商及港澳台商投资单位	Units with Funds from Foreign Countries, Hong Kong, Macao & Taiwan	80.28	82.20	31.8	30.2
股份有限公司	Share Holding Corporations Ltd.	16.48	19.16	6.5	7.1
按国民经济行业分	**Grouped by Sector**				
农、林、牧、渔业	Farming, Forestry, Animal Husbandry and Fishery	0.55	0.50	0.2	0.2
采矿业	Minerals Mining	9.46	6.79	3.8	2.5
制造业	Manufacturing	109.99	117.81	43.6	43.4
电力、热力、燃气及水生产和供应业	Production and Supply of Electricity, Heat, Gas and Water	4.05	4.20	1.6	1.5
建筑业	Construction	26.85	26.88	10.7	9.9
批发和零售业	Wholesale and Retail Trade	13.91	16.50	5.5	6.1
交通运输、仓储和邮政业	Transportation, Storage and Post Services	10.51	13.59	4.2	5.0
住宿和餐饮业	Accommodation and Catering Services	6.36	5.09	2.5	1.9
信息传输、软件和信息技术服务业	Information Transmitting, Software and Information Technology Services	2.06	3.23	0.8	1.2
金融业	Finance Intermediation	5.36	5.42	2.1	2.0
房地产业	Real Estate	3.92	5.14	1.6	1.9
租赁和商务服务业	Leasing and Business Services	6.26	5.22	2.5	1.9
科学研究和技术服务业	Scientific Research and Technical Services	4.87	7.67	1.9	2.8
水利、环境和公共设施管理业	Management for Water Conservancy, Environment and Public Facilities	2.87	3.10	1.1	1.1
居民服务、修理和其他服务业	Resident Services, Repair and Other Services	6.62	10.73	2.6	3.9
教　育	Education	15.66	15.51	6.2	5.7
卫生和社会工作	Health Care and Social Work	8.39	8.31	3.3	3.1
文化、体育和娱乐业	Culture, Sports and Recreational Services	1.49	1.76	0.6	0.6
公共管理、社会保障和社会组织	Public Management, Social Security and Social Organizations	12.91	14.29	5.1	5.3

4-7 城镇非私营单位其他从业人员及构成
Number and Composition of Other Employment Personnel in Urban Non-Private Units

项 目	Item	绝对数(万人) Number (10 000 persons)		构 成(%) Composition in Percentage (%)	
		2011	2012	2011	2012
总 计	**Total**	**16.15**	**17.33**	**100.0**	**100.0**
按登记注册类型分	**Grouped by Registration Status**				
国有单位	State-owned Units	4.66	5.46	28.8	31.5
集体单位	Collective-owned Units	0.93	1.06	5.8	6.1
其他单位	Others	10.56	10.81	65.4	62.4
# 外商及港澳台商投资单位	Units with Funds from Foreign Countries, Hong Kong, Macao & Taiwan	1.49	2.83	9.2	16.3
股份有限公司	Share Holding Corporations Ltd.	3.29	3.67	20.4	21.2
按国民经济行业分	**Grouped by Sector**				
农、林、牧、渔业	Farming, Forestry, Animal Husbandry and Fishery	0.05	0.05	0.3	0.3
采矿业	Minerals Mining	0.95	0.13	5.9	0.7
制造业	Manufacturing	2.67	2.44	16.5	14.1
电力、热力、燃气及水生产和供应业	Production and Supply of Electricity, Heat, Gas and Water	0.16	0.17	1.0	1.0
建筑业	Construction	3.71	4.21	23.0	24.3
批发和零售业	Wholesale and Retail Trade	0.83	0.97	5.2	5.6
交通运输、仓储和邮政业	Transportation, Storage and Post Services	0.92	0.49	5.7	2.8
住宿和餐饮业	Accommodation and Catering Services	0.37	1.82	2.3	10.5
信息传输、软件和信息技术服务业	Information Transmitting, Software and Information Technology Services	0.02	0.04	0.1	0.2
金融业	Finance Intermediation	2.36	2.41	14.6	13.9
房地产业	Real Estate	0.23	0.39	1.4	2.2
租赁和商务服务业	Leasing and Business Services	0.15	0.22	0.9	1.3
科学研究和技术服务业	Scientific Research and Technical Services	0.47	0.60	2.9	3.5
水利、环境和公共设施管理业	Management for Water Conservancy, Environment and Public Facilities	0.49	0.57	3.0	3.3
居民服务、修理和其他服务业	Resident Services, Repair and Other Services	0.20	0.15	1.2	0.9
教 育	Education	0.80	0.80	5.0	4.6
卫生和社会工作	Health Care and Social Work	0.49	0.52	3.0	3.0
文化、体育和娱乐业	Culture, Sports and Recreational Services	0.11	0.14	0.7	0.8
公共管理、社会保障和社会组织	Public Management, Social Security and Social Organizations	1.17	1.21	7.3	7.0

4-8 城镇登记失业人员情况 (2008—2012年)
Basic Statistics on Registered Unemployed Personnel in Urban Area, 2008-2012

单位：万人 (10 000 persons)

指　标 Item	2008	2009	2010	2011	2012
新登记失业人数 Number of Newly Registered Unemployed Personnel	**8.08**	**9.20**	**11.98**	**12.80**	**9.62**
# 女　性 Female	4.23	4.78	5.98	6.91	4.85
# 由就业转失业人数 Unemployment Turned from Employment	6.02	5.72	9.07	4.33	5.90
本期失业人员就业人数 Newly Employed Personnel Turning from Unemployment	**10.09**	7.19	**10.88**	**8.79**	**9.33**
期末实有登记失业人数 Registered Unemployed Personnel at Year-end	**12.99**	15.00	**16.10**	20.11	**20.40**
# 女　性 Female	6.75	7.80	8.53	10.51	10.76
# 长期失业者 Long-term Unemployed Personnel	4.19	6.00	6.44	9.52	9.08
登记失业率(%) Registered Unemployed Rate (%)	**3.60**	**3.60**	**3.60**	**3.60**	**3.60**

资料来源：天津市人力资源和社会保障局，表4-9、4-10同。
Source: Tianjin Municipal Human Resources & Social Security Bureau. Same as the table 4-9 and table 4-10.

4-9 新增就业情况 (2009—2012年)
Statistics on Newly Increased Employment, 2009-2012

单位：万人 (10 000 persons)

指　标 Item	2009	2010	2011	2012
新增就业人数 Persons Newly Employed	**40.23**	**45.15**	**47.10**	**47.26**
失业人员 Unemployed	10.75	10.76	11.02	10.01
# 就业困难人员 Persons With Employment Difficulty	4.16	4.12	4.02	3.77
其他人员 Others	29.48	34.39	36.08	37.25
# 新生劳动力 The New Labor Force	11.02	12.41	13.21	13.66
农村转移劳动力 Rural immigrant labor	3.91	8.96	7.81	7.50

4-10 职业技能培训与就业服务情况（2008—2012年）
Statistics on Vocational Skill Training and Employment Service, 2008-2012

项　目　Item	2008	2009	2010	2011	2012
参加职业技能鉴定人次(人次)					
Persons Attending Vocational Technical Appraisal (person-time)	**258335**	**292996**	**350476**	**265795**	**191208**
初级工					
Junior Worker	144838	165236	231432	143666	62282
中级工					
Middle Worker	80976	85845	71090	65207	57393
高级工					
Senior Worker	26126	33546	36384	36012	46876
技　师					
Technician	5021	6696	7497	12093	15756
高级技师					
Senior Technician	1374	1673	4073	8817	8901
取得职业资格证书人数(人)					
Persons Gaining Vocational Certificate (person)	**244596**	**280380**	**327297**	**248637**	**182396**
初级工					
Junior Worker	136350	157710	213502	133426	59441
中级工					
Middle Worker	77123	82117	67441	61322	55073
高级工					
Senior Worker	25154	32385	35365	34448	45626
技　师					
Technician	4665	6527	7086	11441	15003
高级技师					
Senior Technician	1304	1641	3903	8000	7253
劳务市场情况(万人次)					
Statistics on Labour Force Market (10 000 person-times)					
进场择业洽谈人次					
Number of Person-times Entering for Interview	291.20	291.76	292.10	198.00	210.00
达成初步意向人次					
Number of Person-times Reached Initial Intent	68.14	68.28	69.30	52.00	53.00

4-11 城镇非私营单位从业人员工资总额 (1996—2012年)
Total Remuneration of Employment Personnel in Urban Non-Private Units, 1996-2012

单位：亿元 (100 million yuan)

年 份 Year	合 计 Total	按三次产业分 Grouped by Three Industries			按登记注册类型分 Grouped by Registration Status		
		第一产业 Primary Industry	第二产业 Secondary Industry	第三产业 Tertiary Industry	国有单位 State-owned Units	集体单位 Collective-owned Units	其他单位 Others
1996	212.05	0.96	116.32	94.77	154.34	27.14	30.57
1997	223.25	1.04	118.71	103.50	160.47	26.46	36.32
1998	225.39	1.07	118.56	105.75	151.80	23.94	49.64
1999	234.42	0.97	121.53	111.92	151.93	21.25	61.23
2000	253.53	1.07	131.15	121.32	161.86	19.86	71.82
2001	277.56	1.16	137.48	138.92	176.26	16.86	84.44
2002	304.23	1.38	145.74	157.11	182.27	15.47	106.49
2003	350.60	1.32	172.76	176.53	194.80	15.49	140.32
2004	407.99	1.38	199.12	207.49	222.60	16.21	169.18
2005	458.26	1.32	219.72	237.23	247.30	16.69	194.27
2006	530.29	1.35	256.63	272.31	283.31	17.99	229.16
2007	653.05	1.66	310.10	341.29	337.13	19.71	296.21
2008	795.85	2.04	355.56	438.25	375.36	20.86	399.63
2009	886.51	2.36	393.49	490.66	389.47	14.81	482.23
2010	1051.19	2.90	456.50	591.79	456.02	17.98	577.19
2011	1462.12	2.85	796.63	662.64	530.32	32.24	899.56
2012	1778.12	2.92	936.98	838.22	606.47	34.18	1137.47

注：1. 1998-2010年为劳动报酬总额。2. 2008年以前国有单位从业人员工资总额包括登记注册类型为国有独资公司的单位。下同。
Note: a) Data from 1998 to 2010 of this table refer to total wages of staff and workers. b) Total remuneration of employment personnel in state-owned units before 2008 includes figures of sole state-owned corporations. Same as following next.

4-12 城镇非私营单位从业人员平均工资 (1996—2012年)
Average Remuneration of Employment Personnel in Urban Non-Private Units, 1996-2012

单位：元 (yuan)

年 份 Year	合 计 Total	按三次产业分 Grouped by Three Industries			按登记注册类型分 Grouped by Registration Status		
		第一产业 Primary Industry	第二产业 Secondary Industry	第三产业 Tertiary Industry	国有单位 State-owned Units	集体单位 Collective-owned Units	其他单位 Others
1996	7643	5710	7131	7787	8072	4745	10522
1997	8238	6476	7691	8372	8689	5083	10599
1998	9895	7541	9778	10062	10169	6020	12818
1999	11046	8476	11000	11127	11169	6821	13601
2000	12414	9414	12259	12622	12690	7485	14317
2001	14242	10333	13503	15107	14823	8159	15263
2002	16223	12492	15432	17081	16632	9152	17449
2003	18511	13257	17772	19357	18929	10865	19424
2004	21146	15450	20398	21972	22031	12545	21421
2005	24122	15954	23370	24936	24832	14693	24583
2006	27628	17975	26711	28631	29135	17752	27081
2007	33312	23040	32051	34624	34894	21539	32814
2008	39990	28373	37685	42163	42962	25113	38673
2009	43937	31834	40588	47143	47895	29018	41806
2010	51489	40221	46615	56090	56635	37686	48557
2011	54867	46948	50477	61322	61701	35213	52489
2012	61514	52939	57146	67303	68231	40494	59326

注：1998-2010年为人均劳动报酬。
Note: Data from 1998 to 2010 refers to average wages.

4-13 城镇非私营单位从业人员工资总额
Total Remuneration of Employment Personnel in Urban Non-Private Units

单位：亿元 (100 million yuan)

项　目	Item	2011	2012
总　计	**Total**	**1462.12**	**1778.12**
按登记注册类型分	**Grouped by Registration Status**		
国有单位	State-owned Units	530.32	606.47
集体单位	Collective-owned Units	32.24	34.18
其他单位	Others	899.56	1137.47
# 外商及港澳台商投资单位	Foreign Countries, Hong Kong, Macao & Taiwan Funded Units	402.02	505.61
股份有限公司	Share Holding Corporations Ltd.	140.27	165.48
按国民经济行业分	**Grouped by Sector**		
农、林、牧、渔业	Farming, Forestry, Animal Husbandry and Fishery	2.85	2.92
采矿业	Minerals Mining	75.97	53.76
制造业	Manufacturing	549.62	687.36
电力、热力、燃气及水生产和供应业	Production and Supply of Electricity, Heat,Gas and Water	36.18	40.38
建筑业	Construction	134.86	155.48
批发和零售业	Wholesale and Retail Trade	69.65	89.78
交通运输、仓储和邮政业	Transportation, Storage and Post Services	73.84	104.62
住宿和餐饮业	Accommodation and Catering Services	15.72	21.63
信息传输、软件和信息技术服务业	Information Transmitting, Software and Information Technology Services	15.40	27.60
金融业	Finance Intermediation	73.46	80.16
房地产业	Real Estate	26.59	35.64
租赁和商务服务业	Leasing and Business Services	22.37	28.71
科学研究和技术服务业	Scientific Research and Technical Services	47.90	84.51
水利、环境和公共设施管理业	Management for Water Conservancy, Environment and Public Facilities	16.39	20.94
居民服务、修理和其他服务业	Resident Services, Repair and Other Services	17.54	26.92
教　育	Education	115.04	122.64
卫生和社会工作	Health Care, and Social Work	59.01	69.25
文化、体育和娱乐业	Culture, Sports, and Recreational Services	9.38	12.40
公共管理、社会保障和社会组织	Public Management, Social Security and Social Organizations	100.35	113.42
按企业、事业、机关分	**Grouped by Enterprise, Institution and Government Agency**		
企　业	Enterprises	1136.34	1419.58
中　央	Central	231.14	291.19
地　方	Local	905.20	1128.39
# 国　有	State-owned	100.41	136.50
事　业	Institutions	232.45	256.88
中　央	Central	13.31	13.89
地　方	Local	219.14	242.99
机　关	Government Agencies	93.33	101.66
中　央	Central	7.04	7.53
地　方	Local	86.29	94.13

4-14 城镇非私营单位从业人员平均工资
Average Remuneration of Employment Personnel in Urban Non-Private Units

单位：元 (yuan)

项　目	Item	2011	2012
总　计	**Total**	**54867**	**61514**
按登记注册类型分	**Grouped by Registration Status**		
国有单位	State-owned Units	61701	68231
集体单位	Collective-owned Units	35213	40494
其他单位	Others	52489	59326
# 外商及港澳台商投资单位	Foreign Countries, Hong Kong, Macao & Taiwan Funded Units	49882	58923
股份有限公司	Share Holding Corporations Ltd.	70059	74772
按国民经济行业分	**Grouped by Sector**		
农、林、牧、渔业	Farming, Forestry, Animal Husbandry and Fishery	46948	52939
采矿业	Minerals Mining	74009	77244
制造业	Manufacturing	49023	56786
电力、热力、燃气及水生产和供应业	Production and Supply of Electricity, Heat, Gas and Water	86265	93283
建筑业	Construction	43161	49156
批发和零售业	Wholesale and Retail Trade	48772	51282
交通运输、仓储和邮政业	Transportation, Storage and Post Services	64805	75420
住宿和餐饮业	Accommodation and Catering Services	25290	32183
信息传输、软件和信息技术服务业	Information Transmitting, Software and Information Technology Services	74804	87458
金融业	Finance Intermediation	97006	104335
房地产业	Real Estate	67149	65766
租赁和商务服务业	Leasing and Business Services	34266	52667
科学研究和技术服务业	Scientific Research and Technical Services	91848	102653
水利、环境和公共设施管理业	Management for Water Conservancy, Environment and Public Facilities	48688	56593
居民服务、修理和其他服务业	Resident Services, Repair and Other Services	26054	25518
教　育	Education	70240	75395
卫生和社会工作	Health Care and Social Work	67192	79513
文化、体育和娱乐业	Culture, Sports and Recreational Services	59627	64602
公共管理、社会保障和社会组织	Public Management, Social Security and Social Organizations	71673	73850
按企业、事业、机关分	**Grouped by Enterprise, Institution and Government Agency**		
企　业	Enterprises	51944	58901
中　央	Central	76909	86537
地　方	Local	47968	54417
# 国　有	State-owned	40732	48802
事　业	Institutions	66828	74195
中　央	Central	71491	72501
地　方	Local	66565	74295
机　关	Government Agencies	72122	75725
中　央	Central	59133	62687
地　方	Local	73438	77007

4-15 城镇非私营单位在岗职工工资总额
Total Remuneration of On-post Staff and Workers in Urban Non-Private Units

单位：亿元 (100 million yuan)

项　目	Item	2011	2012
总　计	**Total**	**1394.03**	**1695.89**
按登记注册类型分	**Grouped by Registration Status**		
国有单位	State-owned Units	518.89	591.08
集体单位	Collective-owned Units	29.29	30.55
其他单位	Others	845.85	1074.26
# 外商及港澳台商投资单位	Foreign Countries, Hong Kong, Macao & Taiwan Funded Units	379.63	474.99
股份有限公司	Share Holding Corporations Ltd.	126.01	152.33
按国民经济行业分	**Grouped by Sector**		
农、林、牧、渔业	Farming, Forestry, Animal Husbandry and Fishery	2.75	2.83
采矿业	Minerals Mining	71.52	53.06
制造业	Manufacturing	526.35	657.59
电力、热力、燃气及水生产和供应业	Production and Supply of Electricity, Heat, Gas and Water	35.78	39.93
建筑业	Construction	125.12	142.62
批发和零售业	Wholesale and Retail Trade	64.75	83.20
交通运输、仓储及邮政业	Transportation, Storage and Post Services	70.37	102.86
住宿和餐饮业	Accommodation and Catering Services	14.61	17.06
信息传输、软件和信息技术服务业	Information Transmitting, Software and Information Technology Services	15.34	27.05
金融业	Finance Intermediation	63.29	69.88
房地产业	Real Estate	25.84	34.22
租赁和商务服务业	Leasing and Business Services	21.96	27.76
科学研究和技术服务业	Scientific Research and Technical Services	45.74	81.66
水利、环境和公共设施管理业	Management for Water Conservancy, Environment and Public Facilities	15.47	19.63
居民服务、修理和其他服务业	Resident Services, Repair and Other Services	17.19	26.43
教　育	Education	113.19	120.30
卫生和社会工作	Health Care and Social Work	57.53	67.34
文化、体育和娱乐业	Culture, Sports and Recreational Services	9.04	11.83
公共管理、社会保障和社会组织	Public Management, Social Security and Social Organizations	98.19	110.64

4-16 城镇非私营单位在岗职工平均工资
Average Remuneration of On-post Staff and Workers In Urban Non-Private Units

单位：元 (yuan)

项　目	Item	2011	2012
总　计	**Total**	**55636**	**62225**
按登记注册类型分	**Grouped by Registration Status**		
国有单位	State-owned Units	63772	70661
集体单位	Collective-owned Units	36050	41764
其他单位	Others	52514	59162
# 外商及港澳台商投资单位	Foreign Countries, Hong Kong, Macao & Taiwan Funded Units	47946	57196
股份有限公司	Share Holding Corporations Ltd.	74813	79974
按国民经济行业分	**Grouped by Sector**		
农、林、牧、渔业	Farming, Forestry, Animal Husbandry and Fishery	49359	56160
采矿业	Minerals Mining	75164	77664
制造业	Manufacturing	48114	55495
电力、热力、燃气及水生产和供应业	Production and Supply of Electricity, Heat, Gas and Water	88004	94637
建筑业	Construction	45603	50936
批发和零售业	Wholesale and Retail Trade	47973	50206
交通运输、仓储和邮政业	Transportation, Storage and Post Services	67454	76892
住宿和餐饮业	Accommodation and Catering Services	25027	34356
信息传输、软件和信息技术服务业	Information Transmitting, Software and Information Technology Services	75224	86606
金融业	Finance Intermediation	120476	130864
房地产业	Real Estate	69182	67315
租赁和商务服务业	Leasing and Business Services	34384	53016
科学研究和技术服务业	Scientific Research and Technical Services	95762	106188
水利、环境和公共设施管理业	Management for Water Conservancy, Environment and Public Facilities	53610	62659
居民服务、修理和其他服务业	Resident Services, Repair and Other Services	26240	25406
教　育	Education	72495	77927
卫生和社会工作	Health Care and Social Work	69370	82117
文化、体育和娱乐业	Culture, Sports and Recreational Services	61861	66411
公共管理、社会保障和社会组织	Public Management, Social Security and Social Organizations	76530	78189

4-17 城镇非私营单位其他从业人员工资总额
Total Remuneration of Other Employment Personnel in Urban Non-Private Units

单位：亿元 (100 million yuan)

项　目	Item	2011	2012
总　计	**Total**	**68.09**	**82.22**
按登记注册类型分	**Grouped by Registration Status**		
国有单位	State-owned Units	11.43	15.39
集体单位	Collective-owned Units	2.95	3.63
其他单位	Others	53.71	63.20
# 外商及港澳台商投资单位	Foreign Countries, Hong Kong, Macao & Taiwan Funded Units	22.39	30.62
股份有限公司	Share Holding Corporations Ltd.	14.26	13.15
按国民经济行业分	**Grouped by Sector**		
农、林、牧、渔业	Farming, Forestry, Animal Husbandry and Fishery	0.10	0.08
采矿业	Minerals Mining	4.45	0.70
制造业	Manufacturing	23.27	29.78
电力、热力、燃气及水生产和供应业	Production and Supply of Electricity, heat, Gas and Water	0.40	0.45
建筑业	Construction	9.74	12.85
批发和零售业	Wholesale and Retail Trade	4.90	6.57
交通运输、仓储和邮政业	Transportation, Storage and Post Services	3.47	1.77
住宿和餐饮业	Accommodation and Catering Services	1.11	4.57
信息传输、软件和信息技术服务业	Information Transmitting, Software Information Technology Services	0.06	0.54
金融业	Finance Intermediation	10.17	10.29
房地产业	Real Estate	0.75	1.42
租赁和商务服务业	Leasing and Business Services	0.41	0.95
科学研究和技术服务业	Scientific Research and Technical Services	2.16	2.85
水利、环境和公共设施管理业	Management for Water Conservancy, Environment and Public Facilities	0.92	1.32
居民服务、修理和其他服务业	Resident Services, Repair and Other Social Services	0.35	0.48
教　育	Education	1.85	2.34
卫生和社会工作	Health Care and Social Work	1.48	1.91
文化、体育和娱乐业	Culture, Sports and Recreational Services	0.34	0.57
公共管理、社会保障和社会组织	Public Management, Social Security and Social Organizations	2.16	2.78

4-18 城镇非私营单位其他从业人员平均工资
Average Remuneration of Other Employment Personnel in Urban Non-Private Units

单位：元 (yuan)

项　　目	Item	2011	2012
总　　计	**Total**	**42767**	**49795**
按登记注册类型分	**Grouped by Registration Status**		
国有单位	State-owned Units	24935	29397
集体单位	Collective-owned Units	28618	32243
其他单位	Others	52111	62261
# 外商及港澳台商投资单位	Foreign Countries, Hong Kong, Macao & Taiwan Funded Units	158158	110885
股份有限公司	Share Holding Corporations Ltd.	44864	42638
按国民经济行业分	**Grouped by Sector**		
农、林、牧、渔业	Farming, Forestry, Animal Husbandry and Fishery	20217	18047
采矿业	Minerals Mining	59432	54705
制造业	Manufacturing	85570	116766
电力、热力、燃气及水生产和供应业	Production and Supply of Electricity, Heat, Gas and Water	31435	41332
建筑业	Construction	25567	35424
批发和零售业	Wholesale and Retail Trade	62536	70365
交通运输、仓储和邮政业	Transportation, Storage and Post Services	36064	35655
住宿和餐饮业	Accommodation and Catering Services	29357	26041
信息传输、软件和信息技术服务业	Information Transmitting, Software and Information Technology Services	31864	171690
金融业	Finance Intermediation	43851	43894
房地产业	Real Estate	33257	42295
租赁和商务服务业	Leasing and Business Services	28917	44179
科学研究和技术服务业	Scientific Research and Technical Services	49289	52529
水利、环境和公共设施管理业	Management for Water Conservancy, Environment and Public Facilities	19130	23147
居民服务、修理和其他服务业	Resident Services, Repair and Other Services	19341	33586
教　育	Education	24175	28218
卫生和社会工作	Health Care and Social Work	30215	37520
文化、体育和娱乐业	Culture, Sports and Recreational Services	30278	41217
公共管理、社会保障和社会组织	Public Management, Social Security and Social Organizations	18456	23037

4-19 私营单位从业人员及工资（2012年）
Number of Employment Personnel and Remuneratioin in Private Units, 2012

项　目	Item	从业人员（万人）Employment Personnel (10 000 persons)	工资总额（亿元）Total Remuneration (100 million yuan)	平均工资（元）Average Remuneration (yuan)
总　计	**Total**	**184.09**	**621.01**	**35309**
按国民经济行业分	**Grouped by Sector**			
农、林、牧、渔业	Farming, Forestry, Animal Husbandry and Fishery	0.60	2.68	35218
采矿业	Minerals Mining	0.01	0.02	36063
制造业	Manufacturing	90.62	294.11	35721
电力、热力、燃气及水生产和供应业	Production and Supply of Electricity, Heat, Gas and Water	0.17	0.49	28620
建筑业	Construction	25.17	83.44	36283
批发和零售业	Wholesale and Retail Trade	30.56	106.07	33793
交通运输、仓储和邮政业	Transportation, Storage and Post Services	6.23	22.55	36772
住宿和餐饮业	Accommodation and Catering Services	4.37	12.99	27537
信息传输、软件和信息技术服务业	Information Transmitting, Software and Information Technology Services	1.68	7.80	47917
金融业	Finance Intermediation	0.22	1.04	34213
房地产业	Real Estate	4.54	22.99	51706
租赁和商务服务业	Leasing and Business Services	8.88	32.43	33877
科学研究和技术服务业	Scientific Research and Technical Services	3.77	16.02	36718
水利、环境和公共设施管理业	Management for Water Conservancy, Environment and Public Facilities	0.75	1.88	27581
居民服务、修理和其他服务业	Resident Services, Repair and Other Services	4.43	10.44	23513
教　育	Education	0.35	0.99	31826
卫生和社会工作	Health Care and Social Work	0.74	2.36	33344
文化、体育和娱乐业	Culture, Sports and Recreational Services	0.96	2.56	29614
公共管理、社会保障和社会组织	Public Management, Social Security and Social Organizations	0.04	0.14	29002

主要统计指标解释

劳动力资源

指在劳动年龄内，具有劳动能力，在正常情况下，可能或实际参加社会劳动的总人口数。具体的范围是：劳动年龄内(16周岁及以上)，有劳动能力、实际参加社会劳动和未参加社会劳动的人员。

社会从业人员

指在劳动年龄内，有劳动能力，参加社会劳动取得劳动报酬或经营收入的人员。具体指非私营城镇单位从业人员，乡镇企业从业人员，乡村农林牧渔劳动者，私营、个体雇员，私营、个体雇主以及其他从业人员。从空间范围上讲社会从业人员既包括城镇中的从业人员，又包括乡村中的从业人员。

非私营城镇单位从业人员

指在各类法人单位工作，并由单位支付劳动报酬的人员，包括在岗职工和其他从业人员。

在岗职工 是指在本单位工作且与本单位签订劳动合同，并由单位支付各项工资和社会保险、住房公积金的人员，以及上述人员中由于学习、病伤产假等原因暂未工作，仍由单位支付工资的人员。为准确反映行业用工情况，从2011年起，将在岗职工中的劳务派遣人员进行了单独统计。

其他从业人员 是指除在岗职工以外，实际参加本单位生产或工作并从本单位取得劳动报酬的人员。具体包括：非全日制人员、聘用的正式离退休人员、兼职人员和第二职业者，以及在本单位工作的外籍和港澳台方人员。

城镇私营和个体从业人员

指在工商管理部门注册登记，其经营地址设在县城关镇(含城关镇)以上的私营企业从业人员；包括私营企业投资者和雇工。

城镇个体从业人员指在工商管理部门注册登记，并持有城镇户口或在城镇长期居住，经批准从事个体工商经营的从业人员；包括个体经营者和在个体工商户劳动的家庭帮工和雇工。

城镇登记失业人员

指有非农业户口，在一定的劳动年龄（16岁至退休年龄）内，有劳动能力，无业且要求就业，并在当地劳动保障机构进行求职登记的人员。

城镇登记失业率

指报告期末城镇登记失业人数占期末从业人员总数与期末实有城镇登记失业人数之和的比重。计算公式：

$$\text{城镇登记失业率}=\frac{\text{期末实有城镇登记失业人数}}{\text{期末从业人员总数}+\text{期末实有城镇登记失业人数}}\times 100\%$$

工资总额

根据《关于工资总额组成的规定》，工资总额是指本单位在报告期内（季度或年度）直接支付给本单位人员的劳动报酬总额。

工资总额由基本工资、绩效工资、工资性津贴和补贴、其他工资四部分组成。工资总额不包括病假、事假等情况的扣款。

基本工资 也可称为标准工资、合同工资、谈判工资。指本单位在报告期内（季度或年度）支付给本单位就业人员的按照法定工作时间提供正常工作的劳动报酬。各单位给个人确定的底薪可作为基本工资。包括工龄工资（年功工资）。基本工资不含定时、定额发放的各种奖金、各种津贴和补贴、加班工资，也不包括补发的上一季度或上一年度的基础工资。

绩效工资 也可称为效益工资、业绩工资。指根据本单位利润增长和工作业绩定期支付给本单位就业人员的奖金；支付给本单位从业人员的超额劳动报酬和增收节支的劳动报酬。具体包括：值加班工资、绩效奖金（如年度、季度、月度等）、全勤奖、生产奖、节约奖、劳动竞赛奖和其他名目的奖金；以及某工作事项完成后的提成工资、年底双薪等。但不包括入股分红、股权激励兑现的钱和各种资本性收益。

工资性津贴和补贴 指本单位制定的员工相关工资政策中，为补偿本单位就业人员特殊或额外的劳动消耗和因其他特殊原因支付的津贴，以及为保证其工资水平不受物价影响而支付的物价补贴。具体包括：补偿特殊或额外劳动消耗的津贴及岗位性津贴、保健性津贴、技术性津贴、地区津贴和其他津贴；如过节费、通讯补贴、交通补贴、不休假补贴、无食堂补贴、单位发的可自行支配的住房补贴以及上的各种商业性保险等。上述各种项目均包括货币性质的，也包括实物性质的和各种形式的充值卡、购物卡（券）等。

其他工资 指上述基本工资、绩效工资、工资性津贴和补贴三类工资均不能包括的发给就业人员的工资，如补发上一年度的工资等。

平均工资

是指从业人员在报告期内平均每人所得工资额。计算公式为：

$$平均工资=\frac{从业人员工资总额}{从业人员年平均人数}$$

Explanatory Notes on Main Statistical Indicators

Labour Force

refer to the number of population at working ages (aged 16 and over) who have capacity for physical labour, have engaged in social labour or not.

Employment Personnel

refer to the persons aged 16 and over who are engaged in social labour and receive remuneration payment or earn business income, including employment personnel worked in non-private units in urban areas, employment personnel worked in township enterprises, rural labour engaged in farming, forestry, animal husbandry and fishery, employees in private enterprises and individual economy, employers of private enterprises and individual economy and other employment personnel. Social employment personnel not only include those in urban areas, also include those in rural areas.

Emplayment Personel in Non-private Urban Units

refers to the persons who work in various legal person units and receive payment from the units, including on-post staff and workers and other employment personnel.

On-post Staff and Workers refer to staff and workers working in the units, signed working contracts and received wages, social insurance and housing fund, including those receive wages from units but are temporarily absent from work for reasons of study, work or on sick, injury or maternal leave. In order to accurately reflect the employment situation of the industry, from 2011 onwards, we have carried out separate statistics of the labor dispatch personnel in the on-post staff and workers.

Other Employment Personnel refer to the personnel out of on-post staff and workers, which are working in the units and receiving wages or other forms of payment, including part-time staff, re-employed retirees, employees holding the second job, and foreigners and Chinese compatriots from Hong Kong, Macao, and Taiwan working in the units.

Employment Personnel in Private Enterprises and Individual Economy in Urban Area

refer to the employment personnel in the private enterprises which have been registered at the departments of industrial and commercial administration and are situated at a town (i.e. at the town where the county government is located) for business operation or at urban areas with the level higher than a county town, including investor of the enterprises and persons employed.

The individual economy in urban areas refer to persons who hold the certificates of residence in urban areas or have resided in the urban areas for a long time and have been registered at the departments of industrial and commercial administration and approved to be engaged in individual industrial or commercial business, including self-employed persons as well as helpers and hired labourers who work in the individual households engaged in industrial or commercial business.

Registered Unemployed Personnel in Urban Area

refer to the persons who are registered as permanent residents in the urban areas engaged in non-agricultural activities, aged within the range of working age (16-retired age), capable to labour, unemployed but desirous to be employed and have been registered at the local employment service agencies to apply for a job.

Registered Unemployed Rate in Urban Area

refers to the ratio of the number of the registered unemployed persons to the sum of the number of employed persons and the registered unemployed persons. The formula is as follows:

$$\text{Registered Urban Unemployment Rate} = \frac{\text{Number of Urban Registered Unemployed Persons}}{\text{Urban Employed Persons} + \text{Number of Registered Urban Unemployed Persons}} \times 100\%$$

Total Remuneration

It is revised according to the *Provisions on the Composition of Total Wages* refers to the total remuneration payment to all employed persons in various units during the reporting period (by quarter or by year).

Total remuneration consist of basic salary, performance pay, wage-equivalent subsidy and other wages, excluding the deduction of sick leave, personal leave and others.

Salary can also be called as the standard wage, contract wage or negotiation wage. It refers to the remuneration payment to the employed persons in the units,who provide normal work in accordance with the statutory working hours during the reporting period (by quarter or by year). Basic wage is the basic salary determined by the unit, including the seniority wage, excluding the timing and fixed payment of bonuses, allowances and subsidies, overtime wages, and the basic wages of the last quarter or last year.

Performance Pay can also be called as the benefit wage or achievement wage. It refers to the bonuses payment to the employed persons according to the unit profit growth and work performance, the excess labor remuneration and remuneration of increasing revenue and reducing expenditure paid to the employed persons. It includes the duty wage, overtime wage, performance bonus(the annual, quarterly, monthly), full attendance award, production award, economy award, labor contest award and other awards, the percentage wage after the completion of a work and the double pay in the end, but does not include the bonus shares, equity incentive cash money and other capital gains.

Wage-equivalent Subsidy refer to according to the employee wage policy of the unit, the allowance of compensating for the employed persons of special or extra labor and paying for other special reasons, and the price subsidies for ensuring that the wage level is not affected by the price. It includes the allowance of compensating for special or extra labor and post allowance, health care allowance, technical allowance, area allowance and other allowance, such as festival bonus, communication subsidy, traffic subsidy, holiday subsidy, no canteen subsidy, housing subsidy and various commercial insurance. All the above items include money, real objects and various forms of recharge cards and shopping cards (tickets).

Other Wages refer to the wages paid to the employed persons that not included in the basic Salary, performance pay, wage-equivalent subsidy, such as the reissue salary of the last year.

Average Wage

refer to the average per capita income wage in report period. The formula is as follows:

$$\text{average wage} = \frac{\text{the total remuneration of the employment personnel}}{\text{the average number of employment personnel}}$$

5 固定资产投资和房地产
Investment in Fixed Assets and Real Estate

5-1 主要年份全社会固定资产投资
Total Investment in Fixed Assets in Main Years

单位：亿元 (100 million yuan)

指　标	Item	2000	2005	2011	2012
投资总额	**Total Investment**	**608.80**	**1516.84**	**7510.67**	**8871.31**
按登记注册类型分	**Grouped by Registered Status**				
内资企业	Domestic-funded Enterprises	499.65	1276.27	6955.40	8330.77
国　有	State-owned Enterprises	245.07	422.99	2733.30	2815.10
集　体	Collective-owned Enterprises	71.40	120.85	431.01	505.61
股份合作	Cooperative Enterprises	3.00	13.08	44.70	70.66
私营企业	Private Enterprises	28.73	140.34	784.85	1393.60
股份有限公司	Share Holding Corporations Ltd.	68.60	166.68	566.99	503.03
有限责任公司	Limited Liability Corporations	58.61	380.28	2248.52	2803.89
# 国有独资公司	Sole State-funded Corporations	5.69	194.04	298.16	276.85
联营企业	Joint Ownership Enterprises	6.72	12.22	22.72	26.75
# 国有联营	State Joint Ownership Enterprises	4.12	9.96	8.41	8.98
其　他	Others	16.88	19.83	123.31	212.13
港、澳、台商投资企业	Enterprises with Investment from Hong Kong, Macao and Taiwan	15.02	49.65	196.94	164.23
外商投资企业	Foreign Funded Enterprises	81.04	161.63	308.46	326.81
个体经济	Individuals	13.10	29.29	49.87	49.50
按隶属关系分	**Grouped by Administrative Relationship**				
中　央	Central Government	144.97	227.99	578.99	640.16
地　方	Local Government	463.83	1288.85	6931.68	8231.15
按城乡分	**Grouped by Urban and Rural**				
城镇投资	Urban Investment	539.23	1385.70	7057.20	8340.26
# 房地产开发	Real Estate Development	133.93	327.54	1080.04	1260.00
农村投资	Rural Investment	69.57	131.14	453.47	531.05
按构成分	**Grouped by Composition of Use**				
建筑工程	Construction	331.06	852.60	4329.85	4973.71
安装工程	Installation	32.00	75.59	343.71	477.95
设备工器具购置	Purchases of Equipment and Instruments	159.09	316.10	1333.06	1527.97
其他费用	Others	86.65	272.55	1504.05	1891.68
按三次产业分	**Grouped by Industry**				
第一产业	Primary Industry	5.28	13.71	150.33	147.21
第二产业	Secondary Industry	296.54	614.63	3229.73	3777.77
第三产业	Tertiary Industry	306.98	888.50	4130.61	4946.33

注：2011年起固定资产投资统计起点由原来50万元调整为500万元，下表同。
Note: The coverage of investment in fixed assets change from 0.5 million yuan to 5 million yuan from 2011. Same as following next.

5-2 按城乡分全社会固定资产投资和新增固定资产（1996—2012年）
Total Investment in Fixed Assets and Newly Increased Fixed Assets by Rural and Urban Area, 1996-2012

单位：亿元 (100 million yuan)

年份 Year	总计 Total	城镇 Urban Area	#房地产开发 Real Estate Development	农村 Rural Area	非农户 Non-agricultural	农户 Agricultural
固定资产投资 Investment in Fixed Assets						
1996	435.81	363.18	71.51	72.63	57.35	15.28
1997	498.66	435.64	80.80	63.02	52.39	10.63
1998	575.86	506.71	106.70	69.15	56.70	12.45
1999	567.36	506.86	116.96	60.50	49.00	11.50
2000	608.80	539.23	133.93	69.57	56.47	13.10
2001	705.10	627.20	161.27	77.90	61.50	16.40
2002	811.26	717.25	175.84	94.01	74.00	20.01
2003	1046.72	934.13	211.39	112.59	89.73	22.86
2004	1258.98	1132.72	263.92	126.26	99.06	27.20
2005	1516.84	1385.70	327.54	131.14	101.85	29.29
2006	1849.80	1709.66	402.32	140.14	110.14	30.00
2007	2388.63	2227.66	505.30	160.97	128.26	32.71
2008	3404.10	3189.45	653.72	214.65	181.50	33.15
2009	5006.32	4700.28	735.18	306.04	277.04	29.00
2010	6511.42	6114.34	866.64	397.08	370.72	26.36
2011	7510.67	7057.20	1080.04	453.47	426.49	26.98
2012	8871.31	8340.26	1260.00	531.05	509.53	21.52
新增固定资产 Newly Increased Fixed Assets						
1996	313.12	256.23	57.78	56.89	41.61	15.28
1997	320.46	268.07	53.65	52.39	41.76	10.63
1998	439.58	384.59	79.15	54.99	42.54	12.45
1999	459.54	400.26	64.78	59.28	47.78	11.50
2000	434.28	380.99	102.11	53.29	46.15	7.14
2001	476.92	399.52	99.62	77.40	61.00	16.40
2002	537.98	446.83	112.09	91.15	71.14	20.01
2003	656.99	547.10	155.38	109.89	87.03	22.86
2004	696.56	576.72	94.79	119.84	92.64	27.20
2005	847.79	725.01	265.97	122.78	95.97	26.81
2006	1423.73	1283.59	396.10	140.14	110.14	30.00
2007	1302.95	1168.34	506.91	134.61	103.83	30.78
2008	1873.10	1681.99	504.29	191.11	160.21	30.90
2009	2574.48	2350.53	609.89	223.95	195.86	28.09
2010	3296.45	2994.13	736.06	302.32	276.14	26.18
2011	3666.76	3283.93	1226.25	382.83	357.28	25.55
2012	4464.90	4140.42	1066.49	324.48	302.83	21.65

5-3 按行业分全社会固定资产投资 (2012年)
Total Investment in Fixed Assets by Sector, 2012

单位：亿元 (100 million yuan)

行业 Sector	2012	2012比2011年增长(%) Increase Rate in 2012 over 2011(%)
总计 **Total**	**8871.31**	**18.1**
农、林、牧、渔业 Farming, Forestry, Animal Husbandry and Fishery	147.21	-2.1
采矿业 Minerals Mining	219.21	-4.0
制造业 Manufacturing	3201.03	17.8
电力、热力、燃气及水生产和供应业 Production and Supply of Electricity, Heat, Gas and Water	315.41	31.6
建筑业 Construction	42.12	2.3
批发和零售业 Wholesale and Retail Trade	190.45	49.0
交通运输、仓储和邮政业 Transportation, Storage and Post Services	612.20	11.4
住宿和餐饮业 Accommodation and Catering Services	64.34	10.8
信息传输、软件和信息技术服务业 Information Transmitting, Software and Information Technology Services	89.25	-30.6
金融业 Finance Intermediation	31.54	-67.9
房地产业 Real Estate	1990.83	26.8
租赁和商务服务业 Leasing and Business Services	420.77	26.7
科学研究和技术服务业 Scientific Research and Technical Services	27.87	18.4
水利、环境和公共设施管理业 Management for Water Conservancy, Environment and Public Facilities	1083.00	27.3
居民服务、修理和其他服务业 Resident Services, Repair and Other Services	81.96	-20.4
教育 Education	79.67	-19.3
卫生和社会工作 Health Care and Social Work	49.30	145.3
文化、体育和娱乐业 Culture, Sports and Recreational Services	97.07	26.1
公共管理、社会保障和社会组织 Public Management, Social Security and Social Organizations	128.08	33.3

5-4 按行业分全社会新增固定资产（2012年）
Total Investment in Newly Increased Fixed Assets by Sector, 2012

单位：亿元 (100 million yuan)

行业 Sector	2012	2012比2011年增长(%) Increase Rate in 2012 over 2011(%)
总计 Total	**4464.90**	**21.8**
农、林、牧、渔业 Farming, Forestry, Animal Husbandry and Fishery	133.56	17.8
采矿业 Minerals Mining	69.81	28.8
制造业 Manufacturing	1651.19	58.3
电力、热力、燃气及水生产和供应业 Production and Supply of Electricity, Heat, Gas and Water	151.05	98.2
建筑业 Construction	19.23	3.8
批发和零售业 Wholesale and Retail Trade	143.24	43.1
交通运输、仓储和邮政业 Transportation, Storage and Post Services	107.13	41.5
住宿和餐饮业 Accommodation and Catering Services	41.87	22.4
信息传输、软件和信息技术服务业 Information Transmitting, Software and Information Technology Services	70.17	42.4
金融业 Finance Intermediation	11.94	-77.1
房地产业 Real Estate	1265.98	-6.4
租赁和商务服务业 Leasing and Business Services	171.03	141.1
科学研究和技术服务业 Scientific Research and Technical Services	23.62	343.2
水利、环境和公共设施管理业 Management for Water Conservancy, Environment and Public Facilities	299.40	-16.0
居民服务、修理和其他服务业 Resident Services, Repair and Other Services	52.04	-0.6
教育 Education	76.02	-17.2
卫生和社会工作 Health Care and Social Work	28.76	47.6
文化、体育和娱乐业 Culture, Sports and Recreational Services	45.52	19.1
公共管理、社会保障和社会组织 Public Management, Social Security and Social Organizations	103.34	66.4

5-5 城镇固定资产投资及新增固定资产
Investment in Fixed Assets and Newly Increased Fixed Assets in Urban Area

单位：万元 (10 000 yuan)

项 目	Item	2011	2012	2012比2011年增长(%) Increase Rate in 2012 over 2011(%)
固定资产投资	**Total Investment in Fixed Assets**	**70572036**	**83402588**	**18.2**
按三次产业分	**Grouped by Industry**			
第一产业	Primary Industry	576441	692303	20.1
第二产业	Secondary Industry	31041279	37470542	20.7
# 工 业	Industry	30760326	37169424	20.8
第三产业	Tertiary Industry	38954316	45239743	16.1
按隶属关系分	**Grouped by Administrative Relationship**			
中 央	Central Government	5789950	6401617	10.6
地 方	Local Government	64782086	77000971	18.9
按建设性质分	**Grouped by Type of Construction**			
# 新 建	New Construction	43517056	51724960	18.9
改、扩建及其他	Expansion, Reconstruction and Others	16254544	19077659	17.4
按构成分	**Grouped by Composition of Use**			
建筑工程	Construction	40274135	46399868	15.2
安装工程	Installation	3229574	4179047	29.4
设备工器具购置	Purchases of Equipment and Instruments	12557073	14725582	17.3
其他费用	Others	14511254	18098091	24.7
按登记注册类型分	**Grouped by Registered Status**			
内资企业	Domestic-funded Enterprises	65547339	78524754	19.8
国 有	State-owned Enterprises	26914083	27231640	1.2
集 体	Collective-owned Enterprises	3146449	3537333	12.4
股份合作	Cooperative Enterprises	421789	668617	58.5
私营企业	Private Enterprises	6926720	13489626	94.7
股份有限公司	Share Holding Corporations Ltd.	5597792	4946750	-11.6
有限责任公司	Limited Liability Corporations	21675270	26786075	23.6
# 国有独资公司	Sole State-funded Corporations	2957753	2743820	-7.2
联营企业	Joint Ownership Enterprises	183779	232516	26.5
# 国有联营	State Joint Ownership Enterprises	73294	89798	22.5
其 他	Others	681457	1632197	139.5
港、澳、台商投资企业	Enterprises with Investment from Hong Kong, Macao and Taiwan	1962514	1633242	-16.8
外商投资企业	Foreign Funded Enterprises	3062183	3244592	6.0
新增固定资产	**Newly Increased Fixed Assets**	**32839292**	**41404173**	**26.1**
第一产业	Primary Industry	397737	607285	52.7
第二产业	Secondary Industry	10953692	18613460	69.9
# 工 业	Industry	10846248	18530915	70.9
第三产业	Tertiary Industry	21487863	22183428	3.2
固定资产交付使用率(%)	**Rate of Fixed Assets Put into Use (%)**	**46.5**	**49.6**	

注：表中按建设性质分组数据不含房地产开发投资。
Note: Investment grouped by type of construction of this table excludes real estate development.

5-6 按行业分城镇固定资产投资（2012年）
Investment in Fixed Assets in Urban Area by Sector, 2012

单位：万元 (10 000 yuan)

行　业 Sector	2012	2012 比2011年 增长(%) Increase Rate in 2012 over 2011(%)
总　计 **Total**	**83402588**	**18.2**
农、林、牧、渔业 Farming, Forestry, Animal Husbandry and Fishery	692303	20.1
采矿业 Minerals Mining	2192066	-3.8
制造业 Manufacturing	31827277	22.1
电力、热力、燃气及水生产和供应业 Production and Supply of Electricity, Heat, Gas and Water	3150081	31.7
建筑业 Construction	301118	7.2
批发和零售业 Wholesale and Retail Trade	1706659	56.3
交通运输、仓储和邮政业 Transportation, Storage and Post Services	5963846	11.4
住宿和餐饮业 Accommodation and Catering Services	558243	32.0
信息传输、软件和信息技术服务业 Information Transmitting, Software and Information Technology Services	891141	-29.9
金融业 Finance Intermediation	306050	-67.2
房地产业 Real Estate	17758842	19.7
租赁和商务服务业 Leasing and Business Services	3847463	16.7
科学研究和技术服务业 Scientific Research and Technical Services	264203	20.1
水利、环境和公共设施管理业 Management for Water Conservancy, Environment and Public Facilities	10266691	25.2
居民服务、修理和其他服务业 Resident Services, Repair and Other Services	721918	-25.5
教　育 Education	755115	-16.1
卫生和社会工作 Health Care and Social Work	465996	136.9
文化、体育和娱乐业 Culture, Sports and Recreational Services	915733	24.5
公共管理、社会保障和社会组织 Public Management, Social Security and Social Organizations	817843	47.7

5-7 按制造业行业分城镇固定资产投资（2012年）
Investment in Fixed Assets in Urban Area of Manufacturing, 2012

单位：万元 (10 000 yuan)

项　　目	Item	2012	2012比2011年增长(%) Increase Rate in 2012 over 2011(%)
总　　计	**Total**	**31827277**	**22.1**
农副食品加工业	Processing of Food from Agricultural Products	632685	18.1
食品制造业	Manufacture of Food	668637	41.1
酒、饮料和精制茶制造业	Manufacture of Alcohol, Beverage and Refined Tea	261595	102.2
烟草制品业	Manufacture of Tobacco	18660	239.3
纺织业	Manufacture of Textile	363323	-9.8
纺织服装、服饰业	Manufacture of Textile Wearing and Apparel	419597	126.4
皮革、皮毛、羽毛及其制品和制鞋业	Manufacture of Leather, Fur, Feather and Related Products, Footware	24460	-20.5
木材加工及木、竹、藤、棕、草制品业	Processing of Timber, Manufacture of Wood, Bamboo, Rattan, Palm and Straw Products	130548	100.4
家具制造业	Manufacture of Furniture	308211	57.4
造纸及纸制品业	Manufacture of Paper and Paper Products	549063	13.8
印刷和记录媒介的复制	Printing, Reproduction of Recording Media	109464	-6.6
文教、工美、体育和娱乐用品制造业	Manufacture of Articles for Culture, Education and Industrial Arts, Sport Activity, Amusement Manufacturing	101860	-44.6
石油加工、炼焦及核燃料加工业	Processing of Petroleum, Coking, Processing of Nuclear Fuel	454972	216.0
化学原料及化学制品制造业	Manufacture of Raw Chemical Materials and Chemical Products	1141598	-20.5
医药制造业	Manufacture of Medicines	711582	40.2
化学纤维制造业	Manufacture of Chemical Fibers	33382	191.1
橡胶和塑料制品业	Manufacture of Rubber and Plastic	1406947	-27.4
非金属矿物制品业	Manufacture of Non-metallic Mineral Products	1750139	20.3
黑色金属冶炼及压延加工业	Smelting and Pressing of Ferrous Metals	1391644	-7.9
有色金属冶炼及压延加工业	Smelting and Pressing of Non-Ferrous Metals	572289	140.3
金属制品业	Manufacture of Metal Products	1432415	-10.0
通用设备制造业	Manufacture of General Purpose Machinery	4239352	254.5
专用设备制造业	Manufacture of Special Purpose Machinery	4056557	2.4
汽车制造业	Manufacture of Motorcar	1277633	-29.4
铁路、船舶、航空航天和其他运输设备制造业	Ralway, Watercraft, Aerospace and Other Transport Equipment	2405678	37.2
电气机械及器材制造业	Manufacture of Electrical Machinery and Equipment	1527509	9.0
计算机、通信和其他电子设备制造业	Manufacture of Computers, Communication and Other Electronic Equipment	2215863	-9.3
仪器仪表制造业	Manufacture of Measuring Instruments	423202	112.3
其他制造业	Other Manufacture	2653616	72.8
废弃资源综合利用业	Comprehensive Recycling of Waste	394942	227.2
金属制品、机械和设备修理业	Metal Products, Machine and Equipment Repair	149854	

5-8 按行业分城镇新增固定资产(2012年)
Newly Increased Fixed Assets in Urban Area by Sector, 2012

单位：万元 (10 000 yuan)

行　业 Sector	2012	2012 比2011年 增长(%) Increase Rate in 2012 over 2011(%)
总　计 Total	**41404173**	**26.1**
农、林、牧、渔业 Farming, Forestry, Animal Husbandry and Fishery	607285	52.7
采矿业 Minerals Mining	698050	29.5
制造业 Manufacturing	16326472	71.3
电力、热力、燃气及水生产和供应业 Production and Supply of Electricity, Heat, Gas and Water	1506393	99.0
建筑业 Construction	82545	-23.2
批发和零售业 Wholesale and Retail Trade	1237699	50.6
交通运输、仓储和邮政业 Transportation, Storage and Post Services	963671	54.8
住宿和餐饮业 Accommodation and Catering Services	336646	67.1
信息传输、软件和信息技术服务业 Information Transmitting, Software and Information Technology Services	700340	44.2
金融业 Finance Intermediation	110098	-77.7
房地产业 Real Estate	11956356	-6.4
租赁和商务服务业 Leasing and Business Services	1668012	140.9
科学研究和技术服务业 Scientific Research and Technical Services	221675	432.4
水利、环境和公共设施管理业 Management for Water Conservancy, Environment and Public Facilities	2488381	-23.0
居民服务、修理和其他服务业 Resident Services, Repair and Other Services	460598	-5.4
教　育 Education	722597	-13.8
卫生和社会工作 Health Care and Social Work	262606	36.1
文化、体育和娱乐业 Culture, Sports and Recreational Services	427207	15.9
公共管理、社会保障和社会组织 Public Management, Social Security and Social Organizations	627542	145.3

5-9 按制造业行业分城镇新增固定资产（2012年）
Newly Increased Fixed Assets in Urban Area of Manufacturing, 2012

单位：万元(10 000 yuan)

行业	Sector	2012	2012比2011年增长(%) Increase Rate in 2012 over 2011(%)
总计	**Total**	**16326472**	**71.3**
农副食品加工业	Processing of Food from Agricultural Products	658367	388.8
食品制造业	Manufacture of Food	367742	3.3
酒、饮料和精制茶制造业	Manufacture of Alcohol, Beverage and Refined Tea	215006	198.6
纺织业	Manufacture of Textile	168426	230.8
纺织服装、服饰业	Manufacture of Textile Wearing and Apparel	275860	212.2
皮革、皮毛、羽毛及其制品和制鞋业	Manufacture of Leather, Fur, Feather and Related Products Footware	24614	65.1
木材加工及木、竹、藤、棕、草制品业	Processing of Timber, Manufacture of Wood, Bamboo, Rattan, Palm and Straw Products	93210	59.8
家具制造业	Manufacture of Furniture	247684	166.4
造纸及纸制品业	Manufacture of Paper and Paper Products	463275	90.6
印刷和记录媒介的复制	Printing, Reproduction of Recording Media	92056	19.6
文教、工美、体育和娱乐用品制造业	Manufacture of Articles for Culture, Education and Industrial Arts, Sport Activity, Amusement Manufacturing	65055	29.6
石油加工、炼焦及核燃料加工业	Processing of Petroleum, Coking, Processing of Nuclear Fuel	80251	262.1
化学原料及化学制品制造业	Manufacture of Raw Chemical Materials and Chemical Products	602702	55.2
医药制造业	Manufacture of Medicines	460097	88.2
化学纤维制造业	Manufacture of Chemical Fibers	2200	-10.9
橡胶和塑料制品业	Manufacture of Rubber and Plastic	905189	62.0
非金属矿物制品业	Manufacture of Non-metallic Mineral Products	1341014	78.7
黑色金属冶炼及压延加工业	Smelting and Pressing of Ferrous Metals	623113	7.1
有色金属冶炼及压延加工业	Smelting and Pressing of Non-Ferrous Metals	243247	112.7
金属制品业	Manufacture of Metal Products	1212400	24.0
通用设备制造业	Manufacture of General Purpose Machinery	1955697	120.1
专用设备制造业	Manufacture of Special Purpose Machinery	1310419	14.9
汽车制造业	Manufacture of Motorcar	717708	54.8
铁路、船舶、航空航天和其他运输设备制造业	Railway, Watercraft, Aerospace and Other Transport Equipment	645307	61.4
电气机械及器材制造业	Manufacture of Electrical Machinery and Equipment	994951	72.5
计算机、通信和其他电子设备制造业	Manufacture of Computers, Communication and Other Electronic Equipment	1184836	103.8
仪器仪表制造业	Manufacture of Measuring Instruments	166628	204.4
其他制造业	Other Manufacture	711707	56.5
废弃资源综合利用业	Comprehensive Recycling of Waste	387327	308.8
金属制品、机械和设备修理业	Matal Products, Machine and Equipment Repair	110384	

5-10 城镇能源工业固定资产投资 (2012年)
Investment in Fixed Assets in Urban Area of Energy Industry, 2012

单位：万元 (10 000 yuan)

行 业	Sector	2012	2012比2011年增长(%) Increase Rate in 2012 over 2011(%)
总 计	**Total**	**5344181**	**30.4**
石油和天然气开采业	Petroleum and Natural Gas Extraction	1739128	11.3
电力、热力生产和供应业	Production and Supply of Electric Power and Heat Power	2408881	36.7
燃气生产和供应业	Production and Supply of Gas	231632	27.4
水的生产和供应业	Production and Supply of Water	509568	13.8
石油加工、炼焦及核燃料加工业	Processing of Petroleum, Coking and Processing of Nuclear Fuel	454972	216.0
能源投资占城镇固定资产投资比重(%)	**As Percentage of Total Investment in Fixed Assets in Urban Area (%)**	**6.4**	

5-11 城市基础设施固定资产投资 (2012年)
Urban Infrastructure Investment in Fixed Assets, 2012

单位：万元 (10 000 yuan)

行 业	Sector	2012	2012比2011年增长(%) Increase Rate in 2012 over 2011(%)
总 计	**Total**	**19052176**	**19.1**
交通运输、仓储和邮政业	Transportation, Storage and Post Services	5963846	11.4
电信、广播电视和卫星传输服务	Telecommunication, Broadcast Television and Satellite Transmission Services and Other Information	765513	44.6
互联网和相关服务	Internet and Relative Services	41134	50.7
电力、热力生产和供应业	Production and Supply of Electric Power and Heat Power	2408881	36.7
燃气生产和供应业	Production and Supply of Gas	231632	27.4
水的生产和供应业	Production and Supply of Water	509568	13.8
公共设施管理	Management for Public Facilities	9131602	18.7
城市基础设施占城镇固定资产投资比重(%)	**As Percentage of Total Investment in Fixed Assets in Urban Area (%)**	**22.8**	

5-12 按行业分城镇固定资产投资资金来源 (2012年)
Source of Funds for Investment in Fixed Assets in Urban Area by Sector, 2012

行业 Sector	资金来源合计 Total Funds	上年末结余资金 Balance of Funds Brought Forward from Previous Year	本年资金来源小计 Subtotal of the Sources of Funds in Current Year
总计 Total	**102275323**	**12335492**	**89939831**
农、林、牧、渔业 Farming, Forestry, Animal Husbandry and Fishery	702970	10542	692428
采矿业 Minerals Mining	2192160		2192160
制造业 Manufacturing	32447502	1562146	30885356
电力、热力、燃气及水生产和供应业 Production and Supply of Electricity, Heat, Gas and Water	3415483	42039	3373444
建筑业 Construction	277026	959	276067
批发和零售业 Wholesale and Retail Trade	1749169	12319	1736850
交通运输、仓储和邮政业 Transportation, Storage and Post Services	6712141	851197	5860944
住宿和餐饮业 Accommodation and Catering Services	526327	21732	504595
信息传输、软件和信息技术服务业 Information Transmitting, Software and Information Technology Services	773249	4650	768599
金融业 Finance Intermediation	291375	10128	281247
房地产业 Real Estate	35283731	9128729	26155002
租赁和商务服务业 Leasing and Business Services	3852027	11372	3840655
科学研究和技术服务业 Scientific Research and Technical Services	265845	33087	232758
水利、环境和公共设施管理业 Management for Water Conservancy, Environment and Public Facilities	9783711	189881	9593330
居民服务、修理和其他服务业 Resident Services, Repair and Other Services	747945	1887	746058
教育 Education	708037	29086	678951
卫生和社会工作 Health Care and Social Work	545973	108282	437691
文化、体育和娱乐业 Culture, Sports and Recreational Services	1121697	232223	889474
公共管理、社会保障和社会组织 Public Management, Social Security and Social Organizations	878955	85233	793722

单位：万元 (10 000 yuan)

国家预算内资金 State Budgetary Appropriation	国内贷款 Domestic Loans	债　券 Bonds	利用外资 Foreign Investment	#外　商直接投资 Foreign Direct Investment	自筹资金 Fundraising	#企事业单位自有资金 Owned by Enterprises and Institutions	其他资金 Others
965628	**18535892**	**2000**	**828478**	**451905**	**57873446**	**17840275**	**11734387**
16891	40678	2000	500		598363	73622	33996
	1200		66188	66188	2124772	1711400	
137160	4552454		568746	296626	23705212	6925127	1921784
34613	998382		25266		1850737	731680	464446
2800	3545				263187	36692	6535
	28470				1707150	474684	1230
116697	3301509		69079	51324	1950858	794962	422801
	1938				498584	88053	4073
1529	1000				766070	544798	
	53372		24000	24000	201608	66608	2267
24800	6458299		44699	13767	11922982	4083882	7704222
35000	434558				2723113	784324	647984
2280	2700				227778	56626	
247741	2522004		30000		6336669	729009	457416
12477	21963				681468	176481	30150
117923	4956				521600	217171	34472
84942	68829				281920	35846	2000
55756	40035				793672	266327	11
75019					717703	42983	1000

5-13 全社会房屋施工和竣工面积
Floor Space of Buildings under Construction and Completed

单位：万平方米 (10 000 sq. m)

项　目	Item	2011	2012	2012比2011年增长(%) Increase Rate in 2012 over 2011(%)
房屋施工面积	**Floor Space of Building under Construction**	**17640.80**	**18490.36**	**4.8**
# 住　宅	Residential Buildings	7686.57	7869.15	2.4
城　镇	Urban Area	16244.32	17623.99	8.5
# 住　宅	Residential Buildings	7113.04	7542.31	6.0
农　村	Rural Area	1396.48	866.37	-38.0
# 住　宅	Residential Buildings	573.53	326.84	-43.0
房屋竣工面积	**Floor Space of Building Completed**	**3499.55**	**3636.54**	**3.9**
# 住　宅	Residential Buildings	2110.05	2137.76	1.3
城　镇	Urban Area	3031.67	3438.52	13.4
# 住　宅	Residential Buildings	1729.53	1984.55	14.7
农　村	Rural Area	467.88	198.02	-57.7
# 住　宅	Residential Buildings	380.52	153.21	-59.7

5-14 城镇固定资产投资资金来源
Source of Funds for Investment in Fixed Assets in Urban Area

单位：万元 (10 000 yuan)

项　目	Item	2011	2012	2012比2011年增长(%) Increase Rate in 2012 over 2011(%)
资金来源合计	**Total Funds**	**90571006**	**102275323**	**12.9**
上年末结余资金	Balance of Funds Brought Forward from Previous Year	11609820	12335492	6.3
本年资金来源小计	Subtotal of the Sources of Funds in Current Year	78961186	89939831	13.9
国家预算内资金	State Budgetary Appropriation	596718	965628	61.8
国内贷款	Domestic Loans	16842559	18535892	10.1
债　券	Bonds	57748	2000	-96.5
利用外资	Foreign Investment	929158	828478	-10.8
# 外商直接投资	Foreign Direct Investment	499994	451905	-9.6
自筹资金	Fundraising	49445301	57873446	17.0
# 企、事业单位自有资金	Owned by Enterprises and Institutions	14738545	17840275	21.0
其他资金	Others	11089702	11734387	5.8

5-15 按行业分城镇固定资产投资施工项目个数 (2012年)
Number of Investment Projects under Construction in Fixed Assets in Urban Area by Sector, 2012

单位：个 (unit)

行业 Sector	2012	2012比2011年增长(%) Increase Rate in 2012 over 2011(%)
总计 **Total**	**6420**	**24.1**
农、林、牧、渔业 Farming, Forestry, Animal Husbandry and Fishery	202	44.3
采矿业 Minerals Mining	14	-26.3
制造业 Manufacturing	3159	26.7
电力、热力、燃气及水生产和供应业 Production and Supply of Electricity, Heat, Gas and Water	275	35.5
建筑业 Construction	41	-25.5
批发和零售业 Wholesale and Retail Trade	311	30.7
交通运输、仓储和邮政业 Transportation, Storage and Post Services	230	38.6
住宿和餐饮业 Accommodation and Catering Services	92	41.5
信息传输、软件和信息技术服务业 Information Transmitting, Software and Information Technology Services	65	-65.2
金融业 Finance Intermediation	28	-49.1
房地产业 Real Estate	229	89.3
租赁和商务服务业 Leasing and Business Services	204	80.5
科学研究和技术服务业 Scientific Research and Technical Services	56	75.0
水利、环境和公共设施管理业 Management for Water Conservancy, Environment and Public Facilities	981	22.2
居民服务、修理和其他服务业 Resident Services, Repair and Other Services	92	7.0
教育 Education	166	20.3
卫生和社会工作 Health Care and Social Work	63	65.8
文化、体育和娱乐业 Culture, Sports and Recreational Services	102	39.7
公共管理、社会保障和社会组织 Public Management, Social Security and Social Organizations	110	-26.2

注：本表不含房地产开发企业。
Note: The data of this table exclude real estate enterprises.

5-16 按行业分城镇固定资产投资建成投产项目个数（2012年）
Number of Investment Projects in Fixed Assets Completed and Put into Use in Urban Area by Sector, 2012

单位：个 (unit)

行业	Sector	2012	2012比2011年增长(%) Increase Rate in 2012 over 2011(%)
总计	**Total**	**3846**	**39.2**
农、林、牧、渔业	Farming, Forestry, Animal Husbandry and Fishery	162	78.0
采矿业	Minerals Mining	7	-22.2
制造业	Manufacturing	2084	56.6
电力、热力、燃气及水生产和供应业	Production and Supply of Electricity, Heat, Gas and Water	122	35.6
建筑业	Construction	21	-16.0
批发和零售业	Wholesale and Retail Trade	238	49.7
交通运输、仓储和邮政业	Transportation, Storage and Post Services	82	24.2
住宿和餐饮业	Accommodation and Catering Services	73	62.2
信息传输、软件和信息技术服务业	Information Transmitting, Software and Information Technology Services	52	-66.0
金融业	Finance Intermediation	16	-59.0
房地产业	Real Estate	71	47.9
租赁和商务服务业	Leasing and Business Services	120	96.7
科学研究和技术服务业	Scientific Research and Technical Services	28	133.3
水利、环境和公共设施管理业	Management for Water Conservancy, Environment and Public Facilities	411	16.8
居民服务、修理和其他服务业	Resident Services, Repair and Other Services	74	23.3
教育	Education	115	29.2
卫生和社会工作	Health Care and Social Work	36	125.0
文化、体育和娱乐业	Culture, Sports and Recreational Services	59	96.7
公共管理、社会保障和社会组织	Public Management, Social Security and Social Organizations	75	-13.8

注：本表不含房地产开发企业。
Note: The data of this table exclude real estate enterprises.

5-17 城镇地方固定资产投资 (2012年)
Local Investment in Fixed Assets in Urban Area, 2012

单位：万元 (10 000 yuan)

项　目	Item	2012	2012 比2011年增长(%) Increase Rate in 2012 over 2011(%)
总　计	**Total**	**77000971**	**18.9**
按构成分	**Grouped by Composition of Use**		
建筑工程	Construction	43207542	14.8
安装工程	Installation	3964089	40.3
设备工器具	Equipment and Instruments	12564740	18.3
其他费用	Others	17264600	25.9
按建设性质分	**Grouped by Type of Construction**		
新　建	New Construction	49271048	20.8
扩　建	Expansion	5268485	16.4
改　建	Reconstruction	4590429	9.7
其　他	Others	5271040	17.2
按行业分	**Grouped by Sector**		
农、林、牧、渔业	Farming, Forestry, Animal Husbandry & Fishery	692303	20.1
采矿业	Minerals Mining	49856	-86.0
制造业	Manufacturing	30779352	21.8
电力、热力、燃气及水生产和供应业	Production and Supply of Electricity,Heat, Gas and Water	1978437	60.2
建筑业	Construction	199898	27.2
批发和零售业	Wholesale and Retail Trade	1690496	54.8
交通运输、仓储和邮政业	Transportation, Storage and Post Services	4934179	14.2
住宿和餐饮业	Accommodation and Catering Services	539743	27.6
信息传输、软件和信息技术服务业	Information Transmitting, Software and Information Technology Services	471519	-46.3
金融业	Finance Intermediation	293050	-68.6
房地产业	Real Estate	17733345	20.5
租赁和商务服务业	Leasing and Business Services	3847463	16.7
科学研究和技术服务业	Scientific Research and Technology Service	219391	17.7
水利、环境和公共设施管理业	Management for Water Conservancy, Environment and Public Facilities	9996227	22.4
居民服务、修理和其他服务业	Resident Services,Repair and Other Services	721918	-17.6
教　育	Education	654509	-23.3
卫生和社会工作	Health Care and Social Work	465996	136.9
文化、体育和娱乐业	Culture, Sports and Recreational Services	915733	24.5
公共管理、社会保障和社会组织	Public Management，Social Security and Social Organizations	817556	59.9

注：表中按建设性质分组数据不包括房地产开发投资。
Note: Investment grouped by type of construction excludes real estate development.

5-18 城镇房地产开发投资、建设情况（1996—2012年）
Investment and Construction of Real Estate Development in Urban Area, 1996-2012

单位：万元 (10 000 yuan)

年份 Year	本年完成投资额 Investment Completed in Current Year	住宅 Residential Buildings	办公楼 Office Buildings	商业营业用 Buildings for Business Use	其他 Others
1996	715103	428672	66798	124930	94703
1997	808041	396370	86881	140582	184208
1998	1067035	630053	65161	111459	260362
1999	1169569	868972	36045	46569	217983
2000	1339294	900198	31251	71834	336011
2001	1612662	963985	45157	156497	447023
2002	1758446	1031788	75122	147244	504292
2003	2113876	1509252	77808	242564	284252
2004	2639165	1752377	157504	282388	446896
2005	3275403	2349240	119477	417449	389237
2006	4023184	3113391	237419	356585	315789
2007	5052956	3428187	345476	637558	641735
2008	6537248	4593327	309731	798714	835476
2009	7351836	4948563	328288	973219	1101766
2010	8666424	5653883	771783	1273543	967215
2011	10800436	6890818	1098389	1767896	1043333
2012	12599969	8430526	856968	1553063	1759412

单位：万平方米 (10 000 sq. m)

年份 Year	施工面积 Floor Space of Building under Construction	#住宅 Residential Buildings	竣工面积 Floor Space of Building Completed	#住宅 Residential Buildings
1996	988.66	712.76	366.51	318.50
1997	1116.23	773.92	299.63	254.39
1998	1379.77	1093.69	428.74	357.17
1999	1596.67	1274.32	454.81	431.12
2000	1783.00	1582.15	583.51	532.63
2001	1863.48	1590.62	690.48	626.63
2002	2135.56	1746.13	746.44	673.00
2003	2314.43	1953.50	911.27	750.67
2004	2865.55	2352.98	1108.13	1014.46
2005	3470.57	2827.87	1479.22	1270.96
2006	4142.60	3396.45	1520.24	1308.95
2007	4836.49	3744.87	1704.36	1398.61
2008	5704.27	4306.33	1799.37	1492.54
2009	6052.16	4517.83	1902.06	1580.82
2010	7160.75	5117.60	2098.55	1603.65
2011	9233.98	6623.95	2102.79	1645.10
2012	9864.22	6923.52	2542.75	1913.97

5-19 房地产开发投资情况 Investment in Real Estate Development

单位：万元 (10 000 yuan)

项　目	Item	2011	2012	2012比2011年增长(%) Increase Rate in 2012 over 2011(%)
本年完成投资额	**Investment Completed in Current Year**	**10800436**	**12599969**	**16.7**
按隶属关系分	**Grouped by Administrative Relationship**			
中　央	Central Government			
地　方	Local Government	10800436	12599969	16.7
按登记注册类型分	**Grouped by Registered Status**			
内资企业	Domestic-funded Enterprises	9508477	11400825	19.9
国　有	State-owned Enterprises	2996311	3053899	1.9
集　体	Collective-owned Enterprises	149032	174099	16.8
股份合作	Cooperative Enterprises	14019	35517	153.3
私营企业	Private Enterprises	2029647	2870594	41.4
股份有限公司	Share Holding Corporations Ltd.	480077	709415	47.8
有限责任公司	Limited Liability Corporations	3737262	4384402	17.3
# 国有独资公司	Sole State-funded Corporations	231964	377975	62.9
联营企业	Joint Ownership Enterprises	43995	20573	-53.2
# 国有联营	State Joint Ownership Enterprises	43995	20573	-53.2
其　他	Others	58134	152326	162.0
港、澳、台商投资企业	Enterprises with Investment from Hong Kong, Macao and Taiwan	459810	525941	14.4
外商投资企业	Foreign Funded Enterprises	832205	673203	-19.1
按构成分	**Grouped by Composition of Use**			
建筑工程	Construction	7361427	7981941	8.4
安装工程	Installation	710446	838266	18.0
设备工器具	Equipment and Instruments	100843	90326	-10.4
其他费用	Others	2627720	3689436	40.4
按工程用途分	**Grouped by Use of Projects**			
住　宅	Residential Buildings	6890818	8430526	22.3
# 别墅、高档公寓	Villa, Top Grade Apartment	596685	623395	4.5
办公楼	Office Buildings	1098389	856968	-22.0
商业营业用房	Houses for Business Use	1767896	1553063	-12.2
其　他	Others	1043333	1759412	68.6
本年新增固定资产	**Newly Increased Fixed Assets in Current Year**	**12262494**	**10664898**	**-13.0**

5-20 房地产开发建设情况 Construction of Real Estate Development

项　目	Item	2011	2012	2012比2011年增长(%) Increase Rate in 2012 over 2011(%)
施工房屋面积(万平方米)	**Floor Space of Buildings under Construction (10 000 sq. m)**	**9233.98**	**9864.22**	**6.8**
住　宅	Residential Buildings	6623.95	6923.52	4.5
办公楼	Office Buildings	722.86	792.40	9.6
商业营业用房	Houses for Business Use	1072.77	1045.23	-2.6
其　他	Others	814.40	1103.07	35.4
竣工房屋面积(万平方米)	**Floor Space of Buildings Completed (10 000 sq. m)**	**2102.79**	**2542.75**	**20.9**
住　宅	Residential Buildings	1645.10	1913.97	16.3
办公楼	Office Buildings	143.49	166.80	16.2
商业营业用房	Houses for Business Use	148.35	301.42	103.2
其　他	Others	165.85	160.56	-3.2
竣工房屋价值(万元)	**Value of Buildings Completed (10 000 yuan)**	**6630733**	**6440908**	**-2.9**
住　宅	Residential Buildings	5137797	4751184	-7.5
办公楼	Office Buildings	463332	473235	2.1
商业营业用房	Houses for Business Use	460157	823362	78.9
其　他	Others	569447	393127	-31.0
资金来源合计(万元)	**Total Funds (10 000 yuan)**	**29652438**	**29803871**	**0.5**
上年末结余资金	Balance of Funds Brought Forward from Previous Year	8051444	8341083	3.6
本年资金来源合计	Subtotal of the Sources of Funds in Current Year	21600994	21462788	-0.6
国内贷款	Domestic Loans	5847429	5703680	-2.5
利用外资	Foreign Investment	101425	34699	-65.8
# 外商直接投资	Foreign Direct Investment	78485	3767	-95.2
自筹资金	Fundraising	7197753	8317073	15.6
# 企、事业单位自有资金	Owned by Enterprises and Institutions	3901655	3530099	-9.5
其他资金	Others	8454387	7407336	-12.4

5-21 房地产销售情况 Basic Statistics on Real Estate Sales

指 标	Item	2011	2012
商品房销售情况	**Statistics on Commercial Houses Sales**		
商品房销售面积(万平方米)	Floor Space of Commercial Houses Sold (10 000 sq. m)	1594.57	1661.69
住 宅	Residential Buildings	1365.71	1511.40
办公楼	Office Buildings	67.14	28.17
商业营业用房	Houses for Business Use	126.29	72.17
其 他	Others	35.43	49.95
商品房销售额(万元)	Total Sales of Commercial Houses (10 000 yuan)	13944146	13655259
住 宅	Residential Buildings	11673576	12105706
办公楼	Office Buildings	598009	376097
商业营业用房	Houses for Business Use	1417210	938729
其 他	Others	255351	234727

5-22 房地产物业管理情况 (2010—2012年) Basic Statistics on Real Estate Property Management, 2010-2012

指 标 Item	2010	2011	2012
企业总数(个) Number of Enterprises (unit)	956	1097	1186
物业管理项目个数(个) Number of Projects Managed (unit)	3614	3648	4230
房屋建筑面积(万平方米) Floor Space of Buildings (10 000 sq. m)	22045.12	26149.96	31264.51
住 宅 Residential Buildings	19478.35	22332.08	25639.04
办公用房 Office Buildings	901.13	1468.27	2523.23
商业营业用房 Houses for Business Use	601.50	899.76	978.11
工业仓储用房 Houses for Industry and Storage	463.53	628.27	1042.09
其 他 Others	600.61	821.58	1082.04
从业人员(人) Employment Personnel (person)	89332	94882	97225
# 管理人员 Administrative Personnel	11532	13247	13517
年经营收入(万元) Annual Income (10 000 yuan)	436309.16	465241.88	550276.82
从业人员报酬(万元) Remuneration of Employment Personnel (10 000 yuan)	192794.77	197270.72	232653.00

5-23 农村非农户固定资产投资
Total Investment in Fixed Assets of Non-agricultural Households in Rural Area

项　　目	Item	2011	2012
投资额(万元)	**Total Investment (10 000 yuan)**	**4264881**	**5095334**
按主要行业分	**Grouped by Sector**		
# 农、林、牧、渔业	Farming, Forestry, Animal Husbandry, Fishery	843745	720903
工　业	Industry	1125108	139333
建筑业	Construction	130879	120058
批发和零售业	Wholesale and Retail Trade	186174	197821
交通运输、仓储和邮政业	Transportation, Storage and Post Services	104703	150221
房地产业	Real Estate	716056	2049646
水利、环境和公共设施管理业	Management for Water Conservancy, Environment and Public Facilities	306054	563276
新增固定资产(万元)	**Newly Increased Fixed Assets (10 000 yuan)**	**3572794**	**3028266**
房屋面积(万平方米)	**Floor Space of Buildings (10 000 sq. m)**		
施工面积	Under Construction	1277.52	792.07
# 住　宅	Residential Buildings	457.44	255.72
竣工面积	Completed	354.74	124.39
# 住　宅	Residential Buildings	270.25	82.76
竣工住宅价值(万元)	**Value of Residential Buildings Completed (10 000 yuan)**	**673645**	**289135**
竣工住宅造价(元/平方米)	**Cost of Residential Buildings Completed (yuan/sq. m)**	**2492**	**3494**

5-24 农村农户固定资产投资
Total Investment in Fixed Assets of Agricultural Households in Rural Area

项　　目	Item	2011	2012
投资额(万元)	**Total Investment (10 000 yuan)**	**269819**	**215225**
按主要行业分	**Grouped by Sector**		
# 农、林、牧、渔业	Farming, Forestry, Animal Husbandry, Fishery	83141	58866
工　业	Industry		47765
交通运输、仓储和邮政业	Transportation, Storage and Post Services	39144	7960
房地产业	Real Estate	146921	99869
房屋面积(万平方米)	**Floor Space of Buildings (10 000 sq. m)**		
施工面积	Under Construction	118.96	74.30
# 住　宅	Residential Buildings	116.09	71.12
竣工面积	Completed	113.13	73.63
# 住　宅	Residential Buildings	110.27	70.45
竣工住宅价值(万元)	**Value of Residential Buildings Completed (10 000 yuan)**	**128825**	**101111**
竣工住宅造价(元/平方米)	**Cost of Residential Buildings Completed (yuan/sq. m)**	**1168**	**1435**

5-25 重点建设项目完成情况 (2012年)
Basic Statistics on Key Projects, 2012

单位：万元 (10 000 yuan)

项　目 Item	项目数(项) Number of Items	计划总投资 Total Planned Investment	累计完成投资 Investment Accumulated	本年完成投资 Investment in Current Year
总　计 **Total**	**70**	**72528453**	**25934069**	**14212147**
工　业 Industry	26	10898930	2540964	1295716
石油化工 Petrochemical	5	5960000	573945	431419
冶　金 Metallurgy	6	935400	707432	286881
航空航天 Aerospace Industry	3	600000	336013	151883
电子信息 Electronic Information Industry	2	260900	133832	74903
新材料和新能源 New Materials and New Energy	3	950000	243130	107932
装备制造业及汽车业 Equipment Manufacturing and Motor Vehicles Industry	7	2192630	546612	242698
能源交通 Energy and Transportation	15	12259960	5380459	2417413
能　源 Energy	2	921234	263590	263590
高速公路 Expressway	1	3821092	1373336	674805
铁　路 Railways	10	4867372	2294196	713705
机　场 Airdromes	1	561300	301589	240482
港　口 Ports	1	2088962	1147748	524831
基础设施和环保 Infrastructure and Environment Protection	11	15605103	6756426	3083781
农林水利和小城镇建设 Agriculture and Forestry Irrigation and Construction of Small Towns	3	20880351	5488215	5324085
社会事业 Social Project	9	3596706	1057962	560894
商贸旅游及其他 Trade, Tourism and Others	6	9287403	4710043	1530258

5-26 建设项目主要新增生产能力 (2012年)
Main Newly Increased Production Capacity of Construction Projects, 2012

生产能力名称	Item	建设规模 Construction Size	累计新增生产能力 Accumulated Production Capacity Newly Increased
钢　材(万吨/年)	Rooled Steel(10 000 tons/year)	776.59	334.20
铝加工材(吨/年)	Aluminium Material Production (ton/year)	18000	18000
石油加工(焦化设备能力)	Petroleum Processing (coking equipment capacity)		
(万吨)	(10 000 tons)	8	4
火力发电(万千瓦)	Thermal Power (10 000 kw)	475	
风力发电 (万千瓦)	Wind Power (10 000 kw)	15.25	13.25
其他发电(万千瓦)	Other Power (10 000 kw)	7.3	2.5
输电线路长度(110千伏及以上) (公里)	Transmission Line Length (110kv and above) (km)	398	338
水　泥(万吨/年)	Cement (10 000 tons/year)	148	110
化学农药原药(吨/年)	Original Chemical Pesticide (ton/year)	115	15
合成橡胶(吨/年)	Synthetic Rubber (ton/year)	5000	1500
塑料树脂及共聚物(吨/年)	Plastic Colophony and Polymer (ton/year)	524070	45350
轿车制造(辆/年)	Cars (unit/year)	250000	
其他汽车制造(辆/年)	Other Motor Vehicles (unit/year)	50000	50000
其他酒(万吨/年)	Other Wine (10 000 tons/year)	1	1
新建公路(公里)	Length of New Roads (km)	527.87	423.96
# 高速公路	Expressway	272.64	199.61
改建公路(公里)	Length of Rebuilt Roads (km)	401.58	370.08
# 一级公路	Second Class	33.14	21.64
新建独立公路桥梁(延长米)	Newly-built Freestanding Road and Bridge (lpm)	1480	1066
新建独立公路桥梁(座)	Newly-built Freestanding Road and Bridge (seat)	4	4
新(扩)建港口码头	Newly Built and Expanded Ports		
吞吐量(万吨/年)	Handling Capacity (10 000 tons/year)	1580	1100
万标准集装箱	Handled Standard Container (10 000 tons)	200	110
泊　位(个)	Berths (unit)	8	4
城市自来水供水能力(万吨/日)	Urban Tap Water Supply (10 000 tons/day)	53.5	2.0
城市污水处理能力(万吨/日)	Disposal Capacity of Sewage in City (10 000 tons/day)	297.3	151.8

主要统计指标解释

全社会固定资产投资

是以货币形式表现的在一定时期内全社会建造和购置固定资产的工作量以及与此有关的费用的总称。该指标是反映固定资产投资规模、结构和发展速度的综合性指标，又是观察工程进度和考核投资效果的重要依据。

城镇固定资产投资

指城镇各种登记注册类型的企业、事业、行政单位及个体户进行的计划总投资(或实际需要总投资)500万元及500万元以上的建设项目投资和房地产开发投资。县城及以上区域内发生的投资，县及县以上各级政府及主管部门直接领导、管理的建设项目和企业事业单位的投资均为城镇固定资产投资。

农村固定资产投资

指在农村区域范围内进行固定资产投资活动的企业、事业、行政单位及农户投资。

房地产开发投资

指房地产开发企业（单位）进行土地开发工程、房屋建设工程所完成的投资额。是以货币表现的房地产开发工作量。

固定资产投资的资金来源

指固定资产投资单位在报告期收到的（以到账为准），用于固定资产建造和购置的各种货币资金。包括国家预算资金、国内贷款、债券、利用外资、自筹资金和其他资金。

国家预算资金　包括中央预算资金和地方预算资金。国家预算包括一般预算、政府性基金预算、国有资本经营预算和社保基金预算。各类预算中用于固定资产投资的资金全部作为国家预算资金填报，其中一般预算中用于固定资产投资的部分包括基建投资、车购税、灾后恢复重建基金和其他财政投资。各级政府债券也应归入国家预算资金。

国内贷款　指报告期固定资产投资单位向银行及非银行金融机构借入的用于固定资产投资的各种国内借款，包括银行利用自有资金及吸收存款发放的贷款、上级主管部门拨入的国内贷款、国家专项贷款（包括煤代油贷款、劳改煤矿专项贷款等），地方财政专项资金安排的贷款、国内储备贷款、周转贷款等。

债券　指企业（公司）或金融机构为筹集用于固定资产投资的资金向投资者出具的承诺按一定发行条件还本付息的债券凭证，包括金融债券和企业债券（由国家发展改革委员会和中国证券监督管理委员会批准发行）。

利用外资　指报告期收到的境外（包括外国及港澳台地区）资金(包括设备、材料、技术在内)。包括对外借款(外国政府、国际金融组织贷款、出口信贷、外国银行商业贷款、对外发行债券和股票)、外商直接投资及外商其他投资（包括利用外商投资收益在国内进行固定资产再投资活动的资金）。不包括我国自有外汇资金(包括国家外汇、地方外汇、留成外汇、调剂外汇和中国银行自有资金发行的外汇贷款等)。计算利用外资时，需要折算成人民币，折算中所使用的外汇汇率按现汇计算，即按使用外汇时的汇率计算。

自筹资金　指固定资产投资单位在报告期收到的，由各企事业单位筹集用于固定资产投资的资金，包括各类企、事业单位的自有资金和从其他单位筹集的用于固定资产投资的资金，但不包括各类财政性资金、从各类金融机构借入资金和国外资金。与原有的自筹资金概念相比，最大的变化是地方财政资金全部归为国家预算资金，自筹资金中不再含有财政资金。

其他资金　指在报告期收到的除以上各种资金之外的用于固定资产投资的资金。包括社会集资、个人资金、无偿捐赠的资金及其他单位拨入的资金等。

固定资产投资按构成分

建筑工程　指各种房屋、建筑物的建造工程，又称建筑工程量。这部分投资额必须兴工动料，通过施工活动才能实现。建筑工程包括各种房屋的建造；设备基础及各种窑炉的砌筑工程和金属结构工程；为施工而进行的建筑场地布置、工程地质勘探、平整场地、施工临时用水、电、气、路和清理

主要统计指标解释

绿化等；矿井的开凿，铁路、公路、桥梁、水利及防空、地下建筑等特殊工程。

安装工程 指各种设备、装置的安装工程，又称安装工作量。在安装工程投资额中，不包括被安装设备本身的价值。安装工程包括生产、动力、起重、运输、传动和医疗试验等各种需安装设备的装配和安装，与设备相连的工作台、梯子、栏杆以及管线敷设、保温、油漆、防腐和单机试运系统联动无负荷试运工作（不包括投料试运）。

设备、工具、器具购置 指建设单位或企、事业单位购置或自制的，达到固定资产标准的设备、工具、器具的价值。但新建单位、扩建单位的新建车间，按照设计和计划要求购置或自制的全部设备、工具、器具，不论是否达到固定资产标准均计入“设备、工具、器具购置”中。

其他费用 指在固定资产建造和购置过程中发生的，除建筑安装工程和设备、工器具购置投资完成额以外的费用。包括土地购置费（建设用地费）、旧建筑物购置费（房屋建筑物购置费）等。

固定资产投资按建设性质分

新建 一般是指从无到有“平地起家”开始建设的项目。有的项目原有基础很小，经扩大建设后，其新增加的固定资产价值（原值）超过原有固定资产价值三倍以上的也应算为新建。

扩建 指为扩大原有产品生产能力或增加新的产品能力，在厂内或其他地点增建主要生产车间（或主要工程），独立的生产线等。事业单位和行政单位在原单位增建业务用房，也作为扩建。

改建和技术改造 指现有企、事业单位对原有设施进行技术改造或更新（包括相应配套的辅助性生产、生活设施建设）的建设项目。有的还充分发挥现有的生产能力，进行填平补齐而增建不直接增加本单位主要产品生产能力的车间等，也属于改建。

新增固定资产

指报告期内已经完成建造和购置过程，并交付生产或使用单位的固定资产价值，包括建成投入生产或交付使用的工程投资和达到固定资产标准的设备、工具、器具的投资以及有关的摊入费用。属于增加固定资产价值的其他建设费用应随同交付使用的工程一并计入新增的固定资产。

固定资产交付使用率

指报告期内新增固定资产与同期完成投资额的比率。它是反映各个时期固定资产动用速度，衡量建设过程中投资效果的一个综合性指标。

商品房销售面积

指报告期内出售商品房屋的合同总面积(即双方签署的正式买卖合同中所确定的建筑面积)。由现房销售建筑面积和期房销售建筑面积两部分组成。

商品房销售额

指报告期内出售商品房屋的合同总价款(即双方签署的正式买卖合同中所确定的合同总价)。该指标与商品房销售面积同口径，由现房销售额和期房销售额两部分组成。

Explanatory Notes on Main Statistical Indicators

Total Investment in Fixed Assets

refers to the volume of activities in construction and purchases of fixed assets of the whole country and related fees, expressed in monetary terms during the reference period. It is a comprehensive indicator which shows the size, structure and growth of the investment in fixed assets, providing a basis for observing the progress of construction projects and evaluating results of investment.

Investment in Fixed Assets in Urban Area

refers to construction projects involving a total planned (or required) investment of 5 million yuan and over by enterprises of various types of ownership, institutions, administrative units and individuals in urban areas, investment in real estate development. In other words, all investments that take place in county towns and urban areas, investment in construction projects under the direct leadership and management of government agencies at and above county levels and investments by enterprises and institutions at and above county levels are covered in urban investment in fixed assets.

Investment in Fixed Assets in Rural Area

refers to investment in fixed assets by enterprises, institutions, administrative units and households in rural areas.

Investment in Real Estate Development

refers to the investment by the real estate development companies (unit) in Land development and construction of house buildings. It is finished work in monetary terms.

Source of Funds for Investment in Fixed Assets

refer to the funds used to establish or buy fixed assets by the investment units in report period, included the state budget, domestic loans, bonds, foreign investment, self-raised funds, and others.

State Budgetary Appropriation consists of central budgetary appropriation and local budgetary appropriation. National budget includes the general budget, government fund budget, state-owned capital management budget and social security funds. In various types of budget, funds used for investment in fixed assets are all calculated as state budgetary appropriation. And general budget used for investment in fixed assets includes infrastructure investment, vehicle purchase tax, post-earthquake recovery and reconstruction funds and other financial investments. Government bonds of all levels are also included in the state budgetary appropriation.

Domestic Loans refer to loans of various forms borrowed by investing units from banks and non-bank financial institutions during the reference period for the purpose of investment in fixed assets, including the bank loans of its own funds and deposits, the domestic loans appropriated by the superior competent department, the national special loans(including coal oil loans, the special loans for reform-through-labour coal mine), the loans of local financial special funds, the domestic bank loans, revolving credits, etc.

Bonds refer to the voucher issued enterprise (company) or financial institutions in order to raise funds with commit of payback with interests according to certain conditions, including the financial bonds and enterprise bonds (approved by the National Development and Reform Commission and the China Securities Regulatory Commission).

Foreign Investment refers to overseas(foreign regions, Hong Kong, Macao and Taiwan) funds received during the reference period (covering equipment, materials and technology), including foreign borrowings (loans from foreign governments and international financial institutions, export credit, commercial loans from foreign banks, issue of bonds and stocks overseas), foreign direct investment and other foreign investments (including using revenue of foreign investment to invest in the domestic fixed assets). Excluded from this category is capital in foreign exchanges owned by China (foreign exchanges owned by the central and local governments, foreign exchanges retained by enterprises, foreign exchanges by enterprises through the regulating mechanism, loans in foreign exchanges issued by the Bank of China with its own fund, etc.). In calculating the utilization of foreign capital, foreign currencies are converted into Chinese RMB applying the current exchange rate when the foreign capitals are actually used.

Fundraising refer to funds for investment in fixed assets raised by enterprises and institutions and received by investing units during the reference period, including self-raised funds of enterprises and institutions, funds raised from other units for investment in fixed assets, excluding government financial capital, funds borrowed from various financial institutions and foreign funds. Compared with the original fundraising concept, the biggest change is that the local finance all belong to the state budget funds and the fundraising do not contain financial funds.

Others refer to funds for investment in fixed assets received from sources other than those listed above, including funds raised from individuals and through social donations, and funds transferred from other units.

Investment in Fixed Assets by Composition of Use

Construction refers to the construction of various houses and buildings, it also is called the work volume of construction, including construction of various houses, equipment foundations and industrial kilns and stoves, preparation works for project construction, and clearing up works post project construction, geological examination, land-leveling, water, electricity, gas road-cleaning, planting trees, drilling of mines, pavement of railways and roads, highway, bridge, construction of projects of water conservancy, construction of underground air-raid shelters and construction of other special projects.

Installation refers to the installation of various kinds of equipment and instruments (work volume of installation). The value of equipment installed is excluded in the value of installation projects. Including various kinds of equipment, i.e. production, power-driven, lifting, transport, transmission, medical experiment etc. and working table, stepladder railing, putting up of pipes, keep warm, paint, rot-proofing, try operation (excluding put in material try operation).

Purchases of Equipment and Instruments refer to the total value of equipment, tools, and vessels purchased or self-produced by construction units, enterprises or institutions, which come up to standards for fixed assets. Equipment, tools and vessels purchased or self- produced for new workshops by newly established or expanded units are categorized as " purchase of equipment and instruments" no matter whether they come up to the standards for fixed assets or not.

Others refer to investment in assets construction and purchases excluded in above items, including land acquisition costs (costs of land for construction use), old building purchase costs (building purchase costs), etc.

Investment in Fixed Assets by Type of Construction

New Construction refers to newly constructed units. In the case, in which the value of the original fixed assets is quite small, and the value of newly added fixed assets exceeds the original ones by three times, the expansion construction is considered as new construction.

Expansion Construction refers to construction of new major production workshop or independent production line within a factory or in other locations, or construction of a branch factory so as to increase the production capacity of the original products. Newly constructed business houses in institutions and administrative organizations are also classified as expansion.

Reconstruction and Technical Innovation refers to construction of technical innovation and transformation of the existing equipment and technical conditions undertaken by enterprises and institutions, (including accessory facilities for production and living purposes). The construction of new workshops for improving existing production capacity rather than increasing production capacity is also considered as reconstruction.

Newly Increased Fixed Assets refer to the newly increased value of fixed assets finished construction and purchase in the reference period and delivered to the production or use units, including the value of projects completed and put into production, the value of equipment, tools, and vessels considered as fixed assets, as well as the relevant expenses as investment in fixed assets. Other construction expenses to increase the volume in fixed assets should be calculated into newly increased fixed assets with the project put in use.

Rate of Fixed Assets Put into Use

refers to the ratio of the newly increased fixed assets to the total investment made in the same period. This is a comprehensive indicator, reflecting the speed of the employment of fixed assets and the investment efficiency.

Floor Space of Commercial Houses Sold

refers to total contracted area of commercialized housing (the area of floor space as designated in the formal contracts signed by both sides) during the reference time. It is constituted by floor space of completed housing and floor space of future housing.

Sales of Commercial Houses

refers to the total contracted value (the value of sales/purchase for selling/purchase of commercialized housing as designated in the contract signed by both sides) during the reference time. This indicator has the same coverage as the area of commercialized housing sold, which is constituted by floor space of completed housing and floor space of housing yet to be completed.

6

对外经济贸易和旅游

Foreign Trade, Economic Cooperation and Tourism

6-1 对外贸易进出口总额 (1996—2012年)
Total Value of Imports and Exports in Foreign Trade, 1996-2012

年份 Year	绝对数(亿美元) Absolute Value (USD 100 million)			增长速度(%)(比上年) Increase Rate (%) (Over Preceding Year)		
	进出口总额 Imports & Exports	出口总额 Exports	进口总额 Imports	进出口总额 Imports & Exports	出口总额 Exports	进口总额 Imports
1996	82.97	40.49	42.48	26.8	35.0	19.8
1997	100.23	50.18	50.05	20.8	23.9	17.8
1998	106.16	54.99	51.17	5.9	9.6	2.3
1999	126.05	63.32	62.73	18.7	15.2	22.6
2000	171.57	86.29	85.28	36.1	36.3	36.0
2001	171.57	95.02	86.85	6.0	10.1	1.8
2002	228.27	115.95	112.32	25.5	22.0	29.3
2003	293.71	143.74	149.97	28.7	24.0	33.5
2004	420.19	208.65	211.54	43.2	45.4	41.4
2005	533.87	274.15	259.72	27.1	31.4	22.8
2006	645.73	335.40	310.33	21.0	22.3	19.5
2007	715.50	381.61	333.89	10.8	13.8	7.6
2008	805.39	422.29	383.10	12.6	10.7	14.7
2009	639.44	299.85	339.59	20.6	29.0	11.4
2010	822.01	375.17	446.84	28.8	25.5	31.7
2011	1033.91	444.98	588.93	25.9	18.7	32.0
2012	1156.23	483.14	673.09	11.8	8.6	14.3

注：自1998年始，用海关数据。表6-2同。
Note: From 1998, data of this table are provided by Tianjin Customs. Same as table 6-2.

6-2 天津口岸进出口总额 (1996—2012年)
Total Value of Imports and Exports in Tianjin Port, 1996-2012

年份 Year	按美元计算(亿美元) Calculated by USD (USD 100 million)			按人民币计算(亿元) Calculated by RMB (100 million yuan)		
	进出口总额 Imports & Exports	出口总额 Exports	进口总额 Imports	进出口总额 Imports & Exports	出口总额 Exports	进口总额 Imports
1996	216.85	122.89	93.96	1804.19	1022.44	781.75
1997	215.62	131.24	84.38	1787.55	1088.02	699.53
1998	223.19	134.84	88.35	1852.48	1119.17	733.31
1999	248.29	139.18	109.11	2055.34	1152.13	903.21
2000	298.03	165.29	132.74	2479.60	1375.20	1104.40
2001	323.71	178.13	145.58	2679.30	1474.40	1204.90
2002	365.35	190.55	174.80	3025.46	1577.94	1447.52
2003	461.67	259.57	202.10	3831.86	2154.43	1677.43
2004	677.66	384.80	292.86	5608.66	3184.80	2423.86
2005	819.29	446.83	372.46	6711.38	3660.30	3051.08
2006	1018.85	571.24	447.61	8122.07	4553.81	3568.26
2007	1290.00	752.87	537.13	9616.05	5612.12	4003.93
2008	1631.02	940.98	690.04	11137.09	6425.29	4711.80
2009	1242.24	612.04	630.20	8484.50	4180.23	4304.27
2010	1641.10	794.41	846.69	10935.57	5293.60	5641.97
2011	1972.49	959.19	1013.29	12497.50	6077.33	6420.10
2012	2042.52	980.13	1062.40	12838.26	6160.61	6677.72

6-3 利用外资情况 (1996—2012年)
Utilization of Foreign Capital, 1996-2012

年份 Year	绝对数(万美元) Absolute Value (USD 10 000)		增长速度(%) (比上年) Increase Rate (%) (Over Preceding Year)	
	直接利用外资 Foreign Direct Investment	借用国外资金 Foreign Loans	直接利用外资 Foreign Direct Investment	借用国外资金 Foreign Loans
合同额 Foreign Investment Contracted				
1996	392431	120400	1.9	238.2
1997	385066	202100	-1.9	67.9
1998	363729	132989	-5.5	-34.2
1999	362034	102545	-0.5	-22.9
2000	460000		27.1	
2001	463000		0.7	
2002	581220		25.5	
2003	351297		74.3	
2004	558855		59.1	
2005	732281		31.0	
2006	811156		10.8	
2007	1151856		42.0	
2008	1325629		15.1	
2009	1383817		4.4	
2010	1529569		10.5	
2011	1683700		10.1	
2012	1858541		10.4	
实际利用外资 Foreign Capital Actually Used				
1996	200587	97771	31.9	65.9
1997	251135	91166	25.2	-6.8
1998	251803	53984	0.3	-40.8
1999	253203	21332	0.6	-60.5
2000	256000	26467	1.1	24.1
2001	322000	7688	25.8	-71
2002	380591	6310	18.2	-17.9
2003	163325	7225	62.9	14.5
2004	247243	22993	51.4	218.2
2005	332885	31688	34.6	37.8
2006	413077	23819	24.1	-24.8
2007	527776	18257	27.8	-23.4
2008	741978	17701	40.6	-22.9
2009	901985	6933	21.6	-60.8
2010	1084872	20983	20.3	202.7
2011	1305602	18378	20.4	-12.4
2012	1501633	14867	15.0	-19.1

注：自2003年开始，直接利用外资额采用商务部新口径，速度为可比口径，表6-9、6-10、6-12同。
Note: Foreign direct investment has adopted new coverage of Ministry of Commerce since 2003, and its increase rate is calculated on the basis of constant coverage. Same as table 6-9, 6-10 and 6-12.

6-4 人民币汇率 (年平均价) (1981—2012年)
Reference Exchange Rate of RMB (Period Average), 1981-2012

单位：人民币元 (RMB yuan)

年 份 Year	100美元 100 US Dollars	100日元 100 Japanese Yen	100港元 100 Hong Kong Dollars	100欧元 100 Euros
1981	170.50	0.7735	30.41	
1982	189.25	0.7607	31.15	
1983	197.57	0.8318	27.36	
1984	232.70	0.9780	29.71	
1985	293.66	1.2457	37.57	
1986	345.28	2.0694	44.22	
1987	372.21	2.5799	47.74	
1988	372.21	2.9082	47.70	
1989	376.51	2.7360	48.28	
1990	478.32	3.3233	61.39	
1991	532.33	3.9602	68.45	
1992	551.46	4.3608	71.24	
1993	576.20	5.2020	74.41	
1994	861.87	8.4370	111.53	
1995	835.10	8.9225	107.96	
1996	831.42	7.6352	107.51	
1997	828.98	6.8600	107.09	
1998	827.91	6.3488	106.88	
1999	827.83	7.2932	106.66	
2000	827.84	7.6864	106.18	
2001	827.70	6.8075	106.08	
2002	827.70	6.6237	106.07	800.58
2003	827.70	7.1466	106.24	936.13
2004	827.68	7.6552	106.23	1029.00
2005	819.17	7.4484	105.30	1019.53
2006	797.18	6.8570	102.62	1001.90
2007	760.40	6.4632	97.46	1041.75
2008	694.51	6.7427	89.19	1022.27
2009	683.10	7.2986	88.12	952.70
2010	676.95	7.7279	87.13	897.25
2011	645.88	8.1050	82.97	900.11
2012	631.25	7.9037	81.38	810.67

注：欧元自2002年开始进入市场流通。
Note: Euro entered the circulating market in 2002.

6-5 对外贸易进出口总额 (2012年)
Total Value of Imports and Exports in Foreign Trade, 2012

单位：万美元(USD 10 000)

项　目	Item	进出口总额 Imports & Exports	出口总额 Exports	进口总额 Imports
合　计	**Total**	**11562281**	**4831432**	**6730850**
按口岸分	**By Port**			
本口岸	Local Port	8769701	3736623	5033078
外口岸	Outside Port	2792580	1094809	1697772
按经营单位分	**By Managing Unit**			
# 国有企业	State-owned Enterprises	1845715	748238	1097477
中外合资企业	Joint Venture Enterprises	3685739	1584894	2100845
中外合作企业	Cooperative Operation Enterprises	46394	20307	26088
外商独资企业	Foreign-funded Sole Enterprises	4010775	1675731	2335044
按贸易性质分	**By Way of Trade**			
# 一般贸易	General Trade	5561442	1860429	3701013
进料加工	Processing Using Import Material	3947325	2464951	1482374
外商投资企业进口设备	Equipment Import of Foreign-funded Enterprises	44156		44156
来料加工	Processing Using Provided Material	223810	98817	124994
易货贸易	Dicker Trade	3	3	
其他境外物资捐赠	Donation			
保税区仓储进出境货物	Goods Passed in and out of Free Trade Zone	198887	62153	136734
保税区仓储转口货物	Goods Transited in Free Trade Zone	1437569	209234	1228335
按商品类别分	**By Category of Commodities**			
# 食品及活动物	Food and Living Animals	180644	60303	120342
饮料及烟类	Beverage and Tobacco	9099	1543	7556
非食用原料(燃料油除外)	Non-edible Raw Materials (exclude Fuel Oil)	1126969	140101	986868
矿物燃料、润滑油及有关原料	Mineral Fuels, Lubricants and Related Materials	404144	117265	286879
动植物油、脂及蜡	Animal and Vegetable Oils, Fats and Wax	207725	138	207586
化学成品及有关产品	Chemicals and Related Products	636726	237902	398824
按原料分类的制成品	Related Products By Raw Materials	1634823	838533	796285
机械及运输设备	Machinery and Transport Equipment	2271549	1076435	1195109
杂项制品	Miscellaneous Products	127958	109549	18408

6-6 对外贸易分国别(地区)进出口总额(2012年)
Total Value of Imports and Exports in Foreign Trade by Country (Region), 2012

单位：万美元(USD 10 000)

国别(地区)	Country (Region)	进出口总额 Imports & Exports	出口总额 Exports	进口总额 Imports
合 计	**Total**	**11562281**	**4831432**	**6730850**
亚 洲	**Asia**	**6014601**	**2364550**	**3650052**
# 中国香港	Hong Kong, China	393632	307974	85657
印 度	India	165750	115582	50167
印度尼西亚	Indonesia	201485	67439	134045
日 本	Japan	1374639	402118	972521
马来西亚	Malaysia	274667	107342	167325
菲律宾	Philippines	118177	31191	86986
新加坡	Singapore	223189	93299	129890
韩 国	Republic of Korea	1953486	480438	1473048
泰 国	Thailand	187839	124361	63478
阿拉伯联合酋长国	United Arab Emirates	98802	84865	13937
越 南	Vietnam	172967	150933	22033
中国台湾	Taiwan, China	275334	93920	181414
非 洲	**Africa**	**257641**	**154851**	**102790**
# 埃 及	Egypt	18763	17751	1012
加 纳	Ghana	12791	12540	251
尼日利亚	Nigeria	26049	25716	332
南 非	South Africa	74101	19273	54827
苏 丹	Sudan	8135	7663	471
刚 果(布)	Republic of the Congo	822	798	24
欧 洲	**Europe**	**2022237**	**802492**	**1219745**
# 比利时	Belgium	37190	19935	17255
丹 麦	Denmark	75009	21619	53390
英 国	United Kingdom	157711	76175	81536

6-6续表 Continued

单位：万美元(USD 10 000)

国别（地区）	Country (Region)	进出口总额 Imports & Exports	出口总额 Exports	进口总额 Imports
德　国	Germany	535149	142541	392608
法　国	France	299082	100688	198394
意大利	Italy	99041	54382	44659
荷　兰	Netherlands	88737	58247	30491
葡萄牙	Portugal	68556	5023	63533
西班牙	Spain	66174	41693	24481
奥地利	Austria	33654	22847	10807
芬　兰	Finland	15386	7358	8027
匈牙利	Hungary	19293	17159	2134
波　兰	Poland	20126	16278	3848
罗马尼亚	Romania	7621	5031	2590
瑞　典	Sweden	31258	20181	11077
瑞　士	Switzerland	20861	3823	17039
俄罗斯	Russia	140494	107417	33077
斯洛伐克	Slovakia	3281	1025	2256
拉丁美洲	**Latin America**	**895308**	**491411**	**403896**
# 巴　西	Brazil	364640	98689	265952
墨西哥	Mexico	228620	178777	49843
北美洲	**North America**	**1809797**	**914667**	**895130**
# 加拿大	Canada	158459	65034	93425
美　国	United States	1651260	849556	801705
大洋洲及太平洋岛屿	**Oceania and Pacific Isands**	**562673**	**103460**	**459213**
# 澳大利亚	Australia	496571	90215	406356
新西兰	New Zealand	61710	8989	52721

6-7 天津口岸进出口商品检验情况 (2008—2012年)
Inspection of Imports and Exports Commodities in Tianjin Port, 2008-2012

单位：批、万美元 (batch, USD 10 000)

项　目	Item	2008	2009	2010	2011	2012
进口商品检验	**Imports Inspection**					
批　数	Batches	186096	192697	201086	269559	285568
# 不合格	Disqualification	4457	3965	8013	11393	12730
金　额	Value	3978810	3141994	4701577	5607160	6047115
# 不合格	Disqualification	706996	453137	592932	736088	774333
出口商品检验	**Exports Inspection**					
批　数	Batches	267214	253876	308264	315612	324295
# 不合格	Disqualification	197	117	276	247	247
金　额	Value	2208068	1688907	2371009	2391750	2355930
# 不合格	Disqualification	4425	931	5339	1387	1548

6-8 本市在境外设立企业和机构情况
Municipal Overseas Enterprises and Agencies

项　目	Item	2011	2012	至2012年底累计 Accumulated at the end of 2012
企业和机构总计(个)	Total (unit)	76	103	1150
企　业	Enterprises	67	95	906
机　构	Agencies	9	8	244
投资总额(万美元)	Total Investment (USD 10 000)	188179	226517	574615
# 中方投资额	Chinese Investment	183639	207567	540032
中方投资占比重(%)	Proportion of Chinese Investment (%)	97.6	91.6	94.0
投资国家和地区(个)	Number of Countries and Regions Invested (unit)	28	33	98

6-9 直接利用外资签约情况 (2010—2012年) Utilization of Foreign Direct Investment, 2010-2012

单位：万美元 (USD 10 000)

项目	Item	2010	2011	2012	2012比2011年增长(%) Increased Rate in 2012 over 2011 (%)
合同数(个)	**Number of Contracts(item)**	**592**	**634**	**632**	**-0.3**
合资企业	Joint Venture Enterprises	162	197	177	-10.2
合作企业	Cooperative Operation Enterprises	8	2	5	150.0
独资企业	Sole Foreign-funded Enterprises	422	435	450	3.4
合同外资金额	**Foreign Investment Contracted**	**1529569**	**1683700**	**1858541**	**10.4**
合资企业	Joint Venture Enterprises	336780	257083	311870	21.3
合作企业	Cooperative Operation Enterprises	25159	14257	27024	89.5
独资企业	Sole Foreign-funded Enterprises	1167630	1412360	1519646	7.6

6-10 实际利用外资情况 (2009—2012年) Foreign Capital Actually Used, 2009-2012

单位：万美元 (USD 10 000)

项目 Item	2009	2010	2011	2012	2012比2011年增长(%) Increased Rate in 2012 over 2011 (%)
总计 Total	**908918**	**1105855**	**1323980**	**1516500**	**14.5**
借用国外资金 Foreign Loans	**6933**	**20983**	**18378**	**14867**	**-19.1**
外国政府贷款 Foreign Government Loans		2537	3820	1604	-58.0
外国银行商业贷款 Commercial Loans from Foreign Banks	6933	18446	14558	13263	-8.9
直接利用外资 Foreign Direct Investment	**901985**	**1084872**	**1305602**	**1501633**	**15.0**
合资企业 Joint Venture Enterprises	220837	386970	335758	322056	-4.1
合作企业 Cooperative Operation Enterprises	15541	18255	34690	25359	-26.9
独资企业 Sole Foreign-funded Enterprises	665606	679647	935155	1154218	23.4

6-11 借用国外资金情况 Borrowing Foreign Capital

单位：万美元 (USD 10 000)

项　目 Item	上年结转资金 Capital Carried from Last Year		当年新增借款 New Increased Loans		偿还本金 Repaid Principals	
	2011	2012	2011	2012	2011	2012
国外贷款合计 Total Loans	**37962**	**37391**	**18378**	**14867**	**15761**	**20609**
按债务期限分 By Period of Debt						
中长期 Long-term & Medium-term	28518	35282	3820	14263	3160	17896
短　期 Short-term	9444	2109	14558	604	12601	2713
按借款方式分 By Mode of Borrowing						
外国政府贷款 Government Loans	26231	27813	3820	1604	2081	2748
国际金融组织贷款 Loans from InternationalFinancial Organization						
出口信贷 Export Credit	2287	1177			1079	475
外国银行商业贷款 Commercial Loans of Foreign Banks	9444	8401	14558	13263	12601	17385

项　目 Item	外汇汇率差额 Margin of Foreign Exchange Rate		期末借款余额 Loaned Balance of Year-end		偿还利息 Repaid Interests	
	2011	2012	2011	2012	2011	2012
国外贷款合计 Total Loans	**-187**	**241**	**40392**	**31890**	**448**	**491**
按债务期限分 By Period of Debt						
中长期 Long-term & Medium-term	-188	241	28990	31890	448	491
短　期 Short-term	1		11402			
按借款方式分 By Mode of Borrowing						
外国政府贷款 Government Loans	-157	219	27813	26888	373	438
国际金融组织贷款 Loans from International Financial Organization						
出口信贷 Export Credit	-31	23	1177	725	75	53
外国银行商业贷款 Commercial Loans of Foreign Banks	1	-1	11402	4277		

6-12 外商及港澳台商投资企业投资情况 (2012年)
Investment of Foreign-funded and Hong Kong, Macao and Taiwan Funded Enterprises, 2012

项　目 Item	签订合同项目(个) Number of Contracts Signed (item)		合同外资额(万美元) Foreign Investment Contracted (USD 10 000)		实际直接利用外资(万美元) Actual Direct Utilization of Foreign Capital (USD 10 000)	
	2012	至2012年底累计 Accumulated by the End of 2012	2012	至2012年底累计 Accumulated by the End of 2012	2012	至2012年底累计 Accumulated by the End of 2012
总　计						
Total	**632**	**23510**	**1858541**	**15570050**	**1501633**	**9511055**
按投资方式分						
By Mode of Investment						
合资企业						
Joint Venture Enterprises	177	8069	311870	3544536	322056	2982649
合作企业						
Cooperative Operation Enterprises	5	673	27024	680577	25359	368555
独资企业						
Foreign-funded Sole Enterprises	450	14768	1519646	11344937	1154218	6159850
按行业分						
By Sector						
# 农、林、牧、渔业						
Farming, Forestry, Animal Husbandry and Fishery	2	161	436	49270	3890	21887
制造业						
Manufacturing	109	12142	411852	6182398	762328	4933112
建筑业						
Construction	6	414	37970	273596	13819	146137
批发零售贸易及餐饮业						
Wholesale, Retail Trade and Catering	160	6339	163887	1753714	57644	901130
交通运输、仓储业和邮政业						
Transportation, Storage and Post Services	57	424	260324	1182289	83765	633168
房地产业						
Real Estate	13	945	143503	2159834	193964	1183042
社会服务业						
Social Services	110	1698	398958	2180753	189505	846202
金融业						
Finance Intermediation		6	5323	107539	29854	157306

6-12续表 Continued

项　目 Item	签订合同项目(个) Number of Contracts Signed (item)		合同外资额(万美元) Foreign Investment Contracted (USD 10 000)		实际直接利用外资(万美元) Actual Direct Utilization of Foreign Capital (USD 10 000)	
	2012	至2012年底累计 Accumulated by the End of 2012	2012	至2012年底累计 Accumulated by the End of 2012	2012	至2012年底累计 Accumulated by the End of 2012
按国别(地区)分 By Country (Region)						
# 中国香港 Hong Kong, China	270	7361	1132856	6845130	865091	4012781
中国台湾 Taiwan, China	32	1981	85840	435590	52472	207165
日　本 Japan	62	2132	106787	885522	148800	846071
韩　国 Republic of Korea	68	3169	86028	1014713	90683	694419
新加坡 Singapore	25	778	95491	594853	90752	535730
德　国 Germany	15	341	21553	219815	43072	201177
英　国 United Kingdom	12	276	32300	205194	31301	170118
法　国 France	3	200	3366	102374	4660	61345
意大利 Italy	6	140	1557	78972	469	35144
美　国 United States	61	3368	161899	1657927	53079	673471
澳大利亚 Australia	6	368	5946	114036	8802	44812
荷　兰 Holland	6	123	4423	111429	8023	78565
加拿大 Canada	12	578	6951	127018	2149	64918

6-13 接待人境旅游人数和居住天数 (2009—2012年)
Number of International Tourists and Dwelling Days, 2009-2012

单位：人次、天 (person-time, day)

项 目	Item	2009	2010	2011	2012
接待人数总计(含不过夜)	**Total Tourists (include not stay for night)**	**1410244**	**1660682**	**2004374**	**2341075**
接待人数(过夜)	Accommodated Tourists (stay for night)	539800	598941	730615	737481
外国人	Foreigners	480090	526830	635795	637106
# 日 本	Japan	145254	149860	188190	205659
韩 国	Republic of Korea	95014	107309	140474	132350
菲律宾	Philippines	4407	3631	3109	3233
新加坡	Singapore	16295	16012	19252	19233
泰 国	Thailand	1644	2737	2074	3086
印度尼西亚	Indonesia	1749	5380	2146	2473
美 国	United States	46996	51712	61170	61261
加拿大	Canada	8367	8459	8595	8649
英 国	United Kingdom	14424	14460	21566	19784
法 国	France	9097	9213	10083	10416
德 国	Germany	15501	19827	21428	22409
意大利	Italy	5059	4037	4895	4815
俄罗斯	Russia	1494	1924	1631	2196
澳大利亚	Australia	10625	10477	14003	14992
港澳台同胞	Hong Kong, Macao and Taiwan Compatriots	59710	72111	94820	100375
星级宾馆平均每人居住天数	**Per Capita Staying Days in Star Level Hotels**	**3.4**	**2.6**	**2.3**	**2.2**

6-14 接待人境旅游外汇收入 (2009—2012年)
Foreign Exchange Earning from International Tourists, 2009-2012

单位：万美元 (USD 10 000)

项 目	Item	2009	2010	2011	2012
总 计	**Total**	**118264**	**141951**	**175560**	**222641**
长途交通	Long-distance Transportation	45599	57827	61661	67026
飞 机	Civil Aviation	37123	46572	53726	54020
火 车	Railway	1405	2733	3459	3317
汽 车	Motor Vehicles	4685	2399	3746	5622
海 运	Sea Transportation	2386	6123	730	4067
游 览	Tour	5459	5909	8538	9153
住 宿	Accommodation	16407	18148	26292	27229
餐 饮	Catering Service	8741	11063	15675	17179
娱 乐	Entertainment	7925	6633	9645	11797
购 物	Shopping	21909	26198	32049	59634
邮电通讯	Posts and Telecommunications	3449	3115	4220	4925
市内交通	Local Transportation	3724	3865	5426	6558
其 他	Others	5051	9193	12056	19140

6-15 天津与国外结成友好城市一览表 List of Foreign Sister Cities with Tianjin

友好城市 Sister City	国别 Country of Origin	缔结时间 Time of Conclusion	友好城市 Sister City	国别 Country of Origin	缔结时间 Time of Conclusion
神户市 Kobe	日本 Japan	1973年6月24日 June 24, 1973	乌兰巴托市 Ulan Bator	蒙古 Mongolia	1992年9月27日 Sept. 27, 1992
费城 Philadelphia	美国 United States	1980年2月10日 Feb. 10, 1980	哈尔科夫市 Kharkov	乌克兰 Ukraine	1993年6月14日 June 14, 1993
墨尔本市 Melbourne	澳大利亚 Australia	1980年5月5日 May 5, 1980	延雪平市 Jon Koping	瑞典 Sweden	1993年9月23日 Sept. 23, 1993
四日市市 Yokkaichi	日本 Japan	1980年10月28日 Oct. 28, 1980	仁川市 Inchon	韩国 Republic of Korea	1993年12月7日 Dec. 7, 1993
萨拉热窝市 Sarajevo	波黑 Bosnia and Herzegovina	1981年5月28日 May 28, 1981	萨尔州 State of Saarland	德国 Germany	1994年9月28日 Sept. 28, 1994
北加莱海峡大区 Region Nord Pas de Calais	法国 France	1984年10月10日 Oct. 10, 1984	罗兹市 Lodz	波兰 Poland	1994年10月11日 Oct. 11, 1994
伦巴第大区 Lombardia Region	意大利 Italy	1985年5月9日 May 9, 1985	里约热内卢州 Rio de Janeiro	巴西 Brazil	1995年4月18日 Apr. 18, 1995
格罗宁根市 Groningen	荷兰 Netherlands	1985年9月12日 Sept. 12, 1985	橘郡 Orange County	美国 United States	1997年8月1日 Aug. 1, 1997
千叶市 Chiba	日本 Japan	1986年5月7日 May 7, 1986	亚马逊州 State of Amazon	巴西 Brazil	1997年10月20日 Oct. 20, 1997
普罗夫迪夫大区 Plovdiv	保加利亚 Bulgaria	1989年10月15日 Oct. 15, 1989	海防市 Haiphong City	越南 Vietnam	1999年1月8日 Jan. 8, 1999
伊兹密尔市 Izmir	土耳其 Turkey	1991年9月23日 Sept. 23, 1991	南浦市 NaPuShi	朝鲜 Democratic People's Republic of Korea	2002年8月11日 Aug.11,2002
阿比让市 La Ville D' abidjan	科特迪瓦 Cote d' ivoire	1992年9月26日 Sept. 26, 1992			

6-16 对外经济合作 (2010-2012年) Economic Cooperation with Foreign Countries or Regions, 2010-2012

项目	Item	2010	2011	2012
对外承包工程	**Contracted Foreign Projects**			
签订合同份数(个)	Number of Contracts (unit)	74	92	77
签订合同金额(万美元)	Contracted Value (USD 10 000)	173753	194390	155516
完成营业额(万美元)	Fulfilling Value (USD 10 000)	245205	299081	310174
年末在外劳动人数(人)	Number of Outside Labours at Year-end (person)	5911	8860	10110
对外劳务合作	**Labour Cooperation**			
合同工资(万美元)	Wages Contracted (USD 10 000)		6811	11485
实际收入(万美元)	Actual Income (USD 10 000)		4620	8390
年末在外劳动人数(人)	Number of Outside Labours at Year-end (person)	6772	7224	7400

6-17 按国别(地区)分对外承包工程、劳务合作 (2012年)
Contracted Foreign Projects and Labour Cooperation by Country (Region), 2012

国别（地区）	Country (Region)	对外承包工程 Contracted Foreign Projects		劳务合作 Labour Cooperation
		合同个数(个) Number of Projects (unit)	合同金额(万美元) Contracted Value (USD 10 000)	新签劳务人员合同工资总额(万美元) Total Wages Contracted of New Labour (USD 10 000)
合　计	**Total**	**77**	**155516**	**11485**
亚　洲	**Asia**	**46**	**103105**	**9509**
# 伊拉克	Iraq	6	9544	
印度尼西亚	Indonesia	14	20687	
土耳其	Turkey	1	5	
日　本	Japan			2610
韩　国	Republic of Korea			6
非　洲	**Africa**	**19**	**11864**	**27**
# 尼日利亚	Nigeria	3	4652	
苏　丹	Sudan	3	40	
马达加斯加	Madagascar	1	68	
拉丁美洲	**Latin America**	**12**	**31795**	**759**
# 委内瑞拉	Venezuela	7	23793	
北美洲	**North America**			**673**
# 美　国	United States			673
大洋洲	**Oceania**		**8752**	**75**
# 澳大利亚	Australia		8752	

6-18 服务外包情况
Statistics on Service Outsourcing

单位：亿美元（USD 100 million）

项　目	Item	2011	2012	2012比2011年增长(%) Increased Rate in 2012 over 2011(%)
接包合同额	**Contracted Value of Service Outsourcing**	**9.3**	**15.3**	**64.1**
# 离岸接包合同额	Contracted Value of Offshore Service Outsourcing Contracted	6.1	9.3	51.8
接包执行额	**Actual Value of Service Outsourcing**	**6.1**	**12.3**	**101.8**
# 离岸接包执行额	Actual Value of Offshore Service Outsourcing	3.9	7.5	90.1

外贸进出口总额

指海关统计中按经营单位即进出口企业在海关注册地的行政区域口径统计的数据，它反映的是天津行政辖区内各类具有进出口经营权企业（外贸企业）的进出口。它不包含外省市外贸企业途经天津口岸由天津海关结关放行及统计的进出口商品，但包含天津外贸企业经由非天津口岸进出口结关放行及统计的商品。

口岸进出口总额

指由海关统计的天津口岸实际进出的货物总金额。包括天津经营单位和其他省市经营单位经天津口岸实现的进出口货物总额。我国规定出口货物按离岸价格统计，进口货物按到岸价格统计。

利用外资

包括三部分，一是借用国外资金；二是直接利用投资；三是其他利用投资。外资包括现金、实物、工业产权或专有技术等。凡是本年内实际投资（不论是执行本年签订的协议或是执行过去几年签订的协议）均应计算在内。

借用国外资金　指由我国政府、部门、企业或其他经济组织从境外借入的资金或在境外发行的外币债券。按借款类别不同划分为：外国政府贷款、国际金融组织贷款、外国银行商业贷款、出口信贷和其他：包括对外发行债券、股票等。本年鉴公布的我市的对外借款统计数据中，不含外国及港、澳、台在津投资企业的对外借款。

直接利用投资　指国外及港澳台地区的法人和自然人按照我国有关政策、法规在中国大陆地区以现金、实物、无形资产等各种方式投资于非上市公司中的全部投资及在单个外国投资者所占股权比例不低于10%的上市公司中的投资。

直接利用外资合同外资额

是根据外商投资企业合同（章程）规定，外方投资者应缴付的注册资本。包括外方从企业获得的利润对企业的再投资以及批准的企业投资总额内的外方股东贷款（2002年以前还包括以企业名义从境内外借入的其他外资）。

实际利用外资

包括借用国外资金、直接利用投资和其他利用投资三部分实际到位的外资。借用国外资金按实际提取或拨交的使用数、直接利用投资按外方实际到位资金统计（以会计师事务所出具的验资报告为准）、其他利用投资按到位数计算。

对外承包工程

包括对外承包公司以招标议标承包方式承揽的下列业务：(1) 承包国外工程建设项目。(2) 承包我国对外经济援助项目。(3) 承包我国驻外机构的工程建设项目。(4) 承包我国境内利用外资进行建设的工程项目。(5) 与外国承包公司合营或联合承包工程项目时我国公司分包部分。(6) 以服务成果向业主收费的技术服务项目（包括承担地形地貌测绘；地质资源勘探与普查；建设区域规划；提供设计文件、图纸、生产工艺技术资料和工程技术经济咨询；工程项目的可行性考察、研究和评估；进行技术指导和培训人员等）。(7) 对外承包兼营的房屋开发业务。对外承包工程的营业额是以货币表现的本期内完成的对外承包工程的工作量，包括以前年度签订的合同和本年度新签订的合同在报告期完成的工作量。

对外劳务合作

指以收取工资的形式向业主或承包商提供技术和劳动服务的活动。天津对外承包公司在境外开办的合营企业，天津公司同时又提供劳务的，其劳务部分也纳入劳务合作统计。劳务合作营业额按报告期内向雇主提交的结算数（包括工资、加班费和奖金等）统计。

Explanatory Notes on Main Statistical Indicators

Total Value of Imports and Exports in Foreign Trade

is offered by Customs authorities, covering the operations units, or the enterprises involved in import and export, that have registered in the administrative regions where the Customs operate. It reflects the import and export of all the enterprises with import and export rights (foreign trade enterprises) under the administration of Tianjin Municipality. It excludes those commodities of foreign trade enterprises from out of town that underwent customs clearance at Tianjin ports but includes commodities of foreign trade enterprises of Tianjin that underwent customs clearance in non-Tianjin ports.

Total Value of Imports and Exports in Port

is offered by customs authorities, refer to the value of commodities imported into and exported from Tianjin Port. It includes the value of commodities imported into and exported from Tianjin Port of Tianjin business units and business units of other provinces (municipalities). In accordance with the stipulation of the Chinese government, imports are calculated at CIF, while exports are calculated at FOB.

Utilization of Foreign Investment

includes foreign borrowing, foreign direct investment, and other foreign investment. Foreign capital includes cash, foods, industrial property right, special technique, etc. It includes actual investment in current year or signed in previous years.

Foreign Loans refer to funds borrowed from abroad by the Chinese government, departments, enterprises and other economic units, foreign currency bond issued abroad. Grouped by the category of borrowing, it includes (a) loans of foreign governments, (b) loans of international financial institutions, (c) commercial loans of foreign banks, (d) export credit of foreign banks, (e) bonds, shares issued abroad, etc. The data in this yearbook excludes foreign borrowing of foreign funded and Hong Kong, Macao and Taiwan funded enterprises.

Foreign Direct Investment refers to the investment inside China by foreign funded and Hong Kong, Macao and Taiwan funded enterprises, economic organizations or individuals, following the relevant policies and laws of China and using cash, practicalities technology, for the investment of corporations that are not listed in stock market, share ownership of single foreign investor is not lower than 10%.

Foreign Direct Investment Contracted

refer to the total registered capital that according to the contract, foreign investor should provide. It includes re-investment of foreign investor using the profits obtained from enterprise, loans of foreign shareholder among the total investment (also includes other investment of enterprise borrowed from China and abroad before 2002).

Foreign Capital Actually Used

refers to the actual investment of foreign borrowing, foreign direct investment and other investment by foreign enterprises. It includes actual withdraw of foreign borrowing, actual capital of foreign direct investment (in accordance with the capital report of Accountant Services), actual capital of other investment by foreign enterprises.

Contracted Foreign Projects

refer to projects undertaken by Chinese contractors (project contracting companies) through bidding process. They include: (1) overseas civil engineering construction projects financed by foreign investors. (2) overseas projects financed by the Chinese government through its foreign-aid programs. (3) construction projects of Chinese diplomatic missions, trade offices and other institutions stationed abroad. (4) construction projects in China financed by foreign investment. (5) sub-construction to be taken by Chinese-contractors through a joint umbrella project with foreign contractor. (6) technical assistance projects in the form of service results and chargeable to the owners (such as topographic surveying, geological prospecting, development zone programming, provision of documents, blueprint, materials on production process, technical consultation, project feasibility studies and evaluation, personnel training, etc.). (7) housing developing projects. The business turnover from international contracting is the work of contracted projects completed during the reporting period, expressed in monetary terms, including completed work on project contracts signed in previous years.

Overseas Labour Cooperation

refers to activities of providing technology and labour services to employers or contractors by collecting salaries and wages. Labour services provided by Tianjin's international contrasting corporations to their overseas joint ventures shall be included into the statistics of overseas serviced. The business turn over of overseas labour services is the settlement price (including salaries, overtime pay and bonuses) submitted to the employers during the reporting period.

能源生产和消费
Energy Production and Consumption

7-1 能源生产总量及构成 (1996—2012年)
Total Production of Energy and Its Composition, 1996-2012

年份 Year	能源生产总量(万吨标准煤) Total Energy Production (10 000 tons of SCE)	占能源生产总量的比重(%) As Percentage of Total Energy Production (%) 原油 Crude Oil	天然气 Natural Gas	其他 Others
1996	1036.17	89.15	10.85	
1997	1014.77	90.93	9.07	
1998	1079.73	91.46	8.54	
1999	1084.63	90.45	9.55	
2000	1201.94	90.81	9.19	
2001	1494.84	92.73	7.27	
2002	1844.92	94.16	5.84	
2003	1983.56	94.80	5.20	
2004	2171.95	95.12	4.88	
2005	2663.93	95.61	4.39	
2006	2915.55	95.21	4.79	
2007	2926.45	93.94	6.06	
2008	3034.76	93.86	6.14	
2009	3471.63	94.52	5.48	
2010	5007.65	95.08	4.56	0.36
2011	4833.59	94.39	5.10	0.51
2012	4709.44	93.99	5.29	0.72

7-2 能源终端消费量 (1996—2012年)
Final Consumption of Energy, 1996-2012

单位：万吨标准煤 (10 000 tons of SCE)

年份 Year	能源终端消费量 Final Consumption of Energy	第一产业 Primary Industry	第二产业 Secondary Industry	第三产业 Tertiary Industry	生活消费 Living Consumption
1996	2374.07	70.72	1735.50	311.33	256.52
1997	2312.79	44.76	1605.60	420.96	241.47
1998	2353.71	44.00	1588.62	437.27	283.82
1999	2352.21	53.61	1435.11	535.14	328.35
2000	2553.60	58.17	1570.08	635.23	290.12
2001	2724.32	68.83	1694.78	608.05	352.66
2002	2966.56	76.64	1935.92	575.96	378.04
2003	3084.49	58.86	1975.56	650.27	399.80
2004	3522.15	62.00	2296.39	737.35	426.41
2005	3870.67	73.28	2623.16	700.28	473.95
2006	4269.94	76.41	2955.97	743.81	493.76
2007	4713.41	78.55	3312.87	788.00	533.98
2008	5162.07	77.60	3606.53	874.79	603.15
2009	5652.62	81.75	3904.75	957.40	708.72
2010	6574.87	89.53	4702.63	1058.00	724.71
2011	7346.13	100.16	5367.60	1122.15	756.22
2012	7927.48	107.44	5747.33	1220.31	852.40

7-3 综合能源平衡表 (标准量)
Overall Energy Balance Sheet (Standard Equivalent)

单位：万吨标准煤 (10 000 tons of SCE)

项　目	Item	2011	2012
可供本地区消费的能源量	**Volume of Energy Available for Consumption**	**7390.65**	**8019.04**
年初库存量	Stock at the Beginning of the Year	751.87	740.85
一次能源生产量	Primary Energy Output	4833.59	4709.44
外省(区、市)调入量	Inflow from Other Provinces (Regions, Cities)	10803.28	11532.24
进口量	Import	2018.85	1609.72
我轮、机在外国加油量	Our Steamship and Plane Oiled Abroad	99.53	25.51
本市调出量(—)	Outflow to Other Provinces (Regions, Cities) (—)	-10164.91	-9693.15
出口量(—)	Export (—)	-37.72	-27.54
外轮、机在本市加油量(—)	Foreign Steamship and Plane Oiled in Tianjin (—)	-180.08	-144.37
年末库存量(—)	Stock at Year-end (—)	-733.76	-733.66
加工转换投入(-)产出(+)量	**Input (–) or Output (+) of Processing and Transformation**	**-89.88**	**-98.31**
火力发电	Thermal Power		
供　热	Heating	-119.89	-132.62
煤炭洗选	Separation Coal		
炼　焦	Coke Making	-11.51	-13.38
炼油及煤制油	Oil Refining	333.56	288.83
# 油品再投入量(—)	Input of Oil (—)	-499.12	-428.88
制　气	Gas Making		
# 焦炭再投入量(—)	Input of Coke (—)		
天然气液化	Liquefaction of Natural Gas	-0.59	-0.74
煤制品加工	Processing of Coal Products		
回收能	Recovery of Energy	207.66	188.48
损失量	**Loss Volume**	**162.43**	**182.21**
终端消费量	**Final Consumption**	**7346.13**	**7927.48**
第一产业	Primary Industry	100.16	107.44
第二产业	Secondary Industry	5367.60	5747.33
工　业	Industry	5165.90	5535.65
建筑业	Construction	201.70	211.69
第三产业	Tertiary Industry	1122.15	1220.31
交通运输、仓储和邮政业	Transportation, Storage and Post Services	511.48	550.52
批发和零售业、住宿和餐饮业	Wholesale & Retail Trade, Accommodation & Catering Services	267.19	289.54
其　他	Others	343.48	380.24
生活消费	Living Consumption	756.22	852.40
平衡差额	**Balance**	**-0.14**	**-0.49**
消费量合计	**Total Consumption**	**7598.45**	**8208.01**

7-4 能源消耗基本情况 (1996—2012年)
Basic Statistics on Energy Consumption, 1996-2012

年 份 Year	能源消耗(万吨标准煤) Energy Consumption (10 000 tons of SCE)	# 工 业 Industry	电力消耗(亿千瓦小时) Electricity Power Consumption (100 million kwh)	# 工 业 Industry
1996	2500.22	1816.55	187.51	111.35
1997	2452.34	1698.19	194.09	142.45
1998	2502.24	1698.82	200.38	147.43
1999	2553.07	1608.66	211.19	151.09
2000	2793.71	1776.94	236.55	171.83
2001	2918.04	1855.60	250.47	181.89
2002	3022.15	1969.20	281.00	205.33
2003	3214.97	2087.57	313.00	230.16
2004	3696.68	2434.14	350.97	259.61
2005	4084.57	2747.42	396.33	292.49
2006	4500.15	3079.42	445.73	330.51
2007	4942.82	3417.01	510.68	380.90
2008	5363.59	3668.03	535.26	392.14
2009	5874.09	3962.03	576.92	413.30
2010	6818.08	4762.38	675.37	492.27
2011	7598.45	5418.22	726.50	532.79
2012	8208.01	5816.17	767.13	550.61

年 份 Year	单位生产总值能耗 (吨标准煤/万元) Energy Consumption per Unit of GDP (ton of SCE/10 000 yuan)	单位生产总值电耗 (千瓦小时/万元) Electricity Power Consumption per Unit of GDP (kwh/10 000 yuan)	单位工业增加值能耗 (吨标准煤/万元) Energy Consumption per Unit of Value Added of Industry (ton of SCE/10 000 yuan)	单位工业增加值电耗 (千瓦小时/万元) Electricity Power Consumption per Unit of Value Added of Industry (kwh/10 000 yuan)
1996	2.19	1646.08	3.49	2141.55
1997	1.92	1520.31	2.92	2450.07
1998	1.79	1434.95	2.73	2369.84
1999	1.66	1374.94	2.30	2156.90
2000	1.64	1389.94	2.26	2186.25
2001	1.53	1313.51	2.09	2053.52
2002	1.41	1308.20	1.94	2023.65
2003	1.30	1268.95	1.74	1912.95
2004	1.29	1228.33	1.67	1776.40
2005	1.05	1014.78	1.40	1493.87
2006	1.00	994.61	1.35	1453.31
2007	0.96	987.01	1.28	1430.59
2008	0.89	887.70	1.16	1239.75
2009	0.84	820.97	1.06	1104.48
2010	0.74	732.15	1.08	1116.04
2011	0.71	676.41	1.03	1012.55
2012	0.67	627.36	0.95	903.61

注：1. 能源消耗指标采用等价值计量。2. 单位生产总值、工业增加值的能耗和电耗2010年及以后为2010年可比价，2005年（含2005年）到2010年为2005年可比价，2005年以前年份为2000年可比价。

Note: a) Indicators of energy consumption are converted into same value. b) From 2005, energy or electricity power consumption of GDP, energy or electricity power consumption of value added in industry are calculated at 2005 constant prices; data before 2005 are calculated at 2000 constant prices.

7-5 电力平衡表 (2008—2012年)
Electricity Balance Sheet, 2008-2012

单位：亿千瓦小时 (100 million kwh)

项　目　Item	2008	2009	2010	2011	2012
可供量					
Total Energy Available for Consumption	**535.26**	**576.92**	**675.37**	**726.50**	**767.13**
生产量					
Output	402.70	420.24	566.45	625.39	621.76
火力发电					
Thermal Power	402.70	420.24	566.20	623.82	616.90
其他发电					
Others			0.25	1.57	4.86
外省(区、市)调入量					
Inflow from Other Provinces (Regions, Cities)	133.19	157.67	109.78	101.99	146.12
本市调出量					
Outflow to Other Provinces (Regions, Cities)	0.63	0.99	0.86	0.88	0.75
消费量					
Total Energy Consumption	**535.26**	**576.92**	**675.37**	**726.50**	**767.13**
在消费量中					
Consumption by Sector					
农、林、牧、渔、水利业					
Farming, Forestry, Animal Husbandry, Fishery and Water Conservancy	10.82	10.86	11.81	12.90	13.62
工　业					
Industry	392.14	413.30	492.27	532.79	550.61
建筑业					
Construction	7.12	9.15	12.33	13.94	14.01
交通运输、仓储和邮政业					
Transportation, Storage and Post Services	11.07	12.58	15.81	17.86	24.84
批发和零售业、住宿和餐饮业					
Wholesale & Retail Trade, Accommodation & Catering Services	25.16	26.79	28.97	30.77	32.44
其　他					
Others	35.44	39.63	46.77	51.87	57.92
生活消费					
Living Consumption	53.51	64.61	67.41	66.37	73.69
在消费量中					
Consumption by Usage					
终端消费					
Final Consumption	506.85	545.98	639.96	683.66	719.74
# 工　业					
Industry	363.73	382.36	456.86	489.95	503.22
输配电损失量					
Losses in Transmission	28.41	30.94	35.41	42.84	47.39
平衡差额					
Balance					

7-6 能源消费弹性系数 (1996—2012年)
Elasticity of Energy Consumption, 1996-2012

年份 Year	能源消费比上年增长(%) Increase Rate of Energy Consumption over Preceding Year (%)	电力消费比上年增长(%) Increase Rate of Electricity Power Consumption over Preceding Year (%)	生产总值比上年增长(%) Increase Rate of GDP over Preceding Year (%)	能源消费弹性系数 Elasticity Ratio of Energy Consumption	电力消费弹性系数 Elasticity Ratio of Electricity Consumption
1996	-2.7	4.8	14.3		0.33
1997	-1.9	3.5	12.1		0.29
1998	2.0	3.2	9.3	0.22	0.34
1999	2.0	5.4	10.0	0.20	0.54
2000	9.4	12.0	10.8	0.87	1.11
2001	4.5	5.9	12.0	0.37	0.49
2002	3.6	12.2	12.7	0.28	0.96
2003	6.4	11.4	14.8	0.43	0.77
2004	15.0	12.1	15.8	0.95	0.77
2005	11.3	12.9	14.7	0.77	0.88
2006	10.0	12.5	14.5	0.69	0.87
2007	9.3	14.6	15.2	0.61	0.96
2008	8.5	4.8	16.5	0.51	0.29
2009	9.5	7.8	16.5	0.58	0.47
2010	16.1	17.1	17.4	0.93	0.98
2011	11.4	7.6	16.4	0.70	0.46
2012	8.0	5.6	13.8	0.58	0.40

7-7 能源消费量 (2008—2012年)
Energy Consumption, 2008-2012

品种 Item	单位 Unit	2008	2009	2010	2011	2012
合计 Total	**万吨标准煤 10 000 tons of SCE**	**5363.59**	**5874.09**	**6818.08**	**7598.45**	**8208.01**
煤炭 Coal	万吨 10 000 tons	3972.77	4119.65	4806.79	5261.50	5298.12
焦炭 Coke	万吨 10 000 tons	719.23	868.65	663.91	709.48	882.72
原油 Crude Oil	万吨 10 000 tons	790.33	844.64	1566.79	1754.02	1544.62
燃料油 Fuel Oil	万吨 10 000 tons	124.80	118.58	143.69	149.96	122.33
汽油 Gasoline	万吨 10 000 tons	148.76	181.03	205.12	222.57	253.75
煤油 Kerosene	万吨 10 000 tons	18.13	20.73	21.40	24.53	29.41
柴油 Diesel Oil	万吨 10 000 tons	289.76	303.57	333.54	360.66	378.17
天然气 Natural Gas	亿立方米 100 million cu. m	16.84	18.12	22.93	25.52	32.05
电力 Electricity	亿千瓦小时 100 million kwh	535.26	576.92	675.37	726.50	767.13

7-8 生活能源消费量(2009—2012年)
Energy Consumption for Non-production Purpose, 2009-2012

品　种 Item	单　位 Unit	2009	2010	2011	2012
合　计	**万吨标准煤**				
Total	**10 000 tons of SCE**	**708.72**	**724.71**	**756.22**	**852.40**
煤　炭	万　吨				
Coal	10 000 tons	66.97	67.16	63.84	67.60
液化石油气	万　吨				
LPG	10 000 tons	7.34	7.30	7.37	6.66
天然气和煤气	亿立方米				
Natural Gas and Coal Gas	100 million cu. m	3.86	4.13	4.38	4.70
热　力	万百万千焦				
Heat	10 000 million kJ	6124.95	6614.94	6911.83	7735.00
电　力	亿千瓦小时				
Electricity	100 million kwh	64.61	67.41	66.37	73.69

7-9 人均生活能源消费量(1996—2012年)
Annual per Capita Energy Consumption for Non-production Purpose, 1996-2012

年　份 Year	平均每人生活消费能源 (千克标准煤) Annual Per Capita Consumption for Non-production Purpose (kg of SCE)	煤　炭 (千克) Coal (kg)	电　力 (千瓦小时) Electricity (kwh)	液化石油气 (千克) LPG (kg)	天然气和煤气 (立方米) Natural Gas and Coal Gas (cu. m)
1996	286	214	189	6	21
1997	269	188	211	5	22
1998	315	141	227	5	22
1999	362	131	265	19	22
2000	318	109	271	13	47
2001	386	97	286	12	43
2002	413	87	320	11	42
2003	433	99	344	12	33
2004	459	91	360	10	31
2005	459	86	367	7	37
2006	466	72	406	7	35
2007	488	69	434	7	32
2008	527	50	467	6	33
2009	590	56	537	6	32
2010	573	53	533	6	33
2011	570	48	500	6	33
2012	616	49	532	5	34

7-10 工业行业主要能源终端消费量(2012年)
The Final Consumption of Main Energy by Industrial Sector, 2012

行业	Sector	煤炭(万吨) Coal (10 000 tons)	焦炭(万吨) Coke (10 000 tons)	原油(万吨) Crude Oil (10 000 tons)	汽油(万吨) Gasoline (10 000 tons)
总计	**Total**	**970.08**	**882.72**	**11.13**	**11.88**
煤炭开采和洗选业	Mining and Washing of Coal				0.03
石油和天然气开采业	Extraction of Petroleum and Natural Gas			10.13	0.38
黑色金属矿采选业	Mining and Processing of Ferrous Metal Ores	6.03	20.96		
非金属矿采选业	Mining and Processing of Nonmetal Ores	3.29			0.06
开采辅助活动	Mining Assistant Activities	1.47		0.11	1.01
农副食品加工业	Processing of Food from Agricultural Products	10.45			0.14
食品制造业	Manufacture of Foods	18.46			0.14
酒、饮料和精制茶制造业	Manufacture of Alcohol, Beverages and Refined Tea	5.51			0.09
烟草制品业	Manufacture of Tobacco	0.39			
纺织业	Manufacture of Textile	5.48			0.07
纺织服装、服饰业	Manufacture of Textile Wearing Apparel	4.76			0.31
皮革、毛皮、羽毛及其制品和制鞋业	Manufacture of Leather, Fur, Feather and Related Products, Footware	2.32			0.17
木材加工及木、竹、藤、棕、草制品业	Processing of Timber, Manufacture of Wood, Bamboo, Rattan, Palm and Straw Products	0.33			0.04
家具制造业	Manufacture of Furniture	0.86			0.10
造纸及纸制品业	Manufacture of Paper and Paper Products	14.81			0.31
印刷和记录媒介复制业	Printing, Reproduction of Recording Media	1.16			0.16
文教、工美、体育和娱乐用品制造业	Manufacture of Articles For Culture, Education and Industrial Arts, Sport Activities, Amusement Manufacturing	3.99			0.11
石油加工、炼焦和核燃料加工业	Processing of Petroleum, Coking, Processing of Nuclear Fuel	2.87		0.85	0.06
化学原料和化学制品制造业	Manufacture of Raw Chemical Materials and Chemical Products	169.75	0.02		0.61
医药制造业	Manufacture of Medicines	12.09			0.10
化学纤维制造业	Manufacture of Chemical Fibers	0.81			
橡胶和塑料制品业	Manufacture of Rubber and Plastic	19.03			0.41
非金属矿物制品业	Manufacture of Non-metallic Mineral Products	52.81	0.01		0.35
黑色金属冶炼和压延加工业	Smelting and Pressing of Ferrous Metals	541.13	859.85		0.48
有色金属冶炼和压延加工业	Smelting and Pressing of Non-ferrous Metals	17.47	0.86	0.03	0.09
金属制品业	Manufacture of Metal Products	27.88	0.46		0.72
通用设备制造业	Manufacture of General Purpose Machinery	3.10	0.30		0.54
专用设备制造业	Manufacture of Special Purpose Machinery	7.04	0.05		0.87
汽车制造业	Manufacture of Motorcar	10.35		0.01	1.70
铁路、船舶、航空航天和其他运输设备制造业	Railway, Watercraft, Aerospace and Other Transport Equipment	4.29			0.38
电气机械和器材制造业	Manufacture of Electrical Machinery and Equipment	4.36			0.92
计算机、通信和其他电子设备制造业	Manufacture of Computers, Communication and Other Electronic Equipment	0.65			0.54
仪器仪表制造业	Manufacture of Measuring Instruments	0.01			0.10
其他制造业	Other Manufacturing	0.13			0.07
废弃资源综合利用业	Comprehensive Recycling of Waste	0.01	0.21		0.04
金属制品、机械和设备修理业	Metal Products, Machine and Equipment Repair				0.01
电力、热力的生产和供应业	Production and Supply of Electric Power and Heat Power	16.82			0.53
燃气生产和供应业	Production and Supply of Gas				0.14
水的生产和供应业	Production and Supply of Water	0.17			0.10

7-10续表1 Continued

行业	Sector	柴油(万吨) Diesel Oil (10 000 tons)	燃料油(万吨) Fuel Oil (10 000 tons)	天然气(亿立方米) Natural Gas(100 million cu. m)
总计	**Total**	**48.73**	**2.92**	**16.25**
煤炭开采和洗选业	Mining and Washing of Coal			
石油和天然气开采业	Extraction of Petroleum and Natural Gas	9.12		1.31
黑色金属矿采选业	Mining and Processing of Ferrous Metal Ores	0.16		
非金属矿采选业	Mining and Processing of Nonmetal Ores	0.11		0.01
开采辅助活动	Mining Assistant Activities	25.63		0.09
农副食品加工业	Processing of Food from Agricultural Products	0.32		0.08
食品制造业	Manufacture of Foods	0.07		0.64
酒、饮料和精制茶制造业	Manufacture of Alcohol, Beverages and Refined Tea	0.19		0.02
烟草制品业	Manufacture of Tobacco			0.05
纺织业	Manufacture of Textile	0.02	0.02	0.09
纺织服装、服饰业	Manufacture of Textile Wearing Apparel	0.08		0.04
皮革、毛皮、羽毛及其制品和制鞋业	Manufacture of Leather, Fur, Feather and Related Products, Footware	0.01		
木材加工及木、竹、藤、棕、草制品业	Processing of Timber, Manufacture of Wood, Bamboo, Rattan, Palm and Straw Products	0.03		0.02
家具制造业	Manufacture of Furniture	0.06		0.02
造纸及纸制品业	Manufacture of Paper and Paper Products	0.24	0.07	0.09
印刷和记录媒介复制业	Printing, Reproduction of Recording Media	0.03		0.02
文教、工美、体育和娱乐用品制造业	Manufacture of Articles For Culture, Education and Industrial Arts, Sport Activities, Amusement Manufacturing	0.03		0.02
石油加工、炼焦和核燃料加工业	Processing of Petroleum, Coking, Processing of Nuclear Fuel	0.30	1.91	1.14
化学原料和化学制品制造业	Manufacture of Raw Chemical Materials and Chemical Products	1.10		2.11
医药制造业	Manufacture of Medicines	0.08	0.15	0.17
化学纤维制造业	Manufacture of Chemical Fibers			0.01
橡胶和塑料制品业	Manufacture of Rubber and Plastic	0.20		0.50
非金属矿物制品业	Manufacture of Non-metallic Mineral Products	2.56	0.47	2.69
黑色金属冶炼和压延加工业	Smelting and Pressing of Ferrous Metals	1.39		3.60
有色金属冶炼和压延加工业	Smelting and Pressing of Non-ferrous Metals	0.25	0.24	0.40
金属制品业	Manufacture of Metal Products	0.68		0.93
通用设备制造业	Manufacture of General Purpose Machinery	0.39		0.28
专用设备制造业	Manufacture of Special Purpose Machinery	3.35	0.02	0.15
汽车制造业	Manufacture of Motorcar	0.41	0.01	0.56
铁路、船舶、航空航天和其他运输设备制造业	Railway, Watercraft, Aerospace and Other Transport Equipment	0.80		0.29
电气机械和器材制造业	Manufacture of Electrical Machinery and Equipment	0.37		0.22
计算机、通信和其他电子设备制造业	Manufacture of Computers, Communication and Other Electronic Equipment	0.15		0.65
仪器仪表制造业	Manufacture of Measuring Instruments			
其他制造业	Other Manufacturing	0.21		0.01
废弃资源综合利用业	Comprehensive Recycling of Waste	0.06	0.03	
金属制品、机械和设备修理业	Metal Products, Machine and Equipment Repair	0.01		
电力、热力的生产和供应业	Production and Supply of Electric Power and Heat Power	0.22		
燃气生产和供应业	Production and Supply of Gas	0.07		0.04
水的生产和供应业	Production and Supply of Water	0.03		

7-10续表2 Continued

行业	Sector	热力(万百万千焦) Heat (10 000 million kJ)	电力(亿千瓦时) Electricity (100 million kwh)	其他石油制品(万吨) Other Petroleum Products (10 000 tons)
总计	**Total**	**9697.15**	**503.22**	**280.80**
煤炭开采和洗选业	Mining and Washing of Coal		1.70	
石油和天然气开采业	Extraction of Petroleum and Natural Gas	59.72	13.62	
黑色金属矿采选业	Mining and Processing of Ferrous Metal Ores		4.32	
非金属矿采选业	Mining and Processing of Nonmetal Ores	305.24	1.42	
开采辅助活动	Mining Assistant Activities	158.70	2.32	
农副食品加工业	Processing of Food from Agricultural Products	377.29	5.00	
食品制造业	Manufacture of Foods	558.73	6.40	
酒、饮料和精制茶制造业	Manufacture of Alcohol, Beverages and Refined Tea	97.19	4.62	
烟草制品业	Manufacture of Tobacco		0.27	
纺织业	Manufacture of Textile	70.45	5.36	
纺织服装、服饰业	Manufacture of Textile Wearing Apparel	8.14	1.43	
皮革、毛皮、羽毛及其制品和制鞋业	Manufacture of Leather, Fur, Feather and Related Products, Footware		0.54	
木材加工及木、竹、藤、棕、草制品业	Processing of Timber, Manufacture of Wood, Bamboo, Rattan, Palm and Straw Products		0.62	
家具制造业	Manufacture of Furniture	1.59	1.37	
造纸及纸制品业	Manufacture of Paper and Paper Products	20.77	13.14	
印刷和记录媒介复制业	Printing, Reproduction of Recording Media	13.26	1.01	
文教、工美、体育和娱乐用品制造业	Manufacture of Articles For Culture, Education and Industrial Arts, Sport Activities, Amusement Manufacturing	4.09	1.60	0.06
石油加工、炼焦和核燃料加工业	Processing of Petroleum, Coking, Processing of Nuclear Fuel	1303.72	20.34	7.74
化学原料和化学制品制造业	Manufacture of Raw Chemical Materials and Chemical Products	5332.00	72.95	271.74
医药制造业	Manufacture of Medicines	182.63	5.25	
化学纤维制造业	Manufacture of Chemical Fibers	1.09	0.51	
橡胶和塑料制品业	Manufacture of Rubber and Plastic	75.40	15.84	
非金属矿物制品业	Manufacture of Non-metallic Mineral Products	2.28	13.18	
黑色金属冶炼和压延加工业	Smelting and Pressing of Ferrous Metals	77.05	147.80	0.79
有色金属冶炼和压延加工业	Smelting and Pressing of Non-ferrous Metals	13.26	5.47	0.04
金属制品业	Manufacture of Metal Products	19.22	27.29	
通用设备制造业	Manufacture of General Purpose Machinery	42.58	11.59	0.03
专用设备制造业	Manufacture of Special Purpose Machinery	61.09	8.96	0.22
汽车制造业	Manufacture of Motorcar	174.10	20.19	0.01
铁路、船舶、航空航天和其他运输设备制造业	Railway, Watercraft, Aerospace and Other Transport Equipment	12.61	6.46	0.11
电气机械和器材制造业	Manufacture of Electrical Machinery and Equipment	24.92	11.40	0.06
计算机、通信和其他电子设备制造业	Manufacture of Computers , Communication and Other Electronic Equipment	51.02	24.09	
仪器仪表制造业	Manufacture of Measuring Instruments	10.14	1.02	
其他制造业	Other Manufacturing	0.07	0.73	
废弃资源综合利用业	Comprehensive Recycling of Waste	0.04	0.50	
金属制品、机械和设备修理业	Metal Products, Machine and Equipment Repair	1.14	0.06	
电力、热力的生产和供应业	Production and Supply of Electric Power and Heat Power	628.50	39.83	
燃气生产和供应业	Production and Supply of Gas		0.38	
水的生产和供应业	Production and Supply of Water	9.12	4.64	

主要统计指标解释

能源生产总量

指一定时期内全市一次能源生产量的总和。该指标是观察全市能源生产水平、规模、构成和发展速度的总量指标。一次能源生产量包括原煤、原油、天然气、水电、核能及其他动力能(如风能、地热能等)发电量，不包括低热值燃料生产量、生物质能、太阳能等的利用和由一次能源加工转换而成的二次能源产量。

能源消费总量

指全市国民经济各行业和居民家庭在一定时期消费的各种能源的总和。能源消费总量分为三部分，即终端能源消费量、能源加工转换损失量和损失量。

终端能源消费量

指一定时期内全市各行业和居民生活消费的各种能源在扣除了用于加工转换二次能源消费量和损失量以后的数量。

能源加工转换损失量

指一定时期内全市投入加工转换的各种能源数量之和与产出各种能源产品之和的差额。该指标是观察能源在加工转换过程中损失量变化的指标。

能源损失量

指一定时期内能源在输送、分配、储存过程中发生的损失和由客观原因造成的各种损失量，不包括各种气体能源放空、放散量。

能源生产弹性系数

是能源生产量的增长与国民经济增长之间的比值。计算公式为：

$$\text{能源生产弹性系数}=\frac{\text{能源生产总量年平均增长速度}}{\text{国民经济年平均增长速度}}$$

采用地区生产总值指标计算国民经济年平均增长速度。

电力生产弹性系数

是电力生产量的增长与国民经济增长之间的比值。计算公式为：

$$\text{电力生产弹性系数}=\frac{\text{电力生产量年平均增长速度}}{\text{国民经济年平均增长速度}}$$

能源消费弹性系数

是能源消费增长速度与国民经济增长速度之间的比值。计算公式为：

$$\text{能源消费弹性系数}=\frac{\text{能源消费量年平均增长速度}}{\text{国民经济年平均增长速度}}$$

电力消费弹性系数

是电力消费增长速度与国民经济增长速度之间的比值。计算公式为：

$$\text{电力消费弹性系数}=\frac{\text{电力消费量年平均增长速度}}{\text{国民经济年平均增长速度}}$$

Explanatory Notes on Main Statistical Indicators

Total Energy Production

refers to the total production of primary energy by all energy producing enterprises in the city in a given period of time. It is a comprehensive indicator to show the capacity, scale, composition and development of energy production of the country. The production of primary energy includes that of coal, crude oil, natural gas, hydropower and electricity generated by nuclear energy and other means such as wind power and geothermal power. However, it excludes the production of fuels of low calorific value, bio-energy, solar energy and the secondary energy converted from the primary energy.

Total Energy Consumption

refers to the total consumption of energy of various kinds of national economy industries and residents in the city in a given period of time. Total energy consumption can be divided into three parts: final energy consumption, loss during the process of energy conversion, and energy loss.

Final Consumption of Energy refers to the total energy consumption by various industries and households in the city in a given period of time, but excludes the consumption in conversion of the primary energy into the secondary energy and the loss in the process of energy conversion.

Final Consumption of Energy

refers to the total energy consumption by various industries and households in the city in a given period of time, but excludes the consumption in conversion of the primary energy into the secondary energy and the loss in the process of energy conversion.

Loss During the Process of Energy Conversion

refers to the total input of various kinds of energy for conversion, minus the total output of various kinds of energy in the city in a given period of time. It is an indicator to show the loss that occurs during the process of energy conversion.

Energy Loss

refers to the total of the loss of energy during the course of energy transport, distribution and storage and the loss caused by any objective reason in a given period of time. The loss of various kinds of gas due to gas discharges and stocktaking is excluded.

Elasticity Ratio of Energy Production

is the ratio between the growth rate of energy production and the growth rate of the national economy. The formula is:

$$\text{Elasticity Ratio of Energy Production} = \frac{\text{Average Annual Growth Rate of Energy Production}}{\text{Average Annual Growth Rate of National Economy}}$$

The gross domestic products (GDP) is used to calculate the average annual growth rate of national economy.

Elasticity Ratio of Electricity Production

is the ratio between the growth rate of electricity production and the growth rate of the national economy. The formula is:

$$\text{Elasticity Ratio of Electricity Production} = \frac{\text{Average Annual Growth Rate of Electricity Production}}{\text{Average Annual Growth Rate of National Economy}}$$

Elasticity Ratio of Energy Consumption

is the ratio between the growth rate of energy consumption and the growth rate of the national economy. The formula is:

$$\text{Elasticity Ratio of Energy Consumption} = \frac{\text{Average Annual Growth Rate of Energy Consumption}}{\text{Average Annual Growth Rate of National Economy}}$$

Elasticity Ratio of Electricity Consumption

is the ratio between the growth rate of electricity consumption and the growth rate of the national economy. The formula is:

$$\text{Elasticity Ratio of Electricity Consumption} = \frac{\text{Average Annual Growth Rate of Electricity Consumption}}{\text{Average Annual Growth Rate of National Economy}}$$

财 政 Government Finance 8

8-1 地方财政一般预算收支(1996—2012年)
Local General Budgetary Government Revenue & Expenditure, 1996-2012

单位：亿元（100 million yuan）

年份 Year	地方一般预算收入 Local General Budgetary Government Revenue	#增值税(25%) Value-added Tax (25%)	#营业税 Business Tax	#企业所得税 Income Tax of Enterprises	#个人所得税 Individual Income Tax	地方一般预算支出 Local General Budgetary Government Expenditure
1996	76.02	17.25	24.67	19.06	5.30	110.19
1997	89.91	17.30	27.60	21.48	6.49	122.78
1998	101.40	18.99	30.71	20.34	7.91	137.93
1999	112.81	20.83	33.88	24.02	8.86	157.41
2000	133.61	26.12	38.16	29.25	11.34	187.05
2001	163.64	34.87	42.99	39.38	16.58	234.67
2002	171.83	38.73	51.65	26.24	13.20	265.21
2003	204.53	45.19	64.32	23.80	12.53	312.08
2004	246.18	35.17	78.39	32.12	15.98	375.02
2005	331.85	64.24	96.45	41.11	18.82	442.12
2006	417.05	80.67	115.92	53.20	21.21	543.12
2007	540.44	94.81	146.38	76.41	29.36	674.33
2008	675.62	109.68	179.85	103.70	32.17	867.72
2009	821.99	99.08	223.62	95.56	35.66	1124.28
2010	1068.81	119.20	283.87	125.89	42.96	1376.84
2011	1455.13	141.32	352.86	182.95	52.01	1796.33
2012	1760.02	149.87	400.90	187.70	49.56	2143.21
比上年增长(%) Increase Rate over Preceding Year (%)						
1996	29.0	3.6	24.2	50.4	40.4	21.9
1997	18.3	0.3	11.9	12.7	22.5	11.4
1998	12.8	9.8	11.3	-5.3	21.9	6.9
1999	11.3	9.7	10.3	18.1	12.1	14.1
2000	18.4	25.4	12.6	21.8	27.9	17.1
2001	22.5	33.5	12.7	34.6	46.2	27.3
2002	16.9	11.1	20.1	9.6	23.1	13.0
2003	24.8	16.7	24.5	13.6	18.7	17.8
2004	28.9	16.7	21.9	34.8	27.5	20.2
2005	28.2	21.8	23.0	27.8	17.5	17.9
2006	25.7	25.6	20.2	29.8	12.7	22.8
2007	29.7	17.5	26.3	44.4	38.4	24.2
2008	25.1	15.7	22.9	36.2	9.6	25.4
2009	21.6	-9.7	24.3	-8.4	10.8	21.3
2010	30.1	20.3	26.9	32.6	20.5	23.1
2011	36.1	18.6	24.3	45.3	21.1	28.2
2012	21.0	6.1	13.6	2.7	-4.7	19.2

资料来源：天津市财政局。
Source: Tianjin Municipal Finance Bureau.
注：1. 本表中增长速度均按可比口径计算，表8-2至8-3同。2. 2002年开始中央与地方实施所得税收入分享改革，所得税中央与地方分享比例2002年为5：5，2003年以来为6：4，下表同。
Note: a) Increase rate is calculated on the basis of constant coverage. Same as following table 8-2 to 8-3. b) The distribution of income tax reformed in 2002, central government and local government share the income tax at equal share of 50% each in 2002, central government shares 60% and local government shares 40% since 2003. Same as following next.

8-2 财政收入
Government Revenue

单位：万元 (10 000 yuan)

项　目	Item	2011	2012	2012比2011年增长(%) Increase Rate in 2012 over 2011 (%)
一、地方一般预算收入	**Local General Budgetary Government Revenue**	**14551299**	**17600201**	**21.0**
按科目分	**By Subject**			
税收收入	Revenue from Taxes	10045096	11055625	10.1
# 增值税(25%)	Value-added Tax (25%)	1413222	1498748	6.1
营业税	Business Tax	3528567	4009040	13.6
企业所得税	Income Tax of Enterprises	1829475	1876982	2.7
个人所得税	Individual Income Tax	520106	495630	-4.7
非税收入	Non-tax Income	4506203	6544576	45.2
专项收入	Special Project Income	344804	599564	73.9
行政事业性收费收入	Income from Administrative Fees	1838848	1862756	1.3
罚没收入	Penalty and Confiscatory Income	135806	154993	14.1
国有资本经营收入	State-owned Capital Operation Income	250476	409136	63.3
国有资源(资产)有偿使用收入	Paid Use of State-owned Resources(assets) Income	1507907	2606975	72.9
其他非税收入	Others	428362	911152	112.7
按级次分	**By Level**			
市级一般预算收入	General Budgetary Government Revenue at City Level	5650265	6499164	15.1
区县级一般预算收入	General Budgetary Government Revenue atDistrict & County Level	8901034	11101037	24.7
二、政府性基金收入	**Governmental Fund Revenue**	**9391015**	**9482722**	**1.0**
市级政府性基金收入	Governmental Fund Revenue at City Level	2609959	2411443	-7.6
区县级政府性基金收入	Governmental Fund Revenue at District & County Level	6781056	7071279	4.3
三、地方上划中央收入	**Revenue Transferred to Central Government**	**8667106**	**9013507**	**4.0**

8-3 财政支出 Government Expenditure

单位：万元 (10 000 yuan)

项　目	Item	2011	2012	2012比2011年增长(%) Increase Rate in 2012 over 2011 (%)
一、地方一般预算支出	**Local General Budgetary Government Expenditure**	**17963333**	**21432125**	**19.2**
按科目分	**By Subject**			
# 一般公共服务	General Public Service	1178136	1365460	17.2
公共安全	Public Safety	1004095	1119220	11.5
教　育	Education	3023241	3787491	27.4
科学技术	Science and Technology	601721	764529	27.1
文化体育与传媒	Culture, Sports and Media	297588	358482	20.5
社会保障和就业	Social Security and Employment	1683441	2011728	20.2
医疗卫生	Health Care	905250	1059134	20.5
节能环保	Energy Conservation and Environmental Protection	322355	384869	19.7
城乡社区事务	Urban & Rural Community Affairs	4854237	5902605	19.2
农林水事务	Agriculture, Forestry and Water Conservancy Affairs	917794	1009766	21.9
资源勘探电力信息等事物	Resource Exploration and Power Information and so on	758590	1066783	40.6
交通运输	Transportation	973690	872140	19.0
按级次分	**By Level**			
市级一般预算支出	General Budgetary Government Expenditure at City Level	8129563	9315258	14.3
区县级一般预算支出	General Budgetary Government Expenditure at District & County Level	9833770	12116867	23.2
二、政府性基金支出	**Governmental Fund Expenditure**	**8849089**	**10350427**	**17.0**
市级政府性基金支出	Governmental Fund Expenditure at City Level	2703530	2558815	-5.4
区县级政府性基金支出	Governmental Fund Expenditure at District & County Level	6145559	7791612	26.8

8-4 区县级财政一般预算收入 (2012年)
General Budgetary Government Revenue at District & County Level, 2012

单位：万元 (10 000 yuan)

地 区	Region	一般预算收入 General Budgetary Government Revenue	税收收入 Revenue from Taxes	增值税 Value-added Tax	营业税 Business Tax	企业所得税 Income Tax of Enterprises
总 计	**Total**	**11101037**	**7301476**	**952490**	**2152518**	**1167401**
区级合计	**Total at District Level**	**10360912**	**6933706**	**899940**	**2061176**	**1126530**
和平区	Heping District	482156	418387	20534	163996	48889
河东区	Hedong District	322806	228218	13579	81371	20840
河西区	Hexi District	449447	399478	20260	199882	31791
南开区	Nankai District	380856	337422	20494	112957	37963
河北区	Hebei District	301078	190811	10619	53613	16601
红桥区	Hongqiao District	148590	101343	6012	34980	9864
东丽区	Dongli District	652268	365169	51230	90060	53899
西青区	Xiqing District	626045	489147	66331	116619	69411
津南区	Jinnan District	575380	330159	33463	100880	42947
北辰区	Beichen District	437653	327712	65326	58346	48355
武清区	Wuqing District	566214	480995	81323	85508	91814
宝坻区	Baodi District	330943	228506	37444	44424	23176
滨海新区	Binhai New Area	5087476	3036359	473325	918540	630980
县级合计	**Total at County Level**	**740125**	**367770**	**52550**	**91342**	**40871**
宁河县	Ninghe County	201300	74008	8594	20057	8354
静海县	Jinghai County	336021	194312	33507	40541	21269
蓟 县	Jixian County	202804	99450	10449	30744	11248

8-4 续表1 Continued

单位：万元 (10 000 yuan)

地　区	Region	个人所得税 Individual Income Tax	城市维护建设税 Tax on Urban Maintenance and Construction	契　税 Deed Tax	其他各项税收收入 Other Kinds of Taxes	非税收入 Non-tax Income
总　计	**Total**	**251705**	**635245**	**795356**	**1346761**	**3799561**
区级合计	**Total at District Level**	**245753**	**611197**	**744803**	**1244307**	**3427206**
和平区	Heping District	9353	30926	84763	59926	63769
河东区	Hedong District	6579	16431	33086	56332	94588
河西区	Hexi District	11049	33637	42210	60649	49969
南开区	Nankai District	8508	22368	59487	75645	43434
河北区	Hebei District	3465	10682	30154	65677	110267
红桥区	Hongqiao District	2159	7774	11323	29231	47247
东丽区	Dongli District	5789	46342	49687	68162	287099
西青区	Xiqing District	8534	42299	90875	95078	136898
津南区	Jinnan District	4101	26663	62453	59652	245221
北辰区	Beichen District	7743	33521	38665	75756	109941
武清区	Wuqing District	10053	42382	59424	110491	85219
宝坻区	Baodi District	3717	32484	17476	69785	102437
滨海新区	Binhai New Area	164703	265688	165200	417923	2051117
县级合计	**Total at County Level**	**5952**	**24048**	**50553**	**102454**	**372355**
宁河县	Ninghe County	1141	4792	8856	22214	127292
静海县	Jinghai County	3229	12973	27846	54947	141709
蓟　县	Jixian County	1582	6283	13851	25293	103354

8-4 续表2 Continued

单位：万元 (10 000 yuan)

地 区	Region	专项收入 Special Project Income	行政事业性收费收入 Income from Administrative Fees	罚没收入 Penalty and Confiscatory Income	国有资源（资产）有偿使用收入 Paid Use of State-owned Resources (assets) Income	其他各项非税收入 Other Kinds of Non-tax Income
总 计	**Total**	**291572**	**981938**	**78527**	**1269433**	**1178091**
区级合计	**Total at District Level**	**274955**	**724730**	**54392**	**1197244**	**1175885**
和平区	Heping District	13324	3143	2006	124	45172
河东区	Hedong District	7243	23125	1041	26149	37030
河西区	Hexi District	14746	8536	824	224	25639
南开区	Nankai District	9673	12925	981	197	19658
河北区	Hebei District	4681	16693	644	75889	12360
红桥区	Hongqiao District	3353	8266	722	33624	1282
东丽区	Dongli District	21558	67670	4626	396	192849
西青区	Xiqing District	21000	21078	5050	1012	88758
津南区	Jinnan District	11273	62457	2195	1877	167419
北辰区	Beichen District	14992	19200	1729	29841	44179
武清区	Wuqing District	19038	58813	7250	118	
宝坻区	Baodi District	14922	61195	9400	16920	
滨海新区	Binhai New Area	119152	361629	17924	1010873	541539
县级合计	**Total at County Level**	**16617**	**257208**	**24135**	**72189**	**2206**
宁河县	Ninghe County	3608	75818	5562	41796	508
静海县	Jinghai County	8212	92118	11562	29324	493
蓟 县	Jixian County	4797	89272	7011	1069	1205

8-5 区县级财政一般预算支出 (2012年)
General Budgetary Government Expenditure at District & County Level, 2012

单位：万元 (10 000 yuan)

地　区	Region	一般预算支出 General Budgetary Government Expenditure	一般公共服务 General Public Service	公共安全 Public Safety	教　育 Education	科学技术 Science and Technology
总　计	**Total**	**12116867**	**900276**	**594299**	**2563103**	**375982**
区级合计	**Total at District Level**	**10966647**	**788308**	**538824**	**2222350**	**361080**
和平区	Heping District	472115	38285	43960	163670	7185
河东区	Hedong District	376108	28035	25513	122733	4911
河西区	Hexi District	419969	61760	27805	138807	5632
南开区	Nankai District	404913	37789	38471	126422	11063
河北区	Hebei District	382651	26611	22977	116733	6220
红桥区	Hongqiao District	261398	29732	25190	96109	3441
东丽区	Dongli District	623845	36877	35844	118430	11852
西青区	Xiqing District	599931	44630	29097	121204	12710
津南区	Jinnan District	433128	37757	30109	118859	12397
北辰区	Beichen District	375199	39522	40295	91551	10661
武清区	Wuqing District	768822	43242	23200	239491	11917
宝坻区	Baodi District	540545	65720	20676	179991	7300
滨海新区	Binhai New Area	5308023	298348	175687	588350	255791
县级合计	**Total at County Level**	**1150220**	**111968**	**55475**	**340753**	**14902**
宁河县	Ninghe County	319066	23170	12632	97502	4607
静海县	Jinghai County	491751	50728	18681	119258	4697
蓟　县	Jixian County	339403	38070	24162	123993	5598

8-5 续表1 Continued

单位：万元 (10 000 yuan)

地 区	Region	文化体育与传媒 Culture, Sports and Media	社会保障和就业 Social Security and Employment	医疗卫生 Health Care	节能环保 Energy Conservation and Environmental Protection
总 计	**Total**	**144848**	**572728**	**637018**	**66278**
区级合计	**Total at District Level**	**135254**	**486967**	**542118**	**57051**
和平区	Heping District	6379	30776	31264	1031
河东区	Hedong District	2478	51776	26026	819
河西区	Hexi District	3278	33067	27859	762
南开区	Nankai District	3616	36534	34249	647
河北区	Hebei District	2602	37835	32393	473
红桥区	Hongqiao District	3283	23253	20417	659
东丽区	Dongli District	18123	43528	36737	3616
西青区	Xiqing District	22635	36923	35699	2716
津南区	Jinnan District	3932	16424	27119	2406
北辰区	Beichen District	3681	21568	34967	1405
武清区	Wuqing District	4160	37622	47275	1069
宝坻区	Baodi District	3764	31792	29371	2882
滨海新区	Binhai New Area	57323	85869	158742	38566
县级合计	**Total at County Level**	**9594**	**85761**	**94900**	**9227**
宁河县	Ninghe County	2107	17243	22672	2085
静海县	Jinghai County	4588	33297	34951	3459
蓟 县	Jixian County	2899	35221	37277	3683

8-5 续表2 Continued

单位：万元 (10 000 yuan)

地　　区	Region	城乡社区事　务 Urban & Rural Community Affairs	农林水、国土资源气象和粮油物资储备等事务 Agriculture, Forestry and Water Conservancy, Land Resources and Meteorology, Reserves of Cereals, Oils and Material	资源勘探电力信息、商业服务业、金融监管等事务 Resource Exploration and Power Information, Business Services, Financial Supervision	其他支出 Others
总　　计	**Total**	**3920892**	**402618**	**1179511**	**759314**
区级合计	**Total at District Level**	**3662282**	**312148**	**1160336**	**699929**
和平区	Heping District	65539	960	25935	57131
河东区	Hedong District	47428	1082	43847	21460
河西区	Hexi District	63978	1638	11213	44170
南开区	Nankai District	50880	1485	29549	34208
河北区	Hebei District	30580	1241	81143	23843
红桥区	Hongqiao District	35923	713	16079	6599
东丽区	Dongli District	127706	22202	79281	89649
西青区	Xiqing District	209946	55419	23439	5513
津南区	Jinnan District	112909	11368	53110	6738
北辰区	Beichen District	48388	25052	49921	8188
武清区	Wuqing District	291378	38815	3156	27497
宝坻区	Baodi District	72109	66787	19676	40477
滨海新区	Binhai New Area	2505518	85386	723987	334456
县级合计	**Total at County Level**	**258610**	**90470**	**19175**	**59385**
宁河县	Ninghe County	75270	16407	2688	42683
静海县	Jinghai County	164626	42253	10309	4904
蓟　县	Jixian County	18714	31810	6178	11798

8-6 天津市国家税务局各项税收情况（2009—2012年）
Tax Revenue of Tianjin National Tax Bureau, 2009-2012

单位：万元 (10 000 yuan)

项　　目	Item	2009	2010	2011	2012
总　　计	**Total**	**14203479**	**20104114**	**24868485**	**25843712**
税收合计	**Total Tax**	**15763553**	**21587616**	**26697068**	**28424560**
# 增值税	Value-added Tax	10413844	13671644	15949166	17255972
消费税	Consumption Tax	2184359	3345653	4078704	4334324
营业税	Business Tax	87503	99375	87748	94708
企业所得税	Income Tax of Enterprises	2738768	4046928	6059337	5889915
# 国有企业	State-owned Enterprises	121562	93713	98132	109912
集体企业	Collective-owned Enterprises	3539	2718	1476	1302
股份合作企业	Cooperative Enterprises	13764	9479	38665	70584
联营企业	Joint Ownership Enterprises	4952	6204	6765	5707
股份公司	Share-holding Corporations Ltd.	565702	864773	1335216	1503305
私营企业	Private Enterprises	171555	213478	323337	285391
外商投资企业和外国企业	Foreign and Foreign-founded Enterprises	1854322	2853412	1702935	1597228
个人所得税	Individual Income Tax	125994	101476	103088	120542
城市维护建设税	Tax on Urban Maintenance and Construction	6343	13123	17272	20612
房产税	Real Estate Property Tax	1131	1160	1243	1253
印花税	Stamp Tax	10039	10441	12247	13426
城镇土地使用税	Tax on the Use of Urban Land	357	449	449	448
出口退税合计	**Total Export Rebates**	**-1660689**	**-1800325**	**-2232000**	**-2694700**
其他收入合计	**Total of Others**	**100615**	**316823**	**403417**	**113852**
# 教育费附加收入	Revenue from Extra-charges for Education	2717	5624	24734	25362

主要统计指标解释

财政收入

指国家可直接支配的财力，主要包括税收收入和其他收入两大类。1994年我国统一实行分税制财政体制，按税种分为上划中央收入和地方财政收入。上划中央收入包括：增值税的75%和消费税的100%等；地方财政收入包括：增值税的25%、营业税（不含银行总行、铁道、保险总公司的营业税）、地方企业交纳的企业所得税、外商投资企业和外国企业所得税、个人所得税、土地使用税、固定资产投资方向调节税、城市维护建设税（不含银行总行、铁道、保险总公司集中交纳的部分）、资源税（不包括海洋石油资源税）、房产税、车船使用税、印花税、屠宰税、农牧业税、耕地占用税、契税、遗产和赠与税、土地增值税、国有土地有偿使用收入以及基金收入等。地方财政收入加上划中央收入为全市财政收入。需要指出的是1994年以后地方财政收入与以前实行的总额分成财政体制下的地方财政收入在内容和范围上有一定差别，历年数据不完全可比。

一般预算收入

是通过一定的形式和程序，由各级财政部门组织并纳入预算管理的各项收入，也就是会计制度改革以前所称的“预算收入”。

政府性基金收入

是按规定收取，转入或通过当年财政安排，由财政管理并具有指定用途的政府性基金预算收入等。

一般预算支出

是各级财政部门对集中的一般预算收入有计划地分配和使用而安排的支出。

政府性基金支出

是各级财政部门用基金预算收入安排的支出。

Explanatory Notes on Main Statistical Indicators

Government Revenue

refers to the revenue of the government directly disposable finance, including various tax revenue and other revenue. In accordance with the classification of the structure of the government finance in 1994 on the basis of the classification of channels for collection of tax revenue, the revenue of the central government and the revenue of the local governments have different coverage. Revenue of the central government includes 75% of the value added tax and 100% of the value consumption tax, etc. The revenue of the local governments includes 25% of the value added tax, business tax (excluding business taxes of head offices of bank, profits of railways, head office of insurance company), income tax of the local enterprises subordinated to the local government, income tax of foreign, Hong Kong, Macao and Taiwan funded enterprises, personal income tax, tax on the use of urban land, tax on the adjustment of the investment in fixed assets, tax on town maintenance and construction, tax on resources (excluding tax on ocean petroleum resources), tax on real estates, tax on the use of vehicles and ships, stamp tax, slaughter tax, tax on agriculture and animal husbandry, tax on the occupancy of cultivated land, contract tax, inheritance tax, gift tax, land value added tax, income of non-gratuitous use on the state-owned land and income of funds. Total of government revenue included the revenue of the central government and the revenue of the local governments. Now the content and coverage of the local financial revenue is different from that before 1994, please pay attention to distinguish when you use.

General Budgetary Government Revenue

refers to financial revenue with budgetary management through certain form and procedure by financial departments at each level, also called"budgetary revenue"before reformation of accounting system.

Governmental Fund Revenue

refers to government fund budgetary revenue with financial management and assigned uses gathered by rules or through financial arrangement.

General Budgetary Government Expenditure

refers to expenditure distributed and used from general budgetary financial revenue by financial departments at each level.

Governmental Fund Expenditure

refers to expenditure arranged from fund budgetary revenue by financial departments at each level.

价格指数

Price Indices

9

9-1 城市物价总指数 (1978—2012年)
Urban General Price Indices, 1978-2012

年 份 Year	上年=100 Preceding Year = 100		1978年=100 Year of 1978 = 100		1990年=100 Year of 1990 = 100	
	商品零售价格指数 Retail Price Index	居民消费价格指数 Consumer Price Index	商品零售价格指数 Retail Price Index	居民消费价格指数 Consumer Price Index	商品零售价格指数 Retail Price Index	居民消费价格指数 Consumer Price Index
1978	100.0	100.0	100.0	100.0		
1979	101.1	101.0	101.1	101.0		
1980	105.5	105.1	106.7	106.2		
1981	101.5	101.3	108.3	107.5		
1982	100.5	100.5	108.8	108.1		
1983	100.5	100.5	109.3	108.6		
1984	101.8	101.8	111.3	110.6		
1985	113.9	113.1	126.8	125.0		
1986	107.2	106.8	135.9	133.6		
1987	106.9	106.8	145.3	142.6		
1988	117.7	116.9	171.0	166.7		
1989	115.1	114.7	196.8	191.2		
1990	102.7	103.0	202.1	197.0	100.0	100.0
1991	108.0	110.2	218.3	217.1	108.0	110.2
1992	109.4	111.4	238.8	241.8	118.2	122.8
1993	114.3	117.6	273.0	284.4	135.0	144.4
1994	115.6	124.0	315.6	352.6	156.1	179.0
1995	110.6	115.3	349.0	406.6	172.7	206.4
1996	105.1	109.0	366.8	443.2	181.5	225.0
1997	100.7	103.1	369.4	456.9	182.7	232.0
1998	96.6	99.5	356.8	454.6	176.5	230.8
1999	97.5	98.9	347.9	449.6	172.1	228.3
2000	98.6	99.6	343.1	447.8	169.7	227.3
2001	98.6	101.2	338.2	453.2	167.3	230.1
2002	97.4	99.6	329.5	451.4	163.0	229.2
2003	97.4	101.0	320.9	455.9	158.7	231.4
2004	100.8	102.3	323.5	466.4	160.0	236.8
2005	99.9	101.5	323.1	473.4	159.8	240.3
2006	100.4	101.5	324.4	480.5	160.5	243.9
2007	103.2	104.2	334.8	500.7	165.6	254.2
2008	105.1	105.4	351.9	527.7	174.1	267.9
2009	98.9	99.0	348.0	522.4	172.2	265.2
2010	103.4	103.5	359.8	540.7	178.1	274.5
2011	104.7	104.9	376.7	567.2	186.5	288.0
2012	103.0	102.7	388.0	582.5	192.1	295.8

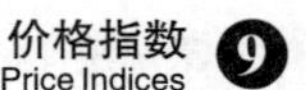

9-2 城市居民消费价格分类指数 (2009—2012年)
Urban Consumer Price Indices by Category, 2009-2012

上年=100 (Preceding Year = 100)

项　目 Item	2009	2010	2011	2012
居民消费价格总指数				
General Consumer Price Index	**99.0**	**103.5**	**104.9**	**102.7**
# 服务项目价格指数				
Services	95.2	101.3	103.0	100.3
1. 食　品				
Food	**101.2**	**108.0**	**111.4**	**106.4**
粮　食				
Grain	107.5	117.5	108.5	102.4
淀　粉				
Starches	104.2	108.6	123.3	103.1
干豆类及豆制品				
Bean and Related Products	102.2	113.6	100.1	103.2
油　脂				
Oil or Fat	84.7	105.2	115.3	103.7
肉禽及其制品				
Meat, Poultry and Related Products	93.3	103.9	122.6	105.7
蛋				
Eggs	101.9	108.0	114.4	101.7
水产品				
Aquatic Products	96.8	110.9	120.7	106.7
菜				
Vegetables	114.5	114.7	96.7	119.6
调味品				
Flavoring	108.7	105.2	106.4	103.6
糖				
Sugar	105.3	105.9	109.1	105.1
茶及饮料				
Tea and Drink	101.9	100.7	104.7	106.4
干鲜瓜果				
Dried and Fresh Melons and Fruits	101.1	111.5	108.8	91.3
糕点饼干面包				
Pasty, Biscuit and Bread	101.6	102.4	113.3	105.4
液体乳及乳制品				
Liquid Dairy and Related Products	100.7	104.8	104.6	101.9
在外用膳食品				
Catering Trade	103.3	106.6	109.6	110.5
其他食品				
Other Food	101.4	102.9	114.0	102.9
2. 烟酒及用品				
Tobacco, Liquor and Related Goods	**104.7**	**104.3**	**104.8**	**104.9**
烟　草				
Tobacco	105.0	103.9	100.6	98.1
酒				
Liquor	106.8	106.1	109.5	111.9
3. 衣　着				
Clothing	**97.3**	**102.8**	**102.1**	**107.0**
服　装				
Garments	98.0	102.9	101.7	105.4

9-2续表 Continued

上年=100 (Preceding Year = 100)

项　目 Item	2009	2010	2011	2012
衣着材料 Clothing Materials	102.5	101.4	119.3	103.8
鞋袜帽 Shoes, Socks and Hats	94.9	102.4	101.9	110.9
衣着加工服务 Processing Services	100.0	117.6	116.8	120.9
4. 家庭设备用品及维修服务 Household Appliances, Articles and Repair Services	**99.7**	**99.5**	**106.1**	**101.6**
耐用消费品 Durable Consumer Goods	99.0	95.4	102.9	99.4
室内装饰品 Indoors Decorations	97.8	100.5	100.2	100.1
床上用品 Bed Articles	94.3	110.2	127.0	103.6
家庭日用杂品 Daily Use Household Articles	101.4	100.0	103.0	102.7
家庭服务及加工维修服务 Household Services and Repair Services	106.9	115.5	126.0	112.2
5. 医疗保健和个人用品 Medical, Health Care and Individual Goods	**102.6**	**103.7**	**101.8**	**102.2**
医疗保健 Medicine and Medical Services	104.2	104.1	100.7	102.3
个人用品及服务 Individual Goods and Services	98.0	102.8	104.0	102.0
6. 交通和通信 Transportation and Communications	**96.3**	**98.1**	**99.9**	**97.6**
交　通 Transportations	97.3	101.9	104.8	99.4
通　信 Communications	95.1	92.6	92.9	94.8
7. 娱乐教育文化用品及服务 Recreational, Educational & Cultural Articles and Services	**96.1**	**98.8**	**99.5**	**99.3**
文娱用耐用消费品及服务 Durable Consumer Goods & Services for Recreational Use	83.2	88.0	86.7	92.8
教　育 Education	101.2	101.8	100.2	100.2
文化娱乐 Recreation and Culture	102.0	100.5	100.6	102.0
旅　游 Tourism	88.2	101.3	106.8	99.3
8. 居　住 Residence	**94.9**	**102.3**	**104.7**	**100.9**
建房及装修材料 Building and Decoration Materials	106.5	101.7	109.0	101.6
租　房 Rent	100.0	103.6	101.2	101.0
自有住房 Individual Housing	85.2	102.4	104.9	100.0
水、电、燃料 Water, Electricity and Fuel	104.0	101.4	102.2	103.1

9-3 城市商品零售价格分类指数(2009—2012年)
Urban Retail Price Indices by Category, 2009-2012

上年=100 (Preceding Year = 100)

项目 Item	2009	2010	2011	2012
商品零售价格总指数				
General Retail Price Index	**98.9**	**103.4**	**104.7**	**103.0**
1. 食品				
Food	**101.3**	**108.3**	**111.6**	**106.5**
粮食				
Grain	107.6	117.5	108.5	102.4
淀粉				
Starches	104.2	108.6	123.3	103.1
干豆类及豆制品				
Bean and Related Products	102.2	113.6	100.1	103.2
油脂				
Oil or Fat	84.9	105.2	115.3	103.7
肉禽及其制品				
Meat, Poultry and Related Products	93.1	103.9	122.6	105.7
蛋				
Eggs	102.0	108.0	114.4	101.7
水产品				
Aquatic Products	97.1	110.9	120.7	106.7
菜				
Vegetables	114.5	114.7	96.7	119.6
调味品				
Flavoring	108.7	105.2	106.4	103.6
糖				
Sugar	105.3	105.9	109.1	105.1
干鲜瓜果				
Dried and Fresh Melons and Fruits	101.2	111.5	108.8	91.3
糕点饼干面包				
Pasty, Biscuit and Bread	101.5	102.4	113.3	105.4
液体乳及乳制品				
Milk and Related Products	100.8	104.8	104.6	101.9
在外用膳食品				
Catering Trade	103.3	106.6	109.6	110.5
其他食品				
Other Food	101.4	102.9	114.0	102.9
2. 饮料烟酒				
Beverage, Tobacco and Liquor	**104.7**	**103.8**	**104.7**	**105.2**
茶及饮料				
Tea and Beverage	101.8	100.7	104.7	106.4
烟草				
Tobacco	105.0	103.9	100.6	98.1
酒				
Liquor	106.8	106.1	109.5	111.9

9-3续表1 *Continued*

上年=100 (Preceding Year = 100)

项　目 Item	2009	2010	2011	2012
3. 服装鞋帽				
Garments, Shoes and Hats	**97.2**	**102.7**	**101.8**	**106.9**
服　装				
Garments	98.0	102.9	101.7	105.4
鞋袜帽				
Shoes, Socks and Hats	94.9	102.4	101.9	110.9
其　他				
Others	101.3	99.9	107.0	106.2
4. 纺织品				
Textiles	**96.5**	**108.6**	**112.4**	**102.3**
衣着材料				
Clothing Materials	102.5	101.4	119.3	103.8
床上用品				
Bed Articles	94.3	110.2	110.9	101.9
5. 家用电器及音像器材				
Household Appliances and Stereo Sets & Camera Facilities	**90.7**	**93.8**	**95.4**	**96.9**
家庭设备				
Household Facilities	98.2	96.8	102.3	99.9
文娱用耐用消费品				
Durable Consumer Goods for Recreational Use	78.8	88.4	84.8	92.1
音像器材				
Stereo Sets & Camera Facilities	99.8	99.5	100.4	96.5
6. 文化办公用品				
Culture and Office Articles	**91.5**	**90.8**	**90.5**	**94.6**
7. 日用品				
Articles for Daily Use	**100.9**	**100.5**	**103.8**	**104.1**
日用百货				
General Merchandise for Daily Use	104.3	101.1	106.2	103.3
日用杂品				
Sundry Articles	99.4	100.2	95.2	100.1
洗涤用品				
Washing Articles	102.0	97.9	102.9	109.3
其他日用品				
Other Articles for Daily Use	96.5	101.2	103.5	101.5
8. 体育娱乐用品				
Sport and Recreation Articles	**96.0**	**94.9**	**100.1**	**100.4**
体育用品				
Sport Articles	104.9	101.3	105.6	104.5
娱乐用品				
Recreation Articles	92.8	92.3	97.8	98.5
9. 交通、通信用品				
Transportation and Communication Articles	**89.0**	**96.1**	**100.1**	**96.6**

9-3续表2 Continued

上年=100 (Preceding Year = 100)

项　目 Item	2009	2010	2011	2012
交通运输机械 Transportation Machinery	96.3	100.1	102.9	98.3
通信器材 Communication Facilities	67.0	68.6	65.0	63.1
10. 家　具 Furniture	**99.5**	**93.4**	**103.7**	**98.7**
11. 化妆品 Cosmetics	**100.6**	**102.5**	**99.6**	**104.4**
12. 金银珠宝 Gold, Silver and Jewelry	**86.2**	**125.4**	**113.3**	**95.8**
13. 中西药品及医疗保健用品 Traditional Chinese & Western Medicine and Medical, Health Care Goods	**106.5**	**106.4**	**101.1**	**103.6**
医疗器具及用品 Medical Facilities and Goods	100.6	101.9	111.1	103.4
中药材及中成药 Traditional Chinese Raw Medicine and Medicine	114.7	113.3	102.7	102.5
西　药 Western Medicine	102.6	102.3	100.5	104.7
保健器具及用品 Health Care Facilities and Goods	100.1	103.6	99.0	102.2
14. 书报杂志及电子出版物 Books, Newspapers and Magazines, Electronic Publications	**108.0**	**100.0**	**100.3**	**101.2**
教材及参考书 Teaching Materials and Reference Books	100.8	100.0	100.5	101.0
书报杂志 Books, Newspapers and Magazines	122.5	100.0	100.0	100.9
电子音像制品 Electronic Stereo Goods	99.3	100.0	100.0	102.5
15. 燃　料 Fuel	**96.1**	**106.8**	**108.2**	**102.2**
煤炭及制品 Coal and Related Products	102.3	109.9	109.2	100.7
石油及制品 Petroleum and Related Products	95.0	106.9	108.2	102.2
16. 建筑材料及五金电料 Construction Materials and Hardware Materials	**105.5**	**101.4**	**107.7**	**101.1**
建筑装潢材料 Construction and Decoration Materials	106.4	101.6	107.6	101.1
五金电料类 Hardware Materials	100.9	100.5	108.8	101.0

9-4 工业生产者出厂价格指数 (2009—2012年) Producer Price Indices of Industrial Ex-factory Products, 2009-2012

上年=100 (Preceding Year = 100)

项目 Item	2009	2010	2011	2012
工业生产者出厂价格总指数 General Producer Price Indices of Industrial Ex-factory Products	**92.5**	**105.1**	**103.8**	**97.0**
按轻重工业分 Grouped by Light or Heavy Industries				
轻工业 Light Industry	97.7	99.7	103.9	100.7
以农产品为原料 Using Farm Products as Raw Materials	98.3	103.2	107.6	99.6
以非农产品为原料 Using Non-farm Products as Raw Materials	97.5	98.5	100.2	101.8
重工业 Heavy Industry	90.0	107.4	103.8	96.3
采掘业 Mining and Quarrying Industry	69.1	146.8	115.5	97.9
原料工业 Raw Materials Industry	90.4	111.0	109.4	98.1
加工工业 Processing Industry	93.1	99.2	99.7	95.3
按生产生活资料分 Grouped by Means of Production or Subsistence				
生产资料 Production Goods	90.6	106.6	104.1	96.1
采掘业 Mining and Quarrying Industry	70.2	142.8	115.5	97.9
原料工业 Raw Materials Industry	92.2	112.1	109.7	98.1
加工工业 Processing Industry	92.7	99.8	99.9	94.9
生活资料 Consumer Goods	99.6	99.3	102.4	100.6
食　品 Food	98.3	101.7	107.9	98.4
衣　着 Clothing	102.8	101.6	108.1	103.9
一般日用品 Daily Use Articles	99.0	100.9	102.1	100.5
耐用消费品 Durable Consumer Goods	100.0	97.3	98.6	101.4

9-5 按行业分工业生产者出厂价格指数（2009—2012年）
Producer Price Indices of Industrial Ex-factory Products by Sector, 2009-2012

上年=100 (Preceding Year = 100)

行　业 Sector	2009	2010	2011	2012
煤炭开采和洗选业 Mining and Washing of Coal	84.6	106.2	96.0	95.3
石油和天然气开采业 Extraction of Petroleum and Natural Gas	68.6	147.6	115.6	96.1
黑色金属矿采选业 Mining and Processing of Ferrous Metal Ores		101.2	106.8	93.4
非金属矿采选业 Mining and Processing of Nonmetal Ores	94.3	107.3	106.4	102.8
开采辅助活动 Mining Assistant Activities				104.9
农副食品加工业 Processing of Food from Agricultural Products	92.4	106.5	117.6	96.3
食品制造业 Manufacture of Food	101.9	97.5	101.4	101.7
酒、饮料和精制茶制造业 Manufacturing of Alcohol, Beverages and Refined Tea	98.2	100.7	98.1	99.9
烟草制品业 Manufacture of Tobacco	101.2	100.9	100.0	102.0
纺织业 Manufacture of Textile	97.2	111.9	114.0	97.3
纺织服装、服饰业 Manufacturing of Textile Wearing and Apparel	103.4	100.9	107.0	104.3
皮革、毛皮、羽毛及其制品和制鞋业 Manufacturing of Leather, Fur, Feathers and Related Products, Footware	10[illegible].8	103.4	102.7	103.4
木材加工及木、竹、藤、棕、草制品业 Processing of Timber, Manufacture of Wood, Bamboo, Rattan, Palm and Straw Products	100.9	105.5	101.9	100.7
家具制造业 Manufacture of Furniture	101.9	102.2	99.5	100.2
造纸及纸制品业 Manufacture of Paper and Paper Products	94.2	101.7	101.2	100.0
印刷和记录媒介复制业 Printing, Reproduction of Recording Media	101.4	99.6	100.4	99.7
文教、工美、体育和娱乐用品制造业 Manufacture of Articles for Cultural, Education, Industrial Arts, Sport Acitivity and Amusement Manufacturing	103.2	100.3	99.1	99.2
石油加工、炼焦及核燃料加工业 Processing of Petroleum, Coking, Processing of Nuclear Fuel	97.4	115.0	117.1	103.2
化学原料及化学制品制造业 Manufacture of Raw Chemical Materials and Chemical Products	91.7	109.0	111.8	99.1

9-5续表 Continued

上年=100 (Preceding Year = 100)

行　　业 Sector	2009	2010	2011	2012
医药制造业 Manufacture of Medicines	101.2	100.8	102.0	102.4
化学纤维制造业 Manufacture of Chemical Fibers	92.9	107.2	127.9	103.1
橡胶和塑料制品业 Manufacture of Rubber and plastic				100.3
非金属矿物制品业 Manufacture of Non-metallic Mineral Products	97.8	100.6	103.5	97.1
黑色金属冶炼及压延加工业 Smelting and Pressing of Ferrous Metals	80.4	113.5	109.1	91.3
有色金属冶炼及压延加工业 Smelting and Pressing of Non-ferrous Metals	88.0	137.4	111.6	88.7
金属制品业 Manufacture of Metal Products	92.0	101.7	107.2	97.5
通用设备制造业 Manufacture of General Purpose Machinery	100.1	99.6	102.9	103.2
专用设备制造业 Manufacture of Special Purpose Machinery	100.5	98.4	100.1	99.8
汽车制造业 Manufacturing of Motorcar				99.1
铁路、船舶、航空航天和其他运输设备制造业 Railway, Watercraft, Aerospace and Other Transport Equipment				98.5
电气机械及器材制造业 Manufacture of Electrical Machinery and Equipment	95.3	106.5	102.0	98.1
计算机、通信和其他电子设备制造业 Manufactare of Computers, Communication and Other Electronic Equipment	93.2	85.1	84.2	90.7
仪器仪表制造业 Manufacturing of Measuring Instruments	96.6	96.7	103.1	104.6
其他制造业 Other Manufacturing	99.1	99.4	98.3	100.0
废弃资源综合利用业 Comprehensive Recycling of Waste	97.9	105.6	115.0	93.8
金属制品、机械和设备修理业 Metal Products, Machine and Equipment Repair				100.0
电力、热力生产和供应业 Production and Supply of Electric Power and Heat Power	105.6	102.1	100.3	106.5
燃气生产和供应业 Production and Supply of Gas	103.3	105.3	105.1	100.0
水的生产和供应业 Production and Supply of Water	105.4	111.1	111.0	106.9

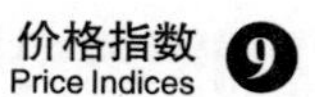

9-6 工业生产者购进价格指数 (2009—2012年) Producer Price Indices of Industrial Purchase, 2009-2012

上年=100 (Preceding Year = 100)

项　目 Item	2009	2010	2011	2012
工业生产者购进价格总指数 General Producer Price Indices of Industrial Purchase	**90.2**	**110.0**	**109.7**	**97.1**
燃料、动力类 Fuel and Power	93.1	111.5	113.3	101.3
黑色金属材料类 Ferrous Metals	82.2	110.2	110.6	91.7
有色金属材料及电线类 Non-ferrous Metals and Wires	80.9	134.3	110.2	91.5
化工原料类 Chemical Raw Materials	83.5	112.6	112.6	98.4
木材及纸浆类 Wood and Paper Pulps	96.3	107.5	106.4	102.1
建筑材料及非金属矿类 Construction Materials and Non-mental Ores	98.8	103.8	104.4	97.8
其他工业原材料及半成品类 Other Industrial Raw Materials and Semi-products	92.3	103.9	104.4	98.8
农副产品类 Farm and Sideline Products	94.7	120.2	125.1	93.2
纺织原料类 Textile Raw Materials	99.6	109.1	110.7	96.3

9-7 固定资产投资价格指数 (2009—2012年) Price Indices of Investment in Fixed Assets, 2009-2012

上年=100 (Preceding Year = 100)

项　目 Item	2009	2010	2011	2012
固定资产投资价格总指数 General Price Index of Investment in Fixed Assets	**97.6**	**102.6**	**105.7**	**100.0**
建筑安装、装饰工程 Building Installation	96.4	104.2	109.0	100.1
# 人工费 Labour Cost	106.7	105.8	109.7	111.3
材料费 Materials Expense	93.5	104.2	109.5	97.6
机械费 Machinery Charge	102.1	101.9	103.7	102.7
设备工器具购置 Purchase of Equipment, Tools and Instruments	98.5	100.2	99.8	98.3
其他费用 Others	100.2	100.5	102.1	101.1

9-8 住宅销售价格指数 (2012年)
Selling Price Indices of Houses, 2012

上年同期=100 (Corresponding Period of Preceding Year = 100)

月份	Month	新建住宅 Selling Price Indices of New Houses	新建商品住宅 New Economic Houses	90平方米以下 Less than 90 square meters	90–144平方米 90–144 square meters	144平方米以上 More than 144 square meters	二手住宅 Selling Price Indices of Second-hand Houses
一　月	January	100.2	100.1	101.3	99.6	99.7	97.2
二　月	February	99.3	99.2	99.6	99.4	98.3	97.2
三　月	March	98.8	98.6	99.1	98.4	98.6	97.0
四　月	April	98.4	98.2	98.4	97.9	98.4	97.2
五　月	May	98.9	98.7	99.2	98.1	99.1	97.5
六　月	June	99.0	98.8	99.4	98.5	98.9	97.9
七　月	July	98.9	98.8	99.7	98.2	98.8	98.6
八　月	August	99.2	99.1	99.8	98.4	99.5	99.3
九　月	September	99.4	99.3	100.0	98.6	99.7	99.0
十　月	October	99.6	99.6	100.2	99.2	99.6	99.5
十一月	November	100.4	100.4	101.1	99.9	100.6	102.1
十二月	December	100.8	100.9	101.5	100.5	100.9	102.9

9-9 居民货币购买力指数 (1991—2012年)
Indices of Monetary Purchasing Power of Residents, 1991-2012

年份 Year	上年=100 Preceding Year = 100	年份 Year	1990年=100 Year of 1990 = 100
1991	90.7	1991	90.7
1992	89.8	1992	81.4
1993	85.0	1993	69.3
1994	80.6	1994	55.9
1995	86.7	1995	48.4
1996	91.7	1996	44.4
1997	97.0	1997	43.1
1998	100.5	1998	43.3
1999	101.1	1999	43.8
2000	100.4	2000	44.0
2001	98.8	2001	43.5
2002	100.4	2002	43.6
2003	99.0	2003	43.2
2004	97.8	2004	42.2
2005	98.5	2005	41.6
2006	98.5	2006	41.0
2007	96.0	2007	39.3
2008	94.9	2008	37.3
2009	101.0	2009	37.7
2010	96.6	2010	36.4
2011	95.3	2011	34.7
2012	97.4	2012	33.8

主要统计指标解释

商品零售价格指数

是反映一定时期内城乡商品零售价格变动趋势和程度的相对数。商品零售价格的变动直接影响到城乡居民的生活支出和国家的财政收入，影响居民购买力和市场供需的平衡，影响到消费与积累的比例关系。因此，该指数可以从一个侧面对上述经济活动进行观察和分析。

城市居民消费价格指数

是反映一定时期内城市居民家庭所购买的生活消费品价格和服务项目价格变动趋势和程度的相对数。该指数可以观察和分析消费品的零售价格和服务项目价格变动对城镇职工货币工资的影响，作为研究职工生活和确定工资政策的依据。

固定资产投资价格指数

反映一定时期内固定资产投资额价格变动趋势和程度的相对数。固定资产投资额是由建筑安装工程投资完成额、设备、工器具购置投资完成额和其他费用投资完成额三部分组成的。编制固定资产投资价格指数首先分别编制上述三部分投资的价格指数，然后采用加权算术平均法求出固定资产投资价格总指数。该指数可以准确地反映固定资产投资中涉及的各类商品和取费项目价格变动趋势和变动幅度，消除按现价计算的固定资产投资指标中的价格变动因素，真实地反映固定资产投资的规模、速度、结构和效益，为国家科学地制定、检查固定资产投资计划并提高宏观调控水平，为完善国民经济核算体系提供科学的、可靠的依据。

工业生产者出厂价格指数

反映一定时期内全部工业产品出厂价格总水平的变动趋势和程度的相对数，包括工业企业售给本企业以外所有单位的各种产品和直接售给居民用于生活消费的产品。通过工业生产者出厂价格指数能观察出厂价格变动对工业总产值的影响。

工业生产者购进价格指数

反映一定时期内全部工业企业作为生产投入，从物资交易市场和能源、原材料生产企业购买原材料、燃料和动力产品时，所支付的价格水平变动趋势和程度的相对数，是扣除工业企业物质消耗成本中的价格变动影响的重要依据。

Retail Price Index

reflect the trend and degree of change in retail prices of commodities during a given period. The change in retail prices of commodities directly affect the living expenses of urban and rural residents, government revenue, purchasing power of residents and the equilibrium of market supply and demand, and the ratio of consumption to accumulation. Therefore, the retail price indices are useful from an oblique perspective for observing and analyzing the changes of the above economic activities.

Urban Consumer Price Index

reflect the trend and degree of changes in prices of consumer goods and services purchased by urban households during a given period. It can be used to observe and analyze the impact of price changes in consumer goods and services on wages (in monetary terms) of urban staff and workers, and provide a basis for research on the livelihood of staff and workers and policy-making concerning wages.

Price Index of Investment in Fixed Assets

reflects the trend and degree of changes in prices of investment in fixed assets during a given period. The investment in fixed assets consists of three components, namely the investment in construction and installation, the investment in purchases of equipment and instrument, and the investment in other items. Price index of investment in fixed assets is calculated as the weighted arithmetic mean of the price indices of the three components of investment in fixed assets. Removing the factor of price change in the aggregates of investment at current prices, this indicator shows the changes in the prices of commodities and fees involved in the investment of fixed assets, and can be used to observe the actual size, growth, structure, and efficiency of investment in fixed assets and provides reliable and scientific data for government planning, management, decision making, and further improving the current national accounting system.

Producer Price Index of Industrial Ex-factory Products

reflects the trend and degree of changes in general ex-factory prices of all industrial products during a given period, including sales of industrial products by an industrial enterprise to all units outside the enterprise, as well as sales of consumer goods to residents. It can be used to analyze the impact of ex-factory prices on gross industrial output value.

Producer Price Index of Industrial Purchase

reflects the trend and degree of changes in purchasing price of raw material, fuel and power paid by industrial enterprises when they purchase production as input from the market or other energy and raw material producers during a given period, and provide basis for measuring the material consumption of industrial enterprises after removing influence of price from cost.

人民生活 People's Living Conditions 10

10-1 城乡居民物质文化生活水平提高情况 (2009—2012年)
Improvement in Urban and Rural Households' Material and Cultural Life, 2009-2012

项 目	Item	2009	2010	2011	2012
居民收入支出(元)	**Income and Expenditure of Urban and Rural Households (yuan)**				
城镇非私营单位从业人员平均工资	Per Capita Annual Remuneration of Employment Personnel in Urban Non-private Units	43937	51489	54867	61514
城市居民人均可支配收入	Per Capita Annual Disposable Income of Urban Households	21402	24293	26921	29626
城市居民人均消费性支出	Per Capita Annual Expenditures for Consumption of Urban Households	14801	16562	18424	20024
农村居民人均可支配收入	Per Capita Annual Disposable Income of Rural Households	10675	11801	11891	13571
农村居民人均生活消费支出	Per Capita Annual Living Expenditures of Rural Households	4926	5606	6725	8337
储 蓄(万元)	**Savings (10 000 yuan)**				
人均年末储蓄存款余额	Year-end Per Capita Saving Deposit Balance	4.05	4.34	4.57	5.05
住 房(平方米)	**Floor Space of Residential Buildings (sq. m)**				
城市人均住宅建筑面积	Per Capita Floor Space of Urban Residential Buildings	29.89	31.28	32.77	34.61
农村人均住房面积	Per Capita Living Floor Space of Rural Residents	28.48	28.75	30.22	30.26
交通和通信	**Transportation and Communication Services**				
城市每万人拥有公共交通车辆(标台)	Number of Public Transportation Vehicles per 10 000 Persons in City (standard vehicles)	14.6	14.9	14.2	16.2
城市每万人拥有铺装道路长度(公里)	Length of Paved Roads per 10 000 Persons in City (km)	9.03	8.84	9.74	9.95
每人每年函件交寄(件)	Per Capita Annual Letters Delivered (piece)	9.36	8.35	12.60	14.00
全市每百人拥有电话机(含移动)(部)	Telephones Owned per 100 Persons (Include Mobile) (set)	112.2	112.1	115.8	117.3
电、水、燃气、供热	**Electricity, Water, Gas and Heating**				
全市人均生活用电量(千瓦小时)	Per Capita Electric Consumption for Living of All Residents (kwh)	537	533	500	532
城市人均生活用水量(吨)	Per Capita Water Consumption for Living of Urban Households (ton)	48.60	48.19	47.01	48.95
城市用气普及率(%)	Percentage with Access to Gas of Urban Households (%)	100	100	100	100
城市住宅集中供热面积(万平方米)	Heating Area of Urban Residential Buildings (10 000 sq. m)	15651	18186	20626	23028

注：农村居民人均可支配收入2011年以前为人均纯收入，表10-10、10-13同。
Note: Before 2011, per Capita annual disposable income of rural households refers to per Capita annual net income. Same as table 10-10,10-13.

10-1续表 Continued

项　目	Item	2009	2010	2011	2012
文　化	**Culture**				
平均每百户城市居民家庭拥有(台)	Per 100 Urban Households Possession (set)				
彩色电视机	Color TV Sets	127.3	130.8	125.9	121.7
家用电脑	Personal Computers	80.3	91.2	95.6	98.9
平均每百户农村居民家庭拥有(台)	Per 100 Rural Households Possession (set)				
彩色电视机	Color TV Sets	129	131	122	125
家用电脑	Personal Computers	23	29	37	44
平均每人每年有图书(册)	Annual Per Capita Owned Books (copy)	3.5	3.0	3.0	3.3
平均每百人每天有报纸(份)	Newspapers Owned per 100 Persons per Day (copy)	21.8	20.4	19.1	18.0
教　育	**Education**				
每万人口中有各级学校在校学生(人)	Number of Students Enrollment per 10 000 Population (person)	1285	1210	1162	1128
# 大学生	University Students	338	340	339	342
卫　生	**Public Health**				
每万人拥有医院、卫生院床位(张)	Number of Hospital, Health Care Center Beds per 10 000 Persons (bed)	32.1	32.0	30.7	35.3
每万人拥有医师(人)	Number of Doctors per 10 000 Persons (person)	22.7	22.5	22.5	22.2
赡养人口(人)	**Persons Supported by Others (person)**				
城镇每一就业者赡养人口	Number of Persons Supported by Each Urban Employee	1.92	1.88	1.88	1.89
农村每一劳动力负担人口	Number of Persons Supported by Each Rural Labour	1.42	1.41	1.45	1.45
城市绿化	**City Afforestation**				
建成区绿化覆盖率(%)	Coverage Rate of Afforestation in Developed Area (%)	30.3	32.1	34.5	34.9
环境卫生与保护	**Environment Sanitation and Protection**				
年末拥有公共厕所(座)	Year-end Public Lavatories (unit)	1411	1237	1231	1192
环境空气质量优良率(%)	Ambient Air Quality Fine Rate (%)	84.1	84.4	87.7	83.3

注：城镇每一就业者赡养人口数据来自城镇居民住户调查。
Note: Number of persons supported by each urban employee are citizen sample survey data.

10-2 城市居民家庭人均收支及增幅 (1996—2012年)
Per Capita Income & Expenditures and Increase Rate of Urban Households, 1996-2012

年 份 Year	人均可支配收入(元) Per Capita Annual Disposable Income (yuan)	人均消费性支出(元) Per Capita Annual Expenditures for Consumption (yuan)	人均可支配收入增幅(%) Increase Rate of per Capita Annual Disposable Income(%)		人均消费性支出增幅(%) Increase Rate of per Capita Annual Expenditures for Consumption(%)	
			扣除物价 Deducting Price Factor	未扣除物价 Including Price Factor	扣除物价 Deducting Price Factor	未扣除物价 Including Price Factor
1996	5967.71	4679.61	11.1	21.1	5.6	15.1
1997	6608.56	5204.29	7.4	10.7	7.9	11.2
1998	7110.54	5471.01	8.1	7.6	5.6	5.1
1999	7649.83	5851.53	8.8	7.6	8.1	7.0
2000	8140.55	6121.07	6.8	6.4	5.0	4.6
2001	8958.70	6987.22	8.7	10.1	12.8	14.2
2002	9337.54	7191.97	12.1	11.6	5.8	5.4
2003	10312.91	7867.53	9.4	10.4	8.3	9.4
2004	11467.16	8802.44	8.7	11.2	9.4	11.9
2005	12638.55	9653.26	8.6	10.2	8.0	9.7
2006	14283.09	10548.05	11.3	13.0	7.7	9.3
2007	16357.35	12028.88	9.9	14.5	9.4	14.0
2008	19422.53	13422.47	12.6	18.7	5.9	11.6
2009	21402.01	14801.35	11.3	10.2	11.4	10.3
2010	24292.60	16561.77	9.7	13.5	8.1	11.9
2011	26920.86	18424.09	5.6	10.8	6.0	11.2
2012	29626.41	20024.24	7.2	10.1	5.8	8.7

注：本表数据为城市居民抽样调查数据，表10-3至10-9同。
Note: The data of this table are collected from sample survey of urban households. Same as table 10-3 to 10-9.

10-3 城市居民家庭生活基本情况 (1996—2012年)
Basic Statistics on Urban Households, 1996-2012

年 份 Year	调查户数(户) Number of Households Surveyed(household)	平均每户家庭人口(人) Average Persons per Household(person)	平均每户就业人口(人) Average Employees per Household(person)	平均每户就业面(%) Percentage of Employment per Household(%)	平均每一就业者负担人数(人) Persons Supported by Each Employee (person)
1996	500	3.11	1.73	55.6	1.80
1997	500	3.10	1.70	54.8	1.82
1998	500	3.06	1.72	56.2	1.78
1999	500	3.09	1.68	54.4	1.84
2000	500	3.08	1.63	52.9	1.89
2001	500	3.09	1.59	51.5	1.94
2002	1500	3.02	1.44	47.7	2.11
2003	1500	2.99	1.41	47.2	2.12
2004	1500	2.96	1.47	49.7	2.01
2005	1500	2.92	1.45	49.7	2.01
2006	1500	2.88	1.42	49.3	2.03
2007	1500	2.89	1.46	50.5	1.98
2008	1500	2.89	1.50	51.9	1.93
2009	1500	2.88	1.50	52.1	1.92
2010	1500	2.86	1.52	53.1	1.88
2011	1500	2.84	1.51	53.2	1.88
2012	1500	2.85	1.51	53.0	1.89

10-4 城市不同收入水平居民家庭基本情况（2012年）(按平均每人每年可支配收入分组)
Basic Statistics on Urban Households of Different Income Level, 2012
(Grouped by Annual per Capita Disposable Income)

单位：人（person）

项目	Item	调查户数(户) Number of Households Surveyed (household)	平均每户人口 Average Persons per Household	平均每户就业人口 Average Employees per Household	平均每一就业者负担人口 Persons Supported by Each Employee
全市	**Total**	**1500**	**2.85**	**1.51**	**1.89**
1.最低收入户	Lowest Income Households				
（14675.75元以下）	(Below 14 675.75 yuan)	150	3.17	1.42	2.23
#更低收入户	Even More Lowest Income Households				
（12025元以下）	(Below 12 025 yuan)	75	3.03	1.23	2.46
2.低收入户	Low Income Households				
（14693.81—18061.67元）	(14 693.81-18 061.67 yuan)	150	3.22	1.62	1.99
3.中等偏下收入户	Lower Middle Income Households				
（18085.23—24018.86元）	(18 085.23-24 018.86 yuan)	300	2.88	1.42	2.03
4.中等收入户	Middle Income Households				
（24022.50—30345.69元）	(24 022.50-30 345.69 yuan)	300	2.84	1.50	1.89
5.中等偏上收入户	Upper Middle Income Households				
（30346.61—40679.17元）	(30 346.61-40 679.17yuan)	300	2.75	1.58	1.74
6.高收入户	High Income Households				
（40700.79—51775.50元）	(40 700.79-51 775.50 yuan)	150	2.60	1.46	1.78
7.最高收入户	Highest Income Households				
（51787.92元以上）	(Over 51 787.92 yuan)	150	2.55	1.60	1.59

单位：元（yuan）

项目	Item	人均总收入 Per Capita Annual Income	#人均可支配收入 Per Capita Annual Disposable Income	人均消费性支出 Per Capita Annual Expenditures for Consumption	#人均服务性消费支出 Per Capita Annual Expenditures for Services
全市	**Total**	**32944.01**	**29626.41**	**20024.24**	**5299.81**
1.最低收入户	Lowest Income Households				
（14675.75元以下）	(Below 14 675.75 yuan)	13143.48	11769.34	9351.55	2462.46
#更低收入户	Even More Lowest Income Households				
（12025元以下）	(Below 12 025 yuan)	11093.30	9849.71	8105.90	1997.14
2.低收入户	Low Income Households				
（14693.81—18061.67元）	(14 693.81-18 061.67 yuan)	18239.54	16514.01	12490.85	3399.88
3.中等偏下收入户	Lower Middle Income Households				
（18085.23—24018.86元）	(18 085.23-24 018.86 yuan)	23259.07	21099.03	15947.28	3995.32
4.中等收入户	Middle Income Households				
（24022.50—30345.69元）	(24 022.50-30 345.69 yuan)	30073.51	27198.11	18181.09	4734.13
5.中等偏上收入户	Upper Middle Income Households				
（30346.61—40679.17元）	(30 346.61-40 679.17yuan)	39017.40	34877.57	23462.16	6465.80
6.高收入户	High Income Households				
（40700.79—51775.50元）	(40 700.79-51 775.50 yuan)	51304.60	45869.14	28128.57	7703.37
7.最高收入户	Highest Income Households				
（51787.92元以上）	(Over 51 787.92 yuan)	74051.94	66492.98	41214.23	10660.54

10-5 城市居民家庭人均可支配收入和支出及构成 (2009—2012年)
Per Capita Income & Expenditures of Urban Households and Composition, 2009-2012

项　目	Item	2009	2010	2011	2012
人均可支配收入(元)	**Per Capita Annual Disposable Income (yuan)**	**21402.01**	**24292.60**	**26920.86**	**29626.41**
工资性收入	Wages and Salaries	12401.91	14324.31	15993.03	18407.89
# 工资及补贴收入	Wage and Subsidies	12293.91	14230.40	15888.21	18307.73
经营净收入	Net Business Income	847.23	931.81	1059.29	1200.10
财产性收入	Property Income	305.31	333.17	462.28	515.49
转移性收入	Transferred Income	7847.56	8703.31	9406.26	9502.93
# 养老金或离退休金	Pensions and Retirement Pay	6169.50	7029.10	7677.48	7943.28
人均可支配收入构成(%)	**Composition of Per Capita Annual Disposable Income (%)**	**100.0**	**100.0**	**100.0**	**100.0**
工资性收入	Wages and Salaries	57.9	59.0	59.5	62.1
# 工资及补贴收入	Wage and Subsidies	57.4	58.6	59.0	61.8
经营净收入	Net Business Income	4.0	3.8	3.9	4.1
财产性收入	Property Income	1.4	1.4	1.7	1.7
转移性收入	Transferred Income	36.7	35.8	34.9	32.1
# 养老金或离退休金	Pensions and Retirement Pay	28.8	28.9	28.5	26.8
人均总支出(元)	**Per Capita Annual Expenditures (yuan)**	**22136.64**	**24345.19**	**26344.51**	**29424.94**
消费性支出	Consumption Expenditures	14801.35	16561.77	18424.09	20024.24
# 服务性消费支出	Service Consumption Expenditures	3886.11	4300.11	4683.32	5299.81
购房与建房支出	Buying and Building House Expenditures	2990.20	2331.05	2015.07	2943.43
转移性支出	Transferred Expenditures	2223.51	2863.00	2920.75	2977.88
财产性支出	Property Expenditures	195.72	237.69	287.05	382.11
社会保障支出	Social Security Expenditures	1925.87	2351.68	2697.55	3097.28
人均总支出构成(%)	**Composition of Per Capita Annual Expenditures (%)**	**100.0**	**100.0**	**100.0**	**100.0**
消费性支出	Consumption Expenditures	66.9	68.0	69.9	68.1
# 服务性消费支出	Service Consumption Expenditures	17.6	17.7	17.8	18.0
购房与建房支出	Buying and Building House Expenditures	13.5	9.6	7.7	10.0
转移性支出	Transferred Expenditures	10.0	11.8	11.1	10.1
财产性支出	Property Expenditures	0.9	1.0	1.1	1.3
社会保障支出	Social Security Expenditures	8.7	9.6	10.2	10.5

10-6 城市居民家庭人均消费性支出及构成 (2009–2012年)
Per Capita Consumption Expenditures of Urban Households and Composition, 2009-2012

项　目	Item	2009	2010	2011	2012
人均消费性支出(元)	**Per Capita Annual Consumption Expenditures (yuan)**	**14801.35**	**16561.77**	**18424.09**	**20024.24**
# 服务性消费支出	Service Consumption Expenditures	3886.11	4300.11	4683.32	5299.81
食　品	Food	5404.53	5940.44	6663.31	7343.64
衣　着	Clothing	1362.56	1567.58	1754.98	1881.42
居　住	Residence	1505.70	1615.57	1763.44	1854.21
家庭设备、用品及服务	Household Facilities, Articles and Services	911.92	1119.93	1174.62	1151.16
医疗保健	Medicine and Medical Services	1273.38	1275.64	1415.39	1556.35
交通和通信	Transportation and Communication Services	1968.37	2454.38	2699.53	3083.37
娱乐、教育、文化服务	Recreation, Education and Cultural Services	1740.85	1899.50	2116.01	2254.22
杂项商品和服务	Miscellaneous Commodities and Services	634.05	688.73	836.82	899.87
人均消费性支出构成(%)	**Composition of Per Capita Annual Consumption Expenditures (%)**	**100.0**	**100.0**	**100.0**	**100.0**
# 服务性消费支出	Service Consumption Expenditures	26.3	26.0	25.4	26.5
食　品	Food	36.5	35.9	36.2	36.7
衣　着	Clothing	9.2	9.4	9.5	9.4
居　住	Residence	10.2	9.8	9.6	9.3
家庭设备、用品及服务	Household Facilities, Articles and Services	6.1	6.8	6.4	5.7
医疗保健	Medicine and Medical Services	8.6	7.7	7.7	7.8
交通和通信	Transportation and Communication Services	13.3	14.8	14.6	15.4
娱乐、教育、文化服务	Recreation, Education and Cultural Services	11.8	11.5	11.5	11.2
杂项商品和服务	Miscellaneous Commodities and Services	4.3	4.1	4.5	4.5

10-7 城市居民家庭人均消费性支出分类 (2012年)
Classification of per Capita Annual Consumption Expenditures of Urban Households, 2012

单位：元 (yuan)

项　目	Item	总平均 Average	最低收入 10% Lowest Income 10 percent	低收入 10% Low Income 10 percent	中等偏下收入 20% Lower Middle Income 20 percent
人均消费性支出	**Per Capita Consumption Expenditures**	**20024.24**	**9351.55**	**12490.85**	**15947.28**
一、食　品	Food	7343.64	4531.28	5315.52	6637.19
(一)粮油类	Grain and Oil	741.22	601.64	598.22	718.39
1. 粮　食	Grain	438.70	361.09	358.14	425.56
2. 淀粉及薯类	Starches and Yams	61.37	46.20	47.32	59.47
3. 干豆类及豆制品	Bean and Bean Products	58.37	44.14	41.18	59.07
4. 油脂类	Oil and Fats	182.78	150.21	151.58	174.29
(二)肉禽蛋水产品类	Meat, Poultry, Egg and Aquatic Products	1885.50	1262.00	1486.46	1794.10
1. 肉　类	Meat	951.78	656.24	776.98	918.53
2. 禽　类	Poultry	176.87	129.67	139.24	172.64
3. 蛋　类	Eggs	192.10	146.91	160.32	188.75
4. 水产品类	Aquatic Products	564.75	329.18	409.92	514.18
(三)蔬菜类	Vegetables	614.19	442.19	480.53	591.77
(四)调味品	Flavouring	116.79	85.07	86.83	112.13
(五)糖烟酒饮料类	Sugar, Tobacco, Liquor and Beverage	762.05	410.65	609.67	678.87
1. 糖　类	Sugar	54.46	35.20	41.82	48.96
2. 烟草类	Tobacco	290.64	159.75	262.05	257.31
3. 酒　类	Liquor	276.70	129.05	207.06	248.15
4. 饮　料	Beverage	140.25	86.65	98.74	124.45
(六)干鲜瓜果类	Dry and Fresh Melons and Fruits	664.40	425.37	471.75	626.76
(七)糕点、奶及奶制品	Cake, Milk and Related Products	541.15	343.90	397.50	487.71
(八)其他食品	Other Food	136.77	89.54	102.31	117.64
(九)饮食服务	Dining	1881.57	870.92	1082.25	1509.82
# 在外饮食	Dining Out	1881.44	870.90	1082.19	1509.71
二、衣　着	Clothing	1881.42	714.50	1020.33	1284.52
# 服　装	Garments	1347.62	470.25	687.51	861.44
衣着材料	Clothing Materials	13.58	5.02	8.97	9.39
鞋　类	Shoes	429.35	197.07	266.77	348.60
衣着加工服务费	Tailoring and Laundering Service Fees	11.04	3.58	6.36	7.87
三、居　住	Residence	1854.21	923.44	1316.37	1683.10
# 燃　料	Fuel	123.36	99.74	104.81	121.06
四、家庭设备、用品及服务	Household Facilities, Articles and Services	1151.16	396.78	543.47	839.83
# 耐用消费品	Durable Consumer Goods	537.96	110.64	191.01	374.86
室内装饰品	Room Decorations	42.80	2.16	7.08	15.20
家庭服务	Household Services	64.30	22.47	30.18	42.79
五、医疗保健	Medicine and Medical Services	1556.35	760.95	1184.63	1400.11
六、交通与通信	Transportation and Communication Services	3083.37	904.49	1356.31	2119.92
七、娱乐、教育、文化服务	Recreation, Education and Cultural Services	2254.22	941.09	1456.40	1525.32
# 文化娱乐用品	Cultural and Recreational Articles	553.15	173.21	236.90	441.41
八、杂项商品与服务	Miscellaneous Commodities and Services	899.87	179.02	297.82	457.29

10-7续表 Continued

单位：元（yuan）

项　目	Item	中等收入 20% Middle Income 20 percent	中等偏上收入 20% Upper Middle Income 20 percent	高收入 10% High Income 10 percent	最高收入 10% Highest Income 10 percent
人均消费性支出	**Per Capita Consumption Expenditures**	**18181.09**	**23462.16**	**28128.57**	**41214.23**
一、食　品	Food	7460.04	8200.13	9332.01	11018.16
(一)粮油类	Grain and Oil	762.79	787.79	816.79	928.71
1. 粮　食	Grain	448.02	465.30	483.04	547.54
2. 淀粉及薯类	Starches and Yams	64.20	64.43	72.62	78.77
3. 干豆类及豆制品	Bean and Bean Products	62.81	62.05	65.00	72.25
4. 油脂类	Oil and Fats	187.76	196.01	196.13	230.15
(二)肉禽蛋水产品类	Meat, Poultry, Egg and Aquatic Products	1979.55	2034.03	2223.46	2526.29
1. 肉　类	Meat	996.57	1014.07	1114.91	1228.60
2. 禽　类	Poultry	184.43	188.98	209.01	219.14
3. 蛋　类	Eggs	192.20	206.94	213.46	244.33
4. 水产品类	Aquatic Products	606.35	624.04	686.08	834.22
(三)蔬菜类	Vegetables	629.86	657.76	710.42	829.87
(四)调味品	Flavouring	121.30	126.53	137.83	153.78
(五)糖烟酒饮料类	Sugar, Tobacco, Liquor and Beverage	752.76	892.51	961.41	1131.58
1. 糖　类	Sugar	55.82	61.12	67.27	77.33
2. 烟草类	Tobacco	288.50	330.92	372.48	405.01
3. 酒　类	Liquor	270.51	334.58	335.59	448.56
4. 饮　料	Beverage	137.93	165.89	186.07	200.68
(六)干鲜瓜果类	Dry and Fresh Melons and Fruits	686.89	708.34	833.73	986.91
(七)糕点、奶及奶制品	Cake, Milk and Related Products	549.78	629.49	675.49	750.60
(八)其他食品	Other Food	139.58	156.08	178.06	194.49
(九)饮食服务	Dining	1837.53	2207.60	2794.82	3515.93
# 在外饮食	Dining Out	1837.39	2207.50	2794.45	3515.75
二、衣　着	Clothing	1626.54	2161.87	2877.97	4814.40
# 服　装	Garments	1150.73	1554.22	2066.58	3707.15
衣着材料	Clothing Materials	11.60	17.12	20.86	29.47
鞋　类	Shoes	388.18	473.22	651.39	895.31
衣着加工服务费	Tailoring and Laundering Service Fees	8.42	14.89	17.28	25.11
三、居　住	Residence	1766.45	2019.65	2343.43	3481.74
# 燃　料	Fuel	123.85	122.36	147.77	159.38
四、家庭设备、用品及服务	Household Facilities, Articles and Services	967.92	1256.18	1578.25	3378.07
# 耐用消费品	Durable Consumer Goods	407.11	612.26	624.79	1960.67
室内装饰品	Room Decorations	30.07	46.80	78.74	188.35
家庭服务	Household Services	70.11	46.34	121.20	180.30
五、医疗保健	Medicine and Medical Services	1412.52	1651.23	2333.29	2751.37
六、交通与通信	Transportation and Communication Services	2281.49	4246.79	4642.53	8000.80
七、娱乐、教育、文化服务	Recreation, Education and Cultural Services	1744.26	3006.19	3708.56	4663.01
# 文化娱乐用品	Cultural and Recreational Articles	430.26	706.75	802.45	1395.92
八、杂项商品与服务	Miscellaneous Commodities and Services	921.87	920.12	1312.53	3106.68

10-8 城市居民家庭平均每百户耐用消费品年末拥有量(2009—2012年)
Per 100 Urban Households Year-end Possessions of Major Durable Consumer Goods, 2009-2012

商品名称	Item	2009	2010	2011	2012
摩托车(辆)	Motorcycle(unit)	2.3	1.7	0.5	0.4
助力车(辆)	Mini-motorcycle(unit)	27.3	28.5	26.2	27.9
家用汽车(辆)	Automobile(unit)	11.7	16.1	20.3	24.9
洗衣机(台)	Washing Machine(unit)	100.3	100.2	100.1	101.2
电冰箱、柜(台)	Refrigerator(unit)	107.3	107.5	107.7	107.7
彩色电视机(台)	Color TV Set(unit)	127.3	130.8	125.9	121.7
家用电脑(台)	Personal-computer(unit)	80.3	91.2	95.6	98.9
组合音响(台)	Hi-Fi Stereo Component System(unit)	25.9	26.0	20.9	16.7
摄像机(台)	Vidicon(unit)	11.7	14.1	13.7	16.5
照相机(架)	Camera(unit)	58.9	63.2	59.3	59.1
钢　琴(架)	Piano(unit)	1.5	1.7	1.4	1.5
其他中高档乐器(件)	Other Medium and High Grade Instrument(unit)	2.1	2.8	2.9	3.0
微波炉(台)	Microwave Oven(unit)	86.3	88.5	87.9	88.9
空调器(台)	Air-conditioner(unit)	129.7	143.0	144.1	147.5
淋浴热水器(台)	Shower(unit)	93.9	96.4	95.1	94.5
消毒碗柜(台)	Dish-sterilization Boxes(unit)	1.1	1.5	1.9	2.2
洗碗机(台)	Dish-Washer(unit)	0.1	0.3	0.2	0.4
健身器材(套)	Gymnastic Equipment(set)	2.2	2.3	2.4	2.7
固定电话(部)	Fixed Telephone(unit)	82.9	80.5	73.9	67.8
移动电话(部)	Mobile Telephone(unit)	190.4	205.2	217.0	225.0

10-9 城市居民家庭住房基本情况构成（2009—2012年）
Composition of Basic Living Condition of Urban Households, 2009-2012

单位：%（%）

指标	Item	2009	2010	2011	2012
建筑式样	**Style of Building**	**100.0**	**100.0**	**100.0**	**100.0**
单栋住宅	Single Building	0.1	0.1		0.2
四居室	Four-room	0.4	0.5	0.5	0.5
三居室	Three-room	10.9	10.7	10.8	13.0
二居室	Two-room	64.0	65.6	62.4	59.8
一居室	One-room	22.1	19.5	20.6	22.2
普通楼房	Common Building	2.1	2.4	3.9	2.9
平房及其他	Cottage and Others	0.4	1.2	1.8	1.4
用水情况	**Water Supply**	**100.0**	**100.0**	**100.0**	**100.0**
独用自来水	Private Tap Water	99.5	99.2	98.7	99.3
公用自来水	Public Tap Water	0.5	0.8	1.3	0.7
卫生设备	**Sanitary Facilities**	**100.0**	**100.0**	**100.0**	**100.0**
无卫生设备	Without Sanitary Facilities			1.3	0.6
有厕所浴室	Restroom & Bathroom	92.1	95.5	94.3	95.4
有厕所无浴室	Restroom without Bathroom	6.5	2.2	1.6	1.8
公　用	Public Facilities	1.4	2.3	2.8	2.2
取暖设备	**Heating Facilities**	**100.0**	**100.0**	**100.0**	**100.0**
空调设备	Air-conditioner	0.6	0.7	1.3	1.3
暖　气	Central Heating	93.9	95.9	94.6	95.7
其　他	Others	5.5	3.4	4.1	3.0
炊用燃料使用情况	**Fuel Used for Cooking**	**100.0**	**100.0**	**100.0**	**100.0**
管道煤气	Pipeline Gas	95.0	96.6	97.0	97.9
液化石油气	Liquefied Petroleum Gas	4.7	3.3	2.7	1.9
煤	Coal	0.1	0.1	0.1	
其　他	Others	0.2		0.2	0.2

10-10 农村居民家庭基本情况 (2009—2012年)
Basic Statistics on Rural Households, 2009-2012

项　　目	Item	单　位	Unit	2009	2010	2011	2012
户均常住人口	Average Permanent Residents per Household	人	person	3.42	3.35	3.27	3.26
# 劳动力	Labour Force	人	person	2.41	2.38	2.26	2.25
整劳动力	Full Labour Force	人	person	1.52	1.45	1.42	1.39
半劳动力	Semi Labour Force	人	person	0.89	0.93	0.84	0.86
平均每个劳动力负担人口	Dependents per Labour	人	person	1.42	1.41	1.45	1.45
年末户均生产性固定资产原值	Year-end Original Value of Productive Fixed Assets per Household	元	yuan	14697	15091	14785	17509
户均经营耕地面积	Cultivated Land Areas per Household	公　顷	hectare	0.34	0.33	0.31	0.34
年内人均新(购)建住房面积	New Built (Purchase) Living Space per Capita in Current Year	平方米	sq. m	0.10	0.54	0.62	0.16
年内新建(购)住房价值	Value of Houses Newly Built (Bought) in Current Year	元/平方米	yuan/sq. m	933	944	889	1335
年末人均住房面积	Year-end Living Space per Capita	平方米	sq. m	28.48	28.75	30.22	30.26
人均可支配收入	Annual Disposable Income per Capita	元	yuan	10675	11801	11891	13571
人均生活消费支出	Annual per Capita Living Expenditures	元	yuan	4926	5606	6725	8337

注：1.本表数据为农村住户抽样调查数，表10-11至10-19同。2.自2011年后各年数据为国家调查点汇总数据，部分指标不可比。3.2011年之前年份，人均可支配收入为人均纯收入，表10-13同。

Note: a) The data of this table are collected from sample survey on rural households. Same as table 10-11 to 10-19. b) Data of 2011 and 2012 are collected from national sample survey points, so part of the statistics are not comparable. c) Before 2011, annual disposable income per Capita refers to annual net income per Capita. Same as table 10-13.

10-11 农村居民家庭劳动力文化程度 (2009—2012年)
Education Level of Labours in Rural Households, 2009-2012

单位：人 (person)

项　　目	Item	2009	2010	2011	2012
每百个劳动力中：	In per 100 Labours				
不识字或识字很少	Illiterate or Semi-illiterate	1.60	1.60	2.86	2.04
小　学	Primary School	17.08	17.08	16.89	16.83
初　中	Junior Secondary School	60.44	60.62	63.29	62.75
高　中	Senior Secondary School	12.99	13.03	10.61	11.20
中　专	Specialized Secondary School	5.12	4.41	3.07	3.45
大专及以上	Junior College and Above	2.77	3.26	3.28	3.73

10-12 农村居民人均可支配收入 Per Capita Annual Disposable Income of Rural Households

单位：元（yuan）

指　标 Item	2011	2012	2012比2011年增长(%) Increase Rate in 2012 over 2011(%)
人均可支配收入 Per Capita Annual Disposable Income	**11891**	**13571**	**14.1**
工资性收入 Rewards of Labours	6829	7922	16.0
在非企业组织中劳动得到 From Non-enterprise Organizations	442	487	10.3
在本乡地域内劳动得到 From Labor In Local	5504	6470	17.5
常住人口外出从业得到 From Outgoing Employment by Permanent Resident	883	965	9.3
在乡外县内从业得到 From Other Countries in the County	464	499	7.5
在县外省内从业得到 From Other Counties in the Province	242	284	17.2
在省外国内从业得到 From Other Provinces in the Nation	152	172	13.7
在国外从业得到 From Abroad	25	10	-60.3
家庭经营收入 Income from Family Business	3908	4126	5.6
# 非农产业收入 Non-agricultural Industry	1730	1904	10.1
第一产业 Primary Industry	2178	2222	2.0
第二产业 Secondary Industry	496	557	12.3
第三产业 Tertiary Industry	1234	1347	9.2
财产性收入 Property Income	730	920	26.1
转移性收入 Transferred Income	424	603	42.1

10-13 农村居民人均生活消费支出（2009—2012年）
Per Capita Annual Living Expenditures of Rural Households, 2009-2012

单位：元 (yuan)

项　目	Item	2009	2010	2011	2012
人均生活消费支出	**Per Capita Annual Living Expenditures**	**4926**	**5606**	**6725**	**8337**
食　品	Food	1944	2184	2545	3020
衣　着	Clothing	457	502	588	781
居　住	Residence	1184	1432	1294	1264
家庭设备、用品及服务	Household Facilities, Articles and Services	151	181	339	451
医疗保健	Medicine and Medical Services	342	351	549	760
交通通讯	Transportation and Communications	380	406	751	1066
文教娱乐用品及服务	Culture, Education and Recreation Articles and Services	270	320	521	766
其他商品和服务	Other Commodities and Services	198	230	138	229

10-14 农村居民人均生活消费支出构成（2009—2012年）
Composition of per Capita Living Expenditures of Rural Households, 2009-2012

单位：% (%)

项　目	Item	2009	2010	2011	2012
人均生活消费支出	**Per Capita Annual Living Expenditures**	**100**	**100**	**100**	**100**
食　品	Food	39.5	39.0	37.9	36.2
衣　着	Clothing	9.3	9.0	8.7	9.4
居　住	Residence	24.0	25.5	19.2	15.2
家庭设备、用品及服务	Household Facilities, Articles and Services	3.1	3.2	5.0	5.4
医疗保健	Medicine and Medical Services	6.9	6.3	8.2	9.1
交通通讯	Transportation and Communications	7.7	7.2	11.2	12.8
文教娱乐用品及服务	Culture, Education and Recreation Articles and Services	5.5	5.7	7.7	9.2
其他商品和服务	Other Commodities and Services	4.0	4.1	2.1	2.7

10-15 农村居民家庭每百户耐用消费品年末拥有量（2008—2012年）
Per 100 Rural Households Year-end Possessions of Durable Consumer Goods, 2008-2012

商品名称	Item	2008	2009	2010	2011	2012
自行车(辆)	Bicycle (unit)	188	191	185	162	163
电动自行车(辆)	Electric Bicycle (unit)	30	33	38	67	71
摩托车(辆)	Motorcycle (unit)	51	51	52	26	27
生活用汽车(辆)	Car (unit)	9	11	14	15	18
空调器(台)	Air-Conditioner (set)	61	69	77	70	75
洗衣机(台)	Washing Machine (set)	99	100	101	99	100
电冰箱(台)	Refrigerator (set)	96	99	103	96	97
微波炉(台)	Microwave Oven (set)	30	32	37	33	38
吸尘器(台)	Dust Catcher (set)	7	7	7	8	11
热水器(台)	Shower (set)	47	50	58	87	92
抽油烟机(台)	Smoke Absorber (set)	23	24	28	45	49
普通电话(部)	Telephone (unit)	80	76	71	52	56
移动电话(部)	Mobile Telephone (unit)	146	162	182	188	196
家用电脑(台)	Personal-computer (set)	19	23	29	37	44
彩色电视机(台)	Color TV Set (set)	125	129	131	122	125
照相机(架)	Camera (set)	20	22	25	19	23
影碟机(台)	Video Disc Player (set)	40	37	33	32	34
摄像机(台)	Vidicon (set)	1	2	2	1	2

10-16 农村居民人均食品消费量（2008—2012年）
Per Capita Annual Consumption on Food of Rural Households, 2008-2012

单位：千克 (kg)

商品名称	Item	2008	2009	2010	2011	2012
粮　食	Grain	157.8	152.1	147.5	145.8	146.2
蔬菜及其制品	Vegetables and Related Products	139.2	146.6	140.3	83.5	86.6
食用植物油	Edible Vegetable Oil	10.6	11.3	10.7	10.1	11.5
食用动物油	Edible Animal Oil	0.2	0.2	0.1	0.1	0.1
猪　肉	Pork	8.6	10.3	10.8	12.5	12.2
牛　肉	Beef	0.7	0.8	0.8	1.0	1.0
羊　肉	Mutton	1.1	1.6	1.6	1.5	1.6
家　禽	Poultry	1.3	1.2	1.3	1.9	1.8
肉禽制品	Related Products of Meat and Poultry	1.2	1.5	1.8	3.3	3.8
蛋类及其制品	Eggs and Related Products	18.2	21.3	21.7	11.0	12.8
奶及其制品	Milk and Related Products	6.5	7.7	8.6	7.3	9.9
水产品	Aquatic Products	17.1	19.1	19.9	9.8	10.2
水果及其制品	Fruits and Related Products	33.3	36.5	36.1	38.4	41.5
食　糖	Sugar	0.7	0.7	0.8	0.9	1.1
白　酒	Liquor	3.5	3.8	3.6	3.2	3.3
啤　酒	Beer	6.4	9.9	9.2	8.9	8.0

10-17 农村居民家庭户均生产性固定资产原值 (2009—2012年)
Original Value of Productive Fixed Assets per Rural Household, 2009-2012

单位：元 (yuan)

项　目	Item	2009	2010	2011	2012
年末户均生产性固定资产原值	**Year-end Original Value of Productive Fixed Assets per Household**	**14697**	**15091**	**14785**	**17509**
农、林、牧、渔业	Farming, Forestry, Animal Husbandry and Fishery	6324	6380	5906	6485
# 役畜、产品畜	Draught Animals and Commodity Animals	536	359	863	937
大中型铁木农具	Large and Medium-sized Wood & Iron Farm Tools	256	250	103	108
农林牧渔业机械	Machinery for Farming, Forestry, Animal Husbandry and Fishery	2754	2936	2236	2432
制造业	Manufacturing	2012	2091	3415	4995
批发和零售业	Wholesale and Retail Trade	1366	1384	1653	2333
住宿和餐饮业	Accommodation and Catering Services	16	25	363	271
其　他	Others	4979	5211	3448	3425

10-18 农村居民家庭每百户生产性固定资产拥有量 (2009—2012年)
Possessions of Productive Fixed Assets per 100 Rural Households, 2009-2012

项　目	Item	2009	2010	2011	2012
汽　车(辆)	Motor Vehicles (unit)	7.33	9.50	9.29	9.14
大中型拖拉机(台)	Large and Medium-sized Tractors (set)	2.17	2.03	1.14	1.00
小型和手扶拖拉机(台)	Mini-tractors (set)	18.67	17.00	7.29	7.86
机动脱粒机(台)	Motorized Threshing Machines (set)	1.33	1.50	0.14	0.14
胶轮大车(辆)	Carts with Rubber Tires (unit)	2.33	2.17	0.14	
水　泵(台)	Pumps (set)	21.67	21.83	11.00	12.57
役　畜(头)	Draught Animals (head)	6.33	6.83	1.71	1.43
产品畜(头)	Commodity Animals (head)	29.33	24.50	26.14	38.71

主要统计指标解释

城市居民家庭就业人口

指从事社会劳动并取得报酬或经营收入的人口，不论在全民、集体和其他所有制单位工作或从事个体劳动，不论有固定性职业或临时性职业都是就业人口。

城市居民家庭可支配收入

指调查户可用于最终消费支出和其他非义务性支出以及储蓄的总和，即居民家庭可以用来自由支配的收入。它是家庭总收入扣除交纳的个人所得税、个人交纳的社会保障费以及调查户的记账补贴后的收入。计算公式为：

可支配收入＝家庭总收入－交纳个人所得税－个人交纳的社会保障支出－记账补贴

城市居民工资性收入 指就业人员通过各种途径得到的全部劳动报酬，包括所从事的主要职业的工资以及从事第二职业、其他兼职和零星劳动得到的其他劳动收入。

城市居民经营净收入 指家庭成员从事生产经营活动所获得的净收入。是全部生产经营收入中扣除生产成本和税金（但不扣除个人所得税）后所得的收入。

城市居民财产性收入 指家庭所拥有的动产（如银行存款、有价证券）、不动产（如房屋、土地等）所获得的收入。包括出让财产使用权所获得的利息、租金、专利收入；财产运营所获得的红利收入、财产增值收益等。

城市居民转移性收入 指国家、单位、社会团体对居民家庭的各种转移支付和居民家庭间的收入转移。包括政府对个人收入转移的离退休金、失业救济金、赔偿等；单位对个人收入转移的辞退金、保险索赔、住房公积金、家庭间的赠送和赡养等。

城市家庭消费性支出

指家庭用于日常生活的支出，包括食品、衣着、居住、家庭设备用品及服务、医疗保健、交通和通信、教育文化娱乐服务、其他商品和服务八大类支出。

城市居民家庭服务性消费支出

指调查户用于本家庭支付社会提供的各种文化和生活方面的非商品性服务费用。包括为别人付款的服务。服务消费与商品消费不同，其特点在于其劳动过程和消费过程在时间与空间上的统一。

服务性消费支出＝食品加工服务费用＋在外饮食×50%＋衣着加工服务费＋家庭服务＋医疗费＋交通工具服务支出＋交通费＋通信服务＋文化娱乐服务费＋教育费用＋房租＋住房装潢支出×40%＋居住服务费＋其他服务费

农村居民常住人口

指全年经常在家或在家居住六个月以上，而且经济和生活与本户连成一体的人口。外出从业人员在外居住时间虽然在六个月以上，但收入主要带回家中，经济与本户连成一体，仍视为家庭常住人口；在家居住、生活和本户连成一体的国家职工、退休人员也视为家庭常住人口。但是现役军人、中专及以上（走读生除外）的在校学生以及常年在外（不包括探亲、看病等）且已有稳定的职业与居住场所的外出从业人员，不应当作为家庭常住人口。

农村居民家庭整、半劳动力

整劳动力指男子18周岁到50周岁，女子18周岁到45周岁；半劳动力指男子16周岁到17周岁，51周岁到60周岁；女子16周岁到17周岁，46周岁到55周岁，同时具有劳动能力的人。虽然在劳动年龄之内，但已丧失劳动能力的人，不应算为劳动力；超过劳动年龄，但能经常参加劳动，计入半劳动力数内。常住人口中的职工，若这些职工为劳动力，就包括在本户的整半劳动力中。

农村居民可支配收入

指农村住户获得的经过初次分配与再分配后的收入。可支配收入可用于住户的最终消费、非义务性支出以及储蓄。

农村居民可支配收入＝农村住户总收入－家庭经营费用支出－税费支出－生产性固定资产折旧－财产性支出－转移性支出

农村居民工资性收入 指农村住户成员受雇于单位或个人，靠出卖劳动而获得的收入。包括：

1. 在非企业组织中劳动得到的收入：指农村住

户成员在不具备企业性质的行政事业单位和各种组织中劳动得到的收入。包括村干部和民办教师的工资（奖金、补贴），乡及以上行政、事业单位工作人员的工资（奖金、补贴）等。

2. 在本地劳动得到的收入：指农村住户成员在所属乡（镇）地域范围内受雇于单位或个人，靠出卖劳动而获得的收入。

3. 常住人口外出从业得到的收入：指农村住户成员到住户所属乡镇地域范围以外从业得到的收入。

农村居民家庭经营收入　指农村住户以家庭为生产经营单位进行生产筹划和管理而获得的收入。家庭经营活动按行业划分为农业、林业、畜牧业、渔业、工业、建筑业、交通运输和邮电业、批发和零售贸易餐饮业、社会服务业、文教卫生业和其他家庭经营。

农村居民财产性收入　指金融资产或有形非生产性资产的所有者，向其他机构单位提供资金或将有形非生产性资产供其支配，作为回报而从中获得的收入。包括利息收入、股息收入、租金收入等。

农村居民转移性收入　指农村住户和住户成员无须付出任何对应物而获得的货物、服务、资金或资产所有权等，不包括无偿提供的用于固定资本形成的资金。一般情况下，指农村住户在二次分配中的所有收入。

农村居民生活消费支出

指农村住户用于物质生活和精神生活方面的支出。包括食品，衣着，居住，家庭设备、用品及服务，医疗保健，交通和通讯，文化教育娱乐用品及服务，其他商品和服务等消费支出。

恩格尔系数

指食物支出金额在生活消费支出金额中所占的比例。

计算公式为：

$$恩格尔系数=\frac{食品支出金额}{生活消费支出金额}\times 100\%$$

Explanatory Notes on Main Statistical Indicators

Employment Personnel of Urban Households

refer to the persons who are engaged in social labour and receive payment or earn business income, including the staff and workers in the state-owned, the staff and workers in collective-owned, other employed, employed persons individual business, etc. No matter he is permanent or temporary.

Disposable Income of Urban Households

refers to the disposable income of the sample households, including those which can be used for final expenditure and other non-obligation expenditure and savings. It refers to the difference of total income minus income tax, expenditure for social security and subsidies of account. The following formula is used :

Disposable Income of Urban Households = Total Income - Income Tax - Expenditure for Social Security - Survey Subsidies

Wages and Salaries of Urban Households refer to all labour compensation from working units, including the wage of major career and the subsidies from the second career and other job.

Net Business Income of Urban Households refer to net income earned by household members from production and management activities, which equals total income from production and management activities minus cost and taxes (not minus individual income tax).

Property Income of Urban Households refer to income from movables (savings, securities) and non-movables (houses, land, etc.), including interest income dividends and bonuses, income from leasing houses and intellectual property income, etc.

Transferred Income of Urban Households refer to income transferred from state, unit, social organization to households or between different households, including income, parental support, boarding fees paid by relatives and friends and housing accumulation funds, etc.

Consumption Expenditures of Urban Households

refer to total expenditures of the households in daily life. It is classified into 8 categories: food, clothing, household facilities and articles service, medicine and medical service, transportation and communication, recreation, education and culture service, residence, miscellaneous commodities services, including commodities and service as gift.

Service Consumption Expenditures of Urban Households

refers to total non-commodity expenditures of the sample households for consumption in culture and life, including service expenditure paid for other persons. Service expenditure is different from commodity expenditure, with the character of uniform of labour process and consumes process in time and space.

Service Expenditure for Consumption of Urban Households = Food Processing Service Fees + Dining Out Fees × 50% + Tailoring and Laundering Service Fees + Household Services Expenditures + Medical Services Expenditures + Transportation Tools Service Fees + Transportation Expenditures + Communications Service Expenditures + Cultural and Recreation Service Expenditures + Education Expenditures + Rent + Room Decorations Expenditures × 40% + Residence Service Expenditures + Other Service Expenditures

Rural Permanent Population

refers to population staying at home permanently or for over 6 months during a year and sharing life economically with the household. Members of the household staying away from the household for over 6 months but keeping a close economic life with the household by sending the majority of income to the household are regarded as resident population of the household. Government staff and workers or retirees living as close members of the household are also considered as resident population. However, servicemen, students of secondary technical schools or schools of higher education and persons with stable jobs and residence outside the household (excluding those visiting relatives or seeking medical service) are not included as resident population of the household.

Full/Semi Labour Force of Rural Households

Full labour force refers to persons capable of work, aged 18-50 for males and 18-45 for females. Semi labour force refers to persons capable of work, aged 16-17 and 51-60 for males and 16-17 and 46-55 for females. Persons at their working ages but not capable of work are not to be included as labour force. Persons not at working ages but participating regularly in work are included in semi labour force. For staff and workers who are usual residents, are included as full or semi labour force of the household if they are in the labour force.

Disposable Income of Rural Households

refers to the income of rural households gained after the initial distribution and redistribution, which can be used for final expenditure, non-obligation expenditure and savings.

Disposable Income of Rural Households = Total Income-Expenses for Productive Operation -Taxes-Depreciation of Fixed Assets for Production Property Expenditure Transferred Expenditure.

Rewards of Labours of Rural Households refers to income from labour earned by members of rural households employed by other units or individuals. It includes:

1. Income by members of rural households employed by administration business units and social organizations, including wages (cash awards and subsidy) of village staff and teachers in schools run by the local people, wages (cash awards and subsidy) of staff employed by administration business units at township and higher level.

2. Income earned at local region: income from labour earned by members of rural households employed by other units or individuals at local township.

3. Income of permanent residence outside the region: income from labour earned by members of rural households employed by other units or individuals outside of local township. Income from Family Business of Rural Households refers to income obtained from family productive operation. Family productive operation cover farming, forestry, animal husbandry, fishery, industry, construction, transport, post, telecommunication, wholesale and retail trade, catering, social services, culture, education, health care and other household operation.

Income from Family Business of Rural Households refers to income obtained from family productive operation. Family productive operation cover farming, forestry, animal husbandry, fishery, industry, construction, transport, post, telecommunication, wholesale and retail trade, catering, social services, culture, education, health care and other household operation.

Property Income of Rural Households refers to the income received as returns by owners of financial assets or tangible non-productive assets by providing capital or tangible non-productive assets to other institutional units. It includes interest income, bonus stock income, rent income, etc.

Transferred Income of Rural Households refers to the receipt by rural households and their members of goods, services, capitals or rights of assets without giving or repaying accordingly, excluding capitals provided to them for the formation of fixed assets. In general, it refers to all income received by rural household through redistribution.

Living Expenditures of Rural Households

is use on material life and cultural life by rural households, including food expenditure, clothing expenditure, residence, household facilities, articles and services, medicines and medical services, transportation and communications, cultural, education and recreation articles and services, other commodity and services.

Engel's Coefficient

refers to the percentage of expenditure on food in the total living consumption expenditure, using the following for mula:

$$\text{Engel's Coefficient} = \frac{\text{expenditure on food}}{\text{living consumption expenditure}} \times 100\%$$

11 资源环境与公共设施
Resources Environment and Public Facilities

11-1 城市建设用地 (2010—2012年) City Construction Land, 2010-2012

单位：平方公里 (sq. km)

指 标	Item	2010	2011	2012
总 计	**Total**	**686.71**	**710.60**	**722.14**
按行政区域分	**By Administrative Area**			
中心城区	Central Districts	280.83	281.52	278.23
西青区	Xiqing District	15.49	15.89	13.25
津南区	Jinnan District	23.39	27.16	26.66
武清区	Wuqing District	44.74	63.89	64.71
宝坻区	Baodi District	17.82	19.07	19.08
滨海新区	Binhai New Area	304.44	303.07	320.21
按建设用途分	**By Use of Construction**			
居住用地	Dwelling	186.53	190.71	194.79
公共管理与公共服务用地	Public Facilities of Management and Service			49.35
商业服务业设施用地	Facilities for Business Services			40.00
工业用地	Industry	155.66	159.54	165.14
物流仓储用地	Warehouse	23.46	49.53	52.99
交通设施用地	Facilities for Traffic			116.34
公用设施用地	Public Facilities of Administration	19.88	19.44	20.93
绿 地	Green Land	77.01	86.17	82.60

资料来源：天津市城乡建设和交通委员会，表11-3、11-4、11-6、11-8、11-9同。
Source: Tianjin Urban and Rural Construction and Transportation Administration Committee. Same as table 11-3, 11-4, 11-6, 11-8, 11-9.

11-2 城市房屋建筑面积 (2010—2012年) Floor Space of Buildings in City, 2010-2012

单位：万平方米 (10 000 sq. m)

指 标	Item	2010	2011	2012
年末实有房屋建筑面积	**Total Floor Space of Buildings (year-end)**	**31315.75**	**33400.87**	**35485.98**
# 房管部门直管产	Under House Management Department	3230.88	3282.66	3282.66
私 产	Private Property	17225.63	18478.14	19730.65
年末实有住宅建筑面积	**Floor Space of Residential Buildings (year-end)**	**18907.45**	**20118.92**	**21330.41**
# 房管部门直管产	Under House Management Department	1608.45	1523.46	1523.46
私 产	Private Property	14845.14	16460.04	17862.96
人均住宅建筑面积 (平方米/人)	**Per Capita Floor Space of Residential Buildings (sq. m/person)**	**31.28**	**32.77**	**34.61**

资料来源：天津市国土资源和房屋管理局。
Source: Tianjin Municipal Bureau of Land Resources and Housing Administration.

11-3 城市市政设施情况（2010—2012年）
Municipal Facilities in City, 2010-2012

指　标	Item	单　位	Unit	2010	2011	2012
年末实有道路	**Road (year-end)**					
铺装道路长度	Length of Paved Roads	公　里	km	5439	5991	6462
铺装道路面积	Area of Paved Roads	万平方米	10 000 sq. m	9159	10492	11611
# 人行道面积	Area of Footway	万平方米	10 000 sq. m	2095	2356	2752
人均拥有道路面积	Per Capita Area of Paved Roads	平方米	sq. m	14.89	17.05	17.88
年末实有桥梁	**Bridges (year-end)**					
桥梁座数	Number of Bridges	座	unit	530	584	736
# 立交桥	Flyovers	座	unit	77	81	89
年末实有路灯盏数	**Number of Road Lamps (year-end)**	**万　盏**	**10 000 units**	**26.7**	**24.6**	**28.2**
排泄污水能力	**Capacity of Sewage Drainage**					
污水年排放量	Annual Volume of Sewage Drainage	万　吨	10 000 tons	65235	67180	74473
排水管道长度	Length of Drainpipe	公　里	km	15140	16551	17756
污水处理厂	Sewage Treatment Works	座	set	30	33	36
污水处理厂能力	Disposal Capacity of Sewage Treatment Works	万吨/日	10 000 tons/day	204.8	229.6	254.6
建成区排水管道密度	Density of Drainpipe in Developed Area	公里/平方公里	km/sq. km	22.10	23.29	24.59
污水处理率	**Percentage of Disposed Sewage Treatment**	**%**	**%**	**85.3**	**86.8**	**88.2**

11-4 城市自来水（2010—2012年）
Urban Tap Water, 2010-2012

指　标	Item	单　位	Unit	2010	2011	2012
综合生产能力	Production Capacity	万吨 / 日	10 000 tons/day	405.18	429.44	439.54
供水管道	Length of Water Supply Pipelines	公　里	km	10744	11906	12926
供水总量	Total Annual Volume of Water Supply	万　吨	10 000 tons	68970	74483	77218
售水总量	Total Annual Volume of Water Sold	万　吨	10 000 tons	59559	64674	67923
# 生活用水	For Residential Use	万　吨	10 000 tons	20797	29525	32456
生产用水	For Productive Use	万　吨	10 000 tons	25662	31497	30549
用水人口	Number of Residents with Access to Tap Water	万　人	10 000 persons	615.29	628.04	649.41
人均日生活用水量	Per Capita Daily Living Consumption of Tap Water	公　斤	kg	132.04	128.80	134.12

11-5 城市燃气基本情况 (2010—2012年) Basic Statistics on Gas in City, 2010-2012

项　目	Item	2010	2011	2012
液化石油气	**Liquefied Petroleum Gas**			
储气能力(吨)	Storage Capacity (ton)	6618	6789	6698
销售量(吨)	Volume of Gas Sold (ton)	53368	58608	49105
工业用	For Industrial Use	19521	32403	26441
民　用	For Residential Use	33847	26206	22664
用气户数(户)	Gas Users (household)	82649	68373	59628
工业用	For Industrial Use	10097	6183	4268
民　用	For Residential Use	72552	62190	55360
天然气	**Natural Gas**			
储气能力(万立方米)	Storage Capacity (10 000 cu. m)	126.0	114.2	116.0
管道长度(公里)	Length of Pipelines (km)	10791	11731	13627
销售量(万立方米)	Volume of Gas Sold (10 000 cu. m)	158000	162811	253750
工业用	For Industrial Use	108200	100791	161999
福利用	For Welfare Use	26800	37292	63761
民　用	For Residential Use	23000	24727	27990
用气户数(户)	Gas Users (household)	2525308	2671407	2945182
工业用	For Industrial Use	969	1089	1744
福利用	For Welfare Use	10545	12299	12110
民　用	For Residential Use	2513794	2658019	2931328
用气普及率(%)	**Percentage of Population with Access to Gas (%)**	**100**	**100**	**100**

注：工业用液化石油气数据含福利、商业和其他用。
Note: Volume of liquefied petroleum gas sold for industrial use include those for welfare, commerce and other use.

11-6 城市集中供热 (2010—2012年) Heating in City, 2010-2012

项　目	Item	单　位	Unit	2010	2011	2012
供热能力	Heating Capacity					
蒸　汽	Steam	吨/小时	ton/hour	3167	3025	3463
热　水	Hot Water	兆瓦/小时	mega Watts/hour	18054	19325	21063
供热总量	Volume Supplied					
蒸　汽	Steam	万吉焦/年	10 000 gigajoules/year	1568	1757	1757
热　水	Hot Water	万吉焦/年	10 000 gigajoules/year	9991	9919	10244
管道长度	Length of Pipelines	公　里	km	14071	15278	16190
供热面积	Heating Area	万平方米	10 000 sq. m	24034	27163	30000
# 住　宅	Residential Buildings	万平方米	10 000 sq. m	18186	20626	23028

11-7 城市公共交通(2010—2012年)
Public Traffic in City, 2010-2012

指　标	Item	单　位	Unit	2010	2011	2012
公共汽车	**Public Transportation Vehicles**					
运营车辆	Operation Vehicles	辆	unit	7928	7686	8405
线路条数	Number of Routes	条	route	523	523	536
线路长度	Length of Routes	公 里	km	12322	12606	12732
客运总量	Volume of Passengers	万人次	10 000 person-times	108810	130100	135744
日均乘客人数	Average Daily Passengers	万人次	10 000 person-times	302	356	372
每万人拥有公共交通车辆	Number of Public Transportation Vehicles per 10 000 Persons	标 台	unit	14.9	14.2	16.2
营运出租汽车	**Operating Taxis**	**辆**	**unit**	**31940**	**31940**	**31940**
轨道交通	**Subway**					
地　铁	Metro					
运营车辆	Operation Vehicles	节	car	116	150	1125
运营线路长度	Length of Operation lines	公 里	km	26.7	26.6	78.5
客运总量	Volume of Passengers	万人次	10 000 person-times	4181	4854	8019
津滨轻轨	Binhai Mass Trains					
运营车辆	Operation Vehicles	节	car	152	152	404
运营线路长度	Length of Operation lines	公 里	km	45.6	51.7	120.2
客运总量	Volume of Passengers	万人次	10 000 person-times	2251	2585	3081

11-8 城市环境卫生事业发展情况(2010—2012年)
Development of Urban Environmental Sanitation, 2010-2012

指　标	Item	单　位	Unit	2010	2011	2012
清运垃圾粪便工作量	**Volume of Garbage, Excrement and Urine Disposal**					
道路清扫保洁面积	Area of Road Cleaned	万平方米	10 000 sq. m	7322	8831	8723
生活垃圾清运量	Volume of Living Garbage Disposal	万　吨	10 000 tons	184	190	186
粪便清运量	Volume of Excrement and Urine Disposal	万　吨	10 000 tons	25	25	32
垃圾无害化处理量	Volume of Garbage Innocuous Disposal	万　吨	10 000 tons	184	190	185
生活垃圾无害化处理率	**Innocuous Disposal Rate of Living Garbage**	**%**	**%**	**100.0**	**100.0**	**99.8**
环境卫生设施	**Environmental Sanitation Facilities**					
公共厕所	Lavatories	座	unit	1237	1231	1192
垃圾无害化处理厂	Garbage Innocuous Disposal Plant	座	unit	7	9	9
无害化处理厂能力	Capacity of Innocuous Disposal Plant	吨/日	ton/day	8000	9500	9500
环卫职工人数	**Number of Environment Sanitation Staff & Workers**	**人**	**person**	**22169**	**22584**	**24065**

11-9 城市园林绿化情况 (2010—2012年)
Parks, Gardens and Green Area in City, 2010-2012

指　标	Item	2010	2011	2012
公　园(个)	Parks (unit)	76	77	84
花　圃(个)	Gardens (unit)	13	9	10
建成区园林绿地面积(公顷)	Total Area of Parks, Gardens and Green Area in Developed Area (hectare)	19221	21728	22319
公园绿地	Park Green Area	5266	6341	6846
生产绿地	Production Green Area	1008	979	948
防护绿地	Protection Green Area	1632	1027	859
附属绿地	Accessorial Green Area	8700	10251	11083
其他绿地	Other Green Area	2615	3130	2583
年末实有树木(万株)	Trees (year-end) (10 000 trees)	3946	4491	6604
# 行道树	Roadside Trees	86.58	103.66	95.89
建成区绿化覆盖率(%)	Coverage Rate of Afforestation in Developed Area (%)	32.1	34.5	34.9
建成区绿地率(%)	Coverage Rate of Green Area in Developed Area (%)	28.0	30.6	30.9
人均公园面积(平方米)	Per Capita Area of Parks (sq. m)	8.6	10.3	10.5

11-10 公园分布 (2012年)
Distribution of Parks, 2012

地　区	Region	公园个数(个) Number of Parks (unit)	地　区	Region	公园面积(公顷) Area of Parks (hectare)
合　计	**Total**	**84**	**合　计**	**Total**	**1801**
河东区	Hedong District	6	河东区	Hedong District	63
河西区	Hexi District	11	河西区	Hexi District	59
南开区	Nankai District	7	南开区	Nankai District	297
河北区	Hebei District	5	河北区	Hebei District	65
红桥区	Hongqiao District	8	红桥区	Hongqiao District	56
东丽区	Dongli District	4	东丽区	Dongli District	28
津南区	Jinnan District	2	津南区	Jinnan District	76
北辰区	Beichen District	3	北辰区	Beichen District	11
武清区	Wuqing District	7	武清区	Wuqing District	83
宝坻区	Baodi District	3	宝坻区	Baodi District	50
滨海新区	Binhai New Area	28	滨海新区	Binhai New Area	1013

11-11 水资源情况 (2002—2012年)
Water Resources, 2002-2012

年 份 Year	水资源总量 (亿立方米) Total Amount of Water Resources (100 million cu. m)	地表水 Surface Water	地下水 Underground Water	地表水与地下水资源重复量 Duplicated Measurement of Surface and Underground	人均水资源量 (立方米/人) Per Capita Water Resources (cu. m/person)
2002	3.67	1.85	2.09	0.27	36.49
2003	10.60	6.15	4.82	0.37	105.03
2004	14.31	9.79	5.16	0.64	140.64
2005	10.63	7.13	4.44	0.94	102.87
2006	10.11	6.62	4.46	0.97	95.47
2007	11.31	7.50	4.76	0.95	103.29
2008	18.30	13.61	5.91	1.22	159.76
2009	15.24	10.59	5.60	0.95	126.80
2010	9.20	5.58	4.45	0.83	70.81
2011	15.38	10.89	5.22	0.73	113.54
2012	32.92	26.54	7.62	1.24	232.95

11-12 供水用水情况 (2002—2012年)
Water Supply and Water Use, 2002-2012

单位：万立方米 (10 000 cu. m)

年 份 地 区	Year Region	供用水总量 Water Supply & Use	地表水 Surface Water	地下水 Underground Water	# 农业用水 Agricultural Use
2002		199610	117421	82189	106244
2003		205118	133713	71405	114072
2004		219623	148932	70691	121529
2005		225193	160224	64969	135267
2006		224996	161001	63995	133965
2007		230060	164917	65143	138408
2008		214274	154793	59481	120603
2009		229204	172135	57069	128400
2010		217258	161585	55673	109653
2011		224569	169420	55149	115500
2012		212920	161926	50994	107793
东丽区	Dongli District	1287		1287	362
西青区	Xiqing District	10582	8500	2082	9661
津南区	Jinnan District	2213	860	1353	841
北辰区	Beichen District	3121	1650	1471	2087
武清区	Wuqing District	11425	2880	8545	8519
宝坻区	Baodi District	41073	34000	7073	39130
滨海新区	Binhai New Area	7483	963	6520	1605
宁河县	Ninghe County	17657	13390	4267	11363
静海县	Jinghai County	4617		4617	2958
蓟 县	Jixian County	14509	912	13597	10996

资料来源：天津市水务局。
Source: Tianjin Municipal Water Conservancy Bureau.

11-13 水、大气、声、生态环境情况 (2010—2012年)
Water, Atmospheric, Acoustic and Ecological Environment, 2010-2012

指　　标	Item	2010	2011	2012
水 环 境	**Water Environment Conditions**			
废水排放总量(万吨)	Volume of Waste Water Discharged (10 000 tons)	68195	67147	82813
工业源	Industrial Source	19679	19795	19117
城镇生活源	Urban Residential Source	48516	47322	63650
集中式治理设施	Centralized Treatment Facilities		30	46
化学需氧量排放量(吨)	COD of Waste Water Discharged (ton)	131969	235832	229501
工业源	Industrial Source	22218	24294	26601
城镇生活源	Urban Residential Source	109751	96422	88544
农业源	Agricultural Source		114674	113889
集中式治理设施	Centralized Treatment Facilities		442	467
氨氮排放量(吨)	Emission of Ammonia and Nitrogen (ton)	12824	26378	25512
工业源	Industrial Source	3197	3253	3391
城镇生活源	Urban Residential Source	9627	17128	16138
农业源	Agricultural Source		5961	5945
集中式治理设施	Centralized Treatment Facilities		36	38
城市饮用水源地水质达标率(%)	Urban Drinking Water Sources Quality Rate (%)	100	100	100
近海海域功能区水质达标率(%)	Inshore Area Water Quality Rate (%)	38.9	19.4	2.8
大气环境	**Atmospheric Environment Conditions**			
空气质量状况	Ambient Air Quality			
可吸入颗粒物(毫克/立方米)	(PM_{10}) Particulate Matters (milligram/cu. m)	0.096	0.093	0.105
二氧化硫(毫克/立方米)	(SO_2) Sulphur Dioxide (milligram/cu. m)	0.054	0.042	0.048
二氧化氮(毫克/立方米)	(NO_2) Nitrogen Dioxide (milligram/cu. m)	0.045	0.038	0.042
空气质量达到及好于二级的天数(天)	Days of Air Quality Equal to or Above Grade II (day)	308	320	305
环境空气质量优良率(%)	Ambient Air Quality Fine Rate (%)	84.4	87.7	83.3
废气主要污染物排放情况	Major Pollutant Emission			
二氧化硫排放量(吨)	Sulphur Dioxide in Waste Gas (ton)	235150	230900	224521
工业源	Industrial Source	217620	221897	215481
城镇生活源	Urban Residential Source	17530	8959	8959
集中式治理设施	Centralized Treatment Facilities		44	81
氮氧化物排放量(吨)	Emission of Nitrogen Oxides (ton)	239736	358900	334225
工业源	Industrial Source	236040	300404	275553
城镇生活源	Urban Residential Source	3696	4447	4447
机动车	Automobiles		54004	54052
集中式治理设施	Centralized Treatment Facilities		45	173
烟(粉)尘排放量(吨)	Volume of Fumes (Dust) Emission (ton)	71915	75923	84061
工业源	Industrial Source	61521	65333	59036
城镇生活源	Urban Residential Source	4071	4071	18400
机动车	Automobiles	6312	6494	6587
集中式治理设施	Centralized Treatment Facilities	11	25	38
工业废气排放总量(亿标立方米)	Volume of Industrial Waste Gas Emission (100 million standard cu. m)	7686	8919	9032
声 环 境 (分贝)	**Acoustic Environment Conditions (decibel)**			
道路交通噪声平均声级	Equivalent Sound Level of City Traffic Noise	67.7	67.5	67.9
中心城区区域环境噪声平均声级	Central Urban Area Average Environmental Noise Level	54.6	54.4	54.3
生态环境	**Ecological Environment Conditions**			
自然保护区(个)	Nature Reserves (unit)	8	8	8
# 国家级自然保护区	State-level Nature Reserves	3	3	3
自然保护区面积(万公顷)	Nature Reserves Area (10 000 hectares)	9.11	9.11	9.11

注：2011年起主要污染物排放指标执行环保部新的统计口径，与2010年不可比。
Note: The indicators of major pollutants discharged adopt new statistic coverage of Ministry of Environmental Protection from 2011, which is not comparable with the previous year.

11-14 工业固体废物利用与处置情况 (2010—2012年)
Utilization and Disposal of Industrial Waste Residue, 2010-2012

单位：万吨 (10 000 tons)

指　标　Item	2010	2011	2012
工业固体废物产生量 Amount of Industrial Waste Residue Produced	1862	1762	1831
# 危险废物 Dangerous Waste	10.21	10.27	11.47
工业固体废物综合利用量 Volume of Comprehensive Utilization of Industrial Waste Residue	1845	1752	1820
# 危险废物 Dangerous Waste	1.64	3.09	3.96
工业固体废物综合利用率(%) Rate of Comprehensive Utilization of Industrial Waste Residue (%)	98.57	99.12	99.22
工业固体废物处置量 Volume of Industrial Solid Waste Disposed	27.02	16.33	14.31
# 危险废物 Dangerous Waste	8.66	7.18	7.51
工业固体废物处置率(%) Disposal Rate of Industrial Waste Residue (%)	1.45	0.93	0.78

11-15 环境保护系统人员构成 (2010—2012年)
Composition of Environment Protection Personnel, 2010-2012

单位：人(Person)

指　标	Item	2010	2011	2012
年末实有人数	Persons (year-end)	1918	1821	1888
# 行政干部	Administrative Personnel	476	439	435
# 环科院	Academy of Environmental Sciences	161	157	145
监测站	Monitoring Station	825	733	729
监察机构	Monitoring Organization	239	254	284

11-16 建设项目环境管理情况 (2010—2012年) Implementation of Environmental Management on Construction Project, 2010-2012

指　　标	Item	2010	2011	2012
办理建设项目环境影响评价审批(项)	Approval of Assessment of Environment Effect of Construction Projects (unit)	3919	3004	3261
编制环境影响报告书(项)	Statements of Environment Effect (unit)	523	599	440
办理环保竣工验收项目(个)	Projects with Completed Environmental Protection Check and Acceptance (unit)	1087	1220	1408
应执行"三同时"项目数(个)	Number of Projects Executing "Three Meantime" (unit)	1087	1220	1408
实际执行"三同时"项目(个)	Number of Actual Executed Projects (unit)	1087	1220	1408
当年完成项目实际投资额(亿元)	Actual Investment of Projects (100 million yuan)	842.90	1008.70	1365.56
# 环保工程实际投资额	Actual Investment of Protecting Environment Projects	27.43	54.36	55.11
"三同时"执行率(%)	Rate of Executing "Three Meantime" (%)	100	100	100
"三同时"合格率(%)	Qualified Rate of Executing "Three Meantime" (%)	100	100	100

注:"三同时"指同时设计、同时施工、同时使用。
Note: "Three Meantime" refers to design, construction, and use at the same time.

11-17 工业污染治理情况 (2010—2012年) Industrial Pollution Treatment Condition, 2010-2012

单位：万元 (10 000 yuan)

指　　标	Item	2010	2011	2012
工业污染治理情况	**Industrial Pollution Treatment Condition**			
本年完成投资	Investment Completed in Current Year	164684	156090	125558
治理废水	Treating Waste Water	47139	33796	11306
治理废气	Treating Waste Gas	34856	47563	42459
治理固体废物	Treating Waste Residue	1226	33245	4389
治理噪声	Treating Noise Pollution	155	14	1208
其　他	Others	81308	41472	66196
本年安排治理项目	Number of Treating Projects in Current Year	124	126	135
本年竣工项目	Number of Projects Completed in Current Year	99	108	73
治理废水	Treating Waste Water	34	35	20
治理废气	Treating Waste Gas	40	44	26
治理固体废物	Treating Waste Residue	9	3	5
治理噪声	Treating Noise Pollution	1	1	6
其　他	Others	15	25	16

主要统计指标解释

建成区

指城市行政区内实际已成片开发建设、市政公用设施和公共设施基本具备的区域。对核心城市，它包括集中连片的部分以及分散的若干个已经成片建设起来的市政公用设施和公共设施基本具备的地区；对一城多镇来说，它包括由几个连片开发建设起来的市政公用设施和公共设施基本具备的地区组成。因此建成区范围，一般是指建成区外轮廓线所能包括的地区，也就是这个城市实际建设用地所达到的范围。

水资源总量

一定区域内的水资源总量指当地降水形成的地表和地下产水量，即地表径流量与降水入渗补给量之和，不包括过境水量。

化学需氧量(COD)

测量有机和无机物质化学分解所消耗氧的质量浓度的水污染指数。

工业固体废物产生量

系指未被列入《国家危险废物名录》或者根据国家规定的危险废物鉴别标准（GB5085）、固体废物浸出毒性浸出方法（GB5086）及固体废物浸出毒性测定方法（GB/T 15555）鉴别方法判定不具有危险特性的工业固体废物。计算公式是：

工业固体废物产生量=（工业固体废物综合利用量-综合利用往年贮存量）+工业固体废物贮存量+（工业固体废物处置量-处置往年贮存量）+工业固体废物倾倒丢弃量

工业固体废物综合利用量

指报告期内企业通过回收、加工、循环、交换等方式，从固体废物中提取或者使其转化为可以利用的资源、能源和其他原材料的固体废物量(包括当年利用往年的工业固体废物贮存量)。如用作农业肥料、生产建筑材料、筑路等。综合利用量由产生固体废物的单位统计。

工业固体废物综合利用率

指工业固体废物综合利用量占工业固体废物产生量(包括综合利用往年贮存量)的百分率。计算公式为：

$$\text{工业固体废物综合利用率}=\frac{\text{工业固体废物综合利用量}}{\text{工业固体废物产生量}+\text{综合利用往年贮存量}}\times 100\%$$

噪声等效声级（LEQ）

指在规定的时间内，某一连续稳态声的A〔计权〕声压，具有与时变的噪声相同的均方A〔计权〕声压，则这一连续稳态声的声级，就是此时变噪声的等效声级。噪声等效声级(分贝)数值越小越好。

自然保护区

指对有代表性的自然生态系统、珍稀濒危野生动植物物种的天然分布区、水源涵养区、有特殊意义的自然历史遗迹等保护对象所在的陆地、陆地水体或海域，依法划出一定面积进行特殊保护和管理的区域。以县及县以上各级人民政府正式批准建立的自然保护区为准。风景名胜区、文物保护区不计在内。

Explanatory Notes on Main Statistical Indicators

Developed Area

refer to the land in administrative areas having been developed concentratedly with municipal public facilities. For core city, developed areas include concentrated areas and decentralized areas having basic perfect municipal public facilities; for the city with several towns, developed areas are composed of several concentrated areas with municipal public facilities. Therefore, the scope of developed areas refers to actual construction land of a city.

Total Water Resources

refers to the total volume of surface and underground water formed by precipitation in the local region, which equals to the sum of surface runoff and the infiltration supplement of underground water from precipitation, excluding crossing water.

Chemical Oxygen Demand (COD)

refers to the water pollution index of measuring the mass concentration of oxygen consumed in the chemical decomposition of organic and inorganic matter.

Industrial Solid Wastes Produced

refers to the industrial solid wastes that are not listed in the 《National Catalogue of Hazardous Wastes》, or not regarded as hazardous according to the national hazardous waste identification standards (GB5085), solid waste-Extraction procedure for leaching toxicity (GB5086) and solid waste-Extraction procedure for leaching toxicity (GB/T 15555). The calculation formula is as followed: *Common Industrial Solid Wastes Produced = (common industrial solid wastes utilized-the proportion of utilized stock of previous years) + common industrial solid waste stock + (common industrial solid wastes disposed-the proportion of disposed stock of previous years) + common industrial solid wastes discharged.*

Industrial Solid Wastes Comprehensively Utilized

refers to volume of solid wastes from which useful materials can be extracted or which can be converted into usable resources, energy or other materials by means of reclamation, processing, recycling and exchange (including utilizing in the year the stocks of industrial solid wastes of the previous year) during the report period, e.g. being used as agricultural fertilizers, building materials or as material for paving road. Examples of such utilization include fertilizers, building materials and road materials. The information shall be collected by the producing units of the wastes.

Ratio of Comprehensive Utilization of Industrial Waste Residue

refers to the percentage of industrial solid wastes utilized over industrial solid wastes produced (including stocks of the previous years). It is calculated as:

$$\text{Ratio of Comprehensive Utilization of Industrial Waste Residue} = \frac{\text{Volume of Industrial Solid Wastes Utilized}}{\text{Industrial Solid Wastes Produced} + \text{Stock of Previous Years}} \times 100\%$$

Level of Equivalent Noise (LEQ)

refer to the A sound pressure of a continuous steady state sound, in the specified time interval with the same mean square A sound pressure as the time variant noise. This sound level of a continuous steady state sound is the equivalent sound level of the time variant noise. The smaller of the value of noise equivalent sound level (dB), the better.

Natural Reserves

refer to certain areas of land, waters or sea that are representative in natural ecological systems, or are natural habitats for rare or endangered wild animals or plants, or water conservation zones, or the location of important natural or historic relics, which are marked by law and put under special protection and management. Natural reserves are designated by the formal approval of governments at and above county level. Scenic spots and cultural preservation zones are not included.

农业
Agriculture
12

12-1 农村经济主要指标
Major Indicators of Rural Economy

项　目	Item	2011	2012	2012比2011年增长(%) Increase Rate in 2012 over 2011 (%)
农林牧渔业总产值(亿元)	**Gross Output Value of Farming, Forestry, Animal Husbandry and Fishery (100 million yuan)**	**349.48**	**375.62**	**3.2**
农　业	Farming	179.87	195.99	1.8
林　业	Forestry	2.46	2.79	8.2
牧　业	Animal Husbandry	98.52	105.01	6.6
渔　业	Fishery	58.61	61.66	2.3
农林牧渔服务业	FFAF Services	10.03	10.17	0.4
农林牧渔业增加值(亿元)	**Value Added of Farming, Forestry, Animal Husbandry and Fishery (100 million yuan)**	**159.73**	**171.59**	**3.0**
农业机械及灌溉	**Agricultural Machinery and Irrigation**			
农机总动力(万千瓦)	Total Power of Agricultural Machinery (10 000 kw)	583.87	568.13	-2.7
大中型拖拉机(台)	Large and Medium-sized Tractors (set)	14300	15002	4.9
小型拖拉机(万台)	Mini-tractors (10 000 sets)	2.78	2.31	-16.9
年末实有机电井(眼)	Motor-pumped Well (year-end) (unit)	24572	25333	3.1
有效灌溉面积(万公顷)	Effective Irrigated Areas (10 000 hectares)	33.80	33.70	-0.3
节水灌溉面积(万公顷)	Water-saving Irrigated Areas (10 000 hectares)	27.53	29.21	6.1
农作物总播种面积(万公顷)	**Total Sown Areas of Farm Crops (10 000 hectares)**	**46.80**	**47.90**	**2.4**
# 粮　食	Grain	31.08	32.29	3.9
蔬　菜	Vegetables	8.71	8.89	2.1
总产量(万吨)	**Yield of Farm Crops (10 000 tons)**			
# 粮　食	Grain	161.83	161.76	0.0
蔬　菜	Vegetables	431.30	447.70	3.8
水果产量(万吨)	**Yield of Fruits (10 000 tons)**	**61.57**	**58.19**	**-5.5**
# 果用瓜	Melon-Fruits	29.69	27.57	-7.1
当年造林面积(万公顷)	**Afforested Area in Current Year (10 000 hectares)**	**0.86**	**0.57**	**-33.7**

注：农林牧渔业增长速度按可比价格计算，下表同。
Note: Increase rate of gross output value of farming, forestry, animal husbandry and fishery is calculated based on constant prices. Same as following next.

12-1续表 Continued

项 目	Item	2011	2012	2012比2011年增长(%) Increase Rate in 2012 over 2011 (%)
畜牧业生产	**Production of Animal Husbandry**			
生猪年末存栏(万头)	Pigs in Hand (year-end) (10 000 heads)	191.26	193.75	1.3
生猪当年出栏(万头)	Number of Slaughtered Pigs (10 000 heads)	352.70	374.21	6.1
牛年末存栏(万头)	Cattle in Hand (year-end) (10 000 heads)	29.36	29.14	-0.7
# 乳 牛	Cows	15.79	15.58	-1.3
牛当年出栏(万头)	Number of Slaughtered Cattle (10 000 heads)	18.00	19.02	5.7
羊年末存栏(万只)	Sheep & Goats in Hand (year-end) (10 000 heads)	36.06	41.39	14.8
羊当年出栏(万只)	Number of Slaughtered Sheep and Goats (10 000 heads)	65.97	65.01	-1.5
家禽年末存栏(万只)	Poultry in Hand (year-end) (10 000 heads)	2315.50	2542.42	9.8
# 产蛋鸡	Hens	1307.56	1129.89	-13.6
家禽当年出栏(万只)	Number of Slaughtered Poultry (10 000 heads)	7215.72	8009.45	11.0
畜禽产品产量(万吨)	**Output of Animal and Poultry (10 000 tons)**			
肉类总产量	Output of Meat	42.92	45.80	6.7
# 猪 肉	Pork	27.63	29.20	5.7
牛羊肉	Beef and Mutton	4.57	4.73	3.5
禽 肉	Poultry	10.11	11.31	11.9
禽蛋产量	Output of Poultry Eggs	19.26	19.05	-1.1
奶类产量	Output of Milk	69.39	68.17	-1.8
渔业生产	**Production of Fishery**			
水产养殖面积	Culture Areas of Aquatic Products			
（万公顷）	(10 000 hectares)	4.04	4.13	2.2
# 淡 水	Fresh Water	3.63	3.74	3.0
水产品产量（万吨）	Output of Aquatic Products (10 000 tons)	35.21	36.50	3.7
# 淡 水	Fresh Water	31.38	32.34	3.1

12-2 农业生产条件情况 (1996—2012年)
Conditions of Agricultural Production, 1996-2012

年份 Year	年末实有常用耕地面积(万公顷) Cultivated Area (year-end) (10 000 hectares)	年末实有林地面积(万公顷) Forest Area (year-end) (10 000 hectares)	# 当年造林面积 Afforested Area in Current Year	水产养殖面积(万公顷) Culture Area of Aquatic Products (10 000 hectares)	有效灌溉面积(万公顷) Effective Irrigated Area (10 000 hectares)
1996	42.58	9.26	0.62	3.41	33.26
1997	42.52	9.85	0.90	3.81	33.28
1998	42.49	11.14	0.91	3.71	33.29
1999	42.46	12.74	0.94	3.76	34.39
2000	42.43	13.69	0.93	3.64	35.32
2001	42.39	14.19	0.50	3.67	35.43
2002	42.28	17.53	0.85	3.82	35.44
2003	41.85	18.21	0.69	3.83	35.41
2004	41.53	18.75	0.53	4.04	35.34
2005	41.45	19.05	0.36	4.17	35.52
2006		19.35	0.30	4.34	34.96
2007	40.60	18.73	0.51	4.19	34.93
2008	40.44	19.64	1.50	4.08	34.80
2009	40.26	21.26	1.62	4.31	34.76
2010	39.88	20.91	1.81	4.16	34.46
2011	39.65	21.19	0.86	4.04	33.80
2012	39.54	21.46	0.57	4.13	33.70

年份 Year	农用机械总动力(万千瓦) Total Power of Agricultural Machinery (10 000 kw)	机耕面积(万公顷) Cultivated Area Using Machinery (10 000 hectares)	机播面积(万公顷) Sown Area Using Machinery (10 000 hectares)	化肥施用量(折纯)(万吨) Consumption of Chemical Fertilizers (Pureness) (10 000 tons)	农村用电量(万千瓦小时) Rural Electricity Consumption (10 000 kwh)
1996	384.22	39.85	22.28	48.82	358184
1997	417.37	39.66	25.00	49.15	330249
1998	440.57	40.13	24.99	51.48	337565
1999	481.54	39.62	24.93	47.24	343667
2000	593.40	39.62	25.73	16.64	354946
2001	603.32	37.26	24.11	17.31	377823
2002	612.72	38.17	23.95	17.59	402785
2003	601.66	37.05	23.57	17.80	423157
2004	608.13	37.35	27.66	22.85	484221
2005	611.94	37.62	28.94	23.29	522492
2006	603.39	37.74	29.91		
2007	604.90	37.71	34.32	25.82	525220
2008	596.60	36.04	36.31	25.88	457875
2009	595.00	36.14	36.69	25.96	513898
2010	587.79	37.65	40.23	25.54	509920
2011	583.87	37.53	41.78	24.39	512968
2012	568.13	37.07	41.98	24.45	516155

注：化肥施用量2000年以前为实物量。
Note: Consumption of chemical fertilizers referred to full-scale quantity before 2000.

12-3 农林牧渔业总产值和增长速度（1996—2012年）
Gross Output Value and Increase Rate of Farming, Forestry, Animal Husbandry and Fishery, 1996-2012

年 份 Year	合 计 Total	农 业 Farming	林 业 Forestry	牧 业 Animal Husbandry	渔 业 Fishery	农林牧渔服务业 FFAF Services
总 产 值(亿元) Gross Output Value (100 million yuan)						
1996	133.53	90.17	0.96	30.27	12.13	
1997	140.47	89.77	1.00	33.99	15.71	
1998	156.16	98.83	1.19	38.09	18.05	
1999	150.11	91.58	1.42	38.95	18.16	
2000	156.30	83.42	1.37	51.75	19.76	
2001	169.51	86.73	1.46	60.76	20.56	
2002	181.07	86.06	1.52	69.21	24.28	
2003	193.44	88.20	1.61	77.22	26.41	
2004	221.35	95.29	1.66	92.55	31.85	
2005	238.34	97.49	1.89	102.71	36.25	
2006	225.04	110.05	2.01	70.52	35.32	7.14
2007	240.74	117.60	2.08	76.93	36.13	8.00
2008	268.11	127.67	2.22	86.03	43.81	8.38
2009	281.65	139.70	2.22	83.57	47.53	8.64
2010	317.33	168.25	2.36	87.49	50.26	8.97
2011	349.48	179.87	2.46	98.52	58.61	10.03
2012	375.62	195.99	2.79	105.01	61.66	10.18
比上年增长(%) Increase Rate over Preceding Year (%)						
1996	7.5	8.5	10.3	3.5	10.6	
1997	7.6	5.1	2.6	10.5	15.7	
1998	11.8	8.2	39.7	15.4	21.2	
1999	0.4	-6.3	15.1	13.7	3.1	
2000	4.2	-4.4	-5.7	19.6	6.1	
2001	8.0	4.1	7.2	15.9	3.0	
2002	6.0	-8.9	13.7	14.9	36.2	
2003	6.6		3.8	13.6	6.7	
2004	5.2	3.1	2.6	5.8	10.5	
2005	4.8	0.2	13.6	7.5	10.6	
2006	3.6	4.0	4.6	2.9	4.8	1.4
2007	1.5	2.1	4.6	-1.1	4.0	3.7
2008	3.3	3.1	6.2	3.5	3.4	2.0
2009	3.7	4.8	1.3	3.0	2.2	2.1
2010	3.5	4.6	3.1	2.4	2.2	2.8
2011	4.2	5.5	4.0	2.0	2.9	9.0
2012	3.2	1.8	8.2	6.6	2.3	0.4

12-4 农林牧渔业总产值结构 (1996—2012年)
Structure of Gross Output Value of Farming, Forestry, Animal Husbandry and Fishery, 1996-2012

单位：% (%)

年 份 Year	合 计 Total	农 业 Farming	林 业 Forestry	牧 业 Animal Husbandry	渔 业 Fishery	农林牧渔服务业 FFAF Services
1996	100	67.5	0.7	22.7	9.1	
1997	100	63.9	0.7	24.2	11.2	
1998	100	63.3	0.8	24.4	11.5	
1999	100	61.0	0.9	25.9	12.2	
2000	100	53.4	0.9	33.1	12.6	
2001	100	51.2	0.9	35.8	12.1	
2002	100	47.5	0.8	38.3	13.4	
2003	100	45.6	0.8	39.9	13.7	
2004	100	43.1	0.7	41.8	14.4	
2005	100	40.9	0.8	43.1	15.2	
2006	100	48.9	0.9	31.3	15.7	3.2
2007	100	48.8	0.9	32.0	15.0	3.3
2008	100	47.6	0.8	32.1	16.3	3.2
2009	100	49.6	0.8	29.7	16.9	3.0
2010	100	53.0	0.7	27.6	15.8	2.9
2011	100	51.5	0.7	28.2	16.8	2.8
2012	100	52.2	0.7	28.0	16.4	2.7

12-5 农作物播种面积 (1996—2012年)
Sown Areas of Farm Crops, 1996-2012

单位：万公顷 (10 000 hectares)

年 份 Year	合 计 Total	粮 食 Grain	棉 花 Cotton	油 料 Oil-bearing Crops	蔬 菜 Vegetables	其他农作物 Others
1996	56.44	45.57	0.38	1.37	8.08	1.04
1997	55.73	43.99	0.28	1.61	8.82	1.03
1998	56.32	44.45	0.35	1.69	8.64	1.19
1999	56.29	43.10	0.60	1.62	9.86	1.11
2000	53.31	34.59	1.51	2.63	12.83	1.75
2001	54.45	32.85	4.50	2.05	12.95	2.10
2002	52.28	31.13	4.48	1.89	12.84	1.94
2003	50.15	25.81	7.06	1.58	13.46	2.24
2004	50.43	26.35	8.69	0.61	13.19	1.59
2005	49.94	28.77	6.12	0.51	12.97	1.57
2006	42.98	28.43	6.89	0.20	6.38	1.08
2007	43.40	29.20	6.75	0.18	6.34	0.93
2008	44.63	29.35	6.92	0.18	7.22	0.96
2009	45.52	30.66	5.56	0.20	8.08	1.02
2010	45.93	31.18	5.18	0.22	8.49	0.86
2011	46.80	31.08	6.00	0.22	8.71	0.79
2012	47.90	32.29	5.54	0.19	8.89	0.99

12-6 主要农产品产量情况（1996—2012年）
Yield of Major Farm Crops, 1996-2012

单位：万吨 (10 000 tons)

年 份 Year	粮 食 Grain	#小 麦 Wheat	#玉 米 Corn	棉 花 Cotton	油 料 Oil-bearing Crops	蔬 菜 Vegetables
1996	207.00	67.35	75.41	0.51	3.13	452.71
1997	206.16	77.41	65.45	0.39	3.01	486.23
1998	210.12	76.06	75.51	0.63	3.76	505.35
1999	174.85	71.60	56.30	0.57	2.34	486.07
2000	124.05	59.91	40.95	1.75	3.31	530.60
2001	143.33	45.09	75.19	6.36	3.90	564.50
2002	137.82	44.11	71.05	6.24	3.40	584.31
2003	119.29	35.91	64.81	9.47	3.08	602.78
2004	125.27	37.81	70.71	12.03	1.55	585.43
2005	137.50	47.42	73.16	8.36	1.29	542.74
2006	141.90	49.90	79.70	9.50	0.50	275.50
2007	147.15	50.59	85.08	9.31	0.46	274.37
2008	148.93	52.47	84.29	8.29	0.48	314.16
2009	156.29	54.03	88.74	7.09	0.54	373.85
2010	159.74	53.20	92.74	6.27	0.64	419.31
2011	161.83	54.20	94.38	7.23	0.66	431.30
2012	161.76	55.76	92.45	5.76	0.56	447.70

年 份 Year	肉 类 Meat	#猪 肉 Pork	#牛羊肉 Beef and Mutton	禽 蛋 Poultry Eggs	奶 类 Milk	水产品 Aquatic Products
1996	16.94	10.50	3.30	16.65	10.69	16.99
1997	18.70	11.77	3.44	17.71	12.13	18.98
1998	21.74	13.88	3.74	22.68	11.69	21.38
1999	23.53	14.59	4.24	23.56	12.94	23.03
2000	29.49	17.96	4.76	25.60	16.52	24.22
2001	36.40	21.92	5.97	26.00	24.06	26.46
2002	44.88	26.09	7.39	24.47	33.59	28.56
2003	52.41	30.56	8.53	24.25	43.23	29.83
2004	53.73	33.05	8.73	24.38	54.24	31.00
2005	57.78	35.63	9.28	23.47	63.41	33.81
2006	34.95	21.80	5.20	19.04	65.77	31.40
2007	33.76	20.45	5.25	19.43	67.21	32.50
2008	37.13	23.48	5.12	19.69	70.12	33.67
2009	39.50	25.66	5.03	19.60	68.70	34.17
2010	42.60	27.98	4.63	19.92	69.30	34.49
2011	42.92	27.63	4.57	19.26	69.39	35.21
2012	45.80	29.20	4.73	19.05	68.17	36.50

12-7 各区县农林牧渔业总产值和增加值 (2012年)
Gross Output Value and Value-added of Farming, Forestry, Animal Husbandry and Fishery by District and County, 2012

单位：万元 (10 000 yuan)

地　区	Region	合计 Total	农业 Farming	林业 Forestry	牧业 Animal Husbandry	渔业 Fishery
总产值	**Gross Output Value**					
东丽区	Dongli District	89097	50961	2112	11017	25007
西青区	Xiqing District	232515	145044	810	42308	44353
津南区	Jinnan District	120634	31608	255	31331	57440
北辰区	Beichen District	198535	82648	1306	101351	13230
武清区	Wuqing District	759557	482509	13863	180769	82417
宝坻区	Baodi District	666264	358100	2560	248308	57295
滨海新区	Binhai New Area	239299	63555	422	65361	109960
塘　沽	Tanggu	42981	10111		9549	23321
汉　沽	Han'gu	133388	39039	187	23580	70582
大　港	Dagang	62930	14405	235	32232	16057
宁河县	Ninghe County	535025	230132	7840	233836	63217
静海县	Jinghai County	415993	207637	15015	163428	29913
蓟　县	Jixian County	555488	254417	4367	264191	32513
增加值	**Value-added**					
东丽区	Dongli District	40766	23748	929	4210	11879
西青区	Xiqing District	108004	74001	470	16456	17077
津南区	Jinnan District	50440	13706	97	12514	24123
北辰区	Beichen District	97740	47726	585	43910	5519
武清区	Wuqing District	345592	231083	8158	73625	32727
宝坻区	Baodi District	280123	139674	1119	120551	18779
滨海新区	Binhai New Area	93790	27176	198	24436	41981
塘　沽	Tanggu	15389	3739		3381	8269
汉　沽	Han'gu	55391	20471	123	7644	27153
大　港	Dagang	23010	2966	75	13411	6559
宁河县	Ninghe County	261548	113862	3685	112709	31292
静海县	Jinghai County	191024	105172	7830	67843	10179
蓟　县	Jixian County	265025	136368	2804	111667	14186

12-8 各区县主要农作物播种面积(2012年)
Sown Areas of Major Farm Crops by District and County, 2012

单位：公顷 (hectare)

地 区	Region	粮食作物 Grain Crops	# 小 麦 Wheat	# 稻 谷 Rice	# 玉 米 Corn
东丽区	Dongli District	2447		47	1960
西青区	Xiqing District	4580	867	247	3300
津南区	Jinnan District	3067		270	1855
北辰区	Beichen District	7237	660	35	5368
武清区	Wuqing District	89113	37213		51200
宝坻区	Baodi District	88443	35477	8857	42499
滨海新区	Binhai New Area	12975	2640	119	8504
塘 沽	Tanggu	867			833
汉 沽	Han'gu	995		119	824
大 港	Dagang	11113	2640		6847
宁河县	Ninghe County	15512	224	3587	10215
静海县	Jinghai County	39567	3047		30600
蓟 县	Jixian County	72100	29713	1091	40355

地 区	Region	油料作物 Oil-bearing Crops	# 花 生 Peanuts	棉 花 Cotton	蔬 菜 Vegetables
东丽区	Dongli District			2013	2308
西青区	Xiqing District	167	67	2453	11390
津南区	Jinnan District			2221	1607
北辰区	Beichen District			3326	5669
武清区	Wuqing District	436	230	4091	23679
宝坻区	Baodi District	125	97	6529	10686
滨海新区	Binhai New Area	31	27	2474	1823
塘 沽	Tanggu			1112	754
汉 沽	Han'gu			467	575
大 港	Dagang	31	27	895	494
宁河县	Ninghe County			15573	8665
静海县	Jinghai County	429	289	16627	7434
蓟 县	Jixian County	687	687	109	6804

12-9 各区县主要农作物产量(2012年)
Yield of Major Farm Crops by District and County, 2012

地　　区	Region	粮食作物 Grain Crops	#小　麦 Wheat	#稻　谷 Rice	#玉　米 Corn
产　量(吨)	**Total Yield (ton)**				
东丽区	Dongli District	11360		310	9910
西青区	Xiqing District	25141	3460	1203	20178
津南区	Jinnan District	12861		2080	8869
北辰区	Beichen District	35034	3620	280	28432
武清区	Wuqing District	468352	195347	96	271611
宝坻区	Baodi District	486184	196947	55428	228357
滨海新区	Binhai New Area	31440	3622	920	23404
塘　沽	Tanggu	3330	2		3280
汉　沽	Han'gu	5310		920	4260
大　港	Dagang	22800	3620		15864
宁河县	Ninghe County	106760	1040	33000	68010
静海县	Jinghai County	179630	12780		157579
蓟　县	Jixian County	359055	146550	7980	200805
单　产(公斤/公顷)	**Unit Yield (kg/hectare)**				
东丽区	Dongli District	4643		6624	5057
西青区	Xiqing District	5489	3992	4877	6115
津南区	Jinnan District	4193		7713	4780
北辰区	Beichen District	4841	5481	8031	5297
武清区	Wuqing District	5256	5249	3600	5305
宝坻区	Baodi District	5497	5551	6258	5373
滨海新区	Binhai New Area	2423	1372	7714	2752
塘　沽	Tanggu	3842	7500		3936
汉　沽	Han'gu	5336		7714	5170
大　港	Dagang	2052	1371		2317
宁河县	Ninghe County	6883	4647	9201	6658
静海县	Jinghai County	4540	4194		5150
蓟　县	Jixian County	4980	4932	7311	4976

12-9续表 Continued

地 区	Region	油料作物 Oil-bearing Crops	#花 生 Peanuts	棉 花 Cotton	蔬 菜 Vegetables
产 量(吨)	**Total Yield (ton)**				
东丽区	Dongli District			2364	121966
西青区	Xiqing District	430	220	2157	580103
津南区	Jinnan District			2058	64688
北辰区	Beichen District			2810	244374
武清区	Wuqing District	958	626	4080	1465889
宝坻区	Baodi District	376	311	10652	552187
滨海新区	Binhai New Area	12	9	2198	88933
塘 沽	Tanggu			804	30090
汉 沽	Han'gu			700	32624
大 港	Dagang	12	9	694	26219
宁河县	Ninghe County			17032	501558
静海县	Jinghai County	1135	696	14045	416889
蓟 县	Jixian County	2734	2734	172	440428
单 产(公斤/公顷)	**Unit Yield (kg/hectare)**				
东丽区	Dongli District			1175	52846
西青区	Xiqing District	2580	3300	879	50932
津南区	Jinnan District			927	40254
北辰区	Beichen District			845	43107
武清区	Wuqing District	2199	2721	997	61907
宝坻区	Baodi District	3005	3200	1632	51672
滨海新区	Binhai New Area	385	328	889	48762
塘 沽	Tanggu			723	39886
汉 沽	Han'gu			1500	56705
大 港	Dagang	385	328	775	53068
宁河县	Ninghe County			1094	57882
静海县	Jinghai County	2645	2409	845	56082
蓟 县	Jixian County	3978	3978	1573	64729

12-10 各区县畜牧业生产情况（2012年）
Production of Animal Husbandry by District and County, 2012

地区	Region	猪出栏（万头） Slaughtered Pigs (10 000 heads)	牛出栏（万头） Slaughtered Cattle (10 000 heads)	羊出栏（万只） Slaughtered Sheep and Goats (10 000 heads)	家禽出栏（万只） Slaughtered Poultry (10 000 heads)	#鸡 Cocks and Hens	产蛋鸡存栏（万只） Hens in Hand (10 000 heads)	乳牛存栏（头） Cows in Hand (head)
东丽区	Dongli District	4.91	0.07	0.34	41.27	38.20	10.32	911
西青区	Xiqing District	16.60	0.03	0.98	508.95	493.24	28.43	3447
津南区	Jinnan District	11.59	0.05	0.41	766.31	766.31	13.20	212
北辰区	Beichen District	17.75	1.26	6.26	422.33	421.80	74.86	28761
武清区	Wuqing District	34.92	2.03	9.03	1148.39	1127.36	185.48	46634
宝坻区	Baodi District	73.57	4.24	11.18	897.79	780.99	295.20	5216
滨海新区	Binhai New Area	24.12	0.24	3.14	324.73	323.12	38.02	3978
塘沽	Tanggu	5.02	0.09	0.34	31.68	30.07	2.51	61
汉沽	Han'gu	9.50	0.03	0.33	71.40	71.40	5.72	1412
大港	Dagang	9.60	0.12	2.47	221.65	221.65	29.79	2505
宁河县	Ninghe County	88.29	0.62	3.56	2061.76	2061.65	113.11	16339
静海县	Jinghai County	40.70	0.14	13.08	1955.53	1953.40	80.87	26220
蓟县	Jixian County	62.05	10.38	16.72	699.97	606.34	392.99	4353

地区	Region	肉类总产量（吨） Output of Meat (ton)	#猪肉 Pork	#牛羊肉 Beef & Mutton	#禽肉 Poultry	禽蛋产量（吨） Output of Poultry Eggs (ton)	#鸡蛋 Eggs	牛奶产量（吨） Output of Milk (ton)
东丽区	Dongli District	5007	3931	235	841	1524	1494	2605
西青区	Xiqing District	20570	12957	290	7322	6213	3867	9314
津南区	Jinnan District	20388	8690	203	11495	1586	1586	895
北辰区	Beichen District	23453	13312	3825	6316	12782	12296	131142
武清区	Wuqing District	49991	26177	6406	17244	25785	22427	197876
宝坻区	Baodi District	80714	55882	9892	14889	50439	49418	14223
滨海新区	Binhai New Area	24372	18023	1153	5195	4245	4040	13306
塘沽	Tanggu	4381	3599	288	494	488	303	178
汉沽	Han'gu	8699	7125	141	1433	942	922	2628
大港	Dagang	11292	7299	724	3268	2815	2815	10500
宁河县	Ninghe County	103194	67804	2073	33299	20129	20023	72286
静海县	Jinghai County	64000	30485	3863	29584	13522	13315	140418
蓟县	Jixian County	79989	46579	21470	11739	50825	48361	21700

12-11 林业生产、果园面积及产量（2010—2012年）
Forestry Production, Orchard Areas and Output, 2010-2012

项 目	Item	2010	2011	2012
年末实有林地面积(万公顷)	**Forestry Areas (year-end) (10 000 hectares)**	**20.91**	**21.19**	**21.46**
# 当年造林面积	Afforested Areas in Current Year	1.81	0.86	0.57
封山育林面积(万公顷)	**Afforested Areas on Sealed Mountain (10 000 hectares)**	**2.60**	**2.60**	**2.60**
# 育苗面积	Areas Used for Cultivating Sapling	0.55	0.83	0.73
年末实有果园面积(万公顷)	**Areas of Orchards (year-end) (10 000 hectares)**	**3.44**	**3.25**	**3.37**
干果产量(吨)	**Output of Dry Fruits (ton)**	**1507**	**1662**	**1939**
# 核 桃	Walnuts	814	905	1012
栗 子	Chestnuts	693	757	927
园林水果产量(吨)	**Output of Fruits in Orchards (ton)**	**312713**	**318816**	**306225**
# 苹 果	Apples	55512	55234	49639
梨	Pears	35701	39276	36218
桃	Peaches	60025	57102	58060
鲜 枣	Fresh Jujubes	33037	33837	34754
葡 萄	Grapes	103322	113241	106929
柿 子	Persimmons	8392	7712	8662

12-12 各区县渔业生产情况（2012年）
Fishery Production by District and County, 2012

地 区	Region	水产品总产量(吨) Total Output of Aquatic Products(ton)	海水产品 Seawater Aquatic Products	淡水产品 Freshwater Aquatic Products	水产养殖面积(公顷) Culture Areas of Aquatic Products (hectare)	海水养殖 Seawater Cultured	淡水养殖 Freshwater Cultured
东丽区	Dongli District	9456		9456	1446		1446
西青区	Xiqing District	41895		41895	4008		4008
津南区	Jinnan District	20070		20070	2530		2530
北辰区	Beichen District	9926		9926	1862		1862
武清区	Wuqing District	68625		68625	7313		7313
宝坻区	Baodi District	41392		41392	3564		3564
滨海新区	Binhai New Area	53090	29900	23190	8866	3759	5107
塘 沽	Tanggu	15099	11594	3505	2014	857	1157
汉 沽	Han'gu	26955	15384	11571	1129	691	438
大 港	Dagang	11036	2922	8114	5723	2211	3512
宁河县	Ninghe County	49780	901	48879	7288	233	7055
静海县	Jinghai County	24005		24005	2279		2279
蓟 县	Jixian County	28746		28746	1571		1571

12-13 大型水库基本情况 (2012年) Large Reservoirs of Tianjin, 2012

项　目	Item	于桥水库 Yuqiao Reservoir	北大港水库 Beidagang Reservoir	团泊洼水库 Tuanbowa Reservoir
坐落地点	Site	蓟　县	大　港	静海县
		Jixian County	Dagang	Jinghai County
所属河系	Located River	蓟运河	大清河	独流减河
		Ji Canal	Daqing River	Duliujian River
总库容(万立方米)	Total Capacity of Reservoir (10 000 cu. m)	155900	50000	18000
设计灌溉面积(万公顷)	Designed Irrigated Areas (10 000 hectares)	6.70	1.39	3.00
有效灌溉面积(万公顷)	Effective Irrigated Areas (10 000 hectares)	3.00	0.67	2.60

12-14 中型水库基本情况 (2012年) Medium Reservoirs of Tianjin, 2012

水库名称 Name of Reservoir	坐落地点 Site	所属河系 Located River	总库容(万立方米) Total Capacity of Reservoir (10 000 cu. m.)	灌溉面积(万公顷) Irrigated Areas (10 000 hectares)	
				设　计 Designed Areas	有　效 Effective Areas
七里海水库	宁河县	潮白新河			
Qilihai Reservoir	Ninghe County	Chaobaixin River	2400		
新地河水库	东丽区	金钟河			
Xindihe Reservoir	Dongli District	Jinzhong River	1799		
鸭淀水库	西青区	津港运河			
Yadian Reservoir	Xiqing District	Jin'gang Canal	3360	0.53	0.53
黄港一库	塘　沽	黑猪河			
Huanggang Ⅰ Reservoir	Tanggu	Heizhu River	1792		
黄港二库	塘　沽	黑猪河			
Huanggang Ⅱ Reservoir	Tanggu	Heizhu River	6904		
北塘水库	塘　沽	永定新河			
Beitang Reservoir	Tanggu	Yongdingxin River	3977		
营城水库	汉　沽	蓟运河			
Yingcheng Reservoir	Han'gu	Ji Canal	3043		
上马台水库	武清区	北运河			
Shangmatai Reservoir	Wuqing District	North Canal	2730	0.87	0.87
津南水库	津南区	海　河			
Jinnan Reservoir	Jinnan District	Haihe River	2019		
尔王庄水库	宝坻区	潮白新河			
Erwangzhuang Reservoir	Baodi District	Chaobaixin River	4530		
杨庄水库	蓟　县	泃　河			
Yangzhuang Reservoir	Jixian County	Juhe River	2700		

主要统计指标解释

农林牧渔业总产值

指以货币表现的农、林、牧、渔业全部产品和对农林牧渔业生产活动进行的各种支持性服务活动的价值总量，它反映一定时期内农林牧渔业生产总规模和总成果。从2003年起，执行新的国民经济行业分类标准，农林牧渔业总产值中包括了农林牧渔服务业产值。

农林牧渔业总产值的计算方法通常是按农、林、牧、渔业产品及其副产品的产量分别乘以各自单位产品价格求得；少数生产周期较长，当年没有产品或产品产量不易统计的，则采用间接方法匡算其产值；然后将四业产品产值相加即为农林牧渔业总产值。

农林牧渔业增加值

指各种经济类型的农业生产单位和农户从事农业生产经营活动所提供的社会最终产品的货币表现。其计算方法有两种，一是生产法：农林牧渔业增加值＝农林牧渔业总产值–农林牧渔业中间消耗；二是分配法：农林牧渔业增加值＝固定资产折旧＋劳动者报酬＋生产税净额（生产税–生产补贴）＋营业盈余。

农用化肥施用量

指本年内实际用于农业生产的化肥数量，包括氮肥、磷肥、钾肥和复合肥。化肥施用量要求按折纯量计算数量。折纯量是指把氮肥、磷肥、钾肥分别按含氮、含五氧化二磷、含氧化钾的百分之百成份进行折算后的数量。复合肥按其所含主要成分折算。公式为：

折纯量＝实物量×某种化肥有效成份含量的百分比

农业机械总动力

指主要用于农、林、牧、渔业的各种动力机械的动力总和。包括耕作机械、排灌机械、收获机械、农用运输机械、植物保护机械、牧业机械、林业机械、渔业机械和其他农业机械。不包括专门用于乡、镇、村、组办工业、基本建设、非农业运输、科学试验和教学等非农业生产方面用的动力机械与作业机械。

有效灌溉面积

指灌溉工程或设备已基本配套，有一定水源，土地比较平整，在一般年景可以进行正常灌溉的耕地面积。在一般情况下，有效灌溉面积应等于灌溉工程或设备已经配套，能够进行灌溉的水田和水浇地面积之和。

当年出栏头数

指农林牧渔企业生产单位饲养的，供屠宰并已出栏的全部牲畜头数。包括交售给国家，集市上出售的部分。

肉类总产量

指当年出栏并已屠宰的猪、牛、羊、马、骡、驴、家禽、兔等肉产量。即屠宰后除去头、蹄、下水后带骨肉的重量，也叫胴体重。

水产品产量

指本年度内捕捞的水产品（包括人工养殖并捕捞的水产品和捕捞天然生长的水产品）产量。不论自食或出售的，都应计算在内。用作继续扩大再生产的水产品（如鱼苗、鱼种、鱼饵及转塘鱼、存塘鱼等）不作水产品产量统计。在淡水生长的各种水生植物，如莲藕、菱角等，因属农作物范畴，均不包括在水产品产量之内。

园林水果产量

指本年度内从果树上收获的全部水果产量，不论自食的或出售的， 都应计算在内。不包括果用瓜(如西瓜、甜瓜、白兰瓜、哈密瓜、脆瓜等)和主要作蔬菜食用的藕、西红柿等。也不包括采集的野生水果。水果的产量按鲜果计算，干枣、葡萄干、柿饼、桔饼等应统一折成鲜果计算。

Gross Output Value of Farming, Forestry, Animal Husbandry and Fishery

refers to the total value of products of farming, forestry, animal husbandry and fishery, and total value of services rendered to support farming, forestry, animal husbandry and fishery activities. It reflects the total scale and results of agricultural production during a given period. A new industrial classification of economic activities was introduced in 2003. Under the new classification, value of services to farming, forestry, animal husbandry and fishery is included in the gross output value of agriculture.

Gross output value of agriculture is obtained by first multiplying the output of each product or by product by its price, resulting in the output value of each single item. For a small number of products, annual output of which is not available or difficult to get due to the long production (growing) process involved, the output value is estimated through an indirect approach. The sum of output value of all products of farming, forestry, animal husbandry and fishery is then equal to the gross output value of agriculture.

Value-added of Farming, Forestry, Animal Husbandry and Fishery

refers to the final results of various agricultural production and trade units in money terms. It is calculated with two approaches. First, production approach,

value-added of farming, forestry, animal husbandry and fishery = gross output value of farming, forestry, animal husbandry and fishery - intermediate input of farming, forestry, animal husbandry and fishery.

Second, distribution approach,

value-added of farming, forestry, animal husbandry and fishery = depreciation of fixed assets + Labourers remuneration + net taxes on production (taxes on production - subsidies of production) + operating - surplus.

Consumption of Chemical Fertilizers in Agriculture

refers to the quantity of chemical fertilizers applied in agriculture in the year, including nitrogenous fertilizer, phosphate fertilizer, potash fertilizer, and compound fertilizer. The consumption of chemical fertilizers is required in calculation to convert the gross weight into weight containing 100% effective component (e.g. 100% nitrogen content in nitrogenous fertilizer, 100% phosphorous pent oxide contents in phosphate fertilizer, 100% potassium oxide contents in potash fertilizer). Compound fertilizer is converted with its major component. The formula is:

Volume of effective component = physical quantity × effective component of certain chemical fertilizer (%)

Total Power of Agricultural Machinery

refers to total mechanical power of machinery used in farming, forestry, animal husbandry, and fishery, including ploughing, irrigation and drainage, harvesting, transport, plant protection, stock breeding, forestry and fishery and other agricultural machineries. Machinery employed for non-agricultural purposes, such as the machines used in township run and village-run industry, construction, non-agricultural transport, scientific experiments and teaching, are excluded.

Effective Irrigated Area

refers to areas that are effectively irrigated, i.e. level land which has water source and complete sets of irrigation facilities to lift and move adequate water for irrigation purpose under normal conditions. In general, irrigated area equal to the sum area of paddy fields and irrigated land for irrigated engineering or complete sets.

Number of Livestock Slaughtered

refers to the total number of animals for butchering by farming, forestry, animal husbandry and fishery, including parts of selling to country and markets.

Output of Meat

refers to output of butchered pork, beef, mutton, horse, mule, donkey, fowls, and rabbit in the current year, which is the heaviness minus head, hoof, offal, named nes weight also.

Output of Aquatic Products

refers to amount of fishing (including artificially cultured, naturally grown), in respective consumption by peasants themselves or sold. It excludes aquatic (i.e. fish fry, fish grows, fish bait and transferred fish from piscine, leave fish) for continuing expanded reproduction aquatic. Various fresh water plants (i.e. lotus roots, water chestnut) are not included.

Yield of Fruits in Orchards

refer to total output of fruits harvested from fruit trees in current year, not only for eating but also for sale, but not include melon-fruits (for example, watermelon, melon, honey dew melon, crisp melon, etc.) , vegetables such as lotus root, tomatoes and so on, and collection of wild fruits. Output of fruits is calculated as fresh fruits. Dried dates, raisins, persimmon, orange cake, etc. should be unified into fresh fruits in the calculation.

13 工业 Industry

13-1 工业总产值及增长速度（1996—2012年）
Gross Output Value and Increase Rate of Industry, 1996-2012

年份 Year	全部工业 Gross Industry			规模以上工业 Industry above Designated Size		
	合计 Total	轻工业 Light Industry	重工业 Heavy Industry	合计 Total	轻工业 Light Industry	重工业 Heavy Industry
绝对数(亿元) Gross Output Value (100 million yuan)						
1996	2177.42	1014.46	1162.96	1666.26	678.68	987.58
1997	2450.21	1130.04	1320.17	1782.35	675.23	1107.21
1998	2562.62	1157.09	1405.53	2068.51	767.01	1301.50
1999	2751.37	1128.47	1622.90	2264.55	838.30	1426.25
2000	3080.74	1263.10	1817.64	2606.38	895.24	1711.14
2001	3366.53	1153.73	2212.80	2940.40	942.37	1998.03
2002	3717.72	1207.88	2509.84	3323.12	1012.41	2310.71
2003	4370.76	1254.68	3116.08	4049.61	1095.39	2954.22
2004	6186.04	1398.65	4787.39	5853.72	1265.73	4587.98
2005	7169.62	1569.06	5600.56	6774.10	1372.88	5401.23
2006	8907.45	1664.03	7243.42	8527.70	1475.67	7052.03
2007	10502.91	1967.37	8535.54	10075.07	1755.16	8319.91
2008	13042.91	2190.54	10852.37	12503.25	2099.90	10403.34
2009	13384.25	2290.38	11093.87	13083.63	2238.93	10844.70
2010	17107.19	2800.45	14306.74	16751.82	2731.22	14020.60
2011	21528.34	3746.71	17781.63	20862.74	3630.87	17231.87
2012	24194.13	4728.22	19465.91	23427.50	4578.40	18849.10
比上年增长(%) Increase Rate over Preceding Year (%)						
1996	24.7	31.8	19.5	19.3	20.0	18.8
1997	12.9	13.6	12.2	13.2	8.8	16.5
1998	8.5	9.9	7.2	8.3	5.0	10.6
1999	13.0	5.9	19.4	16.3	21.8	12.7
2000	17.5	19.7	16.0	17.7	15.3	19.3
2001	14.0	6.6	28.4	17.7	7.6	23.1
2002	19.6	13.3	23.7	22.8	17.1	26.0
2003	24.1	18.5	27.0	26.1	20.8	28.7
2004	31.0	19.4	35.5	31.8	19.2	36.3
2005	19.5	9.3	22.8	20.8	9.6	24.0
2006	25.1	6.1	29.3	25.3	12.4	28.3
2007	20.1	19.4	20.2	20.4	20.1	20.4
2008	23.7	25.1	23.4	24.6	27.0	24.1
2009	8.6	5.8	9.2	8.8	5.9	9.4
2010	31.4	23.5	33.1	31.7	23.6	33.4
2011	28.7	39.2	26.8	29.2	40.0	27.2
2012	14.8	28.7	11.9	14.9	29.3	11.9

注：1. 工业总产值增长速度按可比口径计算。2.本表统计范围1998年以前为街乡及以上工业；1998年到2008年为全部国有及规模以上工业；2008年以后为规模以上工业，2008到2010年规模以上为年主营业务收入500万元以上；2011年起规模以上为年主营业务收入2000万元以上(下同)。

Note: a)Increase rate of gross output value of industry are calculated at constant prices. b) Data before 1998 adopt coverage of industry of subdistrict, country and above. Data from 1998 until 2008 adopt coverage of all state-owned and above designated size industry.Data from 2008 adopt coverage of industry above designated size, which refers to enterprises with annual business revenue over 5 million yuan from 2008 to 2010 and over 20 million yuan from 2011(Same as following next).

13-2 规模以上工业企业工业总产值
Gross Output Value of Industry above Designated Size

单位：亿元 (100 million yuan)

项 目	Item	2011	2012	2012 比2011年增长(%) Increase Rate in 2012 over 2011 (%)
全市总计	**Total**	**20862.74**	**23427.50**	**14.9**
# 国有及国有控股企业	State-owned and State-holding Enterprises	8340.76	8445.92	4.0
按登记注册类型分	**Grouped by Status of Registration**			
内资企业	Domestic-funded Enterprises	12264.96	13886.26	15.9
国 有	State-owned Enterprises	2484.07	2531.55	5.8
集 体	Collective-owned Enterprises	107.82	88.09	-13.7
股份合作	Cooperative Enterprises	93.65	118.10	51.6
私营企业	Private Enterprises	2933.38	3600.38	25.9
股份有限公司	Share-holding Corporations Ltd.	2332.08	2501.90	11.7
有限责任公司	Limited Liability Corporations	4215.61	4909.52	18.1
# 国有独资公司	Sole State-funded Corporations	613.41	740.91	30.7
联营企业	Joint Ownership Enterprises	10.27	8.01	-22.2
# 国有联营	State Joint Ownership Enterprises	2.96	1.43	-32.5
集体联营	Collective Joint Ownership Enterprises	2.47	2.91	17.8
其 他	Others	88.07	128.71	13.0
港、澳、台商投资企业	Enterprises with Investment from Hong Kong, Macao and Taiwan	2041.83	2584.08	20.6
外商投资企业	Foreign Funded Enterprises	6555.95	6957.16	11.3
按经济类型分	**Grouped by Ownership**			
国有经济	State-owned	3100.44	3273.89	10.4
集体经济	Collective-owned	203.94	209.09	13.7
私有经济	Private and Individual	2933.38	3600.38	25.9
港澳台商投资经济	Hong Kong, Macao and Taiwan Funded	2041.83	2584.08	20.6
外商投资经济	Foreign Funded	6555.95	6957.16	11.3
其 他	Others	6027.20	6802.90	14.2

13-2续表1 Continued

单位：亿元 (100 million yuan)

项　目	Item	2011	2012	2012比2011年增长(%) Increase Rate in 2012 over 2011 (%)
按隶属关系分	**Grouped by Administrative Relationship**			
中央工业	Central Industry	3659.73	3388.35	-1.7
地方工业	Local Industry	17203.01	20039.15	18.1
# 市管工业	Municipality Industry	6397.36	6242.94	-2.4
区县管工业	District & County Industry	1347.6	2401.35	20.7
街管工业	Subdistrict Industry	29.50	43.45	6.7
乡镇管工业	Town and Country Industry	285.01	222.35	-22.0
按轻重工业分	**Grouped by Light & Heavy Industry**			
轻工业	Light Industry	3630.87	4578.40	29.3
重工业	Heavy Industry	17231.87	18849.10	11.9
按企业规模分	**Grouped by Size of Enterprises**			
大　型	Large-sized	12088.98	13723.05	12.7
中　型	Medium-sized	4194.85	4558.50	14.3
小　型	Small-sized	4398.35	4840.53	21.8
微　型	Mini-sized	180.56	305.42	69.2
按行业分	**Grouped by Sector**			
煤炭开采和洗选业	Mining and Washing of Coal		1187.33	32.8
石油和天然气开采业	Extraction of Petroleum and Natural Gas		1391.46	4.8
黑色金属矿采选业	Mining and Processing of Ferrous Metal Ores		91.96	26.7
非金属矿采选业	Mining and Processing of Nonmetal Ores		12.82	10.4
开采辅助活动	Mining Assistant Activities		92.84	29.0
农副食品加工业	Processing of Food from Agricultural Products		820.43	63.6
食品制造业	Manufacture of Food		954.37	44.3
酒、饮料和精制茶制造业	Manufacture of Alcohol, Beverages and Refined Tea		140.83	7.2
烟草制品业	Manufacture of Tobacco		45.32	40.1
纺织业	Manufacture of Textile		83.73	3.8
纺织服装、服饰业	Manufacture of Textile Wearing and Apparel		281.90	26.2
皮革、毛皮、羽毛及其制品业和制鞋业	Manufacture of Leather, Fur, Feather and Related Products, Footware		48.57	23.3

13-2续表2 Continued

单位：亿元 (100 million yuan)

项 目	Item	2012	2012比2011年增长(%) Increase Rate in 2012 over 2011(%)
木材加工和木、竹、藤、棕、草制品业	Processing of Timber, Manufacture of Wood, Bamboo, Rattan, Palm and Straw Products	17.87	13.7
家具制造业	Manufacture of Furniture	76.56	24.6
造纸及纸制品业	Manufacture of Paper and Paper Products	189.59	19.9
印刷和记录媒介复制业	Printing, Reproduction of Recording Media	42.17	4.0
文教、工美、体育和娱乐用品制造业	Manufacture of Articles for Culture, Education and Industrial Arts, Sport Activity, Amusement Manufacturing	192.63	75.6
石油加工、炼焦及核燃料加工业	Processing of Petroleum, Coking, Processing of Nuclear Fuel	1181.60	-5.5
化学原料及化学制品制造业	Manufacture of Raw Chemical Materials and Chemical Products	1204.39	6.2
医药制造业	Manufacture of Medicines	408.43	22.4
化学纤维制造业	Manufacture of Chemical Fibers	14.28	18.1
橡胶和塑料制品业	Manufacture of Rubber and Plastic	414.83	13.8
非金属矿物制品业	Manufacture of Non-metallic Mineral Products	314.00	-12.4
黑色金属冶炼和压延加工业	Smelting and Pressing of Ferrous Metals	3757.32	7.8
有色金属冶炼和压延加工业	Smelting and Pressing of Non-ferrous Metals	687.96	22.2
金属制品业	Manufacture of Metal Products	1032.24	23.9
通用设备制造业	Manufacture of General Purpose Machinery	829.12	20.8
专用设备制造业	Manufacture of Special Purpose Machinery	1009.61	16.6
汽车制造业	Manufacture of Motorcar	1728.84	9.3
铁路、船舶、航空航天和其他运输设备制造业	Railway, Watercraft, Aerospace and Other Transport Equipment	597.40	22.2
电气机械和器材制造业	Manufacture of Electrical Machinery and Equipment	849.27	4.9
计算机、通信和其他电子设备制造业	Manufacture of Computers, Communication and Other Electronic Equipment	2558.62	23.8
仪器仪表制造业	Manufacture of Measuring Instruments	67.48	19.4
其他制造业	Other Manufacturing	55.22	18.1
废弃资源综合利用业	Comprehensive Recycling of Waste	196.70	71.7
金属制品、机械和设备修理业	Metal Products, Machine and Equipment Repair	12.62	-24.5
电力、热力生产和供应业	Production and Supply of Electric Power and Heat Power	716.45	6.5
燃气生产和供应业	Production and Supply of Gas	83.21	27.6
水的生产和供应业	Production and Supply of Water	37.53	11.5

13-3 地方规模以上工业企业工业总产值
Gross Output Value of Local Industry above Designated Size

单位：亿元 (100 million yuan)

项　目	Item	2011	2012	2012比2011年增长(%) Increase Rate in 2012 over 2011(%)
全市总计	**Total**	**17203.00**	**20039.15**	**18.1**
# 国有及国有控股企业	State-owned and State-holding Enterprises	4682.45	5058.13	7.6
按登记注册类型分	**Grouped by Status of Registration**			
内资企业	Domestic-funded Enterprises	8607.89	10502.13	22.5
国　有	State-owned Enterprises	1161.38	1280.91	10.9
集　体	Collective-owned Enterprises	106.93	88.09	-14.1
股份合作	Cooperative Enterprises	93.65	118.10	51.6
私营企业	Private Enterprises	2933.38	3600.38	25.9
股份有限公司	Share-holding Corporations Ltd.	584.74	807.17	57.9
有限责任公司	Limited Liability Corporations	3629.46	4470.76	19.4
# 国有独资公司	Sole State-funded Corporations	185.72	483.77	35.4
联营企业	Joint Ownership Enterprises	10.27	8.01	-22.2
# 国有联营	State Joint Ownership Enterprises	2.96	1.43	-32.5
集体联营	Collective Joint Ownership Enterprises	2.47	2.91	17.8
其　他	Others	88.07	128.71	13.0
港、澳、台商投资企业	Enterprises with Investment from Hong Kong, Macao and Taiwan	2039.43	2580.12	20.5
外商投资企业	Foreign Funded Enterprises	6555.69	6956.90	11.3
按经济类型分	**Grouped by Ownership**			
国有经济	State-owned	1350.05	1766.12	18.1
集体经济	Collective-owned	203.05	209.09	13.6
私有经济	Private and Individual	2933.38	3600.38	25.9
港澳台商投资经济	Hong Kong, Macao and Taiwan Funded	2039.43	2580.12	20.5
外商投资经济	Foreign Funded	6555.69	6956.90	11.3
其　他	Others	4121.40	4926.54	22.6

13-3续表1 Continued

单位：亿元 (100 million yuan)

项 目	Item	2011	2012	2012比2011年增长(%) Increase Rate in 2012 over 2011(%)
按隶属关系分	**Grouped by Administrative Relationship**			
# 市管工业	Municipality Industry	6397.36	6242.94	-2.4
区县管工业	District and County Industry	1347.60	2401.35	78.2
街管工业	Subdistrict Industry	29.50	43.45	47.3
乡镇管工业	Town and Country Industry	285.01	222.35	-22.0
按轻重工业分	**Grouped by Light & Heavy Industry**			
轻工业	Light Industry	3563.99	4480.38	29.2
重工业	Heavy Industry	13639.02	15558.77	15.2
按企业规模分	**Grouped by Size of Enterprises**			
大 型	Large-sized	8719.96	10638.37	17.9
中 型	Medium-sized	3958.52	4320.10	14.6
小 型	Small-sized	4344.44	4775.27	22.3
微 型	Mini-sized	180.10	305.41	69.9
按行业分	**Grouped by Sector**			
煤炭开采和洗选业	Mining and Washing of Coal		1187.33	32.8
黑色金属矿采选业	Mining and Processing of Ferrous Metal Ores		91.96	26.7
非金属矿采选业	Mining and Processing of Nonmetal Ores		12.74	10.8
开采辅助活动	Mining Assistant Activities		9.49	32.4
农副食品加工业	Processing of Food from Agricultural Products		820.43	63.6
食品制造业	Manufacture of Foods		951.25	44.2
酒、饮料和精制茶制造业	Manufacture of Alcohol, Beverages and Refined Tea		140.83	-7.2
纺织业	Manufacture of Textile		83.73	-3.8
纺织服装、服饰业	Manufacture of Textile Wearing and Apparel		281.90	26.2
皮革、毛皮、羽毛及其制品业和制鞋业	Manufacture of Leather, Fur, Feather and Related Products, Footware		48.57	23.3
木材加工和木、竹、藤、棕、草制品业	Processing of Timber, Manufacture of Wood, Bamboo, Rattan, Palm and Straw Products		17.87	13.7
家具制造业	Manufacture of Furniture		76.56	24.6

13-3续表2 Continued

单位：亿元 (100 million yuan)

项　目	Item	2012	2012比2011年增长(%) Increase Rate in 2012 over 2011(%)
造纸及纸制品业	Manufacture of Paper and Paper Products	189.59	19.9
印刷和记录媒介复制业	Printing, Reproduction of Recording Media	41.95	4.2
文教、工美、体育和娱乐用品制造业	Manufacture of Articles for Culture, Education and Industrial Arts, Sport Activities, Amusement Manufacturing	192.63	75.6
石油加工、炼焦及核燃料加工业	Processing of Petroleum, Coking, Processing of Nuclear Fuel	154.98	8.3
化学原料及化学制品制造业	Manufacture of Raw Chemical Materials and Chemical Products	1190.34	6.6
医药制造业	Manufacture of Medicines	403.32	22.7
化学纤维制造业	Manufacture of Chemical Fibers	14.28	18.1
橡胶和塑料制品业	Manufacture of Rubber and Plastic	414.83	13.8
非金属矿物制品业	Manufacture of Non-metallic Mineral Products	311.50	-12.6
黑色金属冶炼和压延加工业	Smelting and Pressing of Ferrous Metals	3757.32	7.8
有色金属冶炼和压延加工业	Smelting and Pressing of Non-ferrous Metals	687.96	22.2
金属制品业	Manufacture of Metal Products	1029.14	24.0
通用设备制造业	Manufacture of General Purpose Machinery	820.87	20.8
专用设备制造业	Manufacture of Special Purpose Machinery	836.59	16.7
汽车制造业	Manufacture of Motorcar	1728.84	9.3
铁路、船舶、航空航天和其他运输设备制造业	Railway, Watercraft, Aerospace and Other Transport Equipment	509.18	20.4
电气机械和器材制造业	Manufacture of Electrical Machinery and Equipment	803.95	5.3
计算机、通信和其他电子设备制造业	Manufacture of Computers, Communication and Other Electronic Equipment	2556.33	22.5
仪器仪表制造业	Manufacture of Measuring Instruments	67.48	19.4
其他制造业	Other Manufacturing	55.22	20.4
废弃资源综合利用业	Comprehensive Recycling of Waste	196.49	71.7
金属制品、机械和设备修理业	Metal Products, Machine and Equipment Repair	12.44	72.7
电力、热力生产和供应业	Production and Supply of Electric Power and Heat Power	220.50	7.3
燃气生产和供应业	Production and Supply of Gas	83.21	27.6
水的生产和供应业	Production and Supply of Water	37.55	11.5

13-4 主要工业产品生产能力
Production Capacity of Major Industrial Products

产品名称	Product	单 位	Unit	生产能力 Production Capacity
2011年	**Year of 2011**			
天然原油	Crude Petroleum Oil	万 吨	10 000 tons	3378.60
原油加工量	Crude Oil Processed	万 吨	10 000 tons	1824.00
发电量	Electricity	万千瓦	10 000 kw	1088.40
生 铁	Pig Iron	万 吨	10 000 tons	2680.00
粗 钢	Crude Steel	万 吨	10 000 tons	3240.00
钢 材	Rolled Steel	万 吨	10 000 tons	6601.39
水 泥	Cement	万 吨	10 000 tons	830.34
农用化肥	Chemical Fertilizer	万 吨	10 000 tons	9.14
焦 炭	Coke	万 吨	10 000 tons	421.50
化学纤维	Chemical Fiber	万 吨	10 000 tons	11.85
平板玻璃	Plate Glass	万重量箱	10 000 weight cases	840.00
卷 烟	Cigarettes	亿 支	100 million pieces	347.00
金属切削机床	Metal-cutting Machines	台	unit	1798.00
汽 车	Motor Vehicles	万 辆	10 000 units	81.75
# 轿 车	Cars	万 辆	10 000 units	80.00
彩色电视机	Color Television Sets	万 台	10 000 units	200.00
家用电冰箱	Household Refrigerators	万 台	10 000 units	80.00
房间空气调节器	Air Conditioners	万 台	10 000 units	600.00
移动电话机	Mobile Phones	万 部	10 000 units	12771.41
微型电子计算机	Micro-computers	万 部	10 000 units	2.00
2012年	**Year of 2012**			
天然原油	Crude Petroleum Oil	万 吨	10 000 tons	3252.33
原油加工量	Crude Oil Processed	万 吨	10 000 tons	1880.38
发电量	Electricity	万千瓦	10 000 kw	1084.83
生 铁	Pig Iron	万 吨	10 000 tons	2835.00
粗 钢	Crude Steel	万 吨	10 000 tons	3262.50
钢 材	Rolled Steel	万 吨	10 000 tons	7766.15
水 泥	Cement	万 吨	10 000 tons	1397.90
农用化肥	Chemical Fertilizer	万 吨	10 000 tons	12.32
焦 炭	Coke	万 吨	10 000 tons	420.00
化学纤维	Chemical Fiber	万 吨	10 000 tons	11.04
平板玻璃	Plate Glass	万重量箱	10 000 weight cases	1869.00
卷 烟	Cigarettes	亿 支	100 million pieces	374.00
金属切削机床	Metal-cutting Machines	台	unit	1472.00
汽 车	Motor Vehicles	万 辆	10 000 units	82.50
# 轿 车	Cars	万 辆	10 000 units	77.50
彩色电视机	Color Television Sets	万 台	10 000 units	200.00
家用电冰箱	Household Refrigerators	万 台	10 000 units	80.00
房间空气调节器	Air Conditioners	万 台	10 000 units	600.00
移动电话机	Mobile Phones	万 部	10 000 units	12491.14
微型电子计算机	Micro-computers	万 部	10 000 units	8.50

13-5 主要工业产品产量(1996—2012年) Output of Major Industrial Products, 1996-2012

年份 Year	布 (万米) Cloth (10 000 m)	纱 (万吨) Yarn (10 000 tons)	机制纸及纸板 (万吨) Machine-made Paper and Paperboards (10 000 tons)	合成洗涤剂 (万吨) Synthetic Detergent (10 000 tons)	饮料酒 (万千升) Alcoholic Beverage (10 000 kiloliters)	家用电冰箱 (万台) Household Refrigerators (10 000 units)	电视机 (万台) Television Sets (10 000 units)	#彩色电视机 Color Television Sets
1996	39662	10.51	45.89	12.07	10.72	0.29	157.34	117.80
1997	49845	13.61	40.56	10.28	13.73	0.69	84.36	59.16
1998	33326	8.37	33.64	9.65	15.25	2.29	82.94	47.87
1999	27308	8.45	25.50	8.75	14.21	9.93	84.67	50.34
2000	29217	8.80	25.18	7.19	15.75	8.42	94.27	72.28
2001	25861	8.13	20.63	5.68	20.71	3.85	66.24	51.42
2002	27082	9.18	27.98	5.41	20.64	19.14	87.06	76.35
2003	25114	7.47	17.76	5.09	24.72	29.17	121.09	112.41
2004	30805	7.51	36.03	5.04	23.65	28.25	110.99	109.42
2005	25850	7.32	18.89	1.40	20.81	19.30	66.01	64.90
2006	28346	7.62	26.71	0.74	29.80	9.34	98.51	98.11
2007	27782	7.28	33.90	0.58	35.27	50.03	153.75	153.75
2008	28934	4.95	41.38	0.83	31.62	59.38	203.58	203.58
2009	25819	4.32	33.06	0.67	41.02	53.87	140.50	140.50
2010	26352	3.81	91.82	0.58	43.57	62.84	212.67	212.67
2011	27792	3.08	125.86	0.62	41.82	49.37	186.61	186.61
2012	19854	3.05	222.80	1.38	33.20	51.41	192.80	192.80

13-5续表 Continued

年 份 Year	天然原油 (万吨) Crude Petroleum Oil (10 000 tons)	发电量 (亿千瓦小时) Electricity (100 million kwh)	粗 钢 (万吨) Crude Steel (10 000 tons)	水 泥 (万吨) Cement (10 000 tons)	硫 酸 (万吨) Sulfuric Acid (10 000 tons)	烧 碱 (万吨) Caustic Soda (10 000 tons)	农用化肥 (万吨) Chemical Fertilizer (10 000 tons)	化学农药原药 (万吨) Chemical Pesticide (10 000 tons)
1996	646.60	146.04	200.99	207.88	8.11	50.75	11.31	2.95
1997	645.90	166.53	236.79	209.00	11.33	44.15	10.91	3.27
1998	691.28	172.51	255.27	250.00	10.36	39.90	10.26	3.38
1999	686.72	182.56	317.69	240.51	11.47	47.04	26.82	3.68
2000	763.99	211.49	356.76	267.81	11.17	49.28	17.04	2.79
2001	970.29	217.43	395.30	338.99	11.27	49.39	14.91	0.71
2002	1215.94	268.83	482.58	377.75	12.15	63.65	16.03	3.30
2003	1316.30	319.95	565.95	449.31	10.96	79.89	16.40	2.10
2004	1446.21	339.76	788.48	520.52	9.99	81.14	15.96	0.44
2005	1782.89	365.70	955.28	519.15	11.95	80.45	16.94	1.26
2006	1943.09	359.24	1285.34	607.33	13.76	88.86	16.33	1.23
2007	1924.28	393.13	1602.13	611.44	26.90	134.49	21.62	1.60
2008	1993.86	382.12	1686.40	549.72	19.70	146.47	16.16	1.18
2009	2296.96	415.77	2124.20	690.87	29.16	109.32	15.19	0.67
2010	3332.73	589.08	2162.11	809.71	32.34	123.30	1.49	0.80
2011	3187.78	619.08	2295.75	765.53	39.60	129.63	6.35	0.38
2012	3098.30	589.70	2124.25	784.26	30.88	113.87	11.84	0.57

13-6 主要工业产品产量(2012年)
Output of Major Industrial Products, 2012

产品名称	Product	单 位	Unit	2012	2012比2011年增长(%) Increase Rate in 2012 over 2011(%)
天然原油	Crude Petroleum Oil	万 吨	10 000 tons	3098.30	-2.8
原油加工量	Crude Oil Processed	万 吨	10 000 tons	1515.50	-12.2
发电量	Electricity	亿千瓦小时	100 million kwh	589.69	-5.2
天然气	Natural Gas	亿立方米	100 million cu.m	18.73	1.6
原 盐	Salt	万 吨	10 000 tons	149.68	-18.7
精制食用植物油	Edible Vegetable Oil	万 吨	10 000 tons	272.28	45.1
饮料酒	Alcoholic Beverage	万千升	10 000 kiloliters	33.20	-16.4
# 啤 酒	Beer	万千升	10 000 kiloliters	27.14	-16.9
方便面	Staple Food	万 吨	10 000 tons	34.85	18.7
软饮料	Soft Drinking	万 吨	10 000 tons	408.75	-12.7
卷 烟	Cigarettes	亿 支	100 million pieces	239.00	5.8
家 具	Furniture	万 件	10 000 pieces	841.60	30.0
化学纤维	Chemical Fiber	万 吨	10 000 tons	11.05	-13.4
纱	Yarn	万 吨	10 000 tons	3.05	2.6
布	Cloth	万 米	10 000 m	19854.22	-30.1
毛 线	Knitting Wool	万 吨	10 000 tons	0.13	-8.2
呢 绒	Woolen Piece Goods	万 米	10 000 m	142.50	-16.9
服 装	Garments	万 件	10 000 pieces	14244.62	0.9
人造板	Artificial Board	万立方米	10 000 cu.m	15.80	372.0
机制纸及纸板	Machine-made Paper & Paperboards	万 吨	10 000 tons	222.80	59.1
硫 酸	Sulfuric Acid	万 吨	10 000 tons	30.88	4.3
纯 碱	Soda Ash	万 吨	10 000 tons	48.72	86.0
烧 碱	Caustic Soda	万 吨	10 000 tons	113.87	-12.2
农用化肥	Chemical Fertilizer	万 吨	10 000 tons	11.84	86.6
化学农药原药	Chemical Pesticide	吨	ton	5693.11	5.9
乙 烯	Ethene	万 吨	10 000 tons	113.16	-15.7
涂 料	Paint	吨	ton	31.65	33.8
轮胎外胎	Tires	万 条	10 000 units	3790.73	-0.2

注：工业产品产量增长速度按可比口径计算。
Note: Increase Rate of industrial products is calculated at constant coverage.

13-6 续表 *Continued*

产品名称	Product	单 位	Unit	2012	2012 比2011年 增长(%) Increase Rate in 2012 over 2011(%)
农用塑料薄膜	Plastic Film for Farm Use	吨	ton	67037.51	14.0
合成洗涤剂	Synthetic Detergents	万 吨	10 000 tons	1.38	14.6
化学药品原药	Chemical Medicines	吨	ton	12412.85	36.4
中成药	Traditional Chinese Medicines	吨	ton	3693.26	1.0
水 泥	Cement	万 吨	10 000 tons	784.26	-12.3
平板玻璃	Plate Glass	万重量箱	10 000 weight cases	1651.40	128.5
生 铁	Pig Iron	万 吨	10 000 tons	1974.62	-5.8
粗 钢	Crude Steel	万 吨	10 000 tons	2124.25	-7.5
钢 材	Rolled Steel	万 吨	10 000 tons	5708.59	12.1
# 无缝钢管	Seamless Steel Pipe	万 吨	10 000 tons	324.55	1.7
黄 金	Gold	千 克	kg	156.00	92.6
焦 炭	Coke	万 吨	10 000 tons	228.96	-2.3
发动机	Internal Combustion Engines	万千瓦	10 000 kw	3181.78	-12.0
金属切削机床	Metal-cutting Machine	台	unit	1031.00	-25.0
汽 车	Motor Vehicles	万 辆	10 000 units	63.82	-15.7
# 轿 车	Cars	万 辆	10 000 units	53.63	-17.8
自行车	Bicycles	万 辆	10 000 units	2262.85	-2.2
家用电冰箱	Household Refrigerators	万 台	10 000 units	51.41	4.1
房间空气调节器	Air Conditioners	万 台	10 000 units	245.79	-21.5
微波炉	Microwave Ovens	万 台	10 000 units	914.17	2.3
移动电话机	Mobile Telephones	万 部	10 000 units	9193.85	1.5
锂离子电池	Lithium-ion Battery	万 只	10 000 units	53145.13	12.8
微型计算机	Micro-computers	万 部	10 000 units	0.24	-58.1
半导体集成电路	Semiconductor Integrated Circuits	亿 块	100 million pieces	8.45	-4.3
电子元件	Electronic Components	亿 只	100 million pieces	5665.88	8.9
彩色电视机	Color Television Sets	万 台	10 000 units	192.79	3.3
显示器	Display	万 台	10 000 units	626.29	-7.6
吸尘器	Vacuum Cleaners	万 台	10 000 units	128.54	-37.5
照相机	Cameras	万 台	10 000 units	812.79	-3.8

13-7 各区县工业企业主要效益指标 (2012年)
Main Indicators on Economic Benefit of Industrial Enterprises by District and County, 2012

地　区	Region	总资产贡献率(%) Ratio of Total Assets to Industrial Output Value(%)	资　产负债率(%) Ratio of Debts to Assets(%)	流动资产周转率(次) Number of Times of Turnover of Working Capitals(time)	成本费用利润率(%) Ratio of Pre-tax Profits to Industrial Cost(%)	产　品销售率(%) Proportion of Products Sold(%)
全市总计	**Total**	**17.6**	**63.5**	**2.2**	**9.8**	**98.9**
和平区	Heping District	2.0	60.5	0.7	3.1	132.0
河东区	Hedong District	3.0	54.5	1.0	2.2	101.5
河西区	Hexi District	10.6	81.3	1.4	4.8	99.9
南开区	Nankai District	12.3	40.5	1.6	7.8	96.4
河北区	Hebei District	5.4	56.5	5.4	2.4	100.1
红桥区	Hongqiao District	9.1	48.2	1.7	4.3	100.9
东丽区	Dongli District	13.2	69.8	2.3	4.7	100.1
西青区	Xiqing District	18.9	63.3	2.5	8.2	99.1
津南区	Jinnan District	20.5	60.8	2.6	9.4	96.1
北辰区	Beichen District	15.8	60.3	1.7	9.9	98.9
武清区	Wuqing District	29.7	49.8	2.6	16.6	98.9
宝坻区	Baodi District	21.8	61.9	4.7	5.9	98.2
滨海新区	Binhai New Area	20.0	62.5	2.2	11.2	98.8
宁河县	Ninghe County	18.5	76.4	2.7	11.3	99.8
静海县	Jinghai County	18.1	70.1	2.6	9.5	98.8
蓟　县	Jixian County	16.1	54.0	3.8	7.5	96.4

13-8 规模以上工业企业主要经济指标（1996—2012年）
Main Economic Indicators of Industrial Enterprises above Designated Size, 1996-2012

单位：亿元 (100 million yuan)

年 份 Year	从业人员年平均人数(万人) Annual Average Employment Personnel (10 000 persons)	固定资产合 计 Total Fixed Assets	流动资产合 计 Total Working Capitals	主 营业务收入 Revenue from Principal Business	利税总额 Total Profits and Taxes
全 市 Total					
1996	165.56	1079.69	1118.55	1498.67	139.73
1997	158.52	1340.47	1315.05	1668.15	139.96
1998	142.99	1596.71	1444.03	1943.89	148.69
1999	128.75	1719.14	1585.97	2182.17	175.66
2000	120.19	1808.84	1787.41	2656.98	274.27
2001	122.15	1916.13	1832.18	2983.26	326.55
2002	120.95	1935.51	1931.09	3437.46	325.07
2003	115.28	1953.25	2175.95	4202.02	401.35
2004	122.85	2275.69	2783.13	5861.43	608.91
2005	122.21	2476.97	3254.23	7125.93	815.63
2006	116.33	2807.39	3646.97	8794.35	1003.39
2007	118.62	3205.59	4263.61	10180.91	1097.50
2008	133.12	3939.05	5179.23	12914.20	1143.80
2009	135.74	4969.79	6339.47	13243.49	1445.36
2010	148.91	5732.66	7471.09	17319.62	2412.55
2011	150.85	6232.49	9444.93	21103.50	2970.12
2012	160.23	7195.81	10828.11	23645.72	3315.93
# 国有经济 State-owned					
1996	83.05	720.50	545.79	594.08	37.06
1997	78.99	865.91	602.74	625.22	39.26
1998	69.34	1130.86	615.95	587.69	29.63
1999	56.84	1021.01	652.22	594.55	26.88
2000	48.12	928.80	665.45	667.84	18.70
2001	42.99	841.84	605.22	649.26	17.08
2002	36.42	784.44	607.63	629.86	22.63
2003	30.71	779.60	610.92	817.42	52.83
2004	23.52	682.00	604.64	738.40	40.14
2005	20.61	703.92	623.51	841.32	50.27
2006	18.20	763.41	697.03	1133.61	78.97
2007	18.71	925.60	808.14	1470.25	113.70
2008	18.25	1034.09	905.25	1905.27	0.98
2009	23.10	1555.16	1679.53	2700.85	182.80
2010	21.54	1206.42	869.78	3484.69	285.77
2011	19.57	1757.12	1718.21	3317.65	256.49
2012	18.91	2056.00	1861.25	3421.90	240.00

注：从业人员年平均人数1998年以前为职工平均人数。
Note: Annual average employment personnel refer to average staff and workers before 1998.

13-9 规模以上工业企业主要经济指标(2012年)
Main Economic Indicators of Industrial Enterprises above Designated Size, 2012

项 目	Item	企业单位数(个) Number of Enterprises (unit)	从业人员年平均人数(人) Annual Average Employment Personnel (person)
全市总计	**Total**	**5342**	**1602265**
# 国有及国有控股企业	State-owned and State-holding Enterprises	575	409804
按轻重工业分	**Grouped by Light & Heavy Industry**		
轻工业	Light Industry	1646	495467
重工业	Heavy Industry	3696	1106798
按企业规模分	**Grouped by Size of Enterprises**		
大 型	Large-sized	216	747847
中 型	Medium-sized	778	422061
小 型	Small-sized	4004	424115
微 型	Mini-sized	344	8242
按登记注册类型分	**Grouped by Status of Registration**		
内资企业	Domestic-funded Enterprises	3673	913200
国 有	State-owned Enterprises	178	100920
集 体	Collective-owned Enterprises	96	13258
股份合作	Cooperative Enterprises	59	9199
私营企业	Private Enterprises	2247	331592
股份有限公司	Share-holding Corporations Ltd.	113	102597
有限责任公司	Limited Liability Corporations	860	339754
# 国有独资公司	Sole State-funded Corporations	35	88064
联营企业	Joint Ownership Enterprises	10	1483
# 国有联营	State Joint Ownership Enterprises	1	74
集体联营	Collective Joint Ownership Enterprises	4	809
其 他	Others	110	14397
港、澳、台商投资企业	Enterprises with Investment from Hong Kong, Macao and Taiwan	332	206528
外商投资企业	Foreign Funded Enterprises	1337	482537
按隶属关系分	**Grouped by Administrative Relationship**		
中央工业	Central Industry	70	105045
地方工业	Local Industry	5272	1497220
# 市管工业	Municipality Industry	503	333787
区县管工业	District & County Industry	601	176973
街管工业	Subdistrict Industry	42	4624
乡镇管工业	Town and Country Industry	152	29098

单位：万元(10 000 yuan)

资产总计 Total Assets	流动资产合计 Total Working Capitals	固定资产合计 Total Fixed Assets	主营业务收入 Revenue from Principal Business	利税总额 Total Profits and Taxes	# 利润总额 Total Pre-tax Profits
199861383	**108281076**	**71958150**	**236457170**	**33159262**	**21006622**
95166208	40596092	44873351	86348647	14271452	8524597
36982458	21642837	10786033	46104721	5722669	3692158
162878925	86638239	61172117	190352449	27436592	17314464
111605702	55388182	46606251	136080281	23086346	14722972
44474388	25653351	13896944	47636796	5791952	3657175
40529773	25273976	10709464	49512939	4140208	2605525
3251520	1965567	745491	3227155	140755	20950
132196340	64425444	52747383	140782388	22067518	14656466
31276929	12477117	14962894	27259226	2007183	230828
525738	392930	95589	853132	95009	69028
782149	575101	105050	1185698	185409	148886
19848620	12805167	4804827	36252526	4725800	3596541
23065203	6329762	14336123	24732588	9714411	7528676
55887667	31330159	18211350	49103007	5216219	2998565
12973796	6119892	5595539	6945647	392433	84565
65241	45683	8783	81481	8579	5415
17084	15526	1559	14112	365	362
7874	6572	1202	31652	5520	3708
744793	469525	222768	1314731	114908	78527
22167781	15859871	5247674	26116074	3564747	1876091
45497262	27995760	13963093	69558708	7526997	4474066
30211802	7612653	21289505	33213307	9963940	6940232
169649581	100668423	50668645	203243863	23195322	14066391
60443302	31930516	20935105	65299801	5423380	2529425
24167772	12814075	8172471	23431108	3352046	2330942
611316	315594	260397	453385	58210	34301
1928908	1288179	400853	2360098	332340	232690

13-10 地方规模以上工业企业主要经济指标(2012年)
Main Economic Indicators of Local Industrial Enterprises above Designated Size, 2012

项 目	Item	企业单位数(个) Number of Enterprises (unit)	从业人员年平均人数(人) Annual Average Employment Personnel (person)
全市总计	**Total**	**5272**	**1497220**
按轻重工业分	**Grouped by Light & Heavy Industry**		
轻工业	Light Industry	1634	484236
重工业	Heavy Industry	3638	1012984
按企业规模分	**Grouped by Size of Enterprises**		
大 型	Large-sized	202	661029
中 型	Medium-sized	756	407401
小 型	Small-sized	3978	420548
微 型	Mini-sized	336	8242
按登记注册类型分	**Grouped by Status of Registration**		
内资企业	Domestic-funded Enterprises	3606	808522
国 有	State-owned Enterprises	142	71130
集 体	Collective-owned Enterprises	96	13258
股份合作	Cooperative Enterprises	59	9199
私营企业	Private Enterprises	2247	331592
股份有限公司	Share-holding Corporations Ltd.	107	71431
有限责任公司	Limited Liability Corporations	835	296032
# 国有独资公司	Sole State-funded Corporations	29	57374
联营企业	Joint Ownership Enterprises	10	1483
# 国有联营	State Joint Ownership Enterprises	1	74
集体联营	Collective Joint Ownership Enterprises	4	809
其 他	Others	110	14397
港、澳、台商投资企业	Enterprises with Investment from Hong Kong, Macao and Taiwan	330	206226
外商投资企业	Foreign Funded Enterprises	1336	482472
按隶属关系分	**Grouped by Administrative Relationship**		
# 市管工业	Municipality Industry	503	333787
区县管工业	District & County Industry	601	176973
街管工业	Subdistrict Industry	42	4624
乡镇管工业	Town and Country Industry	152	29098

单位：万元(10 000 yuan)

资产总计 Total Assets	流动资产合计 Total Working Capitals	固定资产合计 Total Fixed Assets	主营业务收入 Revenue from Principal Business	利税总额 Total Profits and Taxes	# 利润总额 Total Pre-tax Profits
169649581	**100668423**	**50668645**	**203243863**	**23195322**	**14066391**
35891185	21119792	10334207	45079047	5353935	3580602
133758396	79548631	40334438	158164816	17841387	10485789
85693467	49519008	27447731	105797282	13713038	7968587
41171307	24470253	12120484	45240726	5260465	3517048
39839161	24953191	10400749	49013012	4077539	2554667
2945647	1725972	699681	3192843	144280	26089
102021164	56836010	31468334	107612223	12106737	7718874
19945987	9442528	7426303	14877198	949405	206817
525738	392930	95589	853132	95009	69028
782149	575101	105050	1185698	185409	148886
19848620	12805167	4804827	36252526	4725800	3596541
9716195	4752438	2893077	7919715	1013542	672982
50392441	28352637	15911939	45127741	5014086	2940678
9963988	4195607	4606110	4512778	338789	117807
65241	45683	8783	81481	8579	5415
17084	15526	1559	14112	365	362
7874	6572	1202	31652	5520	3708
744793	469525	222768	1314731	114908	78527
22137112	15840089	5237701	26075917	3561686	1873541
45491305	27992325	13962610	69555723	7526899	4473976
60443302	31930516	20935105	65299801	5423380	2529425
24167772	12814075	8172471	23431108	3352046	2330942
611316	315594	260397	453385	58210	34301
1928908	1288179	400853	2360098	332340	232690

13-11 分行业规模以上工业企业主要经济指标(2012年)
Main Economic Indicators of Industrial Enterprises above Designated Size by Sector, 2012

行业	Sector	企业单位数(个) Number of Enterprises (unit)	从业人员年平均人数(人) Annual Average Employment Personnel (person)
总计	**Total**	**5342**	**1602265**
#煤炭开采和洗选业	Mining and Washing of Coal	4	18405
石油和天然气开采业	Extraction of Petroleum and Natural Gas	2	18466
黑色金属矿采选业	Mining and Processing of Ferrous Metal Ores	4	4931
非金属矿采选业	Mining and Processing of Nonmetal Ores	6	8016
开采辅助活动	Mining Assistant Activities	7	19718
农副食品加工业	Processing of Food from Agricultural Products	149	25367
食品制造业	Manufacture of Food	113	62369
酒、饮料和精制茶制造业	Manufacture of Alcohol,Beverages and Refined Tea	38	16008
纺织业	Manufacture of Textile	63	19320
纺织服装、服饰业	Manufacture of Textile Wearing and Apparel	153	103161
皮革、毛皮、羽毛及其制品业和制鞋业	Manufacture of Leather, Fur, Feather and Related Products, Footware	41	12071
木材加工和木、竹、藤、棕、草制品业	Processing of Timber, Manufacture of Wood, Bamboo,Rattan, Palm and Straw Products	33	3449
家具制造业	Manufacture of Furniture	69	18470
造纸及纸制品业	Manufacture of Paper and Paper Products	141	22183
印刷和记录媒介复制业	Printing, Reproduction of Recording Media	57	9730
文教、工美、体育和娱乐用品制造业	Manufacture of Articles for Culture, Education and Industrial Arts, Sport Activitiy, Amusement Manufacturing	100	25436
石油加工、炼焦及核燃料加工业	Processing of Petroleum, Coking, Processing of Nuclear Fuel	37	17113
化学原料及化学制品制造业	Manufacture of Raw Chemical Materials and Chemical Products	388	61382
医药制造业	Manufacture of Medicines	103	41626
化学纤维制造业	Manufacture of Chemical Fibers	7	968
橡胶和塑料制品业	Manufacture of Rubber and Plastic	302	60867
非金属矿物制品业	Manufacture of Non-metallic Mineral Products	270	41343
黑色金属冶炼和压延加工业	Smelting and Pressing of Ferrous Metals	388	143002
有色金属冶炼和压延加工业	Smelting and Pressing of Non-ferrous Metals	106	15240
金属制品业	Manufacture of Metal Products	517	96248
通用设备制造业	Manufacture of General Purpose Machinery	360	83606
专用设备制造业	Manufacture of Special Purpose Machinery	359	108772
汽车制造业	Manufacture of Motorcar	279	121788
铁路、船舶、航空航天和其他运输设备制造业	Railway, Watercraft, Aerospace and Other Transport Equipment	185	72440
电气机械和器材制造业	Manufacture of Electrical Machinery and Equipment	332	75252
计算机、通信和其他电子设备制造业	Manufacture of Computers, Communication and Other Electronic Equipment	339	198223
仪器仪表制造业	Manufacture of Measuring Instruments	74	12241
其他制造业	Other Manufacturing	90	10456
废弃资源综合利用业	Comprehensive Recycling of Waste	97	11341
金属制品、机械和设备修理业	Metal Products,Machine and Equipment Repair	12	1341
电力、热力生产和供应业	Production and Supply of Electric Power and Heat Power	72	29857
燃气生产和供应业	Production and Supply of Gas	17	6086
水的生产和供应业	Production and Supply of Water	27	5111

单位：万元(10 000 yuan)

工业总产值 Gross Output Value of Industry	资产总计 Total Assets	流动资产合计 Total Working Capitals	固定资产合计 TotalFixed Assets	主 营 业务收入 Revenue from Principal Business	利税总额 Total Profits and Taxes	# 利润总额 Total Pre-tax Profits
234275026	**199861383**	**108281076**	**71958150**	**236457170**	**33159262**	**21006622**
11873253	11897052	10118053	1582580	12231603	2671548	1322954
13914599	11993687	904318	10917834	13652704	8049874	6788404
919586	1178210	428517	330145	951864	229505	152415
128205	1243229	887063	114098	116983	43075	34228
928361	1584365	909135	572704	1030372	-9236	-36627
8204336	6967796	5842700	741633	8294719	359488	189856
9543668	4111298	2034153	1718968	8949318	1927154	1504632
1408331	1345777	482503	627978	1495894	152744	52999
837324	1242809	603543	566012	892943	85172	47359
2819008	1497976	1297591	152888	2776850	226386	105376
485734	253581	178101	40293	487730	48967	26840
178749	116170	86421	24781	184776	13522	9803
765552	638665	368840	198219	755634	63128	43308
1895942	2366632	1087589	1140963	1750000	183400	121561
421728	553179	256343	183197	426456	51459	34947
1926324	597343	421466	134768	1859211	110796	39352
11815958	5009933	2803984	1601853	11980783	1178962	-2258
12043857	12083718	4772744	6242003	12135292	745928	404939
4084276	6295315	3211503	1460549	4574779	997136	630869
142800	49133	29652	11188	131147	21573	12387
4148272	3526397	1723408	1347502	4150296	322942	202844
3140023	4125220	2345332	1392241	3266591	314872	184003
37573240	34396060	19123113	11291683	39157308	3660777	2154721
6879596	2486903	1864897	367903	7268088	733593	446796
10322421	7835263	4890684	1961275	10901867	1108043	776011
8291192	7656842	4760803	1774063	8454457	1007919	749689
10096052	11894540	8116073	2891717	9534897	919494	507426
17288434	9706136	5574538	3055628	16684631	2572773	1523725
5974039	7561232	4317749	1914607	5782641	816616	490899
8492701	8811956	5939584	2138277	3529298	825861	541963
25586206	10907174	7756790	2509719	25590304	2336111	1437773
674753	733007	541223	145317	756210	97690	65394
552207	344119	223761	83907	649009	54626	39169
1966996	922272	696092	81940	2102502	241206	75956
126202	182431	110985	27563	135568	14654	6240
7164473	13031933	2299174	9916441	7112713	555031	208368
832098	2031122	552365	1139570	850653	61458	28179
375360	2382504	610891	1380667	396375	42550	11680

13-12 大中型工业企业主要经济指标（2012年）
Main Economic Indicators of Large and Medium-sized Industrial Enterprises, 2012

项　目	Item	企业单位数（个）Number of Enterprises (unit)	从业人员年平均人数(人) Annual Average Employment Personnel (person)
全 市 总 计	**Total**	**994**	**1169908**
按轻重工业分	**Grouped by Light & Heavy Industry**		
轻工业	Light Industry	346	354619
重工业	Heavy Industry	648	815289
按登记注册类型分	**Grouped by Status of Registration**		
内资企业	Domestic-funded Enterprises	551	623133
国　有	State-owned Enterprises	56	86573
集　体	Collective-owned Enterprises	9	5392
股份合作	Cooperative Enterprises	10	4644
私营企业	Private Enterprises	209	152165
股份有限公司	Share-holding Corporations Ltd.	52	94799
有限责任公司	Limited Liability Corporations	204	273202
# 国有独资公司	Sole State-funded Corporations	23	86529
联营企业	Joint Ownership Enterprises	2	703
# 集体联营	Collective Joint Ownership Enterprises	1	402
其　他	Others	9	5655
港、澳、台商投资企业	Enterprises with Investment from Hong Kong, Macao and Taiwan	93	178783
外商投资企业	Foreign Funded Enterprises	350	367992
按隶属关系分	**Grouped by Administrative Relationship**		
中央工业	Central Industry	36	101478
地方工业	Local Industry	958	1068430
# 市管工业	Municipality Industry	188	295160
区县管工业	District & County Industry	137	129358
街管工业	Subdistrict Industry	3	1085
乡镇管工业	Town and Country Industry	28	15176

单位：万元(10 000 yuan)

资产总计 Total Assets	流动资产合计 Total Working Capitals	固定资产合计 Total Fixed Assets	主营业务收入 Revenue from Principal Business	利税总额 Total Profits and Taxes	# 利润总额 Total Pre-tax Profits
156080090	**81041533**	**60503195**	**183717077**	**28878298**	**18380147**
26873659	15952042	7709241	34168279	4653591	3041725
129206431	65089491	52793954	149548798	24224707	15338422
103930354	46961092	45806162	104299706	18966205	12661657
27880396	10627221	13965790	25296393	1891552	174679
183050	115630	47878	350588	57215	48446
394378	318232	42842	818724	165054	137869
8198955	5022536	2123989	16376184	2834295	2232585
22179273	5878159	14129297	23956015	9663781	7503886
44876444	24892186	15401997	36982700	4282323	2516010
12642896	5951767	5485684	6549205	394209	87911
10650	6050	4128	14054	1141	486
964	645	319	3962	338	173
207208	101079	90243	505047	70844	47698
18281587	13504860	4075978	22723881	3389581	1808781
33868150	20575582	10621055	56693490	6522512	3909709
29215316	7052272	20934980	32679069	9904795	6894512
126864774	73989261	39568215	151038008	18973503	11485635
53377745	27505607	19137322	56326765	5016015	2432528
15861721	8421246	5613999	16591074	2647445	1868902
89184	54669	29084	112296	19887	12776
848977	613516	131095	1139196	215615	159150

13-13 分行业大中型工业企业主要经济指标(2012年)
Main Economic Indicators of Large and Medium-sized Industrial Enterprises by Sector, 2012

行业	Sector	企业单位数(个) Number of Enterprises (unit)	从业人员年平均人数(人) Annual Average Employment Personnel (person)
总计	**Total**	**994**	**1169908**
#煤炭开采和洗选业	Mining and Washing of Coal	4	18405
石油和天然气开采业	Extraction of Petroleum and Natural Gas	2	18466
黑色金属矿采选业	Mining and Processing of Ferrous Metal Ores	2	4698
非金属矿采选业	Mining and Processing of Nonmetal Ores	3	7722
开采辅助活动	Mining Assistant Activities	4	19261
农副食品加工业	Processing of Food from Agricultural Products	23	13646
食品制造业	Manufacture of Food	32	53706
酒、饮料和精制茶制造业	Manufacture of Alcohol, Beverages and Refined Tea	12	13053
纺织业	Manufacture of Textile	11	13696
纺织服装、服饰业	Manufacture of Textile Wearing and Apparel	56	88215
皮革、毛皮、羽毛及其制品业和制鞋业	Manufacture of Leather, Fur, Feather and Related Products, Footware	12	8638
家具制造业	Manufacture of Furniture	14	13153
造纸及纸制品业	Manufacture of Paper and Paper Products	19	9280
印刷和记录媒介复制业	Printing, Reproduction of Recording Media	7	4471
文教、工美、体育和娱乐用品制造业	Manufacture of Articles for Culture, Education and Industrial Arts, Sport Activity, Amusement Manufacturing	19	15129
石油加工、炼焦及核燃料加工业	Processing of Petroleum, Coking, Processing of Nuclear Fuel	6	15102
化学原料及化学制品制造业	Manufacture of Raw Chemical Materials and Chemical Products	34	32025
医药制造业	Manufacture of Medicines	39	34720
橡胶和塑料制品业	Manufacture of Rubber and Plastic	47	35534
非金属矿物制品业	Manufacture of Non-metallic Mineral Products	27	19216
黑色金属冶炼和压延加工业	Smelting and Pressing of Ferrous Metals	72	115258
有色金属冶炼和压延加工业	Smelting and Pressing of Non-ferrous Metals	15	9266
金属制品业	Manufacture of Metal Products	68	55288
通用设备制造业	Manufacture of General Purpose Machinery	54	54953
专用设备制造业	Manufacture of Special Purpose Machinery	47	76994
汽车制造业	Manufacture of Motorcar	85	98571
铁路、船舶、航空航天和其他运输设备制造业	Railway, Watercraft, Aerospace and Other Transport Equipment	46	56546
电气机械和器材制造业	Manufacture of Electrical Machinery and Equipment	50	46983
计算机、通信和其他电子设备制造业	Manufacture of Computers, Communication and Other Electronic Equipment	133	172953
仪器仪表制造业	Manufacture of Measuring Instruments	8	5266
其他制造业	Other Manufacturing	6	3484
废弃资源综合利用业	Comprehensive Recycling of Waste	3	2288
电力、热力生产和供应业	Production and Supply of Electric Power and Heat Power	25	25030
燃气生产和供应业	Production and Supply of Gas	3	4764
水的生产和供应业	Production and Supply of Water	3	2499

单位：万元(10 000 yuan)

工 业 总产值 Gross Output Value of Industry	资产总计 Total Assets	流动资产合 计 Total Working Capitals	固定资产合 计 Total Fixed Assets	主 营 业务收入 Revenue from Principal Business	利税总额 Total Profits and Taxes	# 利润总额 Total Pre-tax Profits
182815586	**156080090**	**81041533**	**60503195**	**183717077**	**28878298**	**18380147**
11873253	11897052	10118053	1582580	12231603	2671548	1322954
13914599	11993687	904318	10917834	13652704	8049874	6788404
908721	1173886	425450	328889	941024	228324	151960
121756	1179713	827293	110989	107669	17965	9889
878433	1250829	649227	519634	946295	-24657	-49130
5918468	5738875	5060832	404502	5687361	224410	86789
8803747	3417382	1586152	1527760	8249549	1875438	1478525
1213629	1145639	387178	545301	1295557	141657	52864
525814	867557	399160	419986	579677	60495	36833
2150271	1142489	1013679	106041	2128282	204975	102454
340328	161115	124269	20735	342394	40890	22802
378455	362833	212506	112955	385336	23384	12658
949702	1300093	574649	659144	849830	100039	65454
192322	271317	108887	91075	198759	37167	28619
1257422	346534	231362	94110	1170616	91913	30684
10472601	4192088	2223195	1481254	10465869	952038	-158783
6712451	7816641	2350358	4787480	6741448	335030	162688
2934908	4393713	2301646	1000775	3497145	759850	493584
2334737	2129234	916923	881189	2314367	204632	139500
1139770	1498967	696417	627745	1122409	111474	66638
30487039	30540403	16327621	10624494	31789904	3209009	1790311
2488605	1055282	737977	146406	2483720	356822	230717
6256238	4578369	2773986	1274951	5672967	795101	574660
5872549	5009775	2969663	1302968	6143414	805036	629542
7581223	8632376	5848711	2266669	7034068	625054	296794
15332600	8087752	4599131	2564052	14694665	2404634	1414058
4706512	6744290	3855294	1743459	4665504	704432	415677
5490942	5434278	3565874	1517160	5694480	629116	425632
23905184	9609348	6800660	2288929	23906136	2275432	1418788
274793	263202	158468	83660	299348	55842	39682
94401	87847	34593	44072	120193	5092	2009
107085	97308	91990	3951	119676	24550	14052
6079095	9997507	1199930	8385499	6046027	512732	192575
481905	1696397	404399	986894	488734	17777	7506
136545	1576760	397376	872420	148417	21701	6454

13-14 分行业国有大中型工业企业主要经济指标(2012年)
Main Economic Indicators of Large and Medium-sized State-owned Industrial Enterprises by Sector, 2012

行业	Sector	企业单位数(个) Number of Enterprises (unit)	从业人员年平均人数(人) Annual Average Employment Personnel (person)
总计	**Total**	**207**	**365052**
# 石油和天然气开采业	Extraction of Petroleum and Natural Gas	2	18466
非金属矿采选业	Mining and Processing of Nonmetal Ores	3	7722
开采辅助活动	Mining Assistant Activities	4	19261
农副食品加工业	Processing of Food from Agricultural Products	6	2830
食品制造业	Manufacture of Food	5	2525
酒、饮料和精制茶制造业	Manufacture of Alcohol, Beverages and Refined Tea	3	1155
纺织业	Manufacture of Textile	2	6422
石油加工、炼焦及核燃料加工业	Processing of Petroleum, Coking, Processing of Nuclear Fuel	5	13817
化学原料及化学制品制造业	Manufacture of Raw Chemical Materials and Chemical Products	9	16669
医药制造业	Manufacture of Medicines	18	14795
橡胶和塑料制品业	Manufacture of Rubber and Plastic	5	3059
非金属矿物制品业	Manufacture of Non-metallic Mineral Products	6	5105
黑色金属冶炼和压延加工业	Smelting and Pressing of Ferrous Metals	24	68081
有色金属冶炼和压延加工业	Smelting and Pressing of Non-ferrous Metals	2	1857
金属制品业	Manufacture of Metal Products	11	7203
通用设备制造业	Manufacture of General Purpose Machinery	9	6813
专用设备制造业	Manufacture of Special Purpose Machinery	16	55272
汽车制造业	Manufacture of Motorcar	11	29524
铁路、船舶、航空航天和其他运输设备制造业	Railway, Watercraft, Aerospace and Other Transport Equipment	11	28636
电气机械和器材制造业	Manufacture of Electrical Machinery and Equipment	6	10789
计算机、通信和其他电子设备制造业	Manufacture of Computers, Communication and Other Electronic Equipment	14	10068
电力、热力生产和供应业	Production and Supply of Electric Power and Heat Power	24	24654
燃气生产和供应业	Production and Supply of Gas	3	4764
水的生产和供应业	Production and Supply of Water	3	2499

单位：万元(10 000 yuan)

工业总产值 Gross Output Value of Industry	资产总计 Total Assets	流动资产合计 Total Working Capitals	固定资产合计 Total Fixed Assets	主营业务收入 Revenue from Principal Business	利税总额 Total Profits and Taxes	# 利润总额 Total Pre-tax Profits
75895225	**85285021**	**35256762**	**41855079**	**76904138**	**13741163**	**8348224**
13914599	11993687	904318	10917834	13652704	8049874	6788404
121756	1179713	827293	110989	107669	17965	9889
878433	1250829	649227	519634	946295	-24657	-49130
1545004	979940	841350	100938	1510924	60057	11419
138590	127834	47918	50828	137241	9689	5579
40583	79460	47148	23059	59039	11604	1910
205783	724533	303477	374639	255436	7815	2489
10421817	4138067	2189704	1460725	10378268	944382	-162333
2634023	4064078	1033104	2765596	2658030	33019	6101
964878	2144235	1063584	464636	1523807	274062	186957
192023	263272	160279	63791	211872	6204	2087
368157	434971	265133	137380	356876	42154	21512
19724234	25240663	12879189	9297557	20525262	1245879	146642
313665	117555	66493	4402	361310	54450	37225
648537	1331930	835979	416063	1017524	38126	10670
395022	1058967	540060	339549	391273	25932	18296
6058206	6633582	4575523	1780957	5603277	441736	176660
7309068	2836301	1372898	999888	7302060	1335261	708927
1842751	4829252	3050622	1092427	1675474	199026	70821
511175	956692	577883	296732	547246	38447	31582
522243	1345165	927520	239796	534975	39714	31337
6009408	9808514	1117846	8308527	5976341	510655	190497
481905	1696397	404399	986894	488734	17777	7506
136545	1576760	397376	872420	148417	21701	6454

13-15 规模以上小微型工业企业主要经济指标(2012年)
Main Economic Indicators of Small and Mini-sized Industrial Enterprises above Designated Size, 2012

项　目	Item	企业单位数(个) Number of Enterprises (unit)	从业人员年平均人数(人) Annual Average Employment Personnel (person)
全市总计	**Total**	**4348**	**432357**
按轻重工业分	**Grouped by Light & Heavy Industry**		
轻工业	Light Industry	1300	140848
重工业	Heavy Industry	3048	291509
按登记注册类型分	**Grouped by Status of Registration**		
内资企业	Domestic-funded Enterprises	3122	290067
国　有	State-owned Enterprises	122	14347
集　体	Collective-owned Enterprises	87	7866
股份合作	Cooperative Enterprises	49	4555
私营企业	Private Enterprises	2038	179427
股份有限公司	Share-holding Corporations Ltd.	61	7798
有限责任公司	Limited Liability Corporations	656	66552
# 国有独资公司	Sole State-funded Corporations	12	1535
联营企业	Joint Ownership Enterprises	8	780
# 国有联营	State Joint Ownership Enterprises	1	74
集体联营	Collective Joint Ownership Enterprises	3	407
其　他	Others	101	8742
港、澳、台商投资企业	Enterprises with Investment from Hong Kong, Macao and Taiwan	239	27745
外商投资企业	Foreign Funded Enterprises	987	114545
按隶属关系分	**Grouped by Administrative Relationship**		
中央工业	Central Industry	34	3567
地方工业	Local Industry	4314	428790
# 市管工业	Municipality Industry	315	38627
区县管工业	District & County Industry	464	47615
街管工业	Subdistrict Industry	39	3539
乡镇管工业	Town and Country Industry	124	13922

单位：万元 (10 000 yuan)

资产总计 Total Assets	流动资产合计 Total Working Capitals	固定资产合计 Total Fixed Assets	主营业务收入 Revenue from Principal Business	利税总额 Total Profits and Taxes	# 利润总额 Total Pre-tax Profits
43781293	**27239543**	**11454955**	**52740093**	**4280964**	**2626476**
10108799	5690796	3076792	11936442	1069078	650433
33672494	21548747	8378163	40803651	3211885	1976042
28265986	17464352	6941220	36482683	3101313	1994809
3396533	1849896	997105	1962833	115631	56150
342688	277300	47711	502544	37793	20583
387771	256869	62208	366974	20356	11017
11649665	7782631	2680837	19876342	1891505	1363957
885929	451603	206826	776574	50629	24791
11011223	6437972	2809354	12120306	933896	482555
330899	168126	109855	396443	-1776	-3347
54591	39634	4655	67427	7438	4929
17084	15526	1559	14112	365	362
6910	5927	883	27690	5182	3535
537585	368447	132525	809683	44064	30829
3886195	2355012	1171697	3392193	175165	67310
11629112	7420179	3342038	12865217	1004485	564357
996486	560381	354525	534238	59144	45720
42784808	26679162	11100430	52205855	4221819	2580756
7065557	4424909	1797783	8973036	407365	96897
8306051	4392829	2558473	6840033	704600	462040
522132	260926	231313	341089	38323	21525
1079931	674663	269757	1220902	116725	73540

13-16 分行业规模以上小微型工业企业主要经济指标 (2012年)
Main Economic Indicators of Small and Mini-sized Industrial Enterprises above Designated Size by Sector, 2012

行业	Sector	企业单位数(个) Number of Enterprises (unit)	从业人员年平均人数(人) Annual Average Employment Personnel (person)
总计	**Total**	**4348**	**432357**
黑色金属矿采选业	Mining and Processing of Ferrous Metal Ores	2	233
非金属矿采选业	Mining and Processing of Nonmetal Ores	3	294
开采辅助活动	Mining Assistant Activities	3	457
农副食品加工业	Processing of Food from Agricultural Products	126	11721
食品制造业	Manufacture of Foods	81	8663
酒、饮料和精制茶制造业	Manufacture of Alcohol, Beverages and refined Tea	26	2955
纺织业	Manufacture of Textile	52	5624
纺织服装、服饰业	Manufacture of Textile Wearing and Apparel	97	14946
皮革、毛皮、羽毛及其制品业和制鞋业	Manufacture of Leather, Fur, Feather and Related Products, Footware	29	3433
木材加工和木、竹、藤、棕、草制品业	Processing of Timber, Manufacture of Wood, Bamboo, Rattan, Palm and Straw Products	32	3125
家具制造业	Manufacture of Furniture	55	5317
造纸及纸制品业	Manufacture of Paper and Paper Products	122	12903
印刷和记录媒介复制业	Printing, Reproduction of Recording Media	50	5259
文教、工美、体育和娱乐用品制造业	Manufacture of Articles for Culture, Education and Industrial Arts, Sport Activity, Amusement manufacturing	81	10307
石油加工、炼焦及核燃料加工业	Processing of Petroleum, Coking, Processing of Nuclear Fuel	31	2011
化学原料及化学制品制造业	Manufacture of Raw Chemical Materials and Chemical Products	354	29357
医药制造业	Manufacture of Medicines	64	6906
化学纤维制造业	Manufacture of Chemical Fibers	7	968
橡胶和塑料制品业	Manufacture of Rubber and Plastic	255	25333
非金属矿物制品业	Manufacture of Non-metallic Mineral Products	243	22127
黑色金属冶炼和压延加工业	Smelting and Pressing of Ferrous Metals	316	27744
有色金属冶炼和压延加工业	Smelting and Pressing of Non-ferrous Metals	91	5974
金属制品业	Manufacture of Metal Products	449	40960
通用设备制造业	Manufacture of General Purpose Machinery	306	28653
专用设备制造业	Manufacture of Special Purpose Machinery	312	31778
汽车制造业	Manufacture of Motorcar	194	23217
铁路、船舶、航空航天和其他运输设备制造业	Railway, Watercraft, Aerospace and Other Transport Equipment	139	15894
电气机械和器材制造业	Manufacture of Electrical Machinery and Equipment	282	28269
计算机、通信和其他电子设备制造业	Manufacture of Computers, Communication and Other Electronic Equipment	206	25270
仪器仪表制造业	Manufacture of Measuring Instruments	66	6975
其他制造业	Other Manufacturing	84	6972
废弃资源综合利用业	Comprehensive Recycling of Waste	94	9053
金属制品、机械和设备修理业	Metal Products, Machine and Equipment Repair	11	898
电力、热力生产和供应业	Production and Supply of Electric Power and Heat Power	47	4827
燃气生产和供应业	Production and Supply of Gas	14	1322
水的生产和供应业	Production and Supply of Water	24	2612

单位：万元 (10 000 yuan)

工 业 总产值 Gross Output Value of Industry	资产总计 Total Assets	流动资产合 计 Total Working Capitals	固定资产合 计 Total Fixed Assets	主 营 业务收入 Revenue from Principal Business	利税总额 Total Profits and Taxes	# 利润总额 Total Pre-tax Profits
51459441	**43781293**	**27239543**	**11454955**	**52740093**	**4280964**	**2626476**
10865	4324	3067	1257	10840	1181	456
6449	63516	59770	3109	9314	25110	24339
49928	333536	259908	53070	84077	15421	12503
2285868	1228920	781868	337131	2607358	135078	103067
739922	693916	448001	191209	699769	51716	26107
194702	200138	95325	82677	200337	11087	135
311510	375252	204383	146026	313265	24677	10526
668736	355487	283912	46848	648568	21412	2922
145407	92466	53831	19558	145336	8077	4038
172937	112835	84813	23466	178383	13501	9781
387097	275832	156335	85264	370298	39744	30650
946240	1066538	512940	481819	900170	83361	56106
229406	281862	147456	92122	227697	14292	6329
668902	250809	190104	40658	688595	18883	8668
1343357	817845	580788	120599	1514915	226925	156525
5331406	4267077	2422386	1454523	5393843	410897	242252
1149368	1901602	909857	459774	1077634	237286	137285
142800	49133	29652	11188	131147	21573	12387
1813535	1397163	806485	466313	1835929	118310	63344
2000253	2626253	1648915	764496	2144181	203397	117365
7086201	3855657	2795492	667189	7367404	451769	364410
4390991	1431621	1126920	221497	4784368	376771	216079
4066184	3256894	2116698	686324	4228900	312942	201352
2418643	2647066	1791140	471095	2311043	202883	120147
2514830	3262164	2267362	625048	2500828	294440	210632
1955834	1618384	975407	491575	1989967	168139	109667
1267527	816942	462456	171148	1117137	112184	75222
3001759	3377677	2373710	621117	2834818	196745	116331
1681022	1297826	956129	220791	1684168	60679	18985
399961	469805	382756	61657	456862	41847	25712
457806	256272	189169	39834	528816	49535	37160
1859911	824964	604102	77989	1982827	216656	61903
85702	96621	57682	26719	94737	7620	2398
1085378	3034426	1099244	1530942	1066686	42298	15794
350193	334725	147966	152676	361919	43681	20673
238815	805744	213514	508247	247958	20849	5226

13-17 高新技术产业主要经济指标 (2012年)
Main Economic Indicators of High & New Technology Industry, 2012

项　目	Item	企业单位数(个) Number of Enterprises (unit)	从业人员年平均人数(人) Annual Average Employment Personnel (person)
全市总计	**Total**	**1518**	**571458**
按企业规模分	**Grouped by Size of Enterprises**		
大　型	Large-sized	95	298322
中　型	Medium-sized	268	151105
小　型	Small-sized	1050	119626
微　型	Mini-sized	105	2405
按登记注册类型分	**Grouped by Status of Registration**		
内资企业	Domestic-funded Enterprises	831	250364
国　有	State-owned Enterprises	53	27172
集　体	Collective-owned Enterprises	22	2044
股份合作	Cooperative Enterprises	15	2422
私营企业	Private Enterprises	418	46489
股份有限公司	Share-holding Corporations Ltd.	43	42547
有限责任公司	Limited Liability Corporations	257	125973
# 国有独资公司	Sole State-funded Corporations	12	47007
联营企业	Joint Ownership Enterprises	4	299
# 集体联营	Collective Joint Ownership Enterprises	2	127
其　他	Others	19	3418
港、澳、台商投资企业	Enterprises with Investment from Hong Kong, Macao and Taiwan	89	48463
外商投资企业	Foreign Funded Enterprises	598	272631
按技术领域分	**Grouped by Technical Field**		
电子信息	Electronics and Information	537	226066
航空航天	Aviation and Spaceflight	16	23917
光机电一体化	Photoelectric Mechanical Electron Incorporated	622	215198
生物技术和医药	Biology Technology and Pharmaceutical	132	55018
新材料	New Materials	142	24830
新能源和节能材料	New Energy and Energy Saving Materials	41	23768
环境保护	Environmental Protection	28	2661

单位：亿元(100 million yuan)

工业总产值 Gross Output Value of Industry	资产总计 Total Assets	流动资产合计 Total Working Capitals	固定资产合计 Total Fixed Assets	主营业务收入 Revenue from Principal Business	利税总额 Total Profits and Taxes	#利润总额 Total Pre-tax Profits
7075.45	**5789.04**	**3489.53**	**1619.08**	**7156.26**	**822.95**	**528.37**
4414.09	3011.96	1780.37	961.97	4428.65	493.81	314.98
1362.01	1449.95	869.72	347.94	1472.01	222.33	149.41
1245.84	1259.65	796.72	297.39	1207.65	107.20	64.80
53.50	67.48	42.73	11.77	47.95	-0.39	-0.82
2557.07	3078.14	1829.83	757.41	2599.93	399.27	270.88
178.70	419.12	272.8	77.34	168.05	20.86	9.14
13.29	10.24	9.03	1.00	11.84	1.23	0.87
21.20	18.83	12.33	2.34	20.15	2.44	2.06
393.57	318.47	215.57	63.94	407.66	62.26	47.70
329.88	527.25	285.23	113.27	375.11	54.47	37.92
1594.57	1768.98	1024.9	495.16	1590.65	252.91	169.04
485.57	515.1	338.88	155.99	426.27	38.31	13.61
3.23	1.41	1.27	0.13	3.50	0.44	0.31
1.53	0.54	0.52	0.02	1.84	0.38	0.29
22.63	13.83	8.71	4.23	22.96	4.67	3.83
601.20	331.88	218.11	87.63	593.49	36.41	17.25
3917.18	2379.02	1441.59	774.04	3962.83	387.26	240.23
2935.27	1474.11	1053.71	324.64	2923.41	289.37	183.02
275.34	438.44	259.10	113.10	254.64	47.70	27.15
2085.28	1964.06	1254.79	545.64	2051.81	207.50	127.40
805.24	714.70	360.14	188.55	850.65	229.18	175.44
710.18	900.20	410.48	341.69	817.20	35.47	5.26
229.17	235.79	119.71	82.87	224.71	11.29	8.97
34.96	61.74	31.59	22.60	33.83	2.43	1.13

13-18 优势产业主要经济指标（2012年）
Main Economic Indicators of Competitive Industry, 2012

项　目	Item	企业单位数(个) Number of Enterprises (unit)	从业人员年平均人数(人) Annual Average Employment Personnel (person)
全市总计	**Total**	**4931**	**1490296**
按企业规模分	**Grouped by Size of Enterprises**		
大　型	Large-sized	201	697706
中　型	Medium-sized	726	393131
小　型	Small-sized	3689	391650
微　型	Mini-sized	315	7809
按登记注册类型分	**Grouped by Status of Registration**		
内资企业	Domestic-funded Enterprises	3344	834122
国　有	State-owned Enterprises	132	81765
集　体	Collective-owned Enterprises	92	12780
股份合作	Cooperative Enterprises	55	8458
私营企业	Private Enterprises	2101	318960
股份有限公司	Share-holding Corporations Ltd.	106	100745
有限责任公司	Limited Liability Corporations	749	296544
# 国有独资公司	Sole State-funded Corporations	25	74290
联营企业	Joint Ownership Enterprises	8	1360
# 集体联营	Collective Joint Ownership Enterprises	4	809
其　他	Others	101	13510
港、澳、台商投资企业	Enterprises with Investment from Hong Kong, Macao and Taiwan	294	180078
外商投资企业	Foreign Funded Enterprises	1293	476096
按行业分	**Grouped by Sector**		
航空航天产业	Aerospace Industry	9	20214
石油化工产业	Petrochemical Industry	391	129416
装备制造业	Equipment Manufacturing Industry	2106	580010
电子信息产业	Electronic Information Industry	610	248461
生物医药产业	Biomedical Industry	131	55054
新能源新材料	New Energy and New Materials	272	62529
轻纺工业	Light and Textile Industry	1412	394612

单位：亿元(100 million yuan)

工业总产值 Gross Output Value of Industry	资产总计 Total Assets	流动资产合计 Total Working Capitals	固定资产合计 Total Fixed Assets	主营业务收入 Revenue from Principal Business	利税总额 Total Profits and Taxes	#利润总额 Total Pre-tax Profits
21006.55	**16478.74**	**9121.63**	**5656.28**	**21174.37**	**2925.47**	**1907.35**
11994.73	8862.12	4286.40	3764.81	11841.44	1980.07	1308.56
4235.23	3867.26	2425.15	1000.70	4443.71	550.92	354.66
4484.15	3458.41	2228.48	832.54	4580.23	381.38	242.79
292.44	290.95	181.60	58.23	308.99	13.10	1.34
12619.53	10933.62	5645.23	4005.97	12796.57	2053.08	1393.12
2038.07	2214.59	1103.63	777.94	2237.07	159.46	8.22
84.89	49.55	36.69	9.15	82.40	9.46	6.93
115.80	73.06	53.81	9.27	116.43	18.33	14.80
3504.49	1883.81	1217.73	448.36	3530.76	462.46	353.27
2485.11	2284.77	622.73	1425.83	2456.74	969.47	751.62
4263.09	4356.13	2564.86	1315.40	4242.12	422.54	250.67
682.08	900.55	463.69	394.06	636.52	35.91	7.89
6.14	3.67	2.11	0.68	6.35	0.73	0.45
2.91	0.79	0.66	0.12	3.17	0.55	0.37
121.94	68.05	43.68	19.34	124.69	10.63	7.16
1489.92	1101.17	719.29	311.30	1485.05	127.10	71.42
6897.10	4443.95	2757.11	1339.01	6892.75	745.29	442.81
242.35	393.10	233.93	101.59	236.03	42.72	22.39
3608.77	2778.45	836.04	1780.71	3610.59	995.31	720.37
9185.89	7592.01	4564.76	2181.25	9315.82	1029.88	629.61
2972.01	1600.66	1123.98	373.77	2963.60	278.01	174.60
803.38	716.55	360.42	189.52	847.55	229.31	175.72
1065.41	989.37	504.95	349.98	1092.65	65.67	32.17
3128.75	2408.60	1497.55	679.46	3108.14	284.57	152.49

13-19 规模以上工业企业主要经济效益指标（1996-2012年）
Main Indicators on Economic Benefit of Industrial Enterprises above Designated Size, 1996-2012

年　份 Year	产品销售率(%) Proportion of Products Sold (%)	资金利税率(%) Ratio of Profits and Taxes to Total Assets(%)	总资产贡献率(%) Ratio of Total Assets to Industrial Output Value (%)	成本费用利润率(%) Ratio of Pre-tax Profits to Industrial Cost(%)	工　业增加值率(%) Ratio of Value Added to Gross Industrial Output Value (%)	全员劳动生产率(元/人) Overall Labour Productivity (yuan/person)
全市合计 Total						
1996	91.6	7.2	8.3	5.0	21.3	20993
1997	96.4	6.0	7.1	3.7	20.4	23073
1998	97.9	5.6	6.6	2.9	20.1	29055
1999	98.6	6.0	6.5	3.6	20.7	35730
2000	98.4	9.0	8.9	6.5	24.2	52425
2001	96.7	9.5	9.3	6.6	24.8	59605
2002	99.1	9.0	8.7	5.8	25.4	69728
2003	98.9	10.6	9.9	6.0	26.5	93235
2004	99.0	12.8	12.8	7.5	26.1	124367
2005	100.6	15.6	14.5	8.5	27.1	150260
2006	99.2	17.5	15.9	8.7	28.7	210084
2007	99.7	16.6	15.0	8.1	29.3	248912
2008	98.4	12.5	12.1	6.3	29.0	297019
2009	98.2	12.8	12.1	6.8		
2010	98.9	18.3	17.3	9.8		
2011	99.3	18.9	18.0	10.2		
2012	98.9	18.4	17.6	9.8		
# 国有经济 State-owned						
1996	98.2	3.3	5.0	0.3	27.3	18365
1997	95.8	3.2	4.7		25.0	19587
1998	99.2	2.2	4.1		25.8	21340
1999	101.0	1.9	3.2		28.4	26743
2000	100.0	1.3	1.3		28.0	32545
2001	99.0	1.3	2.4		23.2	29470
2002	100.5	1.7	2.4		22.5	32058
2003	100.2	4.1	4.2	1.6	28.9	56402
2004	101.0	3.5	3.3	0.4	28.0	85329
2005	102.0	4.3	3.7	1.5	22.3	80057
2006	99.9	6.6	7.1	2.6	28.7	152738
2007	99.5	8.2	6.9	3.4	34.1	255122
2008	97.2	5.9	5.4	1.5	34.9	357688
2009	100.0	5.7	5.6	0.1		
2010	99.2	8.1	8.2	1.5		
2011	98.1	7.4	7.5	1.1		
2012	97.4	6.1	6.6	0.9		

13-20 规模以上工业企业主要经济效益指标 (2012年) Main Indicators on Economic Benefit of Industrial Enterprises above Designated Size, 2012

项 目	Item	总资产贡献率(%) Ratio of Total Assets to Industrial Output Value (%)	资产负债率(%) Ratio of Debts to Assets(%)	流动资产周转率(次) Number of Times of Turnover of Working Capitals(time)
全市总计	**Total**	**17.6**	**63.5**	**2.2**
# 国有及国有控股企业	State-owned and State-holding Enterprises	16.2	64.3	2.1
按轻重工业分	**Grouped by Light & Heavy Industry**			
轻工业	Light Industry	16.2	58.1	2.1
重工业	Heavy Industry	17.9	64.7	2.2
按企业规模分	**Grouped by Size of Enterprises**			
大 型	Large-sized	21.6	65.2	2.5
中 型	Medium-sized	14.3	63.3	1.9
小 型	Small-sized	11.1	58.8	2.0
微 型	Mini-sized	5.1	64.9	1.6
按登记注册类型分	**Grouped by Status of Registration**			
内资企业	Domestic-funded Enterprises	17.8	64.8	2.2
国 有	State-owned Enterprises	7.8	71.3	2.2
集 体	Collective-owned Enterprises	18.5	66.4	2.2
股份合作	Cooperative Enterprises	25.2	70.5	2.1
私营企业	Private Enterprises	24.9	63.4	2.8
股份有限公司	Share-holding Corporations Ltd.	42.8	48.2	3.9
有限责任公司	Limited Liability Corporations	10.6	68.4	1.6
# 国有独资公司	Sole State-funded Corporations	3.7	55.8	1.1
联营企业	Joint Ownership Enterprises	13.8	65.3	1.8
# 国有联营	State Joint Ownership Enterprises	2.9	78.9	0.9
集体联营	Collective Joint Ownership Enterprises	69.6	45.6	4.8
其 他	Others	16.2	59.6	2.8
港、澳、台商投资企业	Enterprises with Investment from Hong Kong, Macao and Taiwan	16.9	72.7	1.6
外商投资企业	Foreign Funded Enterprises	17.2	55.2	2.5

13-20 续表 Continued

项　目	Item	成本费用利润率(%) Ratio of Pretax Profits to Industrial Cost(%)	产品销售率(%) Proportion of Products Sold (%)	流动比率(%) Current Ratio (%)	速动比率(%) Quick Ratio (%)
全市总计	**Total**	**9.8**	**98.9**	**102.5**	**79.0**
# 国有及国有控股企业	State-owned and State-holding Enterprises	11.1	98.4	84.5	62.9
按轻重工业分	**Grouped by Light & Heavy Industry**				
轻工业	Light Industry	8.8	99.5	117.9	90.8
重工业	Heavy Industry	10.1	98.7	99.3	76.6
按企业规模分	**Grouped by Size of Enterprises**				
大　型	Large-sized	12.3	99.0	92.1	69.8
中　型	Medium-sized	8.3	99.3	108.4	86.4
小　型	Small-sized	5.5	98.3	124.0	95.0
微　型	Mini-sized	0.7	97.5	136.2	116.7
按登记注册类型分	**Grouped by Status of Registration**				
内资企业	Domestic-funded Enterprises	11.7	98.2	92.7	70.6
国　有	State-owned Enterprises	0.9	99.5	67.7	47.0
集　体	Collective-owned Enterprises	8.8	98.4	136.9	110.9
股份合作	Cooperative Enterprises	15.5	99.4	114.5	89.5
私营企业	Private Enterprises	11.0	98.5	117.9	93.2
股份有限公司	Share-holding Corporations Ltd.	46.2	98.8	88.0	67.0
有限责任公司	Limited Liability Corporations	6.5	96.8	98.7	76.5
# 国有独资公司	Sole State-funded Corporations	1.2	90.4	117.1	92.0
联营企业	Joint Ownership Enterprises	7.2	104.6	107.5	78.8
# 国有联营	State Joint Ownership Enterprises	2.9	100.0	114.8	113.3
集体联营	Collective Joint Ownership Enterprises	13.5	109.3	188.6	177.1
其　他	Others	6.4	99.3	112.9	81.5
港、澳、台商投资企业	Enterprises with Investment from Hong Kong, Macao and Taiwan	7.7	99.9	110.6	90.3
外商投资企业	Foreign Funded Enterprises	6.9	100.0	128.5	98.7

13-21 分行业规模以上工业企业主要经济效益指标（2012年）
Main Indicators on Economic Benefit of Industrial Enterprises above Designated Size by Sector, 2012

行 业	Sector	总资产贡献率（%）Ratio of Total Assets to Industrial Output Value (%)	资产负债率（%）Ratio of Debts to Assets (%)	流动资产周转率（次）Number of Times of Turnover of Working Capitals(time)
总 计	**Total**	**17.6**	**63.5**	**2.2**
煤炭开采和洗选业	Mining and Washing of Coal	23.1	94.5	1.2
石油和天然气开采业	Extraction of Petroleum and Natural Gas	67.7	43.0	15.1
黑色金属矿采选业	Mining and Processing of Ferrous Metal Ores	21.6	64.1	2.2
非金属矿采选业	Mining and Processing of Nonmetal Ores	3.6	50.7	0.1
开采辅助活动	Mining Assistant Activities	-0.4	56.5	1.1
农副食品加工业	Processing of Food from Agricultural Products	5.9	85.8	1.4
食品制造业	Manufacture of Food	47.1	53.3	4.4
酒、饮料和精制茶制造业	Manufacture of Alcohol, Beverages and Refined Tea	12.2	54.2	3.1
烟草制品业	Manufacture of Tobacco	107.4	100.0	4.2
纺织业	Manufacture of Textile	8.1	61.5	1.5
纺织服装、服饰业	Manufacture of Textile Wearing and Apparel	15.7	37.8	2.1
皮革、毛皮、羽毛及其制品业和制鞋业	Manufacture of Leather, Fur, Feather and Related Products, Footware	20.6	68.2	2.7
木材加工和木、竹、藤、棕、草制品业	Processing of Timber, Manufacture of Wood, Bamboo, Rattan, Palm and Straw Products	12.2	63.1	2.1
家具制造业	Manufacture of Furniture	11.4	68.4	2.0
造纸及纸制品业	Manufacture of Paper and Paper Products	9.2	70.5	1.6
印刷和记录媒介复制业	Printing, Reproduction of Recording Media	10.0	59.6	1.7
文教、工美、体育和娱乐用品制造业	Manufacture of Articles for Culture, Education andIndustrial Arts, Sport Activities, Amusement Manufacturing	19.4	51.6	4.4
石油加工、炼焦及核燃料加工业	Processing of Petroleum, Coking, Processing of Nuclear Fuel	25.0	60.2	4.3
化学原料及化学制品制造业	Manufacture of Raw Chemical Materials and Chemical Products	7.8	60.9	2.5
医药制造业	Manufacture of Medicines	16.6	36.9	1.4
化学纤维制造业	Manufacture of Chemical Fibers	45.2	49.1	4.4
橡胶和塑料制品业	Manufacture of Rubber and Plastic	10.4	55.8	2.4
非金属矿物制品业	Manufacture of Non-metallic Mineral Products	8.7	60.3	1.4
黑色金属冶炼和压延加工业	Smelting and Pressing of Ferrous Metals	12.4	78.4	2.0
有色金属冶炼和压延加工业	Smelting and Pressing of Non-ferrous Metals	31.1	69.9	3.9
金属制品业	Manufacture of Metal Products	15.1	63.1	2.2
通用设备制造业	Manufacture of General Purpose Machinery	13.8	54.4	1.8
专用设备制造业	Manufacture of Special Purpose Machinery	8.3	54.0	1.2
汽车制造业	Manufacture of Motorcar	26.9	50.1	3.0
铁路、船舶、航空航天和其他运输设备制造业	Railway, Watercraft, Aerospace and Other Transport Equipment	11.0	64.6	1.3
电气机械和器材制造业	Manufacture of Electrical Machinery and Equipment	10.1	58.9	1.4
计算机、通信和其他电子设备制造业	Manufacture of Computers, Communication and Other Electronic Equipment	22.0	54.9	3.3
仪器仪表制造业	Manufacture of Measuring Instruments	14.1	49.9	1.4
其他制造业	Other Manufacturing	16.4	54.4	2.9
废弃资源综合利用业	Comprehensive Recycling of Waste	28.6	73.8	3.0
金属制品、机械和设备修理业	Metal Products, Machine and Equipment Repair	8.5	64.3	1.2
电力、热力生产和供应业	Production and Supply of Electric Power and Heat Power	5.9	62.7	3.1
燃气生产和供应业	Production and Supply of Gas	4.0	61.2	1.5
水的生产和供应业	Production and Supply of Water	2.2	65.1	0.6

13-21续表 Continued

行业	Sector	成本费用利润率(%) Ratio of Pre-tax Profits to Industrial Cost(%)	产品销售率(%) Proporti-onof Products Sold (%)	流动比率(%) Current Ratio (%)	速动比率(%) Quick Ratio (%)
总计	**Total**	**9.8**	**98.9**	**102.5**	**79.0**
煤炭开采和洗选业	Mining and Washing of Coal	12.0	100.1	95.6	83.9
石油和天然气开采业	Extraction of Petroleum and Natural Gas	106.6	98.9	43.2	35.3
黑色金属矿采选业	Mining and Processing of Ferrous Metal Ores	19.2	90.1	78.2	69.7
非金属矿采选业	Mining and Processing of Nonmetal Ores	25.4	100.1	640.0	613.9
开采辅助活动	Mining Assistant Activities	-3.2	95.2	119.8	114.2
农副食品加工业	Processing of Food from Agricultural Products	2.3	98.5	104.7	90.3
食品制造业	Manufacture of Food	20.6	100.1	129.8	109.7
酒、饮料和精制茶制造业	Manufacture of Alcohol, Beverages and Refined Tea	3.7	100.8	71.7	46.1
烟草制品业	Manufacture of Tobacco	39.5	100.3	36.4	26.1
纺织业	Manufacture of Textile	5.6	98.6	92.9	54.3
纺织服装、服饰业	Manufacture of Textile Wearing and Apparel	4.0	99.1	244.6	129.8
皮革、毛皮、羽毛及其制品业和制鞋业	Manufacture of Leather, Fur, Feather and Related Products, Footware	5.9	98.8	113.8	67.3
木材加工和木、竹、藤、棕、草制品业	Processing of Timber, Manufacture of Wood, Bamboo, Rattan, Palm and Straw Products	5.6	100.4	126.9	88.1
家具制造业	Manufacture of Furniture	6.1	97.5	90.1	60.6
造纸及纸制品业	Manufacture of Paper and Paper Products	7.4	98.2	90.6	75.5
印刷和记录媒介复制业	Printing, Reproduction of Recording Media	8.8	103.6	92.4	75.8
文教、工美、体育和娱乐用品制造业	Manufacture of Articles For Culture, Education and Industrial Arts, Sport Activities, Amusement Manufacturing	2.3	98.6	145.5	96.7
石油加工、炼焦及核燃料加工业	Processing of Petroleum, Coking, Processing of Nuclear Fuel		100.1	98.9	45.5
化学原料及化学制品制造业	Manufacture of Raw Chemical Materials and Chemical Products	3.5	98.9	94.7	71.7
医药制造业	Manufacture of Medicines	15.6	96.7	170.3	128.8
化学纤维制造业	Manufacture of Chemical Fibers	10.6	97.4	126.9	65.8
橡胶和塑料制品业	Manufacture of Rubber and Plastic	5.1	98.4	106.7	78.9
非金属矿物制品业	Manufacture of Non-metallic Mineral Products	6.0	99.1	106.8	85.9
黑色金属冶炼和压延加工业	Smelting and Pressing of Ferrous Metals	5.8	98.4	79.5	60.7
有色金属冶炼和压延加工业	Smelting and Pressing of Non-ferrous Metals	6.4	99.3	109.3	87.3
金属制品业	Manufacture of Metal Products	7.6	99.3	120.6	92.3
通用设备制造业	Manufacture of General Purpose Machinery	9.6	98.4	128.6	93.8
专用设备制造业	Manufacture of Special Purpose Machinery	5.6	93.8	139.8	102.9
汽车制造业	Manufacture of Motorcar	10.4	100.0	129.4	107.2
铁路、船舶、航空航天和其他运输设备制造业	Railway, Watercraft, Aerospace and Other Transport Equipment	9.2	99.8	96.9	60.3
电气机械和器材制造业	Manufacture of Electrical Machinery and Equipment	6.7	101.8	122.5	93.3
计算机、通信和其他电子设备制造业	Manufacture of Computers, Communication and Other Electronic Equipment	5.9	98.7	139.0	104.5
仪器仪表制造业	Manufacture of Measuring Instruments	9.5	95.2	158.4	109.8
其他制造业	Other Manufacturing	6.5	105.4	125.3	95.9
废弃资源综合利用业	Comprehensive Recycling of Waste	3.8	93.5	105.2	86.4
金属制品、机械和设备修理业	Metal Products, Machine and Equipment Repair	4.8	62.9	124.0	97.7
电力、热力生产和供应业	Production and Supply of Electric and Heat Energy	3.0	99.8	46.2	39.8
燃气生产和供应业	Production and Supply of Gas	3.4	115.3	99.8	96.6
水的生产和供应业	Production and Supply of Water	2.6	99.3	68.7	68.0

13-22 大中型工业企业主要经济指标及占全市比重
Main Economic Indicators of Large & Medium-sized Industrial Enterprises and as Percentage of Municipal Industry

单位：亿元(100 million yuan)

指 标	Item	绝对数 Statistics	占全市比重(%) As Percentage of Municipal Industry (%)
2011年	**Year of 2011**		
企业单位数(个)	Number of Enterprises (unit)	976	19.5
从业人员年平均人数(万人)	AnnualAverage Employment Personnel (10 000 persons)	109.60	72.7
工业总产值	Gross Output Value of Industry	16283.84	78.1
资产总计	Total Assets	13800.21	79.4
# 流动资产合计	Total Working Capitals	7159.24	75.8
固定资产合计	Total Fixed Assets	5260.74	84.4
主营业务收入	Revenue from Principal Business	16371.63	77.6
主营业务成本	Cost of Principal Business	13533.82	76.2
主营业务税金及附加	Tax and Extra Charges of Principal Business	259.33	93.2
利税总额	Total Profits and Taxes	2580.21	86.9
总资产贡献率(%)	Ratio of Total Assets to Industrial Output Value (%)	19.60	
产销率(%)	Proportion of Products Sold (%)	99.20	
亏损企业个数(个)	Number of Loss-suffering Enterprises (unit)	172	21.5
亏损企业亏损额	Total Loss of Loss-suffering Enterprises	79.50	71.1
2012年	**Year of 2012**		
企业单位数(个)	Number of Enterprises (unit)	994	18.6
从业人员年平均人数(万人)	Annual Average Employment Personnel (10 000 persons)	116.99	73.0
工业总产值	Gross Output Value of Industry	18281.56	78.0
资产总计	Total Assets	15608.01	78.1
# 流动资产合计	Total Working Capitals	8104.15	74.8
固定资产合计	Total Fixed Assets	6050.32	84.1
主营业务收入	Revenue from Principal Business	18371.71	77.7
主营业务成本	Cost of Principal Business	16387.37	76.5
主营业务税金及附加	Tax and Extra Charges of Principal Business	286.79	91.9
利税总额	Total Profits and Taxes	2887.83	87.1
总资产贡献率(%)	Ratio of Total Assets to Industrial Output Value (%)	19.50	
产销率(%)	Proportion of Products Sold (%)	99.10	
亏损企业个数(个)	Number of Loss-suffering Enterprises (unit)	165	16.8
亏损企业亏损额	Total Loss of Loss-suffering Enterprises	82.42	58.6

13-23 国有及国有控股大中型工业企业主要经济指标及占全市比重 Main Economic Indicators of Large & Medium-sized State-owned and State-holding Industrial Enterprises and as Percentage of Municipal Industry

单位：亿元(100 million yuan)

指　　标	Item	绝对数 Statistics	占全市比重(%) As Percentage of Municipal Industry (%)
2011年	**Year of 2011**		
企业单位数(个)	Number of Enterprises (unit)	200	4.0
从业人员年平均人数(万人)	Annual Average Employment Personnel (10 000 persons)	36.08	23.9
工业总产值	Gross Output Value of Industry	7535.18	36.1
资产总计	Total Assets	7747.55	44.6
# 流动资产合计	Total Working Capitals	3219.64	34.1
固定资产合计	Total Fixed Assets	3742.54	60.0
主营业务收入	Revenue from Principal Business	7660.07	36.3
主营业务成本	Cost of Principal Business	6202.48	34.9
主营业务税金及附加	Tax and Extra Charges of Principal Business	204.92	73.7
利税总额	Total Profits and Taxes	1362.41	45.9
总资产贡献率(%)	Ratio of Total Assets to Industrial Output Value (%)	16.60	
产销率(%)	Proportion of Products Sold (%)	98.90	
亏损企业个数(个)	Number of Loss-suffering Enterprises (unit)	54	6.7
亏损企业亏损额	Total Loss of Loss-suffering Enterprises	52.14	46.6
2012年	**Year of 2012**		
企业单位数(个)	Number of Enterprises (unit)	207	3.9
从业人员年平均人数(万人)	Annual Average Employment Personnel (10 000 persons)	36.51	22.8
工业总产值	Gross Output Value of Industry	7589.52	32.4
资产总计	Total Assets	8528.50	42.7
# 流动资产合计	Total Working Capitals	3525.68	32.6
固定资产合计	Total Fixed Assets	4185.51	58.2
主营业务收入	Revenue from Principal Business	7690.41	32.5
主营业务成本	Cost of Principal Business	6728.52	31.4
主营业务税金及附加	Tax and Extra Charges of Principal Business	223.51	71.6
利税总额	Total Profits and Taxes	1374.12	41.4
总资产贡献率(%)	Ratio of Total Assets to Industrial OutputValue (%)	17.40	
产销率(%)	Proportion of Products Sold (%)	98.60	
亏损企业个数(个)	Numberof Loss-suffering Enterprises (unit)	80	8.1
亏损企业亏损额	Total Loss of Loss-suffering Enterprises	52.98	37.7

主要统计指标解释

工 业

指从事自然资源的开采，对采掘品和农产品进行加工和再加工的物质生产部门。具体包括：(1) 对自然资源的开采，如采矿、晒盐等(但不包括禽兽捕猎和水产捕捞)；(2) 对农副产品的加工、再加工，如粮油加工、食品加工、缫丝、纺织、制革等；(3) 对采掘品的加工、再加工，如炼铁、炼钢、化工生产、石油加工、机器制造、木材加工等，以及电力、自来水、煤气的生产和供应等；(4) 对工业品的修理、翻新，如机器设备的修理、交通运输工具(包括小卧车)的修理等。

1984年以前农村的村及村以下办工业归属农业，1984年以后划归工业。工业统计调查单位为独立核算法人工业企业。

独立核算法人工业企业指从事工业生产经营活动的单位。独立核算法人工业企业应同时具备以下条件：(1) 依法成立，有自己的名称、组织机构和场所，能够承担民事责任；(2) 独立拥有和使用资产，承担负债，有权与其他单位签订合同；(3) 独立核算盈亏，并能够编制资产负债表。

轻工业

指主要提供生活消费品和制作手工工具的工业。按其所使用的原料不同，可分为两大类：(1) 以农产品为原料的轻工业，是指直接或间接以农产品为基本原料的轻工业。主要包括食品制造、饮料制造、烟草加工、纺织、缝纫、皮革和毛皮制作、造纸以及印刷等工业；(2) 以非农产品为原料的轻工业，是指以工业品为原料的轻工业。主要包括文教体育用品、化学药品制造、合成纤维制造、日用化学制品、日用玻璃制品、日用金属制品、手工工具制造、医疗器械制造、文化和办公用机械制造等工业。

重工业

指为国民经济各部门提供物质技术基础的主要生产资料的工业。按其生产性质和产品用途，可以分为下列三类：(1) 采掘(伐)工业，是指对自然资源的开采，包括石油开采、煤炭开采、金属矿开采、非金属矿开采等工业；(2) 原材料工业，指向国民经济各部门提供基本材料、动力和燃料的工业。包括金属冶炼及加工、炼焦及焦炭、化学、化工原料、水泥、人造板以及电力、石油和煤炭加工等工业；(3) 加工工业，是指对工业原材料进行再加工制造的工业。包括装备国民经济各部门的机械设备制造工业、金属结构、水泥制品等工业，以及为农业提供的生产资料如化肥、农药等工业。根据上述划分原则，修理业中以重工业产品为修理作业对象的划为重工业，反之划为轻工业。

规模以上工业法人企业

指年主营业务收入2000万元及以上的工业法人企业。

大、中、小、微型企业

根据2011年国家统计局制定的《统计上大中小微型企业划分办法》，以从业人员和营业收入两项指标为依据，将工业企业划分为大、中、小、微型。划分标准如下：

指标名称	计量单位	大型	中型	小型	微型
从业人员(X)	人	X≥1000	300≤X<1000	20≤X<300	X<20
营业收入(Y)	万元	Y≥40000	2000≤Y<40000	300≤Y<2000	Y<300

工业总产值（当年价格）

指工业企业在报告期内生产的以货币形式表现的工业最终产品和提供工业劳务活动的总价值量。包括三部分：生产的成品价值、对外加工费收入、自制半成品在制品期末期初差额价值。

资产总计

指企业过去的交易或者事项形成的、由企业拥有或者控制的、预期会给企业带来经济利益的资源。资产一般按流动性（资产的变现或耗用时间长短）分为流动资产和非流动资产。其中流动资产可分为货币资金、交易性金融资产、应收票据、应收账款、预付款项、其他应收款、存货等；非流动资产可分为长期股权投资、固定资产、无形资产及其他非流动资产等。

主要统计指标解释

流动资产

资产满足以下条件之一应归为流动资产：（1）预计在一个正常营业周期中变现、出售或耗用，主要包括存货、应收账款等；（2）主要为交易目的而持有；（3）预计在资产负债表日起一年内（含一年）变现；（4）自资产负债日起一年内，交换其他资产或清偿负债的能力不受限制的现金或现金等价物。包括货币资金、应收票据、应收账款、存货等项目。

固定资产

指企业为生产商品、提供劳务、出租或经营管理而持有的，使用寿命超过一个会计年度的有形资产。包括使用期限超过一年的房屋、建筑物、机器、机械、运输工具以及其他与生产、经营有关的设备、器具、工具等。

主营业务收入

指企业确认的销售商品、提供劳务等主营业务的收入。

主营业务成本

指企业经营主要业务所发生的成本总额。

主营业务税金及附加

指企业经营主要业务应负担的营业税、消费税、城市维护建设税、教育费附加等。

利润总额

指企业在一定会计期间的经营成果，是生产经营过程中各种收入扣除各种耗费后的盈余，反映企业在报告期内实现的亏盈总额。执行2006年《企业会计准则》的企业，利润总额为营业利润加上营业外收入，减去营业外支出后的金额；未执行2006年《企业会计准则》的企业，利润总额为营业利润加上投资收益、补贴收入、营业外收入，再减去营业外支出后的金额。

利税总额

指利润总额、主营业务税金及附加和本期应交增值税之和。

产品销售率

反映工业产品已实现销售的程度，是分析工业产销衔接情况，研究工业产品满足社会需求的指标。计算公式为：

$$\text{产品销售率（\%）}=\frac{\text{工业销售产值}}{\text{工业总产值（现价）}}\times 100\%$$

总资产贡献率

反映企业全部资产的获利能力，是企业经营业绩和管理水平的集中体现，是评价和考核企业盈利能力的核心指标。计算公式为：

$$\text{总资产贡献率（\%）}=\frac{\text{利润总额}+\text{税金总额}+\text{利息支出}}{\text{平均资金总额}}\times 100\%$$

公式中：税金总额为主营业务税金及附加与应交增值税之和；平均资产总额为期初期末资产之和的算术平均值。

资产负债率

该指标既反映企业经营风险的大小，也反映企业利用债权人提供的资金从事经营活动的能力。计算公式为：

$$\text{资产负债率（\%）}=\frac{\text{负债总额}}{\text{资产总额}}\times 100\%$$

流动资产周转次数

指一定时期内流动资产完成的周转次数，反映投入工业企业流动资金的周转速度。计算公式为：

$$\text{流动资产周转次数}=\frac{\text{主营业务收入}}{\text{全部流动资产平均余额}}$$

公式中：全部流动资产平均余额为期初和期末的流动资产之和的算术平均值。

主要统计指标解释

成本费用利润率

反映企业投入的生产成本及费用的经济效益，同时也反映企业降低成本所取得的经济效益。计算公式为：

$$成本费用利润（\%）=\frac{利润总额}{成本费用总额}\times 100\%$$

公式中：成本费用总额为产品销售成本、销售费用、管理费用、财务费用之和。

流动比率

指流动资产和流动负债之比。用来衡量企业流动资产在短期债务到期以前，可以变为现金用于偿还负债的能力。计算公式为：

$$流动比率（\%）=\frac{流动资产}{流动负债}\times 100\%$$

速动比率

是指速动资产对流动负债的比率。它是衡量企业流动资产中可以立即变现用于偿还流动负债的能力。计算公式为：

$$流动比率（\%）=\frac{（流动资产-存货）}{流动负债}\times 100\%$$

Explanatory Notes on Main Statistical Indicators

Industry

refers to the material production sector which is engaged in extraction of natural resources and processing and reprocessing of minerals and agricultural products, including: (1) extraction of natural resources, such as mining, salt production (but not including hunting and fishing); (2) processing and reprocessing of farm and sideline produces, such as rice husking, flour milling, wine making, oil pressing, silk reeling, spinning and weaving, and leather making; (3) manufacture of industrial products, such as steel making, iron smelting, chemicals manufacturing, petroleum processing, machine building, timber processing; water and gas production and electricity generation and supply; (4) repairing of industrial products such as repairing of machinery and means of transport (including cars).

Prior to 1984, the rural industry run by villages and cooperative organizations under village was classified into agriculture. Since 1984, it has been grouped into industry. Units of industrial statistics survey corporate industrial enterprises with independent accounting system.

Corporate industrial enterprises with independent accounting system refer to enterprises engaging in industrial production activities, which meet the following requirements: they are established legally, having their own names, organizations, location, able to take civil liability; they possess and use their assets independently, assume liabilities, and are entitled to sign contracts with other units; they are financially independent and compile their own balance sheets.

Light Industry

refers to the industry that produces consumer goods and hand tools. It consists of two categories, depending on the materials used: (1) Industries using farm products as raw materials. These are branches of light industry which directly or indirectly use farm products as basic raw materials, including the manufacture of food and beverages, tobacco processing, textile, clothing, fur and leather manufacturing, paper making, printing, etc. (2) Industries using non farm products as raw materials. These are branches of light industry which use manufactured goods as raw materials, including the manufacture of cultural, educational articles and sports goods, chemicals, synthetic fiber, chemical products for daily use, glass products for daily use, metal products for daily use, hand tools, medical apparatus and instruments, and the manufacture of cultural and clerical machinery.

Heavy Industry

refers to the industry which produces capital goods, and provides various sectors of the national economy with necessary material and technical basis. It consists of the following three branches according to the purpose of production or the use of products: (1) Mining, quarrying and logging industry refers to the industry that extracts natural resources, including extraction of petroleum, coal, metal and non-metal ores. (2) Raw materials industry refers to the industry that provides various sectors of the national economy with raw materials, fuels and power. It includes smelting and processing of metals, coking and coke chemistry, chemical materials and building materials such as cement, plywood, and power, petroleum refining and coal dressing. (3) Manufacturing industry refers to the industry that processes raw materials. It includes machine building industry which equips sectors of the national economy, industries of metal structure and cement products, industries producing means of agricultural production, such as chemical fertilizers and pesticides. According to the above principle of classification, the repairing trades which are engaged primarily in repairing products of heavy industry are classified into heavy industry while these engaged in repairing products of light industry are classified into light industry.

Industrial Enterprises above Designated Size

refer to industrial enterprises as legal person with annual business revenue of over 20 million yuan.

Large, Medium, Small, Mini-sized Enterprises

Industrial enterprises are classified into large, medium, small, mini-sized enterprises according to employment personnel and sales revenue in accordance with *the regulation of Classification of Large, Medium, Small, Mini-sized Enterprises on Statistics* in 2011. The standard of classification as following:

Indicator	*Unit*	*Large-sized*	*Medium-sized*	*Small-sized*	*Mini-sized*
Employment Personnel(X)	person	X≥1 000	300≤X<1 000	20≤X<300	X<20
Sales Revenue(Y)	10 000 yuan	Y≥40 000	2 000≤Y<40 000	300≤Y<2 000	Y<300

Gross Output Value of Industry (current price)

refers to total volume of final industrial products produced and industrial services provided during the reporting period. It consists of 3 components: value of the finished products, income from processing for external parties, and value of change in semi-finished products between the end and the beginning of the reference period.

Total Assets

refer to all resources formed by transaction or other activities, which are owned or controlled by enterprises and expected to bring economic benefits to the enterprises. Classified by the degree of liquidity(the time of assets to be liquidated or consumed), total assets include working capitals and immovable assets. Working capitals can be classified into monetary assets, trading financial assets, notes receivable, accounts receivable, advanced payments, other prepaid money and inventories. Immovable assets can be divided into long-term equity investment, fixed assets, intangible assets and other immovable assets.

Working Capitals

the assets should be classified into working capital if meeting one of the following conditions: (1) expected to be liquidated, sold or consumed in one normal operating cycle, mainly including inventory, account receivable, etc.; (2) owned for transaction purpose; (3) expected to be liquidated in one year (including one year) since balance sheet date; (4) cash or cash equivalent without limited ability of exchanging other assets or paying debts in one year from balance sheet date, including monetary funds, note receivable, accounts receivable, inventory and other items.

Fixed Assets

refer to the physical assets owned over one accounting year for the purpose of production, providing services, rent or business management, including the use of more than one year of housing, buildings, machines, machinery, transport equipment and other production and business-related equipment, apparatus, tools, etc.

Revenue from Principal Business

refers to revenues accepted by enterprises from the sales of products, labour services provided and etc. in the principal business.

Cost of Principal Business

refers to total costs for enterprises to operate the principal business.

Tax and Extra Charges of Principal Business

refer to the tax and charges including the business tax, consumption tax, city maintenance and construction tax, resources tax, land increasing value tax and extra charges for education and etc. in the operation of principal business.

Total Pre-tax Profits

refer to the business results of enterprises in certain accounting period, that is the profits gained from the revenues after deducting the costs, which means the final achievements in the reference period. To the enterprises implemented the Regulation of Accounting Standards for Business Enterprises in 2006, total pre-tax profits equals to business profit add non-operating revenue and minus non-operating expenditures. To the enterprises not implemented, total pre-tax profits equals to business profit add investment income, subsidies, non-operating revenue and minus non-operating expenditures.

Total Profits and Taxes

refers to the sum of the total profits, tax and extra charges of principal business and the value added tax payable of industrial enterprises.

Proportion of Products Sold

reflects the actual sale of industrial products, analyzing the production-selling and supply-demand relations. It is calculated as:

$$\text{Proportion of Products Sold (\%)} = \frac{\text{Value of Industrial Sales}}{\text{Gross Industrial Output Value (Current Prices)}} \times 100\%$$

Ratio of Total Assets to Industrial Output Value

reflects the profit-making capability of all assets of the enterprise and is a key indicator manifesting the performance and management and evaluating the profit-making potential of the enterprise. It is calculated as follows:

$$\text{Ratio of Total Assets to Industrial Output Value (\%)} = \frac{\text{Total Pre-tax Profits} + \text{Total Taxes} + \text{Interest Payment}}{\text{Average Assets}} \times 100\%$$

In the above formula, total taxes is the sum of tax and extra charges of principal business and value-added tax payable; and average assets is the arithmetic mean of the sum of beginning assets and ending assets.

Ratio of Debts to Assets

reflects both the operation risk and the capability of the enterprise in making use of the capital from the creditors. It is calculated as follows:

$$\text{Ratio of Debts to Assets (\%)} = \frac{\text{Total Debts}}{\text{Total Assets}} \times 100\%$$

Number of Times of Turnover of Working Capitals

refers to the number of times of turnover of working capital in a given period of time, which reflects the speed of the turnover of working capital of industrial enterprises, and is calculated as follows:

$$\text{Turnover of Working Capital} = \frac{\text{Revenue from Principal Business}}{\text{Average Balance of Total Working Capital}}$$

In the above formula, average balance of total working capital refers to the arithmetic mean of the sum of circulating funds at the beginning and at the end of the reference period.

Ratio of Pre-tax Profits to Total Industrial Costs

refers to the ratio of profits realized in a given period to the total costs in the same period, which reflects the economic efficiency of input cost and is calculated as follows:

$$\text{Ratio of Profits to Total Industrial Cost (\%)} = \frac{\text{Total Pre-tax Profits}}{\text{Total Costs}} \times 100\%$$

Total costs in the above formula is the sum of cost of products sold, marketing cost, management cost and financial cost.

Liquidity Ratio

refers to the ratio of current assets and current liabilities, which is used to measure the enterprise's ability to turn the current assets into cash to repay its debts before the short-term debt maturity. It is calculated as follows:

$$\text{The Liquidity Ratio(\%)} = \frac{\text{Current Assets}}{\text{Current Liabilities}} \times 100\%$$

Quick Ratio

refers to the ratio of quick assets and current liabilities, which is used to measure the enterprise's ability to turn the current assets into cash immediately to repay its current liabilities. It is calculated as follows:

$$\text{Quick Ratio(\%)} = \frac{\text{Current Assets-Inventories}}{\text{Current Liabilities}} \times 100\%$$

建筑业
Construction
14

14-1 建筑企业基本情况 (1996—2012年)
Basic Statistics on Construction Enterprises, 1996-2012

年 份 Year	企业个数 (个) Number of Enterprises (unit)	从业人员平均人数 (万人) Annual Average Employment Personnel (10 000 persons)	建筑业总产值 (亿元) Gross Output Value of Construction (100 million yuan)	房屋建筑施工面积 (万平方米) Floor Space of Building under Construction (10 000 sq. m)	房屋建筑竣工面积 (万平方米) Floor Space of Building Completed (10 000 sq. m)	#住 宅 Residential Buildings
1996	461	29.06	173.57	1579.53	567.98	285.82
1997	477	29.26	191.00	1752.13	727.61	398.82
1998	500	29.34	211.12	2059.23	868.00	527.98
1999	491	28.71	222.74	2087.01	901.88	637.85
2000	456	27.44	238.10	2253.99	1056.40	658.85
2001	420	25.96	288.68	2140.04	924.92	562.40
2002	925	34.56	406.16	2817.84	1332.10	726.87
2003	900	35.55	520.84	3395.94	1465.75	797.72
2004	1155	38.27	655.20	3547.76	1644.90	758.00
2005	1108	39.10	754.37	3940.56	1484.38	728.58
2006	1103	38.57	983.93	4555.08	1735.58	815.52
2007	1113	45.34	1221.94	5447.39	2101.38	1020.12
2008	1362	49.62	1453.79	5947.56	1643.66	687.62
2009	1371	59.31	1911.48	6572.69	2240.10	1010.85
2010	1448	65.47	2424.49	7564.29	2419.16	1168.62
2011	1494	65.38	2986.45	10058.78	2637.65	1352.95
2012	1648	49.75	3258.57	12484.91	2876.70	1526.04

14-2 建筑企业主要经济效益指标和工程质量 (1996—2012年)
Main Indicators of Economic Benefit and Engineering Quality of Construction Enterprises, 1996-2012

年 份 Year	全员劳动生产率 (元/人) Overall Labour Productivity (yuan/person)	平均每一从业人员竣工面积(平方米) Floor Space of Building Completed per Employment Personnel (sq. m)	产值利润率 (%) Ratio of Pre-tax Profit to Gross Output Value (%)	产值利税率 (%) Ratio of Profits and Taxes to Gross Output Value (%)	按面积计算竣工率 (%) Percentage of Building Completed in Terms of Floor Space (%)
1996	59724	19.5	1.0	3.6	36.0
1997	65274	24.9	1.1	3.7	41.5
1998	71958	29.6	1.4	3.9	42.2
1999	77583	31.4	1.0	3.6	43.2
2000	86771	38.5	1.1	4.0	46.9
2001	111194	35.6	1.3	4.2	43.2
2002	117536	38.5	1.8	4.7	47.3
2003	146499	41.2	1.9	4.8	43.2
2004	171190	43.0	1.9	4.9	46.4
2005	192931	38.0	2.3	5.3	37.7
2006	255108	45.0	2.6	5.8	38.1
2007	269502	46.3	3.1	6.3	38.6
2008	292999	33.1	3.3	6.5	27.6
2009	322264	37.8	2.8	6.0	34.1
2010	370312	36.9	2.7	6.0	32.0
2011	456788	40.3	2.7	5.8	26.2
2012	654940	57.8	2.9	6.0	23.0

14-3 建筑企业基本情况（按登记注册类型和经济类型分）
Basic Statistics on Construction Enterprises (Grouped by Status of Registration and Ownership)

项目 Item	企业个数（个） Number of Enterprises (unit)		从业人员平均人数（万人） Average Employment Personnel (10 000 persons)		从业人员劳动报酬（万元） Remuneration of Employment Personnel (10 000 yuan)		建筑业总产值（万元） Gross Output Value of Construction (10 000 yuan)	
	2011	2012	2011	2012	2011	2012	2011	2012
总计 Total	**1494**	**1648**	**65.38**	**49.75**	**1579476**	**1917551**	**29864545**	**32585701**
按登记注册类型分 Grouped by Status of Registration								
内资企业 Domestic-funded Enterprises	1460	1618	65.09	49.61	1572382	1910122	29728282	32517395
国有 State-owned Enterprises	105	109	11.79	7.60	318045	327174	5638153	6387736
集体 Collective-owned Enterprises	64	64	6.71	4.73	90289	88517	1663520	2444791
股份合作 Cooperative Enterprises	17	16	0.18	0.32	4026	10285	88693	151921
私营企业 Private Enterprises	767	853	9.89	8.43	205692	327947	3079980	3669649
股份有限公司 Share-holding Corporations Ltd.	42	42	2.13	2.90	147482	173597	1340805	1343348
有限责任公司 Limited Liability Corporations	399	465	32.01	24.99	781803	969250	17124738	18229078
# 国有独资 Sole State-funded Corporations	13	15	4.25	5.17	46537	105171	1734664	2306961
联营企业 Joint Ownership Enterprises	5	6	0.15	0.10	4615	2612	33651	15865
# 集体联营 Collective Joint Ownership Enterprises	2	2	0.14	0.09	4436	2494	31439	14208
其他 Others	61	63	2.23	0.53	20430	10740	758742	275007
港、澳、台商投资企业 Enterprises with Investment from Hong Kong, Macao and Taiwan	18	17	0.09	0.10	1332	2361	48654	51346
外商投资企业 Foreign Funded Enterprises	16	13	0.20	0.05	5762	5068	87609	16961
按经济类型分 Grouped by Ownership								
国有经济 State-owned	119	125	16.04	12.77	364594	432364	7372987	8695178
集体经济 Collective-owned	83	82	7.03	5.14	98751	101296	1783652	2610920
私有经济 Private and Individual	767	853	9.89	8.43	205692	327947	3079980	3669549
港澳台商投资经济 Hong Kong, Macao and Taiwan Funded	18	17	0.09	0.10	1332	2361	48654	51346
外商投资经济 Foreign Funded	16	13	0.20	0.05	5762	5068	87609	16961
其他 Others	491	558	32.13	23.36	903345	1048515	17491663	17541747

14-3 续表 Continued

项目 Item	竣工产值(万元) Gross Output Value Completed (10 000 yuan)		房屋建筑施工面积(万平方米) Floor Space of Building under Construction (10 000 sq. m)		房屋建筑竣工面积(万平方米) Floor Space of Building Completed (10 000 sq. m)		#住宅 Residential Buildings	
	2011	2012	2011	2012	2011	2012	2011	2012
总计 Total	**14015133**	**14713080**	**10058.78**	**12484.91**	**2637.65**	**2876.70**	**1352.95**	**1526.04**
按登记注册类型分 Grouped by Status of Registration								
内资企业 Domestic-funded Enterprises	13947100	14678423	10024.81	12484.91	2636.18	2876.70	1351.48	1526.04
国有 State-owned Enterprises	1737067	1286547	2504.10	5079.74	332.60	215.04	208.69	116.73
集体 Collective-owned Enterprises	891656	1377173	725.05	892.55	275.10	404.41	164.92	318.78
股份合作 Cooperative Enterprises	77921	85256	0.47	12.35	0.47	10.15		4.80
私营企业 Private Enterprises	1749857	2230176	956.54	1021.94	473.53	577.39	290.47	377.95
股份有限公司 Share-holding Corporations Ltd.	602942	524066	350.49	383.80	100.19	82.69	64.11	66.44
有限责任公司 Limited Liability Corporations	8456830	8950630	5340.30	5014.46	1390.98	1541.19	598.13	632.24
# 国有独资 Sole State-funded Corporations	767288	1027612	764.58	422.95	136.50	99.78	92.08	47.47
联营企业 Joint Ownership Enterprises	30942	14928	7.89	0.99	7.89	0.99	1.52	0.26
# 集体联营 Collective Joint Ownership Enterprises	29932	13849	7.89	0.99	7.89	0.99	1.52	0.26
其他 Others	399885	209647	139.96	79.08	55.42	44.85	23.64	8.84
港、澳、台商投资企业 Enterprises with Investment from Hong Kong, Macao and Taiwan	17987	31811						
外商投资企业 Foreign Funded Enterprises	50046	2846	33.98		1.47		1.47	
按经济类型分 Grouped by Ownership								
国有经济 State-owned	2504525	2314159	3268.68	5502.69	469.10	314.82	300.77	164.20
集体经济 Collective-owned	999509	1476278	733.41	905.89	283.46	415.55	166.44	323.84
私有经济 Private and Individual	1749857	2230176	956.54	1021.94	473.53	577.39	290.47	377.95
港澳台商投资经济 Hong Kong, Macao and Taiwan Funded	17987	31811						
外商投资经济 Foreign Funded	50046	2846	33.98		1.47		1.47	
其他 Others	8693209	8657810	5066.17	5054.40	1410.09	1568.94	593.80	660.05

14-4 建筑企业基本情况（按行业和资质等级分）
Basic Statistics on Construction Enterprises (Grouped by Sector and Qualification Grade)

项　目 Item	企业个数（个） Number of Enterprises (unit)		从业人员平均人数（万人） Average Employment Personnel (10 000 persons)		从业人员劳动报酬（万元） Remuneration of Employment Personnel (10 000 yuan)		建筑业总产值（万元） Gross Output Value of Construction (10 000 yuan)	
	2011	2012	2011	2012	2011	2012	2011	2012
按行业类别分								
Grouped by Sector								
房屋建筑业								
House Building	223	260	28.41	23.45	382256	588404	10293905	12509717
土木工程建筑业								
Civil Engineering	251	344	24.09	16.82	769139	887385	14719610	15401036
建筑安装业								
Building Installation	513	509	7.96	5.74	271354	282425	3042658	2838883
建筑装饰和其他建筑业								
Building Decoration and								
Other Construction	507	535	4.92	3.74	156727	159337	1808372	1836065
按资质等级分								
Grouped by Qualification Grade								
施工总承包								
General Contractor	392	447	55.98	41.41	1221565	1502017	26095762	28341058
特　级								
Super Grade	7	9	11.52	4.12	248286	284034	8047832	7775819
一　级								
First Grade	104	112	31.83	26.24	654892	847566	13266056	15433866
二　级								
Second Grade	125	138	8.94	8.11	241577	271836	3652282	3690950
三级及以下								
Third Grade and below	156	188	3.69	2.94	76810	98581	1129592	1440423
专业承包								
Specialized Contractor	1102	1201	9.40	8.34	357911	415534	3768783	4244643
一　级								
First Grade	95	101	2.33	1.91	147885	166292	1450177	1756632
二　级								
Second Grade	247	266	2.65	2.12	52980	73240	943863	953615
三级及以下								
Third Grade and Below	760	834	4.42	4.31	157046	176002	1374743	1534396

14-4续表 Continued

项 目 Item	竣工产值 (万元) Gross Output Value Completed (10 000 yuan)		房屋建筑施工面积 (万平方米) Floor Space of Building under Construction (10 000 sq. m)		房屋建筑竣工面积 (万平方米) Floor Space of Building Completed (10 000 sq. m)		#住 宅 Residential Buildings	
	2011	2012	2011	2012	2011	2012	2011	2012
按行业类别分								
Grouped by Sector								
房屋建筑业								
House Building	4948779	6106927	7401.12	10620.66	2033.48	2193.76	1097.41	1164.66
土木工程建筑业								
Civil Engineering	6217817	6023735	2187.51	1604.41	422.58	597.80	149.09	305.75
建筑安装业								
Building Installation	1858820	1422003	290.49	213.85	100.10	59.29	56.78	37.95
建筑装饰和其他建筑业								
Building Decoration and Other Construction	989717	1160415	179.66	45.99	81.49	25.85	49.67	17.69
按资质等级分								
Grouped by Qualification Grade								
施工总承包								
General Contractor	11756852	12322182	9840.61	12418.98	2504.56	2812.54	1274.83	1498.99
特 级								
Super Grade	2822387	3010434	2076.14	2143.54	237.42	327.58	25.93	83.68
一 级								
First Grade	6542289	6009089	6269.98	8483.02	1565.26	1482.50	867.24	831.98
二 级								
Second Grade	1505441	2151659	1211.82	1372.94	474.52	680.56	286.99	455.63
三级及以下								
Third Grade and Below	886735	1151000	282.67	419.47	227.36	321.90	94.67	127.70
专业承包								
Specialized Contractor	2258281	2390898	218.17	65.93	133.09	64.16	78.12	27.05
一 级								
First Grade	928793	977595	36.98	1.72	2.97	0.20	1.47	
二 级								
Second Grade	474174	553747	78.71	18.73	38.26	29.76	0.37	6.58
三级及以下								
Third Grade and Below	855314	859556	102.48	45.48	91.86	34.21	76.28	20.47

14-5 建筑企业主要财务指标（2012年）
Main Financial Indicators of Construction Enterprises, 2012

单位：万元（10 000 yuan）

指标	Item	全市总计 Total	# 国有经济 State-owned	# 地方 Local
资本金	**Capital**			
资本金合计	Total Capital	7508635	1133845	457107
年末资产负债	**Assets and Liabilities at Year-end**			
流动资产合计	Total Working Capital	29731878	8585058	3633789
固定资产合计	Total Fixed Assets	4345706	676349	188334
固定资产原价	Original Value of Fixed Assets	5861883	1085906	272365
累计折旧	Accumulative Depreciation	2229274	476915	109838
资产总计	Total Assets	39449433	10141157	4114667
损益及分配	**Profit, Loss and Distribution**			
主营业务收入	Revenue of Prinicipal Business	34080625	8997103	2387933
主营业务成本	Costs of Prinicipal Business	30603821	8224254	2176462
主营业务税金及附加	Taxes & Extra Charges of Prinicipal Business	958922	259041	57828
其他业务收入	Other Revenue from Business	262989	80859	63361
其他业务利润	Other Profits from Business	59503	30759	29561
管理费用	Management Expenses	1268068	325790	106811
# 税　金	Taxes	29439	4607	2153
利润总额	Total Pre-tax Profits	956012	137844	29020
应交所得税	Income Taxes Payable	244225	42378	10047
利税总额	Total Profits and Taxes	1944373	401492	89002
工资、福利费	**Wage and Welfare Expenses**			
应付职工薪酬	Total Remuneration Payable	1917551	432364	106673

注：本表按原经济类型分组，下同。
Note: Data are grouped by original ownership in this table. Same as following next.

14-5续表 Continued

单位：万元 (10 000 yuan)

指　标	Item	# 集体经济 Collective -owned	# 私有经济 Private	# 港澳台投资经济 Hong Kong, Macao and Taiwan Funded	# 外商投资经济 Foreign Funded
资本金	**Capital**				
资本金合计	Total Capital	180546	2983123	36820	16433
年末资产负债	**Assets and Liabilities at Year-end**				
流动资产合计	Total Working Capital	1844930	3494926	110256	69427
固定资产合计	Total Fixed Assets	76025	641065	3399	5055
固定资产原价	Original Value of Fixed Assets	89383	853346	11218	10303
累计折旧	Accumulative Depreciation	31895	301251	8041	5248
资产总计	Total Assets	1964740	6182262	119321	80982
损益及分配	**Profit, Loss and Distribution**				
主营业务收入	Revenue of Prinicipal Business	2385505	3970337	53643	56794
主营业务成本	Costs of Prinicipal Business	2138396	3439766	31160	48148
主营业务税金及附加	Taxes & Extra Charges of Prinicipal Business	78625	107645	1718	797
其他业务收入	Other Revenue from Business	15316	30373	881	3872
其他业务利润	Other Profits from Business	3448	4495	298	415
管理费用	Management Expenses	66532	172550	2429	4989
# 税　金	Taxes	2010	6648	170	197
利润总额	Total Pre-tax Profits	85275	151524	125	-325
应交所得税	Income Taxes Payable	37658	38734	222	791
利税总额	Total Profits and Taxes	165910	265817	2013	668
工资、福利费	**Wage and Welfare Expenses**				
应付职工薪酬	Total Remuneration Payable	101296	327947	2361	5068

14-6 建筑企业年末自有机械设备总功率和净值 (1996—2012年)
Total Capacity and Net Value of Machinery and Equipment Owned by Construction Enterprises (Year-end), 1996-2012

年　份 Year	年末自有机械设备总功率(万千瓦) Total Capacity of Machinery and Equipment Owned (Year-end) (10 000 kw)	# 国有经济 State-owned	# 地　方 Local	年末自有机械设备净值(万元) Net Value of Machinery and Equipment Owned (Year-end) (10 000 yuan)	# 国有经济 State-owned	# 地　方 Local
1996	137.98	109.22	40.47	384677	178790	47006
1997	151.18	119.22	43.87	207571	173245	54521
1998	173.03	111.19	39.28	206033	163854	49153
1999	185.54	146.77	38.00	214052	174687	67470
2000	157.27	102.26	36.14	217748	122519	45433
2001	168.83	87.31	32.16	231546	126407	51157
2002	221.56	85.37	33.03	529838	166556	83098
2003	227.81	86.32	34.65	582022	208634	79305
2004	258.80	96.86	42.66	622763	223307	63141
2005	246.33	93.87	29.07	694990	230140	53538
2006	297.62	97.08	50.98	782820	195335	52195
2007	293.46	114.79	78.94	854785	192498	55747
2008	316.85	79.20	28.60	1103985	307514	88287
2009	440.64	75.92	26.93	1722188	306172	50707
2010	418.90	92.99	33.97	1980473	287408	50869
2011	391.62	90.99	22.90	1864808	346449	46465
2012	502.04	87.00	23.63	2942213	180778	49002

14-7 建筑企业技术装备率和动力装备率 (1996—2012年)
Value and Power of Machines per Labourer of Construction Enterprises, 1996-2012

年　份 Year	全部职工技术装备率(元/人) Value of Machines per Labour (yuan/person)	# 国有经济 State-owned	# 地　方 Local	全部职工动力装备率(千瓦/人) Power of Machines per Labour (kw/person)	# 国有经济 State-owned	# 地　方 Local
1996	13237	7677	3647	4.75	4.69	3.14
1997	7094	7680	4300	5.17	5.28	3.46
1998	7022	7908	4134	5.90	5.37	3.30
1999	8774	11542	10233	7.61	9.70	5.76
2000	10714	9483	9008	7.74	7.92	7.17
2001	12881	14697	11768	9.39	10.15	7.40
2002	19423	18366	16571	8.12	9.41	6.59
2003	24203	27824	24187	9.47	11.51	10.57
2004	27354	33064	25506	11.37	14.34	17.23
2005	26064	26376	16793	9.24	10.76	9.12
2006	25420	21640	22518	9.66	10.75	22.00
2007	24470	18726	18829	8.40	11.17	26.66
2008	30390	28355	30203	8.72	7.30	9.78
2009	41336	29156	13936	10.58	7.23	7.40
2010	41373	19162	10569	8.75	6.20	7.06
2011	57483	57417	22795	12.07	15.08	11.23
2012	91016	31629	20929	15.53	15.22	10.09

14-8 建筑企业机械设备情况及经济效益指标
Machinery & Equipment and Economic Benefit Indicators of Construction Enterprises

指　　标 Item	全　市 Total	# 国有经济 State-owned	# 地　方 Local
2011 年　Year of 2011			
建筑业机械设备情况 Machinery and Equipment of Construction Enterprises			
自有机械设备总台数(台) Number of Machinery and Equipment Owned (set)	118402	24982	7594
自有机械设备总功率(万千瓦) Power of Machinery and Equipment Owned (10 000 kw)	391.62	90.99	22.90
自有机械设备净值(万元) Net Value of Machinery and Equipment Owned (10 000 yuan)	1864808	346449	46465
技术装备率(元/人) Value of Machines per Labour (yuan/person)	57483	57417	22795
动力装备率(千瓦/人) Power of Machines per Labour (kw/person)	12.07	15.08	11.23
建筑业经济效益指标 Economic Benefit Indicators of Construction Enterprises			
全员劳动生产率(元/人) Overall Labour Productivity (yuan/person)	456788	459605	547617
房屋竣工率(%) Percentage of Buildings Completed (%)	26.2	14.4	11.2
平均每一从业人员竣工面积(平方米/人) Floor Space of Buildings Completed per Employment Personnel (sq. m/person)	40.3	29.2	5.8
每百元产值实现利税(元) Ratio of Profits and Taxes to per 100 yuan Output Value (yuan)	5.8	4.9	4.5
百元产值占用流动资产(元) Ratio of Working Capital to per 100 yuan Output Value (yuan)	79.2	80.1	116.2
全员资金占有率(元/人) Total Capital Share (yuan/person)	423109	415430	706216
2012年　Year of 2012			
建筑业机械设备情况 Machinery and Equipment of Construction Enterprises			
自有机械设备总台数(台) Number of Machinery and Equipment Owned (set)	110896	24685	7356
自有机械设备总功率(万千瓦) Power of Machinery and Equipment Owned (10 000 kw)	502.04	87.00	23.63
自有机械设备净值(万元) Net Value of Machinery and Equipment Owned (10 000 yuan)	2942213	180778	49002
技术装备率(元/人) Value of Machines per Labour (yuan/person)	91016	31629	20929
动力装备率(千瓦/人) Power of Machines per Labour (kw/person)	15.53	15.22	10.09
建筑业经济效益指标 Economic Benefit Indicators of Construction Enterprises			
全员劳动生产率(元/人) Overall Labour Productivity (yuan/person)	654940	680976	530009
房屋竣工率(%) Percentage of Buildings Completed (%)	23.0	5.7	2.4
平均每一从业人员竣工面积(平方米/人) Floor Space of Buildings Completed per Employment Personnel (sq. m/person)	57.8	24.7	13.5
每百元产值实现利税(元) Ratio of Profits and Taxes to per 100 yuan Output Value (yuan)	6.0	4.6	3.9
百元产值占用流动资产(元) Ratio of Working Capital to per 100 yuan Output Value (yuan)	91.2	98.7	157.6
全员资金占有率(元/人) Total Capital Share (yuan/person)	684926	725321	878588

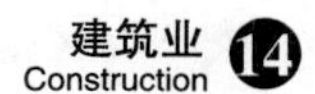

14-9 建筑业企业房屋建筑完成情况
Building Construction of Construction Enterprises

单位：万平方米 (10 000 sq. m)

指　标	Item	2011	2012
房屋建筑施工面积	Floor Space of Buildings under Construction	10058.78	12484.91
# 本年新开工面积	New Floor Space of Buildings in Current Year	4785.27	5395.62
# 实行投标承包面积	Contracted Bidding Floor Space	9165.12	11554.53
房屋建筑竣工面积	Floor Space of Buildings Completed	2637.65	2876.70
厂房、仓库	Factory Buildings and Warehouses	528.15	492.56
住　宅	Residential Buildings	1352.95	1526.04
办公用房	Office Buildings	109	151.99
批发和零售用房	Wholesale and Retail Trade Buildings	76.04	88.45
住宿和餐饮用房	Hotels and Restaurants Buildings	15.2	37.23
居民服务业用房	Residential Service Buildings	30.42	40.45
教育用房	Educational Buildings	92.23	51.53
文化、体育和娱乐用房	Cultural, Sports and Entertainment Buildings	20.27	30.69
卫生医疗用房	Health Care and Medical Buildings	15.33	15.91
科研用房	Scientific and Research Buildings	10.69	32.20
其他用房	Other Buildings	387.37	409.65

14-10 劳务分包建筑企业生产经营情况
Main Indicators of Subcontracted Construction Enterprises

单位：万元 (10 000 yuan)

指　标	Item	2011	2012
建筑业总产值	Gross Output Value of Construction	824296	933769
# 装饰装修产值	Gross Output Value of Decoration	80780	76640
企业个数(个)	Number of Enterprises (unit)	368	433
年末从业人员(人)	Number of Employment Personnel (person)	123141	132372
# 工程技术人员	Engineering	4231	5403
营业收入合计	Total Operating Revenue	825391	1101594
# 主营业务收入	Revenue of Project Settlement Accounts	823299	1015902
税　金	Taxes	32059	39798
利润总额	Total Pre-tax Profits	14830	16737
从业人员劳动报酬	Remuneration of Employment Personnel	370882	501317

主要统计指标解释

建筑业总产值

是以货币表现的建筑业企业在一定时期内生产的建筑业产品和提供的服务的总和。建筑业总产值包括：

1. 建筑工程产值：指列入建筑工程预算内的各种工程价值；

2. 安装工程产值：指设备安装工程价值，不包括被安装设备本身的价值；

3. 其他产值：建筑业总产值中除建筑工程、安装工程以外的产值。包括房屋构筑物修理产值、非标准设备制造产值、总包企业向分包企业收取的管理费以及不能明确划分的施工活动所完成的产值。

劳务分包企业建筑业总产值指劳务分包企业与总承包企业或专业承包企业签订劳务分包合同后，从事建筑安装工程取得的所有劳务收入。

房屋施工面积

指在报告期内施工的全部房屋建筑面积，包括本期新开工的房屋面积、上期跨入本期继续施工的房屋面积、上期停缓建在本期恢复施工的房屋面积、本期竣工的房屋面积及本期施工后又停缓建的房屋面积。

房屋建筑竣工面积

指在报告期内房屋建筑按照设计要求已全部完工，达到了住人和使用条件，经验收鉴定合格或达到竣工验收标准，可正式移交使用的各栋房屋建筑面积的总和。

年末自有施工机械设备总台数

指年末本企业（或单位）所有的直接用于工程施工的各种机械设备的台数。但不包括附属辅助生产机械设备、运输机械设备、生产试验机械设备的台数。

年末自有施工机械设备总功率

指年末本企业（或单位）自有的直接用于工程施工的各种机械设备年末总功率，按设定能力或查定能力计算。包括施工机械本身的动力和为该机械服务的单独动力设备，如电动机等。但不包括附属辅助生产机械设备、运输机械设备、生产试验机械设备的功率。计量单位用千瓦，动力换算可按1马力 = 0.735千瓦折合成千瓦数。电焊机、变压器、锅炉不计算动力。

Explanatory Notes on Main Statistical Indicators

Gross Output Value of Construction

refers to total of construction products and services, expressed in money terms, produced or rendered by construction and installation enterprises during a given period of time. It includes:

1. Output value of construction projects, which is the value of projects covered by the project budgets;

2. Output value of installation projects, which is the value of the installation of equipment, excluding the value of the equipment to be installed;

3. Output value of others, which is the output value of construction industry excluding that of construction projects and installation projects. It includes: output value of repair of buildings and structures; output value of non-standard equipment manufacturing; overhead expenses received by contracted enterprises to the sub-contracted enterprises and the completed output value of construction activities that have no clear definition.

Output value of sub-contracted construction enterprises refers to the total labour income of installation projects earned by sub-contracted enterprises after signed sub-contracted labour contracts with general of specialized contractors.

Floor Space of Buildings Under Construction

refers to floor space of buildings under construction during the reference period, including newly started buildings, buildings started earlier and continued during the reference period, and buildings suspended earlier but restarted during the reference period, buildings completed during the reference period, and buildings under construction and then suspended during the reference period.

Floor Space of Buildings Completed

refers to the total floor space of buildings that are completed in the reference period in accordance with the requirements of the design, up to the standard for putting them into use, have been checked and accepted by concerned departments as qualified ones or reached the completed qualification standard, and can be transferred to use formally.

Total Number of Construction Machinery and Equipment Owned by the End of Year

refers to the number of machines and equipment used in construction directly, which are owned by the enterprises (units) by the end of the year, excluding machinery and equipment for auxiliary production, transportation and production testing.

Total Power of Construction Machinery and Equipment Owned by the End of Year

refers to the total power of machinery and equipment used in construction directly, which are owned by the enterprises (units) by the end of the year. The power of the machinery is calculated on basis of the designed or verified capacity, covering the power of the machinery/ equipment and the separate power equipment serving the machinery / equipment (such as electric motors), but excluding that of machinery and equipment for auxiliary production, transportation and production testing. The unit used for the calculation of power is kilowatt, with horsepower converted to kilowatt by 1 horsepower = 0.735 kilowatt. Welders, transformers and boilers are not calculated.

15 运输和邮电
Transportation, Post and Telecommunication Services

15-1 社会客、货运输量和周转量（1996—2012年）
Passenger & Freight Traffic and Turnover Volume of Passenger & Freight Traffic, 1996-2012

年份 Year	客运量（万人） Passenger Traffic (10 000 persons)	#铁路 Railways	#公路 Highways	#水运 Waterways	旅客周转量（百万人公里） Turnover Volume of Passenger Traffic (million passenger-km)	#铁路 Railways	#公路 Highways	#水运 Waterways
1996	3125	1580	1496	5.0	7599	4917	1772	43
1997	3136	1449	1640	5.0	7921	5050	2017	41
1998	3207	1511	1651	4.0	7950	5280	1914	33
1999	3259	1546	1671	3.0	8277	5780	1782	25
2000	3474	1594	1820	2.0	8845	6022	1864	26
2001	3302	1456	1780	6.0	9197	5996	2205	34
2002	3457	1498	1870	5.0	9255	5782	2272	33
2003	3507	1281	2109	2.0	9274	5526	2158	23
2004	4103	1491	2457	2.5	11713	7112	2404	30
2005	4679	1550	2961	3.2	14210	9070	2646	36
2006	5670	1632	3807	3.5	16341	9651	3564	38
2007	7104	1573	5253	3.1	18380	10228	4470	37
2008	8753	1907	6579	2.4	19612	10426	5671	29
2009	25299	2384	22566	1.2	29766	12482	13122	19
2010	24873	2654	21822	1.0	32312	14066	13196	18
2011	25331	2801	22053	1.0	34214	14838	13391	17
2012	28462	2970	24483		43249	16399	15043	

年份 Year	货运量（万吨） Freight Traffic (10 000 tons)	#铁路 Railways	#公路 Highways	#水运 Waterways	货物周转量（亿吨公里） Turnover Volume of Freight Traffic (100 million ton-km)	#铁路 Railways	#公路 Highways	#水运 Waterways
1996	24133	2668	19491	1489	1052	224	41	784
1997	25090	2548	20515	1390	1031	219	44	765
1998	24505	2467	18584	2867	3710	198	60	3449
1999	27052	2380	20049	3884	4759	200	60	4497
2000	26400	3079	18764	4165	4674	275	63	4334
2001	28608	3727	19382	5037	5166	230	65	4870
2002	31016	4519	19554	6452	6484	228	66	6188
2003	35252	5662	20072	8944	8169	259	68	7840
2004	37934	6108	19560	11613	11473	286	72	11112
2005	40263	7241	19850	12375	12461	353	74	12031
2006	42863	8409	20290	13313	12184	353	76	11751
2007	51338	11288	23500	15671	15221	355	88	14774
2008	55065	12161	27000	15096	14479	343	103	14029
2009	43554	11284	19800	11656	10102	297	206	9595
2010	41611	7597	20855	11911	9859	298	231	9324
2011	44651	7286	23426	12711	10121	296	267	9553
2012	47698	7909	28228	10332	7635	287	329	7012

注：因交通部方法制度变化，2009年及以后公路和水运数据与2008年及以前数据不可比。

Note: Data of highways and waterways from 2009 are changed according to the statistics measure of Ministry of Transport, which can't be compared with data of 2008 and before.

15-2 社会客、货运输量和周转量(2009—2012年)
Passenger & Freight Traffic and Turnover Volume of Passenger & Freight Traffic, 2009-2012

指　　标	Item	2009	2010	2011	2012
客 运 量(万人)	**Passenger Traffic (10 000 persons)**	**25299**	**24873**	**25331**	**28462**
铁　路	Railways	2384	2654	2801	2970
公　路	Highways	22566	21822	22053	24483
水　运	Waterways	1.2	1.0	1.0	
民　航	Civil Aviation	334	396	475	1009
旅客周转量	**Turnover Volume of Passenger Traffic**				
(百万人公里)	**(million passenger-km)**	**29766**	**32312**	**34214**	**43249**
铁　路	Railways	12432	14066	14838	16399
公　路	Highways	13122	13196	13391	15043
水　运	Waterways	19	18	17	
民　航	Civil Aviation	4142	5031	5967	11807
货 运 量(万吨)	**Freight Traffic (10 000 tons)**	**43554**	**41611**	**44651**	**47698**
铁　路	Railways	11284	7597	7286	7909
公　路	Highways	19800	20855	23426	28228
水　运	Waterways	11656	11911	12711	10332
民　航	Civil Aviation	4	4	5	6
管道输油气量	Traffic of Petroleum & Gas Pipelines	810	1243	1224	1222
货物周转量	**Turnover Volume of Freight Traffic**				
(亿吨公里)	**(100 million ton-km)**	**10102**	**9859**	**10121**	**7635**
铁　路	Railways	297	298	296	287
公　路	Highways	206	231	267	329
水　运	Waterways	9595	9324	9553	7012
民　航	Civil Aviation	0.5	0.6	0.6	0.9
管道输油气量	Traffic of Petroleum & Gas Pipelines	3.8	4.9	5.3	5.6

15-3 运输线路长度(2009—2012年)
Length of Transport Routes, 2009-2012

单位：公里 (km)

指　　标	Item	2009	2010	2011	2012
公路通车里程	Length of Highways with Transport Service	14315	14832	15163	15391
# 等级公路	Expressway and Class I to IV Highway	14315	14832	15163	15391
# 高速公路	Expressway	834	982	1103	1103
内河航道里程	Length of Navigable Inland Waterways	412	412	412	412
民航航线里程	Length of Civil Aviation Routes	40341	68488	69722	127032
输油气管道里程	Length of Petroleum & Gas Pipelines	608	542	538	532

注：内河航道里程为内河清淤里程。民用航空航线里程为国航天津分公司在天津滨海国际机场起降飞机的里程。
Note: Length of navigable inland waterways refers to length of inland waterways with slit cleaned up. Length of civil aviation refers to the length of Air China Tianjin Company flights at Tianjin Binhai International Airport.

15-4 港口客、货吞吐量(1996—2012年) Volume of Passenger & Freight Handled in Ports, 1996-2012

年 份 Year	港口旅客吞吐量 (万人次) Volume of Passenger Handled in Ports (10 000 person-times)	港口货物吞吐量 (万吨) Volume of Freight Handled in Ports (10 000 tons)	出 港 Out-port	比 重(%) Proportion(%)	进 港 In-port	比 重(%) Proportion(%)	集装箱吞吐量 (万国际标准箱) Handled Containers (10 000 TEU)
1996	58.7	6188	4839	78.2	1349	21.8	82
1997	52.7	6789	5198	76.6	1591	23.4	94
1998	45.3	6818	5124	75.2	1694	24.8	102
1999	48.7	7298	5280	72.4	2018	27.6	130
2000	40.2	9582	6936	72.4	2646	27.6	171
2001	37.1	11369	8086	71.1	3283	28.9	201
2002	33.0	12906	8802	68.2	4104	31.8	241
2003	22.7	16182	10912	67.4	5270	32.6	302
2004	32.5	20619	13217	64.1	7402	35.9	382
2005	31.6	24069	14700	61.1	9369	38.9	480
2006	34.0	25760	15285	59.3	10475	40.7	595
2007	34.0	30946	19073	61.6	11873	38.4	710
2008	8.7	35593	20462	57.5	15131	42.5	850
2009	15.9	38111	16591	43.5	21520	56.5	870
2010	23.4	41325	20048	48.5	21277	51.5	1008
2011	24.9	45338	22665	50.0	22673	50.0	1159
2012	29.3	47697	22381	46.9	25316	53.1	1230

注：货物吞吐量为包括货主码头的全港数据。
Note: Volume of freight handled in ports refers to the figure of ports, including those of docks.

15-5 港口设施(2010—2012年) Ports Facilities, 2010-2012

指 标	Item	2010	2011	2012
码头长度(米)	Length of Quay Line (m)	31915	32714	32630
港口泊位(个)	Number of Berths (unit)	151	154	159
天津港(集团)有限公司	Tianjin Port Group Corporation Ltd.	93	95	94
货主码头	Docks	58	59	65
# 万吨级泊位	Class of 10 000-ton Level	96	99	102
# 天津港(集团)有限公司	Tianjin Port Group Corporation Ltd.	81	83	82
铁路专用线长度(米)	Length of Railways (m)	120509	116439	116439
仓库总面积(平方米)	Area of Store Houses (sq. m)	333545	333545	349828
堆场总面积(平方米)	Area of Goods Pile (sq. m)	9213530	9160798	10008788
集装箱堆场堆存能力(TEU)	Capacity of Piling Containers (TEU)	602319	595218	488588
装卸机械台数(台)	Number of Loading & Unloading Machines (unit)	2726	2767	2820

注：本表除港口泊位含货主码头数据外，其余设施均为天津港(集团)有限公司数据。
Note: Number of berths include docks, and other ports facilities refer to those owned by Tianjin Port Group Corporation Ltd.

15-6 港口分货类吞吐量 Volume of Freight Handled in Ports by Category

单位：万吨 (10 000 tons)

指标 Item	合计 Total		出港量 Out-port		进港量 In-port	
	2011	2012	2011	2012	2011	2012
港口货物吞吐量 Volume of Freight Handled in Ports	**45338**	**47697**	**22665**	**22381**	**22673**	**25316**
国　外 Abroad	22162	24326	6628	7134	15534	17192
国　内 Domestic	23176	23371	16037	15247	7139	8124
分品种货物吞吐量 Volume of Freight Handled by Category						
煤炭及制品 Coal and Related Products	10393	9392	10214	9176	179	215
石油、天然气及制品 Petroleum, Natural Gas and Related Products	5934	5495	3141	2886	2793	2609
金属矿石 Metal Ores	8730	9833	27	27	8703	9806
钢　铁 Steel and Iron	2535	2752	2224	2490	311	262
矿建材料 Mineral Building Materials	3875	4381	180	163	3695	4218
水　泥 Cement	34	10	11	4	23	6
木　材 Timber	244	246	7	13	237	233
非金属矿石 Nonmetal Ores	236	235	158	162	78	73
化学肥料及农药 Chemical Fertilizers and Pesticides	19	11	10	6	9	5
盐 Salt	4	28	3	3	1	25
粮　食 Grain	475	700	37	76	438	624
机械、电器、设备 Machine, Electric Machinery, Equipment	3725	4322	2176	2491	1549	1831
化工原料及制品 Chemical Materials and Related Products	1566	2031	930	1065	636	966
有色金属 Nonferrous Metals	466	399	132	142	334	257
轻工、医药产品 Light Industry, Medical and Pharmaceutical Products	3706	4003	2090	2217	1616	1786
农林牧渔产品 Agricultural Products	726	941	348	377	378	564
其　他 Others	2667	2918	976	1082	1691	1836
集装箱吞吐量(万国际标准箱) Handled Containers (10 000 TEU)	**1159**	**1230**	**586**	**622**	**573**	**608**

15-7 公路及民航运输主要技术经济指标(2010—2012年)
Main Technical and Economic Indicators of Highway and Civil Aviation Transport, 2010-2012

指　标	Item	2010	2011	2012
公　路	Highway			
载货汽车里程利用率(%)	Utilization Rate of Length of Trucks in Operation (%)	62.5	59.0	62.0
载客汽车里程利用率(%)	Utilization Rate of Length of Passenger Vehicles in Operation (%)	95.0	96.0	96.0
载货汽车每百吨公里耗汽油(升)	Gasoline Consumption of Trucks (L/100 ton-km)	7.6	8.5	8.0
载客汽车每百吨公里耗汽油(升)	Gasoline Consumption of Passenger Vehicles (L/100 ton-km)	7.8	8.0	8.7
载货汽车每百吨公里耗柴油(升)	Diesel Oil Consumption of Trucks (L/100 ton-km)	5.9	6.5	6.0
载客汽车每百吨公里耗柴油(升)	Diesel Oil Consumption of Passenger Vehicles (L/100 ton-km)	6.5	6.1	6.8
载货汽车实载率(%)	Utilization Rate of Capacity of Freight Trucks (%)	57.0	60.0	62.0
载客汽车实载率(%)	Utilization Rate of Capacity of Passenger Vehicles (%)	75.0	80.0	76.0
民　航	Civil Aviation			
飞行小时(小时)	Flying Time (hour)	80102	86129	85127
平均每可用机飞行时间(小时)	Flying Time per Available Aircraft (hour)	3311	3243	3547
正班飞行距离(万公里)	Distance under Normal Conditions (10 000 km)	4596.5	5007.3	5823.8
平均每可用机日生产飞行时间(小时)	Average Daily Flying Time per Available Aircraft (hour)	9.0	8.8	8.9
正班平均载运率(%)	Average Utilization Rate of Capacity under Normal Conditions (%)	73.4	76.5	76.3

注：本表民航数据为国航天津分公司数据。
Note: In this table, data of civil aviation are provided by Air China Tianjin Company.

15-8 民用航空机场主要指标(2010—2012年)
Main Indicators of Civil Aviation Airport, 2010-2012

指　标	Item	2010	2011	2012
旅客吞吐量(万人)	**Passenger Traffic (10 000 persons)**	**727.7**	**755.4**	**814.0**
国内旅客	Domestic Passenger Traffic	654.9	680.4	731.7
国际旅客	International Passenger Traffic	55.3	53.9	52.8
港、澳、台地区旅客	Hong Kong, Macao & Taiwan Passenger Traffic	17.5	21.1	29.5
货(邮)吞吐量(万吨)	**Freight Traffic (10 000 tons)**	**20.2**	**18.3**	**19.4**
国内货邮	Domestic Routes	6.8	7.3	7.9
国际货邮	International Routes	12.6	10.2	10.7
港、澳、台地区货邮	Hong Kong, Macao & Taiwan Regional Routes	0.8	0.8	0.8
起、降架次(万架次)	**Times of Ascend and Descend (10 000 sorties)**	**8.5**	**8.5**	**8.4**

15-9 民用车辆拥有量(2012年)
Number of Civil Motor Vehicles Owned, 2012

单位：辆 (set)

指　　标	Item	合　计 Total	#个　人 Private-owned	#当年新注册 Registered in Current Year
总　　计	**Total**	**2363567**	**1985915**	**347036**
民用汽车	Civil Motor Vehicles	2212408	1856514	342556
1. 载客汽车	Passenger Vehicles	1973019	1698658	312561
# 轿　车	Cars	1456363	1291361	231730
大　型	Large-sized	22622	940	3112
中　型	Medium-sized	17746	6236	1162
小　型	Small-sized	1824492	1589563	306080
微　型	Minisize	108159	101919	2207
2. 载货汽车	Trucks	221867	152513	28926
# 普通载货	Ordinary Trucks	131144	104147	16301
重　型	Heavy Trucks	40865	14611	6250
中　型	Medium-sized Trucks	14640	7396	1010
轻　型	Light Trucks	165641	129843	21666
微　型	Minisize Trucks	721	664	
3. 其他汽车	Other Civil Motor Vehicles	17522	5343	1069
摩托车	Motorcycles	100589	98301	1074
拖拉机	Tractor	24169	24169	
挂　车	Trailer	24025	6202	3296
其他类型车	Other Vehicles	2376	729	110

15-10 邮电业基本情况(1996—2012年)
Basic Statistics on Post and Telecommunication Services, 1996-2012

年　份 Year	邮电业务总量(万元) Business Value of Post and Telecommunication Services (10 000 yuan)	邮电局所数(处) Number of Post and Telecommunication Offices (unit)	局用电话交换机容量(门) Capacity of Office Telephone Exchanges (line)	电话机(含移动、小灵通)(万部) Telephone (Include Mobile and Handphone) (10 000 sets)	平均每百人拥有电话机数(含移动)(部/百人) Telephone per 100 persons (Include Mobile) (set/100 persons)
1996	256978	314	1694092	174.65	19.4
1997	342848	328	1945020	207.82	23.1
1998	474067	399	2447630	259.58	28.7
1999	567242	470	2761633	329.30	36.2
2000	753669	563	3182465	431.28	46.6
2001	702206	543	3645600	511.57	56.0
2002	903296	597	3865700	601.45	65.4
2003	1157060	619	4024500	761.91	82.3
2004	1467836	700	4237700	835.01	89.5
2005	1763477	827	6288300	939.82	90.1
2006	2277902	818	6190300	1147.17	106.7
2007	3006714	842	6232700	1238.25	111.1
2008	3517682	1089	5704300	1320.91	112.3
2009	3866682	823	4242600	1377.75	112.2
2010	4351563	833	4253200	1456.39	112.1
2011	1807796	865	2997600	1568.47	115.8
2012	1867423	888	2467000	1657.52	117.3

15-11 邮电通信业务基本情况 (2010—2012年)
Basic Statistics on Post and Telecommunication Services, 2010-2012

指 标 Item	单 位 Unit	2010	2011	2012	2012比2011年增长(%) Increase Rate in 2012 over 2011(%)
通信业务量					
Business Value of Communication Services					
邮电业务总量 Business Value of Post and Telecommunication Services	万 元 10 000 yuan	4351562	1807796	1867423	3.3
函 件 Letters	万 件 10 000 pcs	10552	17053	19793	16.1
特快专递 Pieces of Express Mail Services	万 件 10 000 pcs	3909	5803	6364	9.7
订销报刊期发数 Number of Newspapers and Magazines Subscribed	万 份 10 000 pcs	268	308	312	1.3
集邮业务 Philately	万 枚 10 000 pcs	5339	2257	2155	-4.5
长途电话通话量 Long Distance Calls	万 次 10 000 times	119000	130200	143100	9.9
国内长途电话 Domestic	万 次 10 000 times	117000	127700	140200	9.8
国际电话及港澳台电话 International and Hong Kong, Macao & Taiwan	万 次 10 000 times	2000	2500	2900	16.0
短信业务发送量 Number of Messages Send Out	万 条 10 000 pcs	1260500	1330500	1211800	-8.9
移动电话年末用户 Number of Mobile Telephone Subscribers at Year-end	万 户 10 000 subscribers	1089.56	1234.66	1303.34	5.6
固定电话年末用户 Number of Fixed Telephone Subscribers at Year-end	万 户 10 000 subscribers	366.83	333.81	354.18	6.1
住宅电话年末用户 Number of Residential Telephone Subscribers at Year-end	万 户 10 000 subscribers	246.53	218.92	213.24	-2.6
国际互联网络用户 Number of Subscriber of Internet Services	万 户 10 000 subscribers	622.20	819.28	916.23	11.8
# 宽带用户 Number of Broadband of Internet Services	万 户 10 000 subscribers	174.04	190.1908	213.51	12.1
邮政及通信网络					
Post & Communication Facilities					
邮电局所数 Number of Post & Telecommunications Offices	处 unit	833	865	888	2.7
# 邮政局所数 Number of Post Offices	处 unit	468	386	383	-0.8
信筒信箱 Number of Post Boxes	处 unit	2093	2561	2836	10.7
邮路总长度 Length of Postal Routes	公 里 km	16601	19021	20963	10.2
# 汽车邮路长度 Length of Postal Routes by Highway	公 里 km	10644	12826	14652	14.2
铁路邮路长度 Length of Postal Routes by Railway	公 里 km	5957	6195	6311	1.9
邮政汽车 Automobile for Post Business	辆 unit	1139	1189	1271	6.9
农村投递线路长度 Rural Delivery Routes	公 里 km	16872	17576	18661	6.2

资料来源：天津市邮政公司、各类电信公司
Sources: Sources: Tianjin Post Office, different kinds of Telecom Companies

15-12 电信主要通信能力(2009—2012年) Main Communication Capacity of Telecommunication Services, 2009-2012

指　标 Item	2009	2010	2011	2012
长途电话交换机容量(2M) Capacity of Long-distance Telephone Exchanges (2M)	137246	137000	137000	137000
局用电话交换机容量(万门) Capacity of Office Telephone Exchanges (10 000 lines)	424.26	345.29	299.76	246.74
移动电话交换机容量(万户) Capacity of Mobile Telephone Exchanges (10 000 subscribers)	1840	1790	2045	2022
长途光缆线路长度(公里) Length of Long-distance Optical Cable Lines (km)	3110	3106	3106	3106
互联网宽带接入端口(万个) Broad Band Subscribers Port of Internet(10 000port)	184.5	230.0	367.9	442.2

15-13 邮政电信服务水平(2009—2012年) Level of Post and Telecommunication Services, 2009-2012

指　标 Item	2009	2010	2011	2012
平均每一邮电局所服务面积(平方公里) Average Area Served by Every Post & Telecommunications Office (sq. km)	14.3	14.1	13.5	13.2
# 平均每一邮政局所服务面积 Average Area Served by Every Post Office	24.6	25.1	30.5	30.7
平均每一邮电局所服务人口(万人) Average People Served by Every Post & Telecommunications Office (10 000 persons)	1.49	1.55	1.57	1.59
# 平均每一邮政局所服务人口 Average People Served by Every Post Office	2.5	2.7	3.5	3.7
平均每人每年发函件数(件) Annual Average Number of Letters Mailed per Capita (piece)	9.36	8.12	12.60	14.00
平均每百人每年订销报刊期发数(件) Annual Average Number of Newspaper and Magazine Subscribed and Bought per 100 Persons (piece)	25.2	20.6	22.7	22.1
平均每百人拥有电话机(含移动)(部) Telephone Owned per 100 Persons (include mobile telephone) (set)	112.2	112.1	115.8	117.3
平均每百人拥有移动电话(部) Mobile Telephone Owned per 100 Persons (set)	80.8	83.9	91.1	92.2

15-14 邮政、电信局(所、厅)数 (2009—2012年)
Number of Post and Telecommunication Offices by Region, 2009-2012

单位：处 (unit)

地　　区	Region	2009	2010	2011	2012
全　　市	**Total**	**823**	**833**	**865**	**888**
# 邮政局	Post Offices	479	468	386	383
市 辖 区	**Districts under City Administration**	**693**	**700**	**571**	**631**
# 市内六区	Six Urban Districts	326	329	318	365
和平区	Heping District	47	49	40	51
河东区	Hedong District	63	63	54	68
河西区	Hexi District	63	62	55	58
南开区	Nankai District	64	61	68	75
河北区	Hebei District	55	55	55	58
红桥区	Hongqiao District	34	39	46	55
东丽区	Dongli District	35	35	38	39
西青区	Xiqing District	35	37	41	44
津南区	Jinnan District	28	27	34	36
北辰区	Beichen District	31	31	34	34
武清区	Wuqing District	47	49	58	61
宝坻区	Baodi District	43	46	48	52
滨海新区	Binhai New Area		146	150	167
塘　沽	Tanggu	71	71	84	
汉　沽	Han'gu	28	26	22	
大　港	Dagang	49	49	44	
市 辖 县	**Counties under City Administration**	**125**	**133**	**139**	**142**
宁河县	Ninghe County	38	40	43	44
静海县	Jinghai County	43	44	46	47
蓟　县	Jixian County	44	49	50	51

主要统计指标解释

货（客）运量

指在一定时期内，各种运输工具实际运送的货物(旅客)数量。该指标是反映运输业为国民经济和人民生活服务的数量指标，也是制定和检查运输生产计划、研究运输发展规模和速度的重要指标。货运按吨计算，客运按人计算。货物不论运输距离长短、货物类别，均按实际重量统计。旅客不论行程远近或票价多少，均按一人一次客运量统计；半价票、小孩票也按一人统计。

货物（旅客）周转量

指在一定时期内，由各种运输工具运送的货物(旅客)数量与其相应运输距离的乘积之总和。该指标可以反映运输业生产的总成果，也是编制和检查运输生产计划，计算运输效率、劳动生产率以及核算运输单位成本的主要基础资料。计算货物周转量通常按发出站与到达站之间的最短距离，也就是计费距离计算。计算公式为：

货物（旅客）周转量＝∑〔货物（旅客）运输量×运输距离〕

港口货物吞吐量（又称港口吞吐量）

指经由水路运进、出港区范围，并经过装卸的货物数量。按货物流向分为进港吞吐量和出港吞吐量；按货物的贸易性质分为内贸和外贸吞吐量；按货物的类别分，可根据现行的交通行业标准《运输货物分类和代码》分类。

集装箱吞吐量

凡经过水运进、出港区范围，并经过装卸的集装箱箱数和重量（含集装箱自重），通常是按进港和出港分别统计。TEU是“折合20英尺标准箱”的英文缩写。它是指各种尺寸的国际标准集装箱的自然箱数，按各自的换算比例，折算为20英尺标准箱数。其换算比例为：40英尺箱1：2；35英尺箱1：1.75；20英尺箱1：1；10英尺箱1：0.5。

邮电业务总量

指以价值量形式表现的邮电通信企业为社会提供各类邮电通信服务的总数量。邮电业务量按专业分类包括函件、包件、汇票、报刊发行、邮政快件、特快专递、邮政储蓄、集邮、公众电报、用户电报、传真、长途电话、出租电路、无线寻呼、移动电话、分组交换数据通信、出租代维等。计算方法为各类产品乘以相应的平均单价(不变价)之和，再加上出租电路和设备、代用户维护电话交换机和线路等的服务收入。该指标综合反映了一定时期邮电业务发展的总成果，是研究邮电业务量构成和发展趋势的重要指标。计算公式为：

邮电业务总量＝∑（各类邮电业务量×不变单价）+出租代维及其他业务收入＝邮政业务总量+电信业务总量

民用汽车拥有量

指报告期末，在公安交通管理部门按照《机动车注册登记工作规范》，已注册登记领有民用车辆牌照的全部汽车数量。汽车拥有量统计的主要分类：根据汽车结构分为载客汽车、载货汽车及其他汽车；根据汽车所有者不同分为个人(私人)汽车、单位汽车；根据汽车的使用性质分为营运汽车、非营运汽车和特种汽车；根据汽车大小规格不同载客汽车分为大型、中型、小型和微型，载货汽车分为重型、中型、轻型和微型。

局用电话交换机容量

指安装在本地电信运营商内用于接续本地固定电话的电话交换机容量，有倍增设备按倍增后的数量计数。包括现用和备用的人工或自动交换机的全部容量。

移动电话交换机容量

指移动电话交换机根据一定话务模型和交换机处理能力计算出来的最大同时服务用户的数量。

Freight (Passenger) Traffic

refers to the volume of freight (passenger) transported with various means within a specific period of time. This indicator reflects the service of the transport industry towards the national economy and people's living conditions, as well as an important indicator used in formulating and monitoring transport production plans and research into the scale and pace of transport development. Freight transport is calculated in tons and passenger traffic is calculated in terms of number of persons. Freight transport is calculated in terms of the actual weight of the goods and takes no account of the type of freight and distance of travel. Passenger traffic is calculated by the principle that one person can be counted only once in one trip and takes no account of the travelling distance and ticket price. The passengers who travel with a half price ticket or a child's ticket is also calculated as one person.

Turnover Volume of Freight (Passenger) Traffic

refers to the sum of the product of the volume of transported cargo (passengers) multiplied by the transport distance. It is an important indicator to reflect the achievement of the transportation industry. This is an important indicator to show the total results of the transport industry; to prepare and examine the transport plan; and to serve as the main basic data for calculating the efficiency, labour productivity and unit cost of transport. Normally, the shortest distance between the departure station and the destination station (i.e., the payable distance) is the basis in calculating the freight ton-kilometers. The formula is as followed:

Turnover Volume of Freight (Passenger) Traffic = Σ (Freight (Passenger) Traffic×Distance of Transportation)

Freight Handled in Ports

refers to the volume of cargo passing in and out the harbor area and having been loaded and unloaded. The volume of freight handled may be classified as in-port & out-port. It can also be classified as national trade and international trade by the attribute of trade or be classified by the classification of cargo according to the standard of traffic in use *The Classification and Code of Transported Cargo.*

Container Handled in Ports

refers to number and weight of containers which are loaded or unloaded within port area via water carriage. It is often calculated by entering and leaving port, respectively. TEU was the abbreviation of twenty foot equivalent unit, which refers to converted number of all kinds of containers. The conversion method is based on respective conversion ratio and the number of all kinds of container is converted to the standard number of 20-foot equivalent unit. The conversion ratio is 40-foot container 1:2, 35-foot container 1:1.75, 20-foot container 1:1, 10-foot container 1:0.5.

Business Value of Post and Telecommunication Services

refers to the total amount of post and telecommunication services, expressed in value terms, provided by the post and telecommunications departments for the society. Post and telecommunication services can be classified as letters, parcels, remittance, issue of newspapers and magazines, fast mail service, express mail service, savings deposits, stamps for collection, public and individual telegraph service, facsimiles, long-distance telephone service, leasing of telephone lines, urban paging service, mobile telephone service, data transfer and transmission, etc. The accounting approach is to multiply the service products of all types with their average unit price (constant price) to get sum of business value, plus income from other services such as leasing of telephone lines and equipment, maintenance of telephone switchboards and lines on behalf of customers. This indicator reflects the overall results of post and telecommunications service during a given period, and is important to study the composition of business service and the development of post and telecommunica- tions service. The formula is as followed:

Business Value of Post and Telecommunication Services = Σ (Transaction of Post and Telecommunication Services ×Constant Price) + Income from leasing, Maintenance and Other Services =Business Volume of Post + Business Volume of Telecommunication

Civil Motor Vehicles Owned

refers to the total number of vehicles that are registered and received vehicles license tags according to the Work Standard for Motor Vehicles Registration formulated by transport management office under department of public security at the end of reference period. They are divided into following categories according to the structure of motor vehicles: passenger vehicles, trucks and others; and private vehicles and vehicles for units use according to ownerships; working vehicles, non-working vehicles and special motor vehicles according to kind of usage; large passenger vehicles, medium passenger vehicles, small passenger vehicles and mini passenger vehicle, heavy trucks, light-heavy trucks, light trucks and mini trucks according to sizes of vehicles.

Capacity of Office Telephone Exchanges

refers to the capacity of telephone exchanges installed in the local offices of telecommunication service providers for communication between fixed telephones. It is includes the capacity of both manual and automatic exchanges in use and for stand-by purpose and calculated according to the multiplied capacity if equipped with multiplier equipment.

Capacity of Mobile Telephone Exchanges

refers to the capacity of the maximum services provided to subscribers at one time basing on a certain model and transacting capacity of the mobile telephone exchanges.

批发和零售业与住宿和餐饮业 16
Wholesale and Retail Trade, Accommodation and Catering Services

16-1 社会消费品零售总额 (1996—2012年)
Total Retail Sales of Consumer Goods, 1996-2012

单位：亿元 (100 million yuan)

年 份 Year	总 计 Total	按行业分 Grouped by Sector: #批发零售贸易业 Wholesale and Retail Trade	按销售地区分 Grouped by Region: 城 镇 Urban Areas	#城 区 Districts of City	乡 村 Rural Areas	增长速度(%)(比上年) Increase Rate (%) (Over Preceding Year)
1996	470.04	267.14	391.36	30.08	48.60	25.1
1997	535.02	295.26	449.59	37.36	48.07	13.8
1998	587.12	326.07	476.68	42.99	67.45	10.2
1999	657.28	350.59	499.24	52.08	105.96	12.0
2000	736.63	379.19	564.52	58.64	113.47	12.1
2001	832.70	441.79	651.23	62.38	119.09	13.0
2002	941.36	514.67	739.43	71.11	130.82	13.1
2003	922.27	727.10	859.19	35.26	27.82	10.9
2004	1044.78	825.64	975.47	39.05	30.25	14.1
2005	1190.06	1007.34	1112.95	42.19	34.92	13.9
2006	1356.79	1143.04	1275.38	44.27	37.13	14.0
2007	1603.74	1350.56	1505.20	53.59	44.95	18.2
2008	2078.70	1756.72	1955.84	69.63	53.23	24.5
2009	2430.83	2049.84	2280.08	86.75	64.00	16.9
2010	2902.55	2564.09	2749.59	2407.03	152.96	19.4
2011	3395.06	2963.85	3227.09	2837.24	167.97	18.7
2012	3921.43	3453.94	3767.76	3250.80	153.67	15.5

注：1. 2003年以后社会消费品零售总额中不包括"制造业"、"农业生产者"的零售额。2. 2010年前按销售地区分组中，城镇栏为市，城区栏为县，乡村栏为县以下。3. 增长速度为可比口径。

Note: a) After 2003, total retail sales of consumer goods exclude those of manufacturing and agricultural producers. b) In data grouped by region before 2010, urban areas refer to city, districts of city refer to county, and rural areas refer to under county level. c) Increase rates are calculated at constant coverage.

16-2 限额以上批发和零售业商品购、销、存总额 (1998—2012年)
Total Purchases, Sales and Inventory of Wholesale and Retail Trade above Designated Size, 1998-2012

单位：亿元 (100 million yuan)

年 份 Year	购进总额 Total Purchases	#进 口 Imports	销售总额 Total Sales	#批 发 Wholesale	年末库存总额 Inventory (year-end)
1998	633.69	32.78	695.37	575.34	102.24
1999	660.10	26.24	724.06	600.29	95.24
2000	1011.30	35.75	1059.03	906.70	100.32
2001	1343.64	49.89	1408.13	1167.82	137.96
2002	1356.68	57.27	1438.33	1215.56	105.87
2003	1858.19	92.81	1915.05	1678.86	107.93
2004	3578.89	238.89	3636.22	3199.33	221.68
2005	4192.39	197.44	4316.01	3897.80	204.52
2006	4912.09	267.56	5109.00	4640.25	245.87
2007	6639.77	298.80	6061.70	5518.56	323.18
2008	9183.67	442.79	10216.70	9262.70	453.39
2009	8940.76	343.15	9718.19	8651.55	575.76
2010	12346.01	514.07	13642.49	12392.62	624.38
2011	17760.51	920.11	18618.70	17065.38	888.38
2012	22100.52	1375.40	23284.41	21326.17	1079.16

16-3 限额以上批发和零售业商品购进总额
Total Purchases of Wholesale and Retail Trade above Designated Size

单位：万元 (10 000 yuan)

项 目 Item	商品购进总额 Total Goods Purchases		# 进 口 Imports	
	2011	2012	2011	2012
总 计 Total	**177605065**	**221005174**	**9201149**	**13754039**
# 国有及国有控股企业 State-owned and State-holding Enterprises	100975874	124483661	2535408	5217974
按登记注册类型分 Grouped by Registered Status				
内资企业 Domestic-funded Enterprises	163632432	203572613	4552472	8283585
国 有 State-owned Enterprises	76817994	83065085	1701305	3946785
集 体 Collective-owned Enterprises	874894	907284	42814	1599
股份合作 Cooperative Enterprises	709525	1106765		51268
私营企业 Private Enterprises	39662733	51056571	1475748	2268652
股份有限公司 Share-holding Corporations Ltd.	3455491	11530176	115055	107426
有限责任公司 Limited Liability Corporations	39369203	52190718	1133132	1805469
# 国有独资公司 Sole State-funded Corporations	2767195	5514315	3402	372331
联营企业 Joint Ownership Enterprises	238227	404118		5582
# 国有联营 State Joint Ownership Enterprises	38730	123401		
集体联营 Collective Joint Ownership Enterprises		33356		
其 他 Others	2504367	3311896	84418	96803
港澳台商投资企业 Enterprises with Investment from Hong Kong, Macao and Taiwan	6024024	6392068	638503	576712
外商投资企业 Foreign Funded Enterprises	7948609	11040493	4010175	4893743
按经济类型分 Grouped by Ownership				
国有经济 State-owned	79623919	88702801	1704707	4319117
集体经济 Collective-owned	1584418	2047405	42814	52867
股份制经济 Share-holding	40057499	58206580	1244785	1540564
私有经济 Private and Individual	39662733	51056571	1475748	2268652
"三资"经济 Hong Kong, Macao, Taiwan and Foreign Funded	13972632	17432561	4648678	5470454
其 他 Others	2703864	3559257	84418	102385

16-3续表 Continued

单位：万元 (10 000 yuan)

项　目 Item	商品购进总额 Total Goods Purchases		# 进　口 Imports	
	2011	2012	2011	2012
按国民经济行业分				
Grouped by Sector				
批发业				
Wholesale Trade	**162427669**	**201888230**	**8940598**	**13106149**
农畜产品批发				
Farm & Livestock Products	559567	793770	66016	65879
食品、饮料及烟草制品批发				
Food, Beverage and Tobacco	5524108	6530964	284239	77709
纺织、服装及日用品批发				
Textile, Garments and Daily Articles	3192518	4062648	161854	166239
文化、体育用品及器材批发				
Cultural and Sports Goods & Equipment	367618	551345	2462	19540
医药及医疗器械批发				
Medicine and Medical Appliances	2437876	2873628	18902	40126
矿产品、建材及化工产品批发				
Mineral Products, Building Material and Chemical Products	126919143	152049547	3455441	6544463
机械设备、五金交电及电子产品批发				
Machinery Equipment, Hardware, Transport, Electric and Electronic Product	13619306	24678156	4549420	5864721
贸易经济与代理				
Trade Broker and Agent	710781	2491317	88434	105094
其他批发				
Others	9096752	7856855	313831	222379
零售业				
Retail Trade	**15177396**	**19116944**	**260551**	**647890**
综合零售				
Comprehensive Retail	2992476	3416286		828
食品、饮料及烟草制品专门零售				
Special Retail of Food, Beverage and Tobacco	139794	302003		1832
纺织、服装及日用品专门零售				
Special Retail of Textile, Garments and Daily Articles	213087	393967	2638	5088
文化、体育用品及器材专门零售				
Special Retail of Cultural and Sports Goods & Equipment	177448	290827	2010	
医药及医疗器械专门零售				
Special Retail of Medicine and Medical Appliances	365774	448549		3572
汽车、摩托车、燃料及零配件专门零售				
Special Retail of Automobile, Autobike, Parts, Fittings and Fuel	9616803	11180276	231082	612462
家用电器及电子产品专门零售				
Special Retail of Household Appliances and Electronic Products	1015507	1292395	4036	3482
五金、家具及室内装修材料专门零售				
Special Retail of Hardware, Furniture and Decoration Materials for Indoors	144533	234130		1711
无店铺及其他零售				
Non-shop and Other Retail	511974	1558511	20786	18915

16-4 限额以上批发和零售业商品销售和库存总额
Total Sales and Inventory of Wholesale and Retail Trade above Designated Size

单位：万元 (10 000 yuan)

项目 Item	商品销售总额 Total Sales		# 批发 Wholesale		年末库存总额 Inventory (year-end)	
	2011	2012	2011	2012	2011	2012
总计 **Total**	**186187042**	**232844145**	**170653770**	**213261694**	**8883796**	**10791555**
# 国有及国有控股企业 State-owned and State-holding Enterprises	104411560	129134597	99318901	122285141	3742273	4817325
按登记注册类型分 **Grouped by Registered Status**						
内资企业 Domestic-funded Enterprises	171179469	213626051	158234768	196547568	7020883	9383659
国有 State-owned Enterprises	79347210	87424871	75765662	83710006	2331393	2145055
集体 Collective-owned Enterprises	910938	934167	731586	757036	25493	30919
股份合作 Cooperative Enterprises	893906	1228030	296994	490391	63717	39018
私营企业 Private Enterprises	41609654	54233712	38563728	49479773	2160259	2730984
股份有限公司 Share-holding Corporations Ltd.	3717384	10975621	3403344	10094810	90988	1401456
有限责任公司 Limited Liability Corporations	41758386	54892485	37094837	48762054	2213522	2692100
# 国有独资公司 Sole State-funded Corporations	2847220	5582673	2827544	5542478	273347	352201
联营企业 Joint Ownership Enterprises	248136	394159	182712	290500	7387	41916
# 国有联营 State Joint Ownership Enterprises	39181	117262	25520	80286	456	27438
集体联营 Collective Joint Ownership Enterprises		21504		809		11852
其他 Others	2693857	3543006	2195906	2962998	128125	302215
港澳台商投资企业 Enterprises with Investment from Hong Kong, Macao and Taiwan	6279220	6900542	5196416	5712425	678619	574047
外商投资企业 Foreign Funded Enterprises	8728353	12317551	7222586	11001701	1184294	833849
按经济类型分 **Grouped by Ownership**						
国有经济 State-owned	82233610	93124806	78618727	89332771	2605196	2524693
集体经济 Collective-owned	1804844	2183702	1028580	1248236	89211	81788
股份制经济 Share-holding	42628550	60285433	37670636	53314386	2031163	3741355
私有经济 Private and Individual	41609654	54233712	38563728	49479773	2160259	2730984
"三资"经济 Hong Kong, Macao, Taiwan and Foreign Funded	15007573	19218093	12419002	16714126	1862913	1407895
其他 Others	2902812	3798399	2353098	3172403	135055	304839

16-4续表 Continued

单位：万元 (10 000 yuan)

项　　目 Item	商品销售总额 Total Sales		# 批　发 Wholesale		年末库存总额 Inventory (year-end)	
	2011	2012	2011	2012	2011	2012
按国民经济行业分 **Grouped by Sector**						
批发业 **Wholesale Trade**	**169670615**	**212132260**	**167186626**	**208578566**	**7718345**	**8875276**
农畜产品批发 Farm & Livestock Products	576906	818165	567204	804671	267048	281206
食品、饮料及烟草制品批发 Food, Beverage and Tobacco	6045226	7167801	5879847	7040926	411127	566591
纺织、服装及日用品批发 Textile, Garments and Daily Articles	4148289	5091109	4062963	4869941	198241	276443
文化、体育用品及器材批发 Cultural and Sports Goods & Equipment	491958	592089	469206	569723	76508	113476
医药及医疗器械批发 Medicine and Medical Appliances	2658013	3229630	2646099	3208132	162488	151762
矿产品、建材及化工产品批发 Mineral Products, Building Material and Chemical Products	130731739	158880874	129993704	157987615	4398693	4324711
机械设备、五金交电及电子产品批发 Machinery Equipment, Hardware, Transport, Electric and Electronic Products	14587344	25043123	13295401	23076003	1813900	2528749
贸易经济与代理 Trade Broker and Agent	872897	2738972	780912	2714634	59861	263581
其他批发 Others	9558245	8570497	9491291	8306920	330480	368757
零售业 **Retail Trade**	**16516427**	**20711885**	**3467144**	**4683129**	**1165451**	**1916279**
综合零售 Comprehensive Retail	3503517	4012598	95237	126764	283224	275659
食品、饮料及烟草制品专门零售 Special Retail of Food, Beverage and Tobacco	187156	355260	27932	147719	15987	36020
纺织、服装及日用品专门零售 Special Retail of Textile, Garments and Daily Articles	277616	540054	65307	88776	77680	113277
文化、体育用品及器材专门零售 Special Retail of Cultural and Sports Goods & Equipment	184982	332953	5869	27294	65579	77836
医药及医疗器械专门零售 Special Retail of Medicine and Medical Appliances	388287	463489	224961	282336	28674	32474
汽车、摩托车、燃料及零配件专门零售 Special Retail of Automobile, Autobike, Parts, Fittings and Fuel	10106908	11708360	2638755	3044222	561172	1092863
家用电器及电子产品专门零售 Special Retail of Household Appliances and Electronic Products	1029043	1345117	71771	110956	70893	43993
五金、家具及室内装修材料专门零售 Special Retail of Hardware, Furniture and Decoration Materials for Indoors	186618	333144	33737	75621	13433	17890
无店铺及其他零售 Non-shop and Other Retail	652301	1620911	303576	779441	48810	226267

16-5 限额以上国有及国有控股批发和零售业主要指标（2012年）
Main Indicators of State-owned & State-holding Wholesale and Retail Trade above Designated Size, 2012

单位：万元 (10 000 yuan)

项 目 Item	机 构 (个) Organization (unit)	商品购进总额 Total Purchases	商品销售总额 Total Sales
总 计			
Total	**522**	**124483661**	**129134597**
批发业			
Wholesale Trade	**384**	**117094705**	**121114481**
农畜产品批发			
Farm & Livestock Products	8	271264	264791
食品、饮料及烟草制品批发			
Food, Beverage and Tobacco	27	1731028	1773522
纺织、服装及日用品批发			
Textile, Garments and Daily Articles	27	1476867	1787260
文化、体育用品及器材批发			
Cultural and Sports Goods & Equipment	11	172940	161221
医药及医疗器械批发			
Medicine and Medical Appliances	26	1957475	2127881
矿产品、建材及化工产品批发			
Mineral Products, Building Material and Chemical Products	202	97580419	101943261
机械设备、五金交电及电子产品批发			
Machinery Equipment, Hardware, Transport, Electric and Electronic Products	47	10782565	9794009
贸易经济与代理			
Trade Broker and Agent	17	516476	565567
其他批发			
Others	19	2605672	2696969
零售业			
Retail Trade	**138**	**7388956**	**8020116**
综合零售			
Comprehensive Retail	18	1147116	1458197
食品、饮料及烟草制品专门零售			
Special Retail of Food, Beverage and Tobacco	13	82026	106491
纺织、服装及日用品专门零售			
Special Retail of Textile, Garments and Daily Articles	5	14066	34002
文化、体育用品及器材专门零售			
Special Retail of Cultural and Sports Goods & Equipment	27	77884	88974
医药及医疗器械专门零售			
Special Retail of Medicine and Medical Appliances	5	26549	21399
汽车、摩托车、燃料及零配件专门零售			
Special Retail of Automobile, Autobike, Parts, Fittings and Fuel	60	5975691	6239037
家用电器及电子产品专门零售			
Special Retail of Household Appliances and Electronic Products	2	8176	8215
五金、家具及室内装修材料专门零售			
Special Retail of Hardware, Furniture and Decoration Materials for Indoors	1	819	865
无店铺及其他零售			
Non-shop and Other Retail	7	56630	62937

16-6 限额以上住宿业基本情况（2012年）
Basic Statistics on Accommodation Services above Designated Size, 2012

项　目	Item	门店总数（个）Number of Stores (unit)	从业人员（人）Employment Personnel (person)	餐饮营业面积（平方米）Operation Area of Catering Services (sq. m)	床位数（个）Number of Beds (unit)
总　计	**Total**	**229**	**26366**	**543161**	**68765**
# 国有及国有控股企业	State-owned and State-holding Enterprises	70	11001	175545	29719
按登记注册类型分	**Grouped by Status of Registration**				
内资企业	Domestic-funded Enterprises	208	24094	494535	62845
国　有	State-owned Enterprises	54	7569	114199	14010
集　体	Collective-owned Enterprises	14	1233	33195	5286
有限责任公司	Limited Liability Corporations	58	8846	166994	27676
私营企业	Private Enterprises	66	4248	117046	12443
# 私营独资	Private-funded Enterprises	5	312	3565	885
私营有限责任公司	Private Limited Liability Corporations	48	2841	106757	8990
私营股份有限公司	Private Share-holding Corporations Ltd.	3	242	104	840
其　他	Others	16	2198	63101	3430
港澳台商投资企业	Enterprises with Funds from Hong Kong, Macao and Taiwan	10	845	13550	2993
# 合资经营	Joint-venture Enterprises	4	440	5173	768
外商投资企业	Foreign Funded Enterprises	11	1427	35076	2927
中外合资经营	Joint-venture Enterprises	4	854	11522	1182
中外合作经营	Cooperative Enterprises	3	108	14702	988
外商独资企业	Enterprises with Sole Investment	4	465	8852	757
按行业分	**Grouped by Sector**				
旅游饭店	Tourism Restaurant	114	16423	372713	44648
一般旅馆	Hotel	95	7722	147901	17118
其他住宿服务	Other Accommodation Services	20	2221	22547	6999

16-6续表 Continued

单位：万元 (10 000 yuan)

项　　目	Item	资产总计 Total Assets	负债合计 Total Liabilities	营业收入 Business Revenue	主营业务成本 Cost of Principal Business
总　　计	**Total**	**1272698**	**956567**	**423563**	**143025**
# 国有及国有控股企业	State-owned and State-holding Enterprises	581320	458773	144111	52146
按登记注册类型分	**Grouped by Status of Registration**				
内资企业	Domestic-funded Enterprises	1040193	784634	363804	124362
国　有	State-owned Enterprises	143912	96199	76675	29573
集　体	Collective-owned Enterprises	78268	55065	26678	13232
有限责任公司	Limited Liability Corporations	587901	454326	155681	50617
私营企业	Private Enterprises	186840	145454	68913	19548
# 私营独资	Private-funded Enterprises	3423	1559	3856	1848
私营有限责任公司	Private Limited Liability Corporations	174062	137176	58888	13798
私营股份有限公司	Private Share-holding Corporations Ltd.	9100	6521	5150	3594
其　他	Others	43272	33590	35856	11393
港澳台商投资企业	Enterprises with Funds from Hong Kong, Macao and Taiwan	185215	134237	20463	7970
# 合资经营	Joint-venture Enterprises	139260	86636	10491	2623
外商投资企业	Foreign Funded Enterprises	47289	37696	39297	10693
中外合资经营	Joint-venture Enterprises	27702	19518	22866	4794
中外合作经营	Cooperative Enterprises	15374	8767	7695	3993
外商独资企业	Enterprises with Sole Investment	4213	9411	8735	1906
按行业分	**Grouped by Sector**				
旅游饭店	Tourism Restaurant	1019248	737917	300266	105879
一般旅馆	Hotel	192240	173722	96619	30440
其他住宿服务	Other Accommodation Services	61210	44928	26679	6706

16-7 限额以上餐饮业基本情况 (2012年)
Basic Statistics on Catering Services Enterprises above Designated Size, 2012

项　　目	Item	门店总数 (个) Number of Stores (unit)	从业人员 (人) Employment Personnel (person)	营业面积 (平方米) Operation Area (sq. m)	餐位数 (位) Number of Seats (unit)
总　　计	**Total**	**594**	**69435**	**1134808**	**260399**
# 国有及国有控股企业	State-owned and State-holding Enterprises	22	2319	108031	12275
按登记注册类型分	**Grouped by Status of Registration**				
内资企业	Domestic-funded Enterprises	557	39267	941037	200497
国　有	State-owned Enterprises	15	1308	31149	5302
集　体	Collective-owned Enterprises	6	200	4520	1897
股份合作	Cooperative Enterprises	1	80	1600	600
有限责任公司	Limited Liability Corporations	88	9672	299381	45486
国有独资公司	Sole State-funded Corporations	1	195	35000	2700
其他有限责任公司	Other Limited Liability Corporations	87	9477	264381	42786
股份有限公司	Share-holding Corporations Ltd.	3	863	15689	1928
私营企业	Private Enterprises	404	25044	536629	135466
私营独资	Private-funded Enterprises	30	1933	59973	15465
私营合伙	Private Joint-venture Enterprises	5	120	4950	989
私营有限责任公司	Private Limited Liability Corporations	167	12244	297500	60665
私营股份有限公司	Private Share-holding Corporations Ltd.	6	593	10559	4600
其　他	Others	40	2100	52069	9818
港澳台商投资企业	Enterprises with Funds from Hong Kong, Macao and Taiwan	11	672	9902	4071
合资经营	Joint-venture Enterprises	3	173	990	310
独资经营企业	Enterprises with Sole Investment	8	499	8912	3761
外商投资企业	Foreign Funded Enterprises	26	29496	183869	55831
# 中外合资经营	Joint-venture Enterprises	4	319	7162	1494
外商独资企业	Enterprises with Sole Foreign Investment	21	29120	175476	54221
按业态分	**By Business Categories**				
正　餐	Dinner	546	37869	944420	198006
快　餐	Snack	23	29237	170249	55163
其他餐饮	Others	25	2329	20139	7230

16-7续表 Continued

单位：万元 (10 000 yuan)

项　目	Item	资产总计 Total Assets	负债合计 Total Liabilities	营业收入 Business Revenue	主营业务成本 Cost of Principal Business
总　计	**Total**	**818650**	**627411**	**1006443**	**496138**
# 国有及国有控股企业	State-owned and State-holding Enterprises	47529	33290	48597	27291
按登记注册类型分	**Grouped by Status of Registration**				
内资企业	Domestic-funded Enterprises	627321	515733	519222	274378
国　有	State-owned Enterprises	26316	20821	23295	10880
集　体	Collective-owned Enterprises	1288	1088	3355	2065
股份合作	Cooperative Enterprises	322	318	566	244
有限责任公司	Limited Liability Corporations	204841	212152	185678	93979
国有独资公司	Sole State-funded Corporations	505	758	631	290
其他有限责任公司	Other Limited Liability Corporations	204337	211393	185047	93689
股份有限公司	Share-holding Corporations Ltd.	83150	47265	17148	5208
私营企业	Private Enterprises	288595	211316	260797	145595
私营独资	Private-funded Enterprises	16958	12147	23424	13769
私营合伙	Private Joint-venture Enterprises	751	229	1737	1028
私营有限责任公司	Private Limited Liability Corporations	264545	197519	224569	124640
私营股份有限公司	Private Share-holding Corporations Ltd.	6341	1422	11068	6158
其　他	Others	22809	22773	28384	16407
港澳台商投资企业	Enterprises with Funds from Hong Kong, Macao and Taiwan	8667	5293	15999	8602
合资经营	Joint-venture Enterprises	1652	1290	4703	3537
独资经营企业	Enterprises with Sole Investment	7015	4002	11297	5065
外商投资企业	Foreign Funded Enterprises	182662	106385	471221	213159
# 中外合资经营	Joint-venture Enterprises	3476	4018	4178	2019
外商独资企业	Enterprises with Sole Foreign Investment	178303	101170	465804	210808
按业态分	**By Business Categories**				
正　餐	Dinner	610351	509901	493677	253288
快　餐	Snack	179907	101661	473569	219586
其他餐饮服务业	Others	28392	15850	39196	23265

16-8 按登记注册类型分限额以上批发和零售企业财务状况（2012年）
Main Financial Indicators of Enterprises above Designated Size of Wholesale and Retail Trade by Status of Registration, 2012

项目	Item	主营业务收入 Revenue from Principal Business	主营业务成本 Cost of Principal Business	主营业务税金及附加 Taxes and Other Charge on Principal Business
总计	**Total**	**200892763**	**192271006**	**1010445**
批发企业	**Wholesale Trade**	**183879821**	**176748147**	**967137**
# 国有及国有控股企业	State-owned and State-holding Enterprises	105799523	103588308	103410
内资企业	Domestic-funded Enterprises	169111480	163925876	295799
国有	State-owned Enterprises	70496319	69012705	79807
集体	Collective-owned Enterprises	693967	670619	564
股份合作	Cooperative Enterprises	509351	489463	284
联营企业	Joint Ownership Enterprises	295702	289669	88
有限责任公司	Limited Liability Corporations	44157815	42508185	160665
股份有限公司	Share-holding Corporations Ltd.	9222301	8797628	9452
私营企业	Private Enterprises	41116988	39671910	43843
其他	Others	2619037	2485698	1097
港澳台商投资企业	Enterprises with Investment from Hong Kong, Macao and Taiwan	4862222	4619931	26356
外商投资企业	Foreign Funded Enterprises	9906119	8202340	644982
零售企业	**Retail Trade**	**17012942**	**15522859**	**43308**
# 国有及国有控股企业	State-owned and State-holding Enterprises	6608699	6128327	14004
内资企业	Domestic-funded Enterprises	14855377	13679856	34479
国有	State-owned Enterprises	4834960	4556317	4947
集体	Collective-owned Enterprises	157038	140712	442
股份合作	Cooperative Enterprises	396034	322803	3334
联营企业	Joint Ownership Enterprises	70774	66603	75
有限责任公司	Limited Liability Corporations	4789424	4351241	14321
股份有限公司	Share-holding Corporations Ltd.	309093	275575	2179
私营企业	Private Enterprises	3849640	3554569	8078
其他	Others	448414	412036	1105
港澳台商投资企业	Enterprises with Investment from Hong Kong, Macao and Taiwan	1207045	1050437	6384
外商投资企业	Foreign Funded Enterprises	950520	792566	2445

单位：万元 (10 000 yuan)

利润总额 Total Pre-tax Profits	资产总计 Total Assets	# 流动资产 Working Capitals	负债合计 Total Liabilities	所有者权益合计 Total Owners' Equities
2352912	**75225004**	**61664390**	**58602140**	**16622864**
2260166	**66622340**	**56006854**	**52254413**	**14367927**
898209	30104606	24497610	23252708	6851898
2117582	60687986	50643077	47648631	13039355
703075	14497097	12189990	11576909	2920188
6777	244289	194642	187716	56573
3306	234846	222567	213508	21339
829	188128	171729	164092	24036
681960	22641899	17575519	17035333	5606566
284131	3115920	2588014	2414922	700998
381625	18399873	16445931	14880666	3519208
55879	1365933	1254686	1175485	190448
57285	2528608	2289502	1988929	539679
85299	3405746	3074275	2616853	788893
92746	**8602664**	**5657537**	**6347727**	**2254938**
90565	2697300	1071098	1547842	1149457
103373	7517243	4939407	5539145	1978098
51203	1328238	523180	626614	701623
591	62741	43859	41360	21381
19128	452410	113290	319294	133115
1871	38429	12935	2185	36244
-666	3000239	2239189	2504851	495388
2838	417992	131841	284001	133990
29461	1916953	1668869	1514034	402919
-1053	300243	206244	246806	53437
-1959	469753	333497	344352	125401
-8668	615669	384633	464231	151438

16-9 按国民经济行业分限额以上批发和零售业财务状况（2012年）
Main Financial Indicators of Enterprises above Designated Size of Wholesale and Retail Trade by Sector, 2012

项　目	Item	主营业务收入 Revenue from Principal Business	主营业务成本 Cost of Principal Business
总　计	**Total**	**200892763**	**192271006**
批发企业	**Wholesale Trade**	**183879821**	**176748147**
农畜产品批发业	Wholesale of Farm & Livestock Product	733643	709366
食品、饮料及烟草制品批发业	Wholesale of Food, Beverage and Tobacco	5796188	5018192
纺织、服装及日用品批发业	Wholesale of Textiles, Garments and Daily Articles	4594108	3947174
文化、体育用品及器材批发业	Wholesale of Culture, Sports Appliances and Equipment	503796	440491
医药及医疗器材批发业	Wholesale of Medicines and Medical Appliances	2799849	2603973
矿产品、建材及化工产品批发业	Wholesale of Mineral Products, Building Materialand and Chemical Products	138248365	135334187
机械设备、五金交电及电子产品批发业	Wholesale of Machinery, Hardware, Transport, Electric and Electronic Equipment	21282595	19286002
贸易经济与代理	Trade Broker and Agency	2409248	2158351
其他批发业	Other Wholesales	7512030	7250411
零售企业	**Retail Trade**	**17012942**	**15522859**
综合零售业	Comprehensive Retail	3152857	2662447
食品、饮料及烟草制品专门零售业	Special Retail of Food, Beverage and Tobacco	287715	231348
纺织、服装及日用品专门零售业	Special Retail of Textiles, Garments and Daily Articles	483062	387909
文化、体育用品及器材专门零售业	Special Retail of Culture, Sports Appliances and Equipment	231803	190024
医药及医疗器材专门零售业	Special Retail of Medicine and Medical Appliances	401617	362631
汽车、摩托车、燃料及零配件零售业	Special Retail of Automobile, Autobike, PartsFittings and Fuel	10083215	9545776
家用电器及电子产品专门零售业	Special Retail of Household Electric Appliances and Electronic Products	820095	744570
五金、家具及室内装修材料专门零售业	Special Retail of Hardware, Furniture and Decoration Materials for Indoors	211190	145057
无店铺及其他零售业	Non-shop and Other Retails	1341389	1253099

单位：万元（10 000 yuan）

主营业务税金及附加 Taxes and Other Charge on Principal Business	利润总额 Total Pre-tax Profits	资产总计 Total Assets	#流动资产 Working Capitals	负债合计 Total Liabilities	所有者权益合计 Total Owners' Equities
1010445	**2352912**	**75225004**	**61664390**	**58602140**	**16622864**
967137	**2260166**	**66622340**	**56006854**	**52254413**	**14367927**
313	609	485474	440359	346131	139342
80988	459867	2536679	2270212	1824384	712296
3634	429206	1580929	1388667	1328267	252662
1127	5785	323193	258080	237139	86054
4775	78351	1395122	1257941	1070553	324569
63419	991389	45106617	37365403	35000582	10106035
790733	279876	9827357	8608423	8094825	1732532
2811	-40697	1117591	941560	994690	122901
19336	55781	4249378	3476209	3357842	891535
43308	**92746**	**8602664**	**5657537**	**6347727**	**2254938**
22282	431	2682155	1484328	2145828	536327
1414	16828	191109	152518	114075	77034
2498	484	408142	239874	327461	80681
1952	2309	203085	162440	148404	54681
765	13126	289006	256132	229038	59969
8628	51007	3772875	2557649	2573124	1199751
2442	-1196	455155	409149	358158	96997
1044	-6785	171682	74794	133275	38407
2283	16542	429455	320653	318365	111090

16-10 连锁零售企业基本情况 (2012年)
Basic Conditions of Chain Retail Enterprises, 2012

单位：万元（10 000 yuan）

项目 Item	门店总数 (个) Number of Stores (unit)	营业面积 (平方米) Operation Area (sq. m)	从业人数 (人) Employment Personnel (person)	商品销售额 (万元) Total Sales of Commodities (10 000 yuan)	# 零售额 Retail Sales
总计 Total	**1906**	**2618493**	**37263**	**7272522**	**5021929**
按登记注册类型分 By Status of Registration					
内资企业 Domestic Funded Enterprises	1563	2135600	24756	6412428	4226081
国有 State-owned Enterprises	610	1354282	8819	5192626	3044212
私营有限责任公司 Private Limited Liability Corporations	210	55359	3591	131428	131428
其他有限责任公司 Other Limited Liability Corporations	654	717359	11689	1068889	1030956
其他 Others	89	8600	657	19485	19485
港、澳、台商投资企业 Enterprises with Funds from Hong Kong, Macao and Taiwan	278	355922	8135	465480	401234
合资经营企业 Joint-venture Enterprises	256	58713	2704	85110	85079
独资经营企业 Enterprises with Sole Investment	22	297209	5431	380370	316155
外商投资企业 Foreign Funded Enterprises	65	126971	4372	394614	394614
# 中外合资经营企业 Joint-venture Enterprises	63	111905	3862	357664	357664
外商独资企业 Enterprises with Sole Foreign Investment	2	15066	510	36950	36950

16-10续表 Continued

项目 Item	门店总数(个) Number of Stores (unit)	营业面积(平方米) Operation Area (sq. m)	从业人数(人) Employment Personnel (person)	商品销售额(万元) Total Sales of Commodities (10 000 yuan)	#零售额 Retail Sales
按业态分					
By Business Categories					
便利店					
Convenience Store	249	57812	2624	82922	82922
超　市					
Supermarket	498	78650	4290	171969	171969
大型超市					
Hypermarket	37	589870	9102	606650	532640
专业店					
Specialty Store	386	425272	6953	806811	778285
加油站					
Gas Station	233	710101	6116	2091022	1280205
专卖店					
Exclusive Store	474	743939	7094	3460942	2123703
家居建材商店					
Building Material Store	7	4029	232	26040	26040
其　他					
Others	22	8820	852	26166	26166
按行业分					
By Sector					
综合零售					
Comprehensive Retail	798	729752	16128	880230	806221
食品、饮料及烟草制品专门零售					
Special Retail of Food, Beverage and Tobacco	121	25421	2995	114036	86447
纺织、服装及日用品专门零售					
Special Retail of Textiles, Garments and Daily Articles	50	12162	811	24867	24837
医药及医疗器材专门零售					
Special Retail of Medicine and Medical Appliances	255	55125	2368	67179	64578
汽车、摩托车、燃料及零配件专门零售					
Special Retail of Automobile, Autobike, Parts, Fittings and Fuel	596	1436201	11411	5476046	3329684
家用电器及电子产品专门零售					
Special Retail of Household Electric Appliances and Electronic Products	79	355803	3318	684124	684124
五金、家具及室内装修材料专门零售					
Special Retail of Hardware, Furniture and Decoration Materials for Indoors	7	4029	232	26040	26040

16-11 各区县三星级以上饭店情况 (2012年)
Statistics on Three, Four, Five-star Level Hotel by District and County, 2012

地区	Region	五星 Five-star Level		四星 Four-star Level		三星 Three-star Level	
		客房数(间) Number of Guest Rooms (unit)	床位数(个) Number of Beds (unit)	客房数(间) Number of Guest Rooms (unit)	床位数(个) Number of Beds (unit)	客房数(间) Number of Guest Rooms (unit)	床位数(个) Number of Beds (unit)
总计	**Total**	**4384**	**6040**	**7717**	**12286**	**6340**	**10769**
和平区	Heping District			1249	2164	810	1424
河东区	Hedong District			631	919	137	254
河西区	Hexi District	589	790	1298	1817	688	1088
南开区	Nankai District	114	220	540	950	696	1099
河北区	Hebei District	416	528	195	345	257	441
红桥区	Hongqiao District					21	40
东丽区	Dongli District					480	751
西青区	Xiqing District						
津南区	Jinnan District			130	176	409	838
北辰区	Beichen District			190	247	478	757
武清区	Wuqing District			750	1372	130	300
宝坻区	Baodi District	650	974			194	426
滨海新区	Binhai New Area	2510	3344	1965	2983	1619	2521
宁河县	Ninghe County			151	259	170	350
静海县	Jinghai County			258	380		
蓟县	Jixian County	105	184	360	674	251	480

16-12 限额以上连锁餐饮企业基本情况 (2012年)
Basic Conditions of Chain Catering Enterprises above Designated Size, 2012

项目 Item	门店总数 (个) Number of Stores (unit)	营业面积 (平方米) Operation Area (sq. m)	从业人数 (人) Employment Personnel (person)	餐位数 (个) Number of Dining-seats (unit)	营业额 (万元) Business Revenue (10 000 yuan)
总计					
Total	**458**	**176721**	**32948**	**53679**	**443844**
按登记注册类型分					
Grouped by Registered Status					
内资企业					
Domestic-funded Enterprises	53	14685	933	3533	15202
国有					
State-owned Enterprises	3	4800	162	600	2536
其他有限责任公司					
Limited Liability Corporations	11	2414	201	1063	3038
私营企业					
Private Enterprises	39	7471	570	1870	9627
私营独资					
Private-funded Enterprises	2	2100	95	600	1238
私营有限责任公司					
Private Limited Liability Corporations	37	5371	475	1270	8389
港、澳、台商投资企业					
Enterprises with Funds from Hong Kong, Macao and Taiwan	10	2935	147	1161	4377
独资经营企业					
Enterprises with Sole Investment	10	2935	147	1161	4377
外商投资企业					
Foreign Funded Enterprises	395	159101	31868	48985	424265
外商独资企业					
Enterprises with Sole Foreign Investment	395	159101	31868	48985	424265
按业态分					
By Business Categories					
正餐					
Dinner	5	6900	257	1200	3775
快餐					
Snack	427	166966	32337	51976	434519
其他餐饮					
Others	26	2855	354	503	5550

16-13 亿元以上商品交易市场基本情况（2012年）
Basic Statistics on Commodity Exchange Markets with Transaction Value over 100 Million Yuan, 2012

市　场	Market	市场数量（个） Number of Markets (unit)	摊位数（个） Number of Booths (unit)
总　计	**Total**	**78**	**53718**
综合市场	**Comprehensive Markets**	**23**	**25178**
工业消费品综合市场	Comprehensive Market of Industrial Consumables	6	10061
农产品综合市场	Comprehensive Market of Agricultural Products	8	6562
其他综合市场	Other Comprehensive Markets	9	8555
专业市场	**Special Markets**	**55**	**28540**
生产资料市场	Market of Capital Goods	23	4663
煤炭市场	Coal Market	5	1004
建材市场	Building Materials Market	3	1203
化工材料及制品市场	Chemical Materials and Products Market	3	447
金属材料市场	Metal Materials Market	12	2009
农产品市场	Agricultural Products Market	12	14333
粮油市场	Foodstuff and Oil Market	2	853
水产品市场	Aquatic Product Market	2	340
蔬菜市场	Vegetable Market	5	10996
棉麻土畜、烟叶市场	Cotton, Linen, Local and Livestock Product, and Tobacco Leaf Market	1	650
其他农产品市场	Other Agricultural Product Market	2	1494
食品、饮料及烟酒市场	Food, Beverage and Tobacco Market	3	1947
食品饮料市场	Food and Beverage Market	1	212
其他食品、饮料及烟酒市场	Other Food, Beverage and Tobacco Market	2	1735
纺织、服装、鞋帽市场	Textile, Garments, Shoes and Caps Market	4	1734
服装市场	Garments Market	2	1099
鞋帽市场	Shoes and Caps Market	1	465
家具、五金及装饰材料市场	Furniture, Hardware and Decoration Materials Market	8	3241
# 家具市场	Furniture Market	1	387
装饰材料市场	Decoration Materials Market	4	1679
五金材料市场	Hardware Market	3	1175
汽车、摩托车及零配件市场	Automobile, Autobike, Parts and Fittings Market	4	1822
汽车市场	Automobile Market	4	1822
花、鸟、鱼、虫市场	Flowers, Birds, Fish and Insects Market	1	800

16-13续表 Continued

市　场	Market	营业面积(万平方米) Operation Area (10 000 sq.m)	成交额(亿元) Transaction Value (100 million yuan)	#批　发 Whole-sale
总　计	**Total**	**503.41**	**2276.32**	**2181.50**
综合市场	**Comprehensive Markets**	**164.32**	**470.73**	**424.70**
工业消费品综合市场	Comprehensive Market of Industrial Consumables	24.55	84.11	76.38
农产品综合市场	Comprehensive Market of Agricultural Products	58.47	205.10	184.24
其他综合市场	Other Comprehensive Markets	81.30	181.53	164.08
专业市场	**Special Markets**	**339.09**	**1805.58**	**1756.81**
生产资料市场	Market of Capital Goods	115.71	1154.81	1154.81
煤炭市场	Coal Market	21.23	219.07	219.07
建材市场	Building Materials Market	20.50	30.90	30.90
化工材料及制品市场	Chemical Materials and Products Market	1.03	140.03	140.03
金属材料市场	Metal Materials Market	73.00	764.81	764.81
农产品市场	Agricultural Products Market	76.72	285.94	285.94
粮油市场	Foodstuff and Oil Market	6.10	26.43	26.43
水产品市场	Aquatic Product Market	1.30	45.06	45.06
蔬菜市场	Vegetable Market	36.60	58.67	58.67
棉麻土畜、烟叶市场	Cotton, Linen, Local and Livestock Product, and Tobacco Leaf Market	0.10	37.58	37.58
其他农产品市场	Other Agricultural Product Market	32.62	118.20	118.20
食品、饮料及烟酒市场	Food, Beverage and Tobacco Market	27.33	49.42	47.59
食品饮料市场	Food and Beverage Market	0.05	2.50	2.50
其他食品、饮料及烟酒市场	Other Food, Beverage and Tobacco Market	27.28	46.92	45.10
纺织、服装、鞋帽市场	Textile, Garments, Shoes and Caps Market	8.51	17.47	14.05
服装市场	Garments Market	4.11	10.62	8.18
鞋帽市场	Shoes and Caps Market	3.90	5.87	5.87
家具、五金及装饰材料市场	Furniture, Hardware and Decoration Materials Market	75.13	47.06	36.34
# 家具市场	Furniture Market	4.77	3.78	
装饰材料市场	Decoration Materials Market	7.88	33.23	26.29
五金材料市场	Hardware Market	62.48	10.05	10.05
汽车、摩托车及零配件市场	Automobile, Autobike, Parts and Fittings Market	31.69	249.09	218.07
汽车市场	Automobile Market	31.69	249.09	218.07
花、鸟、鱼、虫市场	Flowers, Birds, Fish and Insects Market	4.00	1.80	

16-14 实际利用内资额（2008—2012年）
Domestic Capital Actually Used, 2008-2012

单位：亿元 (100 million yuan)

地　　区	Region	2008	2009	2010	2011	2012
全 市 总 计	**Total**	**920.13**	**1242.87**	**1633.82**	**2085.87**	**2600.67**
中心城区	**Central Districts**	**275.25**	**355.94**	**438.85**	**502.91**	**539.53**
和平区	Heping District	34.53	48.90	76.19	102.83	110.43
河东区	Hedong District	36.93	51.22	65.58	78.31	90.71
河西区	Hexi District	61.99	77.77	93.34	102.37	102.52
南开区	Nankai District	60.90	75.56	75.60	76.06	77.32
河北区	Hebei District	60.20	74.92	93.93	103.21	110.25
红桥区	Hongqiao District	20.69	27.57	34.20	40.13	48.30
滨海新区	**Binhai New Area**	**211.42**	**273.18**	**352.20**	**459.38**	**584.97**
塘　沽	Tanggu	56.69	71.36	89.43		
汉　沽	Han'gu	10.03	14.00	18.26		
大　港	Dagang	47.03	58.78	73.52		
天津经济技术开发区	TEDA	37.04	48.47	60.79		
天津港保税区	TPFTZ	36.53	47.52	60.22		
滨海高新区	BHHIP	24.10	32.00	40.00		
东疆保税港区	Dongjiang Free Trade Port Zone		1.05	2.17		
中新天津生态城	Sino-Singapore Tianjin Eco-city			7.81		
其他区县	**Other Districts and Counties**	**433.46**	**613.75**	**842.78**	**1123.58**	**1476.17**
东丽区	Dongli District	72.88	94.11	121.05	180.39	198.37
西青区	Xiqing District	28.70	76.35	95.69	135.25	157.18
津南区	Jinnan District	100.14	126.84	159.47	185.58	203.28
北辰区	Beichen District	29.00	38.80	76.52	114.24	202.19
武清区	Wuqing District	73.84	92.84	116.59	141.19	202.28
宝坻区	Baodi District	70.27	88.25	111.17	141.28	202.88
宁河县	Ninghe County	11.80	14.73	25.98	51.96	75.74
静海县	Jinghai County	16.20	33.00	42.28	50.08	64.08
蓟　县	Jixian County	30.61	48.85	94.03	123.61	170.17

注：滨海新区数据不含东丽区无瑕街、津南区葛沽镇数据。
Note: Data of Binhai New Area exclude figures of Wuxia Street, Dongli District and Gegu Town, Jinnan District.

16-15 外省市在津投资情况
Domestic Capital from Other Provinces and Municipalities

地 区	Region	项目数(个) Number of Contracts (unit)		实际利用内资额 (万元) Total Capital Actually Used (10 000 yuan)	
		2011	2012	2011	2012
总 计	**Total**	**4305**	**6015**	**20858721**	**26006650**
北京市	Beijing	563	1039	6400682	9007885
河北省	Hebei	965	1437	1699361	2932673
山西省	Shanxi	117	223	325838	631249
内蒙古自治区	Inner Mongolia	71	108	144026	159170
辽宁省	Liaoning	131	204	883803	598411
吉林省	Jilin	106	133	168147	147141
黑龙江省	Heilongjiang	175	240	193175	496604
上海市	Shanghai	136	178	1985202	1816418
江苏省	Jiangsu	162	178	783735	794632
浙江省	Zhejiang	227	249	1503861	1850208
安徽省	Anhui	84	125	48775	126592
福建省	Fujian	491	688	1429898	1590814
江西省	Jiangxi	51	66	43275	74345
山东省	Shandong	277	366	548079	632988
河南省	Henan	179	200	334207	268134
湖北省	Hubei	83	71	87910	77176
湖南省	Hunan	60	66	161669	207072
广东省	Guangdong	175	185	3060004	3778132
广西壮族自治区	Guangxi	18	13	93598	16510
海南省	Hainan	23	14	492280	370418
重庆市	Chongqing	24	27	17488	73036
四川省	Sichuan	65	80	182906	145873
贵州省	Guizhou	11	15	11272	22908
云南省	Yunnan	17	7	58452	3450
陕西省	Shaanxi	43	45	43218	86745
甘肃省	Gansu	22	32	89273	20816
青海省	Qinghai	9	3	2300	1550
宁夏回族自治区	Ningxia	9	7	26130	6370
新疆维吾尔自治区	Xinjiang	10	15	40127	59830
西藏自治区	Xizang	1	1	30	9500

主要统计指标解释

社会消费品零售总额

指企业（单位、个体户）通过交易直接售给个人、社会集团非生产、非经营用的实物商品金额，以及提供餐饮服务所取得的收入金额。个人包括城乡居民和入境人员。社会集团包括机关、社会团体、部队、学校、企业事业单位、居委会或村民委员会。

商品购进总额

指从本企业以外的单位和个人购进（包括从国外直接进口）作为转卖或加工后转卖的商品金额（含增值税）。本指标反映批发和零售业从国内外市场上购进商品的总价。商品购进包括：（1）从工农业生产者、批发和零售业企业、住宿和餐饮业企业、出版社或报社的出版发行部门和其他服务业企业购进的商品；（2）从机关团体、事业单位购进的商品；（3）从海关、市场管理部门购进的缉私和没收的商品；（4）从居民收购的废旧商品等。商品购进不包括：（1）企业为本单位自身经营用，不是作为转卖而购进的商品；（2）未通过买卖行为而收入的商品；（3）经本单位介绍，由买卖双方直接结算，本单位只收取手续费的业务；（4）销售退回和买方拒付货款的商品；（5）商品溢余。

商品销售总额

指对本单位以外的单位和个人出售的商品金额（包括售给本单位消费用的商品，含增值税），在批发和零售业中，本指标反映在国内市场上销售商品以及出口商品的总量。商品销售包括：（1）售给城乡居民和社会集团消费用的商品；（2）售给农业、工业、建筑业、服务业等国民经济各行业用于生产、经营用的商品，包括售予批发和零售业作为转卖或加工后转卖的商品；（3）对国（境）外直接出口的商品。商品销售不包括：（1）未通过买卖行为付出的商品；（2）经本单位介绍，由买卖双方直接结算，本单位只收取手续费的业务；（3）购货退回的商品；（4）商品损耗和损失；（5）出售本单位自用的废旧物资。

商品库存总额

对于批发和零售业法人单位和个体经营户，是指报告期末取得所有权的全部商品金额（含增值税）；对于批发和零售业产业活动单位，是指报告期末实际在库且归属法人具有所有权的全部商品金额（含增值税）。这个指标反映批发和零售业的商品库存情况，以及对市场商品供应的保证程度。库存商品包括：（1）存放在本单位（如门市部、批发站、采购站、经营处）的仓库、货场、货柜和货架中的商品；（2）挑选、整理、包装中的商品；（3）已记入购进而尚未运到本单位的商品，即发货单或银行承兑凭证已到而货未到的商品；（4）寄放他处的商品，如因购货方拒绝付款而暂时存在购货方的商品；（5）委托其他单位代销（未作销售或调出）尚未售出的商品；（6）代其他单位购进尚未交付的商品。库存商品不包括：（1）所有权不属于本单位的商品；（2）委托外单位加工的商品（包括本单位所属加工厂和其他生产单位加工生产尚未收回成品的商品）；（3）外贸企业代理其他单位从国外进口，尚未付给订货单位的商品；（4）代国家储备部门保管的商品。

营业收入

指企业经营主要业务和其他业务所确认的收入总额。营业收入合计包括主营业务收入和其他业务收入。

主营业务成本

指企业经营主要业务所发生的成本总额。

住宿和餐饮业营业额

指住宿和餐饮业单位在经营活动中因提供服务或销售商品等取得的全部收入，包括：客房收入、餐费收入、商品销售额（含增值税）和其他收入。不包括法人企业附营的其他行业产业活动单位的餐费收入、商品销售收入等各项收入。

主要统计指标解释

批发和零售业、住宿和餐饮业统计限额标准

行业类别	统计指标名称	限额标准
批发业	年主营业务收入	2000万元
零售业	年主营业务收入	500万元
住宿业	年主营业务收入	200万元
餐饮业	年主营业务收入	200万元

Total Retail Sales of Consumer Goods

refers to the sum of retail sales of commodities sold by enterprise (units and individuals) to individuals and social groups for non-production and non-business use, and the income from catering services provided. Among of which, individuals refer to residents of urban and rural households and entering persons; social groups refer to government agencies, social organization, military, schools, institution, enterprises, neighbourhood committees and village committees.

Total Purchases of Commodities

refer to the total value of purchases of commodities by the enterprises from other establishments or individuals (including direct import from abroad) for the purpose of re-selling, either with or without further processing of the commodities purchased (including value-added taxes). This indicator is used to show the total value of purchases of commodities by wholesale and retail establishments from domestic and overseas markets. The total purchases include: (1) commodities purchased from agricultural and industrial producers, wholesale and retail enterprises, accommodation and catering enterprises, distribution departments of the publishers and other service enterprises; (2)commodities purchased from government agencies and institutions; (3)anti-smuggling and confiscated goods purchased from the customs authorities or market management agencies; (4) second-hand goods and wastes purchased from residents. Excluded are (1)commodities purchased by enterprises (establishments) for use in their own business operation, not for re-selling; (2)commodities obtained without buying or selling procedures; (3)commission income from brokerage in transactions whose settlement is directly handled by buyers and sellers; (4) commodities rejected and refused to pay; (5) goods overflow.

Total Sales of Commodities

refer to value of commodities sold by the establishments to other establishments and individuals (including sales for the self-consumption and its value-added taxes). In the wholesale and retail trade, this indicator is used to show the total value of sales of commodities at domestic markets and export. The commodities include: (1) commodities sold to urban and rural residents and social groups for their consumption; (2) commodities sold to establishments in all the industries, such as agriculture, industry, construction, services, etc., for their production and operation, including commodities sold to wholesale and retail establishments for re-selling, with or without further processing; (3) commodities for direct export to other countries. Excluded are (1) commodities transferred without buying or selling procedures; (2) commission income from brokerage in transactions whose settlement is directly handled by buyers and sellers; (3) rejected commodities in the purchase; (4) loss in commodities; (5) selling of waste packaging materials used by the establishments (units) themselves.

Total Inventory of Commodities

refers to total commodities (including value-added taxes) possessed by wholesale and retail enterprises, private and individuals, and total commodities (including value-added taxes) at storage and possessed by their institutional units for the wholesale and retail units with industrial undertakings. It reflects the commodity stock level of various wholesale and retail enterprises (units) and the potential for market supply. It includes: (1) commodities located in storage, garages, counters, and shelves of operating units (such as sale stores, wholesale centers, procurement stations and operating offices) of wholesale and retail enterprises; (2) commodities in the process of selecting, sorting, and packing; (3) commodities not arrived but recorded as purchase in the account, i.e. commodities not arrived but payment receipts for the commodities from the sellers or the banks arrived; (4) commodities deposited in other places rather than places mentioned above, for instance: commodities in the hold of purchasers temporarily due to the refusal of payment and commodities not taken back after going through the formalities; (5) commodities entrusted to other units to sell but not sold yet; (6) commodities purchased for other units but not delivered yet. Commodities not included as: (1) stock not owned by the enterprises (units); (2) commodities entrusted to other units to process (including entrusted to subsidiary processing plants and other units and not taken back yet); (3) commodities imported from foreign countries agented by foreign trade enterprises and not delivered to the order units; (4) commodities managed on behalf of the state material reserves units.

Explanatory Notes on Main Statistical Indicators

Business Revenue

refers to the total revenue of enterprises through operating of main business and other businesses. It includes income of principal business and other business income. It can be obtained from the amount of this period of business income in the income statement of the accounting record.

Cost of Principal Business

refers to real costs from the operating of main business.

Business Revenue of Accommodation and Catering Services

refers to the total revenue received from providing services or selling commodities by establishments engaged in hotels and catering services, including income from hotels, from catering services, from selling of commodities (including value-added taxes) and from other services. Excluding the income received from catering services, and selling of commodities by other industrial activity units of corporate enterprises.

Statistical Limit Standard of Wholesale, Retail Trade, Accommodation and Catering Services

Industry Category	*Statistical Index Name*	*Limit Standard*
Wholesale Trade	*Annual Revenue from Principal Business*	*20 million yuan*
Retail Trade	*Annual Revenue from Principal Business*	*5 million yuan*
Hotel Services	*Annual Revenue from Principal Business*	*2 million yuan*
Catering Services	*Annual Revenue from Principal Business*	*2 million yuan*

金融业 Financial Intermediation 17

17-1 各类金融机构 Financial Institutions

单位：个 (unit)

项　目	Item	2011	2012
总　计	**Total**	**3503**	**3554**
银行类	**Banking Institutions**	**2287**	**2282**
中央银行	Central Banks	2	2
政策性银行	Policy Banks	13	13
商业银行	Commercial Banks	2250	2244
国有独资商业银行	State-owned Sole Commercial Banks	1189	1232
股份制商业银行	Share-holding Commercial Banks	201	218
天津市商业银行	Commercial Banks of Tianjin	192	193
其他城商行	Other City's Commercial Banks	69	69
中德住房储蓄银行	Sino-German Bausparkasse	3	3
农村合作金融机构	Rural Cooperative Financial Institutions	596	529
外资银行	Foreign Funded Banks	22	23
非银行类	**Non-banking Institutions**	**1216**	**1272**
保险公司	Insurance Companies	577	591
信托投资公司	Trust Investment Companies	2	2
证券经营公司	Securities Business Companies	102	105
财务公司	Financial Companies	3	4
金融租赁公司	Financial Leasing Companies	3	3
典当公司	Mortgage Companies	119	145
产业基金公司	Industry Fund Management Companies	2	2
邮政储蓄银行	Postal Savings Bank	404	416
金融资产管理公司	Financial Assets Supervision Corporations	4	4

资料来源：天津市银监局、证监局、保监局、商务委等。
Source: Tianjin Banking Regulatory Bureau, Tianjin Securities Regulatory Bureau, Tianjin Insurance Regulatory Bureau,Tianjin Commission of Commerce, etc.

17-2 中外资金融机构人民币存贷款余额 (1981—2012年)
RMB Deposit and Loan Balance of Chinese & Foreign Financial Institutions, 1981-2012

单位：亿元 (100 million yuan)

年份 Year	存款合计 Total Deposits	#单位存款 Corporate Deposites	#财政性存款 Treasury Deposits	#储蓄存款 Saving Deposits	#农业存款 Agricultural Deposits	#其他存款 Other Deposits	贷款合计 Total Loans	#中长期贷款 Medium-term & Long-term Loans
1981	53.25	25.08	10.23	9.70	4.70	3.54	107.73	5.64
1982	68.05	32.97	11.73	12.50	6.18	4.67	112.61	8.70
1983	75.83	35.62	11.58	16.67	7.85	4.11	125.38	10.70
1984	95.52	45.76	10.98	22.19	6.87	9.72	138.99	14.21
1985	114.25	58.48	13.82	29.38	4.52	8.05	191.04	19.63
1986	129.14	63.22	11.32	40.52	5.61	8.48	224.49	26.59
1987	156.48	70.41	12.65	54.95	6.77	11.70	260.12	32.35
1988	176.44	72.77	14.35	62.72	9.45	17.16	296.18	35.47
1989	203.44	70.24	16.20	89.71	8.51	18.79	341.60	37.55
1990	263.21	86.66	19.15	126.92	9.42	21.07	415.91	50.00
1991	336.56	106.84	24.73	163.18	13.15	28.67	487.43	73.88
1992	467.81	157.39	23.50	202.66	18.51	65.75	624.82	105.67
1993	586.12	193.71	23.78	269.70	21.75	77.19	768.57	143.93
1994	800.56	301.12	24.26	394.50	18.26	62.43	927.05	210.87
1995	1079.97	385.21	37.59	549.97	22.87	84.33	1113.95	262.01
1996	1399.06	527.68	28.54	724.91	25.82	98.64	1357.38	305.50
1997	1634.95	638.88	26.22	863.36	28.76	77.73	1502.91	298.81
1998	1860.84	655.38	12.53	1020.14	34.28	138.50	1629.12	302.69
1999	2060.02	736.03	45.78	1130.19	37.94	110.08	1825.26	405.04
2000	2281.55	871.31	53.97	1172.40	44.10	139.76	1863.60	431.27
2001	2562.55	946.89	63.82	1284.95	56.32	210.56	2159.86	637.76
2002	3018.26	1115.35	102.30	1486.38	73.86	240.37	2519.04	846.93
2003	4033.51	1542.75	136.89	1825.32	164.72	363.83	3426.02	1468.35
2004	4750.28	1843.25	35.34	2116.97	157.14	450.89	3838.59	1789.90
2005	5716.09	2216.28	43.55	2462.66	163.66	638.74	4457.63	2204.62
2006	6564.47	2693.37	77.88	2811.71	189.50	619.63	5182.76	2758.33
2007	7930.31	3411.50	138.76	3083.79	237.47	810.50	6241.07	3491.79
2008	9606.36	3707.97	74.12	3980.14	288.59	1227.81	7383.29	4255.78
2009	13548.56	6007.93	127.78	4885.86	425.77	1564.18	10645.32	7006.87
2010	16142.69	6887.60	183.26	5558.23	558.47	2065.60	13111.57	8976.72
2011	17197.51	10155.74	305.20	6123.08		480.12	15242.17	9649.42
2012	19675.68	11591.00	271.08	7055.38		567.41	17392.06	10306.11

注：1.中长期贷款1994年以前为固定资产贷款，1998年起中长期贷款中含中期流动资金贷款。2."单位存款"2011年以前为"企业存款"，统计口径有所调整。3.农业存款1996年以前为农村存款，2011年取消该分类。4.其他存款含临时性存款、委托存款。5.表17−3同。

Note: a) Medium-term & long-term loans refer to fixed assets loans before 1994, and include medium-term circulating capital loans from 1998. b) Deposits of enterprises are changed to corporate deposits from 2011, and the coverage is changed accordingly. c) Agricultural deposits refer to rural deposits before 1996.The section was canceled in 2011. d) Others deposits include temporary deposits and entrusted deposits. e) Same as table 17-3.

17-3 中资金融机构人民币存贷款余额 (1981—2012年)
RMB Deposit and Loan Balance of Chinese Financial Institutions, 1981-2012

单位：亿元 (100 million yuan)

年份 Year	存款合计 Total Deposits	#单位存款 Corporate Deposites	#财政性存款 Treasury Deposits	#储蓄存款 Saving Deposits	#农业存款 Agricultural Deposits	#其他存款 Other Deposits	贷款合计 Total Loans	#中长期贷款 Medium-term & Long-term Loans
1981	53.25	25.08	10.23	9.70	4.70	3.54	107.73	5.64
1982	68.05	32.97	11.73	12.50	6.18	4.67	112.61	8.70
1983	75.83	35.62	11.58	16.67	7.85	4.11	125.38	10.70
1984	95.52	45.76	10.98	22.19	6.87	9.72	138.99	14.21
1985	114.25	58.48	13.82	29.38	4.52	8.05	191.04	19.63
1986	129.14	63.22	11.32	40.52	5.61	8.48	224.49	26.59
1987	156.48	70.41	12.65	54.95	6.77	11.70	260.12	32.35
1988	176.44	72.77	14.35	62.72	9.45	17.16	296.18	35.47
1989	203.44	70.24	16.20	89.71	8.51	18.79	341.60	37.55
1990	263.21	86.66	19.15	126.92	9.42	21.07	415.91	50.00
1991	336.56	106.84	24.73	163.18	13.15	28.67	487.43	73.88
1992	467.81	157.39	23.50	202.66	18.51	65.75	624.82	105.67
1993	586.12	193.71	23.78	269.70	21.75	77.19	768.57	143.93
1994	800.56	301.12	24.26	394.50	18.26	62.43	927.05	210.87
1995	1079.97	385.21	37.59	549.97	22.87	84.33	1113.95	262.01
1996	1399.06	527.68	28.54	724.91	25.82	98.64	1357.38	305.50
1997	1634.95	638.88	26.22	863.36	28.76	77.73	1502.91	298.81
1998	1860.84	655.38	12.53	1020.14	34.28	138.50	1629.12	302.69
1999	2060.02	736.03	45.78	1130.19	37.94	110.08	1825.26	405.04
2000	2281.55	871.31	53.97	1172.40	44.10	139.76	1863.60	431.27
2001	2562.55	946.89	63.82	1284.95	56.32	210.56	2159.86	637.76
2002	3018.26	1115.35	102.30	1486.38	73.86	240.37	2519.04	846.93
2003	4033.51	1542.75	136.89	1825.32	164.72	363.83	3426.02	1468.35
2004	4729.61	1823.00	182.03	2116.73	157.14	450.71	3821.38	1789.78
2005	5684.40	2185.23	234.75	2462.41	163.66	638.35	4417.45	2203.93
2006	6531.94	2661.96	250.26	2811.02	189.50	619.20	5106.94	2756.82
2007	7856.65	3344.20	387.05	3078.72	237.47	809.21	6131.63	3473.96
2008	9490.11	3617.14	401.85	3956.86	288.59	1225.67	7277.46	4235.22
2009	13390.21	5879.48	664.82	4860.12	425.77	1560.02	10513.44	6950.44
2010	15912.21	6695.81	1072.78	5525.28	558.47	2059.86	12864.75	8856.51
2011	16910.52	9919.16	305.20	6072.66		480.12	14897.72	9458.86
2012	19356.08	11335.69	271.08	6991.09		567.41	16977.76	10091.39

17-4 中外资金融机构本外币存贷款余额 (2007—2012年)
RMB & Foreign Deposit and Loan Balance of Chinese & Foreign Financial Institutions, 2007-2012

单位：亿元 (100 million yuan)

项 目 Item	2007	2008	2009	2010	2011	2012
存款余额(折人民币) Deposit Balance (as RMB)	**8242.07**	**9954.16**	**13887.11**	**16499.25**	**17586.91**	**20293.79**
中资金融机构 Chinese Financial Institutions	8116.19	9726.64	13637.31	16179.94	17218.32	19887.26
人民币 RMB	7856.65	9490.11	13390.21	15912.21	16910.52	19356.08
外 汇(亿美元) Foreign Exchange (USD 100 million)	35.54	34.62	36.19	40.43	48.85	84.51
外资金融机构 Foreign-funded Financial Institutions	125.88	227.52	249.80	319.31	368.59	406.53
外 汇(亿美元) Foreign Exchange (USD 100 million)	7.15	16.28	13.39	13.41	12.95	13.83
人民币 RMB	73.67	116.25	158.35	230.49	286.99	319.60
贷款余额(折人民币) Loan Balance (as RMB)	**6543.83**	**7689.12**	**11152.19**	**13774.11**	**15924.71**	**18396.81**
中资金融机构 Chinese Financial Institutions	6345.25	7501.98	10937.95	13422.51	15470.16	17873.39
人民币 RMB	6131.63	7277.46	10513.44	12864.75	14897.72	16977.76
外 汇(亿美元) Foreign Exchange (USD 100 million)	29.25	32.84	62.17	84.22	90.85	142.49
外资金融机构 Foreign-funded Financial Institutions	198.57	187.15	214.24	351.60	454.55	523.42
外 汇(亿美元) Foreign Exchange (USD 100 million)	12.20	11.89	12.06	15.82	17.47	17.36
人民币 RMB	109.44	105.83	131.88	246.81	344.45	414.29

17-5 中外资金融机构本外币信贷资金平衡表
RMB & Foreign Currency Credit Funds Balance Sheet of Chinese & Foreign Financial Institutions

单位：亿元 (100 million yuan)

项目	Item	2011	2012	2012比2011年增长(%) Increase Rate in 2012 over 2011 (%)
资金来源合计	**All Sources**	**19395.19**	**23656.31**	**22.0**
各项存款余额总计	Total Deposits Balance	17586.91	20293.79	15.4
单位存款	Corporate Deposits	10458.46	12110.78	15.8
# 活期存款	Demand Deposits	5020.08	5415.70	7.9
定期存款	Time Deposits	1551.32	2238.52	44.3
个人存款	Personal Deposits	6333.47	7331.62	15.8
# 储蓄存款	Saving Deposits	6194.71	7135.40	15.2
财政性存款	Treasury Deposits	305.20	271.08	-11.2
临时性存款	Temporary Deposits	32.25	43.01	33.4
委托存款	Entrusted Deposits	50.71	33.92	-33.1
其他存款	Other Deposits	406.83	503.38	23.7
所有者权益	Owner's Equity	878.77	1045.20	18.9
其　他	Others	929.51	-224.05	-84.0
资金运用合计	**All Uses**	**19395.19**	**23656.31**	**22.0**
各项贷款余额总计	Total Loan Balance	15924.71	18396.81	15.5
境内贷款	Domestic Loans	15863.81	18312.46	15.4
短期贷款	Short-term Loans	4177.34	5126.77	22.7
中长期贷款	Medium-term and Long-term Loans	9906.46	10700.26	8.0
融资租赁	Financing Lease	1256.47	1651.86	31.5
票据融资	Bill Financing	518.47	824.95	59.1
各项垫款	Money Advanced	5.07	8.62	70.0
境外贷款	Overseas Loans	60.90	84.35	38.5
有价证券	Securities & Investment	609.17	675.82	11.0
股权及其他投资	Stocks and Other Investments	104.29	199.01	90.8
其　他	Others	2757.02	4384.67	59.0

注：表中增长速度按可比口径计算。表17-6、17-7同。
Note: The increase rates are calculated at constant coverage. Same as following table 17-6, 17-7.

17-6 中外资金融机构人民币各项存贷款余额
RMB Deposit and Loan Balance of Chinese & Foreign Financial Institutions

单位：亿元 (100 million yuan)

项 目	Item	2011	2012	2012比2011年增长(%) Increase Rate in 2012 over 2011 (%)
各项存款总计	**Total Deposits**	**17197.51**	**19675.68**	**14.4**
单位存款	Corporate Deposits	10155.74	11591	14.1
个人存款	Personal Deposits	6256.45	7246.19	15.8
# 储蓄存款	Saving Deposits	6123.08	7055.38	15.2
财政性存款	Treasury Deposits	305.20	271.08	-11.2
临时性存款	Temporary Deposits	25.77	35.15	36.4
委托存款	Entrusted Deposits	49.76	33.77	-32.1
其他存款	Other Deposits	404.59	498.49	23.2
各项贷款总计	**Total Loans**	**15242.17**	**17392.06**	**14.1**
境内贷款	Domestic Loans	15235.75	17386.45	14.1
短期贷款	Short-term Loans	3841.49	4641.79	20.8
个人贷款及透支	Personal Loans and Overdraft	171.48	253.60	47.9
# 个人消费贷款	Personal Consumption Loans	30.34	50.96	68.0
单位贷款及透支	Corporate Loans and Overdraft	3254.89	3765.89	15.7
# 经营贷款	Business Loans	3159.72	3724.87	17.9
固定资产贷款	Investment in Fixed Assets Loans	93.15	35.02	-62.4
普通并购贷款	Merge Loans	1.94		
银团贷款	Syndicated Loans	22.92	2.49	-89.1
贸易融资	Trade Financing	390.26	619.82	58.8
中长期贷款	Medium-term & Long-term Loans	9649.42	10306.11	6.8
个人贷款	Personal Loans	1556.91	1734.93	11.4
# 个人消费贷款	Personal Consumption Loans	1424.03	1591.80	11.8
单位贷款	Corporate Loans	7035.56	7262.95	3.2
# 经营贷款	Business Loans	1180.43	961.91	-18.5
固定资产贷款	Investment in Fixed Assets Loans	5855.13	6301.04	7.6
普通并购贷款	Merge Loans	32.84	42.75	30.2
银团贷款	Syndicated Loans	1024.09	1215.30	18.7
贸易融资	Trade Financing		50.17	
融资租赁	Financing Lease	1221.88	1605.52	31.4
票据融资	Bill Financing	518.42	824.94	59.1
各项垫款	Money Advanced	4.54	8.09	78.1
境外贷款	Overseas Loans	6.42	5.60	-12.7

17-7 中资金融机构人民币各项存贷款余额
RMB Deposit and Loan Balance of Chinese Financial Institutions

单位：亿元 (100 million yuan)

项目	Item	2011	2012	2012比2011年增长(%) Increase Rate in 2012 over 2011 (%)
各项存款总计	**Total Deposits**	**16910.52**	**19356.08**	**14.5**
单位存款	Corporate Deposits	9919.16	11335.69	14.3
个人存款	Personal Deposits	6206.03	7181.90	15.7
# 储蓄存款	Saving Deposits	6072.66	6991.09	15.1
财政性存款	Treasury Deposits	305.20	271.08	-11.2
临时性存款	Temporary Deposits	25.77	35.15	36.4
委托存款	Entrusted Deposits	49.76	33.77	-32.1
其他存款	Other Deposits	404.59	498.49	23.2
各项贷款总计	**Total Loans**	**14897.72**	**16977.76**	**14.0**
境内贷款	Domestic Loans	14892.24	16972.92	14.0
短期贷款	Short-term Loans	3736.97	4508.17	20.6
个人贷款及透支	Personal Loans and Overdraft	171.46	253.59	47.9
# 个人消费贷款	Personal Consumption Loans	30.32	50.95	68.1
单位贷款及透支	Corporate Loans and Overdraft	3150.39	3633.27	15.3
# 经营贷款	Business Loans	3055.22	3592.25	17.6
固定资产贷款	Investment in Fixed Assets Loans	93.15	35.02	-62.4
普通并购贷款	Merge Loans	1.94		
银团贷款	Syndicated Loans	22.92	2.49	-89.1
贸易融资	Trade Financing	390.26	618.82	58.6
中长期贷款	Medium-term & Long-term Loans	9458.86	10091.39	6.7
个人贷款	Personal Loans	1508.59	1662.84	10.2
# 个人消费贷款	Personal Consumption Loans	1375.70	1519.71	10.5
单位贷款	Corporate Loans	6893.33	7120.33	3.3
# 经营贷款	Business Loans	1180.43	961.91	-18.5
固定资产贷款	Investment in Fixed Assets Loans	5712.91	6158.41	7.8
普通并购贷款	Merge Loans	32.84	42.75	30.2
银团贷款	Syndicated Loans	1024.09	1215.30	18.7
贸易融资	Trade Financing		50.17	
融资租赁	Financing Lease	1221.88	1605.52	31.4
票据融资	Bill Financing	469.99	759.74	61.7
各项垫款	Money Advanced	4.54	8.09	78.1
境外贷款	Overseas Loans	5.48	4.85	-11.6

17-8 金融机构法定存款利率表
Official Interest Rates on Deposits of Financial Institutions

单位：年利率% (% p. a.)

项　目 Item	2011年2月9日 Feb. 9, 2011	2011年4月6日 Apri. 6, 2011	2011年7月7日 July 7, 2011	2012年6月8日 June 8,2012	2012年7月6日 July 6, 2012
人民币存款 RMB Deposits					
活　期 Demand Deposits	**0.40**	**0.50**	**0.50**	**0.40**	**0.35**
定　期 Time Deposits					
整存整取 Lump-sum Time Deposits & Withdrawal					
三个月 3 Months	2.60	2.85	3.10	2.85	2.60
半　年 6 Months	2.80	3.05	3.30	3.05	2.80
一　年 1 Year	3.00	3.25	3.50	3.25	3.00
二　年 2 Years	3.90	4.15	4.40	4.10	3.75
三　年 3 Years	4.50	4.75	5.00	4.65	4.25
五　年 5 Years	5.00	5.25	5.50	5.10	4.75
存本取息、零存整取、整存零取 Flexible Time Deposits or Withdrawal					
一　年 1 Year	2.60	2.85	3.10	2.85	2.60
三　年 3 Years	2.80	3.05	3.30	3.05	2.80
五　年 5 Years	3.00	3.25	3.50	3.25	3.00
定活两便	**按一年以内定期整存整取同档次利率打六折执行**	**按一年以内定期整存整取同档次利率打六折执行**	**按一年以内定期整存整取同档次利率打六折执行**	**按一年以内定期整存整取同档次利率打六折执行**	**按一年以内定期整存整取同档次利率打六折执行**
Time or Demand Optional Deposits	**60% as the Same Grade Interest Rates of Lump-Sum Deposits & Withdrawal in One Year**	**60% as the Same Grade Interest Rates of Lump-Sum Deposits & Withdrawal in One Year**	**60% as the Same Grade Interest Rates of Lump-Sum Deposits & Withdrawal in One Year**	**60% as the Same Grade Interest Rates of Lump-Sum Deposits & Withdrawal in One Year**	**60% as the Same Grade Interest Rates of Lump-Sum Deposits & Withdrawal in One Year**
协定存款 Agreement Deposits	**1.21**	**1.31**	**1.31**	**1.21**	**1.15**
通知存款 Call Deposits					
一　天 1 Day	0.85	0.95	0.95	0.85	0.80
七　天 7 Days	1.39	1.49	1.49	1.39	1.35

17-9 金融机构法定贷款利率表
Official Interest Rates on Loans of Financial Institutions

单位：年利率% (% p. a.)

项　　目	2011年2月9日 Feb. 9, 2011	2011年4月6日 Apri. 6, 2011	2011年7月7日 July 7, 2011	2012年6月8日 June 8, 2012	2012年7月6日 July 6, 2012
短期贷款					
Short-term Loans					
一般流动资金					
General Circulating Funds					
半年以内					
Less than 6 Months	5.60	5.85	6.10	5.85	5.60
一年(六个月至一年)					
1 Year (6 months to 1 year)	6.06	6.31	6.56	6.31	6.00
长期贷款					
Long-term Loans					
基本建设贷款					
Loans to Capital Construction					
一年以上至三年					
1-3 Years	6.10	6.40	6.65	6.40	6.15
三年以上至五年					
3-5 Years	6.45	6.65	6.90	6.65	6.40
五年以上至十年					
5-10 Years	6.60	6.80	7.05	6.80	6.55
住房贷款					
Housing Loans					
个人住房公积金贷款					
Accumulation Fund Loans					
五年以内					
Less than 5 Years	4.00	4.20	4.45	4.20	4.00
五年以上					
More than 5 Years	4.50	4.70	4.90	4.70	4.50

17-10 个人贷款总额 (2009—2012年)
Total Amount of Personal Loans, 2009-2012

单位：亿元 (100 million yuan)

指　标	Item	2009	2010	2011	2012
个人贷款总额	**Total Amount of Personal Loans**	**1386.82**	**1895.53**	**2204.35**	**2576.71**
# 个人消费贷款	Personal Consumption Loans	912.03	1246.23	1454.43	1642.88
# 个人住房贷款	Housing Mortgage Loans	832.69	1116.00	1297.91	1453.98
汽车消费贷款	Car Consumption Loans	10.36	10.28	8.96	7.57
公积金贷款	Accumulation Fund Loans	389.73	473.63	524.24	588.06
个人住房贷款占个人消费贷款的比重(%)	**Percentage of Housing Mortgage Loans in Personal Consumption Loans (%)**	**91.3**	**89.6**	**85.7**	**88.5**

17-11 国内上市公司首发股票情况 (1993—2012年)
Number of IPO of Domestic Listed Companies, 1993-2012

单位：个 (unit)

年 份 Year	全市总计 Total	发行地 Place of IPO		股票类别 Share Category			
		上交所 Shanghai Stock Exchange	深交所 Shenzhen Stock Exchange	仅发A股公司 A Share Only	仅发B股公司 B Share Only	发A、B股公司 A&B Share	创业板 GEM
1993	2	1	1	2			
1994	1	1		1			
1995	1	1		1			
1996	5	3	2	3		2	
1997	4	2	2	4			
1998	1	1		1			
1999	2		2	2			
2000	2	1	1	2			
2001	5	5		5			
2002	2	2		2			
2003	1	1		1			
2004							
2005							
2006							
2007	4	2	2	4			1
2008							2
2009	1		1	1			1
2010	6		6	6			1
2011	1		1	1			
2012	1		1	1			

17-12 天津股份制企业国内首次发行股票一览表 (1993—2012年)
Domestic List of IPO of Tianjin Enterprises, 1993-2012

名　称	Name	发行年份 Issued year	股票面值(元) Par Value of Stocks (yuan)	发行价(元) Issued Price (yuan)	总股本(万股) General Capitalization (10 000 shares)	发行量(万股) Issued Volume (10 000 shares)	筹资额(万元) Capital Raised (10 000 yuan)
广宇发展	Guangyu Development	1993	1.00	3.68	51271.76	3340	11957
ST磁卡	ST Global Magnetic Card	1993	1.00	3.10	61127.10	2610	
津劝业	Tianjin Quanyechang	1994	1.00	1.50	41626.82	4050	
创业环保	Capital Environmental Protection	1995	1.00	2.50	142722.84	6898	16000
国恒铁路	Guoheng Railway	1996	1.00	1.00	124480.99	1400	
泰达股份	TEDA	1996	1.00	2.80	147557.39	2631	
天津港	Tianjin Port	1996	1.00	1.40	167476.91	9978	13800
SST天海	SST Tianhai	1996	1.00	1.50	49264.88	4756	
ST天海B	ST Tianhai B	1996	1.00	0.26	49264.88	9000	
滨海能源	Binhai Energy	1997	1.00	2.20	22214.75	5000	10932
鑫茂科技	Xinmao Tech	1997	1.00	5.04	22499.83	3000	14400
中储股份	China National Materials Storage & Transportation	1997	1.00	4.10	84010.28	1900	7433
海泰发展	Hitech Development	1997	1.00	5.18	64611.58	3000	15036
中体产业	China Sport Industry	1998	1.00	5.80	80355.75	4500	25075
津滨发展	Jinbin Development	1999	1.00	4.65	161727.22	7000	31413
一汽夏利	Faw Xiali	1999	1.00	6.00	159517.40	21800	128143
天保基建	Tianbao Construction	2000	1.00	4.60	46155.81	7000	31088
天津松江	Tianjin Songjiang	2000	1.00	5.30	59298.12	4500	22590
天房发展	Tianfang Development	2001	1.00	5.00	110570.00	12100	53763
中新药业	Zhongxin Pharmaceuticals	2001	1.00	10.00	36965.44	4000	38410
鼎盛天工	Dingsheng Tianjin Industry	2001	1.00	6.00	27595.72	3500	20000
百利电气	Benefo Electric	2001	1.00	6.60	31680.00	3000	18620
天药股份	Tianyao Share	2001	1.00	11.25	54289.00	4500	49215
天士力	Tasly	2002	1.00	14.70	48800.00	5000	71126
海油工程	Offshore Oil Engineering	2002	1.00	9.60	324120.00	8000	75038
中金黄金	Zhongjin Gold	2003	1.00	4.05	79060.60	10000	38829
中环股份	Zhonghuan Share	2007	1.00	5.81	48282.96	10000	55660
天津普林	Tianjin Printronics	2007	1.00	8.28	24584.98	5000	39071
中海油服	China Offshore Oil Service	2007	1.00	13.48	449532.00	50000	659876
中国远洋	China Ocean Shipping	2007	1.00	8.48	1021627.44	178387	1488115
红日药业	Chase Sun Pharmaceuticals	2009	1.00	60.00	5034.20	1259	72076
赛象科技	Saixiang Technology	2010	1.00	31.00	12000.00	3000	93000
力生制药	Lisheng Pharmaceuticals	2010	1.00	45.00	18245.50	4600	207000
九安医疗	Andon Health	2010	1.00	19.38	12400.00	3100	60100
经纬电材	Jingwei Electric Wire	2010	1.00	21.00	11310.00	2200	46200
瑞普生物	Ringpu Bio-technology	2010	1.00	60.00	14829.60	1860	111600
天汽模	TQM Automobile Part	2010	1.00	17.50	20576.00	5200	91000
长荣股份	Masterwork Machinery Co.,Ltd.	2011	1.00	40.00	10000.00	2500	100000
津膜科技	Tianjin Membrane Technology	2012	1.00	16.78	11600.00	2900	48662

注：总股本为截至2012年12月31日的数据。
Note: Data of general capitalization are figures until Dec. 31, 2012.

17-13 保险机构
Insurance Institutions

单位：个 (unit)

项　　目	Item	2011	2012
合　　计	**Total**	**668**	**686**
保险公司机构	**Insurance Companies**	**577**	**591**
总公司	Parent Companies	4	5
# 中外合资、外资公司	Joint-venture and Sole Foreign Investment Companies	2	2
分公司	Divisions	46	48
支公司	Sub-divisions	177	172
营销服务部	Operation & Service Offices	350	366
专业保险中介机构	**Professional Insurance Intermediary Institutions**	**91**	**95**
保险代理公司	Insurance Agent Companies	57	61
保险公估公司	Insurance Assessment Companies	10	11
保险经纪公司	Insurance Broker Companies	24	23

注：本表中支公司包含中心支公司和营业部。
Note: In this table, sub-divisions insurance companies include sub-divisions insurance center companies and sales departments.

17-14 保险业务主要指标 (1996—2012年)
Main Indicators of Insurance Business, 1996-2012

年 份 Year	保险金额 (亿元) Amount Insured (100 million yuan)	保 费 (万元) Premium (10 000 yuan)	# 人身险 Personal Insurance	# 财产险 Property Insurance	赔款及给付 (万元) Claim and Payment (10 000 yuan)	# 人身险 Personal Insurance	# 财产险 Property Insurance
1996	2488.21	171768	63373	74399	62613	10186	33257
1997	3306.04	243377	125327	112401	83528	18334	61900
1998	3949.15	271654	161097	110557	70075	14206	55869
1999	4848.10	291382	175804	115578	69163	14703	54460
2000	3696.19	314663	191786	122877	71950	7714	64236
2001	5176.91	417049	276050	140999	119062	56364	62698
2002	5632.35	649698	505966	143732	114818	46513	68305
2003	6497.87	753098	597450	155648	173608	72493	101115
2004	9852.79	809874	622284	187590	174178	77905	96273
2005	12141.02	906391	688629	217762	174637	67284	107353
2006	16690.02	1051842	785664	266178	218608	92220	126388
2007	20068.17	1509092	1154858	354234	413417	242197	171221
2008	26065.40	1756212	1338017	418195	510252	300335	209917
2009	29295.34	1512873	1054914	457959	599226	304282	294944
2010	30410.48	2140074	1488739	651335	541885	222606	319278
2011	46937.30	2117433	1366397	751036	661749	306605	355144
2012	51136.36	2381572	1473712	907859	810180	362788	447392

注：2011年起保险业全面执行财政部《企业会计准则2号解释》，各项指标口径按照准则要求相应调整。表17-15同。
Note: Because the insurance industry executed Accounting Standards Interpretation No. 2 issued by Ministry of Finance in 2011, the coverages of indicators in this table have changed accordingly. Same as table 17-15.

17-15 保险业务情况 Basic Statistics on Insurance Business

单位：亿元 (100 million yuan)

项　　目	Item	2011	2012
保险金额	**Amount Insured**	**46937.30**	**51136.36**
财产保险	Property Insurance	34869.38	37744.65
人身保险	Personal Insurance	12067.92	13391.71
保　费	**Premium**	**211.74**	**238.16**
财产保险	Property Insurance	75.10	90.79
# 机动车辆保险	Motor Vehicle Insurance	57.40	66.28
人寿保险	Life Insurance	118.62	126.98
人身意外伤害保险	Unforeseen Human Injury Insurance	5.18	5.58
健康保险	Health Insurance	12.84	14.81
赔款及给付额	**Claim and Payment**	**66.17**	**81.02**
财产保险	Property Insurance	35.51	44.74
# 机动车辆保险	Motor Vehicle Insurance	27.63	35.80
人寿保险	Life Insurance	22.13	29.32
人身意外伤害保险	Unforeseen Human Injury Insurance	0.99	1.42
健康保险	Health Insurance	7.54	5.54
保险密度(元)	**Insurance Density (yuan)**	**1563.17**	**1685.29**
财产保险	Property Insurance	554.44	642.44
人身保险	Personal Insurance	1008.72	1042.86
保险深度(%)	**Insurance Depth (%)**	**1.9**	**1.9**
财产保险	Property Insurance	0.7	0.7
人身保险	Personal Insurance	1.2	1.0
赔付率(%)	**Claim and Payment Rate (%)**		
财产保险公司综合赔付率	Property Insurance Comprehensive Claim and Payment Rate	59.4	58.5
人身保险公司短期险赔付率	Personal Insurance Short-term Claim and Payment Rate	54.9	59.8

注：人身保险金额为期末有效保险金额。
Note: Amount insured of personal insurance is the efficiency amount insured at the end of term.

17-16 外资(合资)保险公司在津总公司、分公司一览 (2012年) Head Offices and Branches of Foreign Investment (Joint Venture) Insurance Companies in Tianjin, 2012

名称 Name	负责人 Director	办公地址 Address
爱和谊日生同和财产保险（中国）有限公司 Aioi Nissay Dowa Insurance (China) Company Limited	上形荣良 Kamigata Hideyoshi	天津市和平区大沽北路2号天津环球金融中心津塔写字楼6101室 Room 6101, Tianjin Tower,Tianjin Global Financial Center, No.2 Dagu North Road, Heping District, Tianjin
恒安标准人寿保险有限公司 Heng An Standard Life Insurance Company Limited	刘振宇 Liu Zhenyu	天津市和平区南京路189号津汇广场2座17-19层 Floor 17-19, Building 2, Exchange Office Tower of Tianjin, No.189 Nanjing Road, Heping District, Tianjin
三星财产保险（中国）有限公司天津分公司 Samsung Property & Casualty Insurance Company (China), Ltd., Tianjin Branch	朴璟植 Park Kyong Shik	天津市河西区增进道28号鑫银大厦20层2004、2005 Room 2004 2005, Floor 20,Xinyin Building, No.28 Zengjin Road, Hexi District, Tianjin
信诚人寿保险有限公司天津分公司 Citic-Prudential Life Insurance Company Limited, Tianjin Branch	贾宏伟 Jia Hongwei	天津市河西区南京路20号金皇大厦39层 Floor 39, Jinhuang Building,No.20 Nanjing Road, Hexi District, Tianjin
恒安标准人寿保险有限公司天津分公司 Heng An Standard Life Insurance Company Limited, Tianjin Branch	李茂森 Li Maosen	天津市南开区卫津南路与霞光道交口西南侧花园别墅42号宁泰广场7层01单元及4层03单元 Unit 1, Floor 7 & Unit 3,Floor 4, Ningtai Plaza, Building 42, Southwest of Crossing of Weijin South Street and Xiaguang Road, Nankai District, Tianjin
海康人寿保险有限公司天津分公司 AEGON-CNOOC Life Insurance Co., Ltd., Tianjin Branch	曾　岳 Zeng Yue	天津市河西区解放南路256号泰达大厦29层A+B座 Building A&B, Floor 29, TEDA Building, No. 256 Jiefang South Road, Hexi District, Tianjin
中航三星人寿保险有限公司天津分公司 Samsung Air China Life Ins. Co., Ltd., Tianjin Branch	林春耀 Lin Chunyao	天津市南开区南京路358号今晚大厦8层、9层907室 Room 907, Floor 9 & Floor 8,Jinwan Mansion,No.358 Nanjing Road, Nankai District,Tianjin
工银安盛人寿保险有限公司天津分公司 ICBC-AXA Assurance Co., Ltd., Tianjin Branch	高建华 Gao Jianhua	天津市河西区围堤道53号丽晶国际大厦21楼01、02、07单元 Unit 01&02&07, Floor 21,Lijing International Building, No.53 Weidi Road, Hexi District, Tianjin
中宏人寿保险有限公司天津分公司 Manulife-Sinochem Life Insurance Company Limited, Tianjin Branch	刘建章 Liu Jianzhang	天津市和平区南京路99号君隆广场B2座10层 Floor 10, Building B2, Junlong Plaza, No.99 Nanjing Road, Heping District, Tianjin
国泰人寿保险有限责任公司天津分公司 Cathay Life Insurance Co., Ltd., Tianjin Branch	李佳翰 Li Jiahan	天津市和平区南京路85号君隆广场B1座11层 Floor 11, Building B1, Junlong Plaza, No.85 Nanjing Road,Heping District, Tianjin
中荷人寿保险有限公司天津分公司 ING-BOB Life Insurance Co., Ltd., Tianjin Branch	于　燕 Yu Yan	天津市和平区南京路219号天津环贸商务中心写字楼1601-1602室 Room 1601&1602, Tianjin Center, No.219 Nanjing Road,Heping District, Tianjin

17-17 外资(合资)银行在津分行、代表处一览 (2012年)
Branches or Offices of Foreign Investment (Joint Venture) Banks in Tianjin, 2012

名　称 Name	负责人 Director	办公地址 Address
渣打银行(中国)有限公司天津分行 Standard Chartered Bank (China) Limited Tianjin Branch	林添富 Lin Tianfu	和平区南京路189号津汇广场1号楼36层、29层2906室、2908室、1层0105B Rm. 0105B, 2906, 2908 & Floor 36, Building 1, Exchange Office Tower of Tianjin, No. 189 Nanjing Road, Heping District.
法国巴黎银行（中国)有限公司天津分行 BNP Paribas (China) Limited Tianjin Branch	傅建华 Fu Jianhua	和平区南京路189号津汇广场写字楼2座11层1102室 Rm. 1102, Floor 11, Building 2, Exchange Office Tower of Tianjin, No. 189 Nanjing Road, Heping District.
汇丰银行(中国)有限公司天津分行 HSBC Bank (China) Company Limited Tianjin Branch	辛　明 Xin Ming	和平区大沽北路2号环球金融中心津塔写字楼58楼和60楼 Floor 58 and 60,Tianjin Tower, Tianjin Global Financial Center,No.2 Dagubei Road, Heping District, Tianjin
东方汇理银行（中国）有限公司天津分行 CALYON（China) Limited Tianjin Branch	李　扬 Li Yang	和平区南京路75号国际大厦710室 Rm. 710, International Building of Tianjin, No.75 Nanjing Road, Heping District.
法国兴业银行（中国）有限公司天津分行 Societe Generale （China） Limited Tianjin Branch	纪远军 Stanley Ji	和平区南京路75号国际大厦1层112室、5层508室、9层901室 Rm. 112, 508, 901, International Building of Tianjin, No.75 Nanjing Road, Heping District.
华侨银行(中国)有限公司天津分行 OCBC Bank (China) Limited Tianjin Branch	孙富杰 Sun Fujie	天津市和平区南京路92号增1号华侨大厦第二层 Floor 2, Huaqiao Building, No.92-1 Nanjing Road, Heping District. Tianjin
摩根大通银行(中国)有限公司天津分行 JPMorgan Chase (China) Bank Tianjin Branch	魏玉琨 Wei Yukun	天津市和平区大沽北路2号天津环球金融中心津塔写字楼电梯楼层38层8A单元、9、10、11单元 Unit 8A,9,10&11,Tianjin Tower Floor 38,Tianjin Global Financial Center,No.2 Dagubei Road, Heping District, Tianjin
韩国外换银行股份有限公司天津分行 Korea Exchange Bank Tianjin Branch	李彦基 Lee Eon Kee	和平区南京路92号增1号华侨大厦5层 Floor 5, Huaqian Building No.92-1 Nanjing Road, Heping District Tianjin
新韩银行(中国)有限公司天津分行 Shinhan Bank (China) Limited Tianjin Branch	宋永徽 Song Young Huy	和平区南京路75号国际大厦108室、911室 Rm. 108&911, International Building of Tianjin, No.75 Nanjing Road, Heping District
三井住友银行(中国)有限公司天津分行 Sumitomo Mitsui Banking Corporation (China) Limited Tianjin Branch	汤泽秀俊 YUZAWA HIDETOSHI	天津津汇广场2座12层、1303室 Floor 12 and Rm. 1303, Building 2, Exchange Office Tower of Tianjin
三菱东京日联银行(中国)有限公司天津分行 Bank of Tokyo-Mitsubishi UFJ (China) Ltd., Tianjin Branch	宇佐美孝 Takashi Usami	天津国际大厦2110 Rm. 2110, International Building of Tianjin
企业银行(中国)有限公司天津分行 Industrial Bank of Korea (China) Limited Tianjin Branch	李根燮 Lee Keun SuP	天津市和平区南京路219号天津环贸商务中心首层东侧05号、西塔1201室、1202室、1206室 Rm.05 of East, Floor 1 and Rm. 1201, 1202 & 1206 of West, Tianjin Center, No.219 Nanjing Road, Heping District, Tianjin
瑞穗实业银行(中国)有限公司天津分行 Mizuho Corporate Bank (China) Ltd., Tianjin Branch	铃木完 Kan Suzuki	天津滨海金融街(东区)写字楼E2座ABC楼5层 Floor 5, Building E2-ABC, Financial Street, Binhai New Area Dist., Tianjin
花旗银行(中国)有限公司天津分行 Citibank (China) Co., Ltd., Tianjin Branch	杨　静 Yang Jing	天津市南京路189号津汇广场写字楼1座102、1801A、1801B、1802、1803、1809、1810、1906-1909单元 Rm. 102, 1801A, 1801B, 1802, 1803, 1809, 1810, 1906-1909, Building 1, Exchange Office Tower of Tianjin, No.189 Nanjing Road, Tianjin

17-17续表 Continued

名　称 Name	行长、首席代表 Director	办公地址 Address
中德住房储蓄银行 Sino-German Bausparkasse	黄　皓 Huang Hao	天津市南京路19号增1号 No.19-1 Nanjing Road, Heping District, Tianjin
星展银行(中国)有限公司天津分行 DBS Bank (China) Limited Tianjin Branch	毛义子 Mao Yizi	天津津汇广场2座8层以及1层01-03A单元 Floor 8&01-03A of Floor 1, Building 2, Exchange Office Tower of Tianjin
东亚银行(中国)有限公司天津分行 The Bank of East Asia (China) Limited, Tianjin Branch	张稚阳 Zhang Zhi yang	天津市友谊北路47号 No.47 Youyibei Road, Tianjin
恒生银行(中国)有限公司天津分行 Hang Seng Bank (China) Limited Tianjin Branch	梁嘉贤 Liang Jiaxian	和平区南京路189号津汇广场首层01-11单元及津汇广场写字楼2座第16层1601室 01-11 of Floor 1 & Floor 16, Building 2, Exchange Office Tower of Tianjin, No. 189 Nanjing Road, Heping District
荷兰苏格兰皇家银行有限公司天津代表处 The Royal Bank of Scotland N.V. Tianjin Representative Office	杨国虹 Yang Guo hong	天津国际大厦718室 Rm. 718, International Building of Tianjin
印度国家银行天津分行 State Bank of India Tianjin Representative Office	戴文娟 Susan Dai	天津市和平区大沽北路2号天津环球金融中心津塔写字楼电梯楼层42层01单元 Unit 01, Floor 42,Tianjin Tower, Tianjin Global Financial Center,No.2 Dagubei Road, Heping District, Tianjin
友利银行(中国)有限公司天津分行 Woori Bank (China) Limited Tianjin Branch	李在洙 LEE JAE SOO	天津市南开区宾水西道与凌宾路交口西南侧奥城商业广场一号楼9、10、12、13、14号商铺 Rm. 9&10&12&13&14 of Floor 1, Building 1, Aocheng Commercial Square, Southwest of Crossing of Lingbin Road and Binshuixi Street, Nankai District, Tianjin
华一银行天津分行 First Sino Bank, Tianjin Branch	黄永财 Huang Yung Tsai	天津市卫津路16号 No.16 Weijin Road, Tianjin
德国商业银行股份有限公司天津分行 Commerzbank A. G., Tianjin Branch	Philippe Sage	天津津汇广场2座3401 Rm.3401, Building 2, Exchange Office Tower of Tianjin
大华银行(中国)有限公司天津分行 United Overseas Bank (China) Limited, Tianjin Branch	黄志平 Huang Zhi ping	天津市河北路236号和238号 No.236 & 238 Hebei Road, Tianjin
德意志银行(中国)有限公司天津分行 Deutsche Bank (China) Limited, Tianjin B.R.	熊　伟 Xiong Wei	天津津汇广场2座26层 Floor 26, Building 2, Exchange Office Tower of Tianjin
企业银行(中国)有限公司 Industrial Bank of Korea (China) Limited	吴忠焕 OH,CHOONG HWAN	天津津汇广场2座30、31层 Floor 30 & 31, Building 2, Exchange Office Tower of Tianjin
外换银行（中国）有限公司 Korea Exchange Bank(China) Co.,Ltd	郑尚铉 Zheng Shangxuan	天津市南京路92号增1号 No.92-1 Nanjing Road, Tianjin
外换银行（中国）有限公司天津分行 Korea Exchange Bank(China) Co.,Ltd Tianjin Branch	李昌淳 LEE CHANG SOON	天津市南京路92号增1号 No.92-1 Nanjing Road, Tianjin
台湾工业银行股份有限公司天津代表处 Industrial Bank of Taiwan Co., Ltd., Tianjin Representative Office	张水旺 Walter Chang	和平区大沽北路2号环球金融中心4510单元 Rm. 4510, Tianjin Global Financial Center, No.2 Dagubei Road, Heping District, Tianjin

主要统计指标解释

信贷资金

指金融机构以信用方式积聚和分配的货币资金。金融机构信贷资金的来源有各项存款、金融债券、对国际金融机构负债、流通中现金、其他项目等；信贷资金的运用有各项贷款、有价证券及投资、金银占款、外汇占款、财政借款及在国际金融机构中的资产等。

存　款

指企业、机关、团体或居民根据资金必须收回的原则，把货币资金存入金融机构保管并取得一定利息的一种信用活动形式。根据存款对象的不同可划分为企业存款、财政性存款、城乡储蓄存款、农村存款、信托及其他存款等，它是银行信贷资金的主要来源。

贷　款

指金融机构根据资金必须归还的原则，按一定利率，为企业、个人等提供资金的一种信用活动形式。我国银行贷款分为工业贷款、农业贷款、商业贷款、建筑业贷款、私营和个体贷款、乡镇企业贷款、中长期贷款、信托及其他贷款等。

保险公司

指在中国境内的、经过保险监督管理部门批准设立，并依法登记注册的各类商业保险公司。

保险金额

指保险人承担赔偿或者给付保险金责任的最高限额。

保　费

指投保人为取得保险人在约定范围内所承担赔偿责任而支付给保险人的费用。

赔　款

指保险人根据保险合同的规定，向被保险人支付的赔偿保险责任损失的金额。

给　付

包括死伤医疗给付和满期给付。死伤医疗给付是指保险人根据人寿保险及长期健康保险合同的规定，因被保险人在保险期内发生保险责任范围内的保险事故支付给被保险人（或受益人）的金额。满期给付是指被保险人生存期满，保险人按人寿保险合同规定支付给被保险人的满期保险金额。

保险密度

为按常住人口计算的人均保费收入。

保险深度

指保费收入相当于生产总值的比例。

Explanatory Notes on Main Statistical Indicators

Credit Funds

refer to the monetary funds accumulated and distributed in the means of credit by the financial institutions. The sources of credit funds include various deposits, financial bonds, liabilities to international financial institutions, currency in circulation and other items. The uses of credit funds include loans, securities and investment, position for bullion and silver purchase, position for foreign exchange purchase, advances to treasury, and assets with international financial institutions.

Deposits

are a form of credit by which enterprises, institutions, organizations or households can put money into banks and other credit institutions for safekeeping and interest earning under the principle of free withdrawal. According to different depositors, deposits are divided into enterprise deposits, treasury deposits, urban and rural savings deposits, rural deposits, entrust and other deposits. Deposits are major sources of credit funds of banks.

Loans

are a form of credit by which banks and other credit institutions provide funds at certain interest rate to enterprises and individuals in the light of the principle of unconditional repayment. Loans from Chinese banks include industry loans, agriculture loans, commerce loans, construction loans, loans to private and individuals, township enterprises loans, medium & long term loans, entrust and other loans.

Insurance Companies

refer to commercial insurance companies of various forms registered by law and established in China with the approval of insurance regulatory agencies.

Amount Insured

refers to the maximum that the insurant will get for the claim of the case insured.

Premium

is the fee paid by the insurant to the insurer to obtain the obligation of compensation from the insurance within the agreed terms.

Claim

is the compensation paid by the insurer to insurant in accordance with the insurance contract.

Payment

includes payment for death, injury or medical treatment and mature payment. Payment for death, injury or medical treatment refers to the money paid to insurant (or the beneficiary) in accordance with the life or health insurance contract when the insurant encounters accidents within the insured period covered in the contract. Mature payment refers to the mature payment to the insurant in accordance with the life insurance contract at the end of the insured period.

Insurance Density

refers to per capita premiums which is based on permanent resident population.

Insurance Depth

refers to the proportion of premiums to gross domestic product.

18 教育和科技 Education, Science and Technology

18-1 各级各类学校基本情况 (1996—2012年) Basic Statistics by Level and Type of School, 1996-2012

单位：人 (person)

年份 Year	学校数(所) Number of Schools (unit)			毕业生数 Graduates			招生数 New Students Enrollment		
	高等学校 Institutions of Higher Education	中等学校 Secondary Schools	小学 Primary Schools	高等学校 Institutions of Higher Education	中等学校 Secondary Schools	小学 Primary Schools	高等学校 Institutions of Higher Education	中等学校 Secondary Schools	小学 Primary Schools
1996	20	1098	3185	18429	156924	145705	22664	227918	144438
1997	20	1108	3030	19535	191798	133616	22016	230692	133012
1998	20	1091	2841	18342	219593	166618	23678	273472	115988
1999	21	1041	2642	19292	216950	156584	31670	254033	104452
2000	21	1006	2323	19022	220099	155253	45468	251777	100453
2001	33	1012	1307	19103	233427	147639	56066	249761	95492
2002	37	978	1208	27295	234711	133301	69453	244181	92955
2003	37	897	1136	40221	244398	132022	86115	259174	84963
2004	40	848	1099	51666	252596	114771	96182	250591	81603
2005	42	803	1062	69211	243305	106447	103616	234837	78373
2006	45	746	1023	81983	247421	106075	107920	230246	82102
2007	45	718	1003	92288	235801	105340	109474	219249	86424
2008	45	707	993	101728	235031	88171	118458	196703	89027
2009	55	690	983	101369	234663	91481	125183	193610	81303
2010	55	659	956	105354	218032	87178	133059	190535	82550
2011	55	625	874	108723	198593	84602	133103	183281	100097
2012	55	616	843	113034	187724	86548	141948	181141	102514

年份 Year	在校学生数 Students Enrollment			教职工数 Teachers, Staff and Workers			# 专任教师数 Full-time Teachers		
	高等学校 Institutions of Higher Education	中等学校 Secondary Schools	小学 Primary Schools	高等学校 Institutions of Higher Education	中等学校 Secondary Schools	小学 Primary Schools	高等学校 Institutions of Higher Education	中等学校 Secondary Schools	小学 Primary Schools
1996	71354	662873	879772	26203	76640	62207	9811	48771	51202
1997	73630	692918	877554	20775	77045	62054	9589	51309	51048
1998	78651	735764	826732	20349	77569	60500	9496	51643	49420
1999	90450	761741	773064	21001	79345	59002	9647	53012	48293
2000	117690	712762	717146	25952	80321	56948	10137	53844	46697
2001	153998	785891	665495	29953	77277	55311	12552	52732	45651
2002	196892	792772	627242	32019	76590	54237	14175	53386	44922
2003	245213	801680	585446	33371	75531	52603	15553	53706	43829
2004	286145	775673	554844	36400	73720	50989	18973	52270	42122
2005	331553	755915	533003	39434	72009	49629	21670	51835	41076
2006	357382	714146	516823	42229	70815	47916	24464	51920	39951
2007	371136	713839	514284	42391	69409	46304	25166	51930	38725
2008	386437	677772	520997	43447	69563	45850	26169	52806	38474
2009	405968	631117	507385	44611	67897	44999	27118	51466	37942
2010	429224	594309	505895	45194	65808	43990	28094	50149	37317
2011	449702	574944	518531	45894	66300	41825	28919	49942	37457
2012	473114	556242	532282	46513	66333	41626	29929	50297	37769

注：自2009年起高等院校数含独立学院。
Note: Data of Institutions of higher education include independent institutes since 2009.

18-2 各级各类学校数、学生数和教职工数 Schools, Students and Teachers by Level and Type of School

单位：人 (person)

类别	Item	学校数(所) Number of Schools (unit) 2011	2012	毕业生数 Graduates 2011	2012	招生数 New Students Enrollment 2011	2012
合计	**Total**	**1554**	**1514**	**391918**	**387306**	**416481**	**425603**
高等学校	Institutions of Higher Education	55	55	108723	113034	133103	141948
中等专业学校	Specialized Secondary Schools	40	40	24702	25060	22163	22660
技工学校	Secondary Technical Schools	33	31	13977	8431	9160	8335
职业中学	Vocational Secondary Schools	27	26	9224	7904	8700	8289
普通中学	Regular Secondary Schools	525	519	150690	146329	143258	141857
高中	Senior Secondary Schools	209	202	60204	62257	60705	58012
初中	Junior Secondary Schools	316	317	90486	84072	82553	83845
小学	Primary Schools	874	843	84602	86548	100097	102514

类别	Item	在校学生数 Students Enrollment 2011	2012	教职工数 Teachers, Staff and Workers 2011	2012	# 专任教师数 Full-time Teachers 2011	2012
合计	**Total**	**1543177**	**1561638**	**154019**	**154472**	**116318**	**117995**
高等学校	Institutions of Higher Education	449702	473114	45894	46513	28919	29929
中等专业学校	Specialized Secondary Schools	72204	70910	7036	6834	4755	4656
技工学校	Secondary Technical Schools	28357	21346	3352	3249	1999	1921
职业中学	Vocational Secondary Schools	26968	26210	2849	2896	2168	2225
普通中学	Regular Secondary Schools	447415	437776	53063	53354	41020	41495
高中	Senior Secondary Schools	185461	181235			15160	15440
初中	Junior Secondary Schools	261954	256541			25860	26055
小学	Primary Schools	518531	532282	41825	41626	37457	37769

18-3 平均每万人口各级学校在校学生数 (2008—2012年) Number of Student Enrollment per 10 000 Persons, 2008-2012

单位：人 (person)

项目	Item	2008	2009	2010	2011	2012
合计	**Total**	**1384**	**1285**	**1210**	**1162**	**1128**
高等学校	Institutions of Higher Education	337	338	340	339	342
中等学校	Secondary Schools	592	525	470	432	401
中等专业学校	Specialized Secondary Schools	78	67	59	54	51
技工学校	Secondary Technical Schools	38	33	24	21	15
职业中学	Vocational Secondary Schools	41	30	24	20	19
普通中学	Regular Secondary Schools	435	395	363	337	316
高中	Senior Secondary Schools	170	156	147	140	131
初中	Junior Secondary Schools	265	239	216	197	185
小学	Primary Schools	455	422	400	391	385

18-4 各级普通学校生师比 (2008—2012年) The Ratio of Students to Teachers in ordinary Schools at all Levels, 2008-2012

单位：人 (person)

项目	Item	2008	2009	2010	2011	2012
合计	**Total**	**14**	**13**	**13**	**13**	**13**
高等学校	Institutions of Higher Education	15	15	15	16	16
中等学校	Secondary Schools	13	10	12	12	11
中等专业学校	Specialized Secondary Schools	20	17	15	15	15
技工学校	Secondary Technical Schools	12	17	14	14	11
职业中学	Vocational Secondary Schools	15	12	12	12	12
普通中学	Regular Secondary Schools	12	11	11	11	11
高中	Senior Secondary Schools	13	13	12	12	12
初中	Junior Secondary Schools	12	11	11	10	10
小学	Primary Schools	14	13	14	14	14

18-5 各级学校学生升、入学率 (2008—2012年) Percentage of Graduate Students and Enrollment in All Schools by Level, 2008-2012

单位：% (%)

指标 Item	2008	2009	2010	2011	2012
初中毕业生升学率 Percentage of Graduates in Junior Secondary Schools Entering Senior Secondary Schools	100.00	104.99	110.26	105.60	109.11
初中学生净入学率 Net Percentage of Graduates in Primary Schools Entering Junior Secondary Schools	97.78	99.47	99.43	99.88	100.00
小学学龄儿童毛入学率 Percentage of School-age Children Enrolled	108.52	107.24	122.95	122.88	105.62

18-6 研究生及指导教师人数（2008—2012年）
Number of Postgraduate Student and Instructors, 2008-2012

单位：人 (person)

指　标	Item	2008	2009	2010	2011	2012
总　计	Total					
在校生数	Students Enrollment	33753	37650	41022	46052	48452
毕业生数	Graduates	9563	10968	11447	10645	14521
招生人数	New Students Enrollment	12665	14919	15213	16085	17065
指导教师	Instructors	5624	5977	6147	6507	7102
攻读博士学位	Postgraduate for Doctor Degree					
在校生数	Students Enrollment	7303	7319	7523	7547	7745
毕业生数	Graduates	1482	1793	1679	1773	1705
招生人数	New Students Enrollment	1920	1914	1981	1992	2022
攻读硕士学位	Postgraduate for Master Degree					
在校生数	Students Enrollment	26450	30331	33499	38505	40707
毕业生数	Graduates	8081	9175	9768	8872	12816
招生人数	New Students Enrollment	10745	13005	13232	14093	15043

18-7 分学科研究生在校人数（2010—2012年）
Number of Enrolled Postgraduate Students by Subject, 2010-2012

单位：人 (person)

学　科	Item	博士生 Postgraduate for Doctor Degree			硕士生 Postgraduate for Master Degree		
		2010	2011	2012	2010	2011	2012
总　计	**Total**	**7523**	**7547**	**7745**	**33499**	**38505**	**40707**
按学科分	**By Subject**						
哲　学	Philosophy	157	133	120	154	159	156
经济学	Economics	777	651	668	2068	2366	2528
法　学	Law	373	358	424	1202	1562	1578
教育学	Education	63	72	76	1067	1638	1637
文　学	Literature	324	299	291	3020	3528	2462
历史学	History	307	306	309	385	415	435
理　学	Science	981	1076	1142	2942	3032	2912
工　学	Engineering	3071	3253	3308	10042	14994	16089
医　学	Medicine	25	582	27	67	5383	129
农　学	Agriculture	511	30	629	3921	102	5529
军事学	Strategics				16	16	13
管理学	Management	891	787	751	2952	5310	5944
艺术学	Arts						1295
按学位分	**By Degree**						
学术学位	Academic Degree	7480	7444	7620	27836	29460	28273
专业学位	Professional Degree	43	103	125	5663	9045	12434

注：2010年分学科人数为学术学位项下人数。
Note: The number grouped by subject are number under academic degree in the year of 2010.

18-8 各类高等学校基本情况
Basic Statistics on Institutions of Higher Education

单位：人 (person)

项 目	Item	学校数(所) Number of Schools(unit)		毕业生数 Graduates		招生数 New Students Enrollment	
		2011	2012	2011	2012	2011	2012
总 计	**Total**	**55**	**55**	**108723**	**113034**	**133103**	**141948**
综合大学	Comprehensive Universities	16	16	32643	33171	36444	40011
理工院校	Science and Engineering	15	15	40462	41016	50267	52635
农林院校	Agriculture and Forestry	1	1	2845	2964	3692	3565
医药院校	Medicine	5	5	6212	6595	7794	8447
师范院校	Teacher Training	2	2	8155	8448	10632	10844
语文院校	Linguistics and Literary	3	3	3632	4162	4385	4484
政法院校	Political Science and Law	1	1	826	1047	573	684
财经院校	Economics and Finance	5	5	10284	11644	14272	15632
体育院校	Physical Education	2	2	1328	1488	2177	2495
艺术院校	Art	5	5	2000	2211	2832	3115

项 目	Item	在校学生数 Students Enrollment		教职工数 Teachers, Staff and Workers		# 专任教师数 Full-time Teachers	
		2011	2012	2011	2012	2011	2012
总 计	**Total**	**449702**	**473114**	**45894**	**46513**	**28919**	**29929**
综合大学	Comprehensive Universities	115728	121253	12038	11926	7500	7725
理工院校	Science and Engineering	169863	178834	16826	17128	10846	11258
农林院校	Agriculture and Forestry	11505	12113	1015	1035	615	640
医药院校	Medicine	27711	29462	3841	4052	2475	2618
师范院校	Teacher Training	40266	41944	3681	3735	2245	2298
语文院校	Linguistics and Literary	16677	16898	1556	1610	1092	1103
政法院校	Political Science and Law	2338	1935	353	351	170	160
财经院校	Economics and Finance	49029	52603	4260	4317	2648	2758
体育院校	Physical Education	6807	7764	872	928	501	545
艺术院校	Art	9439	10237	1452	1431	827	824

18-9 高等学校分科学生数
Number of Students Enrollment in Institutions of Higher Education by Subject

单位：人 (person)

学　科	Item	毕业生数 Graduates 2011	2012	招生数 New Students Enrollment 2011	2012	在校学生数 Students Enrollment 2011	2012
本　科	**Undergraduate**	**57143**	**62187**	**80092**	**83029**	**293535**	**310599**
# 师　范	Teacher Training	4764	4701	6173	6370	24916	25092
哲　学	Philosophy	51	45	58	55	208	218
经济学	Economics	4538	4791	5364	5664	20688	21308
法　学	Law	1763	1811	2267	2342	8125	8563
教育学	Education	2063	2448	2996	3346	11868	12814
文　学	Literature	11201	11696	14794	15330	54284	57389
历史学	History	149	185	212	223	794	825
理　学	Science	4770	5208	6942	6881	25217	26154
工　学	Engineering	18826	20740	27673	28711	100136	105931
农　学	Agriculture	650	714	1059	974	3250	3512
医　学	Medicine	2596	2949	3557	3744	15590	16447
管理学	Management	10536	11600	15170	15759	53375	57438
专　科	**Junior College**	**51580**	**50847**	**53011**	**58919**	**156167**	**162515**
# 师　范	Teacher Training	437	248	615	495	1322	1069
农林牧渔	Farming, Forestry, Animal Husbandry and Fishery	301	312	304	272	816	792
交通运输	Transportation	5064	4999	6292	7307	16725	18997
生化与药品	Biochemical and Pharmaceutical	3028	2813	2980	3050	8630	8841
资源开发与测绘	Resource Development, Surveying and Mapping	1485	1163	1219	1295	3784	3861
材料与能源	Material and Energy	203	373	747	695	1718	2068
土　建	Civil Engineering	4390	4325	5360	6368	14436	16367
水　利	Water Conservancy	97	94	54	54	212	175
制　造	Manufactrue	9958	9203	8668	10215	27255	28009
电子信息	Electronic Information	6354	5618	5357	5524	16688	16282
环保、气象与安全	Environmental Protection, Meteorology and Security	544	380	423	352	1101	1052
轻纺食品	Light Industry, Textile and Food	721	601	654	809	1922	2111
财　经	Economics and Finance	10576	11403	11380	12491	34205	34894
医药卫生	Medicine and Health	1981	2257	2615	2902	7307	7922
旅游大类	Tourism	1093	1538	1461	1827	4428	4635
公共事业	Public Service	711	558	529	686	1716	1819
文化教育	Culture and Education	2492	2095	1980	1902	5858	5579
艺术设计传媒	Art, Design and Media	1761	1976	2329	2445	6726	6925
公　安	Public Security	485	645	238	377	1140	875
法　律	Law	336	494	421	348	1500	1311

18-10 高等学校分科专任教师数（按职称分）
Number of Full-time Teachers in Institutions of Higher Education (By Professional Title)

单位：人 (person)

学科	Item	合计 Total		正高级 Senior Title		副高级 Asst. Senior Title	
		2011	2012	2011	2012	2011	2012
总计	**Total**	**28919**	**29929**	**4275**	**4405**	**9446**	**9673**
哲学	Philosophy	639	660	97	107	234	227
经济学	Economics	2003	1957	288	301	680	694
法学	Law	904	980	98	121	318	339
教育学	Education	1858	1949	139	148	510	543
文学	Literature	5837	5966	636	631	1577	1637
历史学	History	310	312	94	100	107	99
理学	Science	3507	3649	682	689	1279	1336
工学	Engineering	9494	9744	1289	1370	3292	3363
农学	Agriculture	294	313	70	76	109	112
医学	Medicine	1908	2110	570	556	594	597
管理学	Management	2165	2289	312	306	746	726

学科	Item	中级 Middle Title		初级 Junior Title		无职称 No Title	
		2011	2012	2011	2012	2011	2012
总计	**Total**	**10704**	**11594**	**3518**	**3423**	**976**	**834**
哲学	Philosophy	224	251	66	65	18	10
经济学	Economics	676	649	273	258	86	55
法学	Law	335	382	126	123	27	15
教育学	Education	722	793	405	387	82	78
文学	Literature	2388	2552	958	919	278	227
历史学	History	88	93	13	19	8	1
理学	Science	1181	1307	284	253	81	64
工学	Engineering	3631	3852	1011	915	271	244
农学	Agriculture	108	113	6	11	1	1
医学	Medicine	575	749	124	161	45	47
管理学	Management	776	853	252	312	79	92

18-11 中等职业教育基本情况
Basic Statistics on Secondary Vocational Education

单位：人 (person)

学　科	Item	毕业生数 Graduates		招生数 New Students Enrollment	
		2011	2012	2011	2012
总　计	**Total**	**40355**	**37107**	**35046**	**34835**
农林牧渔类	Agriculture and Forestry	2998	1679	1738	1510
资源环境类	Resources and Environment	70	68	75	40
能源与新能源类	Energy	216	98	31	
土木水利类	Civil and Hydraulic Engineering	1591	1552	1093	865
加工制造类	Processing and Manufacturing	10267	7689	8176	7708
石油化工类	Petroleum and Chemicals	277	308	131	143
轻纺食品类	Light Industry, Textile and Food	105	144	131	146
交通运输类	Communication and Transportation	2283	2136	3004	2774
信息技术类	Information Technology	9494	11244	8574	8984
医药卫生类	Medicine and Health	1499	1590	1628	1338
休闲保健类	Relaxation and Health Care	12	21	108	146
财经商贸类	Finance, Economics, Trade and Tourism	8249	6476	6051	6184
旅游服务类	Tourism Service	900	1192	1167	871
文化艺术类	Culture and Arts	1210	1217	1095	1008
体育与健身类	Sports and Fitness	292	166	218	271
教育类	Teacher Training	649	995	1677	1780
司法服务类	Judicial Service	87	7	100	39
公共管理与服务类	Public Affairs	156	52	49	21
其　他	Others		473		1007

学　科	Item	在校学生数 Students Enrollment		专业课教师数 Special Course Teachers	
		2011	2012	2011	2012
总　计	**Total**	**108094**	**105735**	**3682**	**3637**
农林牧渔类	Agriculture and Forestry	4091	3594	84	69
资源环境类	Resources and Environment	218	187	19	21
能源与新能源类	Energy	233	56	6	5
土木水利类	Civil and Hydraulic Engineering	4157	3686	110	104
加工制造类	Processing and Manufacturing	24229	24084	766	803
石油化工类	Petroleum and Chemicals	514	463	24	35
轻纺食品类	Light Industry, Textile and Food	412	389	18	17
交通运输类	Communication and Transportation	8079	8240	192	180
信息技术类	Information Technology	29647	27181	733	774
医药卫生类	Medicine and Health	5242	4626	300	215
休闲保健类	Relaxation and Health Care	297	379	37	16
财经商贸类	Finance, Economics, Trade and Tourism	18611	18610	507	509
旅游服务类	Tourism Service	3377	3077	116	104
文化艺术类	Culture and Arts	3641	3398	192	94
体育与健身类	Sports and Fitness	757	854	94	93
教育类	Teacher Training	4175	5075	153	244
司法服务类	Judicial Service	218	248	4	3
公共管理与服务类	Public Affairs	196	33	24	14
其　他	Others		1555	303	337

注：此表中等职业学校包括普通中专、职业高中、成人中专，不包括技工学校。
Note: Secondary vocational schools in this table refer to regular specialized secondary schools, vocational senior secondary schools and specialized secondary schools for adults, excluding secondary technical schools.

18-12 普通中学基本情况(2012年) Basic Statistics on Regular Secondary Schools, 2012

单位：人 (person)

项目	Item	学校数(所) Number of Schools (unit)	毕业生数 Graduates	招生数 New Students Enrollment	在校学生数 Students Enrollment	专任教师数 Full-time Teachers
总计	**Total**	**519**	**146329**	**141857**	**437776**	**41495**
按城乡分组	**By Urban and Rural**					
城区	City	277	87241	86566	263663	25105
镇区	County	157	45361	42870	134338	12184
乡村	Rural	85	13727	12421	39775	4206
按部门分组	**By Department**					
教育部门	Education Department	474	131668	128521	396265	39168
其他部门	Other Departments	5	1667	1820	5106	747
地方企业	Local Enterprises	2	549	471	1436	151
民办	Private Units	38	12445	11045	34969	1429
按学校性质分组	**By School Type**					
完全中学	Whole Secondary Schools	120	55820	56033	168003	16134
高级中学	Senior Secondary Schools	77	30642	27329	87667	6871
初级中学	Junior Secondary Schools	279	54076	51274	160729	16594
九年一贯制学校	Whole Primary and Junior Secondary Schools	38	3057	4311	12491	1272
十二年一贯制学校	Whole Primary and Secondary Schools	5	2564	2667	8180	624
其他学校附设中学班	Appendent Secondary Schools of Other Institutions		170	243	706	

注：一贯制学校专任教师含小学教师数。
Note: Full-time teachers in whole primary and secondary schools include teachers of primary schools.

18-13 幼儿园基本情况(2009—2012年) Basic Statistics on Kindergartens, 2009-2012

指标	Item	2009	2010	2011	2012
幼儿园所数(所)	Number of Kindergartens (unit)	1621	1607	1455	1461
在园(班)儿童数(人)	Children Enrollment (person)	206447	217866	226073	228537
三岁及以上儿童	Children aged 3 and over	196032	207686	219435	223185
三岁以下儿童	Children aged 3 below	10415	10180	6638	5352
教职工数(人)	Teachers, Staff and Workers (person)	15654	16586	17374	18567
#专任教师	Full-time Teachers	10069	10838	10519	11286

18-14 普通中小学分布情况（2012年）
Distribution of Regular Secondary Schools and Primary Schools, 2012

地　区	Region	学校数(所) Number of Schools (unit)		在校学生数(人) Students Enrollment (person)		专任教师(人) Full-time Teachers (person)	
		普通中学 Regular Secondary Schools	小　学 Primary Schools	普通中学 Regular Secondary Schools	小　学 Primary Schools	普通中学 Regular Secondary Schools	小　学 Primary Schools
总　计	**Total**	**519**	**843**	**437776**	**532282**	**41495**	**37769**
市辖区	**Districts under City Administration**	**375**	**563**	**337038**	**410500**	**32065**	**30189**
和平区	Heping District	21	22	23720	23646	2230	1916
河东区	Hedong District	19	22	19018	20770	1997	1797
河西区	Hexi District	26	33	25668	30999	2471	2063
南开区	Nankai District	27	31	25491	28160	2700	2124
河北区	Hebei District	23	24	21029	20618	1930	1639
红桥区	Hongqiao District	15	23	12287	13260	1630	1682
东丽区	Dongli District	20	40	15313	23317	1357	1842
西青区	Xiqing District	13	32	15822	25868	1289	1828
津南区	Jinnan District	16	34	18040	27010	1290	1732
北辰区	Beichen District	20	37	14922	28710	1325	1651
武清区	Wuqing District	50	107	48220	59832	4055	3691
宝坻区	Baodi District	40	69	36151	34032	3793	2523
滨海新区	Binhai New Area	83	86	59921	72893	5847	5535
天津铁厂	Tianjin Iron Works	2	3	1436	1385	151	166
市辖县	**Counties under City Administration**	**144**	**280**	**100738**	**121782**	**9430**	**7580**
宁河县	Ninghe County	30	59	19161	24631	2194	1785
静海县	Jinghai County	50	99	35669	53981	2884	2909
蓟　县	Jixian County	64	122	45908	43170	4352	2886

注：1.专任教师数中不包括民办教师数。2.滨海新区数据不含东丽区无瑕街、津南区葛沽镇数据。
Note: a) Number of full-time teachers excludes citizen-managed teachers. b) Data of Binhai New Area exclude figures of Wuxia Street, Dongli District and Gegu Town, Jinnan District.

18-15 普通中学、小学及幼儿园校舍情况 (2012年) Statistics on Schoolhouses in Regular Secondary Schools, Primary Schools and Kindergartens, 2012

地区	Region	占地面积(万平方米) Areas (10 000 sq. m)	校舍建筑面积(万平方米) Floor Space of Schoolhouses (10 000 sq. m)			学生人均建筑面积(平方米) Average Floor Space of Students (sq. m)		
			普通中学 Regular Secondary Schools	小学 Primary Schools	幼儿园 Kindergartens	普通中学 Regular Secondary Schools	小学 Primary Schools	幼儿园 Kindergartens
总计	**Total**	**3086.06**	**651.03**	**391.49**	**119.37**	**14.87**	**7.35**	**5.22**
市辖区	**Districts under City Administration**	**2232.60**	**533.78**	**305.20**	**101.83**	**15.84**	**7.43**	**6.24**
和平区	Heping District	51.31	32.48	15.83	4.81	13.69	6.70	8.94
河东区	Hedong District	81.49	23.72	15.62	6.97	12.47	7.52	7.61
河西区	Hexi District	118.00	45.29	21.26	8.69	17.64	6.86	6.74
南开区	Nankai District	112.16	47.34	19.45	8.86	18.57	6.91	7.38
河北区	Hebei District	85.66	33.24	12.25	5.18	15.81	5.94	5.84
红桥区	Hongqiao District	59.34	25.54	12.34	3.75	20.78	9.31	6.18
东丽区	Dongli District	139.32	38.19	15.95	5.32	24.94	6.84	6.02
西青区	Xiqing District	118.91	18.53	19.91	5.59	11.71	7.70	5.50
津南区	Jinnan District	150.64	32.13	27.77	8.24	17.81	10.28	5.73
北辰区	Beichen District	159.09	31.90	22.04	7.27	21.37	7.68	4.44
武清区	Wuqing District	383.42	57.33	52.36	12.44	11.89	8.75	5.19
宝坻区	Baodi District	293.22	42.82	22.45	7.96	11.84	6.60	7.37
滨海新区	Binhai New Area	472.43	103.43	47.07	16.05	17.26	6.46	6.83
天津铁厂	Tianjin Iron Works	7.63	1.87	0.88	0.69	13.00	6.38	9.45
市辖县	**Counties under City Administration**	**853.46**	**117.24**	**86.29**	**17.53**	**11.64**	**7.09**	**2.68**
宁河县	Ninghe County	153.85	20.65	17.97	3.11	10.78	7.29	3.69
静海县	Jinghai County	345.91	38.60	33.83	8.39	10.82	6.27	2.87
蓟县	Jixian County	353.69	57.99	34.49	6.04	12.63	7.99	2.18

注：占地面积包括中等师范学校、幼儿园教师进修学校、特殊教育学校及其他。
Note: Areas of schools include middle teacher training, kindergarten teacher training, special education and other schools.

18-16 其他教育基本情况 (2009—2012年)
Basic Statistics on Other Education, 2009-2012

单位：所、人 (unit, person)

指　标	Item	2009	2010	2011	2012
成人教育	**Adult Education**				
成人高等学校	Adult Higher Education Schools				
学校数	Number of Schools	15	15	14	14
在校学生数	Students Enrollment	77533	71659	66590	69007
成人中等学校	Secondary Schools for Adults				
学校数	Number of Schools	27	25	22	22
在校学生数	Students Enrollment	13669	10614	8922	8615
特殊教育	**Specific Education**				
视力听力残疾	Blind and Deaf-Mute Schools				
学校数	Number of Schools	3	3	3	3
在校学生数	Students Enrollment	573	535	497	507
初　中	Junior Secondary Schools	160	173	162	162
小　学	Primary Schools	413	362	335	306
教职工人数	Teachers, Staff and Workers	197	171	259	263
# 专任教师数	Full-time Teachers	144	116	184	191
智力残疾	Schools for Low Intelligent Student				
学校数	Number of Schools	13	13	14	14
在校学生数	Students Enrollment	1785	1821	1975	2251
# 初　中	Junior Secondary Schools	384	327	415	428
小　学	Primary Schools	1378	1438	1496	1687
教职工人数	Teachers, Staff and Workers	306	436	354	379
# 专任教师数	Full-time Teachers	223	334	270	301
工读学校	Reformatory Schools				
学校数	Number of Schools	3	3	3	3
教职工人数	Teachers, Staff and Workers	131	129	121	106
# 专任教师数	Full-time Teachers	58	31	45	35

18-17 网络教育学生情况 Statistics on Network Education Students

单位：人 (person)

学科	Item	毕业生数 Graduates 2011	毕业生数 Graduates 2012	招生数 New Students Enrollment 2011	招生数 New Students Enrollment 2012	在校学生数 Students Enrollment 2011	在校学生数 Students Enrollment 2012
本科	**Undergraduate**	**4557**	**6100**	**11067**	**14008**	**23015**	**30486**
#女生	Female	2264	2950	6179	7292	12172	16842
经济学	Economics	123	297	644	743	1249	1719
法学	Law	501	309	1579	579	3335	1623
文学	Literature	327	66	162	264	383	559
工学	Engineering	475	1985	772	4014	1151	8253
管理学	Management	3131	3443	7910	8408	16897	18332
专科	**Junior College**	**5889**	**7523**	**14794**	**20088**	**26384**	**38300**
#女生	Female	3023	3971	7276	10239	13495	18986
土建大类	Civil Engineering		641	199	2477	200	4994
电子信息大类	Electronic Information	318	392	1920	2166	3374	3473
财经大类	Economics and Finance	3896	4646	9593	12276	16576	22307
旅游大类	Tourism	737	504	493	320	1166	1091
公共事业大类	Public Service	679	1030	2221	2457	4268	5496
文化教育大类	Culture and Education			11	81	11	85
法律大类	Law	259	310	357	311	789	854

18-18 外国留学生情况 Statistics on Foreign Students

单位：人 (person)

项目	Item	毕(结)业生数 Graduates (Complete) 2011	毕(结)业生数 Graduates (Complete) 2012	招生数 New Students Enrollment 2011	招生数 New Students Enrollment 2012	在校学生数 Students Enrollment 2011	在校学生数 Students Enrollment 2012
总计	**Total**	**3241**	**4440**	**2707**	**3089**	**5417**	**6558**
按层次分	**By Degree**						
博士	Doctor	23	20	35	22	93	101
硕士	Master	114	163	213	244	579	694
本科	Undergraduate	458	424	716	660	2829	2789
专科	Junior College	2		4	1	9	3
培训	Training	2644	3833	1739	2162	1907	2971
按经费来源分	**By Fund Provided**						
自费	Self-supporting	2147	3101	2171	2302	4271	5196
中国政府资助	Chinese Government Sustentation	952	1005	320	407	861	1002
本国政府资助	Native Government Sustentation	14	7	3	12	35	53
学校间交换	Inter-school Communion	128	327	213	367	250	304
国际组织资助	International Organization Sustentation				1		3

18-19 专业技术人员 (2010—2012年)
Special Technical Personnel, 2010-2012

单位：人 (person)

项目 Item	全市 Total			平均每万人口有科技人员 Scientific and Technological Personnel per 10 000 Persons (2012)	平均每万名城镇单位从业人员有科技人员 Scientific and Technological Personnel per 10 000 Employment Personnel in Urban Units (2012)
	2010	2011	2012		
合计 **Total**	**419373**	**418752**	**422243**	**305**	**1515**
自然科学专业技术人员 **Natural Science**	**218431**	**222619**	**226602**	**164**	**813**
工程技术人员 Engineering	116860	118838	120920	87	434
农业技术人员 Agriculture	3246	3046	3214	2	12
科学研究人员 Scientific Research	4290	4592	4800	3	17
卫生技术人员 Health Care	59227	60174	61425	44	220
教学人员 Teaching	34808	35969	36243	26	130
社会科学专业技术人员 **Social Science**	**200942**	**196133**	**195641**	**141**	**702**
# 科学研究人员 Scientific Research	822	804	983	1	4
教学人员 Teaching	93080	92145	91838	66	330
经济人员 Economics	40774	39623	39634	29	142
财会人员 Accountant	31274	29969	29786	22	107
统计人员 Statistician	2484	2211	2171	2	8
翻译人员 Translator	623	614	612		2
图书、档案、资料人员 Librarian and Archivist	4868	4746	4752	3	17
编辑、记者、播音员 Editor, Reporter and Broadcaster	2625	2659	3058	2	11
律师、公证人员 Lawyer and Notary			165		1
体育教练人员 Coach	528	547	514		2
工艺美术人员 Arts and Craft	261	261	243		1
文艺人员 Literature and Art	2103	2083	2058	1	7

注：专业技术人员统计范围为公有制企事业单位。
Note: The coverage of special technical personnel refers to public-owned units.

18-20 专业技术人员构成（2012年） Composition of Special Technical Personnel, 2012

单位：人 (person)

项目 Item	按性别分 By Sex	按受教育程度分 By Education Status		按职称分 By Title	
	# 女专业技术人员数 Female	# 受过高等专业教育人数 Having Higher Special Education Background	# 受过中等专业教育人数 Having Special Secondary School Background	# 高级职称人数 Senior Professional Certification	# 中级职称人数 Medium Professional Certification
合计 **Total**	**211581**	**353027**	**50864**	**71865**	**155948**
自然科学专业技术人员 **Natural Science**	**100650**	**192727**	**27401**	**41218**	**73742**
工程技术人员 Engineering	33356	101876	14060	18525	31852
农业技术人员 Agriculture	1219	2390	713	573	948
科学研究人员 Scientific Research	2218	4767	23	1793	1993
卫生技术人员 Health Care	42954	48915	11328	7295	21374
教学人员 Teaching	20903	34779	1277	13032	17575
社会科学专业技术人员 **Social Science**	**110931**	**160300**	**23463**	**30647**	**82206**
# 科学研究人员 Scientific Research	491	969	9	238	458
教学人员 Teaching	61534	85015	5906	20346	54338
经济人员 Economics	15216	26112	7798	1488	7430
财会人员 Accountant	18735	21020	6265	1098	6049
统计人员 Statistician	1527	1537	394	203	634
翻译人员 Translator	364	602	10	122	175
图书、档案、资料人员 Librarian and Archivist	3297	4176	358	861	1989
编辑、记者、播音员 Editor, Reporter and Broadcaster	1558	2954	44	989	1068
律师、公证人员 Lawyer and Notary	74	164	1	38	24
体育教练人员 Coach	136	478	23	200	175
工艺美术人员 Arts and Craft	92	201	28	42	55
文艺人员 Literature and Art	807	963	861	798	760

18-21 自然科学专业技术人员构成(2012年)(按国民经济行业分)
Composition of Special Technical Personnel of Natural Science, 2012 (Grouped by Sector)

单位：人(person)

行业 Sector	合计 Total	#工程技术人员 Engineering	#卫生技术人员 Health Care	#教学人员 Teaching
总计 **Total**	**226602**	**120920**	**61425**	**36243**
农、林、牧、渔业 Farming, Forestry, Animal Husbandry and Fishery	4100	1279	30	7
采矿业 Minerals Mining	7073	6980	34	26
制造业 Manufacturing	31927	30264	1518	106
电力、热力、燃气及水生产和供应业 Production and Supply of Electricity, Heat, Gas and Water	6978	6863	80	35
建筑业 Construction	25728	25437	260	27
批发和零售业 Wholesale and Retail Trade	3871	2499	1363	1
交通运输、仓储和邮政业 Transportation, Storage and Post Services	5094	5028	57	4
住宿和餐饮业 Accommodation and Catering Services	90	85	5	
信息传输、软件和信息技术服务业 Information Transmitting, Software and Information Technology Services	2467	2461	2	3
金融业 Finance Intermediation	1480	1467	5	
房地产业 Real Estate	2453	2436	9	
租赁和商务服务业 Leasing and Business Services	613	599	7	
科学研究和技术服务业 Scientific Research and Technical Services	22080	20094	388	45
水利、环境和公共设施管理业 Management for Water Conservancy, Environment and Public Facilities	7185	7053	29	
居民服务、修理和其他服务业 Resident Services, Repair and Other Services	701	681	5	2
教育 Education	43986	5023	538	35657
卫生和社会工作 Health Care and Social Work	58852	1147	56927	275
文化、体育和娱乐业 Culture, Sports and Recreational Services	786	739	21	12
公共管理、社会保障和社会组织 Public Management, Social Security and Social Organizations	1137	785	147	43

18-22 社会科学专业技术人员构成(2012年)(按国民经济行业分) Composition of Special Technical Personnel of Social Science, 2012 (Grouped by Sector)

单位：人 (person)

行业 Sector	合计 Total	#教学人员 Teaching	#经济人员 Economics	#财会人员 Accountant	#图书、档案、资料人员 Librarian and Archivist
总计 Total	**195641**	**91838**	**39634**	**29786**	**4752**
农、林、牧、渔业 Farming, Forestry, Animal Husbandry and Fishery	1028	35	267	433	11
采矿业 Minerals Mining	4563	599	1378	965	159
制造业 Manufacturing	14513	912	5581	3578	238
电力、热力、燃气及水生产和供应业 Production and Supply of Electricity, Heat, Gas and Water	2985	53	877	953	67
建筑业 Construction	6271	124	1702	2457	93
批发和零售业 Wholesale and Retail Trade	5255	27	2756	1569	46
交通运输、仓储和邮政业 Transportation, Storage and Post Services	8412	58	5688	1177	48
住宿和餐饮业 Accommodation and Catering Services	340	2	127	137	1
信息传输、软件和信息技术服务业 Information Transmitting, Software and Information Technology Services	752	5	303	154	17
金融业 Finance Intermediation	27270	23	16079	9901	62
房地产业 Real Estate	2916	15	1628	814	43
租赁和商务服务业 Leasing and Business Services	1208	9	442	294	22
科学研究和技术服务业 Scientific Research and Technical Services	2803	85	638	994	184
水利、环境和公共设施管理业 Management for Water Conservancy, Environment and Public Facilities	2401	4	370	862	86
居民服务、修理和其他服务业 Resident Services, Repair and Other Services	1128	102	366	295	17
教育 Education	98463	89446	191	1985	1397
卫生和社会工作 Health Care and Social Work	5714	162	747	2408	283
文化、体育和娱乐业 Culture, Sports and Recreational Services	8229	62	118	469	1908
公共管理、社会保障和社会组织 Public Management, Social Security and Social Organizations	1390	115	376	341	70

18-23 独立科学研究和技术开发机构情况
Basic Statistics on Independent Institutions of Scientific Research and Technological Development

指 标 Indicator	自然科学研究与技术开发机构 Institutions of Natural Scientific Research and Technological Development		社会、人文科研与开发机构 Institutions of Social Science and Humanities of Research and Development		科学技术情报和文献机构 Institutions of Scientific and Technological Information and Documents	
	2011	2012	2011	2012	2011	2012
机构数(个) Number of Institutions (unit)	**126**	**126**	**3**	**3**	**11**	**11**
科技活动人员 (人) Number of Persons Engaged in Scientific and Technological Activities (person)	**12183**	**13351**	**315**	**313**	**713**	**713**
高级职称 Senior Professional Certification	3439	3554	142	149	251	234
中级职称 Medium Professional Certification	3532	3722	116	114	216	244
初级职称 Junior Professional Certification	2783	2905	11	8	145	150
其 他 Others	2429	3170	46	42	101	85
经费支出总额(万元) Total Expenditures of Operating Expense (10 000 yuan)	**513079**	**554120**	**6168**	**8179**	**29068**	**26321**

18-24 独立自然科学研究机构课题开展和投入 (按课题类型分)
Projects and Input of Independent Institutions of Natural Science Research (Grouped by Type of Projects)

项 目 Item	课题数(项) Number of Projects (item)		投入人力(人年) Labour Force Input (person-year)		投入经费(万元) Funds Input (10 000 yuan)	
	2011	2012	2011	2012	2011	2012
合 计 Total	**3148**	**3647**	**11812**	**13674**	**268936**	**313398**
基础研究 Basic Research	148	181	400	519	4288	5615
应用研究 Application Research	482	599	1264	1391	25651	33468
试验发展 Experimental Development	1570	1884	7866	9336	185515	216662
R&D成果应用 R&D Achievements Used	350	354	920	858	25825	20294
科技服务 Services of Science and Technology	598	629	1362	1570	27657	37359

18-25 专利申请受理数和授权数
Patent Applications Examined and Granted

单位：件 (item)

项　目	Item	申请受理数 Patent Applications Examined 2011	2012	申请授权数 Patent Applications Granted 2011	2012	年末有效专利数 Year-end Patent in Force 2011	2012
合　计	**Total**	**36258**	**41500**	**13982**	**20003**	**40016**	**52338**
按种类分	**Grouped by Type**						
发　明	Inventions	10007	13750	2528	3363	8439	10137
实用新型	Utility Models	16998	22339	8961	13827	24421	33948
外观设计	Designs	9253	5411	2493	2813	7156	8253
按对象分	**Grouped by Applicator**						
职　务	Official	25797	33629	12083	17563	33149	45387
工矿企业	Industrial and Mineral Enterprises	20471	27618	9816	14598	27239	38155
大专院校	Universities and Colleges	3759	4319	1564	1972	3882	4718
科研单位	Scientific Research Institutions	1323	1242	571	752	1725	2139
机关团体	Government Agencies and Organizations	244	450	132	241	303	375
非职务	Non-Official	10461	7871	1899	2440	6867	6951

18-26 科学技术成果 (2010—2012年)
Achievements in Science and Technology, 2010-2012

单位：项 (item)

项　目	Item	2010	2011	2012
市级科学技术成果登记数	**Number of City Level Major Achievements in Science and Technology**	**2010**	**2020**	**2030**
国际领先	Leading Level in the World	119	59	66
国际先进	Advanced World Standard	406	331	338
国内领先	Leading Level in China	985	845	638
国内先进	Advanced National Standard	314	328	222
其　他	Others	186	457	766
获天津市科学技术奖	**Number of Tianjin Scientific and Technological Prizes Awarded**	**214**	**239**	**236**
# 自然科学奖	Natural Science Award	8	6	6
技术发明奖	Technological Invention Award	7	6	8
科技进步奖	Prize for Progress in Science and Technology	198	225	222
获国家科学技术奖	**Number of National Scientific and Technological Prizes Awarded**	**13**	**16**	**16**
# 自然科学奖	Natural Science Award	1	1	
技术发明奖	Technological Invention Award	2	1	2
科技进步奖	Prize for Progress in Science and Technology	10	14	14

18-27 天津市获国家科学技术奖科技成果一览 (2012年)
List of National Scientific and Technological Prizes Awarded in Tianjin, 2012

获奖项目和等级 Project and Grade Awarded
技术发明二等奖(2项)
NationaL Second Prize for Technological Invention(Two item)
大电网安全域综合计算分析技术及其工程应用
Analysis Technology and Application of Large-scale Power Grids Security domain compositive calculation
高性能聚偏氟乙烯中空纤维膜制备及在污水资源化应用中的关键技术
The Key Technology of High Performance of polyvinylidene fluoride hollow fiber membrane preparation in sewage resource application
科技进步一等奖(2项)
NationaL First Prize for Progress in Science and Technology(Two item)
京津城际铁路工程
Beijing-tianjin Tntercity Railway Engineering
前列腺癌诊疗体系的创新及其关键技术的应用
The Innovation and application of the key technology of system of diagnosis and treatment of prostate cancer
科技进步二等奖(12项)
NationaL Second Prize for Progress in Science and Technology(Twelve item)
重要建筑抗爆理论与关键技术
Important Building Blast Theory and Key Technology
高坝泄洪消能防护和雾化安全技术与应用
The Safety Technology and Application of high dam sluicing and energy dissipating Protection and nebulization
食品安全危害因子可视化快速检测技术
The Fast Visualization Detection Techinque of Food Safety Hazards Factor
高精度三维工程环境构建理论、方法及公路勘察设计成套技术
The Construction Theory and Method of High Precision 3D Engineering Environment and Complete Technology of Highway Survey and Design
国家高等级航道网通航枢纽与船闸水力学创新研究及实践
The Innovation Research and Practice of National Grade Waterway Network Navigation Hinge and Ship Lock Hydraulics
优质乳生产的奶牛营养调控与规范化饲养关键技术及应用
Key Technology and Application of High Quality Milk Production Dairy Cow Nutrition Regulation and Standardization of Cultivating
重型高速发动机关键技术及产业化
Key Technology and Industrialization of High Speed Heavy Duty Engine
海上绥中36-1油田丛式井网整体加密开发关键技术
Key technologies in the development of the whole encryption offshore in Suizhong 36-1 oilfield cluster well network
猪鸡病原细菌耐药性研究及其在安全高效新兽药研制中的应用
The Pig and Chicken Pathogenic Bacteria Drug Resistance Research and Its Application In The Development of Safe and Effective New Drug
城市固体废弃物填埋场环境土力学机理与灾害防控关键技术及应用
The key technology and Application of city solid waste landfill field environment and soil mechanics mechanism and disaster prevention and control
P3和P4实验室生物安全技术与应用
P3 and P4 laboratory biological safety technology and Application
特大型超深高含硫气田安全高效开发技术及工业化应用
The Technology of Super Ultra Deep and High Sulfur Gas Fields Safely and Efficiently Development and Industrial Application

18-28 高等学校科研课题开展与投入（2012年）（理、工、农、医类）
Projects of Development and Input of Scientific Research in Universities and Colleges, 2012 (Science, Engineering, Agriculture and Medicine)

项目	Item	课题数（项） Number of Projects (item)	投入人力（人年） Labour Force Input (person-year)	# 科学家和工程师 Scientists and Engineers	投入经费（万元） Funds Input (10 000 yuan)
总计	**Total**	**10236**	**7098**	**6953**	**302428.6**
按课题活动类型分	**Grouped by Type of Projects**				
基础研究	Basic Research	3542	2877	2772	74344.9
应用研究	Application Research	5300	3363	3327	162415.4
试验发展	Experimental Development	797	521	521	34707.2
R&D成果应用	R&D Achievement Used	438	243	241	15990.5
科技服务	Service of Science and Technology	159	94	93	14970.6
按(课题)项目类别分	**Grouped by Project**				
国家“973计划”项目	State "973 Program" Project	129	176	175	20202.0
国家科技攻关项目	State S&T Strategical Project	97	111	108	8502.0
国家“863计划”项目	State "863 Program" Project	95	76	75	12431.9
科技部重大专项	Major Project from Ministry of Science and Technology	28	36	35	5192.1
国家自然科学基金项目	State Natural Scientific Fund Project	2140	1832	1792	40886.6
主管部门科技项目	S&T Project from Administrative Department	1071	732	720	6868.2
国家部委其他科技项目	S&T Project from Ministry	557	493	480	28799.8
省、市、自治区科技项目	S&T Project from Province, Municipality, Autonomous Region	1502	1156	1139	15246.0
企事业单位委托科技项目	S&T Project from Enterprise, Institution	3760	2005	1971	159285.4
国际合作项目	International Cooperate Project	42	33	30	2014.8
自选项目	Self-choosing Project	797	438	420	2912.3
其他项目	Other Project	18	8	8	87.5

18-29 高等学校科技专著和论文(2009—2012年)(理、工、农、医类)
S&T Works and Papers in Universities and Colleges, 2009-2012 (Science, Engineering, Agriculture and Medicine)

项 目	Item	单 位 Unit	2009	2010	2011	2012
科技专著	**Scientific and Technological Works**	**部 copy**	**79**	**83**	**62**	**75**
		万字 10 000 words	**1208**	**1821**	**1769**	**2225**
# 自然科学	Natural Science	部 copy	14	9	18	17
		万字 10 000 words	44	176	200	610
工程科学	Engineering	部 copy	21	31	18	34
		万字 10 000 words	619	631	929	931
医学科学	Medicine	部 copy	43	43	26	23
		万字 10 000 words	537	1014	639	674
农业科学	Agriculture	部 copy	1			1
		万字 10 000 words	8			10
科学论文	**Scientific Papers**	**篇 piece**	**14700**	**16055**	**16913**	**16922**
# 国外发表	Published Abroad	篇 piece	5612	5897	6210	7043

18-30 特种设备监督监察情况
Supervision of Special Equipment

项 目	Item	单 位	Unit	2011	2012
在用的特种设备	**Special Equipment in Use**				
锅 炉	Boiler	台	set	11252	10930
压力容器	Pressure Vessel	台、套	set, series	47285	48203
压力管道	Pressure Conduit	单 元	unit	7498	14659
电 梯	Elevator	台	set	37900	46246
起重机械	Hoisting Machinery	台	set	36529	38484
厂内机动车辆	Automobiles Used in Factories	辆	set	14071	14811
客运索道	Cableway Transport	条	strip	10	13
大型游乐设施	Large Entertainment Facilities	台、套	set, series	449	297
监督监察情况	**Supervision Condition**				
监督监察特种设备	Supervision of Special Equipment	台、套	set, series	48159	42035
发现隐患	Hidden Danger Found	项	unit	5712	6083
下达安全监察指令书	Safety Supervision Order Issued	份	unit	2810	3071
取得设计、制造、安装、改造、维修许可证	**Design, Manufacture, Installation, Rebuild and Maintenance Licence Acquired**	**个**	**unit**	**725**	**722**

资料来源：天津市质量技术监督局，表18-31同。
Source: Tianjin Municipal Quality & Technology Supervision Bureau. Same as table 18-31.

18-31 质量技术监督检验情况 (2010—2012年) Check and Administration on Quality & Technique, 2010-2012

类　别	Sort	2010	2011	2012
计量仪器检定(台、件)	**Measuring Implements Tested (set, piece)**			
总　计	**Total**	**1483162**	**2231208**	**2069527**
长　度	Length	75762	54606	52005
温　度	Temperature	25244	78391	148605
力　学	Mechanics	387460	436112	557387
# 衡　器	Weighing Apparatus	26680	27022	34390
电　学	Electrology	782173	1576900	1234088
光　学	Optics	1132	1052	917
声　学	Acoustics	1451	1844	1465
化　学	Chemistry	10401	10722	18448
电离辐射	Ionization Radiation	952	1153	1080
无线电	Radio	1331	1107	1364
时间频率	Time Frequency	2811	5096	2607
其　他	Others	194445	64225	51561
产品质量监督抽查	**Products Quality Supervision**			
抽查产品(种)	variety of Products Checked (kind)	41	40	54
抽查企业(个)	Number of Enterprises Checked (unit)	1624	2331	2940
抽查产品(批)	variety of Products Checked (batch)	4050	4132	3295
不合格产品(批)	substandard products (batch)	320	3295	152
产品质量定期监督检验	**Fixed-period Check and Administration of Products**			
检查企业(个)	Number of Enterprises Checked (unit)	896	2302	744
检查批次(批次)	Checked-times of Products (batch-times)	934	2595	744
合格批次(批次)	Number of Checked-times Qualified (batch-times)	892	2534	709
批次合格率(%)	Rate of Batch-times Qualified (%)	95.5	97.7	95.3
食品及相关产品质量监督抽查	**Food and Related Products Quality Supervision**			
监督抽查企业数(个)	Number of Enterprises Checked (unit)	1393	1739	2757
食品及相关产品抽查批次(批次)	Checked-times of Food and Related Products (batch-times)	3729	3243	3279
合格批次(批次)	Number of Checked-times Qualified (batch-times)	3449	3143	3157
批次合格率(%)	Rate of Batch-times Qualified (%)	92.5	96.9	96.3

18-32 科学技术协会和所属学会科技活动 (2012年)
Scientific and Technological Activities of Science and Technology Associations and Affiliated Institutions, 2012

项目	Item	合计 Total	市及区、县科协 Science Association of City, District and County	市级学会 Institution of City Level
机构与人员	**Institutions and Personnel**			
机构(个)	Institutions (unit)	178	27	151
人员(人)	Personnel (person)	144953	182	144771
学术交流情况	**Academic Activities of Exchange**			
学术会议(次)	Academic Meetings (time)	907	9	898
国内	Domestic	868	6	862
国际	International	39	3	36
参加人数(人次)	Number of Participants (person-time)	129542	1800	127742
国内	Domestic	122259	1150	121109
国际	International	7283	650	6633
交流论文(篇)	Number of Papers Presented (piece)	19207	358	18849
国内	Domestic	16536	331	16205
国际	International	2671	27	2644
交流人数(人次)	Number of Exchange Persons (person-time)	540	72	468
接待	Received	180	32	148
外派	Sent Abroad	360	40	320
科学普及	**Activities for Popular Science**			
科普宣讲活动(次)	Popular science propaganda activities(times)	5247	3955	1292
参加人数(万人次)	Numbers of Participants(10 000person-time)	478	405	73
科技培训	**Science and Technological Training**			
培训班数[个(期)]	Number of Training Classes (unit <period>)	2424	2004	420
培训人数(人次)	Number of Persons in Training Classes (person-time)	287848	245623	42225
青少年科技活动	**Scientific and Technology Activities of Teenagers**			
科学营(次)	Science Camp (times)	49	45	4
参加人数(人次)	Number of Participants (person-time)	2753	2097	656
青少年科技竞赛(次)	Number of Teenagers' Science and Technology Competition (time)	138	119	19
参加人数(人次)	Numbers of Participants(person-time)	392705	363757	28948
未成年人参观科技馆人次	Minor Numbers of Visiting the Science Museum (person-time)	288400	288400	
科技出版物	**Science and Technology Publication**			
出版科技期刊(种)	Science and Technology Magazine (kind)	40	1	39
年发行总数(万册)	Volume of Issue (10 000 volumes)	99.3		99.3
年发表学术论文(篇)	Number of Papers Presented (piece)	4743	70	4673

18-33 科技及研发活动基本情况(2012年)
Basic Statistics on Science and Technology and R&D Activities, 2012

项　目	Item	合　计 Total	#企　业 Enterprise	# 规模以上工业 Industrial Enterprise above Designated Size
调查单位数(个)	Number of Units (unit)	5825	5581	5342
# 有R&D活动单位	With R&D Activities	1601	1448	1272
科技活动人员(人)	Persons Engaged in Scientific and Technological Activities (person)	194425	143057	121815
# 大学本科及以上学历	Bachelor's Degree or above	84272	44156	34473
R&D人员(人)	R&D Personnel (person)	126436	92052	80972
# 全时人员	Full-time	70816	53565	47615
R&D人员折合全时当量(人年)	R&D Personnel as Full-time Equivalent (person-year)	89609	68588	60681
基础研究	Basic Research	5127	79	
应用研究	Application Research	11169	1657	1324
试验发展	Experimental Development	73313	66852	59357
R&D经费支出(亿元)	R&D Expenditures (100 million yuan)	360.49	283.59	255.87
1. 政府资金	Government Funds	58.07	7.39	6.34
企业资金	Enterprise Funds	284.11	264.95	241.49
境外资金	Offshore Funds	6.59	6.38	6.22
其他资金	Other Funds	11.71	4.87	1.81
2. 基础研究	Basic Research	14.22	0.03	
应用研究	Application Research	43.89	12.38	11.40
试验发展	Experimental Development	302.38	271.18	244.47
研究机构数(个)	Research Institutions (unit)	1193	852	765
研究机构R&D人员(人)	R&D Personnel in Research Institutions (person)	45672	30849	27707
# 博士毕业	Doctor Graduate	4383	649	493
硕士毕业	Master Graduate	7669	3809	3024
研究机构R&D经费支出(亿元)	R&D Expenditure in Research Institutions (100 million yuan)	142.92	106.98	91.16

18-34 规模以上工业企业科技活动基本情况(2012年)
S&T Activities in Industrial Enterprises above Designated Size, 2012

项　目　Item	合　计 Total	# 国有经济 State-owned	# "三资"经济 Hong Kong, Macao, Taiwan and Foreign Funded	# 其他经济 Others
有R&D活动企业数(个) Number of Enterprises with R&D Activities (unit)	1272	89	265	918
从事R&D活动人员(人) Employees Engaged in R&D Activities (person)	80972	13660	17810	49502
参加项目人员 Engaged in Projects	71574	12429	16063	43082
管理和服务人员 Engaged in Management and Service	9398	1231	1747	6420
R&D经费支出(亿元) R&D Expenditures (100 million yuan)	255.87	45.05	57.49	153.33
1. 应用研究支出 Cost of Application Research	11.40	1.59	0.43	9.38
试验发展支出 Cost of Experimental Development	244.47	43.46	57.06	143.95
2. 政府资金 Government Funds	6.34	0.97	0.46	4.91
企业资金 Enterprise Funds	241.49	43.90	50.31	147.28
境外资金 Offshore Funds	6.22		6.09	0.13
其他资金 Other Funds	1.81	0.18	0.62	1.01
全部R&D项目(课题)数(项) Number of R&D Projects (item)	12062	1889	3320	6853
项目经费内部支出(亿元) Internal Project Expenditures (100 million yuan)	206.90	33.64	50.08	123.18
企业办科技机构数(个) Scientific and Technological Institutions Set by Enterprise (unit)	765	75	137	553
科技机构人员数(人) Persons in Scientific and Technological Institutions (person)	40899	6405	7911	26583
科技机构经费支出(亿元) Expenditures of Scientific and Technological Institutions (100 million yuan)	115.44	13.58	30.40	71.46
科技机构科研用仪器设备原价(亿元) Original Cost of Scientific Research Equipment in Scientific and Technological Institutions(100 million yuan)	97.77	15.38	23.20	59.19
新产品产值(亿元) Output Value of New Products (100 million yuan)	4504.26	415.59	2174.30	1914.37
新产品销售收入(亿元) Sales Revenue of New Products (100 million yuan)	4460.10	404.00	2217.42	1838.68
# 出口销售收入 Sales Revenue of Exports	931.76	64.22	722.63	144.91
专利申请数(件) Number of Patent Applications (item)	13173	1382	2468	9323
# 发明专利 Number of Inventions	5195	461	930	3804
技术改造经费支出(亿元) Expenditures of Technology Innovation (100 million yuan)	89.32	39.49	7.11	42.72
技术引进经费支出(亿元) Expenditures of Technology Introduction (100 million yuan)	11.57	0.17	8.76	2.65

18-35 按行业分规模以上工业企业科学研究与试验发展(R&D)活动情况(2012年) R&D Activities in Industrial Enterprises above Designated Size by Sector, 2012

项　目	Item	有R&D活动企业数(个) Enterprises with R&D Activities (unit)	R&D人员折合全时当量(人年) R&D Personnel as Full-time Equivalent (person-year)
总　计	**Total**	**1272**	**60681**
石油和天然气开采业	Extraction of Petroleum and Natural Gas	2	812
非金属矿采选业	Mining and Processing of Nonmetal Ores	4	693
开采辅助活动	Mining Assistant Activities	2	75
农副食品加工业	Processing of Food from Agricultural Products	30	641
食品制造业	Manufacture of Food	25	617
酒、饮料和精制茶制造业	Manufacture of Alcohol, Beverages and Refined Tea	12	424
纺织业	Manufacture of Textile	15	948
纺织服装、服饰业	Manufacture of Textile Wearing and Apparel	42	545
皮革、毛皮、羽毛(绒)及其制品和制鞋业	Manufacture of Leather, Fur, Feather and Related Products, Footware	7	107
木材加工和木、竹、藤、棕、草制品业	Processing of Timber, Manufacture of Wood, Bamboo, Rattan, Palm and Straw Products	3	35
家具制造业	Manufacture of Furniture	29	366
造纸及纸制品业	Manufacture of Paper and Paper Products	26	850
印刷和记录媒介复制业	Printing, Reproduction of Recording Media	7	162
文教、工美、体育和娱乐用品制造业	Manufacture of Articles For Culture, Education and Industrial Arts, Sport Activity, Amusement Manufacturing	20	395
石油加工、炼焦及核燃料加工业	Processing of Petroleum, Coking, Processing of Nuclear Fuel	10	377
化学原料及化学制品制造业	Manufacture of Raw Chemical Materials and Chemical Products	123	4131
医药制造业	Manufacture of Medicines	61	4369
化学纤维制造业	Manufacture of Chemical Fibers	1	4
橡胶和塑料制品业	Manufacture of Rubber and Plastic	67	1661
非金属矿物制品业	Manufacture of Non-metallic Mineral Products	49	1268
黑色金属冶炼及压延加工业	Smelting and Pressing of Ferrous Metals	65	9336
有色金属冶炼及压延加工业	Smelting and Pressing of Non-Ferrous Metals	25	537
金属制品业	Manufacture of Metal Products	110	2779
通用设备制造业	Manufacture of General Purpose Machinery	106	4211
专用设备制造业	Manufacture of Special Purpose Machinery	116	6551
汽车制造业	Manufacture of Motorcar	60	4938
铁路、船舶、航空航天和其他运输设备制造业	Railway, Watercraft, Aerospace and Other Transport Equipment	34	2175
电气机械和器材制造业	Manufacture of Electrical Machinery and Equipment	84	3354
计算机、通信和其他电子设备制造业	Manufacture of Computers, Communication and Other Electronic Equipment	68	5390
仪器仪表制造业	Manufacture of Measuring Instruments	32	1014
其他制造业	Other Manufacturing	6	54
废弃资源综合利用业	Comprehensive Recycling of Waste	10	131
金属制品、机械和设备修理业	Metal Products, Machine and Equipment Repair	2	60
电力、热力生产和供应业	Production and Supply of Electric Power and Heat Power	9	1537
燃气生产和供应业	Production and Supply of Gas	2	10
水的生产和供应业	Production and Supply of Water	8	123

18-35 续表 Continued

项　　目	Item	R&D经费支出总额(亿元) R&D Expenditures (100 million yuan)	R&D项目数(项) R&D Projects (item)
总　　计	**Total**	**255.87**	**12062**
石油和天然气开采业	Extraction of Petroleum and Natural Gas	9.94	55
非金属矿采选业	Mining and Processing of Nonmetal Ores	0.83	89
开采辅助活动	Mining Assistant Activities	0.11	17
农副食品加工业	Processing of Food from Agricultural Products	3.48	203
食品制造业	Manufacture of Food	5.60	141
酒、饮料和精制茶制造业	Manufacture of Alcohol, Beverages and Refined Tea	1.16	107
纺织业	Manufacture of Textile	1.92	413
纺织服装、服饰业	Manufacture of Textile Wearing and Apparel	1.41	90
皮革、毛皮、羽毛(绒)及其制品和制鞋业	Manufacture of Leather, Fur, Feather and Related Products, Footware	0.52	8
木材加工和木、竹、藤、棕、草制品业	Processing of Timber, Manufacture of Wood, Bamboo, Rattan, Palm and Straw Products	0.18	3
家具制造业	Manufacture of Furniture	0.54	273
造纸及纸制品业	Manufacture of Paper and Paper Products	3.39	54
印刷和记录媒介复制业	Printing, Reproduction of Recording Media	0.20	48
文教、工美、体育和娱乐用品制造业	Manufacture of Articles For Culture, Education and Industrial Arts, Sport Activity, Amusement Manufacturing	1.12	52
石油加工、炼焦及核燃料加工业	Processing of Petroleum, Coking, Processing of Nuclear Fuel	4.53	113
化学原料及化学制品制造业	Manufacture of Raw Chemical Materials and Chemical Products	17.78	727
医药制造业	Manufacture of Medicines	14.34	807
化学纤维制造业	Manufacture of Chemical Fibers	0.04	1
橡胶和塑料制品业	Manufacture of Rubber and Plastic	6.39	489
非金属矿物制品业	Manufacture of Non-metallic Mineral Products	3.26	202
黑色金属冶炼及压延加工业	Smelting and Pressing of Ferrous Metals	75.69	828
有色金属冶炼及压延加工业	Smelting and Pressing of Non-Ferrous Metals	3.38	147
金属制品业	Manufacture of Metal Products	16.13	575
通用设备制造业	Manufacture of General Purpose Machinery	11.03	928
专用设备制造业	Manufacture of Special Purpose Machinery	24.54	1379
汽车制造业	Manufacture of Motorcar	10.86	479
铁路、船舶、航空航天和其他运输设备制造业	Railway, Watercraft, Aerospace and Other Transport Equipment	3.08	190
电气机械和器材制造业	Manufacture of Electrical Machinery and Equipment	9.79	1162
计算机、通信和其他电子设备制造业	Manufacture of Computers , Communication and Other Electronic Equipment	19.97	1934
仪器仪表制造业	Manufacture of Measuring Instruments	2.42	367
其他制造业	Other Manufacturing	0.16	11
废弃资源综合利用业	Comprehensive Recycling of Waste	0.28	12
金属制品、机械和设备修理业	Metal Products, Machine and Equipment Repair	0.17	3
电力、热力生产和供应业	Production and Supply of Electric Power and Heat Power	1.36	134
燃气生产和供应业	Production and Supply of Gas	0.05	3
水的生产和供应业	Production and Supply of Water	0.25	18

18-36 按行业分规模以上工业企业科技机构和专利情况（2012年）
Research Institutions and Patents of Industrial Enterprises above Designated Size by Sector, 2012

项目	Item	科技机构数(个) S&T Research Institutions (unit)	科技机构经费支出(亿元) Expenditure in S&T Research Institutions (100 million yuan)
总计	**Total**	**765**	**115.44**
石油和天然气开采业	Extraction of Petroleum and Natural Gas	4	4.79
非金属矿采选业	Mining and Processing of Nonmetal Ores	2	0.34
农副食品加工业	Processing of Food from Agricultural Products	14	1.99
食品制造业	Manufacture of Food	18	4.62
酒、饮料和精制茶制造业	Manufacture of Alcohol, Beverages and Refined Tea	7	0.94
纺织业	Manufacture of Textile	10	0.79
纺织服装、服饰业	Manufacture of Textile Wearing and Apparel	18	0.88
皮革、毛皮、羽毛(绒)及其制品和制鞋业	Manufacture of Leather, Fur, Feather and Related Products, Footware	5	0.30
木材加工和木、竹、藤、棕、草制品业	Processing of Timber, Manufacture of Wood, Bamboo, Rattan, Palm and Straw Products	2	0.11
家具制造业	Manufacture of Furniture	5	0.18
造纸及纸制品业	Manufacture of Paper and Paper Products	13	0.61
印刷和记录媒介复制业	Printing, Reproduction of Recording Media	8	0.29
文教、工美、体育和娱乐用品制造业	Manufacture of Articles For Culture, Educationand Industrial Arts, Sport Activity, Amusement Manufacturing	21	0.50
石油加工、炼焦及核燃料加工业	Processing of Petroleum, Coking, Processing of Nuclear Fuel	5	0.73
化学原料及化学制品制造业	Manufacture of Raw Chemical Materials and Chemical Products	77	7.91
医药制造业	Manufacture of Medicines	45	10.02
橡胶和塑料制品业	Manufacture of Rubber and Plastic	48	3.63
非金属矿物制品业	Manufacture of Non-metallic Mineral Products	22	1.13
黑色金属冶炼及压延加工业	Smelting and Pressing of Ferrous Metals	48	37.17
有色金属冶炼及压延加工业	Smelting and Pressing of Non-Ferrous Metals	15	1.02
金属制品业	Manufacture of Metal Products	54	3.79
通用设备制造业	Manufacture of General Purpose Machinery	54	3.75
专用设备制造业	Manufacture of Special Purpose Machinery	68	5.85
汽车制造业	Manufacture of Motorcar	47	4.23
铁路、船舶、航空航天和其他运输设备制造业	Railway, Watercraft, Aerospace and Other Transport Equipment	27	1.88
电气机械和器材制造业	Manufacture of Electrical Machinery andEquipment	59	6.75
计算机、通信和其他电子设备制造业	Manufacture of Computers, Communication and Other Electronic Equipment	43	8.81
仪器仪表制造业	Manufacture of Measuring Instruments	19	1.62
其他制造业	Other Manufacturing	1	0.08
废弃资源综合利用业	Comprehensive Recycling of Waste	3	0.03
电力、热力生产和供应业	Production and Supply of Electric Power and Heat Power	2	0.69
水的生产和供应业	Production and Supply of Water	1	

18-36续表 *Continued*

单位：件 (piece)

项　　目	Item	专　利 申请数 Patent Applications	#发　明 专利数 Invention Patents
总　　计	**Total**	**13173**	**5195**
石油和天然气开采业	Extraction of Petroleum and Natural Gas	80	26
黑色金属矿采选业	Mining and Processing of Ferrous Metal Ores	1	1
非金属矿采选业	Mining and Processing of Nonmetal Ores	27	8
开采辅助活动	Mining Assistant Activities	30	12
农副食品加工业	Processing of Food from Agricultural Products	141	61
食品制造业	Manufacture of Food	281	157
酒、饮料和精制茶制造业	Manufacture of Alcohol, Beverages and Refined Tea	200	50
纺织业	Manufacture of Textile	196	34
纺织服装、服饰业	Manufacture of Textile Wearing and Apparel	50	23
皮革、毛皮、羽毛(绒)及其制品和制鞋业	Manufacture of Leather, Fur, Feather and Related Products, Footware	3	1
木材加工和木、竹、藤、棕、草制品业	Processing of Timber, Manufacture of Wood, Bamboo, Rattan, Palm and Straw Products	12	11
家具制造业	Manufacture of Furniture	66	25
造纸及纸制品业	Manufacture of Paper and Paper Products	220	45
印刷和记录媒介复制业	Printing, Reproduction of Recording Media	72	16
文教、工美、体育和娱乐用品制造业	Manufacture of Articles For Culture, Education and Industrial Arts, Sport Activity, Amusement Manufacturing	253	79
石油加工、炼焦及核燃料加工业	Processing of Petroleum, Coking, Processing of Nuclear Fuel	50	36
化学原料及化学制品制造业	Manufacture of Raw Chemical Materials and Chemical Products	790	435
医药制造业	Manufacture of Medicines	1552	1218
橡胶和塑料制品业	Manufacture of Rubber and Plastic	448	163
非金属矿物制品业	Manufacture of Non-metallic Mineral Products	314	131
黑色金属冶炼及压延加工业	Smelting and Pressing of Ferrous Metals	248	108
有色金属冶炼及压延加工业	Smelting and Pressing of Non-Ferrous Metals	166	118
金属制品业	Manufacture of Metal Products	717	199
通用设备制造业	Manufacture of General Purpose Machinery	1373	396
专用设备制造业	Manufacture of Special Purpose Machinery	1641	479
汽车制造业	Manufacture of Motorcar	557	209
铁路、船舶、航空航天和其他运输设备制造业	Railway, Watercraft, Aerospace and Other Transport Equipment	444	61
电气机械和器材制造业	Manufacture of Electrical Machinery and Equipment	1327	433
计算机、通信和其他电子设备制造业	Manufacture of Computers，Communication and Other Electronic Equipment	1107	408
仪器仪表制造业	Manufacture of Measuring Instruments	391	120
其他制造业	Other Manufacturing	24	14
废弃资源综合利用业	Comprehensive Recycling of Waste	20	3
金属制品、机械和设备修理业	Metal Products, Machine and Equipment Repair	51	2
电力、热力生产和供应业	Production and Supply of Electric Power and Heat Power	307	109
燃气生产和供应业	Production and Supply of Gas	1	1
水的生产和供应业	Production and Supply of Water	13	3

18-37 技术市场基本情况（2012年）Basic Statistics on Technology Market, 2012

项　目	Item	签订合同数(项) Number of Contracts Signed (item)	合同金额(亿元) Value of Contracts Signed (100 million yuan)	#技术交易额 Transaction Value of Technology
合　计	**Total**	**13409**	**251.22**	**172.11**
按技术合同类别分	**Grouped by the Type of Technical Contract**			
技术开发合同	Technology Development Contracts	7593	68.19	54.86
技术转让合同	Technology Transfer Contracts	286	28.11	25.60
技术咨询合同	Technology Consultation Contracts	1237	23.36	5.21
技术服务合同	Technology Services Contracts	4293	131.56	86.44
按合同卖方类别分	**Grouped by the Type of Sellers**			
机关法人	Agencies as Legal Persons	33	1.90	1.85
事业法人	Institutions as Legal Persons	4673	33.05	27.73
社团法人	Social Organizations as Legal Persons	314	0.24	0.24
企业法人	Enterprises as Legal Persons	8384	215.67	141.93
自然人	Persons	5	0.36	0.36
其他组织	Other Organizations			
按合同买方类别分	**Grouped by the Type of Buyers**			
机关法人	Agencies as Legal Persons	1413	108.14	48.22
事业法人	Institutions as Legal Persons	1971	12.08	11.01
社团法人	Social Organizations as Legal Persons	37	0.07	0.06
企业法人	Enterprises as Legal Persons	9890	130.36	112.31
自然人	Persons	65	0.24	0.23
其他组织	Other Organizations	33	0.33	0.28
按社会经济目标分	**Grouped by the Social and Economic Activities**			
农业、林业与渔业的发展	Development of Farming, Forestry & Fishery	261	16.66	2.37
促进工业的发展	Promoting the Development of Industry	2132	97.27	62.85
能源的生产和合理利用	Energy Production & Rational Use	811	8.16	4.66
基础设施的发展	Development of Infrastructure Facilities	1194	23.16	11.21
环境治理与保护	Environmental Improvement & Protection	640	10.18	7.84
卫生（不包括污染）	Health (Excluded Pollutions)	367	8.86	6.30
社会发展和社会服务	Social Development & Social Service	3144	28.28	25.48
地球和大气层的探索与利用	Exploration and Utilization of Earth and Atmosphere	27	0.23	0.23
知识的发展	Development of Knowledge	439	5.00	4.76
民用空间	Civilian Space	463	5.34	5.15
国　防	National Defense	297	5.92	4.23
其　他	Others	3634	42.16	37.03
按技术流向分	**Grouped by the Buyer's Region**			
天　津	Tianjin	6371	160.68	92.54
外省市	Other Provinces and Cities	6601	83.67	73.24
技术出口	Technology Export	437	6.87	6.33

主要统计指标解释

初中学生净入学率

指初级中学（普通初中和职业初中）在校学龄学生总数占初中学龄人口数的比重。

学龄儿童毛入学率

指调查范围内已入小学学习的在校生数与全部小学学龄儿童人口数之比（包括弱智儿童，不包括盲聋哑儿童）的比重。计算公式为：

$$学龄儿童毛入学率=\frac{小学在校生数}{小学学龄人口数}\times 100\%$$

网络教育

指经教育部批准的现代远程教育试点学校设立的网络教育，基于互联网招收普通和成人本科、专科学生实施高等学历教育。

专　利

是专利权的简称，是对发明人的发明创造经审查合格后，由专利局依据专利法授予发明人和设计人对该项发明创造享有的专有权。包括发明、实用新型和外观设计。反映拥有自主知识产权的科技和设计成果情况。

研究与试验发展（R & D）

指在科学技术领域，为增加知识总量以及运用这些知识去创造新的应用进行的系统的创造性的活动，包括基础研究、应用研究、试验发展三类活动。在工业企业开展的科学研究与试验发展（R & D）活动中，较为普遍的和大量的活动属于试验发展活动。

基础研究　指为了获得关于现象和可观察事实的基本原理的新知识(揭示客观事物的本质、运动规律，获得新发现、新学说)而进行的实验性或理论性研究，它不以任何专门或特定的应用或使用为目的。其成果以科学论文和科学著作为主要形式。用来反映知识的原始创新能力。

应用研究　指为获得新知识而进行的创造性研究，主要针对某一特定的目的或目标。应用研究是为了确定基础研究成果可能的用途，或是为达到预定的目标探索应采取的新方法(原理性)或新途径。其成果形式以科学论文、专著、原理性模型或发明专利为主。用来反映对基础研究成果应用途径的探索。

试验发展　指利用从基础研究、应用研究和实际经验所获得的现有知识，为产生新的产品、材料和装置，建立新的工艺、系统和服务，以及对已产生和建立的上述各项作实质性的改进而进行的系统性工作。其成果形式主要是专利、专有技术、具有新产品基本特征的产品原型或具有新装置基本特征的原始样机等。在社会科学领域，试验发展是指把通过基础研究、应用研究获得的知识转变成可以实施的计划(包括为进行检验和评估实施示范项目)的过程。人文科学领域没有对应的试验发展活动。主要反映将科研成果转化为技术和产品的能力，是科技推动经济社会发展的物化成果。

R&D人员

指参与研究与试验发展项目研究、管理和辅助工作的人员，包括项目(课题)组人员，企业科技行政管理人员和直接为项目(课题)活动提供服务的辅助人员。反映投入从事拥有自主知识产权的研究开发活动的人力规模。

R&D人员全时当量

指全时人员数加非全时人员按工作量折算为全时人员数的总和。例如：有两个全时人员和三个非全时人员(工作时间分别为20%、30%和70%)，则全时当量为2+0.2+0.3+0.7=3.2人年。为国际上比较科技人力投入而制定的可比指标。

技术市场

从狭义看，是指在一定时间、地点进行技术转让和技术商品交易的场所。目前统计反映的是企业购买技术开发、技术转让、技术咨询、技术服务项目的合同数和成交额。

Percentage of Graduates in Primary Schools Entering Junior Secondary Schools

refers to the proportion of school-age students in junior secondary schools to the total number of junior school-age students.

Percentage of School-age Children Enrolled

refers to the proportion of children enrolled at primary schools to the total number of primary school-age children (including retarded children, but excluding blind, deaf and mute children). The formula is:

$$\text{Percentage of School-age Children Enrolled} = \frac{\text{Total Primary School-age Children at School}}{\text{Total Primary School-age Children}} \times 100\%$$

Network Education

refers to the net education implemented by modern distance education selected institute approved by the Ministry of Education, who recruit the regular and adult undergraduate students and junior college students base on Internet to give high level education.

Patent

is an abbreviation for the patent right and refers to the exclusive right of ownership of the inventors or designers for the creation or inventions, given from the patent offices after due process of assessment and approval in accordance with the Patent Law. Patents are granted for inventions, utility models and designs. This indicator reflects the achievements of S&T and design with independent intellectual property.

Research and Experimental Development (R&D)

refers to systematic and creative endeavor aimed at expanding the overall volume of knowledge and applying the knowledge to invent new uses. It includes basic studies, application research and experimental development. For industrial enterprises, their R&D mainly belongs to experimental development activities.

Basic Research refers to empirical or theoretical research aiming at obtaining new knowledge on the fundamental principles regarding phenomena or observable facts to reveal the intrinsic nature and underlying laws and to acquire new discoveries or new theories. Basic research takes no specific or designated application as the aim of the research. Results of basic research are mainly released or disseminated in the form of scientific papers or monographs. This indicator reflects the innovation capacity for original knowledge.

Applide Research refers to creative research aiming at obtaining new knowledge on a specific objective or target. Purpose of the applied research is to identify the possible uses of results from basic research, or to explore new(fundamental)methods or new approaches. Results of applied research are expressed in the form of scientific papers, monographs, fundamental models or invention patens. This indicator reflects the exploration of ways to apply the results of basic research.

Experiments and Development refers to systematic activities aiming at using the knowledge from basic and applied researches or from practical experience to develop new products, materials and equipment, to establish new production process, systems and services, or to make substantial improvement on the existing products, process or services. Results of experiment and development activities are embodied in patents, exclusive technology, and monotype of new products or equipment. In social sciences, experiment and development activities refer to the process of converting the knowledge from basic or applied researches into feasible programmes (including conduct of demonstration projects for assessment and evaluation). There are no experiment and development activities in the science of humanities. This indicator reflects the capability of transferring the results of S&T into technique and products, and measures the realization of S&T in spearheading the economic and social development.

R&D Personnel

refer to persons engaged in research, management and supporting activities of R&D, including persons in the project teams, persons engaged in the management of S&T activities of enterprises and supporting staff providing direct service to the research projects. This indicator reflects the size of personnel engaged in R&D activities with independent intellectual property.

R&D Personnel as Full-time Equivalent

refers to the sum of the full-time persons and the full-time equivalent of part-time persons converted by workload. For instance, if there are 2 full-time persons and 3 part-time workers (20%, 30% and 70% of working hours respectively on R&D activities), the full-time equivalent are 2+0.2+0.3+0.7=3.2 person-years. This is an internationally comparable indicator of S&T manpower input.

Technology Market

can be regarded narrowly as technical-dealings place where technique transfer is made or technology-related good traded at certain time. As shown in statistical datum presently, turnovers are resulting either from purchase or from transfer of techniques, together with numbers related to the inquiry or services involved in technologies.

19 卫生和社会服务
Public Health and Social Services

19-1 卫生事业基本情况(1996—2012年) Statistics on Public Health, 1996-2012

年份 Year	卫生事业机构(个) Number of Health Care Institutions (unit)	#医院、卫生院 Hospitals and Health Care Centers	卫生机构床位数(张) Beds (unit)	#医院、卫生院 Hospitals and Health Care Centers	卫生技术人员数(人) Medical Technical Personnel (person)	#执业(助理)医师 Licensed (Assistant) Doctors	#注册护士 Registered Nurses
1996	4171	476	39612	38284	71014	32975	23156
1997	3571	483	40758	39467	70431	32475	23045
1998	3190	482	40471	39134	68070	31482	22209
1999	2969	487	39779	38579	65901	30273	21977
2000	2983	488	40039	38842	65145	30031	21667
2001	2665	495	41637	40394	63475	29215	21298
2002	2636	486	40090	38837	56705	23888	19257
2003	2671	485	40194	38074	55629	22780	19173
2004	2577	474	40994	38876	60722	25299	19602
2005	2489	461	41556	39491	61284	25088	19624
2006	2384	401	43643	38893	62258	25358	20030
2007	2352	411	44335	39708	63900	26228	21339
2008	2784	428	46124	41212	65115	25865	21967
2009	2617	437	46353	41921	67560	27261	23081
2010	2687	438	48828	44080	70040	28478	24193
2011	4431	461	49423	44661	73321	29833	25815
2012	4551	465	53509	48896	76922	30710	27637

注：2011年以前卫生机构不含村卫生室。表19-2、19-3同。
Note: Number of health care institutions before 2011 excludes village health room. Same as table 19-2, 19-3.

19-2 卫生事业机构数(2009—2012年) Number of Health Care Institutions, 2009-2012

单位：个 (unit)

名称	Item	2009	2010	2011	2012
总计	**Total**	**2617**	**2687**	**4431**	**4551**
医院、卫生院	Hospitals and Health Care Centers	437	438	461	465
疗养院	Sanatoriums	3	3	3	3
社区卫生服务中心(站)	Community Health Care Centers	764	877	537	559
门诊部	Outpatient Departments	222	258	262	283
村卫生室	Village Health Rooms	1616	1870	2157	2157
诊所、卫生所、医务室	Clinics	1046	964	863	935
妇幼保健院	Maternity and Children Care Centers	23	23	23	23
专科疾病防治院	Specialized Prevention Stations	16	16	17	17
疾病预防控制中心	Disease Prevention and Control Centers	24	24	24	24
卫生监督所	Health Supervision Offices	17	17	19	19
医学科学研究机构	Research Institutes of Medical Science	8	8	8	9
高等医学教育机构	High Education Institutions of Medicine	3	16	16	16
其他卫生事业机构	Other Health Care Institutions	54	43	41	41
平均每个医院负担人口(人)	Average Burden Population of Each Hospital (person)	28104	28847	28784	29761

19-3 卫生事业基本情况(2012年) Statistics on Public Health, 2012

项　目	Item	卫生机构(个) Health Care Institutions (unit)	卫生机构床位(张) Number of Institution Beds (unit)	卫生技术人员(人) Medical Technical Personnel (person)	执业(助理)医师 Licensed (Assistant) Doctors
总　计	**Total**	**4551**	**53509**	**76922**	**30710**
按隶属关系分	**Grouped by Administrative Relationship**				
市　属	City	3320	49121	70123	27476
县　属	County	1231	4388	6799	3234
按经济类型分	**Grouped by Ownership**				
国有经济	State-owned	1312	44733	63842	23575
集体经济	Collective-owned	915	2241	3027	1746
联营经济	Joint Ownership	483		186	156
私营经济	Private	952	5318	7865	4126
其　他	Others	889	1217	2002	1107
按设置主办单位分	**Grouped by Management**				
政府办	Run by Government	1268	40827	58966	21781
社会办	Run by Community	2229	8646	10844	5210
其　他	Others	1054	4036	7112	3719

项　目	Item	注册护士 Registered Nurses	药师(士) Pharmacists	技师(士) Technicians	其他人员 Others
总　计	**Total**	**27637**	**4848**	**4302**	**9425**
按隶属关系分	**Grouped by Administrative Relationship**				
市　属	City	25843	4516	4012	8276
县　属	County	1794	332	290	1149
按经济类型分	**Grouped by Ownership**				
国有经济	State-owned	24473	3855	3696	8243
集体经济	Collective-owned	521	281	100	379
联营经济	Joint Ownership	12	12	4	2
私营经济	Private	2070	608	427	634
其　他	Others	561	92	75	167
按设置主办单位分	**Grouped by Management**				
政府办	Run by Government	22447	3607	3403	7728
社会办	Run by Community	3279	713	514	1128
其　他	Others	1911	528	385	569

19-4 卫生技术人员数(2012年) Number of Medical Technical Personnel, 2012

单位：人 (person)

项目	Item	总计 Total	#执业(助理)医师 Licensed (Assistant) Doctors	#注册护士 Registered Nurses	#药师(士) Pharmacists	#技师(士) Technicians
总计	**Total**	**76922**	**30710**	**27637**	**4848**	**4302**
医院	Hospitals	56188	20469	23005	3460	2998
#综合医院	Comprehensive Hospitals	33869	12393	13966	1911	1824
中医医院	Hospitals Specialized in Traditional Chinese Medicine	7063	2967	2358	574	296
专科医院	Special Hospitals	13372	4415	6030	749	741
#口腔医院	Stomatology Hospitals	897	452	295	18	15
眼科医院	Eye Hospitals	440	167	163	24	19
耳鼻喉科医院	E. N. T. Hospitals	92	24	37	5	5
肿瘤医院	Tumour Hospitals	1724	522	864	94	67
心血管病医院	Cardiovascular Disease Hospitals	452	117	237	14	32
胸科医院	Chest Hospitals	1007	301	497	54	39
血液病医院	Blood Disease Hospitals	675	180	352	35	89
妇产科医院	Gynecology Hospitals	1453	494	719	79	78
儿童医院	Children Hospitals	1338	435	609	90	103
精神病医院	Mental Disease Hospitals	1855	535	862	96	70
传染病医院	Infectious Disease Hospitals	526	166	218	36	33
皮肤病医院	Skin Disease Hospitals	27	15	9	1	2
骨科医院	Orthopedics Hospitals	1226	380	531	88	90
疗养院	Sanatoriums	196	47	95	12	5
社区卫生服务中心	Community Health Care Centers	5359	2177	1550	598	333
卫生院	Health Care Centers	4398	2493	874	306	213
门诊部	Outpatient Departments	2580	1489	536	271	103
诊所、卫生所、医务室	Clinics	2055	1409	416	48	28
急救中心(站)	First-aid Centers	225	157	55	1	
采供血机构	Blood Collection and Supplying Institutions	254	33	103		51
妇幼保健院	Maternity and Children Care Centers	1077	418	428	46	85
专科疾病防治院	Specialized Prevention Centers	530	137	227	41	49
疾病预防控制中心(防疫站)	Disease Prevention and Control Centers (Epidemic Prevention Stations)	1283	685	84	8	266
卫生监督所	Sanitation Supervision Institutions	843				
其他卫生机构	Other Health Care Institutions	1934	1196	264	57	171

19-5 卫生机构床位数 (2009—2012年)
Number of Beds in Health Care Institutions, 2009-2012

单位：张 (unit)

名　称	Item	2009	2010	2011	2012
总　计	**Total**	**46353**	**48828**	**49423**	**53509**
医　院	Hospitals	38596	40387	40787	44798
疗养院	Sanatoriums	401	401	401	401
社区卫生服务中心	Community Health Care Centers	2895	3124	2851	2915
卫生院	Health Care Centers	3325	3693	3874	4098
门诊部	Outpatient Departments	106	153	434	296
妇幼保健院	Maternity and Children Care Centers	702	742	666	618
专科疾病防治院	Specialized Prevention Centers	328	328	410	383
每千人口医院床位	Hospital Beds per 1000 Population	3.21	3.20	3.07	3.24

19-6 医疗机构诊疗和病床使用情况 (2009—2012年)
Diagnosis, Treatment and Used Beds of Medical Institutions, 2009-2012

名　称	Item	2009	2010	2011	2012
诊疗情况(万人次)	**Diagnosis and Treatment (10 000 person-times)**				
诊疗人次数	Patients Treated	5691	6715	8907	9700
# 门、急诊人次数	Out-patients and Emergency	5486	6524	8312	9267
入院人数	In-patients	103	109	118	132
住院病人手术人次	Inpatient operation times	30.1	33.5	37.4	42.5
平均每月门诊诊疗人数	Number of Out-patients per Month	474	560	742	808
平均每月入院诊疗人数	Number of In-patients per Month	9	9	10	11
病床使用情况	**Sickbeds Used**				
病床周转次数(次)	Turnover of Beds (time)	23	23	25	26
病床使用率(%)	Utilization Rate (%)	76	78	82	80
病床工作日(日)	Working Days of Beds (day)	278	285	298	293
出院者平均住院日数(日)	Average Hospitalization Period (day)	11	12	11	11

19-7 医院、卫生院运营情况 Operation of Hospitals, Health Care Centers

指　　标	Item	医　院 Hospitals		卫生院 Health Care Centers	
		2011	2012	2011	2012
机构数(个)	Number of Institutions (unit)	296	304	165	161
总诊疗人次数(万人次)	Patients Treated (10 000 person-times)	3081.4	5745.8	538.1	639.4
# 门、急诊人次数	Out-patients and Emergency	5184.8	5723.7	512.2	610.7
观察室收容人数(人)	Observation Room (person)	1144001	1265106	24154	29031
健康检查人数(人)	Health Check (person)	1417639	1598703	316712	426438
入院人数(人)	In-patients (person)	1037054	1183257	99159	96370
出院人数(人)	Leaving Hospital (person)	1040010	1170594	113374	112502
住院病人手术(万人次)	In-patients Surgery Trips (10 000 person-times)	36.1	42.5		
病床工作日(日)	Working Days of Beds (day)	328.5	320.6	169.4	167.8
出院者平均住院日数(日)	Average Hospitalization Period (day)	11.8	11.0	5.1	5.2

19-8 社区卫生服务中心 (站) 基本情况 Basic Statistics on Community Health Care Centers

项　　目	Item	单　位	unit	2011	2012
机构数	Number of Institutions	个	unit	537	559
总诊疗人次数	Patients Treated	万人次	10 000 person-times	1530	1466
# 门、急诊人次数	Out-patients and Emergency	万人次	10 000 person-times	1176.3	1351.5
观察室收容人数	Observation Room	人	person	408451	403891
健康检查人数	Health Check	人	person	304083	409466
入院人数	In-patients	人	person	11219	11950
出院人数	Leaving Hospital	人	person	11859	12109
病床工作日	Working Days of Beds	日	day	72.6	69.2
出院者平均住院日数	Average Hospitalization Period	日	day	13.3	11.9

19-9 村卫生室基本情况 (2009—2012年) Basic Statistics on Village Health Room, 2009-2012

项　　目	Item	2009	2010	2011	2012
机构数(个)	Number of Institutions (unit)	1616	1870	2157	2157
执业（助理）医师(人)	Licensed (Assistant) Doctors (person)	171	414	474	648
乡村医生和卫生员(人)	Rural Doctors & Hygienists (person)	3949	4287	4759	4867
乡村医生	Rural Doctors	3882	4238	4673	4758
卫生员	Hygienists	67	49	86	109
诊疗人次数(万人次)	Number of Patients Treated (10 000 person-times)	78.8	79.3	877.4	979.4

19-10 妇女儿童卫生保健状况(2009—2012年)
Basic Statistics on Maternity and Children Care, 2009-2012

指　　标	Item	2009	2010	2011	2012
妇幼保健经费(万元)	Expenses for Maternity and Children Care (10 000 yuan)	23220	22559	28970	28363
计划生育事业费(万元)	Operating Expenses for Children Planning (10 000 yuan)	32840	38506	57195	57624
0-4岁户籍人口(万人)	Registered Population Aged 0-4 (10 000 persons)	39.0	40.5	42.5	44.4
# 女　性	Female	18.4	19.1	20.1	21.0
0-17岁户籍人口	Registered Population Aged 0-17	140.6	139.7	140.3	142.4
# 女　性	Female	66.5	66.1	66.4	67.3
育龄妇女户籍人口(15—49岁)	Women of Child-bearing Age of Registered Population (Age 15- 49)	260.1	258.2	258.4	253.9
婴儿死亡率(‰)	Death Rate of Infants (‰)	5.1	5.6	5.1	5.0
5岁以下儿童死亡率(‰)	Death Rate of Children at Age 5 and below (‰)	6.2	6.8	6.2	5.8
孕产妇死亡率(1/10万)	Death Rate of Pregnant and Lying-in Women (1/100 000)	9.6	9.6	6.8	9.2
卡介苗接种率(%)	BCG Vaccination Rate (%)	100.0	99.9	99.9	99.9
脊灰疫苗接种率(%)	Poliovirus Vaccination Rate (%)	99.1	99.7	99.7	99.8
白百破三联制剂接种率(%)	Pertussis, Diphtheria & Tetanus Vaccination Rate (%)	100.0	99.7	99.7	99.8
麻疹疫苗接种率(%)	Measles Virus Vaccination Rate (%)	100.0	99.7	99.7	98.1
乙肝疫苗接种率(%)	Hepatitis B Vaccination Rate (%)	99.9	99.8	99.8	99.9
5岁以下儿童中、重度营养不良患病率(%)	Incidence Disease Rate from Medium and Serious Malnutrition of Children at Age 5 and below (%)	0.22	0.18	0.21	0.23
7岁以下儿童保健管理率(%)	Management Rate of Children Health Care System at Age 7 and below (%)	91.1	98.2	93.0	93.2

19-11 全市居民前十位疾病死亡专率及死因构成
Death Rate of Top 10 Diseases and Proportion

序位及死因	Position and Cause of Death	死亡专率(1/100 000) Mortality (1/100 000)		占全部死亡人数比例 Proportion (%)	
		2011	2012	2011	2012
1. 心脏病	Heart Disease	201.23	217.41	30.50	31.60
2. 脑血管病	Cerebrovascular Disease	152.22	158.79	23.07	23.08
3. 恶性肿瘤	Malignant Tumour	151.65	154.13	22.98	22.40
4. 呼吸系统疾病	Respiratory Disease	62.02	61.67	9.40	8.96
5. 损伤和中毒外部原因	Trauma and Toxicosis	30.44	29.49	4.61	4.29
6. 内分泌、营养和代谢的其他疾病	Internal System, Nutrition, Metabolism and Immunity Disease	18.23	19.24	2.76	2.80
7. 消化系统疾病	Digestive Disease	11.94	12.69	1.81	1.84
8. 神经系统疾病	Neuropathy	6.98	8.25	1.06	1.20
9. 泌尿生殖系统病	Urinary Disease	6.04	6.41	0.91	0.93
10.先天畸形、变性和染色体异常	Congenital Malformation, Denaturalization and Chromosome Abnormality	2.46	2.43	0.37	0.35

19-12 卫生总费用及构成(1996—2012年) Total Expenditure on Health and Composition, 1996-2012

年 份 Year	卫生总费用(亿元) Total Expenditure on Health (100 million yuan)	人均卫生费用(元) Per Capita Expenditure on Health (yuan)	卫生总费用相当于GDP比例(%) Total Expenditure on Health as Percentage of GDP (%)	卫生总费用筹资构成(%) Composition by Source (%)		
				政府卫生支出 Government Health Appropriation	社会卫生支出 Social Health Expenditure	居民个人现金卫生支出 Individual Cash Expenditure on Health
1996	39.71	418.85	3.5	18.5	54.1	27.4
1997	46.40	487.04	3.7	20.4	51.2	28.4
1998	46.65	487.61	3.4	18.9	45.4	35.7
1999	53.27	555.21	3.5	17.2	42.8	40.0
2000	66.75	666.74	3.9	15.1	41.5	43.4
2001	71.21	709.25	3.7	16.6	38.0	45.4
2002	96.97	962.83	4.5	17.0	36.0	47.0
2003	117.60	1162.84	4.6	19.1	39.3	41.5
2004	129.94	1269.38	4.2	18.8	37.1	44.1
2005	152.24	1459.63	4.1	16.9	36.7	46.3
2006	171.73	1597.45	3.9	19.1	36.2	44.8
2007	225.88	2025.80	4.5	19.7	37.4	43.0
2008	264.13	2246.02	4.2	20.3	37.3	42.4
2009	315.45	2568.46	4.2	20.6	41.0	38.3
2010	355.65	2737.28	3.9	23.3	41.0	35.7
2011	411.10	3034.87	3.7	25.4	37.8	36.8
2012	479.75	3394.90	3.7	25.2	38.4	36.4

19-13 主要年份卫生总费用机构流向构成 Composition of Total Expenditure on Health by Flow

单位：% (%)

指 标	Indicators	2000	2005	2011	2012
费 用 总 额	**Total Expenditure**	**100.0**	**100.0**	**100.0**	**100.0**
医 院	Hospitals	67.7	64.3	71.9	70.8
城市医院	City Hospitals	54.2	52.5	57.2	56.4
县医院	County Hospitals	4.3	4.2	5.3	5.3
社区卫生服务中心	Community Health Care Centers		5.1	6.7	6.6
卫生院	Health Care Centers	4.1	2.3	2.4	2.3
其他医院	Other Hospitals	5.1	0.2	0.3	0.2
门诊机构	Ambulatory Health Facilities	6.2	4.8	4.9	5.1
药品零售机构	Retail Sales of Medical Goods	17.0	20.8	8.6	9.5
公共卫生机构	Public Health Facilities	4.9	4.7	6.6	6.2
卫生行政管理	Health Administration	0.2	0.2	1.2	1.3
其他卫生	Others	4.0	5.2	6.8	7.2

19-14 各区县卫生情况(2012年)
Basic Statistics on Public Health Care Institution by District and County, 2012

区 县 Region	卫生机构数(个) Health Care Institutions (unit)	# 医院、卫生院 Hospitals and Health Care Centers	# 社区卫生服务中心 Community Health Care Centers	卫生机构床位数(张) Beds (unit)	# 医院、卫生院 Hospitals and Health Care Centers
和平区 Heping District	122	23	6	6226	6056
河东区 Hedong District	212	43	12	3370	2259
河西区 Hexi District	259	38	9	8350	7990
南开区 Nankai District	209	33	13	5684	4969
河北区 Hebei District	194	30	10	3963	3601
红桥区 Hongqiao District	115	17	10	3243	2738
东丽区 Dongli District	147	6	8	1194	1114
西青区 Xiqing District	199	27		2026	2026
津南区 Jinnan District	246	24		1949	1949
北辰区 Beichen District	178	6	13	1294	1151
武清区 Wuqing District	538	42		3547	3428
宝坻区 Baodi District	320	37		1913	1773
滨海新区 Binhai New Area	581	59	16	6362	5721
宁河县 Ninghe County	180	22		1237	1237
静海县 Jinghai County	403	22		1552	1331
蓟 县 Jixian County	648	36		1599	1553

注：滨海新区不含东丽区无瑕街、津南区葛沽镇数据。
Note: Data of Binhai New Area exclude figures of Wuxia Street, Dongli District and Gegu Town, Jinnan District.

19-15 社会福利企、事业单位情况
Statistics on Social Welfare Institutions and Enterprises

部门	Department	机构(个) Institutions or Enterprises (unit)		职工人数(人) Staff and Workers (person)	
		2011	2012	2011	2012
收养性事业单位	Adoptive Social Welfare Institutions	316	327	5977	5883
# 优抚事业单位	Preferential Treatment Institutions	9	9	457	392
福利企业单位	Social Welfare Enterprises	318	248	23273	19560
烈士纪念建筑物管理单位	Martyr Memorial Building Management Units	10	10	155	153
救助管理单位	Collecting and Repatriation Units	11	12	211	199
殡仪服务单位	Funeral and Interment Units	28	28	845	843
福利彩票发行单位	Welfare Lottery Issuing Units	25	11	113	102
城镇社区服务中心	Urban Community Service Institutions	149	212	3041	5606

资料来源：天津市民政局，表19-16至19-21同。
Source: Tianjin Municipal Civil Affairs Bureau, Same as table 19-16 to 19-21.

19-16 收养性社会福利事业单位基本情况（2012年）
Basic Statistics on Social Adoptive Welfare Institutions, 2012

指标	Item	单位数(个) Institutions (unit)	职工人数(人) Staff and Workers (person)	床位数(张) Number of Beds (unit)	年末在院收养人员(人) Adopted Personnel at Year-end (person)	# 女性 Female
总计	**Total**	**318**	**5491**	**33888**	**21935**	**10766**
社会福利机构	Social Welfare Homes	4	298	1613	1373	503
儿童福利机构	Welfare Homes for Children	2	126	823	568	276
社会福利医院	Social Welfare Hospitals	1	257	622	622	218
城镇老年福利机构	Urban Senile Welfare Homes	192	4176	26117	16792	9268
农村老年福利机构	Rural Senile Welfare Homes	119	634	4713	2580	501

19-17 优抚事业单位情况（2009—2012年）
Situation of Preferential Treatment Institutions, 2009-2012

指　标	Item	2009	2010	2011	2012
优抚对象(人)	**Entitled Groups (person)**	**31901**	**30241**	**43113**	**45474**
# 烈　属	Members of Martyr's Family	666	605	496	412
因公牺牲病故军人家属	Families of Soldiers Sacrificed or Died of Illness in Work	430	448	123	127
革命伤残人员	Revolutionary Disabled	7163	7221	7323	7505
在乡复员军人	Demobilized Soldiers in Hometown	4778	4483	4090	3237
在乡退伍军人	Veterans in Hometown	7702	8719	9350	10898
参战参试退役人员	Ex-servicemen Attended in War or Nuclear Test	6842	7347	7645	8462
优抚安置费(万元)	**Settlement Allowance (10 000 yuan)**	**72706**	**97052**	**95955**	**133347**
抚恤事业费	Comport Operating Expenses	34082	38994	42015	59017
安置事业费	Settlement Operating Expenses	38624	58058	53940	74330

注：2011年起优抚对象增加病故军人家属和60岁以上农村籍退伍军人。
Note: Entitled groups has include families of soldiers died of illness and veterans over 60 years old registered as rural residents since 2011.

19-18 社区服务机构情况
Basic Statistics on Community Services Agencies

指　标	Item	2011	2012
社区服务机构(个)	Community Service Institutions (unit)	1680	1323
社区指导中心	The Community Guiding Center		10
社区服务中心	The Community Service Center	149	212
社区服务站	The Community Service Station	746	775
其他社区服务机构	Others Community Service Institutions	785	326
便民利民服务网点数(个)	Service Points for Citizens (unit)	13021	9624
机构建筑面积(平方米)	Floor Square of Institutions(sq.m)	191977	274750
年末职工人数(人)	Staff and Workers in The End of The Year (person)	3041	5606
# 女　性	Female	2058	3486
# 社会工作师	Social Worker	22	37
助理社会工作师	Junior Social Worker	53	198
社区服务志愿者人次数(人次)	Community Service Volunteer (person-time)	257128	125446
床位数(张)	Number of Institution Beds (unit)	2204	3446
# 日间照料	Day-care	1881	3099
住宿收养	Accommodation for Adoption	323	347
年末收养人数(人)	Number of Adoption in The End of The Year(person)	2045	1711
# 日间照料	Day-care	1800	1469
住宿收养	Accommodation for Adoption	245	242

19-19 社会救助情况（2009—2012年）
Basic Statistics on Social Relief, 2009-2012

指标 Item	2009	2010	2011	2012
社会救助总人数(人)				
Total Persons Receiving Relief Funds (person)	**282986**	**310003**	**290448**	**280738**
城乡居民最低生活保障人数				
Rural and Urban Residents Receiving Lowest Cost-of-living	252132	284048	277154	267909
城镇居民最低生活保障人数				
Urban Residents Receiving Lowest Cost-of-living	179441	197908	179533	166440
# 老年人				
Senile	20546	22101	19411	18214
登记失业人员				
Registered Unemployed	46923	54358	50387	46507
未登记失业人员				
Unregistered Unemployed	34923	39068	36692	35477
在校生				
Students Enrollment	35038	38539	31608	28551
农村居民最低生活保障人数				
Rural Residents Receiving Lowest Cost-of-living	72691	86140	97621	101469
农村五保供养人数				
Number of Persons Receiving Livelihood Guaranteed in Five Aspects in Rural Areas	30494	13605	13294	12829
其他救济				
Others	360	12350		
临时救济人次数(人次)				
Total Persons Receiving Temporary Almsgiving (person-time)	**30494**	**33513**	**70270**	**47527**
城市临时救济人次数				
Urban Persons Receiving Temporary Almsgiving	25378	29828	59004	41307
农村临时救济人次数				
Rural Persons Receiving Temporary Almsgiving	5116	3685	11266	6220
社会救助总支出(万元)				
Relief Funds (10 000 yuan)	**94352**	**112685**	**101373**	**104398**
# 农村低保费				
Rural Relief Funds	10992	13587	20453	24653
城镇低保费				
Urban Relief Funds	73975	93061	73929	72102
五保供养支出				
Expenses of Livelihood Guaranteed in Five Aspects	5564	6037	6992	7644
自然灾害救济费(万元)				
Relief for Natural Disasters (10 000 yuan)	**706**	**605**		**1305**

19-20 老年事业基本情况 (2009—2012年)
Basic Statistics on Senile Citizen Undertakings, 2009-2012

指　　标	Item	2009	2010	2011	2012
老年法律援助中心(个)	Senile Legal Aid Center (unit)	111	109	123	114
涉老案件数(件)	Senile Case (case)	6658	5762	5823	6409
维权协调组织数(个)	Safeguard and Mediation Organization (unit)	1894	2200	2292	2297
老年活动站、中心、室(个)	Senile Activity Station, Center, Room (unit)	2578	2753	2865	2918
老年人参与活动人数(万人)	Senile Activity Participant (10 000 persons)	48.2	57.5	58.5	71.5
老年医院(个)	Hospital for Senior (unit)	31	33	33	33
老年医院病床数(张)	Senile Sick Beds in Hospital (bed)	1666	1766	1766	1766
老年人协会个数(个)	Senile Union (unit)	3975	3992	3887	3909
老年基金会个数(个)	Senile Fund (unit)	3	2	2	2
老年事业投入经费(万元)	Expenditures for Senile Undertakings (10 000 yuan)	1024	912	929	1860
老年学校个数(个)	Senile School (unit)	400	425	461	484
老年学校在校人数(万人)	Students Enrollment in Senile School (10 000 persons)	17.98	19.34	21.20	21.99
享受高龄补贴的老年人数(人)	Citizen with Senile Subsidy (person)	17567	23706	23453	26031

19-21 医疗救助情况 (2009—2012年)
Situation of Medical Aid, 2009-2012

指　　标	Item	2009	2010	2011	2012
医疗救助总数(人次)	**Total Number of Persons Received Medical Aid (person-times)**	**98853**	**110466**		
救助人数(人次)	Persons Received Medical Aid(person-times)			86549	119196
城　市	Urban	40709	120105	62337	
农　村	Rural	14901	12466	24212	
资助参保医疗人数(人)	Persons Participating in Medical Insurance with Aid (person)			285771	304095
城　市	Urban	1248	66933	57612	
农　村	Rural	41995	18962	228159	
医疗救助支出(万元)	**Expenditure of Medical Aid (10 000 yuan)**	**6478.9**	**6208.3**	**8832.5**	**12775.3**
城　镇	Urban	4736.4	4447.8	4211.4	7670.1
农　村	Rural	1742.5	1760.5	4621.1	5105.2

注：2011年起医疗救助总数为医疗救助人次数。
Note: Total Number of Persons Received Medical Aid are number of person-times of medical aid since 2011.

19-22 红十字会基本情况(2010—2012年) Basic Statistics on Red Cross Society, 2010-2012

指　标	Indicators	2010	2011	2012
组织机构(个)	**Institutions of Red Cross Society (unit)**			
基层组织机构	Basic Institutions of Red Cross Society	2187	2561	2732
冠名医疗机构	Institutions Titled with Red Cross Society	8	4	4
会员情况	**Statistics on Red Cross Member**			
团体会员单位(个)	Team Member (unit)	1653	1575	1908
会员人数(万人)	Number of Member (10 000 persons)	56.9	60.0	60.0
# 青少年	Adolescent Member	41.7	41.7	41.7
志愿服务工作	**Voluntary Work**			
志愿者人数(万人)	Volunteers (10 000 persons)	16.6	19.9	19.9
志愿服务队(个)	Voluntary Team of Red Cross Society (unit)	355	395	395
参加各种宣传活动人次数(万人次)	**Person-time Attended Publicizing Activity (10 000 person-times)**			
参加艾滋病预防宣传救助活动	AIDS Prevention Activities	22.6	23.5	25.0
参加普及宣传无偿献血活动	Publicizing Volunteer Blood Donation Activities	33.9	18.8	18.2
参加卫生救护培训人次数(人次)	**Person-time Attended Sanitation Rescue Training (person-time)**			
参加救护普及培训	Rescue Popularization Training	545100	498004	937300
参加救护员培训	Ambulanceman Training	61210	45193	59372
参加救护师资培训	Rescue Teachers Training	329	336	525
造血干细胞捐献工作(人)	**Contributing Stem Cell (person)**			
入库志愿者人数	Quantity of Subscribers Entered Program in Current Year	7183	6087	5246
供患配型相合人数	Quantity of Matching of Contributing and Transplanting in Current Year	463	392	421
实现捐献人数	Quantity of Transplanting in Current Year	25	36	30
人体器官捐献(人)	**Donation of Human Organ (person)**			
报名登记志愿者人数	Quantity of Registered Subscribers	226	213	58
实现捐献者人数	Quantity of Contributing Human Organ	5	11	21
接受器官人数	Quantity of Human Organ Transplanted	12	23	52
遗体捐献工作(人)	**Contributing Reliquiae (person)**			
捐献遗体登记	Quantity of Contributing Reliquiae	62	123	145
实现生前遗愿人数	Quantity of Realizing Last Wish	11	19	42
社会赈济和社区救助工作	**Working on Social Relieving**			
募捐款数(万元)	Donation (10 000 yuan)	9014	3614	3250
救灾款数(万元)	Disaster Relief (10 000 yuan)	6465	160	234
救助款数(万元)	Salvation Relief (10 000 yuan)	1853	3454	2454
社区公益服务站点(个)	Community Public Service Station (unit)	1123	1137	1157

主要统计指标解释

社区卫生服务中心

指为本社区居民提供预防、医疗、保健、康复、健康教育、计划生育技术服务等的基层卫生机构。

卫生技术人员

指卫生事业机构支付工资的全部固定职工和合同制职工中现任职务为卫生技术工作的人员。包括中医师、西医师、中西医结合高级医师、护师、中药师、西药师、检验师、其他技师、中医士、西医士、护士、助产士、中药剂士、西药剂士、检验士、其他技士、其他中医、护理员、中药剂员、西药剂员、检验员和其他初级卫生技术人员。不包括从事管理工作的卫生技术人员。

执业（助理）医师

指具有《医师执业证》及其“级别”为“执业（助理）医师”且实际从事医疗、预防保健工作的人员，不包括实际从事管理工作的执业（助理）医师。执业（助理）医师类别分为临床、中医、口腔和公共卫生。

卫生总费用

是反映一个国家或地区在一定时期内（通常为1年）用于医疗卫生保健服务所消耗的资金总量。用筹资来源法测算，分为政府卫生支出、社会卫生支出、个人现金卫生支出三部分。

政府卫生支出

指各级政府用于医疗卫生服务、医疗保障补助、卫生和医疗保险行政管理事务、人口与计划生育事务支出等各项事业的经费。

社会卫生支出

指政府支出外的社会各界对卫生事业的资金投入。包括社会医疗保障支出、商业健康保险费、社会办医支出、社会捐赠援助、行政事业性收费收入等。

个人现金卫生支出

指城乡居民在接受各类医疗卫生服务时的现金支付，包括享受多种医疗保险制度的居民就医时自付的费用。

卫生总费用占地区生产总值比重

指某年卫生总费用与同期地区生产总值（GDP）之比。是用来反映一定时期政府对卫生事业的资金投入力度，以及政府和全社会对居民健康的重视程度。

计划生育事业费

包括九个部分，即计划生育手术减免经费、避孕药具经费、基层计划生育专职干部经费、独生子女保健费、宣传经费、服务站经费、流动人口计划生育管理费、干部培训费、其他计划生育事业费。

婴儿死亡率

指一年内未满周岁死亡的婴儿数与当年活产数之比。计算公式为：

$$婴儿死亡率=\frac{一年内未满周岁的婴儿死亡数}{当年活产数}\times 1000‰$$

孕产妇死亡率

指年内孕产妇死亡人数与活产数之比。孕产妇死亡一般指从妊娠开始至产后42天内死亡者，包括外科原因、计划生育手术、宫外孕、葡萄胎死亡者，但不包括意外原因死亡者。

卡介苗、脊灰疫苗、百白破三联制剂、麻疹、乙肝疫苗接种率

指按照儿童免疫程度进行合格接种的人数占全部应接种人数的百分比。应接种人数包括禁忌症人数和外地寄居3个月及以上的适龄人数，不包括外出3个月及以上的适龄人数。计算公式为：

$$单项疫苗接种率=\frac{合格接种该疫苗人数}{应接种人数}\times 100\%$$

分子：按“合格接种判断”标准，判定当年实际

完成合格接种的儿童数。

分母：按免疫程序规定当年应在12月龄内完成该项疫苗接种的儿童数。

城镇居民最低生活保障人数

指在报告期末家庭平均收入在当地规定的最低生活保障线以下的城镇居民数。包括“三无”对象，失业人员和在职、下岗、退休人员等。

农村居民最低生活保障人数

指报告期末在建立农村最低生活保障制度的地区，得到当地政府或集体给予最低生活保障的农业人口家庭人数。

城镇社区服务机构

指报告期末城镇（街道办事处、居委会）设立的以非营利为目的，为本社区居民服务，特别是为老年人、残疾人、儿童服务的社区服务中心、活动站、服务站、养老院、老年公寓（托老所），残疾人工疗站、残疾儿童日托所、家务服务站、婚姻介绍所等福利性机构以及职工社会保险管理服务的机构。几种不同类型的社区服务单位，共用一个场所的，只能统计为一个社区服务机构。成为社区服务机构的条件：（1）是独立核算单位；（2）有固定的从业人员；（3）有一定的服务项目；（4）有一定的服务场所。

Explanatory Notes on Main Statistical Indicators

Community Health Care Centers (Stations)

refer to the primary units that provide the health care for community residents, such as disease prevention and control, medical treatment, health care, rehabilitation, health education, family planning technical services.

Medical Technical Personnel

refer to all medical staff and workers employed by medical institutions, including doctors of Chinese and Western medicine, senior doctors who integrate traditional Chinese therapeutics with Western therapeutics in practice, senior nurses, pharmacists of Chinese and Western medicine, laboratory specialists, other specialists, paramedics of Chinese and Western medicine, nurses, midwives, druggists in Chinese and Western medicine, laboratory technicians, other technicians, other practitioners of Chinese medicine, nursing attendants, pharmacological workers of Chinese and Western medicine, laboratory workers, and other primary medical personnel, excluding management personnel.

Licensed (Assistant) Doctors

refer to the medical workers who have obtained the licenses of qualified doctors (assistant doctors) and are employed in medical treatment, disease prevention or healthcare institutions, excluding the licensed doctors (assistant doctors) engaged in management job. The classification of licensed doctors (assistant doctors) is clinician, Chinese medicine, dentist and public health.

Total Expenditure on Health

reflects the total expenditure on medical and health care services of a country at certain period (usually in a year), estimated using funding source method. It includes government expenditure, social expenditure and individual cash expenditure.

Government Health Appropriation

refers to the expenditure of the governments at all levels on medical and health care services, health administration and health insurance management and undertakings of family planning.

Social Health Expenditure

refers to all inputs of society except the government in public health including the expenditures on social medical security, and commercial health insurance, private expenditure on operation of medical and health care, social donation and contribution, operating income of administration, etc.

Individual Cash Expenditure on Health

refers to expenditure in cash on various health services by rural and urban residents, including self payments of residents within the system of multi-medical insurance.

Total Expenditure on Health as Percentage of GDP

refers to the ratio of total expenditure on public health in a year to GDP, which indicates the capital inputs of the government in the public health in certain period of time, and the attention of the government and society paid on the health of residents.

Operating Expenses for Children Planning

include nine components: namely, expenses for relief or free family planning operation, expenses for birth control medicine & tools, expenses for family planning employee, health care expenses for only son and daughter, expenses for publicity, expenses for service station, expenses for family planning management of fluid population, expenses for personnel training, other operation expenses for family planning.

Death Rate of Infants

refers to the ratio of the number of dead infant below 1 year to the number of living in one year. The following formula is used:

$$\text{The Death Rate of Infant} = \frac{\text{Number of Dead Infant below 1 Year}}{\text{Number of Living}} \times 1000‰$$

Death Rate of Pregnant and Lying-in Women

refers to the ratio of the number of dead pregnant women to the living number. The death of pregnant woman usually refers from gestation to die after give birth to child in 42 days, including surgery reason, family planning operation, pregnancy outside the womb, grape embryo dead women, excluding die due to accident trouble.

Bcg Vaccine, Poliovirus, Pertussis, Diphtheria Tetanus, Measles and Hepatitis B Vaccine Inoculation Rate

refers to the ratio of the number of children inoculating vaccine to the children on the age to inoculate vaccine. The children on the age to inoculate vaccine include the children avoiding inoculating vaccine and living in some other places for 3 and more than 3 months, but exclude the children on age going out for 3 months. The following formula is used:

$$\text{Vaccine Inoculation Rate} = \frac{\text{the Number of Children Inoculating Vaccine}}{\text{the Children on the Age to Inoculate Vaccine}} \times 100\%$$

The molecule: the actual number of children inoculating vaccine according to the standard of vaccine inoculation.

The denominator: the number of children according to the process of immunity should inoculate the vaccine in 12 months.

Urban Residents Receiving Lowest Cost-of-living

refers to the number of those whose average family income is below a minimum local standard by the end of the reporting period, including both the employed and unemployed, laid off and retired, and those jobless people without stable residence or valid Ids.

Rural Residents Receiving Lowest Cost-of-living

refers to the number of those receiving the minimum living allowances from the local government or community in the rural areas where this allowances system is in place as of the end of the reporting period.

Number of Urban Community Service Organization

refers to the number non-profit welfare set up by urban communities (community offices and residents' committees) to serve the community residents, including, among others, community-based centers that serve senior citizens, the handicapped or children, recreational centers, service centers, nursing homes, apartments for the elderly (nursery for the aged), work and treatment stations for the handicapped, day-care centers for handicapped children, domestic help agencies and dating services, as well as social insurance management agencies for the employees. Different types of community service providers that share the same premise are regarded as one community service organization. The requirements for a social service organization of communities include: (1) independent accounting; (2) fixed employees; (3) provision of services; (4) provision of service premises.

文化和体育
Culture and Sports
20

20-1 文化事业机构和人员情况 (2004—2012年)
Basic Statistics on Cultural Institutions and Personnel, 2004-2012

单位：个、人 (unit, person)

年 份 Year	艺术事业 Art	电影事业 Movie	公 共 图书馆 Public Library	档案机构 Archives Institution	群众文化 活动事业 Mass Culture	文 物 保护单位 Agency of Historic Relics Preservation	博物馆 Museums
机构数 Institutions							
2004	70	239	32	481	19	8	17
2005	61	190	32	410	19	8	18
2006	61	190	32	329	19	8	19
2007	61	187	32	341	19	8	18
2008	46	181	32	386	19	8	18
2009	43	172	31	399	19	8	18
2010	44	243	31	361	19	8	18
2011	73	286	31	324	19	8	19
2012	51	295	31	310	19	8	20
人员数 Personnel							
2004	2937	1959	1082	1144	706	117	658
2005	2663	1118	1057	913	710	133	679
2006	2686	842	1086	784	707	132	724
2007	2509	767	1074	553	679	130	728
2008	2276	767	1098	1154	681	137	711
2009	2287	1257	1087	1175	682	123	699
2010	2262	1738	1077	1180	656	119	719
2011	3547	2095	1051	911	643	108	698
2012	2426	2275	1272	911	626	102	717

20-2 图书报纸杂志出版情况 (2010—2012年)
Books, Newspapers and Magazines Publication, 2010-2012

项 目	Item	种 类(种) Number of Publications (kind)			总印数(万册) Total Copies (10 000 volumes)		
		2010	2011	2012	2010	2011	2012
图书出版总计	**Total Publication of Books**	**4747**	**4461**	**5319**	**3774**	**3942**	**4536**
本 版	Local Publications	4550	4236	5099	2810	2855	3391
租 型	Rent Copies	197	225	220	964	1087	1145
报纸出版总计	**Total Publication of Newspapers**	**43**	**43**	**43**	**94210**	**92516**	**90937**
综合报	Comprehensive Newspapers	27	27	25	85731	80852	79742
专业报	Professional Newspapers	16	16	18	8479	11664	11195
省、直辖市级报纸合计	Newspapers at Provincial or Municipal Level	27	27	27	94065	92359	90788
区(市)级报纸合计	Newspapers at District (City) Level	16	16	16	145	157	149
杂志出版总计	**Total Publication of Magazines**	**243**	**243**	**243**	**3713**	**3768**	**3802**
综 合	Comprehensive	2	3	3	13	12	15
哲学、社会科学	Philosophy and Social Sciences	43	45	45	896	955	968
自然科学、技术	Natural Sciences and Technology	140	140	141	798	816	835
文化、教育	Culture and Education	38	38	37	1112	1259	1254
文学、艺术	Literature and Art	14	17	17	631	726	730
少年儿童读物	Juvenile and Children's Book	6			263		

20-3 图书出版分类情况 (2010—2012年) Publication of Books by Category, 2010-2012

类 别 Item	种 类(种) Number of Publication (kind)			总印数(万册) Total Copies (10 000 volumes)		
	2010	2011	2012	2010	2011	2012
总 计 Total	**4747**	**4461**	**5319**	**3774**	**3942**	**4536**
马列主义、毛泽东思想 Marxism-Leninism, Mao Zedong Thought	5	3	3	2	3	2
哲 学 Philosophy	137	114	102	70	64	41
社会科学总论 General Social Sciences	80	47	55	34	17	19
政治、法律 Politics and Law	109	88	220	39	34	113
军 事 Military Affairs	4	4	8	2	2	4
经 济 Economics	314	307	314	109	138	99
文化、科学、教育、体育 Culture, Science, Education and Sports	1024	1105	1330	1251	2086	2342
语言、文字 Languages	328	243	293	123	106	108
文 学 Literature	578	659	864	529	730	870
艺 术 Art	658	693	808	533	394	482
历史、地理 History and Geography	301	167	192	644	83	96
自然科学总论 General Natural Sciences	7	4	13	2	3	4
数理科学、化学 Mathematics and Chemistry	76	82	99	29	29	38
天文学、地球科学 Astronomy and Geology	14	17	46	10	5	22
生物科学 Biology	21	19	66	8	5	30
医药、卫生 Medicine and Health Care	471	476	422	92	73	98
农业科学 Agricultural Science	108	40	44	33	13	9
工业技术 Industrial Technology	432	341	368	164	138	135
交通运输 Transportation	14	13	15	3	3	5
航空、航天 Aviation and Spaceflight		2	7		1	3
环境科学 Environmental Science	21	11	15	13	2	5
综合性图书 Comprehensive Books	31	24	30	42	7	10
其 他 Others	14	2	5	42	6	2

20-4 录像和录音制品出版情况 (2010—2012年) Publication of Video Products, 2010-2012

项 目	Item	种 数(种) Number of Category (kind)			数 量(万盒、万张) Volume (10 000 cassettes, pieces)		
		2010	2011	2012	2010	2011	2012
数码激光视盘	VCD	12	1	3	4	2	1
高密度激光视盘	DVD	137	32	18	27	7	50
录音带	Audio-tapes	6	11	2	5	4	2
激光唱盘	CD	70	49	31	18	29	35

20-5 广播和电视节目制作情况 (2012年) Production of Broadcasting and Television, 2012

单位：小时 (hour)

项　目 Item	全年制作节目时间 Annual Production of Programs	新　闻资讯类 News	专题服务类 Special Topic Service	综艺益智类 Variety Show and Wise Improvement	广播／影视剧类 Broadcasting, Film and Teleplay	广告类 Advertisement	其他类 Others
广播电台 Broadcasting Stations	**75810**	**12811**	**15763**	**25815**	**193**	**17824**	**3404**
电视台 Television Stations	**24601**	**4611**	**11852**	**5679**	**194**	**1872**	**393**
# 天津电视台 Tianjin	12033	2191	8337	1400	85	20	
武清区 Wuqing District	2590	184	1620	282		410	94
宝坻区 Baodi District	513	95	190	38		190	
滨海新区 Binhai New Area	3327	923	285	1171		892	56
塘　沽 Tanggu	2033	752	163	401		717	
汉　沽 Han'gu	378	73	17	288			
大　港 Dagang	916	98	105	482		175	56
宁河县 Ninghe County	685	375	235			75	
静海县 Jinghai County	1577	135	84	1334		24	
蓟　县 Jixian County	2120	365	760	600		152	243

20-6 广播和电视节目播出情况 (2012年) Programs of Broadcasting and Television, 2012

单位：小时 (hour)

项　目 Item	全年播出节目时间 Annual Broadcasting of Programs	新　闻资讯类 News	专题服务类 Special Topic Service	综艺益智类 Variety Show and Wise Improvement	广播／影视剧类 Broadcasting, Film and Teleplay	广告类 Advertisement	其他类 Others
广播电台 Broadcasting Stations	**144377**	**19948**	**26791**	**47570**	**1983**	**22071**	**26014**
电视台 Television Stations	**178102**	**21076**	**47399**	**9905**	**70747**	**17869**	**11106**
# 天津电视台 Tianjin	90671	7387	41658	2698	25153	13775	
武清区 Wuqing District	6753	348	1620	365	2435	1050	935
宝坻区 Baodi District	4104	274	415	270	2565	200	380
滨海新区 Binhai New Area	35300	2967	913	2330	20282	2074	6734
塘　沽 Tanggu	23038	2313	760	1552	13505	1282	3626
汉　沽 Han'gu	7300	405	18	288	3277	360	2952
大　港 Dagang	4962	249	135	490	3500	432	156
宁河县 Ninghe County	1423	479	258		605	81	
静海县 Jinghai County	6174	623	90	1583	3829	49	
蓟　县 Jixian County	5528	365	761	600	3376	183	243

20-7 广播电台和电视台情况 (2009—2012年)
Statistics on Broadcasting and Television Stations, 2009-2012

单位：套、时：分、% (set, hour：minute, %)

项　目	Item	2009	2010	2011	2012
广播电台	**Broadcasting Stations**				
节目套数	Number of Programs	21	22	22	22
平均每日播音时间	Broadcasting Hours per Day	349:06	365:16	378:13	395:33
广播覆盖率	Listener Rating	100	100	100	100
电视台	**Television Stations**				
节目套数	Number of Programs	31	33	36	37
平均每周播出时间	Program Hours per Week	2875:19	2918:00	3509:47	3415:49
电视覆盖率	Viewer Rating	100	100	100	100

20-8 有线电视基本情况 (2009—2012年)
Basic Statistics on Cable Television, 2009-2012

项　目　Item	2009	2010	2011	2012
有线电视总用户数(万户)				
Subscribers (10 000 households)	246	262	291	278
有线电视入户率(%)				
Popularity Rate (%)	75.07	77.98	84.81	80.37
有线广播电视传输网络干线总长(公里)				
Lines Total (kilometer)	6148	6500	6638	6731

20-9 电影放映单位基本情况 (2009—2012年)
Basic Statistics on Film Projecting Units, 2009-2012

单位：个 (unit)

项　目	Item	2009	2010	2011	2012
电影放映单位	Film Projecting Units	172	243	248	254
电影放映队	Projecting Teams	139	192	192	192
加入院线影院	Theater Chains	13	24	33	42
未加入院线影院	Non-Theater Chains	20	27	23	20
拥有坐席数	Seats	32513	38569	62925	74131
放映场次(场次)	Projecting Performances (time)	12548	254543	358419	505699
观众人次(万人次)	Audience (10 000 person-times)	27	928	1600	1716

注：2010年起电影放映场次和观众人次为全行业口径。
Note: Projecting performances and audience adopt the coverage of whole industry from 2010.

20-10 艺术事业基本情况(2009—2012年) Basic Statistics on Art, 2009-2012

项　　目	Item	2009	2010	2011	2012
艺术表演团体	**Art Performance Troupes**				
机构数(个)	Institutions (unit)	15	16	16	16
话剧团、儿童剧团	Drama and Children Troupes	2	2	2	2
歌舞剧团	Song and Dance Troupes	1	1	1	1
文工团、文宣队	Cultural and Performance Troupes	1	1	1	1
戏曲剧团	Local Opera Troupes	7	8	8	8
# 京　剧	Local Beijing Opera Troupes	2	2	2	2
曲剧团、杂技团、木偶团	Recitation and Ballad Troupes, Acrobatic and Circus Troupes, Puppet Show Troupes	3	3	3	3
乐团、合唱团	Philharmonic Troupes and Chorus	1	1	1	1
工作人员数(人)	Employment (person)	1901	1893	1900	1914
演出场次(场)	Number of Performances (time)	2774	3411	3430	3069
# 到农村演出	Shows in Rural Areas	602	460	650	465
观众人次(万人次)	Number of Spectators (10 000 person-times)	213	242	238	178
艺术表演场所	**Art Performance Places**				
机构数(个)	Institutions (unit)	39	37	57	35
剧场、影剧院	Theaters and Cinema	28	27	29	29
书场、曲艺厅	Storytelling Places, Folk Art Forms	3	3	5	1
综合性、其他场所	Comprehensive Places and Others	8	6	22	4
音乐厅	Concert Hall		1	1	1
坐席数(个)	Seats (unit)	30171	24641	44610	26255
工作人员数(人)	Employment (person)	1044	503	1647	512
演出场次(场)	Number of Performances (time)	19785	20400	17090	16062
观众人次(万人次)	Number of Spectators (10 000 person-times)	222	234	145	148

20-11 档案机构和人员情况 (2010—2012年)
Statistics on Archives Institutions and Personnel, 2010-2012

单位：个、人 (unit, person)

项　　目	Item	2010	2011	2012
机构数	**Number of Institutions**	**361**	**324**	**310**
档案行政管理部门	Administrate Department of Archives	17	17	17
国家综合档案馆	National Comprehensive Archives	20	20	20
国家专门档案馆	National Special Archives	1	1	2
部门档案馆	Department Archives	6	6	6
文化事业档案馆	Culture Archives Institutions	5	5	5
企业档案馆	Enterprise Archives Institutions	3	2	3
机关事业单位档案室	Achives in Government and Institution	111	124	108
大型企业档案室	Achives in Large-sized Enterprise	198	149	149
专职工作人员	**Full-time Personnel**	**1180**	**911**	**911**
档案行政管理部门	Administrate Department of Archives	510	412	478
国家专门档案馆	National Special Archives	44	51	32
部门档案馆	Department Archives	59	71	107
文化事业档案馆	Culture Archives Institutions	41	40	41
企业档案馆	Enterprise Archives Institutions	26	15	21
机关事业单位档案室	Achives in Government and Institution	159	126	113
大型企业档案室	Achives in Large-sized Enterprise	341	196	119
兼职工作人员	**Part-time Personnel**	**1638**	**1255**	**1243**
机关事业单位档案室	Achives in Government and Institution	819	829	757
大型企业档案室	Achives in Large-sized Enterprise	819	426	486

20-12 各级各类档案馆基本情况 (2010—2012年)
Basic Statistics on Diversiform Archives, 2010-2012

项　　目	Item	2010	2011	2012
馆藏档案	**Collection of Archives**			
全　宗(个)	Full-records (unit)	3099	3139	3293
案　卷(万卷)	Files (10 000 volumes)	603.19	621.03	744.93
录音、录像、影片(万盘)	Sounds and Movies Files (10 000 cassettes)	1.48	1.48	1.78
照　片(万张)	Photo Files (10 000 sheets)	41.82	39.55	49.09
底　图(万张)	Traced Drawings (10 000 pictures)	21.73	18.85	31.02
微缩微胶片(卷片)(万幅)	Microfilms (Reel) (10 000 pictures)	617.27	617.27	618.00
开放档案(万卷)	**Open Archives (10 000 sheets)**	**116.60**	**123.36**	**145.08**
利用档案资料	**Utilization of Archives**			
利用人次(万人次)	Users (10 000 person-times)	7.78	8.82	7.47
利用档案(万卷(件)次)	Access to Files (10 000 volume-times)	29.60	22.27	28.27
编研档案资料	**Materials and Archives Edited**			
公开出版(种)	Public Publication (kind)	10	19	18
(万字)	(10 000 words)	318	426	758
内部参考(种)	Internal Reference (kind)	41	52	54
(万字)	(10 000 words)	300	507	356
国家综合档案馆建筑面积(万平方米)	**Floor Space of National Comprehensive Archives(10 000 sq.m)**	**7.82**	**7.69**	**8.62**

20-13 机关事业单位档案室基本情况 (2010—2012年) Basic Statistics on Government and Institution Archives, 2010-2012

项　目	Item	2010	2011	2012
保存档案	**Keeping Archives**			
全　宗(个)	Full-records (unit)	175	200	262
以卷为保管单位档案(万卷)	archives by volumes(10 000 volumes)	159.78	172.54	85.92
以件为保管单位档案(万件)	archives by pieces (10 000 volumes)	121.71	143.74	150.84
底　图(万张)	Traced Drawings (10 000 pictures)	0.57	0.58	0.59
微缩胶片(卷片)(万幅)	Microfilms (Reel) (10 000 pictures)	9.89	9.89	9.89
机读目录	**Machine Readable Catalog**			
案卷级(万条)	Level of Archives (10 000 records)	71.77	84.92	25.39
文件级(万条)	Level of Files (10 000 records)	1010.62	1271.26	158.11
利用档案	**Utilization of Archives**			
利用人次(万人次)	Users (10 000 person-times)	4.39	5.15	1.93
利用数量(万卷(件)次)	Access to Files (10 000 volumes)	10.12	11.60	7.22
编研档案资料	**Materials and Archives Edited**			
公开出版(种)	Public Publication (kind)	1	4	19
(万字)	(10 000 words)	100	249	263
内部参考(种)	Internal Reference (kind)	80	43	152
(万字)	(10 000 words)	1013	903	866

20-14 企业单位档案室基本情况 (2010—2012年) Basic Statistics on Enterprises Archives, 2010-2012

项　目	Item	2010	2011	2012
保存档案	**Keeping Archives**			
全　宗(个)	Full-records (unit)	358	281	314
以卷为保管单位档案(万卷)	archives by volumes(10 000 volumes)	124.70	92.80	52.75
以件为保管单位档案(万件)	archives by pieces (10 000 volumes)	85.94	56.65	71.37
底　图(万张)	Traced Drawings (10 000 pictures)	127.52	96.11	38.72
机读目录	**Microfilms (Reel) (10 000 pictures)**			
案卷级(万条)	Level of Archives (10 000 records)	24.75	18.20	11.96
文件级(万条)	Level of Files (10 000 records)	57.79	51.24	53.20
利用档案	**Utilization of Archives**			
利用人次(万人次)	Users (10 000 person-times)	3.30	1.87	1.73
利用数量(万卷(件)次)	Access to Files (10 000 volumes)	20.87	6.35	4.37
编研档案资料	**Materials and Archives Edited**			
公开出版(种)	Public Publication (kind)	35	31	
(万字)	(10 000 words)	143	120	
内部参考(种)	Internal Reference (kind)	236	134	114
(万字)	(10 000 words)	465	289	113

20-15 公共图书馆情况 (2009—2012年)
Basic Statistics on Public Libraries, 2009-2012

项目	Item	单位	Unit	2009	2010	2011	2012
公共图书馆	Public Libraries	个	unit	31	31	31	31
工作人员	Employment	人	person	1087	1077	1051	1272
藏　书	Collections	万　册	10 000 volumes	1192	1258	1354	1469
书刊文献外借人次	Person-times of Lent-out	万人次	10 000 person-times	252	254	274	228
书刊文献外借册次	Book-times of Lent-out	万册次	10 000 volume-times	637	572	601	562
建筑面积	Floor Space of Buildings	平方米	sq. m	127610	133406	164430	256751
阅览室坐席	Seating Capacity of Reading Room	次	unit	9486	9072	9969	12446

20-16 博物馆和文物保护单位基本情况 (2009—2012年)
Basic Statistics on Museums and Cultural Relic Protection Units, 2009-2012

项目	Item	单位	Unit	2009	2010	2011	2012
博物馆	**Museums**						
单位数	Units	个	unit	18	18	19	20
工作人员数	Employment	人	person	699	719	698	717
文物藏品	Collection	万　件	10 000 pieces	58	58	69	69
举办陈列展览	Displays and Exhibitions	次	time	133	127	137	142
参观人次	Visitors	万人次	10 000 person-times	377	401	406	494
文物保护单位	**Cultural Relic Protection Units**						
单位数	Units	个	unit	8	8	8	8
工作人员数	Employment	人	person	123	119	108	102
藏　品	Collection	件	piece	2698	2733	2757	3702

20-17 群众文化事业基本情况 (2009—2012年)
Basic Statistics on Mass Art, 2009-2012

项目	Item	单位	Unit	2009	2010	2011	2012
单位数	**Units**	个	**unit**	**19**	**19**	**19**	**19**
群众艺术馆	Mass Art Centers	个	unit	1	1	1	1
文化馆	Cultural Centers	个	unit	18	18	18	18
工作人员数	**Employment**	人	**person**	**682**	**656**	**643**	**626**
文化活动情况	**Cultural Activities**						
举办展览	Exhibitions	次	time	141	142	170	214
组织文艺活动次数	Art Performances	次	time	1076	1020	1589	1271
举办训练班	Training Courses						
班　次	Classes	次	time	631	991	1211	2465
结业人数	Persons Completed Course	人	person	62530	73896	78000	191800

20-18 体育工作基本情况 (2009—2012年)
Basic Statistics on Physical Work, 2009-2012

单位：人 (person)

指　　标	Item	2009	2010	2011	2012
社会体育指导员人数	Social Physical Instructors			12694	18021
等级教练员	Grade Coaches	523	508	487	426
# 国家级	National Coaches	27	24	26	25
每十万人口社会体育指导员数	Number of Social Physical Instructors per 100 000 Persons			98	139

20-19 等级裁判员和运动员人数 (2010—2012年)
Number of Athletes and Referees in Grades, 2010-2012

单位：人 (person)

指　　标	Item	裁判员 Referees			运动员 Athletes		
		2010	2011	2012	2010	2011	2012
总 人 数	**Total**	**220**	**226**	**392**	**660**	**729**	**1795**
一　级	First Grade	118	98	155	292	473	368
二　级	Second Grade	102	128	237	368	256	1427
# 女　性	**Female**	**68**	**109**	**140**	**395**	**469**	**708**
一　级	First Grade	44	38	62	171	322	136
二　级	Second Grade	24	71	78	224	147	572

20-20 国际国内体育比赛获奖牌情况 (2012年)
Statistics on Medals Won in International & National Competitions, 2012

单位：块 (piece)

项　　目	Item	合　计 Total	金　牌 Gold Medal	银　牌 Silver Medal	铜　牌 Bronze Medal
总　　计	**Total**	**69**	**31**	**15**	**23**
国际比赛	**International Competitions**	**21**	**15**	**2**	**4**
世界比赛	World Competitions	17	12	2	3
跳　水	Diving	2	2		
体　操	Gymnastics	4	3	1	
举　重	Weight Lifting	1	1		
拳　击	Boxing	1	1		
国际式摔跤	International Wrestling	1			1
柔　道	Judo	6	3	1	2
跆拳道	Taekwondo	1	1		
击　剑	Fencing	1	1		
亚洲比赛	Asian Competitions	4	3		1
国内比赛（全国）	**Domestic Competitions (National)**	**48**	**16**	**13**	**19**

主要统计指标解释

电视人口覆盖率

指用普通的电视接收机，室外天线在离地面4米高处能在晚上正常收看电视节目的人数与全市总人口数之比。

广播人口覆盖率

指用普通的收音机在中午能正常收听广播节目的人数与全市总人口数之比。

文化事业机构

指从事专业文化工作和为专业文化工作服务的单独核算、独立建制的单位，不包括文化主管部门直属单位举办的其他行业和各部门的业余文化组织。

艺术表演团体

指从事戏曲、音乐、舞蹈、杂技等专业艺术表演，有独立账户、实行单独核算的团体。

电影放映单位

指具有放映机器设备，固定或不固定的放映场所与专职或兼职的放映技术人员，经文化部门登记批准，经常为一定的观众对象映出电影的机构。包括经批准对外开放进行营业并与电影发行放映管理机构分账的专用放映单位或军委系统租片在内。

等级运动员人数

指经考核正式批准授予等级运动员称号的人数。分为国际级运动健将，运动健将，一、二、三级运动员和少年级运动员。

等级裁判员人数

指经考核正式批准授予等级裁判员称号的人数。分为国际裁判、国家级裁判、一级裁判、二级裁判、三级裁判。

Explanatory Notes on Main Statistical Indicators

Viewer Rate

refers to the ratio of the number of watching TV to the total population using normal television sets with outdoor antenna four meters apart from ground in the evening.

Listener Rate

refers to the ratio of the number of listening radio to the total population using normal radiogram at noon.

Cultural Institutions

refer to units which have their own organizational system and independent accounting system and specialize in or serve cultural development. They exclude other establishments run by these cultural institutions and amateur cultural groups established by various departments.

Art Performance Troupe

refers to the troupe which is engaged in drama, opera, music, dance, acrobatics or other art performance, opens independent accounts with banks and has self-supporting accounting system.

Film Projecting Units

refer to these units with film projection equipment, full or part-time projectionists, permanent or non-permanent places, approved by related administrative departments to show films regularly for certain groups of audience, including those film projection units which have been approved to give commercial shows and run business with independent accounting system as well as those film-renting units of the military system.

Number of Athletes in Grades

refers to the number of athletes who have been given titles through examination. The titles of athletes include international masters of sports, masters of sports, first-grade, second-grade and third-grade sportsmen and young athletes.

Number of Referees in Grades

refers to the number of referees who have been given titles after examination. They are classified as international referees, national referees and referees of the first, second and third grades.

公共管理及其他 Public Management and Others 21

21-1 天津市历届人代会代表人数性别构成及议案、建议意见数
Number and Sex Composition of Delegacy, Proposal and Suggestion by Tianjin Municipal People's Congress

单位：人、件 (person, unit)

届别	Session	起止年月 The Time of Inauguration and Concluding	代表人数 Number of Delegate 总计 Total	女性 Female	男性 Male	议案立案数 Number of Cases Registered of Proposal	建议意见数 Given Proposal and Advice
第一届	First Congress	1954.08-1956.12	519	109	410	1614	
第二届	Second Congress	1956.12-1958.06	568	122	446	1201	
第三届	Third Congress	1958.06-1961.02	535	110	425		
第四届	Fourth Congress	1961.02-1963.12	845	208	637	133	
第五届	Fifth Congress	1963.12-1965.12	675	169	506	104	
第六届	Sixth Congress	1965.12-1966.05	698	171	527	27	
第七届	Seventh Congress						
第八届	Eighth Congress	1977.11-1980.06	959	224	735		
第九届	Ninth Congress	1980.06-1983.04	960	175	785	1958	
第十届	Tenth Congress	1983.04-1988.05	800	179	621	26	5337
第十一届	Eleventh Congress	1988.06-1993.05	719	134	585	65	3762
第十二届	Twelfth Congress	1993.05-1998.05	719	130	589	34	1924
第十三届	Thirteenth Congress	1998.05-2003.01	710	141	569	80	3597
第十四届	Fourteenth Congress	2003.01-2008.01	710	150	560	83	3147
第十五届	Fifteenth Congress	2008.01-2013.01	709	156	553	41	2456
第十六届	Sixteenth Congress	2013.01-2018.01	707	180	527	15	897

注：1. 资料来源：天津市人民代表大会常务委员会。2. 天津市第一届至第九届人民代表大会期间代表所提出的议案、建议统称为"提案"。
Note: a) Source: Tianjin Municipal People's Congress (MPC) Standing Committee. b) The Registered Cases and Advice Proposed from Tianjin First Congress until Ninth Congress are calculated to Proposals as total.

21-2 天津市历届政协委员会委员人数及提案立案数
Number of Delegacy, Proposal and Resolution Put on Record by Tianjin Political Consultative Conference

单位：人、件 (person, unit)

届别	Session	起止年月 The Time of Inauguration and Concluding	委员人数 Number of Commissary 总计 Total	女性 Female	男性 Male	提案立案数 Number of Resolution Put on Record
第一届	First Congress	1955.03-1960.03	188	42	146	
第二届	Second Congress	1960.03-1963.12	498	76	422	
第三届	Third Congress	1963.12-1965.11	432	73	359	
第四届	Fourth Congress	1965.11-1977.11	457	81	376	
第五届	Fifth Congress	1977.11-1980.06	615	132	483	
第六届	Sixth Congress	1980.06-1983.03	723	142	581	5028
第七届	Seventh Congress	1983.03-1988.04	739	162	577	4410
第八届	Eighth Congress	1988.04-1993.05	743	177	566	4869
第九届	Ninth Congress	1993.05-1998.05	757	179	578	3800
第十届	Tenth Congress	1998.05-2003.01	780	185	595	4563
第十一届	Eleventh Congress	2003.01-2008.01	780	200	580	5181
第十二届	Twelfth Congress	2008.01-2013.01	783	208	575	3255
第十三届	Thirteenth Congress	2013.01-2018.01	780	200	580	964

资料来源：中国人民政治协商会议天津市委员会。
Source: Tianjin Municipal Committee of CPPCC.

21-3 基层工会组织情况(2009—2012年)
Statistics on Grassroots Unions, 2009-2012

项目	Item	2009	2010	2011	2012
机构数(个)	**Institutions (unit)**	**28352**	**37553**	**69721**	**75925**
# 国有企业	State-owned Enterprises	2068	1678	3842	2136
集体企业	Collective-owned Enterprises	1283	677	1291	1178
私营企业	Private Enterprises	10852	26554	28356	51538
港澳台商投资企业	Enterprises with Investment from Hong Kong, Macao and Taiwan	540	584	346	459
外商投资企业	Foreign Funded Enterprises	2383	2186	2303	1971
事业	Institutions	3364	4190	5209	4056
机关	Government Agencies	1226	1684	1604	2149
工会会员人数(万人)	**Number of Union Members (10 000 persons)**	**383.25**	**269.07**	**368.50**	**370.75**
# 国有企业	State-owned Enterprises	81.69	72.19	90.77	54.49
集体企业	Collective-owned Enterprises	19.52	6.43	20.40	8.10
私营企业	Private Enterprises	80.90	94.38	97.90	134.39
港澳台商投资企业	Enterprises with Investment from Hong Kong, Macao and Taiwan	7.37	7.81	3.95	7.61
外商投资企业	Foreign Funded Enterprises	42.69	38.22	29.74	38.68
事业	Institutions	53.49	35.72	42.23	34.50
机关	Government Agencies	17.04	14.31	12.68	14.86

注：2010年及以后数据为全国总工会普查数据，其中“机构数”为“基层工会涵盖单位数”，“机构数”、“工会会员人数”中“企业”指正常生产经营企业。
Note: Data from 2010 are from ACFTU census. “Institutions” refers to number of units contained in grass-root unions, number of enterprises in “Institutions” and “Number of Union Members” refer to enterprises in operation.

21-4 妇联组织情况(2009—2012年)
Statistics on Women’s Federation Organizations, 2009-2012

项目	Item	2009	2010	2011	2012
妇联组织机构(个)	**Woman Organizations (unit)**	**257**	**255**	**255**	**255**
区妇联	District Woman Organizations	15	13	13	13
县妇联	County Woman Organizations	3	3	3	3
乡妇联	Township Woman Organizations	136	136	136	136
街妇联	Street Woman Organizations	103	103	103	103
妇联干部总数(人)	**Cadres in Woman Organizations (person)**	**474**	**472**	**477**	**475**
市妇联	Municipal Woman Organizations	61	59	61	59
区妇联	District Woman Organizations	120	119	121	121
县妇联	County Woman Organizations	22	24	19	19
乡镇、街道妇联	Township and Street Woman Organizations	271	270	276	276

21-5 人民调解工作基本情况
Basic Statistics on People's Mediation

项　　目	Item	2011	2012
人民调解委员会(个)	People's Mediation Committees (unit)	5732	5761
人民调解员(人)	People's Mediator (person)	35861	36084
调解纠纷(件)	Disputes (case)	76446	78143
# 成功数	Success	73807	76111
# 婚姻家庭纠纷	Marriage and Family	16353	11411
邻里纠纷	Neighbour	20584	17762
合同纠纷	Contract	2493	4774
劳动纠纷	Labour	2323	6734
征地拆迁纠纷	Land Requisition and Demolition	3883	4024
房屋宅基地纠纷	House Site	4558	3321
防止民间纠纷转化为刑事案件数(件)	Prevent Criminal Case from Civil Dispute (unit)	244	105
防止民间纠纷转化为刑事案件人数(人)	Prevent Criminal Case from Civil Dispute (person)	998	384
防止民间纠纷引起自杀案件件数(件)	Prevent Suicide of Civil Dispute (unit)	11	35
防止民间纠纷引起自杀案件人数(人)	Prevent Suicide of Civil Dispute (person)	21	35

21-6 律师工作基本情况 (2009—2012年)
Basic Statistics on Lawyers, 2009-2012

项　　目 Item	单　位 Unit	2009	2010	2011	2012
律师事务所 Law Offices	所 unit	307	350	395	421
执业律师 Certified Lawyers	人 person	2687	3134	3644	4154
# 专职律师 Full-time Lawyers	人 person	2376	2807	3307	3790
兼职律师 Part-time Lawyers	人 person	190	204	214	212
担任常年法律顾问 As Permanent Legal Advisers	家 unit	4183	4555	4403	4769
民商事务 Civil and Economic Cases	件 case	20310	20533	20008	20409
刑事辩护 Criminal Defense Cases	件 case	3376	3326	3307	3539
行政诉讼代理 Agent of Administrative Actions	件 case	355	651	256	191
非诉讼事务 Off-court Cases	件 case	5686	6377	6461	4374
解答法律咨询 Legal Advisory Services	人 次 person-time	23574	25205	22537	17134
代写法律文书 Legal Document Written on Behalf of Clients	件 case	4108	5945	3732	3354

21-7 公证工作基本情况 (2010—2012年)
Basic Statistics on Notarization, 2010-2012

项　　目	Item	2010	2011	2012
公证机构(个)	Notary Offices (unit)	21	21	21
公证员(人)	Notarial Personnel (person)	285	280	299
办理公证(件)	Notarized Documents (case)	149228	145723	143948
国内公证	Total Domestic Affairs	82242	77071	76292
涉外公证	Total Concerned Foreign Affairs	66037	67593	66731
涉港澳台公证	Total Concerned Hong Kong, Macao and Taiwan Affairs	949	1059	925

21-8 法律援助工作情况
Statictics on The Legal Aid Work

项　　目	Item	2011	2012
法律援助中心(个)	Legal Aid Center (Unit)	23	23
妇女法律援助工作站点(个)	Numbers of Women's Legal Aid Workstation (Unit)	14	14
未成年人法律援助工作站点数(个)	Numbers of Legal Aid Center For minor (Unit)	11	11
注册法律援助律师(人)	Registered Legal Aid Lawyer (person)	55	60
法律援助人数(人)	Numbers of Person Received Legal Aid (person)	4865	4261
# 援助残疾人	Assistance to The Disabled	295	315
援助老年人	Assistance to The Aged	165	155
援助未成年人	Assistance to Minor	401	345
援助妇女	Assistance to Feme	694	554
援助农民工	Assistance to Migrant Workers	285	2717
法律援助案件(件)	Number of Cases Received Legal Aid(case)		
刑事案件	Criminal Case	726	595
民事案件	Civil Case	4133	3659
行政案件	Administrative Case	6	6
法律咨询(人次)	Leagal Consultation (person-times)	43219	27307

21-9 检察机关立案侦查经济案件情况(2012年)
Economic Cases under Investigation by Procuratorial Organs, 2012

项目 Item	侦查经济案件 Economic Cases Investigated	#贪污 Corruption	#挪用公款 Misappropriate of Public Funds	#贿赂案 Bribery	#受贿 Accepting Bribe
立案(件) **Cases Registered (case)**	**256**	**163**	**37**	**55**	**38**
# 5万元至10万元 50-100 thousand yuan	87	70	5	12	12
10万元至50万元 100-500 thousand yuan	90	44	15	31	15
50万元至100万元 500-1 000 thousand yuan	12	9	2	1	1
100万元以上 Over 1 000 thousand yuan	27	11	12	3	2
犯罪嫌疑人(人) **Criminal in Cases Registered (person)**	**385**	**270**	**44**	**70**	**45**
机关工作人员 Civil Servant	23	17	1	4	4
国有公司企业工作人员 Personnel of State-owned Enterprises	238	171	25	42	30
国有事业单位工作人员 Personnel of State-owned Institutions	19	10	3	6	6
委派到非国有单位从事公务人员 Functionary Appointed to Non-state Units	4	3	1		
人民团体从事公务人员 Functionary Appointed to Mass Organizations	1	1			
其他依法从事公务人员 Other Personnel in the Line of Duty	65	52	9	4	4
其他 Others	35	16	5	14	1
结案 **Cases Settled**					
件数(件) Number of Cases (case)	242	149	37	55	42
人数(人) Number of Persons (person)	353	239	42	71	50
# 移送起诉 Handover to Suit					
件数(件) Number of Cases (case)	229	143	36	49	37
人数(人) Number of Persons (person)	336	230	41	64	44
撤销案件 Cases Withdrawn					
件数(件) Number of Cases (case)	6	3		3	2
人数(人) Number of Persons (person)	6	3		3	2
侦结认定金额(万元) **Value Approved by Procuratorial Organs in Cases Settled (10 000 yuan)**	22510.43	6719.13	11954.65	1980.85	1613.20
挽回经济损失(万元) **Retrieve Pecuniary Losses (10 000 yuan)**	11611.48	3030.01	5814.09	967.38	964.73

21-10 法院民事案件收案和结案情况 (2012年)
Civil Cases Accepted & Settled by Courts, 2012

单位：件 (case)

项目	Item	收案 Cases Accepted	结案 Cases Settled	#调解 Mediation	#判决 Judgement
合同纠纷案件	**Contracts Disputes**	**72187**	**70840**	**19378**	**22621**
# 买卖合同	Buying and Selling Contracts	7837	8150	2877	2501
房地产合同	Real Estate Contracts	5260	4730	1558	1929
借款合同	Debts Contracts	14970	14802	4745	7040
建设工程合同	Construction Project Contracts	1774	1633	458	604
劳动争议案件	Labour Disputes	4815	4964	1090	2330
运输合同	Transportation Contracts	367	371	110	127
婚姻家庭案件	**Marriages and Family Affairs**	**18403**	**18080**	**6880**	**5994**
# 离婚	Divorce	13112	12954	4759	4376
抚育	Foster	1074	1076	468	326
赡养	Support	583	577	152	230
继承纠纷案件	**Inheritance Disputes**	**1390**	**1351**	**516**	**478**
继承	Inheritance	740	736	283	274
遗嘱	Testament	366	345	159	99
继承权	Inheritance Right	3	4		3
抚养	Bring-up	8	7	2	2
其他	Others	273	259	72	100

21-11 法院行政案件收案和结案情况 (2012年)
Administrative Cases Accepted and Settled by Courts, 2012

单位：件 (case)

项目	Item	收案 Cases Accepted	结案 Cases Settled	#维持 Affirmation of Original Judgement	#撤消 Cancel Settled	#撤诉 Withdrawn	未结 Cases Unsettled
合计	**Total**	**771**	**740**	**159**	**35**	**256**	**105**
公安	Public Security	124	132	39	7	61	2
资源	Resources	54	56	7	4	13	1
城建	City Construction	211	170	14	6	48	65
工商	Industry and Commerce	15	15	3	1	6	5
技术监督	Technical Supervision	1	1				
计划生育	Birth Control						
卫生	Health Care	4	3	1			1
药品	Medicine	1	1				
环保	Environment Protection	1	1				2
交通	Transportation	66	68	5		48	1
税务	Tax	4	2			1	4
劳动和社会保险	Labour & Social Security	189	188	74	13	40	10
司法行政	Judicature	1	1			1	
民政	Civil Affairs	9	7		1	3	2
教育	Education	6	7	1	1	1	
乡政府	Township Government	11	10			8	1
其他	Others	74	78	15	2	26	11

21-12 社会保障事业发展情况(2010—2012年) Basic Statistics on Social Security, 2010-2012

单位：万人、亿元(10 000 person,100 million yuan)

指　　标	Item	2010	2011	2012
养老保险	**Basic Pension Insurance**			
城镇职工基本养老保险参保人数	Urban Staff and Workers Participated in Basic Pension Insurance	431.45	458.71	490.26
城乡居民养老保险参保人数	Urban and Rural Residents Participated in Pension Insurance	92.23	98.00	102.60
城镇职工基本养老保险实际缴费人数	Urban Staff and Workers Paying for Basic Pension Insurance	226.67	258.48	270.72
基本养老保险基金收入	Revenue of Basic Pension Insurance Programme	279.04	335.82	420.49
基本养老保险基金支出	Expenditure of Basic Pension Insurance Programme	272.03	315.07	365.02
基本养老保险基金累计结余	Balance of Basic Pension Insurance Programme	203.01	223.75	279.23
医疗保险	**Basic Medical Insurance**			
城镇职工基本医疗保险参保人数	Urban Staff and Workers Participated in Basic Medical Insurance	469.98	474.52	479.07
城乡居民医疗保险参保人数	Urban and Rural Residents Participated in Medical Insurance	486.00	498.27	502.23
基本医疗保险基金收入	Revenue of Basic Medical Insurance Programme	120.84	135.17	157.40
基本医疗保险基金支出	Expenditure of Basic Medical Insurance Programme	108.36	118.51	140.59
基本医疗保险基金累计结余	Balance of Basic Medical Insurance Programme	51.47	68.13	84.94
失业保险	**Unemployment Insurance**			
参保人数	Staff and Workers Participated in Unemployment Insurance	246.09	258.75	268.69
领取失业保险金期末人数	Final Personnel Drawing Unemployment Insurance Programme	3.52	2.78	1.97
领取保险金累计新增人数	Newly Total Increased in Current Year	3.09	2.25	2.19
保险基金收入	Revenue of Unemployment Insurance Programme	21.07	25.74	30.51
保险基金支出	Expenditure of Unemployment Insurance Programme	13.93	14.56	12.80
保险基金累计结余	Balance of Unemployment Insurance Programme	48.67	59.85	77.56
工伤保险	**Work Injury Insurance**			
参保人数	Staff and Workers Participated in Work Injury Insurance	304.45	320.42	330.06
保险基金收入	Revenue Insurance Programme	5.89	7.06	8.22
保险基金支出	Expenditure Insurance Programme	4.67	6.56	7.44
保险基金累计结余	Balance Insurance Programme	11.22	11.72	12.49
生育保险	**Maternity Insurance**			
参保人数	Staff and Workers Participated in Maternity Insurance	212.02	234.60	242.72
保险基金收入	Revenue Insurance Programme	5.59	6.84	8.25
保险基金支出	Expenditure Insurance Programme	4.57	4.57	5.62
保险基金累计结余	Balance Insurance Programme	10.73	13.00	15.63
社会保障标准(元/月)	**Social Security Standard（yuan per month）**			
最低工资标准	Minimum Standard of Wages of Staff and Workers	920	1160	1310
城镇居民最低生活保障标准	Minimum Standard of Urban Living Security	450	480	520
农村居民最低生活保障标准	Minimum Standard of Rural Residents	250	280	320

资料来源：天津市人力资源和社会保障局、天津市民政局。
Source: Tainjin Municipal Human Resources & Social Security Bureau, Tianjin Municipal Civil Affairs Bureau.

21-13 劳动争议处理情况 (2009—2012年)
The Disposal of Labour Disputes, 2009-2012

单位：件 (case)

项　目 Item	2009	2010	2011	2012
上期未结案数 Number of Cases Left Over from Last Period	**2044**	**3071**	**3114**	**2909**
案件受理情况 Cases Accepted				
当期案件受理数 Number of Cases	19133	15139	14450	13988
# 集体劳动争议数 Number of Collective Labour Disputes	85	99	64	59
# 劳动者申诉案件数 Number of Cases Appealed by Labourers	18489	14349	14320	13747
按争议原因分 By Cause of Disputes				
确认劳动关系 Confirmation of labor relations	78	61	80	215
解除、终止劳动合同 Relieve the Labour Contract	1492	882	2022	2171
劳动报酬 Labor remuneration				5476
社会保险 Social Insurance				3422
其　他 Others	17563	14196	12348	2704
劳动者当事人数(人) Number of Persons Involved (person)	23835	17003	16044	15857
# 集体争议劳动者当事人数 Number of Persons Involved in Collective Disputes	4787	1963	1580	1082
案件处理情况 Cases Settled				
结案数 Number of Cases Settled	18106	15096	14655	14451
按处理方式分 By Manners of Settlement				
仲裁调解 Mediation	7213	7405	7537	7222
仲裁裁决 Arbitration Lawsuit	6859	4639	5373	6373
其他方式 Others	4034	3052	1745	856
按处理结果分 By Results of Settlement				
用人单位胜诉 Won by Units	3522	2218	2311	2225
劳动者胜诉 Won by Labours	7245	5722	5199	5406
双方部分胜诉 Partly by Both Parties	7339	7156	6359	6464
其　他 Others			786	356
本期未结案数 Number of Cases Unsettled	**3071**	**3114**	**2909**	**2446**

资料来源：天津市人力资源和社会保障局。
Source: Tianjin Municipal Human Resources & Social Security Bureau.

21-14 残疾人事业基本情况
Basic Statistics on Persons with Disabilities

项　目	Item	单　位	Unit	2011	2012
康　复	**Rehabilitation**				
白内障复明手术	Sight-restoring Cataract Surgeries	例	case	6038	5744
# 贫困白内障患者免费手术	Free Surgeries for Poor Cataract Patients	例	case	1307	1168
低视力者配用助视器	Vision-aids Provided for Persons of Low-vision	人	person	513	1868
聋儿语训年收训数	Children with Hearing Disability Trained for Hearing and Speech	人	person	46	56
精神病人数	Patients with Psychiatric Diseases	人	person	61794	62155
# 监护率	Guardianship Rate	%	%	95.34	95.28
显好率	Significant Improvement Rate	%	%	76.75	76.80
社会参与率	Social Involvement Rate	%	%	66.61	66.67
肢体残疾康复训练人数	Rehabilitation of Persons with Physical Disability	人	person	1081	4472
# 肢体残疾儿童机构康复训练	Children Rehabilitated at Institutions	人	person	60	212
智力残疾儿童康复训练数	Rehabilitation of Children with Intellectual Disability	人	person	222	209
教　育	**Education**				
在校学生数	Students Enrollment				
# 特教普通高中	Special Education in Regular Senior Secondary Schools	人	person	206	132
中等职业教育	Middle Vocational Educational Institutions	人	person	21	15
高等院校录取残疾人数	Handicapped Students Matriculated by Institutions of Higher Education	人	person	10	20
就　业	**Employment**				
当年安排城镇残疾人就业	Employment of Urban Disabled Persons in Current Year	人	person	3070	2564
# 集中安排就业	Employed at Welfare Enterprises	人	person	626	643
按比例安排就业	Employed by Quota Scheme	人	person	2107	1511
农村残疾人就业人数	Employment of Rural Disabled Persons	人	person	66840	67258
社会保障	**Social Security**				
城镇残疾职工参加社会保险人数	Urban Disabled Workers Participated in Social Insurance	人	person	36053	35997
残疾居民参加医疗保险人数	Disabled Residents Participated in Medical Insurance	人	person	123699	155402
城镇个体就业参加社会保险人数	Urban Individual Employment Participated in Social Insurance	人	person	373	133
享受城乡最低生活保障残疾人数	Disabled Persons Enjoying Subsidies for the Lowest Cost-of-living	人	person	50880	55122
扶　贫	**Poverty Alleviation**				
扶持贫困残疾人	Poverty Alleviation for Disabled Persons	人次	person-time	9028	17077
实用技术培训人次	Training of Practical Technique	人次	person-time	3171	2884
残疾人扶贫基地	Bases of Poverty Alleviation for Disabled Persons	个	unit	144	154
维　权	**Rights Protection**				
残疾人法律援助(服务)中心	Legal Aid (Service) Center for Disabled Persons	个	unit	17	17
残疾人法律援助(服务)中心办理的案件	Cases Transacted by Legal Aid (Service) Center for Disabled Persons	件	unit	517	461
组织建设	**Organization Construction**				
持证残疾人总数	Sum of Disabled Persons with Certificates of Disability	万人	10 000 persons	21	22
各级残联实有人数	Staff and Workers of Disabled Persons' Federations	人	person	837	893

资料来源：天津市残疾人联合会。
Source: Tianjin Disabled Persons' Federation.

21-15 受理消费者投诉情况(2012年)
Basic Statistics on Accepted Cases of Consumer Institution, 2012

项目	Item	总计 Total	质量 Quality	售后服务 After-sale Service	价格 Price	计量 Measure
受理投诉件数总计(件)	**Total Number of Accepted Cases (item)**	**2348**	**1212**	**347**	**50**	**27**
家用电子电器类	Household Electric Appliance	494	321	97	5	
服装鞋帽类	Garments, Shoes and Hats	251	195	26	3	1
食品类	Food	155	101	1	8	14
烟、酒饮料类	Tobacco, Liquor and Drink	37	18	1	2	1
房屋及建材类	House and Decoration Materials	134	68	27	3	2
日用商品类	Daily Use Household Articles	303	165	62	6	4
首饰及文体用品类	Jewelry, Cultural and Sports Articles	29	21	1	1	
医药及医疗用品类	Medicine and Medical Treatment Articles	19	9			
交通工具类	Transportations	278	103	101	2	
农用生产资料类	Agricultural Production Materials	21	15			
生活、社会服务类	Living and Social Services	320	98	7	10	3
房屋装修及物业服务类	House Decoration and Property Management	43	25	3	5	
旅游服务	Tourism Services	6	1			
文化、娱乐、体育服务	Cultural, Recreational and Sports Services	31	5			
邮政业服务	Post Services	17	4	1	1	
电信服务	Telecommunication Services	37	9	3		
互联网服务	Internet Services	21	11	3	1	
金融服务	Finance Services	2				
保险服务	Insurance Services	3				
卫生保健服务	Health Care Services	2				
教育培训服务	Educational Services	12	2			
公共设施服务	Public Facility Services	21	6			2
销售服务	Sales Services	35	4	6	2	
其他商品和服务	Other Commodities and Services	77	31	8	1	
解决件数总计(件)	**Total Cases Solved (item)**	**2299**				

注：本资料为天津市消费者协会系统的统计数据，不含各监测站的统计资料。
Note: Data of this table are provided by Tianjin Municipal Consumer Institution, excluding those data calculated by each monitor station.

21-15续表 Continued

项　目	Item	营销合同 Business Contract	虚假宣传 False Propaganda	假　冒 Counterfeit	其　他 Others
受理投诉件数总计(件)	**Total Number of Accepted Cases (item)**	**428**	**46**	**25**	**213**
家用电子电器类	Household Electric Appliance	27	13	7	24
服装鞋帽类	Garments, Shoes and Hats	5	2	1	18
食品类	Food	6	8	1	16
烟、酒饮料类	Tobacco, Liquor and Drink	2	1	6	6
房屋及建材类	House and Decoration Materials	19	3	2	10
日用商品类	Daily Use Household Articles	40	2	2	22
首饰及文体用品类	Jewelry, Cultural and Sports Articles	4	1	1	
医药及医疗用品类	Medicine and Medical Treatment Articles	5	4		1
交通工具类	Transportations	59		3	10
农用生产资料类	Agricultural Production Materials				6
生活、社会服务类	Living and Social Services	162	4		36
房屋装修及物业服务类	House Decoration and Property Management	7			3
旅游服务	Tourism Services	3	2		
文化、娱乐、体育服务	Cultural, Recreational and Sports Services	21	1		4
邮政业服务	Post Services	9			2
电信服务	Telecommunication Services	12	1	2	10
互联网服务	Internet Services	5			1
金融服务	Finance Services	1			1
保险服务	Insurance Services	3			
卫生保健服务	Health Care Services		1		1
教育培训服务	Educational Services	9			1
公共设施服务	Public Facility Services	9			4
销售服务	Sales Services	14	2		7
其他商品和服务	Other Commodities and Services	6	1		30
解决件数总计(件)	**Total Cases Solved (item)**				

主要统计指标解释

律　师

指依法取得律师执业证书，担任法律顾问、民事(刑事、行政)案件代理人、刑事案件辩护人，办理非诉讼业务，解答法律询问，代写法律事务文书等，为社会提供法律服务的人员。

公证人员

指在公证处工作的人员总称，包括公证处主任、副主任、公证员、公证员助理(助理公证员)和其他从事辅助性工作的人员。

办理公证文书

指公证处根据当事人申请，依照事实和法律，按照法定程序制作的，具有法律效力的司法证明文书。根据公证书用途和使用地，公证书分为国内公证书、国内经济公证书、涉外民事公证书、涉外经济公证书四类。

调解人员

指在人民调解委员会担负调解民间纠纷工作的人员，包括调解委员会的委员和调解小组的调解员。

调解民间纠纷

指调解委员会按照法律规定，根据自愿原则，用说服教育的方法调解民间发生的有关民事权利和义务争执的件数，包括调解成功数和调解未成功数。

受理劳动争议案件数

指劳动争议仲裁委员会根据国家有关规定，对劳动争议当事人的申请予以审查，符合受理条件而正式立案、准备处理的劳动争议案件数。

基本养老保险

1.（参保）职工人数：指报告期末按照国家法律、法规和有关政策规定参加基本养老保险并在社保经办机构已建立缴费记录档案的职工人数，包括中断缴费但未终止养老保险关系的职工人数，不包括只登记未建立缴费记录档案的人数。

2.（参保）离退休人员人数：指报告期末参加基本养老保险的离休、退休和退职人员的人数。

3. 基本养老保险基金收入：指根据国家有关规定，由纳入基本养老保险范围的缴费单位和个人按国家规定的缴费基数和缴费比例缴纳的养老保险基金，以及通过其他方式取得的形成基金来源的收入。包括单位和职工个人缴纳的基本养老保险费、基本养老保险基金利息收入、上级补助收入、下级上解收入、转移收入、财政补贴和其他收入。

4. 基本养老保险基金支出：指按照国家政策规定的开支范围和开支标准从养老保险基金中支付给参加基本养老保险的个人的养老金、丧葬抚恤补助，以及由于保险关系转移、上下级之间调剂资金等原因而发生的支出。包括离休金、退休金、退职金、各种补贴、医疗费、死亡丧葬补助费、抚恤救济费、社会保险经办机构管理费、补助下级支出、上解上级支出、转移支出、其他支出等。

5. 基本养老保险基金累计结余：指截至报告期末基本养老保险基金收支相抵后的累计余额。

基本医疗保险

1. 参保人数：指报告期末按国家有关规定参加基本医疗保险的人数。包括参加保险的职工人数和退休人员人数。

2. 基金收入：指根据国家有关规定，由纳入基本医疗保险范围的缴费单位和个人，按国家规定的缴费基数和缴费比例缴纳的基金，以及通过其他方式取得的形成基金来源的款项，包括：单位缴纳的社会统筹基金收入、个人缴纳的个人账户基金收入、财政补贴收入、利息收入、其他收入。

3. 基金支出：指按照国家政策规定的开支范围和开支标准从社会统筹基金中支付给参加基本医疗保险的职工和退休人员的医疗保险待遇支出，和从个人账户基金中支付给参加基本医疗保险的职工和退休人员的医疗费用支出，以及其他支出。包括：住院医疗费用支出、门急诊医疗费用支出、个人账户基金支出、其他支出。

4. 基金累计结余：指截至报告期末基本医疗保险的社会统筹和个人账户基金累计结余金额。包括银行存款、财政专户、债券投资和其他。

主要统计指标解释

失业保险

1. 参保人数：指报告期末按照国家法律、法规和有关政策规定参加了失业保险的城镇企业事业单位的职工及地方政府规定参加失业保险的其他人员的人数。

2. 失业保险基金收入：指按照规定从企业、事业及其他单位筹集的失业保险费及其他并入失业保险基金收入的总额。包括单位和个人缴纳的失业保险费、失业保险基金利息收入、上级补助收入、下级上解收入、转移收入、财政补贴和其他收入。

3. 失业保险基金支出：指报告期内为保障失业人员和下岗职工基本生活、促进其再就业等支出的基金总额。包括失业救济金、医疗费、死亡丧葬补助费、抚恤救济费、转业训练费支出、失业保险经办机构管理费、补助下级支出、上解上级支出、转移支出和其他支出。

4. 基金累计结余：指截至报告期末失业保险基金收支相抵后的累计余额。

Explanatory Notes on Main Statistical Indicators

Lawyers

are certified legal workers according to law, and who are employed by legal counseling firms to act as legal advisers, agents in criminal or civil lawsuits, or defenders in criminal lawsuits, or to handle non-litigious legal affairs, to advise on matters of law or to write legal papers for others, and provide service to the public.

Notarial Personnel

refers to people working for notary offices including: directors, deputy director, notaries, assistant notaries, and other people providing assistance.

Notarized Documents

refer to the judicatory notary documents drawn up by the request of the party and are in accordance with facts and laws and following certain legal proceedings. According to usage and locality, the notary documents are divided into following 4 types: domestic notary documents, domestic economic notary documents, foreign-related civil notary documents and foreign-related economic notary documents.

Mediators

refer to workers on people mediation committees responsible for mediating in civil disputes and cases of slight infraction of the law. They include members of the mediation committees and mediators of mediation groups.

Mediation of Civil Disputes

refers to number of cases made by mediation committees in mediating in civil disputes concerning civil rights and duties through persuasion and education in accordance with the provisions of law on a voluntary basis, so as to solve disputes by helping the parties involved come to an agreement and understanding, including those unsuccessful ones.

Number of Labour Dispute Cases Accepted

refers to the number of cases of labour dispute submitted that, after being reviewed by the labour dispute arbitration committees in line with the relevant national regulations, are accepted and registered for treatment.

Basic Pension Insurance

1. Number of staff and workers covered refer to staff and workers participating in the basic pension insurance programme according to national laws, regulations and related policies at the end of the reference period, who have already had payment records in social security management agencies, including those who have interrupt payment without terminating the insurance programme. Those who have registered in the programme but with no payment records are not included.

2. Number of retirees participating in the basic pension insurance programme refer to the number of retirees participating in basic pension insurance programmes by the end of the reference period.

3. Revenue of the basic pension insurance programme refers to payments made by employers and individuals participating in the pension insurance programme in accordance with the basis and proportion stipulated in State regulations, and income from other sources that become source of pension insurance fund, including the premium paid by employers and staff and workers, interest income, subsidies from higher level agencies, income as transfer from subordinate agencies, transferred income, government financial subsidies and other income.

4. Expenditure of basic pension insurance programme refers to payment made on pensions and funeral subsidies to those retired and resigned people covered in pension insurance programmes according to related national policies on scope and standard of expenditure. Also included are expenditure which arises due to shift of the insurance relationship or adjustment of funds among agencies. More specifically, included are pensions for resigned people, pensions for retired people, pension for people quitting jobs, various subsidies, medical fees, funeral subsidies, compensation payments, management fees for social security agencies, expenses on subsidies to lower subordinates, expenses as transfer to agencies at higher level, transferred expenditure and other expenditure.

5. Balance of basic pension insurance programme refers to the balance of basic pension insurance funds at the end of the reference period after deducting expenses

from revenue.

Basic Medical Care Insurance

1. Number of people participating in the insurance programme refers to people participating in the basic medical care insurance programme according to related regulations as at the end of reference period, including number of staff and workers and retirees participating in this insurance programme.

2. Revenue of the insurance programme refers to payments made by employers and individuals participating in the medical care insurance programme in accordance with the basis and proportion stipulated in State regulations, and income from other sources that become source of medical insurance fund, including income of social comprehensive funds paid by employers, income from individual accounts, government financial subsidies, interest income and other income.

3. Expenditure of the insurance programme refers to payment made from social comprehensive funds to those retired and resigned people covered in basic medical care insurance within the scope and standards of expenditure according to related national policies, and medical care payment made from individual accounts to staff and workers and retirees, and other expenses, including medical expenses of hospital inpatients, medical expenses for outpatients and emergency patients, payment from individual accounts and other expenditure.

4. Balance of the basic medical care insurance programme refer to the balance of medical care insurance of social comprehensive funds and individual accounts at the end of the reference period, including bank savings, special fiscal accounts, investment in bonds and others.

Unemployment Insurance

1. Number of people covered refers to staff and workers in urban enterprises or institutions who have participated in unemployment insurance programme in line relevant policies and regulations, and other people who have participated according to local government regulations, by the end of reference period.

2. Revenue of unemployment insurance refer to payments made by employers and individuals participating in unemployment insurance programme in accordance with relevant regulations and other income contributed to this programme, including unemployment insurance premium made by employers and individuals, interest income, subsidies from higher level agencies, income as transfer from subordinate agencies, transferred income, government financial subsidies and other income.

3. Expenses of unemployment insurance refer to total expenses during the reference period to guarantee the basic livelihood of unemployed people and laid-off staff and workers and to encourage their re-employment. Included are unemployment relief, medical fees, funeral subsidies, compensation pension, training expenses, management fees for unemployment insurance agencies, subsidies to lower level agencies, expenses as transfer to higher level agencies, transferred expenditure and other expenditure.

4. Balance of unemployment insurance refer to the balance of unemployment revenue deducting unemployment expenses at the end of the reference period.

22 区县基本情况
Basic Statistics on Districts and Counties

22-1 各区县主要经济指标 (2012年)
Basic Statistics on Districts and Counties, 2012

单位：亿元 (100 million yuan)

区　县	Region	区　县 生产总值 Gross Domestic Product of District and County	2012 比2011年 增长(%) Increase Rate in 2012 over 2011 (%)	规模以上 工业总产值 Gross Output Value of Industrial Enterprises above Designated Size	2012 比2011年 增长(%) Increase Rate in 2012 over 2011 (%)
和平区	Heping District	653.26	11.5	57.08	27.4
河东区	Hedong District	261.84	10.0	81.59	-19.4
河西区	Hexi District	662.85	12.1	532.17	9.9
南开区	Nankai District	529.73	9.8	148.55	5.7
河北区	Hebei District	320.50	10.7	373.65	12.1
红桥区	Hongqiao District	140.26	10.5	24.57	16.3
东丽区	Dongli District	671.68	10.2	1538.35	8.0
西青区	Xiqing District	722.99	18.7	2044.00	13.0
津南区	Jinnan District	491.17	18.3	862.67	21.6
北辰区	Beichen District	666.43	12.7	1585.60	17.9
武清区	Wuqing District	633.19	18.9	1229.27	25.1
宝坻区	Baodi District	414.41	14.0	496.93	25.7
滨海新区	Binhai New Area	7205.17	20.1	14519.77	13.2
宁河县	Ninghe County	280.14	13.9	532.21	26.6
静海县	Jinghai County	415.45	16.3	1301.38	16.1
蓟　县	Jixian County	291.52	14.1	164.48	18.7

注：1. 区县生产总值增速按可比价格计算。2. 滨海新区为注册口径，其他区县为在地口径。
Note: a) Increase rate of gross domestic product of district and county is calculated at constant prices. b) Data of Binhai New Area adopt coverage of register units, and other data are coverage of location.

22-1续表1 Continued

单位：亿元 (100 million yuan)

区　县	Region	区县一般预算收入 General Budgetary Government Revenue at District Level	2012比2011年增长(%) Increase Rate in 2012 over 2011 (%)	区县一般预算支出 General Budgetary Government Expenditure at District Level	2012比2011年增长(%) Increase Rate in 2012 over 2011 (%)
和平区	Heping District	48.22	26.6	47.21	21.6
河东区	Hedong District	32.28	22.9	37.61	24.9
河西区	Hexi District	44.94	20.4	42.00	32.7
南开区	Nankai District	38.09	19.0	40.49	25.3
河北区	Hebei District	30.11	24.7	38.27	24.8
红桥区	Hongqiao District	14.86	23.3	26.14	26.0
东丽区	Dongli District	65.23	25.2	62.38	25.3
西青区	Xiqing District	62.60	14.9	59.99	16.3
津南区	Jinnan District	57.54	19.7	43.31	3.0
北辰区	Beichen District	43.77	25.2	37.52	8.0
武清区	Wuqing District	56.62	25.1	76.88	29.3
宝坻区	Baodi District	33.09	30.1	54.05	29.5
滨海新区	Binhai New Area	515.98	23.8	530.80	21.3
宁河县	Ninghe County	20.13	58.5	31.91	37.7
静海县	Jinghai County	33.60	40.1	49.18	30.1
蓟　县	Jixian County	20.28	31.2	33.94	17.9

22-1续表2 Continued

单位：亿元 (100 million yuan)

区　县	Region	全社会固定资产投资 Investment in Fixed Assets	2012比2011年增长(%) Increase Rate in 2012 over 2011 (%)	社会消费品零售总额 Retail Sales of Consumer Goods	2012比2011年增长(%) Increase Rate in 2012 over 2011 (%)
和平区	Heping District	115.69	9.7	352.87	14.5
河东区	Hedong District	100.18	5.1	299.70	9.1
河西区	Hexi District	90.15	6.9	391.28	11.4
南开区	Nankai District	95.53	0.2	531.18	9.0
河北区	Hebei District	101.69	9.9	174.86	12.8
红桥区	Hongqiao District	62.19	-31.0	137.63	10.8
东丽区	Dongli District	508.80	28.4	149.53	12.8
西青区	Xiqing District	530.81	21.7	161.46	19.9
津南区	Jinnan District	495.94	28.2	152.79	19.5
北辰区	Beichen District	529.27	28.2	160.84	16.7
武清区	Wuqing District	506.08	28.0	142.66	19.8
宝坻区	Baodi District	406.05	29.3	129.87	16.5
滨海新区	Binhai New Area	4453.30	20.3	1108.12	24.9
宁河县	Ninghe County	365.62	28.4	71.68	16.3
静海县	Jinghai County	400.48	28.9	76.52	21.5
蓟　县	Jixian County	420.42	28.4	121.18	20.4

22-1 续表3 Continued

区　县	Region	外贸出口总额(亿美元) Total Value of Exports in Foreign Trade (USD 100 million)	2012比2011年增长(%) Increase Rate in 2012 over 2011 (%)	实际直接利用外资(万美元) Actual Direct Utilization of Foreign Capital (USD 10 000)	2012比2011年增长(%) Increase Rate in 2012 over 2011 (%)
和平区	Heping District	16.23	-4.6	55438	14.5
河东区	Hedong District	3.60	8.7	10468	13.5
河西区	Hexi District	13.19	-12.8	20555	-17.9
南开区	Nankai District	7.05	0.1	3954	-59.2
河北区	Hebei District	4.06	54.8	18469	15.3
红桥区	Hongqiao District	0.32	22.3	1502	60.1
东丽区	Dongli District	25.22	12.3	66211	20.3
西青区	Xiqing District	21.97	0.3	85078	17.4
津南区	Jinnan District	13.29	16.8	46121	18.2
北辰区	Beichen District	28.55	1.7	83761	17.3
武清区	Wuqing District	23.13	1.9	56355	17.0
宝坻区	Baodi District	4.80	1.4	18727	17.0
滨海新区	Binhai New Area	308.64	11.6	984100	15.8
宁河县	Ninghe County	2.22	65.1	21065	16.4
静海县	Jinghai County	10.15	7.5	18283	15.5
蓟　县	Jixian County	0.71	9.4	11506	15.0

22-2 和平区基本情况
Basic Statistics on Heping District

指　标	Item	2011	2012
常住人口(万人)	Permanent Population (10 000 persons)	30.31	34.12
户籍户数(万户)	Registered Households (10 000 households)	13.51	13.44
户籍人口(万人)	Registered Population (10 000 persons)	40.22	39.75
男　性	Male	19.35	19.11
女　性	Female	20.87	20.64
年平均人口(万人)	Average Annual Population (10 000 persons)	40.08	39.99
城镇非私营单位从业人员(万人)	Employment Personnel in Urban Non-private Units (10 000 persons)	19.76	21.13
新增就业人员(人)	Newly Increased Employment Personnel (person)	40774	39735
城镇非私营单位从业人员平均工资(元)	Average Remuneration of Employment Personnel in Urban Non-private Units (yuan)	57428	62615
区县生产总值(亿元)	Gross Domestic Product (100 million yuan)	577.47	653.26
第二产业	Secondary Industry	71.90	57.52
# 工　业	Industry	58.03	48.92
第三产业	Tertiary Industry	505.57	595.74
第三产业比重(%)	The proportion of tertiary industry in GDP(%)	87.5	91.2
区县生产总值增速(%)	Increase Rate of Gross Domestic Product (%)	13.2	11.5
*区县增加值(亿元)	Value Added of District (100 million yuan)	232.06	285.02
*区县增加值增速(%)	Increase Rate of Value Added of District (%)	16.3	14.7
区级一般预算收入(万元)	General Budgetary Government Revenue at District Level (10 000 yuan)	380953	482156
# 税收收入	Revenue from Taxes	332713	418387
区级一般预算支出(万元)	General Budgetary Government Expenditure at District Level (10 000 yuan)	388391	472115
# 教育经费支出	Operating Expenses for Education	126016	163670
社会保障和就业	Social Security and Employment	24674	30776
医疗卫生	Health Care	23615	31264
规模以上工业企业	Industrial Enterprises above Designated Size		
单位数(个)	Number of Units (unit)	8	8
资产总值(亿元)	Total Assets (100 million yuan)	238.64	294.39
主营业务收入(亿元)	Revenue From Principal Business (100 million yuan)	50.70	59.54
利润总额(亿元)	Total Pre-tax Profits (100 million yuan)	3.30	1.97
工业总产值(亿元)	Gross Output Value of Industry (100 million yuan)	49.39	57.08

注：1. "*"为区(县)属数，其余为全区(县)数据。2.区县在地口径生产总值称为区县生产总值，考核口径生产总值称为区县增加值。3.表22-2至22-16同。
Note: a) The data with "*" of this table refer to the data of units under the leadership of this district (county), others refer to that of the whole district (county).
b)GDP of districts and countries adopt the coverage of location, and value added of districts and countries adopt the coverage of examination. c) Same as following table 22-2 to 22-16.

22-2续表 Continued

指　标	Item	2011	2012
固定资产投资(亿元)	Investment in Fixed Assets (100 million yuan)	127.08	115.69
# 房地产开发	Real Estate Development	66.54	74.35
社会消费品零售总额(亿元)	Retail Sales of Consumer Goods (100 million yuan)	311.75	352.87
外贸进出口总额(亿美元)	Total Value of Imports and Exports in Foreign Trade (USD 100 million)	41.72	50.42
# 出　口	Exports	16.79	16.23
实际直接利用外资(亿美元)	Actual Direct Utilization of Foreign Capital (USD 100 million)	4.84	5.54
实际利用内资(亿元)	Domestic Investment Actually Used (100 million yuan)	102.83	110.43
专利申请授权量(件)	Patent Applications Granted (item)	332	409
小学校数(所)	Number of Primary Schools (unit)	27	22
小学在校学生数(人)	Students Enrollment of Primary Schools (person)	23398	23646
普通中学校数(所)	Number of Regular Secondary Schools (unit)	22	21
普通中学在校学生数(人)	Students Enrollment of Regular Secondary Schools (person)	24475	23720
幼儿园数(所)	Number of Kindergartens (unit)	23	22
在园儿童数(万人)	Number of Children Enrolled in Kindergarten (10 000 persons)	0.55	0.54
卫生机构数(个)	Health Care Institutions (unit)	123	122
# 医院、卫生院	Hospitals and Health Care Centers	22	23
卫生机构床位数(张)	Beds in Health Care Institutions (unit)	5790	6226
# 医院、卫生院	Hospitals and Health Care Centers	5600	6056
每千人卫生机构床位数(张)	Beds of Health Care Institutions per 1 000 persons (unit)	14.40	19.33
每千人执业 (助理) 医师数(人)	Number of Licensed (Assistant) Doctors per 1 000 persons (person)	8.04	10.59
每千人注册护士数(人)	Number of Registered Nurses per 1 000 persons (person)	8.81	11.94
空气、水、噪声环境质量指数	Atmospheric, Water and Acoustic Environment Quality Rate	96.23	95.55

22-3 河东区基本情况
Basic Statistics on Hedong District

指　标	Item	2011	2012
常住人口(万人)	Permanent Population (10 000 persons)	88.98	92.90
户籍户数(万户)	Registered Households (10 000 households)	27.30	27.31
户籍人口(万人)	Registered Population (10 000 persons)	71.80	70.96
男　性	Male	36.25	35.70
女　性	Female	35.55	35.26
年平均人口(万人)	Average Annual Population (10 000 persons)	71.49	71.38
城镇非私营单位从业人员(万人)	Employment Personnel in Urban Non-private Units (10 000 persons)	12.92	13.77
新增就业人员(人)	Newly Increased Employment Personnel (person)	40783	39745
城镇非私营单位从业人员平均工资(元)	Average Remuneration of Employment Personnel in Urban Non-private Units (yuan)	49233	54680
区县生产总值(亿元)	Gross Domestic Product (100 million yuan)	254.06	261.84
第二产业	Secondary Industry	38.24	33.80
# 工　业	Industry	22.04	18.20
第三产业	Tertiary Industry	215.82	228.05
第三产业比重(%)	The proportion of tertiary industry in GDP(%)	84.9	87.1
区县生产总值增速(%)	Increase Rate of Gross Domestic Product (%)	8.0	10.0
*区县增加值(亿元)	Value Added of District (100 million yuan)	146.51	171.03
*区县增加值增速(%)	Increase Rate of Value Added of District (%)	13.9	13.5
区级一般预算收入(万元)	General Budgetary Government Revenue at District Level (10 000 yuan)	262618	322806
# 税收收入	Revenue from Taxes	216494	228218
区级一般预算支出(万元)	General Budgetary Government Expenditure at District Level (10 000 yuan)	301014	376108
# 教育经费支出	Operating Expenses for Education	87535	122733
社会保障和就业	Social Security and Employment	42604	51776
医疗卫生	Health Care	25367	26026
规模以上工业企业	Industrial Enterprises above Designated Size		
单位数(个)	Number of Units (unit)	40	35
资产总值(亿元)	Total Assets (100 million yuan)	243.78	254.41
主营业务收入(亿元)	Revenue From Principal Business (100 million yuan)	124.72	99.94
利润总额(亿元)	Total Pre-tax Profits (100 million yuan)	3.43	2.25
工业总产值(亿元)	Gross Output Value of Industry (100 million yuan)	106.99	81.59

22-3续表 Continued

指　　标	Item	2011	2012
固定资产投资(亿元)	Investment in Fixed Assets (100 million yuan)	95.32	100.18
# 房地产开发	Real Estate Development	73.03	67.81
社会消费品零售总额(亿元)	Retail Sales of Consumer Goods (100 million yuan)	272.41	299.70
外贸进出口总额(亿美元)	Total Value of Imports and Exports in Foreign Trade (USD 100 million)	11.15	8.73
# 出　口	Exports	3.54	3.60
实际直接利用外资(亿美元)	Actual Direct Utilization of Foreign Capital (USD 100 million)	0.92	1.05
实际利用内资(亿元)	Domestic Investment Actually Used (100 million yuan)	78.31	90.71
专利申请授权量(件)	Patent Applications Granted (item)	654	745
小学校数(所)	Number of Primary Schools (unit)	22	22
小学在校学生数(人)	Students Enrollment of Primary Schools (person)	20337	20770
普通中学校数(所)	Number of Regular Secondary Schools (unit)	19	19
普通中学在校学生数(人)	Students Enrollment of Regular Secondary Schools (person)	19359	19018
幼儿园数(所)	Number of Kindergartens (unit)	35	48
在园儿童数(万人)	Number of Children Enrolled in Kindergarten (10 000 persons)	0.86	0.92
卫生机构数(个)	Health Care Institutions (unit)	207	212
# 医院、卫生院	Hospitals and Health Care Centers	39	43
卫生机构床位数(张)	Beds in Health Care Institutions (unit)	3232	3370
# 医院、卫生院	Hospitals and Health Care Centers	2084	2259
每千人卫生机构床位数(张)	Beds of Health Care Institutions per 1 000 persons (unit)	4.50	3.71
每千人执业（助理）医师数(人)	Number of Licensed (Assistant) Doctors per 1 000 persons (person)	2.71	2.24
每千人注册护士数(人)	Number of Registered Nurses per 1 000 persons (person)	2.25	1.90
空气、水、噪声环境质量指数	Atmospheric, Water and Acoustic Environment Quality Rate	93.23	95.63

22-4 河西区基本情况
Basic Statistics on Hexi District

指　　标	Item	2011	2012
常住人口(万人)	Permanent Population (10 000 persons)	90.10	94.47
户籍户数(万户)	Registered Households (10 000 households)	28.10	28.19
户籍人口(万人)	Registered Population (10 000 persons)	80.30	79.78
男　性	Male	39.56	39.20
女　性	Female	40.74	40.58
年平均人口(万人)	Average Annual Population (10 000 persons)	79.68	80.04
城镇非私营单位从业人员(万人)	Employment Personnel in Urban Non-private Units (10 000 persons)	20.70	20.64
新增就业人员(人)	Newly Increased Employment Personnel (person)	41819	39735
城镇非私营单位从业人员平均工资(元)	Average Remuneration of Employment Personnel in Urban Non-private Units (yuan)	67276	76443
区县生产总值(亿元)	Gross Domestic Product (100 million yuan)	585.13	662.85
第二产业	Secondary Industry	116.44	141.96
# 工　业	Industry	105.18	135.97
第三产业	Tertiary Industry	468.69	520.90
第三产业比重(%)	The proportion of tertiary industry in GDP(%)	80.1	78.6
区县生产总值增速(%)	Increase Rate of Gross Domestic Product (%)	9.2	12.1
*区县增加值(亿元)	Value Added of District (100 million yuan)	286.11	318.79
*区县增加值增速(%)	Increase Rate of Value Added of District (%)	10.2	14.6
区级一般预算收入(万元)	General Budgetary Government Revenue at District Level (10 000 yuan)	373387	449447
# 税收收入	Revenue from Taxes	332468	399478
区级一般预算支出(万元)	General Budgetary Government Expenditure at District Level (10 000 yuan)	316490	419969
# 教育经费支出	Operating Expenses for Education	103291	138807
社会保障和就业	Social Security and Employment	27587	33067
医疗卫生	Health Care	24601	27859
规模以上工业企业	Industrial Enterprises above Designated Size		
单位数(个)	Number of Units (unit)	68	62
资产总值(亿元)	Total Assets (100 million yuan)	675.52	730.51
主营业务收入(亿元)	Revenue From Principal Business (100 million yuan)	665.96	622.68
利润总额(亿元)	Total Pre-tax Profits (100 million yuan)	28.70	28.69
工业总产值(亿元)	Gross Output Value of Industry (100 million yuan)	518.55	532.17

22-4续表 Continued

指　　标	Item	2011	2012
固定资产投资(亿元)	Investment in Fixed Assets (100 million yuan)	84.33	90.15
# 房地产开发	Real Estate Development	28.15	51.55
社会消费品零售总额(亿元)	Retail Sales of Consumer Goods (100 million yuan)	337.24	391.28
外贸进出口总额(亿美元)	Total Value of Imports and Exports in Foreign Trade (USD 100 million)	24.33	23.56
# 出　口	Exports	15.13	13.19
实际直接利用外资(亿美元)	Actual Direct Utilization of Foreign Capital (USD 100 million)	2.50	2.06
实际利用内资(亿元)	Domestic Investment Actually Used (100 million yuan)	102.37	102.52
专利申请授权量(件)	Patent Applications Granted (item)	442	580
小学校数(所)	Number of Primary Schools (unit)	42	33
小学在校学生数(人)	Students Enrollment of Primary Schools (person)	30003	30999
普通中学校数(所)	Number of Regular Secondary Schools (unit)	26	26
普通中学在校学生数(人)	Students Enrollment of Regular Secondary Schools (person)	26562	25668
幼儿园数(所)	Number of Kindergartens (unit)	37	39
在园儿童数(万人)	Number of Children Enrolled in Kindergarten (10 000 persons)	1.28	1.29
卫生机构数(个)	Health Care Institutions (unit)	236	259
# 医院、卫生院	Hospitals and Health Care Centers	37	38
卫生机构床位数(张)	Beds in Health Care Institutions (unit)	7652	8350
# 医院、卫生院	Hospitals and Health Care Centers	7300	7990
每千人卫生机构床位数(张)	Beds of Health Care Institutions per 1 000 persons (unit)	9.53	9.05
每千人执业（助理）医师数(人)	Number of Licensed (Assistant) Doctors per 1 000 persons (person)	4.21	3.87
每千人注册护士数(人)	Number of Registered Nurses per 1 000 persons (person)	4.94	4.50
空气、水、噪声环境质量指数	Atmospheric, Water and Acoustic Environment Quality Rate	96.28	95.55

22-5 南开区基本情况
Basic Statistics on Nankai District

指 标	Item	2011	2012
常住人口(万人)	Permanent Population (10 000 persons)	105.54	110.10
户籍户数(万户)	Registered Households (10 000 households)	30.36	30.25
户籍人口(万人)	Registered Population (10 000 persons)	86.66	84.68
男 性	Male	43.63	42.34
女 性	Female	43.03	42.34
年平均人口(万人)	Average Annual Population (10 000 persons)	86.00	85.67
城镇非私营单位从业人员(万人)	Employment Personnel in Urban Non-private Units (10 000 persons)	21.18	22.04
新增就业人员(人)	Newly Increased Employment Personnel (person)	40783	39735
城镇非私营单位从业人员平均工资(元)	Average Remuneration of Employment Personnel in Urban Non-private Units (yuan)	44185	53096
区县生产总值(亿元)	Gross Domestic Product (100 million yuan)	480.01	529.73
第二产业	Secondary Industry	68.29	51.74
# 工 业	Industry	54.69	43.34
第三产业	Tertiary Industry	411.72	477.99
第三产业比重(%)	The proportion of tertiary industry in GDP(%)	85.8	90.2
区县生产总值增速(%)	Increase Rate of Gross Domestic Product (%)	13.1	9.8
*区县增加值(亿元)	Value Added of District (100 million yuan)	208.42	238.19
*区县增加值增速(%)	Increase Rate of Value Added of District (%)	15.1	12.9
区级一般预算收入(万元)	General Budgetary Government Revenue at District Level (10 000 yuan)	320012	380856
# 税收收入	Revenue from Taxes	298832	337422
区级一般预算支出(万元)	General Budgetary Government Expenditure at District Level (10 000 yuan)	323077	404913
# 教育经费支出	Operating Expenses for Education	100629	126422
社会保障和就业	Social Security and Employment	33604	36534
医疗卫生	Health Care	29684	34249
规模以上工业企业	Industrial Enterprises above Designated Size		
单位数(个)	Number of Units (unit)	93	85
资产总值(亿元)	Total Assets (100 million yuan)	192.59	190.11
主营业务收入(亿元)	Revenue From Principal Business (100 million yuan)	216.56	203.34
利润总额(亿元)	Total Pre-tax Profits (100 million yuan)	17.04	15.20
工业总产值(亿元)	Gross Output Value of Industry (100 million yuan)	173.08	148.55

22-5续表 Continued

指　标	Item	2011	2012
固定资产投资(亿元)	Investment in Fixed Assets (100 million yuan)	95.35	95.53
# 房地产开发	Real Estate Development	49.40	69.92
社会消费品零售总额(亿元)	Retail Sales of Consumer Goods (100 million yuan)	490.07	531.18
外贸进出口总额(亿美元)	Total Value of Imports and Exports in Foreign Trade (USD 100 million)	10.19	10.54
# 出　口	Exports	7.18	7.05
实际直接利用外资(亿美元)	Actual Direct Utilization of Foreign Capital (USD 100 million)	0.97	0.40
实际利用内资(亿元)	Domestic Investment Actually Used (100 million yuan)	76.06	77.32
专利申请授权量(件)	Patent Applications Granted (item)	747	1151
小学校数(所)	Number of Primary Schools (unit)	36	31
小学在校学生数(人)	Students Enrollment of Primary Schools (person)	27156	28160
普通中学校数(所)	Number of Regular Secondary Schools (unit)	27	27
普通中学在校学生数(人)	Students Enrollment of Regular Secondary Schools (person)	25365	25491
幼儿园数(所)	Number of Kindergartens (unit)	41	44
在园儿童数(万人)	Number of Children Enrolled in Kindergarten (10 000 persons)	1.08	1.20
卫生机构数(个)	Health Care Institutions (unit)	198	209
# 医院、卫生院	Hospitals and Health Care Centers	33	33
卫生机构床位数(张)	Beds in Health Care Institutions (unit)	5637	5684
# 医院、卫生院	Hospitals and Health Care Centers	4901	4969
每千人卫生机构床位数(张)	Beds of Health Care Institutions per 1 000 persons (unit)	6.50	5.27
每千人执业（助理）医师数(人)	Number of Licensed (Assistant) Doctors per 1 000 persons (person)	3.48	2.87
每千人注册护士数(人)	Number of Registered Nurses per 1 000 persons (person)	3.30	2.85
空气、水、噪声环境质量指数	Atmospheric, Water and Acoustic Environment Quality Rate	96.93	95.83

22-6 河北区基本情况
Basic Statistics on Hebei District

指　标	Item	2011	2012
常住人口(万人)	Permanent Population (10 000 persons)	80.53	84.18
户籍户数(万户)	Registered Households (10 000 households)	24.00	23.85
户籍人口(万人)	Registered Population (10 000 persons)	63.18	61.88
男　性	Male	31.85	31.13
女　性	Female	31.33	30.75
年平均人口(万人)	Average Annual Population (10 000 persons)	63.16	62.53
城镇非私营单位从业人员(万人)	Employment Personnel in Urban Non-private Units (10 000 persons)	10.43	10.14
新增就业人员(人)	Newly Increased Employment Personnel (person)	40784	39745
城镇非私营单位从业人员平均工资(元)	Average Remuneration of Employment Personnel in Urban Non-private Units (yuan)	66020	72297
区县生产总值(亿元)	Gross Domestic Product (100 million yuan)	291.98	320.50
第二产业	Secondary Industry	95.20	89.76
# 工　业	Industry	86.10	83.12
第三产业	Tertiary Industry	196.78	230.74
第三产业比重(%)	The proportion of tertiary industry in GDP(%)	67.4	72.0
区县生产总值增速(%)	Increase Rate of Gross Domestic Product (%)	14.0	10.7
*区县增加值(亿元)	Value Added of District (100 million yuan)	141.20	170.69
*区县增加值增速(%)	Increase Rate of Value Added of District (%)	16.5	14.8
区级一般预算收入(万元)	General Budgetary Government Revenue at District Level (10 000 yuan)	241399	301078
# 税收收入	Revenue from Taxes	157335	190811
区级一般预算支出(万元)	General Budgetary Government Expenditure at District Level (10 000 yuan)	306642	382651
# 教育经费支出	Operating Expenses for Education	82148	116733
社会保障和就业	Social Security and Employment	35420	37835
医疗卫生	Health Care	30953	32393
规模以上工业企业	Industrial Enterprises above Designated Size		
单位数(个)	Number of Units (unit)	46	44
资产总值(亿元)	Total Assets (100 million yuan)	600.53	607.08
主营业务收入(亿元)	Revenue From Principal Business (100 million yuan)	379.56	393.62
利润总额(亿元)	Total Pre-tax Profits (100 million yuan)	8.44	9.48
工业总产值(亿元)	Gross Output Value of Industry (100 million yuan)	363.38	373.65

22-6续表 Continued

指　　标	Item	2011	2012
固定资产投资(亿元)	Investment in Fixed Assets (100 million yuan)	95.45	101.69
# 房地产开发	Real Estate Development	26.49	43.73
社会消费品零售总额(亿元)	Retail Sales of Consumer Goods (100 million yuan)	154.60	174.86
外贸进出口总额(亿美元)	Total Value of Imports and Exports in Foreign Trade (USD 100 million)	4.22	7.39
# 出　口	Exports	2.62	4.06
实际直接利用外资(亿美元)	Actual Direct Utilization of Foreign Capital (USD 100 million)	1.60	1.85
实际利用内资(亿元)	Domestic Investment Actually Used (100 million yuan)	103.21	110.25
专利申请授权量(件)	Patent Applications Granted (item)	315	622
小学校数(所)	Number of Primary Schools (unit)	24	24
小学在校学生数(人)	Students Enrollment of Primary Schools (person)	20095	20618
普通中学校数(所)	Number of Regular Secondary Schools (unit)	23	23
普通中学在校学生数(人)	Students Enrollment of Regular Secondary Schools (person)	21629	21029
幼儿园数(所)	Number of Kindergartens (unit)	29	28
在园儿童数(万人)	Number of Children Enrolled in Kindergarten (10 000 persons)	0.86	0.89
卫生机构数(个)	Health Care Institutions (unit)	198	194
# 医院、卫生院	Hospitals and Health Care Centers	31	30
卫生机构床位数(张)	Beds in Health Care Institutions (unit)	3708	3963
# 医院、卫生院	Hospitals and Health Care Centers	3420	3601
每千人卫生机构床位数(张)	Beds of Health Care Institutions per 1 000 persons (unit)	5.87	4.81
每千人执业（助理）医师数(人)	Number of Licensed (Assistant) Doctors per 1 000 persons (person)	3.31	2.66
每千人注册护士数(人)	Number of Registered Nurses per 1 000 persons (person)	3.28	2.72
空气、水、噪声环境质量指数	Atmospheric, Water and Acoustic Environment Quality Rate	96.85	95.83

22-7 红桥区基本情况
Basic Statistics on Hongqiao District

指　标	Item	2011	2012
常住人口(万人)	Permanent Population (10 000 persons)	54.69	56.33
户籍户数(万户)	Registered Households (10 000 households)	20.90	20.45
户籍人口(万人)	Registered Population (10 000 persons)	53.84	51.86
男　性	Male	27.13	26.05
女　性	Female	26.71	25.81
年平均人口(万人)	Average Annual Population (10 000 persons)	54.04	52.85
城镇非私营单位从业人员(万人)	Employment Personnel in Urban Non-private Units (10 000 persons)	3.46	3.60
新增就业人员(人)	Newly Increased Employment Personnel (person)	34500	33195
城镇非私营单位从业人员平均工资(元)	Average Remuneration of Employment Personnel in Urban Non-private Units (yuan)	56777	64991
区县生产总值(亿元)	Gross Domestic Product (100 million yuan)	128.68	140.26
第二产业	Secondary Industry	19.28	13.39
# 工　业	Industry	7.90	6.40
第三产业	Tertiary Industry	109.40	126.87
第三产业比重(%)	The proportion of tertiary industry in GDP(%)	85.0	90.5
区县生产总值增速(%)	Increase Rate of Gross Domestic Product (%)	12.7	10.5
*区县增加值(亿元)	Value Added of District (100 million yuan)	107.05	120.06
*区县增加值增速(%)	Increase Rate of Value Added of District (%)	14.5	13.1
区级一般预算收入(万元)	General Budgetary Government Revenue at District Level (10 000 yuan)	120475	148590
# 税收收入	Revenue from Taxes	87125	101343
区级一般预算支出(万元)	General Budgetary Government Expenditure at District Level (10 000 yuan)	207435	261398
# 教育经费支出	Operating Expenses for Education	73592	96109
社会保障和就业	Social Security and Employment	23272	23253
医疗卫生	Health Care	19309	20417
规模以上工业企业	Industrial Enterprises above Designated Size		
单位数(个)	Number of Units (unit)	19	25
资产总值(亿元)	Total Assets (100 million yuan)	28.97	34.41
主营业务收入(亿元)	Revenue From Principal Business (100 million yuan)	31.11	38.65
利润总额(亿元)	Total Pre-tax Profits (100 million yuan)	2.65	1.56
工业总产值(亿元)	Gross Output Value of Industry (100 million yuan)	28.96	24.57

22-7续表 Continued

指　标	Item	2011	2012
固定资产投资(亿元)	Investment in Fixed Assets (100 million yuan)	90.19	62.19
# 房地产开发	Real Estate Development	29.21	43.28
社会消费品零售总额(亿元)	Retail Sales of Consumer Goods (100 million yuan)	124.02	137.63
外贸进出口总额(亿美元)	Total Value of Imports and Exports in Foreign Trade (USD 100 million)	0.57	0.76
# 出　口	Exports	0.26	0.32
实际直接利用外资(亿美元)	Actual Direct Utilization of Foreign Capital (USD 100 million)	0.09	0.15
实际利用内资(亿元)	Domestic Investment Actually Used (100 million yuan)	40.13	48.30
专利申请授权量(件)	Patent Applications Granted (item)	237	296
小学校数(所)	Number of Primary Schools (unit)	28	23
小学在校学生数(人)	Students Enrollment of Primary Schools (person)	12944	13260
普通中学校数(所)	Number of Regular Secondary Schools (unit)	22	15
普通中学在校学生数(人)	Students Enrollment of Regular Secondary Schools (person)	13387	12287
幼儿园数(所)	Number of Kindergartens (unit)	17	17
在园儿童数(万人)	Number of Children Enrolled in Kindergarten (10 000 persons)	0.58	0.61
卫生机构数(个)	Health Care Institutions (unit)	115	115
# 医院、卫生院	Hospitals and Health Care Centers	16	17
卫生机构床位数(张)	Beds in Health Care Institutions (unit)	2828	3243
# 医院、卫生院	Hospitals and Health Care Centers	2323	2738
每千人卫生机构床位数(张)	Beds of Health Care Institutions per 1 000 persons (unit)	5.25	5.84
每千人执业（助理）医师数(人)	Number of Licensed (Assistant) Doctors per 1 000 persons (person)	3.26	3.08
每千人注册护士数(人)	Number of Registered Nurses per 1 000 persons (person)	2.94	2.97
空气、水、噪声环境质量指数	Atmospheric, Water and Acoustic Environment Quality Rate	96.85	70.55

22-8 东丽区基本情况
Basic Statistics on Dongli District

指　　标	Item	2011	2012
常住人口(万人)	Permanent Population (10 000 persons)	63.54	66.03
户籍户数(万户)	Registered Households (10 000 households)	13.57	13.48
# 农业户	Agricultural Households	7.97	6.70
户籍人口(万人)	Registered Population (10 000 persons)	35.73	35.26
1. 农　业	Agricultural Population	20.26	17.01
非农业	Non-agricultural Population	15.47	18.25
2. 男　性	Male	18.05	17.68
女　性	Female	17.68	17.58
年平均人口(万人)	Average Annual Population (10 000 persons)	35.42	35.50
城镇非私营单位从业人员(万人)	Employment Personnel in Urban Non-private Units (10 000 persons)	20.12	24.97
新增就业人员(人)	Newly Increased Employment Personnel (person)	18820	18606
城镇非私营单位从业人员平均工资(元)	Average Remuneration of Employment Personnel in Urban Non-private Units (yuan)	52427	63731
乡村从业人员(万人)	Rural Employment Personnel (10 000 persons)	12.65	12.90
# 农林牧渔业	Farming, Forestry, Animal Husbandry and Fishery	1.41	1.35
区县生产总值(亿元)	Gross Domestic Product (100 million yuan)	602.81	671.68
第一产业	Primary Industry	3.80	4.08
第二产业	Secondary Industry	375.76	386.51
# 工　业	Industry	349.00	348.36
第三产业	Tertiary Industry	223.24	281.09
第三产业比重(%)	The proportion of tertiary industry in GDP(%)	37.0	41.8
区县生产总值增速(%)	Increase Rate of Gross Domestic Product (%)	10.4	10.2
*区县增加值(亿元)	Value Added of District (100 million yuan)	453.96	585.75
*区县增加值增速(%)	Increase Rate of Value Added of District (%)	24.7	21.2
区级一般预算收入(万元)	General Budgetary Government Revenue at District Level (10 000 yuan)	520784	652268
# 税收收入	Revenue from Taxes	369320	365169
区级一般预算支出(万元)	General Budgetary Government Expenditure at District Level (10 000 yuan)	497690	623845
# 教育经费支出	Operating Expenses for Education	92416	118430
社会保障和就业	Social Security and Employment	35583	43528
医疗卫生	Health Care	34011	36737
年末实有耕地面积(公顷)	Cultivated Land (year-end) (hectare)	9777	9473
农林牧渔业总产值(万元)	Gross Output Value of Farming, Forestry, Animal Husbandry and Fishery (10 000 yuan)	83852	85409
农林牧渔业总产值增速(%)	Increase Rate of Gross Output Value of Farming, Forestry, Animal Husbandry and Fishery (%)	2.8	1.9
粮食产量(万吨)	Total Yield of Grain (10 000 tons)	1.77	1.14
肉类总产量(吨)	Output of Meat (ton)	6265	5008
水产品产量(吨)	Output of Aquatic Products (ton)	10795	9456

22-8续表 Continued

指　　标	Item	2011	2012
蔬菜总产量(万吨)	Total Yield of Vegetables (10 000 tons)	12.49	12.20
农村居民人均可支配收入(元)	Per Capita Annual Disposable Income of Rural Households (yuan)	14243	16380
农村居民人均生活消费支出(元)	Per Capita Annual Expenditure for Consumption of Rural Households (yuan)	8756	12076
# 食品支出	Expenditure for Food	3377	4639
农村人均住房面积(平方米)	Per Capita Living Floor Space of Rural Residents (sq. m)	36.40	36.16
规模以上工业企业	Industrial Enterprises above Designated Size		
单位数(个)	Number of Units (unit)	460	338
资产总值(亿元)	Total Assets (100 million yuan)	2615.45	1615.03
主营业务收入(亿元)	Revenue From Principal Business (100 million yuan)	2445.36	1706.18
利润总额(亿元)	Total Pre-tax Profits (100 million yuan)	78.20	75.97
工业总产值(亿元)	Gross Output Value (100 million yuan)	2153.33	1538.35
固定资产投资(亿元)	Investment in Fixed Assets (100 million yuan)	396.32	508.80
# 房地产开发	Real Estate Development	72.06	150.03
社会消费品零售总额(亿元)	Retail Sales of Consumer Goods (100 million yuan)	132.07	149.53
外贸进出口总额(亿美元)	Total Value of Imports and Exports in Foreign Trade (USD 100 million)	43.21	44.23
# 出　口	Exports	22.46	25.22
实际直接利用外资(亿美元)	Actual Direct Utilization of Foreign Capital (USD 100 million)	5.50	6.62
实际利用内资(亿元)	Domestic Investment Actually Used (100 million yuan)	180.39	198.37
专利申请授权量(件)	Patent Applications Granted (item)	815	1479
小学校数(所)	Number of Primary Schools (unit)	40	40
小学在校学生数(人)	Students Enrollment of Primary Schools (person)	23294	23317
普通中学校数(所)	Number of Regular Secondary Schools (unit)	20	20
普通中学在校学生数(人)	Students Enrollment of Regular Secondary Schools (person)	15276	15313
幼儿园数(所)	Number of Kindergartens (unit)	70	87
在园儿童数(万人)	Number of Children Enrolled in Kindergarten (10 000 persons)	0.60	0.88
卫生机构数(个)	Health Care Institutions (unit)	133	147
# 医院、卫生院	Hospitals and Health Care Centers	6	6
卫生机构床位数(张)	Beds in Health Care Institutions (unit)	1200	1194
# 医院、卫生院	Hospitals and Health Care Centers	1095	1114
每千人卫生机构床位数(张)	Beds of Health Care Institutions per 1 000 persons (unit)	3.41	1.84
每千人执业（助理）医师数(人)	Number of Licensed (Assistant) Doctors per 1 000 persons (person)	1.98	1.11
每千人注册护士数(人)	Number of Registered Nurses per 1 000 persons (person)	1.48	0.88
空气、水、噪声环境质量指数	Atmospheric, Water and Acoustic Environment Quality Rate	71.78	95.70

22-9 西青区基本情况
Basic Statistics on Xiqing District

指　标	Item	2011	2012
常住人口(万人)	Permanent Population (10 000 persons)	74.13	76.12
户籍户数(万户)	Registered Households (10 000 households)	13.06	13.18
# 农业户	Agricultural Households	9.13	9.14
户籍人口(万人)	Registered Population (10 000 persons)	36.60	37.07
1. 农　业	Agricultural Population	23.92	23.96
非农业	Non-agricultural Population	12.68	13.11
2. 男　性	Male	17.84	18.08
女　性	Female	18.76	18.99
年平均人口(万人)	Average Annual Population (10 000 persons)	36.30	36.83
城镇非私营单位从业人员(万人)	Employment Personnel in Urban Non-private Units (10 000 persons)	28.92	31.90
新增就业人员(人)	Newly Increased Employment Personnel (person)	18821	18608
城镇非私营单位从业人员平均工资(元)	Average Remuneration of Employment Personnel in Urban Non-private Units (yuan)	52700	58236
乡村从业人员(万人)	Rural Employment Personnel (10 000 persons)	12.50	13.30
# 农林牧渔业	Farming, Forestry, Animal Husbandry and Fishery	2.50	2.50
区县生产总值(亿元)	Gross Domestic Product (100 million yuan)	595.50	722.99
第一产业	Primary Industry	10.02	10.80
第二产业	Secondary Industry	379.64	438.35
# 工　业	Industry	346.66	407.15
第三产业	Tertiary Industry	205.84	273.84
第三产业比重(%)	The proportion of tertiary industry in GDP(%)	34.6	37.9
区县生产总值增速(%)	Increase Rate of Gross Domestic Product (%)	12.4	18.7
*区县增加值(亿元)	Value Added of District (100 million yuan)	500.68	618.58
*区县增加值增速(%)	Increase Rate of Value Added of District (%)	24.1	23.1
区级一般预算收入(万元)	General Budgetary Government Revenue at District Level (10 000 yuan)	545087	626045
# 税收收入	Revenue from Taxes	458692	489147
区级一般预算支出(万元)	General Budgetary Government Expenditure at District Level (10 000 yuan)	515633	599931
# 教育经费支出	Operating Expenses for Education	92628	121204
社会保障和就业	Social Security and Employment	30749	36923
医疗卫生	Health Care	33517	35699
年末实有耕地面积(公顷)	Cultivated Land (year-end) (hectare)	14000	13788
农林牧渔业总产值(万元)	Gross Output Value of Farming, Forestry, Animal Husbandry and Fishery (10 000 yuan)	215496	232515
农林牧渔业总产值增速(%)	Increase Rate of Gross Output Value of Farming, Forestry, Animal Husbandry and Fishery (%)	4.0	7.9
粮食产量(万吨)	Total Yield of Grain (10 000 tons)	3.42	2.51
肉类总产量(吨)	Output of Meat (ton)	23053	20570
水产品产量(吨)	Output of Aquatic Products (ton)	48751	41895

22-9续表 Continued

指　　标	Item	2011	2012
蔬菜总产量(万吨)	Total Yield of Vegetables (10 000 tons)	56.80	58.01
农村居民人均可支配收入(元)	Per Capita Annual Disposable Income of Rural Households (yuan)	14266	16392
农村居民人均生活消费支出(元)	Per Capita Annual Expenditure for Consumption of Rural Households (yuan)	9665	11883
# 食品支出	Expenditure for Food	3588	4491
农村人均住房面积(平方米)	Per Capita Living Floor Space of Rural Residents (sq. m)	30.50	42.13
规模以上工业企业	Industrial Enterprises above Designated Size		
单位数(个)	Number of Units (unit)	777	628
资产总值(亿元)	Total Assets (100 million yuan)	1685.68	1450.31
主营业务收入(亿元)	Revenue From Principal Business (100 million yuan)	2763.53	2123.53
利润总额(亿元)	Total Pre-tax Profits (100 million yuan)	204.88	160.97
工业总产值(亿元)	Gross Output Value (100 million yuan)	2725.46	2044.00
固定资产投资(亿元)	Investment in Fixed Assets (100 million yuan)	436.09	530.81
# 房地产开发	Real Estate Development	50.69	79.40
社会消费品零售总额(亿元)	Retail Sales of Consumer Goods (100 million yuan)	134.03	161.46
外贸进出口总额(亿美元)	Total Value of Imports and Exports in Foreign Trade (USD 100 million)	45.95	52.82
# 出　口	Exports	21.90	21.97
实际直接利用外资(亿美元)	Actual Direct Utilization of Foreign Capital (USD 100 million)	7.25	8.51
实际利用内资(亿元)	Domestic Investment Actually Used (100 million yuan)	135.25	157.18
专利申请授权量(件)	Patent Applications Granted (item)	685	1929
小学校数(所)	Number of Primary Schools (unit)	32	32
小学在校学生数(人)	Students Enrollment of Primary Schools (person)	25337	25868
普通中学校数(所)	Number of Regular Secondary Schools (unit)	13	13
普通中学在校学生数(人)	Students Enrollment of Regular Secondary Schools (person)	15397	15822
幼儿园数(所)	Number of Kindergartens (unit)	60	68
在园儿童数(万人)	Number of Children Enrolled in Kindergarten (10 000 persons)	1.12	1.02
卫生机构数(个)	Health Care Institutions (unit)	197	199
# 医院、卫生院	Hospitals and Health Care Centers	25	27
卫生机构床位数(张)	Beds in Health Care Institutions (unit)	1619	2026
# 医院、卫生院	Hospitals and Health Care Centers	1619	2026
每千人卫生机构床位数(张)	Beds of Health Care Institutions per 1 000 persons (unit)	4.42	2.70
每千人执业（助理）医师数(人)	Number of Licensed (Assistant) Doctors per 1 000 persons (person)	1.71	0.85
每千人注册护士数(人)	Number of Registered Nurses per 1 000 persons (person)	0.97	0.53
空气、水、噪声环境质量指数	Atmospheric, Water and Acoustic Environment Quality Rate	96.65	95.98

22-10 津南区基本情况 Basic Statistics on Jinnan District

指　标	Item	2011	2012
常住人口(万人)	Permanent Population (10 000 persons)	62.98	66.55
户籍户数(万户)	Registered Households (10 000 households)	14.82	14.80
# 农业户	Agricultural Households	10.43	10.39
户籍人口(万人)	Registered Population (10 000 persons)	42.06	42.01
1. 农　业	Agricultural Population	29.14	28.89
非农业	Non-agricultural Population	12.92	13.12
2. 男　性	Male	20.95	20.93
女　性	Female	21.11	21.08
年平均人口(万人)	Average Annual Population (10 000 persons)	41.67	42.03
城镇非私营单位从业人员(万人)	Employment Personnel in Urban Non-private Units (10 000 persons)	10.00	10.67
新增就业人员(人)	Newly Increased Employment Personnel (person)	18815	18606
城镇非私营单位从业人员平均工资(元)	Average Remuneration of Employment Personnel in Urban Non-private Units (yuan)	40996	56387
乡村从业人员(万人)	Rural Employment Personnel (10 000 persons)	14.90	15.39
# 农林牧渔业	Farming, Forestry, Animal Husbandry and Fishery	1.88	1.69
区县生产总值(亿元)	Gross Domestic Product (100 million yuan)	379.97	491.17
第一产业	Primary Industry	4.68	5.04
第二产业	Secondary Industry	234.06	288.31
# 工　业	Industry	203.00	245.45
第三产业	Tertiary Industry	141.23	197.81
第三产业比重(%)	The proportion of tertiary industry in GDP(%)	37.2	40.3
区县生产总值增速(%)	Increase Rate of Gross Domestic Product (%)	18.5	18.3
*区县增加值(亿元)	Value Added of District (100 million yuan)	360.07	472.06
*区县增加值增速(%)	Increase Rate of Value Added of District (%)	21.0	20.2
区级一般预算收入(万元)	General Budgetary Government Revenue at District Level (10 000 yuan)	480805	575380
# 税收收入	Revenue from Taxes	333265	330159
区级一般预算支出(万元)	General Budgetary Government Expenditure at District Level (10 000 yuan)	420494	433128
# 教育经费支出	Operating Expenses for Education	86277	118859
社会保障和就业	Social Security and Employment	15223	16424
医疗卫生	Health Care	23455	27119
年末实有耕地面积(公顷)	Cultivated Land (year-end) (hectare)	13740	13740
农林牧渔业总产值(万元)	Gross Output Value of Farming, Forestry, Animal Husbandry and Fishery (10 000 yuan)	112154	120634
农林牧渔业总产值增速(%)	Increase Rate of Gross Output Value of Farming, Forestry, Animal Husbandry and Fishery (%)	6.3	2.6
粮食产量(万吨)	Total Yield of Grain (10 000 tons)	1.65	1.29
肉类总产量(吨)	Output of Meat (ton)	20556	20388
水产品产量(吨)	Output of Aquatic Products (ton)	20482	20070

22-10续表 Continued

指　　标	Item	2011	2012
蔬菜总产量(万吨)	Total Yield of Vegetables (10 000 tons)	7.74	6.47
农村居民人均可支配收入(元)	Per Capita Annual Disposable Income of Rural Households (yuan)	13460	15440
农村居民人均生活消费支出(元)	Per Capita Annual Expenditure for Consumption of Rural Households (yuan)	6523	10905
# 食品支出	Expenditure for Food	2862	3904
农村人均住房面积(平方米)	Per Capita Living Floor Space of Rural Residents (sq. m)	31.10	31.20
规模以上工业企业	Industrial Enterprises above Designated Size		
单位数(个)	Number of Units (unit)	453	458
资产总值(亿元)	Total Assets (100 million yuan)	466.69	616.13
主营业务收入(亿元)	Revenue From Principal Business (100 million yuan)	655.60	853.62
利润总额(亿元)	Total Pre-tax Profits (100 million yuan)	87.59	73.09
工业总产值(亿元)	Gross Output Value (100 million yuan)	689.73	862.67
固定资产投资(亿元)	Investment in Fixed Assets (100 million yuan)	382.77	495.94
# 房地产开发	Real Estate Development	82.93	159.13
社会消费品零售总额(亿元)	Retail Sales of Consumer Goods (100 million yuan)	128.05	152.79
外贸进出口总额(亿美元)	Total Value of Imports and Exports in Foreign Trade (USD 100 million)	26.45	30.11
# 出　口	Exports	11.40	13.29
实际直接利用外资(亿美元)	Actual Direct Utilization of Foreign Capital (USD 100 million)	3.90	4.61
实际利用内资(亿元)	Domestic Investment Actually Used (100 million yuan)	185.58	203.28
专利申请授权量(件)	Patent Applications Granted (item)	774	901
小学校数(所)	Number of Primary Schools (unit)	39	34
小学在校学生数(人)	Students Enrollment of Primary Schools (person)	26246	27010
普通中学校数(所)	Number of Regular Secondary Schools (unit)	16	16
普通中学在校学生数(人)	Students Enrollment of Regular Secondary Schools (person)	18176	18040
幼儿园数(所)	Number of Kindergartens (unit)	167	185
在园儿童数(万人)	Number of Children Enrolled in Kindergarten (10 000 persons)	1.45	1.44
卫生机构数(个)	Health Care Institutions (unit)	251	246
# 医院、卫生院	Hospitals and Health Care Centers	24	24
卫生机构床位数(张)	Beds in Health Care Institutions (unit)	1594	1949
# 医院、卫生院	Hospitals and Health Care Centers	1589	1949
每千人卫生机构床位数(张)	Beds of Health Care Institutions per 1 000 persons (unit)	3.82	3.01
每千人执业（助理）医师数(人)	Number of Licensed (Assistant) Doctors per 1 000 persons (person)	3.10	2.02
每千人注册护士数(人)	Number of Registered Nurses per 1 000 persons (person)	2.05	1.61
空气、水、噪声环境质量指数	Atmospheric, Water and Acoustic Environment Quality Rate	92.53	96.38

22-11 北辰区基本情况
Basic Statistics on Beichen District

指　　标	Item	2011	2012
常住人口(万人)	Permanent Population (10 000 persons)	70.43	74.33
户籍户数(万户)	Registered Households (10 000 households)	14.08	14.22
# 农业户	Agricultural Households	7.64	7.66
户籍人口(万人)	Registered Population (10 000 persons)	37.37	37.52
1. 农　业	Agricultural Population	19.86	19.78
非农业	Non-agricultural Population	17.51	17.74
2. 男　性	Male	18.62	18.67
女　性	Female	18.75	18.85
年平均人口(万人)	Average Annual Population (10 000 persons)	36.93	37.44
城镇非私营单位从业人员(万人)	Employment Personnel in Urban Non-private Units (10 000 persons)	13.34	14.56
新增就业人员(人)	Newly Increased Employment Personnel (person)	17768	17579
城镇非私营单位从业人员平均工资(元)	Average Remuneration of Employment Personnel in Urban Non-private Units (yuan)	49371	55457
乡村从业人员(万人)	Rural Employment Personnel (10 000 persons)	13.35	13.53
# 农林牧渔业	Farming, Forestry, Animal Husbandry and Fishery	2.42	2.39
区县生产总值(亿元)	Gross Domestic Product (100 million yuan)	562.99	666.43
第一产业	Primary Industry	9.31	9.77
第二产业	Secondary Industry	363.07	432.04
# 工　业	Industry	338.19	392.61
第三产业	Tertiary Industry	190.60	224.62
第三产业比重(%)	The proportion of tertiary industry in GDP(%)	33.9	33.7
区县生产总值增速(%)	Increase Rate of Gross Domestic Product (%)	10.5	12.7
*区县增加值(亿元)	Value Added of District (100 million yuan)	490.08	592.15
*区县增加值增速(%)	Increase Rate of Value Added of District (%)	20.9	21.5
区级一般预算收入(万元)	General Budgetary Government Revenue at District Level (10 000 yuan)	349519	437653
# 税收收入	Revenue from Taxes	310308	327712
区级一般预算支出(万元)	General Budgetary Government Expenditure at District Level (10 000 yuan)	347336	375199
# 教育经费支出	Operating Expenses for Education	83930	91551
社会保障和就业	Social Security and Employment	20330	21568
医疗卫生	Health Care	27755	34967
年末实有耕地面积(公顷)	Cultivated Land (year-end) (hectare)	18431	18431
农林牧渔业总产值(万元)	Gross Output Value of Farming, Forestry, Animal Husbandry and Fishery (10 000 yuan)	191732	198535
农林牧渔业总产值增速(%)	Increase Rate of Gross Output Value of Farming, Forestry, Animal Husbandry and Fishery (%)	2.6	3.5
粮食产量(万吨)	Total Yield of Grain (10 000 tons)	5.15	3.50
肉类总产量(吨)	Output of Meat (ton)	25587	23453
水产品产量(吨)	Output of Aquatic Products (ton)	10639	9926

22-11续表 Continued

指　　标	Item	2011	2012
蔬菜总产量(万吨)	Total Yield of Vegetables (10 000 tons)	25.68	24.44
农村居民人均可支配收入(元)	Per Capita Annual Disposable Income of Rural Households (yuan)	13539	15502
农村居民人均生活消费支出(元)	Per Capita Annual Expenditure for Consumption of Rural Households (yuan)	7427	10460
# 食品支出	Expenditure for Food	3161	4159
农村人均住房面积(平方米)	Per Capita Living Floor Space of Rural Residents (sq. m)	37.40	31.83
规模以上工业企业	Industrial Enterprises above Designated Size		
单位数(个)	Number of Units (unit)	660	681
资产总值(亿元)	Total Assets (100 million yuan)	1255.80	1454.77
主营业务收入(亿元)	Revenue From Principal Business (100 million yuan)	1449.81	1582.21
利润总额(亿元)	Total Pre-tax Profits (100 million yuan)	137.75	145.35
工业总产值(亿元)	Gross Output Value (100 million yuan)	1410.26	1585.60
固定资产投资(亿元)	Investment in Fixed Assets (100 million yuan)	404.91	529.27
# 房地产开发	Real Estate Development	55.82	74.11
社会消费品零售总额(亿元)	Retail Sales of Consumer Goods (100 million yuan)	141.35	160.84
外贸进出口总额(亿美元)	Total Value of Imports and Exports in Foreign Trade (USD 100 million)	44.65	42.35
# 出　口	Exports	28.08	28.55
实际直接利用外资(亿美元)	Actual Direct Utilization of Foreign Capital (USD 100 million)	7.14	8.38
实际利用内资(亿元)	Domestic Investment Actually Used (100 million yuan)	114.24	202.19
专利申请授权量(件)	Patent Applications Granted (item)	1588	1387
小学校数(所)	Number of Primary Schools (unit)	38	37
小学在校学生数(人)	Students Enrollment of Primary Schools (person)	27998	28710
普通中学校数(所)	Number of Regular Secondary Schools (unit)	20	20
普通中学在校学生数(人)	Students Enrollment of Regular Secondary Schools (person)	14595	14922
幼儿园数(所)	Number of Kindergartens (unit)	125	101
在园儿童数(万人)	Number of Children Enrolled in Kindergarten (10 000 persons)	1.62	1.63
卫生机构数(个)	Health Care Institutions (unit)	173	178
# 医院、卫生院	Hospitals and Health Care Centers	6	6
卫生机构床位数(张)	Beds in Health Care Institutions (unit)	1318	1294
# 医院、卫生院	Hospitals and Health Care Centers	1114	1151
每千人卫生机构床位数(张)	Beds of Health Care Institutions per 1 000 persons (unit)	3.53	1.79
每千人执业（助理）医师数(人)	Number of Licensed (Assistant) Doctors per 1 000 persons (person)	2.69	1.49
每千人注册护士数(人)	Number of Registered Nurses per 1 000 persons (person)	1.85	1.01
空气、水、噪声环境质量指数	Atmospheric, Water and Acoustic Environment Quality Rate	89.78	95.43

22-12 武清区基本情况
Basic Statistics on Wuqing District

指　　标	Item	2011	2012
常住人口(万人)	Permanent Population (10 000 persons)	100.51	105.33
户籍户数(万户)	Registered Households (10 000 households)	27.21	27.31
# 农业户	Agricultural Households	21.54	21.17
户籍人口(万人)	Registered Population (10 000 persons)	85.55	85.77
1. 农　业	Agricultural Population	69.27	67.84
非农业	Non-agricultural Population	16.28	17.93
2. 男　性	Male	42.63	42.73
女　性	Female	42.92	43.04
年平均人口(万人)	Average Annual Population (10 000 persons)	85.13	85.66
城镇非私营单位从业人员(万人)	Employment Personnel in Urban Non-private Units (10 000 persons)	18.90	21.61
新增就业人员(人)	Newly Increased Employment Personnel (person)	20390	20118
城镇非私营单位从业人员平均工资(元)	Average Remuneration of Employment Personnel in Urban Non-private Units (yuan)	52122	52627
乡村从业人员(万人)	Rural Employment Personnel (10 000 persons)	38.69	40.82
# 农林牧渔业	Farming, Forestry, Animal Husbandry and Fishery	17.64	17.00
区县生产总值(亿元)	Gross Domestic Product (100 million yuan)	455.51	633.19
第一产业	Primary Industry	31.41	34.56
第二产业	Secondary Industry	266.50	384.35
# 工　业	Industry	240.79	354.30
第三产业	Tertiary Industry	157.60	214.28
第三产业比重(%)	The proportion of tertiary industry in GDP(%)	34.6	33.8
区县生产总值增速(%)	Increase Rate of Gross Domestic Product (%)	19.8	18.9
*区县增加值(亿元)	Value Added of District (100 million yuan)	428.21	572.17
*区县增加值增速(%)	Increase Rate of Value Added of District (%)	25.2	21.5
区级一般预算收入(万元)	General Budgetary Government Revenue at District Level (10 000 yuan)	452545	566214
# 税收收入	Revenue from Taxes	393819	480995
区级一般预算支出(万元)	General Budgetary Government Expenditure at District Level (10 000 yuan)	594779	768822
# 教育经费支出	Operating Expenses for Education	180494	239491
社会保障和就业	Social Security and Employment	34375	37622
医疗卫生	Health Care	32394	47275
年末实有耕地面积(公顷)	Cultivated Land (year-end) (hectare)	86746	86100
农林牧渔业总产值(万元)	Gross Output Value of Farming, Forestry, Animal Husbandry and Fishery (10 000 yuan)	691408	759557
农林牧渔业总产值增速(%)	Increase Rate of Gross Output Value of Farming, Forestry, Animal Husbandry and Fishery (%)	4.2	3.3
粮食产量(万吨)	Total Yield of Grain (10 000 tons)	66.13	46.84
肉类总产量(吨)	Output of Meat (ton)	53359	49991
水产品产量(吨)	Output of Aquatic Products (ton)	54619	68625

22-12续表 Continued

指　标	Item	2011	2012
蔬菜总产量(万吨)	Total Yield of Vegetables (10 000 tons)	144.55	146.59
农村居民人均可支配收入(元)	Per Capita Annual Disposable Income of Rural Households (yuan)	11658	13360
农村居民人均生活消费支出(元)	Per Capita Annual Expenditure for Consumption of Rural Households (yuan)	5055	7993
# 食品支出	Expenditure for Food	2300	3053
农村人均住房面积(平方米)	Per Capita Living Floor Space of Rural Residents (sq. m)	31.24	36.76
规模以上工业企业	Industrial Enterprises above Designated Size		
单位数(个)	Number of Units (unit)	404	423
资产总值(亿元)	Total Assets (100 million yuan)	878.92	1229.27
主营业务收入(亿元)	Revenue From Principal Business (100 million yuan)	1014.06	1226.78
利润总额(亿元)	Total Pre-tax Profits (100 million yuan)	114.71	171.18
工业总产值(亿元)	Gross Output Value (100 million yuan)	1046.03	1229.27
固定资产投资(亿元)	Investment in Fixed Assets (100 million yuan)	389.16	506.08
# 房地产开发	Real Estate Development	40.31	46.15
社会消费品零售总额(亿元)	Retail Sales of Consumer Goods (100 million yuan)	118.95	142.66
外贸进出口总额(亿美元)	Total Value of Imports and Exports in Foreign Trade (USD 100 million)	33.56	32.94
# 出　口	Exports	22.71	23.13
实际直接利用外资(亿美元)	Actual Direct Utilization of Foreign Capital (USD 100 million)	4.82	5.64
实际利用内资(亿元)	Domestic Investment Actually Used (100 million yuan)	141.19	202.28
专利申请授权量(件)	Patent Applications Granted (item)	330	939
小学校数(所)	Number of Primary Schools (unit)	105	107
小学在校学生数(人)	Students Enrollment of Primary Schools (person)	59608	59832
普通中学校数(所)	Number of Regular Secondary Schools (unit)	49	50
普通中学在校学生数(人)	Students Enrollment of Regular Secondary Schools (person)	46203	48220
幼儿园数(所)	Number of Kindergartens (unit)	187	178
在园儿童数(万人)	Number of Children Enrolled in Kindergarten (10 000 persons)	2.59	2.40
卫生机构数(个)	Health Care Institutions (unit)	535	538
# 医院、卫生院	Hospitals and Health Care Centers	41	42
卫生机构床位数(张)	Beds in Health Care Institutions (unit)	2747	3547
# 医院、卫生院	Hospitals and Health Care Centers	2608	3428
每千人卫生机构床位数(张)	Beds of Health Care Institutions per 1 000 persons (unit)	3.21	3.45
每千人执业（助理）医师数(人)	Number of Licensed (Assistant) Doctors per 1 000 persons (person)	2.59	2.20
每千人注册护士数(人)	Number of Registered Nurses per 1 000 persons (person)	1.40	1.37
空气、水、噪声环境质量指数	Atmospheric, Water and Acoustic Environment Quality Rate	96.65	69.03

22-13 宝坻区基本情况 Basic Statistics on Baodi District

指　标	Item	2011	2012
常住人口(万人)	Permanent Population (10 000 persons)	83.12	85.13
户籍户数(万户)	Registered Households (10 000 households)	21.74	21.82
# 农业户	Agricultural Households	16.54	16.54
户籍人口(万人)	Registered Population (10 000 persons)	67.59	67.93
1. 农　业	Agricultural Population	54.09	53.84
非农业	Non-agricultural Population	13.50	14.09
2. 男　性	Male	34.05	34.22
女　性	Female	33.54	33.71
年平均人口(万人)	Average Annual Population (10 000 persons)	67.39	67.76
城镇非私营单位从业人员(万人)	Employment Personnel in Urban Non-private Units (10 000 persons)	7.32	7.03
新增就业人员(人)	Newly Increased Employment Personnel (person)	15160	15083
城镇非私营单位从业人员平均工资(元)	Average Remuneration of Employment Personnel in Urban Non-private Units (yuan)	42295	47398
乡村从业人员(万人)	Rural Employment Personnel (10 000 persons)	28.16	29.01
# 农林牧渔业	Farming, Forestry, Animal Husbandry and Fishery	14.02	14.42
区县生产总值(亿元)	Gross Domestic Product (100 million yuan)	323.33	414.41
第一产业	Primary Industry	24.04	28.01
第二产业	Secondary Industry	161.49	196.25
# 工　业	Industry	143.68	164.82
第三产业	Tertiary Industry	137.80	190.15
第三产业比重(%)	The proportion of tertiary industry in GDP(%)	42.6	45.9
区县生产总值增速(%)	Increase Rate of Gross Domestic Product (%)	13.8	14.0
*区县增加值(亿元)	Value Added of District (100 million yuan)	295.31	389.28
*区县增加值增速(%)	Increase Rate of Value Added of District (%)	21.6	17.9
区级一般预算收入(万元)	General Budgetary Government Revenue at District Level (10 000 yuan)	254444	330943
# 税收收入	Revenue from Taxes	193853	228506
区级一般预算支出(万元)	General Budgetary Government Expenditure at District Level (10 000 yuan)	417262	540545
# 教育经费支出	Operating Expenses for Education	133260	179991
社会保障和就业	Social Security and Employment	28198	31792
医疗卫生	Health Care	22545	29371
年末实有耕地面积(公顷)	Cultivated Land (year-end) (hectare)	76114	76114
农林牧渔业总产值(万元)	Gross Output Value of Farming, Forestry, Animal Husbandry and Fishery (10 000 yuan)	570005	666263
农林牧渔业总产值增速(%)	Increase Rate of Gross Output Value of Farming, Forestry, Animal Husbandry and Fishery (%)	13.3	16.9
粮食产量(万吨)	Total Yield of Grain (10 000 tons)	63.94	48.62
肉类总产量(吨)	Output of Meat (ton)	81421	80714
水产品产量(吨)	Output of Aquatic Products (ton)	40637	41392

22-13续表 Continued

指　　标	Item	2011	2012
蔬菜总产量(万吨)	Total Yield of Vegetables (10 000 tons)	55.16	55.22
农村居民人均可支配收入(元)	Per Capita Annual Disposable Income of Rural Households (yuan)	10923	12426
农村居民人均生活消费支出(元)	Per Capita Annual Expenditure for Consumption of Rural Households (yuan)	5677	6296
# 食品支出	Expenditure for Food	1840	1956
农村人均住房面积(平方米)	Per Capita Living Floor Space of Rural Residents (sq. m)	25.90	31.40
规模以上工业企业	Industrial Enterprises above Designated Size		
单位数(个)	Number of Units (unit)	341	377
资产总值(亿元)	Total Assets (100 million yuan)	139.84	195.17
主营业务收入(亿元)	Revenue From Principal Business (100 million yuan)	374.89	486.30
利润总额(亿元)	Total Pre-tax Profits (100 million yuan)	20.43	26.94
工业总产值(亿元)	Gross Output Value (100 million yuan)	393.89	496.93
固定资产投资(亿元)	Investment in Fixed Assets (100 million yuan)	301.40	406.05
# 房地产开发	Real Estate Development	26.00	18.47
社会消费品零售总额(亿元)	Retail Sales of Consumer Goods (100 million yuan)	111.68	129.87
外贸进出口总额(亿美元)	Total Value of Imports and Exports in Foreign Trade (USD 100 million)	6.95	5.75
# 出　口	Exports	4.73	4.80
实际直接利用外资(亿美元)	Actual Direct Utilization of Foreign Capital (USD 100 million)	1.60	1.87
实际利用内资(亿元)	Domestic Investment Actually Used (100 million yuan)	141.28	202.88
专利申请授权量(件)	Patent Applications Granted (item)	241	555
小学校数(所)	Number of Primary Schools (unit)	69	69
小学在校学生数(人)	Students Enrollment of Primary Schools (person)	32138	34032
普通中学校数(所)	Number of Regular Secondary Schools (unit)	40	40
普通中学在校学生数(人)	Students Enrollment of Regular Secondary Schools (person)	39613	36151
幼儿园数(所)	Number of Kindergartens (unit)	103	104
在园儿童数(万人)	Number of Children Enrolled in Kindergarten (10 000 persons)	1.18	1.08
卫生机构数(个)	Health Care Institutions (unit)	335	320
# 医院、卫生院	Hospitals and Health Care Centers	41	37
卫生机构床位数(张)	Beds in Health Care Institutions (unit)	1772	1913
# 医院、卫生院	Hospitals and Health Care Centers	1642	1773
每千人卫生机构床位数(张)	Beds of Health Care Institutions per 1 000 persons (unit)	2.62	2.27
每千人执业（助理）医师数(人)	Number of Licensed (Assistant) Doctors per 1 000 persons (person)	1.46	1.20
每千人注册护士数(人)	Number of Registered Nurses per 1 000 persons (person)	1.06	0.90
空气、水、噪声环境质量指数	Atmospheric, Water and Acoustic Environment Quality Rate	96.98	71.05

22-14 滨海新区基本情况
Basic Statistics on Binhai New Area

指　　标	Item	2011	2012
常住人口(万人)	Permanent Population (10 000 persons)	253.66	263.52
户籍人口（万人）	Registered Population (10 000 persons)	113.80	115.88
男　性	Male	58.64	59.74
女　性	Female	55.16	56.14
城镇非私营单位从业人员(万人)	Employment Personnel in Urban Non-private Units (10 000 persons)	116.15	131.94
新增就业人员(万人)	Newly Increased Employment Personnel (10 000 person)	10.7	15.8
城镇非私营单位从业人员平均工资(元)	Average Remuneration of Employment Personnel in Urban Non-private Units (yuan)	56006	65629
区县生产总值(亿元)	Gross Domestic Product (100 million yuan)	6206.87	7205.17
第一产业	Primary Industry	8.82	9.36
第二产业	Secondary Industry	4273.89	4857.76
# 工　业	Industry	4036.40	4622.81
第三产业	Tertiary Industry	1924.15	2338.05
第三产业比重(%)	The proportion of tertiary industry in GDP(%)	31.0	32.4
区县生产总值增速(%)	Increase Rate of Gross Domestic Product (%)	23.8	20.1
区级一般预算收入(亿元)	General Budgetary Government Revenue at District Level (100 million yuan)	416.7	516.0
# 增值税收入	Value-added Tax	44.4	48.8
区级一般预算支出(亿元)	General Budgetary Government Expenditure at District Level (100 million yuan)	437.5	530.8
# 教育经费支出	Operating Expenses for Education	46.2	58.8
年末实有耕地面积(公顷)	Cultivated Land (year-end) (hectare)	20383	20383
农林牧渔业总产值(万元)	Gross Output Value of Farming, Forestry, Animal Husbandry and Fishery (10 000 yuan)	225082	239299
农林牧渔业总产值增速(%)	Increase Rate of Gross Output Value of Farming, Forestry, Animal Husbandry and Fishery (%)	5.1	3.3
粮食产量(万吨)	Total Yield of Grain (10 000 tons)	7.87	3.14
肉类总产量(吨)	Output of Meat (ton)	23250	24372
水产品产量(吨)	Output of Aquatic Products (ton)	51733	53090
蔬菜总产量(万吨)	Total Yield of Vegetables (10 000 tons)	8.43	8.89
城镇居民人均可支配收入(元)	Per Capita Annual Disposable Income of Urban Households (yuan)	30241	33866
农村居民人均可支配收入(元)	Per Capita Annual Disposable Income of Rural Households (yuan)	12151	13725

22-14 续表 Continued

指　标	Item	2011	2012
农村居民人均生活消费支出(元)	Per Capita Annual Expenditure for Consumption of Rural Households (yuan)	5741	7964
# 食品支出	Expenditure for Food	2279	3117
农村人均住房面积(平方米)	Per Capita Floor Space of Rural Households (sq. m.)	29.48	29.60
规模以上工业企业	Industrial Enterprises above Designated Size		
单位数(个)	Number of Units (unit)	1426	1540
资产总值(亿元)	Total Assets (100 million yuan)	10595.49	12350.57
主营业务收入(亿元)	Revenue From Principal Business (100 million yuan)	13012.73	14578.63
利润总额(亿元)	Total Pre-tax Profits (100 million yuan)	1334.64	1352.88
工业总产值(亿元)	Gross Output Value (100 million yuan)	12828.95	14519.77
固定资产投资(亿元)	Investment in Fixed Assets (100 million yuan)	3702.12	4453.30
社会消费品零售总额(亿元)	Retail Sales of Consumer Goods (100 million yuan)	882.53	1108.12
外贸进出口总额(亿美元)	Total Value of Imports and Exports in Foreign Trade (USD 100 million)	711.21	812.38
# 出　口(亿美元)	Exports	276.76	308.64
实际直接利用外资(亿美元)	Actual Direct Utilization of Foreign Capital (USD 100 million)	85.02	98.41
实际利用内资(亿元)	Domestic Investment Actually Used (100 million yuan)	459.38	604.99
专利申请授权量(件)	Patent Applications Granted (item)	5649	6682
小学校数(所)	Number of Primary Schools (unit)	87	103
小学在校学生数(人)	Students Enrollment of Primary Schools (person)	70948	81539
普通中学校数(所)	Number of Regular Secondary Schools (unit)	81	91
普通中学在校学生数(人)	Students Enrollment of Regular Secondary Schools (person)	59817	65879
幼儿园数(所)	Number of Kindergartens (unit)	109	119
在园儿童数(万人)	Number of Children Enrolled in Kindergarten (10 000 persons)	2.64	2.54
卫生机构数(个)	Health Care Institutions (unit)	568	585
# 医院、卫生院	Hospitals and Health Care Centers	59	63
卫生机构床位数(张)	Beds in Health Care Institutions (unit)	6199	6481
# 医院、卫生院	Hospitals and Health Care Centers	5506	5840
每千人卫生机构床位数(张)	Number of Beds in Health Care Institutions per 1 000 persons (unit)	5.47	5.59
每千人执业 (助理) 医师(人)	Number of Certified Doctors per 1 000 persons (person)	3.89	3.69
每千人注册护士(人)	Number of Registered Nurses per 1 000 persons (person)	3.64	3.71
空气、水、噪声环境质量指数	Atmospheric, Water and Acoustic Environment Quality Rate	88.53	95.78

22-15 宁河县基本情况
Basic Statistics on Ninghe County

指 标	Item	2011	2012
常住人口(万人)	Permanent Population (10 000 persons)	43.10	44.32
户籍户数(万户)	Registered Households (10 000 households)	13.14	13.33
# 农业户	Agricultural Households	8.64	8.77
户籍人口(万人)	Registered Population (10 000 persons)	38.74	38.94
1. 农 业	Agricultural Population	28.37	28.44
非农业	Non-agricultural Population	10.37	10.50
2. 男 性	Male	19.67	19.76
女 性	Female	19.07	19.18
年平均人口(万人)	Average Annual Population (10 000 persons)	38.53	38.84
城镇非私营单位从业人员(万人)	Employment Personnel in Urban Non-private Units (10 000 persons)	5.57	5.40
新增就业人员(人)	Newly Increased Employment Personnel (person)	7839	8037
城镇非私营单位从业人员平均工资(元)	Average Remuneration of Employment Personnel in Urban Non-private Units (yuan)	41451	47393
乡村从业人员(万人)	Rural Employment Personnel (10 000 persons)	11.99	12.10
# 农林牧渔业	Farming, Forestry, Animal Husbandry and Fishery	6.50	6.45
区县生产总值(亿元)	Gross Domestic Product (100 million yuan)	224.95	280.14
第一产业	Primary Industry	23.49	26.15
第二产业	Secondary Industry	111.57	162.56
# 工 业	Industry	100.91	158.79
第三产业	Tertiary Industry	89.89	91.42
第三产业比重(%)	The proportion of tertiary industry in GDP(%)	40.0	32.6
区县生产总值增速(%)	Increase Rate of Gross Domestic Product (%)	16.0	13.9
*区县增加值(亿元)	Value Added of District (100 million yuan)	223.86	283.64
*区县增加值增速(%)	Increase Rate of Value Added of District (%)	21.5	16.4
县级一般预算收入(万元)	General Budgetary Government Revenue at District Level (10 000 yuan)	126996	201300
# 税收收入	Revenue from Taxes	58159	74008
县级一般预算支出(万元)	General Budgetary Government Expenditure at District Level (10 000 yuan)	231668	319066
# 教育经费支出	Operating Expenses for Education	57849	97502
社会保障和就业	Social Security and Employment	15770	17243
医疗卫生	Health Care	18784	22672
年末实有耕地面积(公顷)	Cultivated Land (year-end) (hectare)	38666	38666
农林牧渔业总产值(万元)	Gross Output Value of Farming, Forestry, Animal Husbandry and Fishery (10 000 yuan)	481694	535032
农林牧渔业总产值增速(%)	Increase Rate of Gross Output Value of Farming, Forestry, Animal Husbandry and Fishery (%)	11.8	11.1
粮食产量(万吨)	Total Yield of Grain (10 000 tons)	14.03	10.68
肉类总产量(吨)	Output of Meat (ton)	96714	103194
水产品产量(吨)	Output of Aquatic Products (ton)	47487	49780

22-15续表 Continued

指　标	Item	2011	2012
蔬菜总产量(万吨)	Total Yield of Vegetables (10 000 tons)	42.48	50.16
农村居民人均可支配收入(元)	Per Capita Annual Disposable Income of Rural Households (yuan)	11553	13105
农村居民人均生活消费支出(元)	Per Capita Annual Expenditure for Consumption of Rural Households (yuan)	5927	7442
# 食品支出	Expenditure for Food	1818	2537
农村人均住房面积(平方米)	Per Capita Living Floor Space of Rural Residents (sq. m)	25.30	25.79
规模以上工业企业	Industrial Enterprises above Designated Size		
单位数(个)	Number of Units (unit)	204	235
资产总值(亿元)	Total Assets (100 million yuan)	364.11	429.09
主营业务收入(亿元)	Revenue From Principal Business (100 million yuan)	432.75	530.69
利润总额(亿元)	Total Pre-tax Profits (100 million yuan)	38.16	54.04
工业总产值(亿元)	Gross Output Value (100 million yuan)	444.63	532.21
固定资产投资(亿元)	Investment in Fixed Assets (100 million yuan)	276.51	365.62
# 房地产开发	Real Estate Development	4.41	6.63
社会消费品零售总额(亿元)	Retail Sales of Consumer Goods (100 million yuan)	61.29	71.68
外贸进出口总额(亿美元)	Total Value of Imports and Exports in Foreign Trade (USD 100 million)	4.67	5.99
# 出　口	Exports	1.35	2.22
实际直接利用外资(亿美元)	Actual Direct Utilization of Foreign Capital (USD 100 million)	1.81	2.11
实际利用内资(亿元)	Domestic Investment Actually Used (100 million yuan)	51.96	75.74
专利申请授权量(件)	Patent Applications Granted (item)	178	187
小学校数(所)	Number of Primary Schools (unit)	59	59
小学在校学生数(人)	Students Enrollment of Primary Schools (person)	23509	24631
普通中学校数(所)	Number of Regular Secondary Schools (unit)	30	30
普通中学在校学生数(人)	Students Enrollment of Regular Secondary Schools (person)	20036	19161
幼儿园数(所)	Number of Kindergartens (unit)	93	36
在园儿童数(万人)	Number of Children Enrolled in Kindergarten (10 000 persons)	0.97	0.84
卫生机构数(个)	Health Care Institutions (unit)	177	180
# 医院、卫生院	Hospitals and Health Care Centers	22	22
卫生机构床位数(张)	Beds in Health Care Institutions (unit)	1091	1237
# 医院、卫生院	Hospitals and Health Care Centers	1091	1237
每千人卫生机构床位数(张)	Beds of Health Care Institutions per 1 000 persons (unit)	2.82	2.83
每千人执业（助理）医师数(人)	Number of Licensed (Assistant) Doctors per 1 000 persons (person)	1.68	1.54
每千人注册护士数(人)	Number of Registered Nurses per 1 000 persons (person)	1.12	1.08
空气、水、噪声环境质量指数	Atmospheric, Water and Acoustic Environment Quality Rate	94.75	71.65

22-16 静海县基本情况
Basic Statistics on Jinghai County

指　标	Item	2011	2012
常住人口(万人)	Permanent Population (10 000 persons)	67.43	71.20
户籍户数(万户)	Registered Households (10 000 households)	19.99	20.20
# 农业户	Agricultural Households	14.90	14.96
户籍人口(万人)	Registered Population (10 000 persons)	57.13	57.59
1. 农　业	Agricultural Population	45.66	45.67
非农业	Non-agricultural Population	11.47	11.92
2. 男　性	Male	29.08	29.30
女　性	Female	28.05	28.28
年平均人口(万人)	Average Annual Population (10 000 persons)	56.64	57.36
城镇非私营单位从业人员(万人)	Employment Personnel in Urban Non-private Units (10 000 persons)	5.86	6.59
新增就业人员(人)	Newly Increased Employment Personnel (person)	7840	8037
城镇非私营单位从业人员平均工资(元)	Average Remuneration of Employment Personnel in Urban Non-private Units (yuan)	47004	52571
乡村从业人员(万人)	Rural Employment Personnel (10 000 persons)	20.32	20.40
# 农林牧渔业	Farming, Forestry, Animal Husbandry and Fishery	8.64	8.59
区县生产总值(亿元)	Gross Domestic Product (100 million yuan)	343.66	415.45
第一产业	Primary Industry	16.88	19.10
第二产业	Secondary Industry	231.03	283.28
# 工　业	Industry	215.13	260.43
第三产业	Tertiary Industry	95.75	113.07
第三产业比重(%)	The proportion of tertiary industry in GDP(%)	27.9	27.2
区县生产总值增速(%)	Increase Rate of Gross Domestic Product (%)	19.0	16.3
*区县增加值(亿元)	Value Added of District (100 million yuan)	315.64	398.52
*区县增加值增速(%)	Increase Rate of Value Added of District (%)	21.3	20.4
县级一般预算收入(万元)	General Budgetary Government Revenue at District Level (10 000 yuan)	239759	336021
# 税收收入	Revenue from Taxes	181488	194312
县级一般预算支出(万元)	General Budgetary Government Expenditure at District Level (10 000 yuan)	377976	491751
# 教育经费支出	Operating Expenses for Education	77871	119258
社会保障和就业	Social Security and Employment	38828	33297
医疗卫生	Health Care	26498	34951
年末实有耕地面积(公顷)	Cultivated Land (year-end) (hectare)	64551	64562
农林牧渔业总产值(万元)	Gross Output Value of Farming, Forestry, Animal Husbandry and Fishery (10 000 yuan)	368998	415993
农林牧渔业总产值增速(%)	Increase Rate of Gross Output Value of Farming, Forestry, Animal Husbandry and Fishery (%)	8.9	4.9
粮食产量(万吨)	Total Yield of Grain (10 000 tons)	29.28	17.96
肉类总产量(吨)	Output of Meat (ton)	65727	64000
水产品产量(吨)	Output of Aquatic Products (ton)	23469	24005

22-16续表 Continued

指　标	Item	2011	2012
蔬菜总产量(万吨)	Total Yield of Vegetables (10 000 tons)	34.73	41.69
农村居民人均可支配收入(元)	Per Capita Annual Disposable Income of Rural Households (yuan)	11288	12920
农村居民人均生活消费支出(元)	Per Capita Annual Expenditure for Consumption of Rural Households (yuan)	6434	7412
# 食品支出	Expenditure for Food	2189	2709
农村人均住房面积(平方米)	Per Capita Living Floor Space of Rural Residents (sq. m)	30.00	31.00
规模以上工业企业	Industrial Enterprises above Designated Size		
单位数(个)	Number of Units (unit)	479	533
资产总值(亿元)	Total Assets (100 million yuan)	715.02	857.99
主营业务收入(亿元)	Revenue From Principal Business (100 million yuan)	1264.64	1422.89
利润总额(亿元)	Total Pre-tax Profits (100 million yuan)	101.44	124.14
工业总产值(亿元)	Gross Output Value (100 million yuan)	1250.37	1301.38
固定资产投资(亿元)	Investment in Fixed Assets (100 million yuan)	292.72	400.48
# 房地产开发	Real Estate Development	43.29	50.64
社会消费品零售总额(亿元)	Retail Sales of Consumer Goods (100 million yuan)	62.97	76.52
外贸进出口总额(亿美元)	Total Value of Imports and Exports in Foreign Trade (USD 100 million)	24.39	27.54
# 出　口	Exports	9.44	10.15
实际直接利用外资(亿美元)	Actual Direct Utilization of Foreign Capital (USD 100 million)	1.58	1.83
实际利用内资(亿元)	Domestic Investment Actually Used (100 million yuan)	50.08	64.08
专利申请授权量(件)	Patent Applications Granted (item)	174	545
小学校数(所)	Number of Primary Schools (unit)	99	99
小学在校学生数(人)	Students Enrollment of Primary Schools (person)	52348	53981
普通中学校数(所)	Number of Regular Secondary Schools (unit)	51	50
普通中学在校学生数(人)	Students Enrollment of Regular Secondary Schools (person)	37107	35669
幼儿园数(所)	Number of Kindergartens (unit)	216	212
在园儿童数(万人)	Number of Children Enrolled in Kindergarten (10 000 persons)	2.85	2.93
卫生机构数(个)	Health Care Institutions (unit)	405	403
# 医院、卫生院	Hospitals and Health Care Centers	28	22
卫生机构床位数(张)	Beds in Health Care Institutions (unit)	1390	1552
# 医院、卫生院	Hospitals and Health Care Centers	1169	1331
每千人卫生机构床位数(张)	Beds of Health Care Institutions per 1 000 persons (unit)	2.43	2.24
每千人执业（助理）医师数(人)	Number of Licensed (Assistant) Doctors per 1 000 persons (person)	1.89	1.51
每千人注册护士数(人)	Number of Registered Nurses per 1 000 persons (person)	0.88	0.71
空气、水、噪声环境质量指数	Atmospheric, Water and Acoustic Environment Quality Rate	96.98	95.90

22-17 蓟县基本情况
Basic Statistics on Jixian County

指　　标	Item	2011	2012
常住人口(万人)	Permanent Population (10 000 persons)	85.53	88.42
户籍户数(万户)	Registered Households (10 000 households)	26.28	26.40
# 农业户	Agricultural Households	19.95	20.07
户籍人口(万人)	Registered Population (10 000 persons)	84.27	84.18
1. 农　业	Agricultural Population	69.22	68.81
非农业	Non-agricultural Population	15.05	15.37
2. 男　性	Male	42.93	42.90
女　性	Female	41.34	41.28
年平均人口(万人)	Average Annual Population (10 000 persons)	83.81	84.22
城镇非私营单位从业人员(万人)	Employment Personnel in Urban Non-private Units (10 000 persons)	6.02	6.13
新增就业人员(人)	Newly Increased Employment Personnel (person)	10975	10559
城镇非私营单位从业人员平均工资(元)	Average Remuneration of Employment Personnel in Urban Non-private Units (yuan)	46791	54046
乡村从业人员(万人)	Rural Employment Personnel (10 000 persons)	33.77	33.49
# 农林牧渔业	Farming, Forestry, Animal Husbandry and Fishery	14.55	14.33
区县生产总值(亿元)	Gross Domestic Product (100 million yuan)	250.11	291.52
第一产业	Primary Industry	23.72	26.50
第二产业	Secondary Industry	79.36	96.65
# 工　业	Industry	53.36	62.22
第三产业	Tertiary Industry	147.02	168.36
第三产业比重(%)	The proportion of tertiary industry in GDP(%)	58.8	57.8
区县生产总值增速(%)	Increase Rate of Gross Domestic Product (%)	14.2	14.1
*区县增加值(亿元)	Value Added of District (100 million yuan)	246.10	268.93
*区县增加值增速(%)	Increase Rate of Value Added of District (%)	21.0	14.5
县级一般预算收入(万元)	General Budgetary Government Revenue at District Level (10 000 yuan)	154552	202804
# 税收收入	Revenue from Taxes	100744	99450
县级一般预算支出(万元)	General Budgetary Government Expenditure at District Level (10 000 yuan)	287935	339403
# 教育经费支出	Operating Expenses for Education	102399	123993
社会保障和就业	Social Security and Employment	33565	35221
医疗卫生	Health Care	30346	37277
年末实有耕地面积(公顷)	Cultivated Land (year-end) (hectare)	53939	53939
农林牧渔业总产值(万元)	Gross Output Value of Farming, Forestry, Animal Husbandry and Fishery (10 000 yuan)	496879	555488
农林牧渔业总产值增速(%)	Increase Rate of Gross Output Value of Farming, Forestry, Animal Husbandry and Fishery (%)	5.8	4.4
粮食产量(万吨)	Total Yield of Grain (10 000 tons)	50.65	35.91
肉类总产量(吨)	Output of Meat (ton)	82628	79989
水产品产量(吨)	Output of Aquatic Products (ton)	28160	28746

22-17续表 Continued

指　　标	Item	2011	2012
蔬菜总产量(万吨)	Total Yield of Vegetables (10 000 tons)	43.25	44.04
农村居民人均可支配收入(元)	Per Capita Annual Disposable Income of Rural Households (yuan)	11002	12580
农村居民人均生活消费支出(元)	Per Capita Annual Expenditure for Consumption of Rural Households (yuan)	8243	7422
# 食品支出	Expenditure for Food	2745	2479
农村人均住房面积(平方米)	Per Capita Living Floor Space of Rural Residents (sq. m)	29.00	29.40
规模以上工业企业	Industrial Enterprises above Designated Size		
单位数(个)	Number of Units (unit)	140	146
资产总值(亿元)	Total Assets (100 million yuan)	105.16	130.51
主营业务收入(亿元)	Revenue From Principal Business (100 million yuan)	128.36	158.31
利润总额(亿元)	Total Pre-tax Profits (100 million yuan)	8.67	10.79
工业总产值(亿元)	Gross Output Value (100 million yuan)	137.59	164.48
固定资产投资(亿元)	Investment in Fixed Assets (100 million yuan)	330.75	420.42
# 房地产开发	Real Estate Development	29.66	28.19
社会消费品零售总额(亿元)	Retail Sales of Consumer Goods (100 million yuan)	100.63	121.18
外贸进出口总额(亿美元)	Total Value of Imports and Exports in Foreign Trade (USD 100 million)	0.70	0.74
# 出　口	Exports	0.65	0.71
实际直接利用外资(亿美元)	Actual Direct Utilization of Foreign Capital (USD 100 million)	1.00	1.15
实际利用内资(亿元)	Domestic Investment Actually Used (100 million yuan)	123.61	170.17
专利申请授权量(件)	Patent Applications Granted (item)	247	275
小学校数(所)	Number of Primary Schools (unit)	124	122
小学在校学生数(人)	Students Enrollment of Primary Schools (person)	41715	43170
普通中学校数(所)	Number of Regular Secondary Schools (unit)	64	64
普通中学在校学生数(人)	Students Enrollment of Regular Secondary Schools (person)	48847	45908
幼儿园数(所)	Number of Kindergartens (unit)	153	191
在园儿童数(万人)	Number of Children Enrolled in Kindergarten (10 000 persons)	2.50	2.77
卫生机构数(个)	Health Care Institutions (unit)	580	648
# 医院、卫生院	Hospitals and Health Care Centers	31	36
卫生机构床位数(张)	Beds in Health Care Institutions (unit)	1646	1599
# 医院、卫生院	Hospitals and Health Care Centers	1600	1553
每千人卫生机构床位数(张)	Beds of Health Care Institutions per 1 000 persons (unit)	1.95	1.84
每千人执业（助理）医师数(人)	Number of Licensed (Assistant) Doctors per 1 000 persons (person)	1.72	1.74
每千人注册护士数(人)	Number of Registered Nurses per 1 000 persons (person)	0.93	0.95
空气、水、噪声环境质量指数	Atmospheric, Water and Acoustic Environment Quality Rate	96.65	93.95

企业采风

Brief Introduction of Enterprises

1 天津市发展和改革委员会
Tianjin Municipal Commission Development and Reform

2 天津滨海高新技术产业开发区
Tianjin Binhai Hi-tech Industrial Development Area

3 天津精华石化有限公司
Tianjin Distillate Petrochemical Company Limited

4 宁夏银行股份有限公司天津分行
Tianjin Branch of Bank of Ningxia

5 天士力集团
TASLY GROUP

6 天津信托有限责任公司
TIANJIN TRUST CO., LTD.

7 天津荣程联合钢铁集团有限公司
ROCKCHECK STEEL GROUP Company Limited

8-9 飞尼克斯 Phoenix

10-11 天津市建工工程总承包有限公司
Tinajin Engineering and Construction Corporation

12-13 刘房子经济开发总公司
Liu House Economic Development Corporation

14-15 天津市王顶堤工贸集团有限公司
Tianjin Wangdingdi Industry and Trade Group

16-17 天津钢铁集团有限公司
Tianjin Iron and Steel Group Company Limited

18 天津东达房地产开发有限公司
TIANJIN DONGDA REAL ESTATE DEVELOPMENT Company Limited

19 中沙（天津）石化有限公司
SINOPEC SABIC TianJin Petrochemical Company Limited

20 哈尔滨银行股份有限公司天津分行
Tianjin Branch of The Bank of Harbin Limited by Share Limited

中国统计出版社最新图书简目

(仅供参考,以最后出书为准)

统计资料

中国统计年鉴-2013　中国统计摘要-2013　国际统计年鉴-2013
2013中国发展报告　中国第三产业统计年鉴-2013　中国区域经济统计年鉴-2013
中国劳动统计年鉴-2013　中国社会统计年鉴-2013　中国城市统计年鉴-2013
中国建筑业统计年鉴-2013　中国人口和就业统计年鉴-2013　中国工业经济统计年鉴-2013
中国商品交易市场统计年鉴-2013　中国房地产统计年鉴-2013　中国能源统计年鉴-2013
中国民政统计年鉴-2013　中国贸易外经统计年鉴-2013　2013中国地区经济监测报告
中国科技统计年鉴-2013　中国农村统计年鉴-2013　中国农产品价格调查年鉴-2013
中国高技术产业统计年鉴-2013　中国教育经费统计年鉴-2013　中国农村贫困监测报告-2013
全国农产品成本收益资料汇编-2013　中国科学技术协会统计年鉴-2013　工业企业科技活动资料-2013
大中型批发零售和住宿餐饮企业统计年鉴-2013　中国价格统计年鉴-2013　第二次全国R&D资源清查资料汇编-工业企业卷
中国住户调查年鉴-2013　中国县域统计年鉴-2013　中国农村全面建设小康监测报告-2013
第二次全国R&D资源清查资料汇编-综合卷　中国人才资源统计报告-2011　中国民族统计年鉴-2013
中国零售和餐饮连锁企业统计年鉴-2013　2010年中国第六次人口普查公报

2013年省级综合统计年鉴系列

北京　天津　河北　山西　内蒙古　辽宁　吉林　黑龙江　上海　江苏　浙江　安徽　福建　江西　山东
河南　湖北　湖南　广东　广西　海南　重庆　四川　贵州　云南　西藏　陕西　甘肃　青海　宁夏
新疆　新疆生产建设兵团

2013年市(县)级综合统计年鉴系列

天津滨海新区　石家庄　唐山　邯郸　太原　大同　长治　阳泉　晋城　朔州　晋中
运城　忻州　临汾　呼和浩特　包头　沈阳　大连　长春　吉林市　四平　哈尔滨　黑龙江垦区
上海浦东新区　南京　苏州　无锡　常州　徐州　南通　盐城　镇江　江阴　丹阳
杭州　宁波　绍兴　台州　温州　金华　嘉兴　衢州　福州　福州经济技术开发区
厦门经济特区　南昌　上饶　济南　青岛　潍坊　郑州　洛阳　三门峡　南阳　武汉　宜昌
十堰　荆州　咸宁　长沙　广州　东莞　惠州　深圳　桂林　南宁　柳州　来宾　河池　海口　成都
贵阳　昆明　庆阳　西安　绵阳　兰州　银川　乌鲁木齐

2010年人口普查资料系列

中国2010年人口普查资料　北京　天津　河北　山西　内蒙古　辽宁　吉林　黑龙江　上海　江苏
浙江　安徽　福建　江西　山东　河南　湖北　湖南　广东　广西　海南　重庆　四川　贵州　云南
西藏　陕西　甘肃　青海　宁夏　新疆　新疆生产建设兵团　河南省各市2010年人口普查资料丛书
中国分县2010年人口普查资料　中国分乡镇、街道2010年人口普查资料　中国分民族2010年人口普查资料

"十一五"规划教材

统计学（"十二五"规划，黄良文）　抽样调查理论与实践（"十二五"规划，冯士雍）
统计学（"十二五"规划，单微）　试验设计（"十二五"规划，茆诗松）　贝叶斯统计（"十二五"规划，茆诗松）
统计学：从数据到结论（十二五规划，吴喜之）　医学统计学（陆守曾）
非参数统计（吴喜之）　概率论与数理统计（茆诗松）　现代金融投资统计分析（李腊生）
多元统计分析（任雪松）　应用时间序列分析（王振龙）　统计指数理论及应用（徐国祥）
经济计量学教程（贺铿）　质量管理统计方法（茆诗松）　统计实验系列教材（许涤龙）
社会统计学（蒋萍）　市场调查与预测（蒋志华）　统计学原理（非统计专业用，朱胜）
国民经济核算教程(杨灿)　概率论与数理统计(经济、管理类专业使用，朱胜）

重点图书

挑大学选专业2013—高考志愿填报指南　挑大学选专业2013—考研择校指南

图书在版编目（CIP）数据

天津统计年鉴. 2013：汉英对照 / 天津市统计局，国家统计局天津调查总队编. -- 北京：中国统计出版社，2013.9
ISBN 978-7-5037-6968-9

Ⅰ. ①天… Ⅱ. ①天… ②国… Ⅲ. ①统计资料－天津市－2013－年鉴－汉、英 Ⅳ. ①C832.21-54

中国版本图书馆 CIP 数据核字(2013)第 215630 号

天津统计年鉴-2013

作　　者/ 天津市统计局　国家统计局天津调查总队
责任编辑/ 佘竞雄　熊　威
责任校对/ 李　萍　戴　华
装帧设计/ 天津市卫印印刷有限责任公司
出版发行/ 中国统计出版社
地　　址/ 北京市丰台区西三环南路甲 6 号　邮政编码/100073
电　　话/ 邮购（010）63376909　书店（010）68783171
网　　址/ http://csp.stats.gov.cn
印　　刷/ 天津市卫印印刷有限责任公司
经　　销/ 新华书店
开　　本/ 890mm×1240mm　1/16
字　　数/ 1120千字
印　　张/ 35
版　　别/ 2013 年 9 月第 1 版
版　　次/ 2013 年 9 月第 1 次印刷
定　　价/ 420.00 元　（含光盘）

本书附同版本 CD-ROM 一张，光盘内容以书面文字为准。
如有印装差错，由本社发行部调换。

连续五年上水平活动成效显著

天津市发展和改革委员会

2013年2月17日，促发展惠民生上水平活动动员大会

2012年2月3日，调结构惠民生上水平活动动员大会

2009年以来，我市连续五年开展上水平活动，服务企业、服务项目、服务基层、服务群众，办实事、解难题。五年来，累计抽调2.3万名党政机关干部，成立3200个服务工作组，深入4.1万家企业、工程项目和基层单位开展帮扶。截至今年4月底，共解决基层各类实际问题3万个。累计出台促进经济发展的帮扶措施123条，共筹集财政性资金250.8亿元支持企业发展。每年市和区县设立900部左右24小时开门服务电话，累计受理解决企业群众诉求129万个。深入推进行政审批服务大提速，市级审批事项从1033项减少到423项，并强化限期审批、网上审批、预约审批、立等审批、联合审批，实施帮办领办服务等。企业群众对活动的综合满意率96%以上。通过开展这项活动，有力推动了我市经济持续健康发展，社会保持和谐稳定。

2011年10月11日，调结构增活力上水平活动总结大会

华苑科技园全景图

天津滨海高新技术产业开发区

天津滨海高新技术产业开发区1991年被国务院批准为首批国家级高新技术产业开发区，总体规划面积97.96平方公里。包括华苑科技园、滨海科技园、南开科技园、武清科技园、北辰科技园、塘沽科技园六部分。

滨海高新发区始终坚持依靠科技发展经济，2012年主要经济指标保持快速增长。完成生产总值1206亿元，增长27.8%；总收入4602亿元，增长27.2%。其中，滨海高新区核心区实现生产总值615.64亿元，增长25.0%；地方一般预算收入34.30亿元，增长16.7%；固定资产投资312.62亿元，增长30.1%。经过多年建设，发展环境不断优化，创新能力不断增强，产业规模不断提升，形成了绿色能源、软件及高端信息制造、生物技术与现代医药、先进制造业和现代服务业五个具有较强竞争力的优势主导产业和产业创新集群。天津滨海高新技术产业开发区已具备了建设高水平自主创新基地和高新技术产业化示范基地的基础和条件。

明阳风电设备

渤龙湖航拍图

天津精华石化有限公司

TIANJIN JINGHUA Petro-chemical Co.,Ltd

天津精华石化有限公司（以下简称公司）前身为天津石化公司下属的二级生产经营企业，2007 年 3 月实行改制。

公司注册资本 10709.3 万元，职工 1300 人，固定资产 3.06 亿元，年销售收入 10 亿元，是一个集生产、加工、销售、商贸、服务于一体的大型综合性经营实体。公司具有成品油批发、零售，溶剂油生产，氧气、氮气生产，以及物业管理等国家和行业主管部门批准颁发的生产经营资质 22 项；拥有国家发明专利 2 项、实用新型专利 16 项；已通过质量、环境和职业健康安全管理体系认证。2009 年被认定为天津市高新技术企业和天津市企业技术中心，2012 年被天津市科委认定为科技型企业。公司下设九个分公司和一个技术中心，九个分公司分别是：华鑫分公司、天泰分公司、福来士分公司、昌盛分公司、化工分公司、群力分公司、塑料添加剂分公司、海伦分公司和农贸分公司。

公司主要经营业务依托中国石化股份天津分公司和中沙（天津）石化有限公司，为其提供配套产品、技术和劳务服务。经营范围主要是：石化三剂产品、溶剂油、包装制品、石灰石制粉、氮气、氧气、医用氧、高纯气体、化纤等产品的生产和销售；成品油零售兼批发；石油化工设备清洗；炼化产品装车出厂业务；PTA 打包业务；石化厂区物业管理；印刷和服装加工，等。

当前，天津石化正全面推进“国内领先、世界一流的现代化石油化工企业”建设，公司将秉承“维护、创新、包容、厚道”的理念，充分利用“大天津石化”的综合优势，坚持科学发展，突出质量效益，努力为天津石化和地方经济的发展做出新的更大贡献。

联系方式：

地址：　　邮编：　　电话：　　传真：

企业简介

Introduction to enterprise

天士力现代中药产业园

具有自主知识产权的全自动数字化滴丸生产线

中华医药图

天士力景观之一医药之光

天士力国际交流展示中心

天士力自1994年成立以来，坚持打造现代中药第一品牌，不断推进大健康产业的发展。在做专做精现代中药的基础上，向生物药、化学药、特色专科医疗行业扩展，形成以医药为主要领域的生命安全产业板块；并逐步进入保健品、健康食品、化妆品、安全饮用水、生物普洱茶等生命健康产业领域。天士力集团以全面国际化为目标，全力推进“一个核心带两翼”大健康产业高端化，已经形成了以生物医药产业为核心、以健康产品产业和健康管理与服务产业为两翼的大健康产业全新格局。

天士力以现代中药奠基立业，从现代中药的研发和生产开始，带动形成了一条集药物研发、药材种植、有效中药组分分离、制剂生产和市场营销各环节的现代中药产业链，建设了国内领先的现代中药数字化制造平台、数字化提取中心以及中国最大的中药冻干粉针剂生产基地。

按照“大病种、大品种、系列化”的研发思路，天士力逐步形成了由心脑血管系统用药、抗肿瘤与免疫系统用药、胃肠肝胆系统用药、抗病毒与感冒用药构成的产品体系。天士力复方丹参滴丸是中国首例通过美国FDA IND临床用药申请的复方中药制剂，并于2010年初，成功完成FDA II期临床试验，成为我国第一例圆满完成美国FDA II期临床试验确证其安全、有效的中成药。力争在不久的将来复方丹参滴丸有望成为第一个在欧美主流医药市场以药品身份上市的中成药。

随着企业的高速发展，天士力在中国医药行业中创造了突出的业绩。2008年，天士力被中国科学技术部、国务院国资委、中华全国总工会认定为“首批创新型企业”。天士力现代中药产业园被列入中国高新技术产业化示范工程项目，2008年获得国家高技术产业化十年成就奖。“天士力”被认定为中国驰名商标。

面向未来，天士力将继续坚持“追求天人合一，提高生命质量”的企业理念，致力于大健康社会工程建设，倡导大健康理念，普及大健康教育，创新大健康技术，发展大健康产业，完善大健康服务，为实现“创造健康，人人共享”的目标而努力奋斗。

创造健康　人人共享

To share the joy of health with all

天津荣程联合钢铁集团有限公司

天津荣程联合钢铁集团有限公司（以下简称荣程集团）是以钢铁为主业，涉足智慧地产、数字科技、网络支付、矿业投资、能源化工、农林开发、健康养生、国际贸易、物流运输等多领域的大型现代化企业集团，资产总值 138 亿元，拥有员工 7500 余人，具有年产铁、钢、材各 500 万吨的生产能力，在 2012 年全国企业 500 强中排名第 211 位，中国制造业 500 强第 105 位，天津百强企业第 15 位，连续多年列天津市百强私营企业第 1 位。

荣程集团坚持科学发展观，努力建设资源节约型和环境友好型企业；集团大力推动科技研发和自主创新，加快产业结构转型升级，与国家高端装备制造业形成产业对接，提升企业竞争力和盈利能力。

近年来，结合地区经济结构和国家产业政策，围绕主业做精，多元发展的战略，集团相继投资组建荣智达公司、网络科技公司、数字地产公司、荣程鑫源公司、能源公司、融易达公司等新兴业态企业，加快实施公司战略转型和多元化发展战略，拓展新的发展空间。

荣程是社会的荣程，是国家的荣程，在董事长张祥青和总裁张荣华的带领下，荣程集团奉献社会，回报社会，在社会公益事业方面捐款捐物 4 亿多元，形成了具有荣程特色和时代特色的企业文化。在这种特有文化的引领和感召下，全体荣程人坚持“诚信立业、责任为本、创新争先、创造价值”的经营理念，以“五项基本原则”和“226”方针为指导，全力践行“责任心、进取心、感恩心、包容心、尊进行”的五心标准，不断弘扬、丰富和发展“自强不息、奋斗不止、永不言败”的企业精神，以激情和智慧，全力描绘“百年绿色荣程”的宏伟蓝图！

集团总部地址：天津经济技术开发区盛达街9号泰达金融广场7—8层　邮政编码：300457

免费电话：+86 4006398999　电话：+86 22 66286980　传真：+86 22 66286980　http://www.rockcheck.com

飛尼克斯

PHOENIX

津门英才——杨路刚

Tjinjin excellence

董事长杨路刚

杨路钢，男，1960 年生人，现任天津市飞尼克斯实业发展有限公司董事长，天津津达制衣有限公司总裁，天津路可服饰有限公司董事长，第十四、十五届人大代表，天津市服装商会常务副会长，天津市商标协会常务理事。在杨路钢先生的带领下， 20 多年来始终保持着在天津的翘楚地位。经过多年来不懈的努力，飞尼克斯被评为天津市“著名商标”， “市场信得过品牌”，“市场畅销产品”2012 年更是评为“中国驰名商标”。“津达制衣”是幸运的，正当它遇到业绩连年下滑，管理滞后，举步为艰之时，杨路钢出现了。他让皮尔·卡丹这个中国曾名震一时的男装名品开始重振雄风。 权威部门统计：津达皮尔 · 卡丹男装在天津所有商场年销量始终排名第一。 2007 年杨路钢先生与法国时装大师 Frederic Molenac（弗里德里克 莫莱纳克）结缘，精心策划推出了 [LUCRE] 这一定位于白领女性的高档女装品牌。其设计简洁高贵、清新明朗，表现了女性娇俏美态、清纯自信。这已不仅仅是一种产品，更代表着是一种中西文化的传播、交流。

Yang Lu Gang, male, born in 1960, is the Chairman of PHOENIX Industrial Development Co., Ltd. Tianjin JinDa Co., Ltd. CEO, the Chairman of Tianjin Lucre Co., Ltd., fourteenth, fifteenth session of the deputy to the people's congress, Tianjin City Garment Association executive vice president, Tianjin trademark Association executive director.

In Mr. Yang Lugang's leadership, more than 20 years has maintained a leading position in Tianjin. After years of unremitting efforts,PHOENIX was named Tianjin "famous trademark", "market trust brand", "market selling products" in 2012 is awarded "China Famous Brand.""Jin DA " is lucky, when it encounters performance year after year decline, regulatory delays, reeled when, Yang Lu Gang appeared. He let Pierre Cardin I The Chinese have started reputed profitability. Authoritative statistics: Tianjin JinDa Pier I Cardin menswear sales in all shopping in Tianjin has always ranked first.2007 Mr.Yang Lu gang with French fashion guru Frederic Molenac soon, carefully planned launch [LUCRE] This must be located in white-collar women's haute couture brand. Its design is simple and elegant, fresh and clear, the performance of the tender beauty of women, pure confidence. This is not just a product, but also represent a spread of Chinese and Western culture, communication.

天津服装行业的领军人——杨路刚

Tianjin apparel industryleader who-Yang Lu Gang

LUCRE 路可品牌

——白领女性的高档女装品牌

2007年杨路刚与法国时装大师 Frederic Molenac（弗里德里克·莫莱纳克）结缘，精心策划推出

精品至上

领军天津正装市场的霸主地位无人撼动

CHampions Tianjin suits no one to shake marjet dominance

杨路刚与服装大师皮尔·卡丹合影

YANGLUGANG AND CIOTH ING GURU PIERRE CARDINPHOTO

享誉全球

WORID-RENOWNED

刘房子经济发展总公司

LIUFANGZI ECOMOMY DEVELOPMENT GENERAL COMPANY

总经理田东平

刘房子为天津市西北部一颗璀璨的明珠，被市政府评为市级明星小康村。 该村地理位置优越，与津霸公路、中环线、子牙河形成环围。刘房子远期规划前景宏大，在 9 平方公里的辖区内，780 余户近 2700 人正以饱满的热情迎接 21 世纪的挑战。改革开放十几年的发展，该村经济已初具规模，现有村办集体企业十几家，三资企业数家; 农业发展逐步走向科学、规模、效益型， 现已形成的津霸公路刘房子村商业一条街，对第三企业的发展起到了促进作用。工业产值在村经济的比重日渐上升，已初步形成农、工、 商合理发展，相互促进，比翼齐飞的良性循环之势。几年来，该村教育事业得到长足发展。村里同时加大了社会福利、 社会保障的投入，村容、村貌焕然一新， 治安良好，民风淳朴，已实现精神文明与物质文明的共同发展。刘房子的村领导正用战略眼光审时度势，以高度责任感率领全体村民共同努力、继往开来。

Liufangzi, as a shning star in Northwest Tianjin, is a municipallevel well-off star town with, goodgeographic location and it is connected by Jinba Highway, Middle-Ring Road, Extra-Ring Road and Ziya River, Liufangzihas a good developing potential in that there are more than 780 families, nearly 2,700 people in its 9 square kilometers area, who are welcoming the challenge of the 21st century. After more than 10 years' development since the reform and opening-up, the economy10 of the town becomes scaled. There are over 10 township collective enterprises and several joint ventures in the town. Its agricural production is becoming scientifically efficient and on scale, a commercial stieet is set up the town near Jinba Higheay, which plays animportant role in the developments of with each other. The education of the town has also gotten improved rapidly. Its input in social welfare and social protection system is also enlarged. the town' s environment and outlook are changed freshly which has a good order and a simple folk custom. The town is also realized co-development of ethical progress and material progress. The leaders of the town are inspecting themselves strategically, and leading its people to work hard together, reviewing the past and looking forward to the future.

天津市西北部一颗璀璨的明珠

明星小康村
STAR OFF VILLAGE

我们将敞开胸怀与各方有识之士
积极合作、共创未来

we will open mind, to cooperate actively with all people
of insight to create the future

刘房子远期规划前景宏大

村民住宅小区

教育从娃娃抓起

高级别墅

与天津商学院联建的教学楼

天津市王顶堤工

Tianjin Wangdingdi Industry & Trade Group Co., Ltd

党委书记、董事长房贵英

天津市王顶堤集团公司始建于 1995 年， 注册资金两亿元，集团公司是由制药、劳保用品、塑料制品、物流运输、金融典当、楼宇经济、租赁业，以及包括全国十大批发市场之一的红旗农贸综合批发市场为主的综合市场群在内 25 个实体经济组成， 集团公司充分利用地缘及自身发展优势，在稳固提升第二产业的同时，着力发展以服务业为主的第三产业，在未来的发展中，集团公司领导班子将把握国内外经济发展趋势，借鉴国际知名企业管理的有效经验，继续深化企业改革改制，坚持走创新发展之路，使王顶堤工贸集团长久坚持又好又快地健康发展。

Tianjin Wangdingdi Group Corporation (the Group) was founded in 1995 and has a registered capital of CNY 200 million. The Group consists of 25 entities covering pharmaceutics, labor production products, plastic products, logistics and transportation, finance and pawn-brokering, building economy, lease and a cluster of comprehensive markets including the Red Flag Comprehensive Agricultural Wholesale Market which is one of the top ten Chinese wholesale markets. Fully utilizing the geographical advantages and its own development advantages, the Group makes energetic efforts in developing the tertiary, predominantly the service industries, while stably upgrading its secondary industries. In its future development, the leadership of the Group will grasp both domestic and international trend of economic development, make reference to

贸集团有限公司

the effective experience in business administration of internationally renowned companies, continue to deepen enterprise reform and transformation and insist on innovation and development so that the Group will be able to continue to develop in a sustainable, quick and sound way.

企业精神 谦虚谨慎 同心奋进 乘胜而上 再创辉煌

Corporate spirit ■ Be modest and prudent and make concerted efforts For new glories

党委书记、董事长房贵英与领导班子商讨工作

天津钢铁集团有限公司

双高炉外景

三座120吨炼钢转炉

天津钢铁集团有限公司是集烧结、炼铁、炼钢、连铸、轧钢、金属制品生产工艺为一体的千万吨级现代化钢铁联合企业。2012年名列中国企业500强第106位，中国制造业企业500强第38位，黑色冶金及延压加工业第11位，天津市百强企业第6位。

天钢发展至今已有78年的历史。按照市委、市政府战略部署，以建设现代化一流钢铁企业为目标，通过实施天钢东移工程、十大循环经济项目和兼并重组提升改造“三步”发展战略，形成了年产钢1100万吨，铁1000万吨，钢材和金属制品1000万吨的产能规模。

天钢工艺技术装备达到国内领先、世界一流水平。建成了国家级企业技术中心，拥有博士后工作站和雄厚的科研团队，企业连续获得天津市技术创新先进企业。采用了国际先进的管理体系，通过ISO9001质量管理体系、ISO14001环境管理体系和GB/T28001－2001职业健康安全管理体系认证。全部主体生产单元均被认定为全国安全生产标准化达标企业，在天津市冶金系统尚属首家。

天钢产品在国内外市场享有很高的声誉。主要产品包括中厚板、棒材、高速线材、钢绞线、角钢、圆管坯、带钢等七大系列。船体用结构钢板等

天钢集团办公区

中厚板生产线

双棒材生产线

优质高速线材

11个产品获国家金杯奖，低合金结构钢热轧钢板等15个产品获卓越产品奖。板材产品通过欧盟CE认证，获得中国、法国、美国、英国、德国、意大利、日本、韩国等八国船级社高强船板认可，钢绞线产品取得美国（PTI）认证。“天钢”品牌荣获天津国际知名品牌。产品被广泛应用到长江三峡、南水北调等100多个重点工程，并销往欧盟、中东、东南亚、美洲等41个国家和地区，产品出口位居全国同行业前列，天钢国贸公司荣获全国最具竞争力出口企业50强。

在未来的发展中，天钢围绕转变发展方式，加快推进公司转型升级，在“六个转变”上下功夫、见实效。即：坚持集约发展，加快向价值创造型转变；坚持创新驱动，加快向品种效益型转变；坚持绿色发展，加快向节能环保型转变；坚持面向市场，加快向经营开放型转变；坚持人才强企，加快向学习创新型转变；坚持以人为本，加快向文明和谐型转变。通过“六个转变”，进一步提高发展的质量、效益和水平，为全市经济社会的发展作出新的更大贡献。

东达房地产开发有限公司

东达房地产开发有限公司组建于1992年，主营房地产开发和商品房销售、房屋置换、房屋拆迁安置等。公司始终坚持科学的"六负责"企业精神（对历史、对未来、对环境、对现实、对子孙、对政府负责），主动承担了人口稠密、基础设施落后的大直沽地区的危改任务。共拆迁居民11000余户，拆除23万余平方米。其中，投资7500余万元拓宽大直沽五号路、八纬北路，投资6500余万元兴建荐福观音寺，投资发掘天妃宫遗址，促成市政府投资3000余万元兴建了元明清天妃宫遗址博物馆，为发掘保护大直沽历史文化、造福一方百姓做出突出贡献。

东达公司积极开展多种经营，现公司旗下已经拥有东达供热有限公司、神州物业有限公司、有机食品种养殖基地、北洋兴海餐饮会所、文化传媒公司、商贸公司等产业，已成为拥有固定资产过亿元的集团公司。目前，东达公司经过20年的发展，已经开发建设了8个商品房住宅项目，1个商业项目，总建设规模100多万平方米，其中区重点商业服务项目华联东达国际广场占地2.89万平方米，总建筑面积约11.4万平方米，主体工程已经竣工。该项目位于大直沽核心区域，毗邻国家三A级旅游景点荐福观音寺和元明清天妃宫遗址博物馆。东达公司致力于将华联东达国际广场打造成为津沽文化旅游商城，以及中国北方珠宝艺术集散中心。商城定位于集住宅、停车、商业、娱乐、文化旅游、酒店式公寓、办公为一体的大型综合性建筑，目前该项目正在招商。

神州花园占地约17.35万平方米，规划总建筑面积33.2万平方米，已建成16.2万平方米，曾荣获由联合国环境和规划署颁发的"中国国际花园社区"奖、由中国住宅产业博览会组委会颁发的"神州花园中国住宅十大名盘"奖等。神州花园二期约17万平方米，即将开工建设，项目定位于拥有智能管理的新型现代化社区，一键可实现就医、餐饮、安全报警等服务。神州花园用别具匠心的设计将大直沽的悠久历史和现代建筑完美地结合，以流畅的建筑线条展现直沽风韵人情，神州花园必将成为天津住宅小区中极具独特气质的人文社区。

地址：天津市河东区大直沽八纬路直沽园 / 邮政编码：300170/ 电话：022-24122297/ 传真：022-28281499

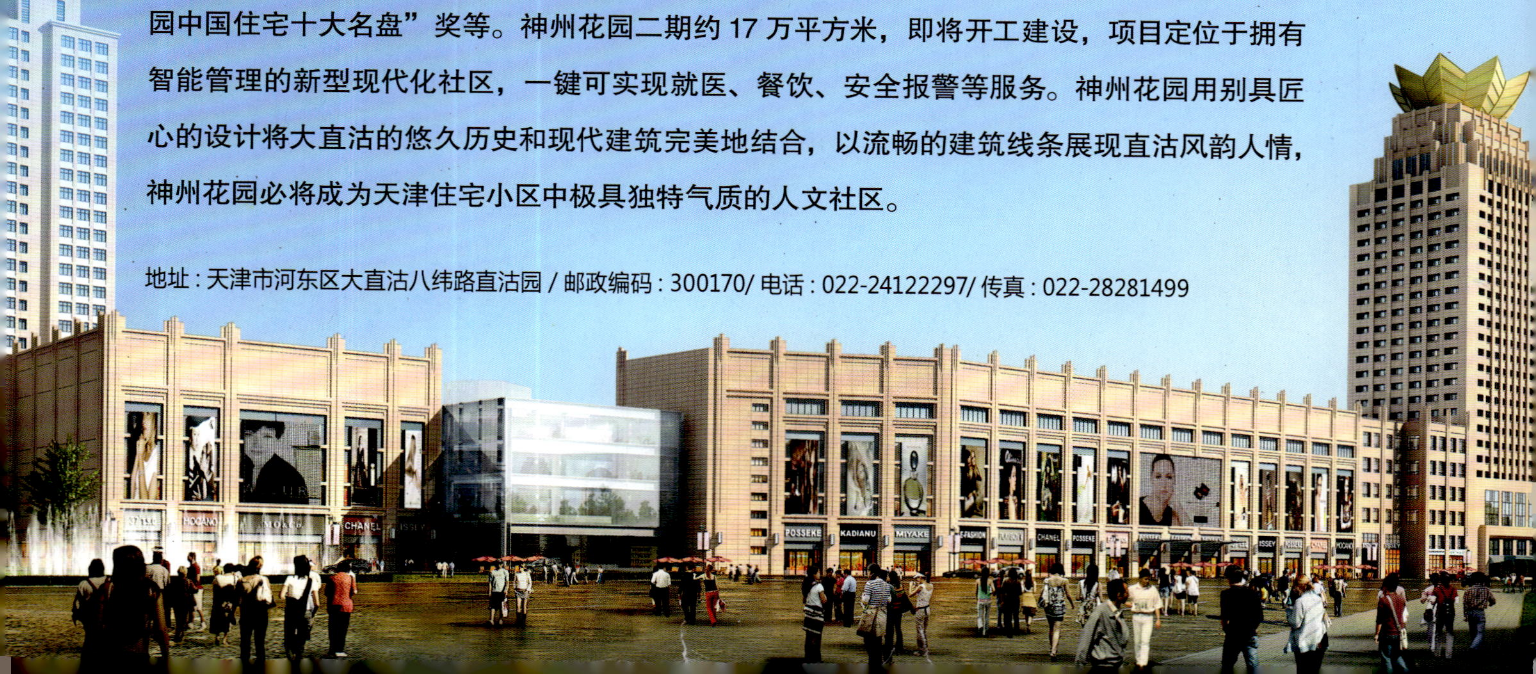

哈尔滨银行股份有限公司天津分行

HARBIN BANK LIMITED TIANJIN BRANCH

2012年，哈尔滨银行天津分行以“转变增长方式，推进集约经营， 走独具特色的可持续发展之路”为指导方针，紧密结合天津市委市政府关于深化金融改革创新，构建具有天津特色的中小企业融资服务体系的工作部署，大力推进小额信贷战略实施，综合实力稳步提升。截至2012年12月末，分行资产总额157.6亿元，各项存款余额123.02亿元， 各项贷款余额53.28亿元，其中：小额信贷余额27.34亿元，占比超过51%。员工总数近300人，特色营业网点10家。 通过实施特色化的经营策略，搭建了高效的服务小微企业与三农经济的营销管理架构，成立了分行首家科技型小企业专业支行，与天津市科委签订了支持科技型小企业发展战略合作协议，有力促进了地区中小微企业发展；荣获了第六届中国企业国际融洽会“服务中小微企业列榜创新金融产品”奖、天津银行业金融机构小微企业金融服务“特色产品”奖等殊荣。哈尔滨银行天津分行将始终秉承“植根本土，相伴成长”的经营理念，不断强化内控管理，优化金融服务，为地区的经济发展做出积极的贡献。

我分行成功与天津市科委就科技金融合作签约

台湾中国信托金融控股公司副董事长罗联福先生一行到我分行考察交流

哈尔滨银行高淑珍行长到天津分行检查工作

刘阳行长主持召开季度经营分析工作会议